BIBLIA DE BOSQUEJOS Y SERMONES

TOMO 2

Mateo 16:13—28:20

Biblia de bosquejos y sermones
Nuevo Testamento

Tomo 1	Mateo 1:1—16:12
Tomo 2	Mateo 16:13—28:20
Tomo 3	Marcos
Tomo 4	Lucas
Tomo 5	Juan
Tomo 6	Hechos
Tomo 7	Romanos
Tomo 8	1 y 2 Corintios
Tomo 9	Gálatas—Colosenses
Tomo 10	1 Tesalonicenses—Filemón
Tomo 11	Hebreos—Santiago
Tomo 12	1 Pedro—Judas
Tomo 13	Apocalipsis

BIBLIA DE BOSQUEJOS Y SERMONES

TOMO 2

Mateo 16:13—28:20

EDITORIAL
PORTAVOZ

La misión de *Editorial Portavoz* consiste en proporcionar productos de calidad —con integridad y excelencia—, desde una perspectiva bíblica y confiable, que animen a las personas a conocer y servir a Jesucristo.

Título del original: *The Preacher's Outline and Sermon Bible®*, Vol. 2, Matthew, © 1991 por Alpha Omega Ministries, Inc., y publicado por Leadership Ministries Worldwide, P.O. Box 21310, Chattanooga, TN 37424.

Edición en castellano: *Biblia de bosquejos y sermones*, tomo 2, Mateo 16:13—28:20, © 1997 por Alpha Omega Ministries, Inc. y publicado con permiso por Editorial Portavoz, filial de Kregel, Inc., Grand Rapids, Michigan 49505.

La *Biblia de bosquejos y sermones* fue escrita para que el pueblo de Dios la use tanto en sus vidas personales como en la predicación y enseñanza.

EDITORIAL PORTAVOZ
2450 Oak Industrial Dr. NE
Grand Rapids, Michigan 49505 EE. UU.

Visítenos en: www.portavoz.com

ISBN 978-0-8254-1007-9

7 8 9 10 edición / año 29 28 27 26 25 24

Printed in China
Impreso en China

CONTENIDO

ABREVIATURAS VARIAS

a.C.	=	**antes de Cristo**	**il.**	=	**ilustración**
arg.	=	**argumento**	**just.**	=	**justicia**
Ant.	=	**antecedentes**	**Nº**	=	**número**
a tr.	=	**a través**	**NT**	=	**Nuevo Testamento**
AT	=	**Antiguo Testamento**	**p.**	=	**página**
caps.	=	**capítulos**	**p.ej.**	=	**por ejemplo**
cir.	=	**circunstancias**	**pp.**	=	**páginas**
concl.	=	**conclusión**	**pq.**	=	**porque**
cp.	=	**compárese,**	**pr.**	=	**pregunta**
ct.	=	**contrástese**	**pt.**	=	**punto**
d.C.	=	**después de Cristo**	**req.**	=	**requisito**
dif.	=	**diferente**	**rp.**	=	**respuesta**
EF	=	**Estudio a fondo**	**ss.**	=	**siguientes**
et.	=	**eterno**	**v.**	=	**versículo**
gob.	=	**gobierno**	**vs.**	=	**versus**
idt.	=	**identificación o identidad**	**vv.**	=	**versículos**

EL EVANGELIO SEGÚN MATEO

INTRODUCCIÓN

AUTOR: Mateo. En ninguna parte de la Biblia dice que Mateo es el autor; sin embargo, la evidencia en favor de la autoría de Mateo es fuerte.

1. Escritores de la antigüedad siempre han asignado el evangelio a Mateo. William Barclay cita a uno de los primeros historiadores de la iglesia, un hombre llamado Papías (100 d.C.), diciendo: «Mateo coleccionó los dichos de Jesús en lengua hebrea» (*El Evangelio de Mateo*, tomo 1. «Biblia de estudios diarios,» Filadelfia, PA: The Westminster Press, 1956, p. xxi). Ireneo (alrededor de 175 d.C.) el piadoso obispo de Lyon, escribió: «Mateo también produjo un evangelio escrito entre los hebreos, en el propio dialecto de ellos, mientras Pedro y Pablo predicaban en Roma y ponían los fundamentos de la iglesia» (Ireneo, *Contra las herejías,* 3.1.1).

2. Mateo estaba capacitado para escribir el evangelio. Había sido cobrador de impuestos, lo que significa que había estado involucrado en grandes transacciones comerciales. Un estudio del evangelio muestra que el autor tenía interés en las cifras, en extensos números (Mt. 18:24; 28:12), y en estadísticas (Mt. 1:17). Los detallados mensajes de Jesús señalan a un hombre experimentado en tomar notas rápidas, práctica que aparentemente había usado en las transacciones comerciales. Las Escrituras nos dicen muy poco acerca de Mateo.

a. Fue uno de los doce apóstoles (Mr. 2:14).
b. Dejó todo por seguir a Cristo (Lc. 5:27-28).
c. Utilizó una fiesta que celebró para honrar a Cristo para presentar los propios amigos al Señor (Lc. 5:29).

FECHA: Incierta. 50-70 d.C. Fue escrito algunos años después de la ascención del Señor, pero antes de 70 d.C.

1. La caída de Jerusalén en 70 d.C. es profética (Mt. 24:1ss).

2. Dichos semejantes a «hasta el día de hoy» (Mt. 27:8; 28:15) sugieren una fecha un tanto posterior a la ascención de Jesús, pero sin ir a un futuro muy distante.

3. El esparcimiento de la iglesia de Jerusalén, causado por la persecución (Hch. 8:4) sugiere una fecha algo posterior a la ascención. Mientras la iglesia y los apóstoles estaban juntos no se habría necesitado un evangelio.

4. La cita de Ireneo coloca al escrito de Mateo en el reinado de Nerón, «mientras Pablo y Pedro estaban en Roma».

LOS DESTINATARIOS: Originalmente el evangelio fue dirigido a los judíos. Sin embargo, exhala un mensaje para todos, un mensaje que proclama la esperanza mesiánica del mundo aguardando al Gran Libertador.

PROPÓSITO: Mostrar que Jesús es el Mesías, el Salvador y Rey profetizado por los profetas hebreos. Mateo es un libro fuerte, un libro escrito para obtener fe en Jesús. Mateo comienza demostrando que todas la profecías del Antiguo Testamento son cumplidas en Jesús, el carpintero de Nazaret. Tiene un tema recurrente: «Todo esto ocurrió para que se cumpla lo dicho por los profetas ...» Esto se repite aproximadamente dieciséis veces, y hay noventa y tres citas del Antiguo Testamento.

ASPECTOS ESPECIALES:

1. Mateo es el *evangelio eclesiástico.* A lo largo de los siglos Mateo ha sido usado extensamente en la iglesia. Su material está ordenado, primordialmente, por temas, no por una estricta secuencia cronológica. Es algo así como un bosquejo temático del ministerio y de la enseñanza de Jesús. Como tal, ha sido extremadamente útil a la iglesia: como apología para defender la fe, como manual de instrucciones para nuevos creyentes, y como un libro de adoración para ser leído en los cultos de la iglesia.

2. Mateo es el *evangelio didáctico.* La mayor parte de las enseñanzas de Jesús están organizadas de tal manera que pueden ser enseñadas fácilmente y vividas fácilmente. Este material didáctico se aprecia fácilmente en cinco secciones.

a. El sermón del monte (Mt. 5—7).
b. Los mensajeros del Mesías y su misión (Mt. 9:1—10:42).
c. Las parábolas del Mesías (Mt. 13).
d. Los discípulos del Mesías y la conducta de ellos, de los unos con los otros (Mt. 18).
e. La profecía del Mesías de su regreso y el fin del tiempo: El gran discurso del monte de los Olivos (Mt. 24—25).

3. Mateo es el *evangelio real* o el *evangelio del reino.* El corazón del evangelio de Mateo es que Jesús es Rey. Jesús es el Hijo de David, el mayor de los reyes de Israel. Jesús es el cumplimiento de las profecías mesiánicas que predijeron la venida de un Rey semejante a David.

a. Su genealogía demuestra que por nacimiento es hijo de David (Mt. 1:1-17).
b. Una y otra vez fue llamado Hijo de David (Mt. 2:2; 9:27;15:22; 20:30; 21:9,15; 22:42).
c. Cuando pasaba por alto la ley «Mas yo les digo ... » afirmaba personalmente tener el poder de un rey (Mt. 5:21, 27, 34, 38, 43).
e. Ante Pilato aceptó deliberadamente el título de Rey (Mt. 27:11).
f. Su cruz llevaba el título «Rey de los judíos» (Mt. 27:11).
g. Afirmó tener el poder supremo del Rey de Reyes,

«Toda potestad me es dada» (Mt. 28:18).

h. La palabra «reino» es usada cincuenta veces y «reino de los cielos» treinta y dos veces.

4. Mateo es el *evangelio apocalíptico*. Entre los evangelios, este tiene el relato más completo del retorno del Señor y del fin de los tiempos (Mt. 24—25).

5. Mateo es el *evangelio de la iglesia*. Es el único evangelio sinóptico que menciona a la iglesia (Mt. 16:13-23; 18:17; cp. Mr. 8:27-33; Lc. 9:18-22).

6. Mateo es el *evangelio de los judíos*. Mateo nunca deja de mostrar que Jesús cumple la profecía del AT Tiene más de cien alusiones o citas del AT. Está decidido a forzar al judío a creer que Jesús es el Mesías.

EXPLICACIÓN DEL BOSQUEJO

La Biblia de bosquejos y sermones es *única*. Difiere de todas las otras Biblias de estudio y de materiales para la preparción de sermones porque cada pasaje y tema es bosquejado inmediatamente junto a la Escritura. Cuando usted escoge cualquier *tema* de los que siguen y busca la referencia, no sólo encontrará el texto de la Escritura, sino que descubre las Escrituras y el tema *ya bosquejados para usted—versículo por versículo*.

A modo de rápido ejemplo, escoja uno de los temas que siguen y busque el texto de la Escritura, hallará entonces esta maravillosa ayuda para usarla de manera más rápida, fácil y correcta.

Además, cada punto de la Escritura y del respectivo tema está *plenamente desarrollado por un comentario con textos de apoyo* al pie de página. Nuevamente, este ordenamiento facilita y acelera la preparación de sermones.

Note algo más: Los temas del Evangelio de Mateo tienen títulos bíblicos, pero además se les ha dado *títulos prácticos o títulos de aplicación* que a veces apelan más a la gente. Este *beneficio* se ve claramente al usarlos en avisadores, boletines, periódicos de la iglesia, etc.

Una sugerencia: Para obtener la más rápida vista general de Mateo, lea primero *todos los títulos principales* (I, II, III, etc.), luego vuelva y lea los subtítulos.

BOSQUEJO DE MATEO 16:13—28:20

XI. LA REVELACIÓN DRAMÁTICA DEL MESÍAS: SU NATURALEZA MESIÁNICA, SU IGLESIA, Y SU CRUZ, 16:13—17:27

A. **El Mesías se revela dramáticamente a sí mismo y a su iglesia: la gran confesión de Pedro, 16:13-20** (Mr. 8:27-30; Lc. 9:18-21; cp. Jn. 6:68-69)

B. **El Mesías anuncia su muerte y gloria futura (por primera vez): entrega total, 16:21-28** (Mr. 8:31—9:1; Lc. 9:22-27)

C. **La transfiguración: fortalecido para llevar la cruz, 17:1-13** (Mr. 9:2-13; Lc. 9:28-36)

D. **Discípulos carentes de poder: una gran lección de fe y poder, 17:14-21** (Mr. 9:14-29; Lc. 9:37-42)

E. **El Mesías anuncia su muerte y resurrección (por segunda vez): librado por Dios, 17:22-23** (Mr. 9:30-32; Lc. 9:43-45)

F. **El Mesías se revela a sí mismo siendo un buen ciudadano, 17:24-27** (Cp. Mr. 12:13-17)

XII. LOS DISCÍPULOS DEL MESÍAS, Y LA CONDUCTA ENTRE ELLOS, 18:1-35

A. **Las condiciones de la grandeza, 18:1-4** (Mr. 9:33-37; Lc. 9:46-48)

B. **La advertencia en cuanto a ser de obstáculo a un niño, 18:5-10** (Mr. 9:42-48)

C. **La parábola de la oveja perdida: el ejemplo dupremo de la preocupación por otro, 18:11-14** (Lc. 15:1-7)

D. **Los pasos para corregir a un hermano ofensor, 18:15-20** (Lc. 17:3-4)

E. **La parábola del siervo sin compasión: el espíritu de perdón, 18:21-35**

XIII. LAS ENSEÑANZAS DEL MESÍAS EN EL CAMINO A JERUSALÉN, 19:1—20:34

A. **La santidad del matrimonio, 19:1-12** (Cp. Mt. 5:31-32; Mr. 10:1-12; Lc. 16:18; 1 Co. 7:10-16)

B. **La aceptación de niños, 19:13-15** (Mr. 10:13-15; Lc. 18:15-17)

C. **El joven rico: cómo entra un rico en el Reino de los cielos, 19:16-22** (Mr. 10:17-22; Lc. 18:18-23; cp. Lc. 10:25-37)

D. **El peligro de las riquezas, 19:23-26** (Mr. 10:23-27; Lc. 18:24-27)

E. **La recompensa de los creyentes, 19:27-30** (Mr. 10:28-31; Lc. 18:28-30)

F. **La parábola de los labradores en el viñedo: la gloriosa gracia de Dios, 20:1-16**

G. **El Mesías anuncia su muerte y tesurrección (por tercera vez), 20:17-19** (Mr. 10:32-34; Lc. 18:31-34)

H. **Precio y significado de la grandeza, 20:20-28** (Mr. 10:35-45; Lc. 22:24-27)

I. **Dos ciegos sanados: cómo pueden ser salvados los desesperados, 20:29-34** (Mr. 10:46-52; cp. Lc.18:35-43)

- K. **El trágico juicio del Mesías ante Pilato: la tragedia de un hombre indeciso, 27:11-25** (Mr. 15:1-15; Lc. 23:1-25; Jn. 18:28-40)
- L. **Sufrimiento y crucifixión del Mesías: un cuadro de cómo el mundo trata al Hijo de Dios, 27:26-44** (Mr. 15:16-32; Lc. 23:43; Jn. 19:16-24)
- M. **El gran triunfo del Mesías: los eventos milagrosos que rodearon a la cruz, 27:45-56** (Mr. 15:33-41; Lc. 23:44-49; Jn. 19:30-37)
- N. **El entierro del Mesías: reacciones ante su muerte, 27:57-66** (Mr. 15:42-47; Lc. 23:50-56; Jn. 19:38-42)

XVII. LA RESURRECCIÓN TRIUNFAL DEL MESÍAS, 28:1-20

- A. **La resurrección del Mesías: eventos que la rodearon, 28:1-15** (Mr. 16:1-13; Lc. 24:1-49; Jn. 20:1-23)
- B. **La comisión final del Mesías dada a sus discípulos, 28:16-20** (Mr. 16:15-18; Lc. 24: 46-49; Jn. 20, 21; cp. Jn. 17:18; Hch. 1:8)

XI. LA REVELACIÓN DRAMÁTICA DEL MESÍAS: SU NATURALEZA MESIÁNICA, SU IGLESIA, Y SU CRUZ, 16:13—17:27

A. El Mesías se revela dramáticamente a sí mismo y a su iglesia: la gran confesión de Pedro, 16:13-20
(Mr. 8:27-30; Lc. 9:18-21; cp. Jn. 6:68-69)

13 Viniendo Jesús a la
región de Cesarea de
Filipo, preguntó a sus
discípulos, diciendo:
¿Quién dicen los hombres
que es el Hijo del Hombre?
14 Ellos dijeron: Unos,
Juan el Bautista; otros,
Elías, y otros, Jeremías, o
alguno de los profetas.
15 El les dijo: Y vosotros,
¿quién decís que soy yo?
16 Respondiendo Simón
Pedro, dijo: Tú eres el
Cristo, el Hijo del Dios
viviente.
17 Entonces respondió
Jesús: Bienaventurado
eres, Simón, hijo de Jonás,
porque no te lo reveló carne
ni sangre, sino mi Padre
que está en los cielos.
18 Y yo también te digo,
que tú eres Pedro, y sobre
esta roca edificaré mi
iglesia; y las puertas del
Hades no prevalecerán
contra ella.
19 Y a ti te daré las llaves
del reino de los cielos; y
todo lo que atares en la
tierra será atado en los
cielos; y todo lo que
desatares en la tierra será
desatado en los cielos.
20 Entonces mandó a sus
discípulo que a nadie dijesen
que él era Jesús el Cristo.

1 Cristo en la zona de Cesarea de Filipo
2 Esta confesión no es la confesión del mundo
a. La primera pregunta crítica
b. Las confesiones falsas
3 Esto declara la confianza del creyente en Cristo
a. La segunda pregunta crítica, v. 15
b. La verdadera confesión: una confianza personal en Cristo
4 Esta confesión es revelada solamente por Dios
5 Esta confesión es la fundación de la iglesia[EFI]
a. Hecho 1: Su iglesia
b. Hecho 2: Él edifica
c. Hecho 3: Él protege
6 Esta confesión da gran responsabilidad a los creyentes por la iglesia
a. Una responsabilidad en el uso de las llaves del reino de los cielos
b. Una responsabilidad de atar y desatar en la tierra
7 Esta confesión debe entenderse antes de ser compartida con otros

XI. LA REVELACIÓN DRAMÁTICA DEL MESÍAS: SU NATURALEZA MESIÁNICA, SU IGLESIA, Y SU CRUZ, 16:13—17:27

A. El Mesías se revela dramáticamente a sí mismo y a su iglesia: la gran confesión de Pedro, 16:13-20

(16:13-20) ***Introducción:*** Jesús se retiró para estar a solas con sus discípulos. Pronto, muy pronto llegaría el fin. Había mucho que revelarles y enseñarles. Era tiempo que ellos aprendieran que Cristo estaba *edificando una iglesia*: una asamblea de personas que lo confesarían como Mesías. Este pasaje es una de las revelaciones más dramáticas que se hayan hecho. También contiene una de las preguntas más incisivas que se hayan preguntado. Incisiva porque la respuesta dada determina el destino eterno de una persona. La forma en que una persona contesta estas preguntas determina dónde pasará la eternidad, si con Dios en el cielo o apartado de Dios en el infierno. Y note esto, existe solamente una respuesta que puede calificar a la persona para el cielo: «Tú eres el Cristo, el Hijo del Dios viviente». La importancia de la pregunta y de la confesión queda claramente demostrada cuando se miran rápidamente los puntos de este pasaje.

1. Cristo en la zona de Cesarea de Filipo (v. 13).
2. Esta confesión no es la confesión del mundo (vv. 13-14).
3. Esta confesión declara la confianza del creyente en Cristo (vv. 15-16).
4. Esta confesión es revelada solamente por Dios (v. 17).
5. Esta confesión es la fundación de la iglesia (v. 18).
6. Esta confesión asigna gran responsabilidad a los creyentes por la iglesia (v. 19).
7. Esta confesión tiene que ser entendida antes de ser compartida con otros (v. 20).

[1] (16:13) ***Cesarea de Filipo:*** Cristo estaba en la zona de Cesarea de Filipo. (*Véase* Estudio a fondo 1—Mr. 8:27.) Esta nota dará el fondo dramático para la pregunta específica del Señor. Jesús se había retirado para estar solo y orar antes de este evento y de su profunda revelación (cp. Lc. 9:18).

[2] (16:13-14) ***Profesión falsa:*** la confesión de Pedro no es la confesión del mundo. Note dos aspectos significativos.

1. Jesús había hecho una pregunta crítica: «¿Quién dicen los hombres que es el Hijo del Hombre?» Tenemos que saber lo que otros dicen acerca de Jesús, de quién es Jesús. Lo que los hombres piensan de Él ...
   - determina el destino de ellos.
   - determina cómo vamos a alcanzarlo.
   - determina la reacción de ellos cuando les testificamos.
   - determina en gran medida la moral y justicia de una sociedad.

2. Había confesiones falsas en cuanto a Cristo. Las opiniones populares muestran que Cristo era tenido en gran estima y respeto. Se lo consideraba uno de los hombres más grandes. Es de notar que estas opiniones no solo no eran falsas, sino que eran peligrosas porque solo contenían verdades a medias. El resultado fue trágico: la gente estaba siendo engañada y extraviada.
   a. Algunos decían que Jesús era Juan el Bautista. Esta gente profesaba que Jesús era un gran espíritu de justicia, un espíritu dispuesto al martirio por amor a la fe. Esto es lo que pensaban Herodes y otros (Mt. 14:1-2). Al oír de las obras maravillosas de Jesús, Herodes creyó que Juan había revivido o bien que su espíritu moraba en el hombre de quien oía estas cosas.

      La gente común veía alguna similitud entre Juan y Jesús. Ambos hacían una singular y gran obra para Dios; ambos eran divinamente escogidos y tenían dones de Dios; y ambos proclamaban el reino de Dios y preparaban a la gente para el mismo. Por eso cuando algunas personas veían a Jesús y su ministerio, no lo consideraban el Mesías, sino más bien el antecesor del Mesías (Mal. 4:5).

b. Algunas personas decían que Jesús era Elías. Se consideraba a Elías como el mayor de los profetas y maestros de todos los tiempos, y también estaba predicho que sería el antecesor del futuro Mesías. En la celebración de la Pascua siempre dejaban una silla vacante para que Él la ocupe (*El Evangelio de Mateo*, tomo 2, p. 150). Elías también había sido usado por Dios para alimentar milagrosamente a una viuda y a su hijo (1 R. 17:14). La gente relacionaba el milagro de Elías y la alimentación de la multitud obrada por Jesús.

c. Algunas personas decían que Jesús era Jeremías. Afirmaban que Jesús era un profeta que estaba revelando a los hombres algunas cosas muy importantes acerca de Dios y la religión. Siempre se había creído que Jeremías volvería a la tierra inmediatamente antes de la venida del Mesías, que traería consigo el tabernáculo, el arca, y el altar del incienso. Se decía que antes de morir había ocultado estos en el monte Nebo (2 Mac. 2:1-12; 2 Esd. 2:18).

d. Algunas personas decían que Jesús era uno de los profetas. Afirmaban que Jesús era un gran profeta que había sido enviado para aquel día y aquel tiempo. Se penaba que era uno de los grandes profetas que había vuelto a vivir o alguien en quien moraba el espíritu de un gran profeta (cp. Dt. 18:15, 18).

Es de notar que las mismas falsas confesiones acerca de Cristo existen en cada generación.

- Hay algunos que piensan que Jesús simplemente fue un gran hombre de la justicia, alguien que sufrió el martirio por su fe. Por lo tanto nos deja un gran ejemplo de cómo vivir y defender aquello que creemos.
- Otras personas piensan que Jesús simplemente fue uno de los grandes maestros y profetas de la historia.
- Y aun otros piensan que Jesús solamente fue un gran hombre que nos reveló algunas cosas importantes acerca de Dios y de la religión. Que por lo tanto puede hacer una significativa contribución a toda persona que busca a Dios.
- Hay algunos otros que creen que Jesús simplemente fue un gran hombre y profeta enviado a la gente (judíos) de su día. Estudiando su vida podemos aprender de Él.

«¿No es este el carpintero, hijo de María, hermano de Jacobo, de José, de Judas y de Simón? ¿No están también aquí con nosotros sus hermanas? Y se escandalizaban de Él» (Mr. 6:3).

«En el mundo estaba, y el mundo por él fue hecho; pero el mundo no le conoció. A lo suyo vino, y los suyos no le recibieron» (Jn. 1:10-11).

«Ellos le dijeron: ¿Dónde está tu Padre? Respondió Jesús: Ni a mí me conocéis, ni a mi Padre; si a mí me conocieseis, también a mi Padre conoceríais» (Jn. 8:19).

«¿Quién es el mentiroso, sino el que niega que Jesús es el Cristo? Este es anticristo, el que niega al Padre y al Hijo. Todo aquel que niega al Hijo, tampoco tiene al Padre. El que confiesa al Hijo, también tiene al Padre» (1 Jn. 2:22-23).

«Y todo espíritu que no confiesa que Jesucristo ha venido en carne, no es de Dios; y este es el espíritu del anticristo, el cual vosotros habéis oído que viene, y que ahora ya está en el mundo» (1 Jn. 4:3).

Pensamiento. Note tres cosas acerca de las oponiones que el mundo tiene de Jesucristo.

1) El mundo no tiene una opinión unánime de Cristo. Hay muchas opiniones diferentes, pero hay una sola *verdad*. O es, o no es, lo que dijo ser: el Hijo de Dios. Mientras el mundo no se atenga a la verdad, recorrerá una multitud de opiniones, seguirá una suposición tras otra, una hipótesis tras otra.
2) La mayoría de las opiniones del mundo acerca de Cristo lo ven como un hombre bueno y grande. Las opiniones no son acertadas pero al menos elevan a Cristo encima del hombre promedio.
3) Las opiniones del mundo son falsas, no acertadas. Hay dos bases para decir esto.
   a) Si Cristo no es el Hijo de Dios, tampoco es uno grande y bueno. Si no es el Hijo de Dios es el peor de los engañadores y estafadores que hayan llegado al escenario del mundo. ¿Por qué? Porque afirmó ser el Hijo de Dios, y el Dios de justicia, y edificó a sus seguidores sobre esta afirmación. Si Jesucristo no es el Hijo de Dios, todo auténtico seguidor suyo vive en un *mundo de sueños de falsas esperanzas* privándose de muchos de los bienes del mundo. Además está enseñando una mentira a otros. Si Cristo no es el Hijo de Dios no es digno de ser seguido.
   b) Las Escrituras declaran enfáticamente: Jesucristo es el Hijo de Dios. Él es quien dijo ser.

3 (16:15-16) ***Confesión—Jesucristo, nombres y títulos:*** la confesión de Pedro encerraba su confianza personal en Cristo.

1. Jesús hizo una segunda pregunta crítica que en griego es mucho más penetrante: «Y vosotros, ¿quién decís que soy yo?» La respuesta a esta pregunta es crítica, de suprema importancia. Determina el destino eterno de la persona.

2. La verdadera confesión declara la confianza personal de uno en Cristo. Note las palabras de Pedro: «Tú eres el Cristo, el Hijo del Dios viviente». Una confesión simple y sin embargo, suprema, que nace de una convicción personal. Es la confesión que salva al alma y que pone el fundamento de la iglesia. La vida y supervivencia misma del alma del hombre y la iglesia como un todo descansan en esta convicción simple, pero profunda.

- El *Cristo*: el Mesías, el Ungido de Dios (*véase* Estudio a fondo 2—Mt. 1:18).
- El *Hijo de Dios*: del mismo ser, de la misma sustancia; uno con el Padre (*véase* nota—Fil. 2:6).
- El *Hijo del Dios Viviente*: la fuente y esencia de la vida; quien posee en sí mismo la fuente, energía, y poder de la vida (Jn. 5:26; 17:2-3; 1 Ts. 1:9).

Probablemente Pedro no entendía todo lo que implicaba que Cristo sea el hijo de Dios (la cruz y la resurrección todavía no habían ocurrido). Pero su confesión fue hecha en sincera confianza a partir de un corazón realmente convencido de que Jesús era el Cristo, el Hijo del Dios viviente. Es simplemente confianza lo que Dios desea y anhela, nada más ni nada menos. Pedro estaba confesando sencillamente, paso a paso: «Yo creo que tú eres ... »

- el verdadero Mesías.
- no un mero hombre.
- sino el Hijo de Dios.
- enviado por Dios.
- para cumplir todo lo dicho por los profetas.

Pensamiento. La pregunta es personal. Es dirigida a todo hombre: «¿Quién decís que soy yo?» Toda persona tiene que responder y su destino eterno depende de su respuesta. Y su respuesta es crucial, porque Cristo no quiere una confesión *acerca* de Cristo. Lo que quiere es fe, una confesión de su deidad, una fe en su gracia salvadora.

«A cualquiera, pues, que me confiese delante de los hombres, yo también le confesaré delante de mi Padre que está en los cielos. Y a cualquiera que me

niegue delante de los hombres, yo también le negaré delante de mi Padre que está en los cielos» (Mt. 10:32-33).

«Porque el que se avergonzare de mí y de mis palabras en esta generación adúltera y pecadora, el Hijo del Hombre se avergonzará también de él, cuando venga en la gloria de su Padre con los santos ángeles» (Mr. 8:38).

«Os digo que todo aquel que me confesare delante de los hombres, también el Hijo del Hombre le confesará delante de los ángeles de Dios» (Lc. 12:8).

«Que si confesares con tu boca que Jesucristo es el Señor, y creyeres en tu corazón que Dios le levantó de los muertos, serás salvo. Porque con el corazón se cree para justicia, pero con la boca se confiesa para salvación» (Ro. 10:9-10).

«Este halló primero a su hermano Simón, y le dijo: Hemos hallado al Mesías (que traducido es, el Cristo). Y le trajo a Jesús» (Jn. 1:41).

«Felipe halló a Natanael, y le dijo: Hemos hallado a aquel de quien escribió Moisés en la ley, así como los profetas: a Jesús, el hijo de José, de Nazaret» (Jn. 1:45).

«Respondió Natanael y le dijo: Rabí, tú eres el Hijo de Dios; tú eres el Rey de Israel» (Jn. 1:49).

«Venid, ved a un hombre que me ha dicho todo cuanto he hecho. ¿No será este el Cristo?» (Jn. 4:29).

«Y nosotros hemos creído y conocemos que tú eres el Cristo, el Hijo del Dios viviente» (Jn. 6:69).

«Le dijo: Sí, Señor; yo he creído que tú eres el Cristo, el Hijo de Dios, que has venido al mundo» (Jn. 11:27).

«Entonces Tomás respondió y le dijo: ¡Señor mío, y Dios mío!» (Jn. 20:28).

«Y yendo por el camino, llegaron a cierta agua, y dijo el eunuco: Aquí hay agua; ¿qué impide que yo sea bautizado? Felipe dijo: Si crees de todo corazón, bien puedes. Y respondiendo, dijo: Creo que Jesucristo es el Hijo de Dios» (Hch. 8:36-37).

4 (16:17) ***Convicción—Espíritu Santo, obra del:*** la confesión de Pedro fue revelada únicamente por Dios. Unicamente Dios puede convencer el alma de un hombre y conducir al hombre a confiar personalmente en Cristo como Hijo de Dios. Para esto hay dos motivos.

1. El hombre solo es carne y sangre. Una persona no puede convencer a otra a confiar en Cristo; no puede convencerlo con poder regenerador. La convicción que lleva a un hombre a confiar en Cristo —que conduce a la regeneración— es obra del Espíritu de Dios (Jn. 16:8-11).

2. El hombre natural no puede recibir las cosas del Espíritu de Dios (1 Co. 2:14). El hombre es de la tierra; es terrenal. Cristo es del cielo y de Dios; es celestial. Dios es Espíritu y quienes le adoran tienen que adorarle en *espíritu* y en verdad (Jn. 4:23-24). El hombre no puede conocer a Cristo de manera personal mediante sabiduría natural o estudio. Humanamente el hecho no podría ser más claro; el hombre no puede *recrearse* así mismo. Si va a nacer de nuevo, tiene que ser *recreado* por Alguien ajeno a él mismo. Tiene que ser recreado por Dios (Jn. 3:3, 5-6).

- El hombre no puede *vivificarse* a sí mismo; no puede darse él mismo vida espiritual; sólo Dios puede.
- El hombre no puede *regenerarse* a sí mismo; sólo Dios puede.
- El hombre no puede *redimirse* a sí mismo; sólo Dios puede.
- El hombre no puede *infundirse* vida eterna; sólo Dios puede.

«Los cuales no son engendrados de sangre, ni de voluntad de carne, ni de voluntad de varón, sino de Dios» (Jn. 1:13).

«Lo que es nacido de la carne, carne es; y lo que es nacido del Espíritu, espíritu es» (Jn. 3:6).

«Porque por gracia sois salvos por medio de la fe; y esto no de vosotros, pues es don de Dios; no por obras, para que nadie se gloría» (Ef. 2:8-9).

«Nos salvó, no por obras de justicia que nosotros hubiéramos hecho, sino por su misericordia, por el lavamiento de la regeneración y por la renovación del Espíritu Santo» (Tit. 3:5).

«Siendo renacidos, no de simiente corruptible, sino de incorruptible, por la palabra de Dios que vive y permanece para siempre» (1 P. 1:23).

«Todo aquel que cree que Jesús es el Cristo, es nacido de Dios; y todo aquel que ama al que le engendró, ama también al que ha sido engendrado por él» (1 Jn. 5:1).

Pensamiento. El hombre natural ha sido apartado de lo espiritual ...

- por el orgullo, poder, fama, riqueza y gloria.
- por los prejuicios de educación, la filosofía del humanismo, las limitaciones de la metodología científica, y los resultados materialistas de la tecnología.
- por la fuerza de la incredulidad, la falta de valor para oponerse a la multitud, y por la vacilación de someter el ego y las posesiones a Cristo.
- por el amor a la carne, la lujuria de los ojos, la estimulación del contacto, la sensación de experimentar, y la consumación del placer.
- por los engaños del maligno, los deseos del corazón humano, y los pecados del comportamiento personal.

5 (16:18) ***Iglesia, fundación:*** la confesión de Pedro constituye la fundación de la iglesia (*véase* Estudio a fondo 1, ***Iglesia***—Mt. 16:18. Para mayor discusión *véase* también notas—Ef. 2:20; 4:4-6). Cristo respondió a Pedro: «Tú eres Pedro [*petros*] y sobre esta roca [*petra*] yo edificaré mi iglesia». No importa cómo la persona interprete este pasaje, una cosa es segura: este fue un tremendo cumplido para Pedro. ¿Pero qué quiso decir Jesús? Probablemente esto: la roca era *Pedro mismo y su confesión*, no simplemente Pedro, ni solamente su confesión. La roca eran *ambos,* pero de una manera muy especial.

1. En dos sentidos Pedro mismo era la roca.

a. Pedro fue la primera persona en captar *plenamente* quien era realmente Jesús. Fue el primero en confesar con *pleno* entendimiento que Jesús era el Cristo, el Hijo del Dios viviente. Ya antes otros habían hecho confesiones similares (Jn. 1:41, 45, 49; 6:69), pero todavía no habían estado lo suficiente con Jesús para captar *plenamente* lo que realmente significaba ser «el Hijo de Dios». Sus confesiones habían sido las confesiones terrenales, de la simple e infantil fe. Pero ahora Pedro entendía más cabalmente; captó *plenamente* quien era Jesús. Por eso se convirtió en el primer hombre, la primera roca, el fundamento *sobre* el cual sería edificada la iglesia y todas las otras «piedras vivas».

En Efesios 2:20 se le da gran importancia a este significado. Se dice que los apóstoles y profetas son el fundamento de la iglesia sobre el cual todos los creyentes futuros o «piedras vivas» son edificados. (1 P. 2:5). Jesucristo es llamado la principal piedra angular. El cuadro es incuestionablemente claro. Desde la perspectiva humana, los apóstoles y profetas trabajan y edifican la iglesia y la iglesia depende de su obra y esfuerzo. Desde la perspectiva de Dios, el poder y la obra de Cristo establece la iglesia (cp. 1 Co. 3:11; 1 P. 2:4-8; *véase* nota—Mt. 16:19).

b. Pedro fue quien inauguró y puso el fundamento de la iglesia. Fue el primer líder de la iglesia quien se presentó en Pentecostés cuando tres mil almas fueron salvadas (Hch. 2:41) y en Cesarea cuando se abrió la puerta de salvación a los gentiles (10:1ss). Por eso, él fue la roca y el fundamento por ser el primer hombre que abrió la puerta de la iglesia tanto a judíos como a gentiles.

2. La confesión de Pedro (o uno podría decir, Cristo mismo) era la roca. Cristo dijo: «Tú eres Pedro y sobre esta roca [que soy yo mismo, la gran verdad de tu confesión] edificaré mi iglesia». No hay duda de que la iglesia es edificada sobre Cristo. Él es, indudablemente, quien edifica la iglesia y el poder detrás de su estructura (1 Co. 3:11). Es el quien toma a cada creyente, a todas las «piedras vivas», y las coloca en la estructura de su iglesia (1 P. 2:4-8). La iglesia *depende* de Cristo, no de Pedro ni de ningún otro hombre o combinación de hombres. En primer lugar, fue *edificada* por Pedro después de Pentecostés; pero es *sostenida y mantenida* por Cristo, el único fundamento.

Note las palabras exactas dichas por Cristo.

- Hecho 1: «Mi iglesia.» La iglesia es de Cristo, no del hombre.
- Hecho 2: «Yo edificaré.» Cristo edifica la iglesia.
- Hecho 3: «Las puertas de Hades no prevalecerán contra ella.» Cristo mismo protege a la iglesia.

«Cualquiera, pues, que me oye estas palabras, y las hace, le compararé a un hombre prudente, que edificó su casa sobre la roca» (Mt. 7:24).

«Jesús les dijo: ¿Nunca leisteis en las Escrituras: La piedra que desecharon los edificadores, ha venido a ser cabeza del ángulo. El Señor ha hecho esto, y es cosa maravillosa a nuestros ojos?» (Mt. 21:42).

Pensamiento 2. Debemos ir con frecuencia a Cristo y confesar nuestra confianza y fe en Él. Debemos ir a Él demostrando vigor, devoción, ternura y calidez. Él desea esa clase de devoción vigorosa, porque nosotros somos las «piedras vivas» de su iglesia.

Pensamiento 3. Note un hecho que con frecuencia se pasa por alto. Cristo no solamente nos amó y murió por nosotros en forma individual, también amó a la iglesia y murió por ella como un todo (universalmente). «Cristo amó a la iglesia, y se entregó a sí mismo por ella» (Ef. 5:25).

ESTUDIO A FONDO 1

(16:18) ***Iglesia*** *(ekklesia):* la palabra significa llamar afuera para una reunión, una asamblea. En el griego no se le asigna a la palabra en sí un significado espiritual. Un ejemplo es la reunión de los ciudadanos en Éfeso, que fue «llamada afuera» (*ekklesia*). No era sino una reunión oficial para toda la ciudad (Hch. 19:32, 39, 41).

¿Cuál es entonces la diferencia entre esa clase de reunión secular y la iglesia de Dios.

1. Es Dios quien llama y reune a su iglesia. Su iglesia es el cuerpo de personas «llamadas» por él mismo a salir del mundo. Es su cuerpo de personas, un pueblo santificado o *apartado* por Él para formar la iglesia del Dios viviente.

2. Dios habita en medio de los creyentes cuando estos se reúnen (*véanse* nota—1 Co. 3:16-17).

3. La reunión del pueblo de Dios se realiza con dos propósitos, adoración y misión. Dios es el objeto de la adoración y su misión llega a ser el objetivo de la iglesia. Por eso, la iglesia de Dios, la asamblea local, se reúne para adorar y para reunir los recursos con que ejecutar la misión de Dios mismo. Es de notar que esta es la primera mención de la iglesia en el Nuevo Testamento. (Para mayor discusión *véase* notas—Mt. 16:18; Ef. 2:20; 4:4-6.)

6 (16:19) ***Responsabilidad cristiana:*** la confesión de Pedro le asignaba gran responsabilidad a los creyentes de la iglesia. El mayordomo de la casa recibe las llaves o la responsabilidad de la casa. El mayordomo tiene la responsabilidad de cerrar (atar) y de abrir (desatar) la casa. La llave es el evangelio, el mensaje del Señor Jesucristo mismo. Corresponde al mayordomo proclamar y enseñar el evangelio. Proclamando y enseñando abre la puerta; no proclamando y no enseñando, cierra la puerta.

Note que las llaves no son las llaves a la iglesia sino al reino de los cielos. Es la entrada al reino de los cielos lo que está en juego. Pedro fue el primer hombre en predicar el evangelio y abrir la puerta a Israel durante Pentecostés (Hch. 2:38-42), y a los gentiles en casa de Cornelio (Hch. 10:3-48).

Note otro punto de crucial importancia: Pedro no dijo tener otra autoridad que la de predicar el evangelio y abrir la puerta a los incrédulos (Hch. 15:7-11). Las epístolas nada dicen en absoluto acerca del hombre actuando en lugar de Dios y determinando quien, y quien no, entrará al reino de los cielos. Solamente Dios determinará quien vive, y quien no, en su presencia. También hay esta evidencia adicional: Pedro no reclamó para sí mismo sino lo que otros hombre reclamaban, es decir, haber recibido de Dios el don de apóstol (1 P. 1:1) y de anciano (1 P. 5:1). Este hecho se ve claramente en su sumisión a Santiago. Santiago, y no Pedro, presidía el concilio de Jerusalén (Hch. 15:19; Gá. 2:11-14).

Pensamiento. Los siervos de Dios, tanto ministros como laicos, han recibido el evangelio, las llaves al reino de los cielos. Cada creyente tiene la responsabilidad de usar las llaves. El incrédulo que rechaza el evangelio en hostilidad y comienza a perseguir al creyente será excluido (Mt. 10:11-14, 23). Al que recibe el evangelio y al creyente se le abrirán las puertas del reino.

«Por tanto, id, y haced discípulos a todas las naciones, bautizándolos en el nombre del Padre, y del Hijo, y del Espíritu Santo; enseñándoles que guarden todas las cosas que os he mandado; y he aquí yo estoy con vosotros todos los días, hasta el fin del mundo» (Mt. 28:19-20).

«Y les dijo: Id por todo el mundo y predicad el evangelio a toda criatura» (Mr. 16:15).

«Entonces Jesús les dijo otra vez: Paz a vosotros. Como me envió el Padre, así también yo os envío» (Jn. 20:21; cp. Mt. 20:28; Lc. 19:10).

«Pero recibiréis poder, cuando haya venido sobre vosotros el Espíritu Santo, y me seréis testigos en Jerusalén, en toda Judea, en Samaria, y hasta lo último de la tierra» (Hch. 1:8).

«Lo que has oído de mí ante muchos testigos, esto encarga a hombres fieles que sean idóneos para enseñar también a otros» (2 Ti. 2:2).

«Sino santificad a Dios el Señor en vuestros corazones, y estad siempre preparados para presentar defensa con mansedumbre y reverencia ante todo el que os demande razón de la esperanza que hay en vosotros» (1 P. 3:15).

7 (16:20) ***Testificar:*** es preciso entender la confesión de Pedro antes de compartirla con otros. Por diversas razones se les prohibió a los discípulos proclamar que Jesús era el Hijo de Dios.

1. Aun necesitaban mayor preparación. Todavía no conocían el evangelio *pleno*. La muerte y resurrección de Jesús, corazón del evangelio, todavía no habían tenido lugar.

2. Los discípulos necesitaban el poder interior del Espíritu Santo para que el mensaje fuera eficiente, pero el Espíritu aun no había descendido. Todavía no había tenido lugar el Pentecostés.

3. La gente interpretaba mal las profecías acerca del Mesías. Si los discípulos comenzaban a predicar con fuerza, la gente podría sublevarse contra el conquistador romano (*véanse* notas—Mt.1:1; Estudio a fondo 2—1:18; Estudio a fondo 3—3:11; Estudio a fondo 2—11:1-6; 11:2-3; Estudio a fondo 1—11:5; Estudio a fondo 2—11:6; Estudio a fondo 1—12:16; nota—Lc. 7:21-23).

Pensamiento. Hay dos cosas esenciales para que el creyente pueda proclamar eficientemente el evangelio.

1) Tiene que entender la muerte y resurrección de Cristo (1 Co. 15:1-4).
2) Tiene que ser habitado y llenado por el Espíritu de Dios (Hch. 1:8).

	B. El Mesías anuncia su muerte y gloria futura (primera vez): entrega total, 16:21-28 (Mr. 8:31-9:1; Lc. 9:22-27)	24 Entonces Jesús dijo a sus discípulos: Si alguno quiere venir en pos de mí, niéguese a sí mismo, y tome su cruz y sígame.	**2 Se requiere entrega total** a. Estar dispuesto a seguir b. Negarse a sí mismo c. Tiene que tomar su cruz d. Hay que seguir a Jesús
1 Su muerte requería entrega total de su parte a. Su muerte era necesaria: tenía que ir y sufrir 1) En Jerusalén[EF1] 2) Para padecer[EF2] 3) Para ser muerto 4) Para resucitar	21 Desde entonces comenzó Jesús a declarar a sus discípulos que le era necesario ir a Jerusalén y padecer mucho de los ancianos, de los principales sacerdotes y de los escribas; y de ser muerto, y resucitar al tercer día.	25 Porque todo el que quiera salvar su vida, la perderá; y todo el que pierda su vida por causa de mí, la hallará. 26 Porque ¿Qué aprovechará al hombre, si ganare todo el mundo, y perdiere su alma? ¿O qué recompensa dará el hombre por su alma?	**3 Su muerte ofrece cuatro argumentos para la entrega total** a. Un abandono de esta vida salva al hombre b. El alma del hombre vale más que todo el mundo
b. Su muerte subleva al hombre natural	22 Entonces Pedro, tomándole aparte, comenzó a reconvenirle, diciendo: Señor, ten compasión de ti; en ninguna manera esto te acontezca.	27 Porque el Hijo del Hombre vendrá en la gloria de su Padre con sus ángeles, y entonces pagará a cada uno conforme a sus obras.	c. Viene el día del juicio
c. Su muerte muestra que el hombre es adversario de Dios d. Su muerte revela la verdadera naturaleza del hombre	23 Pero él, volviéndose, dijo a Pedro: ¡Quítate de delante de mí, Satanás!; me eres tropiezo, porque no pones la mira en las cosas de Dios, sino en las de los hombres.	28 De cierto os digo que hay algunos de los que están aquí, que no gustarán la muerte, hasta que hayan visto al Hijo del Hombre viniendo en su reino.	d. Una promesa, la promesa de nunca tener que gustar la muerte

B. El Mesías anuncia su muerte y gloria futura (primera vez): entrega total, 16:21-28

(16:21-28) ***Introducción:*** ahora Jesús estaba lanzando una nueva etapa. Note las palabras: «Desde entonces». Con mayor claridad que antes y sin reservas Cristo revela ahora que el *Hijo del Dios viviente* tenía que morir y resucitar de los muertos. Nunca antes había ocurrido algo tan fenomenal, y nunca después volvería a ocurrir. Ahora se haría historia. La «Jerusalén ... que matas a los profetas» iba a cometer su crimen supremo, iba a matar al propio Hijo de Dios (cp. Mt.23:27).

Note dos hechos.

1. Cristo ya había estado hablando por un tiempo a sus discípulos acerca de su muerte y resurrección, pero ellos no lo habían entendido. Había dos motivos primordiales para la ceguera de ellos. Primero, la idea del Mesías sufriente difería radicalmente de la propia idea que tenían del Mesías (*véanse* notas—Mt. 1:1; Estudio a fondo 2—1:18; Estudio a fondo 3—3:11; notas—11:1-6; 1:2-3; Estudio a fondo 1—11:5; Estudio a fondo 2—11:6; Estudio a fondo 1—12:16; Estudio a fondo 1—Mr. 8:27; notas—8:30; Lc. 7:21); y en segundo lugar, la revelación había estado oculta en imágenes y símbolos.

> **«Destruid este templo, y en tres días lo levantaré» (Jn. 2:19).**
>
> **«Y como Moisés levantó la serpiente en el desierto, así es necesario que el Hijo del Hombre sea levantado» (Jn. 3:14).**
>
> **«Yo soy el pan vivo que descendió del cielo; si alguno comiere de este pan, vivirá para siempre; y el pan que yo daré es mi carne, la cual yo daré por la vida del mundo» (Jn. 6:51).**

Sin embargo, ahora hubo un significativo cambio en cómo Jesús preparaba a sus discípulos tocante a la muerte del Mesías. La diferencia era que Cristo ya no hablaba en cuadros y símbolos. Ahora les enseñaba con palabras simples y directas (Mt. 20:18-20; Lc. 18:31-33). Ahora estaba comenzando una nueva etapa en la revelación del plan de Dios para el mundo; el Hijo de Dios iba a morir y resucitar por los pecados del mundo. El plan de Dios para salvar al mundo se cumpliría mediante un Mesías sufriente, y no mediante un Mesías conquistador. El Mesías de Dios no iba a entregar un mundo *materialista* a las manos de sus seguidores. El Mesías de Dios iba a morir, y mediante la muerte iba a inaugurar el reino de Dios y permitir que sus seguidores vivan eternamente en la presencia de Dios mismo (*véase* Estudio a fondo 3—Mt. 19:23-24; cp. Jn. 3:16; 5:24ss).

2. Ahora los discípulos entendían *más cabalmente* que Jesús era «el Mesías, el Hijo del Dios viviente» (Mt. 16:16). Habían dado un gran salto hacia adelante en su entendimiento de la naturaleza de Cristo, en su comprensión de quien realmente era. Ahora tenían que aprender dos cosas: que el verdadero camino al reino de Dios y a su gloria era la muerte, el sacrificio, la negación propia. El sendero del sufrimiento no solo tenía que ser seguido por el Mesías de Dios, sino también por los seguidores del Mesías de Dios (vv. 24-28).

Imagínese solamente la diferencia radical entre los dos conceptos ...

- un Mesías sufriente en contraste con un Mesías conquistador.
- un creyente sufriente en contraste con un creyente conquistador.

El hecho de ver la diferencia radical ayuda a la persona a entender el comportamiento de Pedro y por qué los discípulos fueron tan lentos en captar lo que Cristo estaba diciendo. De hecho, nunca lo entendieron totalmente sino después de la resurrección (*véanse* bosquejos y notas—Mt. 17:22-23; 20:17-19; Mr. 8:31-33; 9:30-32; 10:32-34).

La enseñanza de Cristo es clara. El plan de Dios es salvar al mundo mediante la muerte de su Hijo, mediante su sacrificio y su negación de sí mismo, el camino para la salvación del hombre es similar. El hombre tiene que pasar por sacrificio personal, negación de sí mismo, y muerte (Mt. 16:24-26).

1. Su muerte requería entrega total de su parte (vv. 21-23).
2. Su muerte requiere entrega total del hombre (v. 24).
3. Su muerte ofrece cuatro argumentos para la entrega total (vv. 25-28).

1 (16:21-23) ***Jesucristo, muerte:*** la muerte de Jesús requirió entrega total de su parte.

1. Su muerte fue necesaria. Le fue «necesario ir a Jerusalén y padecer». Las palabras «*necesario* [*dei*] *ir*» suenan extrañas; una obligación, un imperativo, una necesidad le fue impuesta a Cristo. No tenía alternativa. Su muerte y resurrección habían sido planeadas y dispuestas por Dios en la eternidad. Los profetas la habían predicho; tenía que cumplir la voluntad de Dios, porque Dios había ordenado su muerte (cp. Mt. 26:54; Lc. 24:26, 46).

La resurrección de Jesucristo también fue necesaria. La predicción de su propia resurrección nos resulta clara porque podemos mirar retrospectivamente a ella, pero para sus discípulos nunca fue clara. ¿Por qué? Sencillamente porque sería una experiencia nueva. Jamás se había levantado alguien de la muerte para no volver a morir. No tenía precedente. Los apóstoles tal vez creyeron como creyó Marta, que habría una resurrección futura para todos los hombres (Jn.11:24-26). Tal creencia es expresión de la esperanza que hay en todo hombre, la esperanza de seguir con alguna forma de existencia. Es fácil sostener esa clase de fe, pero pensar en una resurrección ahora, pensar que una persona se levanta hoy de la muerte es difícil. La verdadera resurrección de una persona muerta es inconcebible para aquellos que no han sido fundados en tal enseñanza.

No sabemos lo que habrán pensado en cuanto al significado de las palabras de Cristo de *resucitar*. Queda claro que no entendieron cabalmente porque sus espíritus se abatieron cuando Él fue muerto. Sin embargo, algunos de sus seguidores parecían captar más el hecho de una resurrección *realmente corporal* que otros. Esto lo demuestra el recuerdo inmediato de sus palabras después de la resurrección. Juan creyó inmediatamente (Jn. 20:8-9). A María Magdalena se le mostró que había resucitado «como dijo» (Mt. 28:6), y ella, después de verlo, entendió. Pero otros fueron más lentos para entender y creer (Mr. 16:11; Jn. 20:24-25).

> **«Destruid este templo, y en tres días lo levantaré» (Jn. 2:19).**
>
> **«Y como Moisés levantó la serpiente en el desierto, así es necesario que el Hijo del Hombre sea levantado» (Jn. 3:14).**
>
> **«Yo soy el pan vivo que descendió del cielo; si alguno comiere de este pan, vivirá para siempre; y el pan que yo daré es mi carne, la cual yo daré por la vida del mundo» (Jn. 6:51).**
>
> **«Pero habiendo obtenido auxilio de Dios, persevero hasta el día de hoy, dando testimonio a pequeños y a grandes, no diciendo nada fuera de las cosas que los profetas y Moisés dijeron que habían de suceder; que el Cristo había de padecer, y ser el primero de la resurrección de los muertos, para anunciar la luz al pueblo y a los gentiles» (Hch. 26:22-23).**
>
> **«Porque primeramente os he enseñado lo que asimismo recibí: Que Cristo murió por nuestros pecados, conforme a las Escrituras; y que fue sepultado, y que resucitó al tercer día, conforme a las Escrituras» (1 Co. 15:3-4).**
>
> **«Y por todos murió [Cristo], para que los que viven, ya no vivan para sí, sino para aquel que murió y resucitó por ellos» (2 Co. 5:15).**
>
> **«Porque también Cristo padeció una sola vez por los pecados, el justo por los injustos, para llevarnos a Dios, siendo a la verdad muerto en la carne, pero vivificado en espíritu» (1 P. 3:18).**

Pensamiento 1. Cristo reveló por etapas su muerte y resurrección; las reveló únicamente a sus discípulos a medida que eran capaces de recibir y soportar el hecho. Cristo siempre nos enseña gradualmente y nos lleva hacia adelante en la medida en que tenemos la capacidad de aprender. Hay gran verdad en el dicho de que no pone sobre nosotros más de lo que podemos soportar.

Pensamiento 2. Note que Jesús habló de su resurrección al hablar de su muerte. Fue por el gozo puesto ante Él que soportó la cruz (He. 12:2). El gozo y la esperanza de pasar la eternidad con Cristo y con sus seguidores es lo que nos alienta a llevar *nuestra cruz* mientras estamos aquí en la tierra (cp. Lc. 9:23).

2. Su muerte subleva al hombre natural. El hombre natural se rebela ante la idea de la cruz. El hombre natural quiere un camino diferente a la cruz. Es lo que Pedro estaba haciendo; se estaba rebelando contra la idea de que el *Hijo de Dios* iba a morir, que su sangre tenía que ser derramada por los pecados del mundo (1 P. 2:24). Pedro podía aceptar a Jesús como «el Hijo del Dios viviente», pero no como el Salvador sufriente. Semejante idea le era repulsiva e inaceptable. Por eso intentó detener la idea. Note la palabras: «Pedro, tomándole aparte» (*proslabomenos*). El griego es fuerte; significa que *lo detuvo con fuerza*. Pedro agarró a Cristo; lo tomó fuertemente y lo llevó aparte para hablarle.

Note también que Pedro «comenzó a reconvenirle» (*epitiman*). Nuevamente, es fuerte. No es simplemente un deseo, sino un intento vigoroso de detener la idea del Salvador sufriente. «En ninguna manera esto te acontezca.» *Esto no debe ni puede ocurrirte.* La idea equivalente es *Dios no lo permita.* El tema es este: Pedro estaba dispuesto a detener la cruz. Estaba apremiando a Cristo a ser el Mesías de poder, fama, sensación que los judíos esperaban (*véanse* notas—Mr. 8:27-9:50; 8:30; Mt.1:1; Estudio a fondo 2—1:18; Estudio a fondo 3—3:11; notas—11:1-6; 11:2-3; Estudio a fondo 1—11:5; Estudio a fondo 2—11:6; Estudio a fondo 1—12:16; Lc. 7:21-23). Pedro estaba apremiando a Cristo a seguir sus propios esquemas humanos en vez del camino de Dios; y en ese esfuerzo estaba tentando a Cristo con los mismo compromisos usados por Satanás para tentar a Cristo, compromisos con el poder, la fama y la sensación (Mt. 4:1-11). Pedro era celoso de Dios, pero estaba equivocado y era ignorante en su celo. No entendía que Dios planeaba salvar al mundo mediando la muerte de su Hijo (*véase* nota—pt. 3, Mr. 8:31).

Tal comportamiento es el camino del mundo. Es la mente natural, carnal. El hombre se rebela y opone a la idea de un Salvador sufriente que tuvo que morir por los pecados del mundo; de un Salvador que demanda igual sacrificio y negación de sus seguidores. Semejante idea es inaceptable y repulsiva.

> ***Pensamiento.*** La idea que el hombre natural tiene de Dios y el plan de Dios para el hombre, vistos en tres conceptos.
>
> 1) Algunos piensan que la senda de la vida es el amor, de modo que viven mostrando interés y preocupación por otros. Dios es visto como una persona dadivosa, amante, indulgente un *tipo de abuelo*, el abuelo indulgente que tolera incluso la peor de las conductas, sin importar cuanto sufrimiento y devastación humana es obrada por la persona. Pensar en la cruz y en *la sangre* de Cristo como emblema del sufrimiento es repulsivo, repelente. La cruz es vista solamente como emblema del amor, no de pecado y vergüenza. El camino del amor es considerado como la senda de la vida que debe ser seguida por el hombre.
> 2) Otros piensan que la comodidad y el placer es la senda de la vida. Nuevamente, Dios es visto como un *abuelo* indulgente que concede al hombre las cosas buenas de la vida y le ayuda cuando se mete en problemas. Se cree que la voluntad de Dios para el hombre es la comodidad y el placer, bienestar y abundancia, salud y diversión. Nuevamente, la cruz es solo un emblema del amor y del cuidado por el mundo, no de sufrimiento y sacrificio y negación propia. La vergüenza, el dolor y agonía de la cruz y su propósito

de reconciliar un mundo perdido en el pecado y debatiéndose en desesperada necesidad son realidades ignoradas.

«La que cayó entre espinos, éstos son los que oyen, pero yéndose, son ahogados por los afanes y las riquezas y los placeres de la vida, y no llevan fruto» (Lc. 8:14).

«Y diré a mi alma: alma, muchos bienes tienes guardados para muchos años; repósate, come, bebe, regocíjate» (Lc. 12:19).

«Pero la que se entrega a los placeres, viviendo está muerta» (1 Ti. 5:6).

«Recibiendo el galardón de su injusticia, ya que tienen por delicia el gozar de deleites cada día. Estos son inmundicias y manchas, quienes aun mientras comen con vosotros, se recrean en sus errores» (2 P. 2:13).

«Oye, pues, ahora esto, mujer voluptuosa, tú que estás sentada confiadamente, tú que dices en tu corazón: Yo soy, y fuera de mí no hay más; no quedaré viuda, ni conoceré orfandad. Estas dos cosas te vendrán de repente en un mismo día, orfandad y viudez; en toda su fuerza vendrán sobre ti, a pesar de la multitud de tus hechizos y de tus muchos encantamientos» (Is. 47:8-9).

3) Algunos creen que el triunfo, la victoria, posición, autoridad, poder y supremo reinado es el camino de Dios. Esta era la idea de la mayoría de los judíos en días de Cristo. Era el concepto que Pedro tenía del Mesías (*véanse* notas—Mt. 1:1; Estudio a fondo 2—1:18; Estudio a fondo 3—3:11; 11:1-6; 11:2-3; Estudio a fondo 1—11:5; Estudio a fondo 2—11:6; Estudio a fondo 1—12:16; nota—Lc. 7:21-23). Los conceptos de poder, posición y autoridad se ven claramente en los movimientos que acentúan la *imagen propia, la auto superación el* desarrollo de la personalidad. Dicen que el plan de Dios y la senda para el hombre es el desarrollo máximo posible de la imagen propia y el logro de cuanto uno puede lograr. En cambio, se rechaza la idea del sufrimiento y sacrificio y de la negación propia.

«Entonces Jesús, llamándolos, dijo: Sabéis que los gobernantes de las naciones se enseñorean de ellas, y los que son grandes ejercen sobre ellas potestad. Mas entre vosotros no será así, sino que el que quiera hacerse grande entre vosotros, será vuestro servidor, y el que quiera ser el primero entre vosotros será vuestro siervo» (Mt. 20:25-27).

«¿Cómo podéis vosotros creer, pues recibís la gloria los unos de los otros, y no buscáis la gloria que viene del Dios único?» (Jn. 5:44).

«Y si alguno se imagina que sabe algo, aún no sabe nada como debe saberlo» (1 Co. 8:2).

«Porque todo lo que hay en el mundo, los deseos de la carne, los deseos de los ojos, y la vanagloria de la vida, no proviene del Padre, sino del mundo» (1 Jn. 2:16).

«Porque tú dices: Yo soy rico, y me he enriquecido, y de ninguna cosa tengo necesidad; y no sabes que tú eres un desventurado, miserable, pobre, ciego y desnudo» (Ap. 3:17).

«Mas el hombre no permanecerá en honra; es semejante a las bestias que perecen» (Sal. 49:12).

«Antes del quebrantamiento es la soberbia, y antes de la caída la altivez de espíritu» (Pr. 16:18).

«¿Haz visto hombre sabio en su propia opinión? Más esperanza hay del necio que de él» (Pr. 26:12).

3. Su muerte muestra que el hombre es adversario de Dios. El significado literal de Satanás en las palabras: «*¡Quítate de delante de mí, Satanás!*» es «adversario» (*véase* nota—Ap. 12:7-9). Llamar a Pedro: «Satanás» es grave, pero era una severidad necesaria. Pedro estaba tentado a Cristo con la misma tentación que Cristo había encarado en el desierto (*véanse* notas—Mt. 4:8-10). Toda la gloria del mundo, que podía ser suya, pasó como un relámpago por su mente. Nuevamente le fue sugerida la lealtad de los hombres sin la cruz. ¡Cómo debe haber herido esto a Cristo! ¡Esta vez la tentación venía de uno de sus propios discípulos! Cuando una persona se rehúsa a aceptar el plan de Dios para la vida, se convierte en adversario de Dios. Se opone a la voluntad de Dios. En esencia, el hombre dice saber lo que es mejor; es decir, se cree más *sabio* que Dios. ¡Piense! Cuando un hombre no acepta el plan de Dios para la vida, la esencia de lo que le dice a Dios es, «la cruz no es necesaria. La muerte de Jesús para salvar al mundo fue un plan inútil, innecesario.»

Es esto lo que Pedro estaba haciendo y diciendo. Se estaba oponiendo al plan de Dios para la vida, es decir, el plan de salvar al mundo mediante la muerte de su Hijo. Estaba diciendo ser más sabio que Dios. Note: Cristo se volvió abruptamente a Pedro antes que Pedro pudiera decir algo más y lo detuvo en sus pasos. Acusó a Pedro de ser Satanás, de estar bajo la autoridad de Satanás, de hablar como Satanás. Se había vuelto *como* Satanás, un adversario de Dios y del plan de Dios para su Hijo y para la salvación del mundo.

«Dijo: ¡Oh, lleno de todo engaño y de toda maldad, hijo del diablo, enemigo de toda justicia! ¿No cesarás de trastornar los caminos rectos del Señor?» (Hch. 13:10).

«Vosotros sois de vuestro padre el diablo, y los deseos de vuestro padre queréis hacer. El ha sido homicida desde el principio, y no ha permanecido en la verdad, porque no hay verdad en él. Cuando habla mentira, de suyo habla; porque es mentiroso, y padre de mentira» (Jn. 8:44).

«En los cuales anduvisteis en otro tiempo, siguiendo la corriente de este mundo, conforme al príncipe de la potestad del aire, el espíritu que ahora opera en los hijos de desobediencia» (Ef. 2:2).

«En esto se manifiestan los hijos de Dios, y los hijos del diablo: todo aquel que no hace justicia, y que no ama a su hermano, no es de Dios» (1 Jn. 3:10).

Pensamiento. Ninguna persona debe instruir o aconsejar a Dios. Nuestra misión no es la de imponer nuestras ideas a Dios, sino de rendirnos a su voluntad.

«¿Quién es el que condenará? Cristo es el que murió; más aun, el que también resucitó, el que además está a la diestra de Dios, el que también intercede por nosotros» (Ro. 8:34).

4. Su muerte revela la verdadera naturaleza del hombre. Note las palabras: «No pones la mira ... » [*ou phroneis*].

Esto significa pensar; tener en cuenta. Pedro no tenía su mente o sus pensamientos a tono con la mente y los pensamientos de Dios. Los gustos de Pedro eran distintos a los de Dios. Los pensamientos y gustos de Pedro eran mundanos de auto complacencia, no espirituales, complaciendo a Dios. Estaba usando razonamiento humano no el razonamiento de Dios. El pensamiento de que el hijo de Dios tuviera que morir y derramar su sangre por los pecados del mundo le resultaba una desgracia a Pedro. Para su mente semejante concepto era inadecuado para Dios.

¡Note cuán ciertas las palabras de Cristo a Pedro! «No pones la mira en las cosas de Dios, sino en las de los hombres.» La muerte de Cristo revela la verdadera naturaleza del hombre, una naturaleza que usa el razonamiento natural y carnal en vez del razonamiento espiritual.

«Porque los que son de la carne piensan en las cosas de la carne; pero los que son del Espíritu, en las cosas del Espíritu. Porque el ocuparse de la carne es muerte, pero el ocuparse del Espíritu es vida y paz.

Por cuanto los designios de la carne son enemistad contra Dios; porque no se sujetan a la ley de Dios, ni tampoco pueden» (Ro. 8:5-7).

«Esto, pues, digo y requiero en el Señor: que ya no andéis como los otros gentiles, que andan en la vanidad de su mente» (Ef. 4:17).

«Porque por ahí andan muchos, de los cuales os dije muchas veces, y aún ahora lo digo llorando, que son enemigos de la cruz de Cristo; el fin de los cuales será perdición, cuyo Dios es el vientre, y cuya gloria es su vergüenza; que sólo piensan en lo terrenal» (Fil. 3:18-19).

«Y a vosotros también, que erais en otro tiempo extraños y enemigos en vuestra mente, haciendo malas obras, ahora os ha reconciliado en su cuerpo de carne, por medio de la muerte, para presentaros santos y sin mancha e irreprensibles delante de él» (Col. 1:21-22).

«Todas las cosas son puras para los puros, mas para los corrompidos e incrédulos nada les es puro; pues hasta su mente y su conciencia están corrompidas» (Tit. 1:15).

«Jehová conoce los pensamientos de los hombres, que son vanidad» (Sal. 94:11).

«Lava tu corazón de maldad, oh Jerusalén, para que seas salva. ¿Hasta cuándo permitirás en medio de ti los pensamientos de iniquidad?» (Jer. 4:14).

Pensamiento. Se siente el hombre un poco más humano, un poco más decente por negar «la sangre de Cristo» por los pecados del mundo. Rechazar lo que a veces se llama una «religión de sangre» le hace sentir a uno más aceptable en una así llamada *sociedad civilizada.* Deben notarse dos cosas.

1. Se debe ver la cruz como repulsiva. La cruz es un símbolo de pecado y vergüenza. Colgado de la cruz, el *Hijo propio* de Dios llevó nustros pecados y los del mundo entero (1 Jn. 2:1-2). El pecado y la vergüenza siempre son repulsivos, y el hecho de que el Hijo de Dios colgó allí para *hacerse pecado* por nosotros es detestable. No hay nada que pudiera ser más abominable de lo que en realidad pasó.
2. Se debe ver la cruz como gloriosa. La cruz es un símbolo de vida y pecados perdonados (1 P. 2:20). Por medio de la cruz Dios generosamente reconcilia al hombre consigo y los hombres consigo (*véanse* bosquejo y notas—Ef. 2:13-18). Debido que tanto viene por la obra gloriosa de la cruz que Pablo justamente exclama: «Pero lejos esté de mí gloriarme, sino en la cruz de nuestro Señor Jesucristo» (Gá. 6:14).

ESTUDIO A FONDO 1

(16-21) ***Jesucristo, oposición:*** note los tres grupos de judíos que tomaban la delantera en matar a Jesús. Estos eran los tres grupos que constituían el Sanedrín, la corte suprema de la justicia judía. Contaba de setenta miembros (cp. la base histórica de esta estructura, 2 Cr. 19:5-11).

1. Los ancianos: estos eran los hombres más viejos y respetados de una comunidad. Eran jueces de las cortes civiles y de asuntos temporales (Éx. 3:29; 12:21; 24:9; Nm. 11:25; 1 S. 16:4; Esd. 10:14; Mt. 27:12).
2. Los principales sacerdotes se encontraban principalmente entre los líderes de los saduceos. Tenían la mayor parte de los puestos altos del gobierno judío bajo el dominio romano (*véase* Estudio a fondo 1—Hch. 23:8). Los principales sacerdotes eran jueces de asuntos religiosos.
3. Los escribas: básicamente eran fariseos que tenían los puestos de enseñanza en la nación (*véanse* Estudio a fondo 1—Lc. 6:2).

Pensamiento. Note los tres grupos que se oponían a Jesús. Eran la meras gentes que debían haber estado siguiendo a Jesús, los líderes que debían haber conocido a Dios. Debían haber conocido a Dios suficientemente bien para reconocer al Hijo el Mesías. Pero, como pasa con cada generación, fueron enceguecidos por su propia religión, poder, riqueza, fama y posición.

ESTUDIO A FONDO 2

(16:21) ***«Muchas cosas»:*** los sufrimientos de Jesús se presentan en considerable detalle en dos pasajes (Mt. 20:18-19; Lc. 18:31-33). (*Véase* también Estudio a fondo 1—Mt. 27:26-44 para una discusión más detallada de la muerte de Jesús.)

[2] (16:24) ***Jesucristo, muerte—entrega:*** la muerte de Jesús demanda una entrega total del hombre. Cristo menciona cuatro pasos envolucrados en la entrega total (*véase* nota—Mt. 16:25-28). La nota es adecuada para despertar pensa-mientos referidos a la aplicación.

1. La persona tiene que estar *dispuesta* a seguir a Cristo. La palabra «dispuesta» (*thelei*) significa deseo, anhelo, designio, propósito, resolución, determinación. Es una disposición deliberada, una elección deliberada, la resolución determinada de seguir a Cristo. Si una persona realmente quiere y deliberadamente escoge seguir a Cristo, entonces tiene que hacer las tres cosas mencionadas. Note esto, la elección es voluntaria; la hace la persona. Es la persona que quiere y escoge; por eso es el individuo quien debe actuar y hacer las tres cosas mencionadas.
2. La persona tiene que negarse a sí misma. La palabra «negarse» (*aparnesastho*) significa desposeerse, descartarse, abandonar, renunciar, rechazar, rehusar, restringir, no reclamar, seguir sin ello. Significa someterse, descartar el propio ego y el propio interés. Significa, muy sencillamente, decir: «no». Pero note, el llamado no es a decir «no» a algunas conductas o cosas, sino al *ego.* La persona debe *negar el ego*; y esto significa mucho más que simplemente ser negativo, es decir, renunciar a algo y seguir sin ese algo. Significa que actuamos positivamente, que decimos «sí» a Cristo y «no» al ego. Significa dejar que Cristo gobierne y reine en nuestros corazones y vidas, dejar que Cristo tenga completa vía libre en nosotros. Por supuesto, si una persona deja que Cristo gobierne su vida, toda conducta, tanto negativa como positiva, queda a su cuidado (*véanse* Estudios a fondo 1, 2, 3—Mr. 8:34). En el griego la palabra «negar» es una aoristo ingresivo que significa que la persona entra a una nueva condición. «Que *comience inmediatamente* a negarse a sí mismo.»
3. La persona tiene que tomar su cruz. (Para la discusión *véase* Estudio a fondo, ***Negación propia***—Lc. 9:23.)
4. La persona tiene que seguir a Jesús. La palabra «seguir» (*akoloothey*) significa ser un seguidor o compañero, ser un discípulo. Lleva la idea de tratar de estar en unión con y en semejanza de alguien. Es seguir a Cristo, tratando de ser como Él. Nuevamente, este no es un comportamiento pasivo, sino una entrega y un andar activo. Es energía y esfuerzo, acción y obra. Es ir en pos de Cristo con celo y energía, luchando y procurando seguir sus pisadas, sin importar el precio. Note que los pasos de Cristo condujeron primero a la muerte, después a la gloria (Mt. 16:21).

[3] (16:25-28) ***Entrega:*** la muerte de Jesús ofrece cuatro argumentos en favor de la entrega total.

1. El renunciamiento a esta vida salva a la persona. ¿Qué quieren decir las Escrituras cuando dicen que una persona salva su vida si la pierde, y que pierde su vida al encontrarla? La clave está en las palabras «por amor a mí». Cristo dice que todo aquel que «pierde su vida por *amor a mí* la encontrará». La persona que renuncia a esta vida —que sacrifica todo y da todo lo que es y tiene para Cristo— salvará su vida.

Pero la persona que *guarda* su vida y sus posesiones, y *busca* tener más y más de esta vida, perderá su vida completa y eternamente.

- tratando de evitar el envejecimiento del cuerpo y a la muerte, negando a Cristo, esa persona perderá su vida eternamente.
- tratando de hacer esta vida más y más confortable, fácil y segura (más allá de lo necesario) descuidando a Cristo perderá su vida eternamente.
- tratando de obtener riqueza, poder y fama comprometiendo a Cristo perderá su vida eternamente.
- tratando de encontrar los encantos, las emociones y los estímulos de este mundo ignorando a Cristo, perderá su vida eternamente.

Como se dijo arriba, la persona que pierde su vida por Cristo, que sacrifica y da todo lo que es y tiene para Cristo, salva su vida y la salva eternamente. La persona que guarda su vida y lo que tiene para sí misma perderá su vida, y la perderá eternamente. El llamado de Cristo es precisamente lo que Él dice: una vida de negación que toma su cruz y sigue los pasos suyos.

«Como el Hijo del Hombre no vino para ser servido, sino para servir, y para dar su vida en rescate por muchos» (Mt. 20:28).

«Porque el Hijo del Hombre vino a buscar y a salvar lo que se había perdido» (Lc. 19:10).

«Entonces Jesús les dijo otra vez: Paz a vosotros. Como me envió el Padre, así también os envío» (Jn. 20:21).

«Así que, los que somos fuertes debemos soportar las flaquezas de los débiles, y no agradarnos a nosotros mismos» (Ro. 15:1).

2. El alma del hombre vale más que todo el mundo. La palabra *alma* es la misma que se traduce con «vida» (v. 25). Cristo usa la palabra *vida* en dos sentidos. Hay *dos etapas*, dos formas de ser, dos existencias para la misma vida: la vida que existe en esta tierra y la vida que existirá más allá de esta vida. Una vez que una persona (vida) ha nacido en este mundo, existirá para siempre. El tema es adónde va después de este mundo; ¿va a estar con Dios o sin Dios?

Ninguna persona puede ganar todo el mundo, pero ¿qué si pudiera? Todo el placer y riqueza y poder y fama no son nada en comparación con su alma. Hay cuatro razones primordiales por las que el alma es muy superior a las cosas de esta tierra.

a. Todas las cosas se desvanecen y pasan. La persona posee algo solo por un breve tiempo.
b. Ninguna cosa puede ser usada en forma inmediata. La mayor parte del tiempo las cosas están guardadas sin ser usadas.
   - La ropa está guardada.
   - Un auto está guardado.
   - El poder no se usa.
   - La popularidad y fama pasan. rápidamente y son olvidadas.
c. El alma humana es eterna. El alma nunca muere y nunca deja de existir. Vivirá por siempre, con Dios o sin Dios.
d. El alma del hombre vale más que todo el mundo.

Una vez que el hombre ha perdido su alma, la ha perdido para siempre. Ya no puede ser recuperada. El hombre pierde su alma y sufre esa pérdida por siempre. ¡Imagínese! Aunque la persona poseyera toda la riqueza del mundo, no podría recuperar su alma ¿Por qué? Porque se fue; ha pasado para siempre. El hombre nunca volverá a la tierra, ni por un solo día. Ha pasado para siempre.

«Pues ¿qué aprovecha al hombre, si gana todo el mundo, y se destruye o se pierde a sí mismo?» (Lc. 9:25).

«Y os digo que vendrán muchos del oriente y del occidente, y se sentarán con Abraham e Isaac y Jacob en el reino de los cielos; mas los hijos del reino serán echados afuera; allí será el lloro y el crujir de dientes» (Mt. 8:11-12).

«Y le dijo: Amigo, ¿cómo entraste aquí, sin estar vestido de boda? Mas él enmudeció. Entonces el rey dijo a los que servían: Atadle de pies y manos, y echadle en las tinieblas de afuera; allí será el lloro y el crujir de dientes» (Mt. 2:12-13).

«Y al siervo inútil echadle en las tinieblas de afuera; allí será el lloro y el crujir de dientes» (Mt. 25:30).

«No me elegisteis vosotros a mí, sino que yo os elegí a vosotros, y os he puesto para que vayáis y llevéis fruto, y vuestro fruto permanezca; para que todo lo que pidiéreis al Padre en mi nombre, él os lo dé» (Jn. 15:16).

«Sino que golpeo mi cuerpo, y lo pongo en servidumbre, no sea que habiendo sido heraldo para otros, yo mismo venga a ser eliminado» (1 Co. 9:27).

«Mirad también por vosotros mismos, que vuestros corazones no se carguen de glotonería y embriaguez y de los afanes de esta vida, y venga de repente sobre vosotros aquel día» (Lc. 21:34).

3. Viene un día de juicio. Cuando Cristo vuelva se verá el verdadero valor del sacrificio en contraste con la auto-satisfacción. El sacrificio por Cristo será recompensado con abundancia; la auto-satisfacción será condenada. El hombre será juzgado conforme a sus obras. La palabra «obras» significa hacer, trabajar, actuar. No son hechos aislados, sino una conducta continua. La persona será recompensada en base a su conducta continua, no sobre hechos aislados.

«Y entonces les declararé: Nunca os conocí; apartaos de mí, hacedores de maldad» (Mt. 7:23).

«Mas él, respondiendo, dijo: De cierto os digo, que no os conozco» (Mt. 25:12).

«Mas el que me negare delante de hombres, será negado delante de los ángeles de Dios» (Lc. 12:9).

«Pero os dirá: Os digo que no sé de dónde sois; apartaos de mí todos vosotros, hacedores de maldad» (Lc. 13:27).

4. Hay una promesa, la promesa de no tener que gustar nunca la muerte. Este versículo es mucho más claro cuando es comparado con el relato de Marcos: «También les dijo: De cierto os digo que hay algunos de los que están aquí, que no gustarán la muerte hasta que hayan visto el reino de Dios venido con poder» (Mr. 9:1). Es el poder del reino al que se refiere Jesús; es decir, a su muerte y resurrección, al Pentecostés, y a los muchos y muchos convertidos a este reino como resultado. Después de Pentecostés vino el poder de su reino, un poder que trascendía cuanto los discípulos pudieron haber soñado.

1 **Jesús en una montaña alta**
   a. 6 días después
   b. Tres testigos[EFI]

2 **La fuerza de la gloria de Dios**
   a. Su rostro como el sol
   b. Sus ropas resplandecieron

3 **La fuerza de los grandes santos**
   a. Moisés dio la ley
   b. Elías: el primer gran profeta

4 **La fuerza de una experiencia celestial**
   a. Un anticipo de gloria
   b. Un pedido sorprendente

5 **La fuerza de la presencia de Dios**
   a. La nube: la gloria Shekiná fue dada
   b. La voz de Dios: proclamó ser su Hijo; hay que oír al Hijo
   c. La reacción de los discípulos. Se postraron aterrados
   d. La intercesión del Señor: su cercanía y presencia
   e. La preeminencia del Señor: no vieron a nadie sino a Jesús

6 **La fuerza de la resurrección**
   a. Concepto errado del Mesías
   b. Corrección del concepto errado
   c. El Mesías tiene que sufrir

CAPÍTULO 17

C. La transfiguración: fortalece para llevar la cruz, 17:1-13
(Mr. 9:2-13; Lc. 9:28-36)

Seis días después, Jesús tomó a Pedro, a Jacobo y a Juan su hermano, y los llevó aparte a un monte alto;

2 y se transfiguró delante de ellos, y resplandeció su rostro como el sol, y sus vestidos se hicieron blancos como la luz,

3 Y he aquí les aparecieron Moisés y Elías, hablando con él.

4 Entonces Pedro dijo a Jesús: Señor, bueno es para nosotros que estemos aquí; si quieres, hagamos aquí tres enramadas: una para ti, otra para Moisés y otra para Elías.

5 Mientras él aún hablaba, una nube de luz los cubrió; y he aquí una voz desde la nube, que decía: Este es mi Hijo amado, en quien tengo complacencia: a él oíd.

6 Al oír esto los discípulos, se postraron sobre sus rostros, y tuvieron gran temor.

7 Entonces Jesús se acercó y los tocó, y dijo: Levantaos, y no temáis.

8 Y alzando ellos los ojos, a nadie vieron sino a Jesús solo.

9 Cuando descendieron del monte, Jesús les mandó, diciendo: No digáis a nadie la visión, hasta que el Hijo del Hombre resucite de los muertos.

10 Entonces sus discípulos le preguntaron, diciendo: ¿Por qué, pues, dicen los escribas que es necesario que Elías venga primero?

11 Respondiendo Jesús, les dijo: A la verdad, Elías viene primero, y restaurará todas las cosas.

12 Mas os digo que Elías ya vino, y no lo conocieron, sino que hicieron con él todo lo que quisieron; así también el Hijo del Hombre padecerá de ellos.

13 Entonces los discípulos comprendieron que les había hablado de Juan el Bautista.

C. La transfiguración: fortalece para llevar la cruz, 17:1-13

(17:1-13) ***Introducción:*** la transfiguración de Cristo es una experiencia por demás inusual, y Cristo y los discípulos necesitaban *fuerza inusual* para encarar el futuro. El futuro los esperaba con la cruz.

Cristo acababa de comenzar la última etapa del entrenamiento de los discípulos (*véanse* bosquejo y notas—Mt. 16:21-28). Era de suprema importancia que ellos captaran el plan de Dios para el mundo, es decir, que Él, Jesús, era el Mesías y que iba a salvar al mundo mediante la muerte y no mediante poder y conquista terrenal (*véanse* notas—Mt. 1:1; Estudio a fondo 2—1:18; Estudio a fondo 3—3:11; notas—11:1-16; 11:2-3; Estudio a fondo 1—11:5; Estudio a fondo 2—11:6; Estudio a fondo 1—12:16; nota—Lc. 7:21-23). Iba a llevar la cruz por los pecados del mundo (1 P. 2:24), pero ellos también llevarían la cruz si lo seguían a Él. Durante varios días había machacado con este mensaje sobre ellos. Pronto encararía la realidad de la cruz y ellos comprenderían cabalmente el sentido de lo que significaba «tome su cruz» (*véanse* bosquejo y notas—Mt.16:24-28). Tanto Jesús como los discípulos necesitaban una porción muy especial de fuerza para encarar lo que les esperaba.

La transfiguración fue la respuesta de Dios a la necesidad de ellos. Dios usó cinco cosas para fortalecr a Cristo y a sus discípulos. Las mismas cinco cosas son aplicables a las grandes necesidades que encaramos nosotros. Dios usará las mismas cosas para fortalecernos.

1. Jesús en una montaña alta (v. 2).
2. La fuerza de la gloria de Dios (v. 3).
3. La fuerza de los grandes santos (v. 2).
4. La fuerza de una experiencia celestial (v. 4).
5. La fuerza de la presencia de Dios (vv. 5-8).
6. La fuerza de la resurrección (vv. 9-13).

1 (17:1) ***Devoción:*** Jesús estaba en una montaña alta. Note que este acontecimiento tuvo lugar seis días después de anunciar insistentemente a sus discípulos la próxima muerte y resurrección. Cristo necesitaba estar a solas con Dios. Tomó a tres discípulos consigo, Pedro, Jacobo, y Juan, y con ellos subió la montaña. El lugar escogido es importante. Era una «montaña alta», un lugar aislado donde no serían interrumpidos. Era conducente, adecuada, para estar a solas con Dios. Cuatro cosas principales impulsaron a Cristo a estar a solas con Dios. Las mismas deben impulsarnos siempre a nosotros a estar prolongadamente a solas con Dios.

- la presión (de encarar la cruz).
- intenso entrenamiento.
- una decisión suprema (llevar la cruz).
- necesidad de fuerzas renovadas.

ESTUDIO A FONDO 1

(17:1) ***Pedro, Jacobo, y Juan:*** *véase* Estudio a fondo 1—Mr. 9:2 en cuanto a los motivos para escoger a estos.

2 (17:2) ***La gloria de Dios:*** allí estuvo la fuerza de la gloria de Dios. La palabra «transfiguró» (*metamorphothe*) significa un cambio hacia otra forma; una transformación; un cambio de aspecto; un cambio completo. Lucas dijo: «la apariencia de su rostro se hizo otra» (Lc. 9:29). Note cómo describieron esto los escritores de los evangelios.

> **«Y se transfiguró delante de ellos, y resplandeció su rostro como el sol, y sus vestidos se hicieron blancos como la luz» (Mt. 17:2).**
>
> **«Y sus vestidos se volvieron resplandecientes, muy blancos, como la nieve, tanto que ningún lavador en la tierra los puede hacer tan blancos» (Mr. 9:3).**
>
> **«Y entre tanto que oraba, la apariencia de su rostro se hizo otra, y su vestido blanco y resplandeciente» (Lc. 9:29).**

Aparentemente *la gloria* de su naturaleza divina pudo resplandecer a través de su cuerpo. «Aquella gloria que tuve contigo antes que el mundo fuese» brillaba ahora a través de su cuerpo y de su ropa (Jn. 17:5). Pedro dijo: «Fuimos testigos de su gloria». En la visión que Juan tuvo de Cristo, *El Apocalipsis*, el apóstol describió la gloria de Cristo como el sol cuando alumbra en su fuerza (Ap. 1:16).

Las Escrituras dicen:

> **«Dios es luz» (1 Jn. 1:5).**
>
> **«[Dios] ... que *habita* en luz inaccesible; a quien ninguno de los hombres ha visto ni puede ver» (1 Ti. 6:16).**
>
> **«[Dios] ... El que se *cubre* de luz como de vestidura» (Sal. 104:2).**

Pensamiento. Los creyentes experimentan alguna porción de la gloria del Señor.

> **«Por tanto, nosotros todos, mirando a cara descubierta como en un espejo la gloria del Señor, somos transformados de gloria en gloria en la misma imagen, como por el Espíritu del Señor» (2 Co. 3:18).**

Por supuesto, nuestro sentido de la gloria de Dios depende mucho más del hecho de hacer lo que hizo Cristo, es decir, de apartarnos para estar a solas con Dios en una sesión de intensa oración y devoción. Debemos ser transformados a la imagen de Cristo, transformados a toda su excelencia moral. Pero tenemos que aprender que el cambio es operado únicamente por el Espíritu de Dios y solo en la medida en que buscamos su rostro en oración y genuina confianza.

> **«No os conforméis a este siglo, sino transformaos por medio de la renovación de vuestro entendimiento, para que comprobéis cuál sea la buena voluntad de Dios, agradable y perfecta» (Ro. 12:2).**

3 (17:3) ***Moisés—Elías:*** allí estuvo la fuerza de los grandes santos. ¿Por qué aparecieron Moisés y Elías con Jesús? Aparentemente hay dos motivos.

1. Discutir la muerte de Jesús (Lc. 17:31). Jesús necesitaba ser fortalecido para soportar el peso de la cruz (*véase* nota—Mr. 9:2-13. Cp. la experiencia en el huerto de Getsemaní y su clamor en la cruz, Lc. 22:39-46; *véanse* la nota—Mt. 27:46-49).
2. Para mostrar que Jesús era verdaderamente el Mesías, el Hijo de Dios, el que era superior a la ley y a los profetas. Moisés representaba la ley, y Elías, considerado el mayor de los profetas, representaba precisamente a éstos. Ambos hombres estaban honrando y ministrando a Cristo. Con ellos estaban simbolizando que la ley y los profetas hallaban su cumplimiento en Cristo.
   - Cristo era aquel de quien hablaban la ley y los profetas.
   - Cristo era aquel a quien señalaban la ley y los profetas.

Ahora el antiguo pacto debía ser cumplido y reemplazado por Cristo quien inauguraría un pacto nuevo (*véanse* nota—Mr. 9:2-4; cp. bosquejo y notas—2 Co. 3:6-18; Mt. 9:16-17).

Pensamiento 1. Pronto Cristo cumpliría con sus oficios proféticos y sacerdotales. Moisés y Elías estaban transfiriendo simbólicamente sus antiguos oficios proféticos y sacerdotales a Él.

> **«Tomando Jesús a los doce, les dijo: He aquí subimos a Jerusalén, y se cumplirán todas las cosas escritas por los profetas acerca del Hijo del Hombre» (Lc. 18:31).**
>
> **«Los profetas que profetizaron de la gracia destinada a vosotros, inquirieron y diligentemente indagaron acerca de esta salvación, escudriñando qué persona y qué tiempo indicaba el Espíritu de Cristo que estaba en ellos, el cual anunciaba de antemano los sufrimientos de Cristo, y las glorias que vendrían tras ellos» (1 P. 1:10-11).**

Pensamiento 2. Aquí se ve algo muy significativo. Creyentes que se han ido antes están *vivos,* quizá más vivos que nosotros. Viven en una dimensión distinta a la de nuestro mundo físico, en un mundo eterno que es perfecto y libre de todo pecado, sufrimiento y muerte. ¡Qué gloriosa esperanza!

> **«Pero confiamos, y más quisiéramos estar ausentes del cuerpo, y presentes al Señor» (2 Co. 5:8).**
>
> **«Porque de ambas cosas estoy puesto en estrecho, teniendo deseo de partir y estar con Cristo, lo cual muchísimo mejor» (Fil. 1:23).**

4 (17:4) ***Experiencias espirituales—gloria:*** allí estuvo la fuerza de la experiencia espiritual. Los tres discípulos estaban gustando la *gloria.* Estaban en la presencia misma de Dios y estaban percibiendo algo del gozo, la paz, la seguridad, el cumplimiento y la perfección del cielo. No querían dejar un terreno tan santo.

Note lo que hizo Pedro.

1. Ofreció construir tres chozas (*skenas*) para Jesús y los dos profetas. Con ello esperaba extender la estadía de los huéspedes celestiales y la gloriosa experiencia. Las chozas ofrecidas eran la enramadas que se hacían con ramas y hierbas, que se construían rápidamente, el tipo de choza construido frecuentemente por viajeros al detenerse noche tras noche junto al camino.
2. Dijo: «Si quieres». Pedro no actuaría contra la voluntad del Señor, ni siquiera en un momento tan glorioso como éste. ¡Imagínese qué devoción y lealtad!

Pensamiento 1. Hay gran necesidad de aprender algo: Dios sabe exactamente cómo suplir la necesidad de cada creyente. Sabe exactamente qué clase de experiencia se requiere, y Dios va a hacer lo que sea necesario para suplir nuestra necesidad: siempre y cuando confiemos verdaderamente en Él.

Sin embargo, debemos recordar algo: nuestras experiencias tienen que ajustarse a la Palabra de Dios. Dios no irá contra su Palabra a efectos de dar crecimiento y experiencias. Las experiencias que provienen de Dios son las experiencias que se ajustan a su Palabra. En efecto, las experiencias espirituales y el crecimiento vienen normalmente como resultado de leer y estudiar la Palabra de Dios.

Pensamiento 2. Una profunda experiencia con Dios siempre es una experiencia gloriosa. Nada se puede comparar a una sesión de profunda comunión con Cristo, y siempre está el deseo de poder permanecer en su presencia.

Pero ese no es nuestro llamamiento, al menos no ahora. Actualmente nuestro llamamiento es el de llevar la cruz y su mensaje, no de permanecer en profundas experiencias espirituales. Nuestro interior necesita ocasionalmente ser espiritualmente renovado, pero siempre es renovado para un propósito: fortalecernos para salir a llevar un testimonio mucho más fuerte para nuestro Señor.

«¿No es que partas tu pan con el hambriento, y a los pobres errantes albergues en tu casa; que cuando veas al desnudo lo cubras, y no te escondas de tu hermano?» (Is. 58:7).

«En todo os he enseñado que, trabajando así, se debe ayudar a los necesitados, y recordar las palabras del Señor Jesús, que dijo: Más bienaventurado es dar que recibir» (Hch. 20:35).

«Así que, los que somos fuertes debemos soportar las flaquezas de los débiles, y no agradarnos a nosotros mismos» (Ro. 15:1).

«Sobrellevad los unos las cargas de los otros, y cumplid así la ley de Cristo» (Gá. 6:2).

«Acordaos de los presos, como si estuvierais presos juntamente con ellos; y de los maltratados, como que también estáis en el cuerpo» (He. 13:3).

«La religión pura y sin mácula delante de Dios el Padre es esta: Visitar a los huérfanos y a las viudas en sus tribulaciones, y guardarse sin mancha del mundo» (Stg. 1:27).

«Finalmente, sed todos de un mismo sentir, compasivos, amándoos fraternalmente, misericordiosos, amigables» (1 P. 3:8).

5 (17:5-8) ***Experiencia espiritual—cielo:*** allí estaba la fuerza de la presencia de Dios. La nube también cubrió a los discípulos. La nube y la voz de Dios aterró a los discípulos llevándolos a caer inmediatamente sobre sus rostros, a postrarse sin poder levantar la mirada. Como hombres mortales fueron aplastados por el temor y paralizados por el terror. Note cuatro hechos.

1. La nube era una «nube resplandeciente». Esta era la gloria Shekiná, la nube que simbolizaba la presencia de Dios. Fue la nube que guió a Israel fuera de Egipto y que descansaba sobre el tabernáculo (Éx. 40:34-38) y sobre el asiento de misericordia en el lugar santísimo. Dios mora en una luz inaccesible que el hombre no puede contemplar. La gloria Shekiná es una luz tan gloriosa y brillante que ya no hay necesidad de sol. Es una luz que irradia esplendor (cp. Ap. 21:11, 23). Después Pedro la llamaría «magnífica gloria» (2 P. 1:17).

«El único que tiene inmortalidad, que habita en la luz inaccesibe; *a quien ninguno de los hombres ha visto* ni puede ver» (1 Ti. 6:16).

La «nube brillante» que cubrió a Cristo hacía contraste con la nube oscura 'y amenazante que cubrió la entrega del antiguo pacto a Moisés, esto es la ley, (Éx. 19:18; 20:21). Aquí hay un tema para destacar.

- La ley (antiguo pacto) era oscura y amenazante (*véase* Estudio a fondo 2—Gá. 3:10).
- El nuevo pacto (el amor de Cristo) es resplandeciente y es dado para salvar y bendecir, no para amenazar y condenar (He. 12:18-2; cp. He. 8:6-13).

2. La voz que habla, en griego dice: «Este es mi Hijo, el Amado». Note los dos aspectos acentuados: Cristo es el Hijo de Dios y es el amado. La idea es que Cristo es el «unigénito Hijo» que iba a ser entregado al mundo (Jn. 3:16).

3. Note que los discípulos experimentaron un sentido claro e intenso de la presencia de Dios. Cayeron postrados sobre sus rostros delante del Señor.

4. Allí estaba el Señor sólo. Los representantes del Antiguo Testamento y pacto (ley) desaparecieron. La atadura y la tiniebla y el terror de la ley se fueron. Ahora estaba Cristo en lugar de la ley (*véase* nota—Mt. 5:17-18). Pronto tendría lugar el nuevo pacto; el pacto de luz, amor, y libertad estaba reemplazando al antiguo pacto de tinieblas, temor y esclavitud.

La experiencia de los discípulos puede ser aplicada al futuro del creyente, a su aparición delante de Dios en *el gran día de Redención*. En efecto, es precisamente lo que le está pasando a Pedro, Santiago y Juan. De pronto se encuentran en la presencia de Dios. La experiencia del creyente, cuando se encuentra cara a cara con Cristo será indudablemente muy parecida a lo que ellos experimentaron.

1. El creyente experimentará la gloria Shekiná y verá su manifestación plena sobre Cristo.
2. El creyente oirá la voz de Dios proclamando que Cristo es su Hijo; expresando aprobación perfecta de su obra redentora; y regocijándose por haber sido oído y porque será oído eternamente.
3. El creyente caerá sobre su rostro, postrándose delante de Cristo en asombro, adoración y veneración.
4. El creyente experimentará la obra intercesora del Señor. Sentirá la mano del Señor tocándolo y levantándolo, y el creyente estará en la justicia y perfección del Señor viviendo para siempre en un estado de gloria.

Pensamiento. ¡Cuántas veces querría Dios conceder un sentido claro, intenso de su presencia, si solamente tuviéramos sesiones prolongadas de meditación y oración a solas con Él! ¡Cuánto poder habría en nuestras vidas y ministerios si fuéramos frecuentemente a estar a solas con Él por períodos prolongados!

5. El creyente presenciará y experimentará la preeminencia del Señor por toda la eternidad.

Pensamiento. El mensaje de Dios fue, es, y siempre será ...

- este es mi Hijo amado.
- en quien tengo complacencia.
- a Él escuchen.

6 (17:9-13) ***Jesucristo, resurrección:*** allí estuvo la fuerza de la resurrección. La resurrección prueba dos cosas.

- Primero, la resurrección prueba definitivamente que Cristo es el Hijo de Dios.
- Segundo, la resurrección prueba que la transfiguración realmente ocurrió. Que realmente fue un anticipo de la supremacía del nuevo pacto y en alguna medida la experiencia del creyente en el cielo.

Jesús no permitió que los tres discípulos compartan su experiencia porque tal vez no sería entendida. Era sencillamente demasiado increíble para ser captada hasta tanto no hubiese ocurrido la resurrección. Este mandato de guardar silencio asombró a los discípulos porque los escribas siempre habían enseñado que Elías vendría primero para proclamar al Mesías (cp. Mal. 4:5). Ahora acababan de ver a Elías con Cristo. ¿Cuándo comenzaría Elías a anunciar al Mesías? ¿Y si había de proclamar el mensaje, por qué debían guardar silencio acerca de la naturaleza mesiánica de Jesús? ¿No debían proclamar ellos también que Jesús era el Mesías? Jesús les dijo que Juan el Bautista había sido el profeta semejante a Elías cuya venida estaba anunciada. La gente lo mató, y el Mesías también tendría que sufrir a manos del pueblo.

Pensamiento 1. Jesucristo es el Mesías, el Hijo de Dios. La fe en Él es absolutamente esencial.

«Por eso os dije que moriréis en vuestros pecados; porque si no creéis que yo soy, en vuestros pecados moriréis» (Jn. 8:24).

«Le dijo la mujer: Sé que ha de venir el Mesías, llamado el Cristo; cuando él venga nos declarará todas las cosas. Jesús le dijo: Yo soy, el que habla contigo» (Jn. 4:25-26).

«Y nosotros hemos creído y conocemos que tú eres el Cristo, el Hijo del Dios viviente» (Jn. 6:69; cp. Jn. 11:25-27).

«Pero Saulo [el apóstol Pablo] mucho más se esforzaba, y confundía a los judíos que moraban en Damasco, demostrando que Jesús era el Cristo» (Hch. 9:22; Hch. 17:2-3).

«Todo aquel que cree que Jesús es el Cristo, es nacido de Dios; y todo aquel que ama al que le engendró, ama también al que ha sido engendrado por él» (1 Jn. 5:1).

	D. Discípulos carentes de poder: una gran lección de fe y poder, 17:14-21 (Mr. 9:14-29; Lc. 9:37-42)
1 Jesús después de la transfiguración a. Fue a la multitud b. Vino un hombre desesperado	14 Cuando llegaron al gentío, vino a él un hombre que se arrodilló delante de él, diciendo:
2 La tragedia de la falta de poder a. Una necesidad no satisfecha b. Una desilusión[EF1] c. Situación embarazosa	15 Señor, ten misericordia de mi hijo, que es lunático, y padece muchísimo; porque muchas veces cae en el fuego, y muchas en el agua. 16 Y lo he traído a tus discípulos, pero no le han podido sanar.
3 Amonestación por la falta de poder[EF2] a. No siempre contarán con su presencia b. Su paciencia tiene límites c. Su poder quebrantó el poder de Satanás	17 Respondiendo Jesús, dijo: ¡Oh generación incrédula y perversa! ¿Hasta cuándo he de estar con vosotros? ¿Hasta cuándo os he de soportar? Traédmelo acá. 18 Y reprendió Jesús al demonio, el cual salió del muchacho, y éste quedó sano desde aquella hora.
4 El claro motivo para la falta de poder: incredulidad	19 Viniendo entonces los discípulos a Jesús, aparte, dijeron: ¿Por qué nosotros no pudimos echarlo fuera? 20 Jesús les dijo: Por vuestra poca fe; porque de cierto os digo, que si
5 Promesa del gran poder de la fe[EF3]	tuviereis fe como un grano de mostaza, diréis a este monte: Pásate de aquí allá, y se pasará; y nada os será imposible.
6 Las dos formas de asegurarse gran fe y poder[EF4, 5] a. Oración b. Ayuno	21 Pero este género no sale sino con oración y ayuno.

D. Discípulos carentes de poder: una gran lección de fe y poder, 17:14-21

(17:14-21) ***Introducción:*** este es un excelente estudio sobre *poder y fe.* Los puntos hablan por sí mismos.

1. Jesús después de la transfiguración (v. 14).
2. La tragedia de la falta de poder (vv. 15-16).
3. Amonestación por la falta de poder (vv. 17-18).
4. El claro motivo para la falta de poder: incredulidad (vv. 19-20).
5. Promesa del gran poder de la fe (v. 20).
6. Las dos formas de asegurarse gran fe y poder (vv. 20-21).

1 (17:14) ***Devoción—oración:*** Jesús después de la transfiguración. ¡Qué contraste! La gloria celestial y la experiencia de transfiguración en la cima de la montaña en contraste con los problemas terrenales y el valle de experiencias del día siguiente (Lc. 9:37) ¡Qué lección para todos nosotros! La gloria de las devociones tiene el propósito de que salgamos a encontrarnos con las multitudes en todas sus necesidades. No permanecemos en la cima de la montaña; bajamos al valle, a la tierra, donde está la gente.

Ninguna otra experiencia de Cristo enseña tan vigorosamente la necesidad tanto de las devociones como del ministerio.

- La transfiguración es un *fin* en sí misma, pero también es un medio para el servicio.
- La transfiguración nos llama a una vida monástica, pero también nos prepara para salir y cumplir las necesidades del mundo corrupto.
- El monte de oración nos llama a ser renovados, pero también nos fortalece para salir y trabajar en un mundo revuelto.
- Dios quiere encontrarnos *diariamente* para el alimento de nuestra propia alma, pero también quiere enviarnos a suplir diariamente las necesidades de un mundo clamoroso.
- Dios quiere nuestra atención privada y compañerismo, pero también quiere enviarnos a prestar atención y brindar piadoso compañerismo a un mundo perdido.

2 (17:15-16) ***Falta de poder—incredulidad:*** la tragedia de la falta de poder (*véase* Estudio a fondo 1—Mt. 17:16).

Aparentemente la enfermedad del hijo era tanto física como espiritual. La descripción de la enfermedad en *El Evangelio de Marcos* señala lo que hoy es conocido como epilepsia y posesión demónica (Mt. 17:15; Mr. 9:17-18; Lc. 9:39). La posesión demónica en particular parece haber incrementado y agravado la situación, causando tal vez, algunas tendencias suicidas (Mt. 17:15; Mr. 9:22). A lo largo de los evangelios estas parecen ser una de las mayores obras de los espíritus malos, es decir, *incrementar y agravar* condiciones existentes. La gran tragedia del acontecimiento fue la incredulidad y carencia de poder. Estas tragedias atormentan a tantos siervos de Dios. Pero note: nos atormentan solamente porque «no pedimos» (Stg. 4:2). Fallamos en ir a la cima de la montaña de transfiguración y recibir la presencia renovadora de Dios. Nuestra falta de poder con demasiada frecuencia resulta en tres cosas:

1. Tantas *necesidades desesperantes* quedan insatisfechas.
2. Se experimentan tantas terribles desilusiones.
3. Ocurren tantas *situaciones embarazosas.*

«Me invocará, y yo le responderé; con él estaré yo en la angustia; lo libraré y le glorificaré» (Sal. 91:15).

«Entonces invocarás, y te oirá Jehová; clamarás, y dirá él: Héme aquí. Si quitares de en medio de ti el yugo, el dedo amenazador, y el hablar vanidad» (Is. 58:9)

«Clama a mí y yo te responderé, y te enseñaré cosas grandes y ocultas que tú no conoces» (Jer. 33:3).

Pensamiento. Note dos cosas.

1) El padre estaba buscando e intercediendo por su hijo.
2) El corazón de Cristo fue tierno y compasivo hacia el niño. Solo había faltado una cosa, que alguien con fe y poder se levantara en favor del joven. Simplemente no hubo nadie.

¿Cuántos niños son presos de necesidades desesperadas tanto físicas como espirituales? ¿Cuántos son atrapados por el pecado? ¿Dónde están los padres, suficientemente preocupados para buscar a Jesús, no vacilantes e indecisos, sino genuinamente preocupados? ¿Dónde están los padres que los buscan, perseverando hasta obtener respuesta? Como en el caso de este pasaje, Jesús está dispuesto a suplir las necesidades de nuestros hijos, pero ¿dónde están los padres que buscan fervientemente a Jesús, como este padre? ¿Y dónde están los siervos de Dios que pueden guiar a los padres a confiar en Cristo?

ESTUDIO A FONDO 1

(17:16) ***Poder, carencia de:*** ¿Por qué carecen de poder los hombres? (Para la discusión, *véase* Estudio a fondo 3—Mr. 9:18.)

3 (17:17-18) ***Carencia de poder—incredulidad:*** Amonestación por la falta de poder. Cristo amonestó la carencia de poder. Una persona sin poder entristece y apena su corazón. ¿Qué puede hacer para despertar la fe y el poder? Él hace todo lo que puede: advierte y ofrece esperanza.

1. Advierte que su presencia no siempre será disponible (Gn.6:3. *Véase* nota—Mt. 12:14-16).
2. Advierte que su paciencia es limitada (cp. Pr. 29:1. *Véase* nota—Mt. 12:31-32).
3. Asegura que su poder quebranta el poder de Satanás. Note que es la Palabra de Cristo lo que quebranta el poder del diablo. Satanás no se puede mantener ante la Palabra de Dios. Cristo ha despojado a los principados y poderes bajo el control de Satanás (Col.2:15).

Pensamiento 1. Una persona *sin fe* ...

- no puede recibir la bendición *que podría haber recibido.*
- no puede hacer las obras *que podría haber hecho.*

Note el tono de las palabras y el dolor de corazón de Cristo. Sufre esperando que nosotros recibamos lo que debemos recibir, y que hagamos las obras que debemos hacer. Anhela que vivamos una vida abundante de poder y satisfacción (Jn. 10:10).

Pensamiento 2. Hay un punto crítico para recordar: Cuanto más tiempo Cristo tenga que soportar nuestra incredulidad y falta de poder, más está disgustado con nosotros. Debemos aprender, y aprender pronto. Su presencia no estará siempre con nosotros y su paciencia tiene un límite.

Pensamiento 3. Note el glorioso mensaje del evangelio proclamado e ilustrado en este acontecimiento. Cuando fallan la fe y el poder de los hombres, cuando falla toda otra esperanza y ayuda, podemos ir a Cristo sabiendo que nos oirá y ayudará. Él va a tener compasión de nosotros y usar su poder para suplir nuestra necesidad, no importa cuan desesperada sea.

ESTUDIO A FONDO 2

(17:17) *Perverso (diastrepho):* distorcionar, torcer; poner aparte o desechar, ser desgarrado en dos; estar corrompido (cp. Hch. 20:30; Fil. 2:15).

«Para que seáis irreprensibles y sencillos, hijos de Dios sin mancha en medio de una generación maligna y perversa, en medio de la cual resplandecéis como luminares en el mundo» (Fil. 2:15).

«Y de vosotros mismos se levantarán hombres que hablen cosas perversas para arrastrar tras sí a los discípulos» (Hch. 20:30).

«Disputas necias de hombres corruptos de entendimiento y privados de la verdad, que toman la piedad como fuente de ganancia; apártate de los tales» (1 Ti. 6:5).

«La integridad de los rectos los encaminará; pero destruirá a los pecadores la perversidad de ellos» (Pr. 11:3).

«Según su sabiduría es alabado el hombre; mas el perverso de corazón será menospreciado» (Pr. 12:8).

«Mejor es el pobre que camina en su integridad, que el de perversos caminos y rico» (Pr. 28:6).

4 (17:19-20) ***Incredulidad—falta depoder:*** el motivo evidente para la falta de poder fue la incredulidad. ¿Qué es incredulidad? ¿Por qué se debilita la fe y se torna incredulidad? Los discípulos habían recibido la promesa de poder y habían ministrado con inusual poder anteriormente, habían ministrado con eficacia (Mt. 10:1; Lc. 10:17). Pero ahora el poder se había ido y no pudieron ministrar. «¿Por qué?» preguntaron.

Jesús respondió puntualmente: «Por vuestra *poca fe*». La incredulidad se compone de cuatro cosas; o bien, hay cuatro respuestas a la pregunta: ¿qué es incredulidad?

1. Incredulidad es dudar de Cristo mismo, el objeto de nuestra fe. Es dudar del poder de Cristo. ¿Realmente tiene suficiente poder para hacer lo que se necesita hacer, es decir, salvar, librar, sanar y ayudar, quitar imperios de maldad, malicia arraigada, codicia destructora y la amenaza de guerras?
2. Incredulidad es dudar del poder del Señor *en nosotros mismos*. Es preguntarse si uno está suficientemente cerca de Cristo para ser escuchado y recibir respuesta, o de recibir suficiente poder para suplir la necesidad.
3. Incredulidad es dudar de la propia fe. Es cuestionar la fuerza de la propia dependencia y confianza en Cristo.
4. Incredulidad es dudar que la obra necesaria realmente es la voluntad de Dios. Es dudar si uno debería estar buscando dicha obra, dudar que Dios realmente está dispuesto a hacer lo que hace falta.

«Y les dijo: ¿Por qué estáis así amedrentados? ¿Cómo no tenéis fe?» (Mr. 4:40).

«Finalmente se apareció a los once mismos, estando ellos sentados a la mesa, y les reprochó su incredulidad y dureza de corazón, porque no habían creído a los que le habían visto resucitado» (Mr. 16:14).

«Entonces les dijo: ¡Oh insensatos, y tardos de corazón para creer todo lo que los profetas han dicho!» (Lc. 24:25).

«Hijitos míos, no amemos de palabra ni de lengua, sino de hecho y en verdad» (1 Jn. 3:18).

«El que cree en el hijo tiene vida eterna; pero el que rehusa creer en el Hijo no verá la vida, sino que la ira de Dios está sobre él» (Jn. 3:36).

«Por eso os dije que moriréis en vuestros pecados; porque si no creéis que yo soy, en vuestros pecados moriréis» (Jn. 8:24).

«Y cuando él venga, convencerá al mundo de pecado, de justicia y de juicio. De pecado, por cuanto no creen en mí» (Jn. 16:8-9).

«Mirad, hermanos, que no haya en ninguno de vosotros corazón malo de incredulidad para apartarse del Dios vivo» (He. 3:12).

«Procuremos, pues, entrar en aquel reposo, para que ninguno caiga en semejante ejemplo de desobediencia» (He. 4:11).

La respuesta a la incredulidad es tener hambre y sed de Dios, tanto que uno pase mucho tiempo en la presencia de Dios, tanto que uno se olvide aun de comer. Nos privamos de la comida para encontrar a Dios (*véase* nota—Mt. 6:16-18).

«Así que la fe es por el oír [oración], y el oír, por la palabra de Dios» (Ro. 10:17).

«Y les dijo: ¿Por qué estáis así amedrentados? ¿Cómo no tenéis fe» (Mr. 4:40).

«Pero sin fe es imposible agradar a Dios; porque es necesario que el que se acerca a Dios crea que le hay, y que es galardonador de los que le buscan» (He. 11:6).

«¿Eres tú el Cristo? Dínoslo. Y les dijo: Si os lo dijere, no ceeréis» (Lc. 22:67).

«De cierto, de cierto te digo, que lo que sabemos hablamos, y lo que hemos visto, testificamos; y no recibís nuestro testimonio» (Jn. 3:11).

«Y le rodearon los judíos y le dijeron: ¿Hasta cuándo nos turbarás el alma? Si tú eres el Cristo, dínoslo abiertamente. Jesús les respondió: Os lo he dicho, y no creéis; las obras que yo hago en nombre de mi Padre, ellas dan testimonio de mí» (Jn. 10:25).

«Pero a pesar de que había hecho tantas señales delante de ellos, no creían en él» (Jn. 12:37).

«¿Quién ha creído a nuestro anuncio? ¿Y sobre quién se ha manifestado el brazo de Jehová?» (Is. 53:1).

Pensamiento 1. Cuando las cosas no andan bien, y no tenemos éxito en la vida o el matrimonio o el ministerio, hay dos cosas que notar.

1) Uno se siente impulsado a culpar a otros:
   - un cónyuge culpa al otro.
   - un obrero culpa a su compañero.
   - la congregación culpa al ministro.
   - el ministro culpa a la congregación.
2) La falla generalmente está en nosotros (por supuesto, no siempre, pero generalmente) y la causa es nuestra incredulidad. No estamos confiando en Dios ni buscando a Dios con la diligencia que deberíamos.

Pensamiento 2. Hay algo que desagrada enormemente a Dios, desconfiar del poder o del don dado por Él. Tantas personas confunden la fuerza y los dones personales con la fuerza y los dones de Dios. Negar el poder y los dones de Dios no es humildad; es desconfianza. Su poder y sus dones deben ser usados al máximo.

[5] (17:20) ***Fe—poder:*** hay promesa de gran fe y poder. Los judíos entendían claramente lo que quería decir Jesús con «mover montañas». La frase era un dicho o proverbio judío que significaba «remover dificultades» (cp. Zac. 4:7; 1 Co.13:2). Las dificultades más grandes en la vida humana pueden ser removidas mediante la fe. Oración y fe pueden hacer cualquier cosa por Dios. Pueden remover todo tipo de montañas: temor, desilusión, depresión, desesperación, enfermedad, tentación, culpa, agotamiento, soledad, persecución, pena. Ese tipo de montañas yace como grandes barreras en el camino del hombre. Realmente pueden vencer la vida. ¿Cómo pueden ser superadas? Mediante oración y fe: orando y creyendo en Dios aun al extremo del ayuno (*véase* Estudio a fondo 3—Mt. 17:20).

Pensamiento 1. Todo creyente tiene dos fuerzas y dos dones para ofrecer al mundo. Tiene su propia fuerza y sus propios dones (talentos) y la fuerza y los dones de Dios. (Cp. Ro. 12:6ss; 1 Co. 12:4-11; Ef. 4:11.)

1) La fuerza y los dones de Dios son tanto más altos que nuestra fuerza y nuestros dones como los cielos sobre la tierra.
2) Nuestro llamado es aprender a usar la fuerza y los dones de Dios.

Pensamiento 2. Una fe *activa* puede remover montañas (*véase* Estudio a fondo 1—He. 11:6).

ESTUDIO A FONDO 3

(17:20) ***Fe—poder—semilla de mostaza:*** ¿Qué quiere decir Cristo con «fe como un grano de mostaza»? El grano de mostaza era conocido por su pequeñez, la más pequeña de todas la semillas, sin embargo crecía hasta convertirse en uno de los mayores arbustos (*véase* nota—Mt. 13:32). Imagínese un grano de mostaza en la mano de una persona. Es *real* y es *pequeño*. Imagínese solamente su potencia de *crecimiento y uso*. Así es con la fe: la fe es «como un grano de mostaza». Es real y es pequeña, sin embargo tiene enorme poder de crecimiento y uso para el ministerio.

«Y todo lo que pidiereis en oración, creyendo, lo recibiréis» (Mt. 21:22).

«Jesús le dijo: Si puedes creer, al que cree todo le es posible» (Mr. 9:23).

[6] (17:20-21) ***Fe—poder:*** los dos caminos para asegurarse gran fe y poder.

1. El primer camino para asegurarse gran fe y poder es la oración (*véase* nota, ***Oración***—Mt. 7:7-11; cp. Ef. 6:18).
2. El segundo camino para asegurarse gran fe y poder es el ayuno (*véase* nota, ***Ayuno***—Mt. 6:16-18).

ESTUDIO A FONDO 4

(17:20-21) ***Fe:*** *véanse* notas y Estudio a fondo 1— He. 11:6; cp. Mr. 11:23; He. 10:38; Jn. 2:23-24.

ESTUDIO A FONDO 5

(17:20-21) ***Poder:*** cp. 2 Ti. 1:7; Ef. 3:20.

	E. El Mesías anuncia su muerte y tesurrección (segunda vez): librado por Dios, 17:22-23 (Mr. 9:30-32; Lc. 9:43-45)
1 Predijo la traición que iba a sufrir **2 Predijo la parte culpable** **3 Predijo su muerte** **4 Predijo su resurrección**	22 Estando ellos en Galilea Jesús les dijo: El Hijo del Hombre será entregado en manos de hombres, 23 y le matarán; mas al tercer día resucitará. Y ellos se entristecieron en gran manera.

E. El Mesías anuncia su muerte y resurrección (segunda vez): librado por Dios, 17:22-23

(17:22-23) ***Introducción:*** no se puede exagerar la importancia de la muerte y resurrección de Jesucristo. Son de importancia suprema. El destino de la persona es determinado por su respuesta a la muerte y resurrección de Jesucristo. Su muerte y resurrección constituyen el pivote de la historia humana, el eje del plan de Dios para la eternidad. La historia misma gira en torno de la muerte y resurrección del querido Hijo de Dios. Dios obra en todas las cosas para bien a efectos de que sea alabado su amado Hijo. Inclusive el mal y la devastación son transformados por Dios y vueltos para el bien de Cristo y de aquellos por quienes Cristo murió y resucitó.

Todo lo que las Escrituras dicen acerca de la muerte y resurrección de Jesucristo está dirigido a cada generación. (*Véanse* bosquejo y notas—Mt. 16:21-23; 20:17-19; Mr. 8:31-33; 9:30-32; 10:32-34.)

1. Predijo la traición que iba a sufrir (v. 22).
2. Predijo la parte culpable (v. 22).
3. Predijo su muerte (v. 23).
4. Predijo su resurrección (v. 23).

1 (17:22) ***Jesucristo, muerte:*** Jesucristo predijo la traición que iba a sufrir. Note dos hechos.

1. La frase «Estando ellos ... » (*anastrephomenon*) significa, mientras iban y venían. El tema es este: mientras Jesús y sus discípulos recorrían toda Galilea, Jesús insistía en decirles que sería muerto y que resucitaría de los muertos.

Durante varias semanas Jesús había estado en el extremo norte del país (*véanse* notas—Mt. 15:21-22; 15:29; 16:13). En algún momento volvió a Galilea, pero inadvertidamente (Mr. 9:30). Aparentemente se movía en forma más bien secreta de modo de poder adoctrinar a sus discípulos en cuanto la inminente muerte y resurrección que le esperaban (*véanse* notas—Mt.15:21-22; 15:29; 16:21-28). Es interesante que este hecho sea mencionado por los ángeles que anunciaron su resurrección: «Acordaos de lo que os habló cuando aún estaba en Galilea» (Lc. 24:6-7).

Jesús tenía que seguir hablando de su muerte y resurrección porque serían acontecimientos demasiado difíciles de entender. Había tres motivos principales por lo que los discípulos tenían dificultad en captar el asunto.

a. La muerte y resurrección del Mesías eran experiencias nuevas, acontecimientos nuevos. El tema de una muerte y resurrección literal sería entendido en lenguaje simbólico y espiritual (*véase* nota—Mt.18:1-2). (Muy similar a muchas personas que espiritualizan los dos eventos, aunque realmente ocurrieron y a pesar de ser tan vigorosamente proclamados por los discípulos.) (Cp. 1 Co. 15:3-8. *Véanse* notas—Mr. 9:32, 34.)

b. Se creía que la muerte y resurrección del Mesías eran imposibles. ¿Cómo iba a morir Dios? La mayoría de la gente proclama que Dios no puede morir. Por su puesto, los discípulos todavía no habían visto lo que realmente significaba morir, es decir, ser separado de Dios (*véase* nota—He. 9:27). Tenían que aprender que Dios estaba tratando con vida (y muerte) espiritual y eterna, y no simplemente con vida (y muerte) física y temporal en esta tierra.

c. La muerte y resurrección del Mesías eran contrarias a todas sus esperanzas y expectativas. Sencillamente era algo diferente a lo que siempre habían oído y aprendido. Se creía que el Mesías sería un Mesías de poder y soberano gobierno, no un Mesías que tendría que sufrir y morir para salvar al hombre. (*Véanse* notas—Mt.1:1; Estudio a fondo 2—1:18; Estudio a fondo 3—3:11; notas—22:42; 11:1-6; 11:2-3; Estudio a fondo 1—11:5; Estudio a fondo 2—11:6; Estudio a fondo 1—12:16; notas—22:42; Lc. 7:21-23.)

2. La palabra «entregado» significa literalmente *ser entregado* (*paradidosthai*) lo cual significa que su muerte fue ordenada. Cristo estaba diciendo que iba a *ser entregado* inminentemente; que así estaba ordenado, es decir, estaba determinado por el concejo y plan de Dios. Cristo fue entregado por tres personas a a la muerte.

a. Dios entregó a Cristo para ser traicionado.

> **«Porque de tal manera amó Dios al mundo, que ha dado a su Hijo unigénito, para que todo aquel queen él cree, no se pierda, mas tenga vida eterna» (Jn. 3:16).**
>
> **«A éste, entregado por el determinado consejo y anticipado conocimiento de Dios, prendisteis y matasteis por manos de inicuos, crucificándole» (Hch. 2:23).**
>
> **«El que no escatimó ni a su propio Hijo, sino que lo entregó por todos nosotros, ¿cómo no nos dará también con él todas las cosas» (Ro. 8:32).**
>
> **«Al que no conoció pecado, por nosotros lo hizo pecado, para que nosotros fuésemos hechos justicia de Dios en él» (2 Co. 5:21).**
>
> **«¡Gracias a Dios por su don inefable!» (2 Co. 9:15).**

b. Cristo mismo se entregó para ser crucificado.

> **«El cual se dio a sí mismo por nuestros pecados para librarnos del presente siglo malo, conforme a la voluntad de nuestro Dios y Padre» (Gá. 1:4).**
>
> **«Y andad en amor, como también Cristo nos amó, y se entregó a sí mismo por nosotros, ofrenda y sacrificio a Dios en olor fragante» (Ef. 5:2, 25).**

«Quien se dio a sí mismo por nosotros para redimirnos de toda iniquidad y purificar para sí un pueblo propio, celoso de buenas obras» (Tit. 2:14).

«En esto hemos conocido el amor, en que él puso su vida por nosotros; también nosotros debemos poner nuestras vidas por los hermanos» (1 Jn. 3:16).

c. Judas traicionó y entregó a Cristo para ser crucificado (*véanse* notas—Mt. 26:21-25; 27:3-5; Mr. 14:10-11; Lc. 22:4-6; Jn. 13:18; 13:21-26).

«Y mientras comían, dijo: De cierto os digo, que uno de vosotros me va a entregar» (Mt. 26:21).

«Entonces Judas Iscariote, uno de los doce, fue a los principales sacerdotes para entregárselo» (Mr. 14:10).

«No hablo de todos vosotros; yo sé a quienes he elegido; mas para que se cumpla la Escritura: El que come pan conmigo levantó contra mí su calcañar» (Jn. 13:18).

2 (17:22) ***Jesucristo, muerte:*** Cristo predijo la parte culpable. Jesús ya había mencionado a los hombres que los matarían (*véase* Estudio a fondo 1—Mt. 16:21). En orden de entrega la traición sería efectuada por *Judas,* quien identificaría a Jesús ante los *ancianos y sumos sacerdotes,* y *escribas,* quienes, por su parte lo entregarían a los *gentiles* o romanos para su ejecución (Mt. 20:19).

Pedro, predicando a los judíos, inmediatamente después de Pentecostés, acusó a los judíos de entregar «por el determinado consejo y anticipado conocimiento de Dios, prendisteis y matasteis por manos de inicuos, crucificándole» (Hch. 2:23).

Pensamiento. Fueron hombres quienes mataron a Jesús; hombres que lo necesitaban desesperadamente.

1) Los hombres que se complotaron y causaron la muerte de Jesús eran judíos. Por raza y por elección de Dios eran personas de su propio pueblo. También esperaban al Mesías, pero no lo conocieron (Jn. 1:11). No querían el tipo de Mesías que Jesús afirmaba ser. Querían un Mesías de poder y fama y riqueza que pudiera dar a Israel la gloria de un gobierno internacional o teocracia (*véanse* notas—Mt. 1:11; Estudio a fondo 2—1:18; 3:11; notas—11:1-6; 11:2-3; Estudio a fondo 1—11:5; Estudio a fondo 2—11:6; Estudio a fondo 1—12:16; Lc.7:21-23).
2) Los hombres que ejecutaron su muerte eran romanos. Precisamente aquellos a quienes había venido para abrirles la puerta de la salvación. La salvación había estado vedada para ellos. Ahora, por medio de Cristo, podían ser salvados y vivir eternamente. Tendrían que haber estado agradecidos y haberlo recibido con los brazos abiertos, pero ellos también rechazaron sus afirmaciones. Lo juzgaron y ejecutaron, y lo hicieron todo con propósitos políticos.

«Porque de tal manera amó Dios al mundo, que ha dado a su Hijo unigénito, para que todo aquel que en él cree, no se pierda, mas tenga vida eterna. Porque no envió Dios a su Hijo al mundo para condenar al mundo, sino para que el mundo sea salvo por él. El que en él cree, no es condenado; pero el que no cree, ya ha sido condenado, porque no ha creído en el nombre del unigénito Hijo de Dios. Y esta es la condenación: que la luz vino al mundo, y los hombres amaron más las tinieblas que laluz, porque sus obras eran malas» (Jn. 3:16-19).

3 (17:23) ***Jesucristo, muerte:*** Cristo predijo su muerte. De la forma más sencilla posible, Jesucristo fue muerto por dos razones.

1. Los religiosos lo entregaron a los gentiles por el hecho de ser una amenaza para ellos (*véanse* notas y Estudio a fondo 1—Mt. 12:10; cp. 12:1-8. Estas son importantes notas para entender por qué precisamente mataron los religiosos a Jesús). Esto lo demuestran claramente tres pasajes.

«Entonces los judíos *volvieron a tomar piedras* para apedrearlo. Jesús les respondió: Muchas buenas obras os he mostrado de mi Padre; ¿por cuál de ellas me apedreáis? Le respondieron los judíos diciendo: Por buena obra no te apedreamos, sino por la blasfemia; porque tú, siendo hombre, *te haces Dios*» (Jn. 10:31-33).

«Varones israelitas, oíd estas palabras: Jesús nazareno, varón aprobado por Dios entre vosotros con las maravillas, prodigios y señales que Dios hizo entre vosotros por medio de él, como vosotros mismos sabéis; a éste, entregado por el determinado consejo y anticipado conocimiento de Dios, prendisteis y matasteis por manos de inicuos, crucificándole» (Hch. 2:22-23).

« ... de los judíos, los cuales mataron al Señor Jesús y a sus propios profetas, y a nosotros nos expulsaron; y no agradan a Dios, y se oponen a todos los hombres» (1 Ts. 2:14-15).

2. Dios lo entregó a la muerte por los pecados y la vida del mundo. A continuación se ofrecen la mayoría de los pasajes del Nuevo Testamento que tratan de la muerte de Cristo (*véase* JESUCRISTO).

«Porque como estuvo Jonás en el vientre del gran pez tres días y tres noches, así entrará el Hijo del Hombre en el corazón de la tierra tres días y tres noches» (Mt. 12:40).

«La generación mala y adúltera demanda señal; pero señal no le será dada, sino la señal del profeta Jonás. Y dejándolos se fue» (Mt. 16:4, 21; cp. Lc. 11:30; Lc. 9:22).

«Mas os digo que Elías ya vino, y no lo conocieron, sino que hicieron con él todo lo que quisieron; así también el Hijo del Hombre padecerá de ellos. Entonces los discípulos comprendieron que les había hablado de Juan el Bautista» (Mt. 17:12-13).

«Estando ellos en Galilea Jesús les dijo: El Hijo del Hombre será entregado en manos de hombres» (Mt. 17:22).

«Subiendo Jesús a Jerusalén, tomó a sus doce discípulos aparte en el camino, y les dijo: He aquí subimos a Jerusalén, y el Hijo del Hombre será entregado a los principales sacerdotes y a los escribas, y le condenarán a muerte; y le entregarán a los gentiles para que le escarnezcan, le azoten, y le crucifiquen; mas al tercer día resucitará» (Mt. 20:17-19).

«Como el Hijo del Hombre no vino para ser servido, sino para servir, y para dar su vida en rescate por muchos» (Mt. 20:28; cp. 10:32, 34).

«Finalmente les envió su hijo, diciendo: Tendrán respeto a mi hijo. Mas los labradores, cuando vieron al hijo, dijeron entre sí: Este es el heredero; venid, matémoslo, y apoderémonos de su heredad. Y tomándole, le echaron fuera de la viña, y lo mataron» (Mt. 21:37-39).

«Sabéis que dentro de dos días se celebra la pascua, y el Hijo del Hombre será entregado para ser crucificado» (Mt. 26:2).

«A la verdad el Hijo del Hombre va, según está escrito de él, mas ¡ay de aquel hombre por quien el Hijo del Hombre es entregado! Bueno le fuera a ese hombre no haber nacido» (Mt. 26:24).

«Porque esto es mi sangre del nuevo pacto, que por muchos es derramada para remisión de los pecados» (Mt. 26:28).

«Yendo un poco más adelante, se postró sobre su rostro, orando y diciendo: Padre mío, si es posible, pase de mí esta copa; pero no sea como yo quiero, sino como tú» (Mt. 26:39).

«Padre mío, si no puede pasar de mí esta copa sin que yo la beba, hágase tu voluntad» (Mt. 26:42).

«¿Acaso piensas que no puedo ahora orar a mi Padre, y que él no me daría más de doce legiones de ángeles? ¿Pero cómo entonces se cumplirían las Escrituras, de que es necesario que así se haga?» (Mt. 26:53-54; cp. Mr. 14:24, 36, 39).

«Y comenzó a enseñarles que le era necesario al Hijo del Hombre padecer mucho, y ser desechado por los ancianos, por los principales sacerdotes y por los escribas, y ser muerto, y resucitar después de tres días» (Mr. 8:31).

«Porque enseñaba a sus discípulos, y les decía: El Hijo del Hombre será entregado en manos de hombres, y le matarán; pero después de muerto, resucitará al tercer día» (Mr. 9:31).

«He aquí subimos a Jerusalén y el Hijo del Hombre será entregado a los principales sacerdotes y a los escribas, y le condenarán a muerte, y le entregarán a los gentiles; y le escarnecerán, le azotarán, y escupirán en él, y le matarán; mas al tercer día resucitará» (Mr. 10:33-34; cp. Mt. 20:18, 19; Lc. 18:31-33).

«Y diciendo: Es necesario que el Hijo del Hombre padezca muchas cosas, y sea desechado por los ancianos, por los principales sacerdotes y por los escribas, y que sea muerto, y resucite al tercer día» (Lc. 9:22).

«Cuando se cumplió el tiempo en que él había de ser recibido arriba, afirmó su rostro para ir a Jerusalén» (Lc. 9:51).

«De un bautismo tengo que ser bautizado; y ¡cómo me angustio hasta que se cumpla!» (Lc. 12:50; cp. Lc. 22:15).

«Pero primero es necesario que padezca mucho, y sea desechado por esta generación» (Lc. 17:25).

«Y les dijo: ¡Cuánto he deseado comer con vosotros esta pascua antes que padezca! ... Y tomó el pan y dio gracias, y lo partió y les dio diciendo: Esto es mi cuerpo, que por vosotros es dado; haced esto en memoria de mí. De igual manera, después que hubo cenado, tomó la copa, diciendo: Esta copa es el nuevo pacto en mi sangre, que por vosotros se derrama» (Lc. 22:15, 19-20).

«Porque os digo que es necesario que se cumpla todavía en mí aquello que está escrito: Y fue contado con los inicuos; porque lo que está escrito de mí, tiene cumplimiento» (Lc. 22:37).

«Diciendo: Padre, si quieres, pasa de mí esta copa; pero no se haga mi voluntad, sino la tuya» (Lc. 22:42).

«El siguiente día vio Juan a Jesús que venía a él, y dijo: He aquí el Cordero de Dios, que quita el pecado del mundo» (Jn. 1:29).

«Y como Moisés levantó la serpiente en el desierto, así es necesario que el Hijo del Hombre sea levantado, para que todo aquel que en él cree no se pierda, mas tenga vida eterna. Porque de tal manera amó Dios al mundo, que ha dado a su Hijo unigénito, para que todo aquel que en él cree, no se pierda, mas tenga vida eterna. Porque no envió Dios a su Hijo al mundo para condenar al mundo, sino para que el mundo sea salvo por él» (Jn. 3:14-17).

«Yo soy el pan vivo que descendió del cielo; si alguno comiere de este pan, vivirá para siempre; y el pan que yo daré es mi carne, la cual yo daré por la vida del mundo» (Jn. 6:51).

«Yo soy el buen pastor; el buen pastor su vida da por las ovejas ... Así como el Padre me conoce, y yo conozco al padre; y pongo mi vida por las ovejas ... Por eso me ama el Padre, porque yo pongo mi vida, para volverla a tomar. Nadie me la quita, sino que yo de mí mismo la pongo. Tengo poder para ponerla, y tengo poder para volverla a tomar. Este mandamiento recibí de mi Padre ... Y yo les doy vida eterna; y no perecerán jamás, ni nadie las arrebatará de mi mano. Mi padre que me las dio, es mayor que todos, y nadie las puede arrebatar de la mano de mi Padre. Yo y el Padre uno somos. Entonces los judíos volvieron a tomar piedras para apedrearle» (Jn. 10:11, 15, 17-18, 28-31).

«Ni pensáis que nos conviene que un hombre muera por el pueblo, y no que toda la nación perezca. Esto no lo dijo por sí mismo, sino que como era el sumo sacerdote aquel año, profetizó que Jesús había de morir por la nación; y no solamente por la nación, sino también para congregar en uno a los hijos de Dios que estaban dispersos» (Jn. 11:50-52).

«De cierto, de cierto os digo, que si el grano de trigo no cae en la tierra y muere, queda solo; pero si muere lleva mucho fruto...Ahora es el juicio de este mundo; ahora el príncipe de este mundo será echado fuera. Y yo, si fuere levantado de la tierra, a todos atraeré a mí mismo. Y decía esto dando a entender qué muerte iba a morir» (Jn. 12:24, 31-33).

«No hablo de todos vosotros; yo sé a quienes he elegido; mas para que se cumpla la Escritura: El que come pan conmigo levantó contra mí su calcañar. Desde ahora os lo digo antes que suceda, para que cuando suceda, creáis que soy yo .... Habiendo dicho Jesús esto, se conmovió en espíritu, y declaró y dijo: De cierto, de cierto os digo, que uno de vosotros me va a entregar» (Jn. 13:18-10, 21; cp. Mt. 26:21; Mr. 14:18; Lc. 22:21).

«No se turbe vuestro corazón; creéis en Dios, creed también en mí. En la casa de mi Padre muchas moradas hay; si así no fuera, yo os lo hubiera dicho; voy, pues, a preparar lugar para vosotros. Y si me fuere y os preparare lugar, vendré otra vez, y os tomaré a mí mismo, para que donde yo estoy, vosotros también estéis» (Jn. 14:1-3).

«Todavía un poco, y el mundo no me verá más; pero vosotros me veréis; porque yo vivo, vosotros también viviréis» (Jn. 14:19).

«Habéis oído que yo os he dicho: voy, y vengo a vosotros. Si me amarais, os habríais regocijado, porque he dicho que voy al Padre; porque el Padre mayor es que yo. Y ahora os lo he dicho antes que suceda, para que cuando suceda, creáis. No hablaré ya mucho con vosotros; porque viene el príncipe de este mundo, y él nada tiene en mí. Mas para que el mundo conozca que amo al Padre, y como el Padre me mandó, así hago. Levantaos, vamos de aquí» (Jn. 14:28-31).

«Nadie tiene mayor amor que este, que uno ponga su vida por sus amigos» (Jn. 15:13).

«De cierto, de cierto os digo, que vosotros lloraréis y lamentaréis, y el mondo se alegrará; pero aunque vosotros estéis tristes, vuestra tristeza se convertirá en gozo» (Jn. 16:20).

«La copa que el Padre me ha dado, ¿no la he de beber?» (Jn. 18:11).

«Respondió Jesús: Ninguna autoridad tendrías contra mí, si no fuese dada de arriba; por tanto, el que a ti me ha entregado, mayor pecado tiene» (Jn. 19:11).

«Mas ahora, hermanos, sé que por ignorancia lo habéis hecho, como también vuestros gobernantes. Pero Dios ha cumplido así lo que había antes anunciado por boca de todos sus profetas, que su Cristo había de padecer. Así que, arrepentíos y convertíos, para que sean borrados vuestros pecados; para que vengan de la presencia del Señor tiempos de refrigerio, y él envíe a Jesucristo, que os fue antes anunciado; a quien de cierto es necesario que el cielo reciba hasta los tiempos de la restauración de todas las cosas, de que habló Dios por boca de sus santos profetas que han sido desde tiempo antiguo» (Hch. 3:17-21).

«El Dios de nuestros padres levantó a Jesús, a quien vosotros matasteis colgándole en un madero» (Hch. 5:30).

«Por tanto, mirad por vosotros, y por todo el rebaño en que el Espíritu Santo os ha puesto por obispos, para apacentar la iglesia del Señor, la cual él ganó por su propia sangre» (Hch. 20:28).

«Pero habiendo obtenido auxilio de Dios, persevero hasta el día de hoy, dando testimonio a pequeños y a grandes, no diciendo nada fuera de las cosas que los profetas y Moisés dijeron que habían de suceder. Que el Cristo había de padecer, y ser el primero de la resurrección de los muertos, para anunciar la luz al pueblo y a los gentiles» (Hch. 26:22-23).

«Porque Cristo, cuando aún éramos débiles, a su tiempo murió por los impíos. Ciertamente, apenas morirá alguno por un justo; con todo, pudiera ser que alguno osara morir por el bueno. Mas Dios muestra su amor para con nosotros, en que siendo aún pecadores, Cristo murió por nosotros. Pues mucho más, estando ya justificados en su sangre, por él seremos salvos de la ira. Porque si siendo enemigos, fuimos reconciliados con Dios por la muerte de su Hijo, mucho más, estando reconciliados, seremos salvos por su vida. Y no sólo esto, sino que también nos gloriamos en Dios por el Señor nuestro Jesucristo, por quien hemos recibido ahora la reconciliación» (Ro. 5:6-11).

«¿O no sabéis que todos los que hemos sido bautizados en Cristo Jesús, hemos sido bautizados en su muerte? Porque somos sepultados juntamente con él para muerte por el bautismo, a fin de que como Cristo resucitó de los muertos por la gloria del Padre, así también nosotros andemos en vida nueva. Porque si fuimos plantados juntamente con él en la semejanza de su muerte, así también lo seremos en la de su resurrección» (Ro. 6:3-5).

«Sabiendo que Cristo, habiendo resucitado de los muertos, ya no muere; la muerte no se enseñorea más de él. Porque en cuanto murió, al pecado murió una vez por todas; mas en cuanto vive, para Dios vive» (Ro. 6:9-10).

«Porque lo que era imposible para la carne, por cuanto era débil por la carne, Dios, enviando a su Hijo en semejanza de carne de pecado y a causa del pecado, condenó al pecado en la carne» (Ro. 8:3).

«El que no escatimó ni a su propio Hijo, sino que lo entregó por todos nosotros, ¿cómo no nos dará también con él todas las cosas?» (Ro. 8:32).

«¿Quién es el que condenará? Cristo es el que murió; más aun, el que también resucitó, el que además está a la diestra de Dios, el que también intercede por nosotros. ¿Quién nos separará del amor de Cristo? ¿Tribulación, o angustia, o persecución, o hambre, o desnudez, o peligro, o espada?» (Ro. 8:34-35).

«Antes, en todas estas cosas somos más que vencedores por medio de aquel que nos amó. Por lo cual estoy seguro de que ni la muerte, ni la vida, ni ángeles, ni principados, ni potestades, ni lo presente, ni lo por venir, ni lo alto, ni lo profundo, ni ninguna otra cosa creada nos podrá separar del amor de Dios, que es en Cristo Jesús Señor nuestro» (Ro. 8:37-39).

«Porque Cristo para esto murió y resucitó, y volvió a vivir, para ser Señor así de los muertos como de los que viven» (Ro. 14:9).

«Pues no me envió Cristo a bautizar, sino a predicar el evangelio; no con sabiduría de palabras, para que no se haga vana la cruz de Cristo» (1 Co. 1:17).

«Pues me propuse no saber entre vosotros cosa alguna sino a Jesucristo, y a éste crucificado» (1 Co. 2:2).

«Limpiaos, pues, de la vieja levadura, para que seáis nueva masa, sin levadura como sois; porque nuestra pascua, que es Cristo, ya fue sacrificada por nosotros» (1 Co. 5:7).

«Porque habéis sido comprados por precio; glorificad, pues, a Dios en vuestro cuerpo y en vuestro espíritu, los cuales son de Dios» (1 Co. 6:20).

«Y por el conocimiento tuyo se perderá el hermano débil por quien Cristo murió» (1 Co. 8:11).

«Porque primeramente os he enseñado lo que asimismo recibí: Que Cristo murió por nuestros pecados, conforme a las Escrituras; y que fue sepultado, y que resucitó al tercer día, conforme a las Escrituras» (1 Co. 15:3-4).

«Llevando en el cuerpo siempre por todas partes la muerte de Jesús, para que también la vida de Jesús se manifieste en nuestros cuerpos. Porque nosotros que vivimos, siempre estamos entregados a muerte por causa de Jesús, para que también la vida de Jesús se manifieste en nuestra carne mortal» (2 Co. 4:10-11).

«Porque el amor de Dios nos constriñe, pensando esto: que si uno murió por todos, luego todos murieron; Y por todos murió, para que los que viven, ya no vivan para sí, sino para aquel que murió y resucitó por ellos» (2 Co. 5:14-15).

«Que Dios estaba en Cristo reconciliando consigo al mundo, no tomándoles en cuenta a los hombres sus pecados, y nos encargó a nosotros la palabra de la reconciliación. Así que, somos embajadores en nombre de Cristo, como si Dios rogase por medio de nosotros; os rogamos en nombre de Cristo: Reconciliaos con Dios. Al que no conoció pecado, por nosotros lo hizo pecado, para que nosotros fuésemos hechos justicia de Dios en él» (2 Co. 5:19-21).

«Porque ya conocéis la gracia de nuestro Señor Jesucristo, que por amor a vosotros se hizo pobre, siendo rico, para que vosotros con su pobreza fueseis enriquecidos» (2 Co. 8:9).

«El cual se dio a sí mismo por nuestros pecados para librarnos del presente siglo malo, conforme a la voluntad de nuestro Dios y Padre» (Gá. 1:4).

«Con Cristo estoy juntamente crucificado, y ya no vivo yo, mas vive Cristo en mí; y lo que ahora vivo en la carne, lo vivo en la fe del Hijo de Dios, el cual me amó y se entregó a sí mismo por mí» (Gá. 2:20).

«Cristo nos redimió de la maldición de la ley, hecho por nosotros maldición (porque está escrito: Maldito todo el que es colgado de un madero» (Gá. 3:13).

«Pero cuando vino el cumplimiento del tiempo, Dios envió a su Hijo, nacido de mujer y nacido bajo la ley, para que redimiese a los que están bajo la ley, a fin de que recibiésemos la adopción de hijos» (Gá. 4:4-5).

«Para alabanza de la gloria de su gracia, con la cual nos hizo aceptos en el Amado, en quien tenemos redención por su sangre, el perdón de pecados según las riquezas de su gracia» (Ef. 1:6-7).

«Pero ahora en Cristo Jesús, vosotros que en otro tiempo estabais lejos, habéis sido hechos cercanos por la sangre de Cristo. Porque él es nuestra paz, que de ambos pueblos hizo uno, derribando la pared intermedia de separación» (Ef. 2:13-14).

«Y mediante la cruz reconciliar con Dios a ambos en un solo cuerpo, matando en ella las enemistades» (Ef. 2:16).

«Porque por medio de él los unos y los otros tenemos entrada por un mismo Espíritu al Padre» (Ef. 2:18).

«Y andad en amor, como también Cristo nos amó, y se entregó a sí mismo por nosotros, ofrenda y sacrificio a Dios en olor fragante» (Ef. 5:2).

«Maridos, amad a vuestras mujeres, así como Cristo amó a la iglesia, y se entregó a sí mismo por ella» (Ef. 5:25).

«El cual siendo en forma de Dios, no estimó el ser igual a Dios como cosa a que aferrarse, sino que se despojó a sí mismo, tomando forma de siervo, hecho semejante a los hombres; y estando en la condición de hombre, se humilló a sí mismo, haciéndose obediente hasta la muerte, y muerte de cruz» (Fil. 2:6-8).

«En quien tenemos redención por su sangre, el perdón de pecados» (Col. 1:14).

«Y por medio de él reconciliar consigo todas las cosas, así las que están en la tierra como las que están en los cielos, haciendo la paz mediante la sangre de su cruz. Y a vosotros también, que erais en otro tiempo extraños y enemigos en vuestra mente, haciendo malas obras, ahora os ha reconciliado en su cuerpo de carne, por medio de la muerte, para presentaros santos y sin mancha e irreprensibles delante de él» (Col. 1:20-22).

«Anulando el acta de los decretos que había contra nosotros, que nos era contraria, quitándola de en medio y clavándola en la cruz, y despojando a los principados y a las potestades, los exhibió públicamente, triunfando sobre ellos en la cruz» (Col. 2:14-15).

«Y esperar de los cielos a su Hijo, al cual resucitó de los muertos, a Jesús, quien nos libra de la ira venidera» (1 Ts. 1:10).

«Porque si creemos que Jesús murió y resucitó, así también traerá Dios con Jesús a los que durmieron en él» (1 Ts. 4:14).

«Porque no nos ha puesto Dios para ira, sino para alcanzar salvación por medio de nuestro Señor Jesucristo, quien murió por nosotros para que ya sea que velemos, o que durmamos, vivamos juntamente con él» (1 Ts. 5:9-10).

«Palabra fiel y digna de ser recibida por todos: que Cristo Jesús vino al mundo para salvar a los pecadores, de los cuales yo soy el primero. Pero por esto fui recibido a misericordia, para que Jesucristo mostrase en mí el primero toda su clemencia, para ejemplo de los que habrían de creer en él para vida eterna» (1 Ti. 1:15-16).

«Porque esto es bueno y agradable delante de Dios nuestro Salvador, el que quiere que todos los hombres sean salvos y vengan al conocimiento de la verdad. Porque hay un solo Dios, y un solo mediador entre Dios y los hombres, Jesucristo hombre el cual se dio a sí mismo en rescate por todos, de lo cual se dio testimonio a su debido tiempo» (1 Ti. 2:3-6).

«Quien [Dios] nos salvó y llamó con llamamiento santo, no conforme a nuestras obras, sino según el propósito suyo y la gracia que nos fue dada en Cristo Jesús antes de los tiempos de los siglos, nuestro Salvador Jesucristo, el cual quitó la muerte y sacó a luz la vida y la inmortalidad por el evangelio» (2 Ti. 1:9-10).

«Porque la gracia de Dios se ha manifestado para salvación a todos los hombres, Enseñándonos que, renunciando a la impiedad y a los deseos mundanos, vivamos en este siglo sobria, justa y piadosamente, aguardando la esperanza bienaventurada y la manifestación gloriosa de nuestro gran Dios y Salvador Jesucristo, quien se dio a sí mismo por nosotros para redimirnos de toda iniquidad y purificar para sí un pueblo propio, celoso de buenas obras» (Tit. 2:11-14).

«Pero cuando se manifestó la bondad de Dios nuestro Salvador, y su amor para con los hombres, nos salvó, no por obras de justicia que nosotros hubiéramos hecho, sino por su misericordia, por el lavamiento de la regeneración y por la renovación en el Espíritu Santo, el cual derramó en nosotros abundantemente por Jesucristo nuestro Salvador, para que, justificados por su gracia, viniésemos a ser herederos conforme a la esperanza de la vida eterna» (Tit. 3:4-7).

«En estos postreros días nos ha hablado por el Hijo, a quien constituyó heredero de todo, y por quien asimismo hizo el universo; el cual, siendo el resplandor de su gloria, y la imagen misma de su sustancia, y quien sustenta todas las cosas con la palabra de su poder, habiendo efectuado la purificación de nuestros pecados por medio de sí mismo, se sentó a la diestra de la Majestad en las alturas» (He. 1:2-3).

«Pero vemos a aquel que fue hecho un poco menor que los ángeles, a Jesús, coronado de gloria y de honra, a causa del padecimiento de la muerte, para que por la gracia de Dios gustase la muerte por todos. Porque convenía a aquel por cuya causa son todas las cosas, y por quien todas las cosas subsisten, que habiendo de llevar muchos hijos a la gloria, perfeccionase por aflicciones al autor de la salvaciónfe ellos» (He. 2:9-10).

«Así que, por cuanto los hijos participaron de carne y sangre, él también participó de lo mismo, para destruir por medio de la muerte al que tenía el imperio de la muerte, esto es, al diablo, y librar a todos los que por el temor de la muerte estaban durante toda la vida sujetos a servidumbre. Porque ciertamente no socorrió a los ángeles, sino que socorrió a la descendencia de Abraham. Por lo cual debía ser en todo semejante a sus hermanos, para venir a ser misericordioso y fiel sumo sacerdote en lo que a Dios se refiere, para expiar los pecados del pueblo. Pues en cuanto él mismo padeció siendo tentado, es poderoso para socorrer a los que son tentados» (He. 2:14-18).

«Y Cristo, en los días de su carne, ofreciendo ruegos y súplicas con gran clamor y lágrimas al que le podía librar de la muerte, fue oído a causa de su temor reverente. Y aunque era Hijo, por lo que padeció aprendió la obediencia; y habiendo sido perfeccionado, vino a ser autor de eterna salvación para todos los que le obedecen» (He. 5:7-9).

«Por lo cual puede también salvar perpetuamente a los que por él se acercan a Dios, viviendo siempre para interceder por ellos. Porque tal sumo sacerdote nos convenía: santo, inocente, sin mancha, apartado de los pecadores, y hecho más sublime que los cielos; que no tiene necesidad cada día, como aquellos sumos sacerdotes, de ofrecer primero sacrificios por sus propios pecados, y luego por los del pueblo; porque esto lo hizo una vez para siempre, ofreciéndose a sí mismo» (He. 7:25-27).

«Y no por sangre de machos cabríos ni de becerros, sino por su propia sangre, entró una vez para siempre en el Lugar Santísimo, habiendo obtenido eterna redención. Porque si la sangre de los toros y de los machos cabríos, y las cenizas de la becerra rociadas a los inmundos, santifican para la purificación de la carne, ¿cuánto más la sangre de Cristo, el cual mediante el Espíritu eterno se ofreció a sí mismo sin mancha a Dios, limpiará vuestras conciencias de obras muertas para que sirváis al Dios vivo? Así que, por eso es mediador de un nuevo pacto, para que interviniendo muerte para la remisión de las transgresiones que había bajo el primer pacto, los llamados reciban la promesa de la herencia eterna. Porque donde hay testamento, es necesario que intervenga muerte del testador. Porque el testamento con la muerte se confirma; pues no es válido entre tanto que el testador vive» (He. 9:12-17).

«Y no para ofrecerse muchas veces, como entra el sumo sacerdote en el Lugar Santísimo cada año con sangre ajena. De otra manera le hubiera sido necesario padecer muchas veces desde el principio del mundo; pero ahora, en la consumación de los siglos, se presentó una vez para siempre por el sacrificio de sí mismo para quitar de en medio el pecado. Y de la manera que está establecido para los hombres que mueran una sola vez, y después de esto el juicio, así también Cristo fue ofrecido una sola vez para llevar los pecados de muchos; y aparecerá por segunda vez, sin relación con el pecado, para salvar a los que le esperan» (He. 9:25-28).

«De otra manera le hubiera sido necesario padecer muchas veces desde el principio del mundo; pero ahora, en la consumación de los siglos, se presentó una vez para siempre por el sacrificio de sí mismo para quitar de en medio el pecado» (He. 9:26).

«En esa voluntad somos santificados mediante la ofrenda del cuerpo de Jesucristo hecha una vez para siempre» (He. 10:10).

«Pero Cristo, habiendo ofrecido una vez para siempre un solo sacrificio por los pecados, se ha sentado a la diestra de Dios» (He. 10:12).

«Porque con una sola ofrenda hizo perfectos para siempre a los santificados. Y nos atestigua lo mismo el Espíritu Santo; porque después de haber dicho: Este es el pacto que haré con ellos después de aquellos días, dice el Señor: Pondré mis leyes en sus corazones, y en sus mentes las escribiré, añade: Y nunca más me acordaré de sus pecados y transgresiones. Pues donde hay remisión de éstos, no hay más ofrenda por el pecado. Así que, hermanos, teniendo libertad para entrar en el Lugar Santísimo por la sangre de Jesucristo, por el camino nuevo y vivo que él nos abrió a través del velo, esto es, de su carne» (He. 10:14-20).

«Puestos los ojos en Jesús, el autor y consumador de la fe, el cual por el gozo puesto delante de él sufrió la cruz, menospreciando el oprobio, y se sentó a la diestra del trono de Dios» (He. 12:2).

«A Jesús el mediador del nuevo pacto, y a la sangre rociada que habla mejor que la de Abel» (He. 12:24).

«Porque los cuerpos de aquellos animales cuya sangre a causa del pecado es introducida en el santuario por el sumo sacerdote, son quemados fuera del campamento. Por lo cual también Jesús, para santificar al pueblo mediante su propia sangre, padeció fuera de la puerta» (He. 13:11-12).

«Elegidos según la presciencia de Dios Padre en santificación del Espíritu, para obedecer y ser rociados con la sangre de Jesucristo: Gracia y paz os sean multiplicados» (1 P. 1:2).

«Sabiendo que fuisteis rescatados de vuestra vana manera de vivir, la cual recibisteis de vuestros padres, no con cosas corruptibles, como oro o plata, sino con la sangre preciosa de Cristo, como de un cordero sin mancha y sin contaminación, ya destinados desde antes de la fundación

del mundo, pero manifestado en los primeros tiempos por amor de vosotros, y mediante el cual creéis en Dios, quien le resucitó de los muertos y le ha dado gloria, para que vuestra fe y esperanza sean en Dios» (1 P. 1:18-21).

«Pues para esto fuisteis llamados; porque también Cristo padeció por nosotros, dejándonos ejemplo, para que sigáis sus pisadas» (1 P. 2:21).

«Quien llevó él mismo nuestros pecados en su cuerpo sobre el madero, para que nosotros, estando muertos a los pecados, vivamos a la justicia; y por cuya herida fuisteis sanados» (1 P. 2:24).

«Porque también Cristo padeció una sola vez por los pecados, el justo por los injustos, para llevarnos a Dios, siendo a la verdad muerto en la carne, pero vivificado en espíritu» (1 P. 3:18).

«Puesto que Cristo ha padecido por nosotros en la carne, vosotros también armaos del mismo pensamiento; pues quien ha padecido en la carne, terminó con el pecado» (1 P. 4:1).

«La sangre de Jesucristo su Hijo nos limpia de todo pecado» (1 Jn. 1:7).

«Y él es la propiciación por nuestros pecados; y no solamente por los nuestros, sino también por los de todo el mundo» (1 Jn. 2:2).

«En esto hemos conocido el amor, en que él puso su vida por nosotros; también nosotros debemos poner nuestras vidas por los hermanos» (1 Jn. 3:16).

«En esto consiste el amor: no en que nosotros hayamos amado a Dios, sino en que él nos amó a nosotros, y envió a su Hijo en propiciación por nuestros pecados» (1 Jn. 4:10).

«Y de Jesucristo el testigo fiel, el primogénito de los muertos, y el soberano de lo reyes de la tierra. Al que nos amó, y nos lavó de nuestros pecados con su sangre, y nos hizo reyes y sacerdotes para Dios, su Padre; a él sea gloria e imperio por los siglos de los siglos. Amén» (Ap. 1:5-6).

«Y cantaban un nuevo cántico, diciendo: digno eres de tomar el libro y de abrir sus sellos; porque tú fuiste inmolado, y con tu sangre nos has redimido para Dios, de todo linaje y lengua y pueblo y nación; y nos has hecho para nuestro Dios reyes y sacerdotes, y reinaremos sobre la tierra ... Que decían a gran voz: El Cordero que fue inmolado es digno de tomar el poder, las riquezas, la sabiduría, la fortaleza, la honra, la gloria y la alabanza» (Ap. 5:9-10, 12).

«Y le adoraron todos los moradores de la tierra cuyos nombres no están escritos en el libro de la vida del Cordero que fue inmolado desde el principio del mundo» (Ap. 13:8).

4 (17:23) ***Jesucristo, resurrección:*** Cristo anunció su resurrección. Por muchas razones Dios levantó a Cristo de los muertos (*véanse* bosquejo y notas Hch. 2:29-31; Col. 3:1-4).

1. Fue resucitado para reinar con Dios.
2. Fue resucitado para librar su alma del infierno.
3. Fue resucitado para librar su carne de corrupción.
4. Fue resucitado para hacer siete cosas maravillosas para nosotros.

A continuación se ofrecen la mayoría de los pasajes del Nuevo Testamento sobre la resurrección. Uno de los estudios más preciosos y provechosos que una persona puede hacer es colocar cada uno de estos pasajes bajo algunos temas tales como: Propósito, Resultados, Significado, Importancia, Poder de, Efectos, Objeto de, Predicho o Profetizado, Prueba de, Necesidad de, Señal de, Hecho, etc.

«Porque como estuvo Jonás en el vientre del gran pez tres días y tres noches, así entrará el Hijo del Hombre en el corazón de la tierra tres días y tres noches» (Mt. 12:40).

«Desde entonces comenzó Jesús a declarar a sus discípulos que le era necesario ir a Jerusalén y padecer mucho de los ancianos, de los principales sacerdotes y de los escribas; y de ser muerto, y resucitar al tercer día» (Mt. 16:21; cp. 17:23; Lc. 9:22, 31; 24:7).

«Y le entregarán a los gentiles para que le escarnezcan, le azoten, y le crucifiquen; mas al tercer día resucitará» (Mt. 20:19; cp. Mr. 10:34).

«Pero después que haya resucitado, iré delante de vosotros a Galilea» (Mt. 26:32; cp. Mr. 14:28).

«Y descendiendo ellos del monte, les mandó que a nadie dijesen lo que habían visto, sino cuando el Hijo del Hombre hubiese resucitado de los muertos. Y guardaron la palabra entre sí, discutiendo qué sería aquello de resucitar de los muertos» (Mr. 9:9-10).

«Y después que le hayan azotado, le matarán; mas al tercer día resucitará» (Lc. 18:33).

«Y les dijo: Así está escrito, y así fue necesario que el Cristo padeciese, y resucitase de los muertos al tercer día» (Lc. 24:46).

«Respondió Jesús y les dijo: Destruid este templo, y en tres días lo levantaré ... Mas él hablaba del templo de su cuerpo» (Jn. 2:19, 21; cp. Mr. 14:58).

«Todavía un poco, y no me veréis; y de nuevo un poco, y me veréis; porque yo voy al Padre» (Jn. 16:16).

«A quienes también, después de haber padecido, se presentó vivo con muchas pruebas indubitables, apareciéndoseles durante cuarenta días y hablándoles acerca del reino de Dios» (Hch. 1:3).

«Uno sea hecho testigo con nosotros, de su resurrección» (Hch. 1:22).

«Al cual Dios levantó, sueltos los dolores de la muerte, por cuanto era imposible que fuese retenido por ella. Porque David dice de él: Veía al Señor siempre delante de mí; porque está a mi diestra no seré conmovido. Por lo cual mi corazón se alegró, y se gozó mi lengua, y aun mi carne descansará en esperanza; porque no dejarás mi alma en el Hades, ni permitirás que tu Santo vea corrupción. Me hiciste conocer los caminos de la vida; me llenarás de gozo con tu presencia» (Hch. 2:24-28).

«A este Jesús resucitó Dios, de lo cual todos nosotros somos testigos. Así que, exaltado por la diestra de Dios, y habiendo recibido del Padre la promesa del Espíritu Santo, ha derramado esto que vosotros veis y oís .... Sepa, pues, ciertísimamente toda la casa de Israel, que a este Jesús a quien vosotros crucificasteis, Dios le ha hecho Señor y Cristo .... Pedro les dijo: Arrepentíos, y bautícese cada uno de vosotros en el nombre de Jesucristo para perdón de los pecados; y recibiréis el don del Espíritu Santo» (Hch. 2:32-33, 36, 38).

«Y matasteis al Autor de la vida, a quien Dios ha resucitado de los muertos, de lo cual nosotros somos testigos» (Hch. 3:15).

«Sea notorio a todos vosotros, y a todo el pueblo de Israel, que en el nombre de Jesucristo de Nazaret, a quien vosotros crucificasteis y a quien Dios resucitó de los muertos, por él este hombre está en vuestra presencia sano» (Hch. 4:10).

«Y con gran poder los apóstoles daban testimonio de la resurrección del Señor Jesús, y abundante gracia era sobre todos ellos» (Hch. 4:33).

«El Dios de nuestros padres levantó a Jesús, a quien vosotros matasteis colgándole en un madero. A éste, Dios ha exaltado con su diestra por Príncipe y Salvador, para dar a Israel arrepentimiento y perdón de pecados. Y nosotros somos testigos suyos de estas cosas, y también el Espíritu Santo, el cual ha dado Dios a los que le obedecen» (Hch. 5:30-32).

«A éste levantó Dios al tercer día, e hizo que se manifestase; no a todo el pueblo, sino a los testigos que Dios había ordenado de antemano, a nosotros que comimos y bebimos con él después que resucitó de los muertos» (Hch. 10:40-41).

«Mas Dios le levantó de los muertos. Y él se apareció durante muchos días a los que habían subido juntamente con él de Galilea a Jerusalén, los cuales ahora son sus testigos ante el pueblo. Y nosotros también os anunciamos el evangelio de aquella promesa hecha a nuestros padres, la cual Dios ha cumplido a los hijos de ellos, a nosotros, resucitando a Jesús; como está escrito también en el salmo segundo: Mi hijo eres tú, yo te he engendrado hoy. Y en cuanto a que le levantó de los muertos para nunca más volver a corrupción, lo dijo así: Os daré las misericordias fieles de David. Por eso dice también en otro salmo: No

permitirás que tu Santo vea corrupción. Porque a la verdad David, habiendo servido a su propia generación según la voluntad de Dios, durmió, y fue reunido con sus padres, y vio corrupción. Mas a aquel a quien Dios levantó, no vio corrupción» (Hch. 13:30-37).

«Y Pablo, como acostumbraba, fue a ellos, y por tres días de reposo discutió con ellos, declarando y exponiendo por medio de las Escrituras, que era necesario que el Cristo padeciese, y resucitase de los muertos; y que Jesús, a quien yo os anuncio, decía él, es el Cristo ... Por cuanto ha establecido un día en el cual juzgará al mundo con justicia, por aquel varón a quien designó, dando fe a todos con haberle levantado de los muertos» (Hch. 17:2-3, 31).

«Pero habiendo obtenido auxilio de Dios, persevero hasta el día de hoy, dando testimonio a pequeños y a grandes, no diciendo nada fuera de las cosas que los profetas y Moisés dijeron que habían de suceder: Que el Cristo había de padecer, y ser el primero de la resurrección de los muertos, para anunciar la luz al pueblo y a los gentiles. Diciendo él estas cosas en su defensa, Festo a gran voz dijo: Estás loco, Pablo; las muchas letras te vuelven loco. Mas él dijo: No estoy loco, excelentísimo Festo, sino que hablo palabras de verdad y de cordura» (Hch. 26:22-25).

«Que [Cristo] fue declarado Hijo de Dios con poder, según el Espíritu de santidad, por la resurrección de entre los muertos» (Ro. 1:4).

« ... ha de ser contadas, esto es, a los que creemos en el que levantó de los muertos a Jesús, Señor nuestro, el cual fue entregado por nuestras transgresiones, y resucitado por nuestras transgresiones, y resucitado para nuestra justificación» (Ro. 4:24-25).

«Porque si siendo enemigos, fuimos reconciliados con Dios por la muerte de su Hijo, mucho más, estando reconciliados, seremos salvos por su vida» (Ro. 5:10).

«Como Cristo resucitó de los muertos por la gloria del Padre, así también nosotros andemos en vida nueva. Porque si fuimos plantados juntamente con él en la semejanza de su muerte, así también lo seremos en la de su resurrección ... Sabiendo que Cristo, habiendo resucitado de los muertos, ya no muere; la muerte no se enseñorea más de él. Porque en cuanto murió, al pecado murió una vez por todas; mas en cuanto vive, para Dios vive» (Ro. 6:4-5, 9-10).

«Y si el Espíritu de aquel que levantó de los muertos a Jesús mora en vosotros, el que levantó de los muertos a Cristo Jesús vivificará también vuestros cuerpos mortales por su Espíritu que mora en vosotros» (Ro. 8:11).

«¿Quién es el que condenará? Cristo es el que murió; más aun, el que también resucitó, el que además está a la diestra de Dios, el que también intercede por nosotros» (Ro. 8:34).

«Que si confesares con tu boca que Jesús es el Señor, y creyeres en tu corazón que Dios le levantó de los muertos, serás salvo» (Ro. 10:9).

«Y Dios, que levantó al Señor, también a nosotros nos levantará con su poder» (1 Co. 6:14).

«Porque primeramente os he enseñado lo que asimismo recibí: Que Cristo murió por nuestros pecados, conforme a las Escrituras; y que fue sepultado, y que resucitó al tercer día, conforme a las Escrituras» (1 Co. 15:3-4).

«Mas ahora Cristo ha resucitado de los muertos; primicias de los que durmieron es hecho. Porque por cuanto la muerte entró por un hombre, también por un hombre la resurrección de los muertos. Porque así como en Adán todos mueren, también en Cristo todos serán vivificados. Pero cada uno en su debido orden: Cristo, las primicias; luego los que son de Cristo, en su venida» (1 Co. 15:20-23).

«Llevando [nosotros] en el cuerpo siempre por todas partes la muerte de Jesús, para que también la vida de Jesús se manifieste en nuestros cuerpos. Porque nosotros que vivimos, siempre estamos entregados a muerte por causa de Jesús, para que también la vida de Jesús se manifieste en nuestra carne mortal» (2 Co. 4:10-11).

«Sabiendo que el que resucitó al Señor Jesús, a nosotros también nos resucitará con Jesús, y nos presentará juntamente con vosotros» (2 Co. 4:14).

«Y por todos murió, para que los que viven, ya no vivan para sí, sino para aquel que murió y resucitó por ellos» (2 Co. 5:15).

«Porque aunque fue cruficado en debilidad, vive por el poder de Dios» (2 Co. 13:4).

«Pablo, apóstol (no de hombres ni por hombre, sino por Jesucristo y por dios el Padre que los resucitó de los muertos)» (Gá. 1:1).

«La cual operó en Cristo, resucitándole de los muertos y sentándole a su diestra en los lugares celestiales» (Ef. 1:20).

«A fin de conocerle, y el poder de su resurrección» (Fil. 3:10).

«Y él es ... el primogénito de entre los muertos, para que en todo tenga la preeminencia» (Col. 1:18).

«Sepultados [vosotros] con él en el bautismo, en el cual fuisteis también resucitados con él, mediante la fe en el poder de Dios que le levantó de los muertos» (Col. 2:12).

«Y esperar de los cielos a su Hijo, al cual resucitó de los muertos, a Jesús, quien nos libra de la ira venidera» (1 Ts. 1:10).

«Porque si creemos que Jesús murió y resucitó, así también traerá Dios con Jesús a los que durmieron en él» (1 Ts. 4:14).

«Acuérdate de Jesucristo, del linaje de David, resucitado de los muertos conforme a mi evangelio» (2 Ti. 2:8).

«Por lo cual puede también salvar perpetuamente a los que por él se acercan a Dios, viviendo siempre para interceder por ellos» (He. 7:25).

«Porque no entró Cristo en el santuario hecho de mano, figura del verdadero, sino en el cielo mismo para presentarse ahora por nosotros ante Dios» (He. 9:24).

«De otra manera le hubiera sido necesario padecer muchas veces desde el principio del mundo; pero ahora, en la consumación de los siglos, se presentó una vez para siempre por el sacrificio de sí mismo para quitar de en medio el pecado. Y de la manera que está establecido para los hombres que mueran una sola vez, y después de esto el juicio, así también Cristo fue ofrecido una sola vez para llevar los pecados de muchos; y aparecerá por segunda vez, sin relación con el pecado, para salvar a los que le esperan» (He. 9:26-28).

«Pero Cristo, habiendo ofrecido una vez para siempre un solo sacrificio por los pecados, se ha sentado a la diestra de Dios» (He. 10:12).

«Pensando que Dios es poderoso para levantar aun de entre los muertos, de donde, en sentido figurado, también le volvió a recibir» (He. 11:19).

«Y el Dios de paz que resucitó de los muertos a nuestro Señor Jesucristo, el gran pastor de las ovejas, por la sangre del pacto eterno» (He. 13:20).

«Bendito el Dios y Padre de nuestro Señor Jesucristo, que según su grande misericordia nos hizo renacer para una esperanza viva, por la resurrección de Jesucristo de los muertos, para una herencia incorruptible, incontaminada e inmarcesible, reservada en los cielos para vosotros» (1 P. 1:3-4).

«Y mediante el cual creéis en Dios, quien le resucitó de los muertos y le ha dado gloria» (1 P. 1:21).

«Porque también Cristo padeció una sola vez por los pecados, el justo por los injustos, para llevarnos a Dios, siendo a la verdad muerto en la carne, pero vivificado en espíritu» (1 P. 3:18).

«El bautismo que corresponde a esto ahora nos salva (no quitando las inmundicias de la carne, sino como la aspiración de una buena conciencia hacia Dios) por la resurrección de Jesucristo, quien habiendo subido al cielo está a la diestra de Dios; y a él están sujetos ángeles, autoridades y potestades» (1 P. 3:21-22).

«Y de Jesucristo el testigo fiel, el primogénito de los

muertos ... Y el que vivo, y estuve muerto; mas he aquí que vivo por los siglos de los siglos, amén. Y tengo las llaves de la muerte y del hades» (Ap. 1:5, 18).

1 **Jesús es visitado por cobradores de impuestos**
 a. Preguntaron a Pedro en vez de a Jesús
 b. Preguntaron si Jesús evitaba impuestos

2 **Jesús era de buena conducta pagaba los impuestos**

3 **Jesús hizo una singular afirmación referida su ciudadanía**
 a. Es el Hijo de un Rey, de Dios
 b. Es de otro reino, del cielo
 c. Es libre del reino terrestre

4 **Jesús estableció la norma: abstenerse de poner tropiezo a otros**

5 **Jesús demostró su ciudadanía y su naturaleza mesiánica, pagó el impuesto**

F. El Mesías se revela a sí mismo siendo un buen ciudadano, 17:24-27
(Cp. Mr. 12:13-17)

24 Cuando llegaron a
Capernaum, vinieron a
Pedro los que cobraban las
dos dracmas, y le dijeron:
¿Vuestro Maestro no paga
las dos dracmas?
25 El dijo: Sí. Y al entrar
él en casa, Jesús le habló
primero, diciendo: ¿Qué te
parece, Simón? Los reyes
de la tierra, ¿de quiénes
cobran los tributos o los
impuestos? ¿De sus hijos,
o de los extraños?
26 Pedro le respondió: De
los extraños. Jesús le dijo:
Luego los hijos están
excentos.
27 Sin embargo, para no
ofenderles, vé al mar, y
echa el anzuelo, y el
primer pez que saques,
tómalo, y al abrirle la boca,
hallarás un estatero;
tómalo, y dáselo por mí y
por ti.

F. El Mesías se revela a sí mismo siendo un buen ciudadano, 17:24-27

(17:24-27) ***Introducción:*** Ahora Jesús acababa de someter a sus discípulos a un tiempo de intenso entrenamiento. Había acentuado el tema de su muerte y resurrección (*véanse* notas—Mt. 16:21-28); 17:1-13; 17:22-23). En este pasaje Jesús simplemente mostró cuan talentoso era como maestro. Sabía aprovechar la visita de unos cobradores de impuestos para seguir afirmando su naturaleza mesiánica, y al mismo tiempo enseñar la importancia de ser un buen ciudadano. El es Hijo de Dios y todo creyente tiene la responsabilidad de ser un buen ciudadano.

1. Jesús es visitado por cobradores de impuestos (v. 24).
2. Jesús era de buena conducta ciudadana: pagaba los impuestos (v. 25).
3. Jesús hizo una singular afirmación referida a su ciudadanía (vv. 25-26).
4. Jesús estableció la norma para la conducta ciudadana: Abstenerse de poner tropiezo a otros (v. 27).
5. Jesús demostró su ciudadanía y su naturaleza mesiánica, mediante un milagro pagó el impuesto (v. 27).

[1] (17:24) ***Impuesto, templo:*** Jesús fue visitado por cobradores de impuestos. Tal vez Jesús se había atrasado en el pago de sus impuestos por el hecho de estar tanto tiempo ausente. Los cobradores se acercaron a Pedro en vez de acercarse a Jesús porque Jesús tenía la costumbre de hospedarse en casa de Pedro cuando se hallaba en Capernaum, o tal vez porque temían a Jesús.

El impuesto mencionado pertenecía al templo. El templo era un edificio de mantenimiento extremadamente costoso, como lo es cualquier edificio grande. El tiempo deteriora el mobiliario, incluso las piedras y la argamasa y todo lo demás tiene que ser reemplazado. Además estaba el sostén de los sacerdotes, techo, comida y ropa. Estaba la provisión de los animales, el incienso, el vino, la harina y el aceite usados en los sacrificios que se ofrecías todos los días. La lista podría seguir indefinidamente. El mantenimiento del templo era tan costoso que fue preciso establecer un impuesto nacional que estaba obligado a pagar todo varón judío mayor de veinte años. Era un impuesto pequeño (medio shekel), lo que cada hombre debía pagar, equivalente a dos días de trabajo; pero era preciso pagarlo. Era percibido anualmente por los cobradores de impuestos que ubicaban sus cajas para el *pago de impuestos* en lugares estratégicos en todo el país. (Cp. Éx. 30:13-16.)

[2] (17:25) ***Ciudadanía—impuestos:*** Jesús era de buena conducta ciudadana: pagaba los impuestos. Su costumbre era pagar los impuestos, y Pedro lo sabía. Por eso Pedro estaba en condiciones de contestar: «Sí, el Maestro paga los impuestos».

Note un tema que realmente toca a los que dicen no ir a la iglesia porque en ella hay demasiados hipócritas. En los días de Cristo el templo era *una cueva de ladrones* y gran parte de su adoración era hipócrita y corrupta; sin embargo, Cristo lo sostenía (Mt. 21:13; Mr. 11:17). ¿Por qué? Hay al menos tres razones.

1. A pesar de sus corrupciones el templo todavía era la casa de Dios y la casa de oración.
2. Cristo recibió beneficios del templo. Cuando entraba al templo su espíritu estaba con Dios, de modo que podía adorar y ministrar dentro de sus muros a pesar de la hipocresía de tantos y de la corrupción de muchos.
3. El templo era el lugar donde se suponía y se esperaba que estuviera el pueblo de Dios. El mundo esperaba que el pueblo de Dios estuviera en el templo y no en algún otra parte cuando era tiempo de adorar. Cristo no podía estar en otra parte «para no ofenderle» (v. 27). (Para mayor discusión *véanse* bosquejos y notas—Mt.22:15-22; Mr. 12:13-17; Lc. 20:19-26.)

> **«No dejando de congregarnos, como algunos tienen por costumbre, sino exhortándonos; y tanto más cuanto véis que aquel día se acerca» (He. 10:25).**

[3] (17:25-26) ***Jesucristo, deidad:*** Mediante una ilustración Jesús planteó un singular reclamo. Es una ilustración breve, y sin embargo, vigorosa. Jesús le hizo una sencilla pregunta a Pedro: «¿Los reyes, de quiénes cobran sus tributos? ¿De sus propios hijos o de los ciudadanos?» La respuesta es obvia: «Cobra los tributos a los ciudadanos, no a los propios hijos». A continuación Jesús hizo su fenomenal afirmación: «En consecuencia los hijos son libres».

El impuesto pertenecía al templo. El templo era de Dios, y Jesús era Hijo de Dios. Como Hijo de Dios estaba excento del impuesto. No estaba obligado a pagar el impuesto.

Cristo no estaba tratando de evitar el pago de impuestos. Su propósito era una afirmación singular, una triple afirmación.

1. El era Hijo de un Rey, Hijo de Dios mismo. (*Véanse* notas—Jn. 1:1-2; 1:34. Cp. Estudio a fondo 1—Jn. 1:39; nota—3:16-18; Estudio a fondo 1—5:25; notas—6:38-40, 44, 57; Estudio a fondo 1—8:32; notas—9:35; 10:32-33, 36-38; 1 Jn. 5:5, 9-12.)
2. Jesús era de otro reino, del reino de los cielos (*véase* Estudio a fondo 1——Jn. 3:31; notas—6:33; 6:38; 6:41-51; Estudio a fondo 2—8:23; 16:28).
3. Jesús era libre en cuanto al reino terrenal. No tenía obligación de pagar impuestos. Si los pagaba los hacía por propia decición y voluntad.

Que Jesús sea libre en cuanto al reino terrenal significa más de lo que a primera vista parece. Es libre porque es de Dios. Su ciudadanía es del cielo; por lo tanto no tiene obligaciones hacia la tierra. El mundo y los hombres no merecen ni son dignos de atención de parte de Dios. Con su pecado el hombre ha renunciado a la atención de parte de Dios —con su degradación, depravación, mal, rebelión—

y traición que se manifiestan diariamente en actos que van desde los pensamientos egoístas hasta la masacre de vidas humanas el hombre ha renunciado a la atención de parte de Dios. Cuanto Dios haga por el hombre y el mundo es de gracia y misericordia; es porque Dios ama al hombre y al mundo. No porque Dios esté obligado o comprometedio a servir al hombre supliendo su necesidad.

Sin embargo, esta verdad no corresponde al creyente. Cuando el creyente confía en Cristo como su Salvador, recibe la naturaleza divina de Dios. Llega a ser un nuevo hombre y un nuevo ciudadado del cielo; sin embargo, todavía es de la tierra. Es una nueva criatura nacida de arriba del cielo, pero todavía está en la carne, y todavía está en la tierra (2 P. 1:1; *véase* Estudio a fondo 3—Ef. 4:24; Fil. 3:20). Por lo tanto no solo está obligado a ser un buen ciudadano del cielo, sino también de la tierra. Dios espera que el creyente viva para el cielo mediante una vida pura, y que viva para la tierra compartiendo las buenas nuevas de salvación con el resto del mundo.

Pensamiento. Las tres afirmaciones de Jesús llaman la atención (vuelva a repasar los puntos del bosquejo). En un sentido estas afirmaciones son también las afirmaciones del creyente.

1) Así como Cristo es el Hijo del Rey, el Hijo de Dios, así el creyente es adoptado como hijo del Rey (*véase* Estudio a fondo 2—Gá. 4:5-6).
2) Así como Cristo es de otro reino y de otro mundo, del cielo mismo, así el creyente es hecho ciudadano del cielo (Fil. 3:20; 1 P. 1:4; cp. Lc. 22:30).
3) Así como Cristo es libre respecto del reino terrenal, así el creynte ha sido librado del dicho reino. Pero recuerde: solo es libre en un sentido muy especial (Ro. 6:18, 22; 8:2; Gá. 5:1). Es libre del pecado, de la esclavitud y de la muerte de este mundo; no es libre de su responsabilidad ante este mundo. Aun después de ser salvado y ser hecho ciudadano del cielo, todavía es ciudadadno de esta tierra. Es ciudadano tanto de la tierra como del cielo, y como tal tiene obligación de preocuparse por la tierra (cp. Mt. 22:15-22; Mr. 12:13-18; Lc. 20:19-26. *Véanse* bosquejo y notas—Ro. 13:1-7; 1 Ti. 2:1-4; Tit. 3:1-2; 1 P. 2:13-17. Cp. 1 Cr. 9:19; 1 P. 2:16.)

«Le dijeron: De César. Y les dijo: Dad, pues, a César lo que es de César, y a Dios lo que es de Dios» (Mt. 22:21).

«Sométase toda persona a las autoridades superiores; porque no hay autoridad sino de parte de Dios, y las que hay, por Dios han sido establecidas» (Ro. 13:1).

«Recuérdales que se sujeten a los gobernantes y autoridades, que obedezcan, que estén dispuestos a toda buena obra» (Tit. 3:1).

«Por causa del Señor someteos a toda institución humana, ya sea al rey, como a superior. Y a los gobernadores, como por él enviados para castigo de los malhechores y alabanza de los quehacen bien» (1 P. 2:13-14).

4 (17:27) ***Ciudadanía:*** Jesús estableció la norma de conducta para el ciudadano—abstenerse de ser tropiezo para otros. Note la palabra «ofender» (*skandalizo*, el verbo; o *skandalon*, el sustantivo). Cuando la palabra es usada como verbo *ofender* significa poner un lazo o una piedra de tropiezo en el camino de alguien; hacer que alguien tropiece o caiga. Cuando es usada como sustantivo la palabra *ofender* se refiere a algo que hace trastabillar, tropezar o resbalar a alguien. Es cualquier cosa que despierte prejuicio en otros; cualquier cosa que sea una roca o un impedimento en el camino de totros; cualquier cosa que cause a otros a caer junto al camino. Es importante notar que la piedra de tropiezo a veces es algo bueno, y los que están mal son lo que tropiezan. Por ejemplo, se dice que Cristo es «piedra de tropiezo» (Ro. 9:33) y que la cruz «ofende a algunos»; es decir, para algunos es una piedra de tropiezo (Gá. 5:11).

Cristo estaba diciendo que no debe dar un al ejemplo por no pagar los impuestos. No estaba obligado a pagarlos, pero si no lo pagaba estaría alentando una conducta ciudadana deficiente. Por eso pasaría por alto su libertad con tal de no hacer tropezar a otros. No debe ofender a otros, no debe hacerlos resbalar, tropezar o caer, bajo ninguna circunstancia.

Note dos cosas.

1. Cristo *nunca hizo* nada para que otros minimizaran o descuidaran sus obligaciones hacia terceros (fueran individuos, grupos, o gobiernos). Hizo exactamente lo contrario. Siempre alentó a otros a cumplir con su deber iempre que el mismo involucrase actos legítimos.

2. Cristo nunca hizo nada que hiciera tropezar a otros. Aun teniendo la libertad o el dercho de de hacer ciertas cosas, se rehusaba haerlas si podían ofender o dañar a alguien.

Pensamiento. Hay muchas cosas que nos pueden ser legítimas, pero que ofenden a otros. En esos casos el mandato del Señor es abstenerse.

«Así que, ya no nos juzguemos más los unos a los otros, sino más bien decidid no poner tropiezo u ocasión de caer al hermano. Yo sé, y confío en el señor Jesús, que nada es inmundo en sí mismo; mas para el que piensa que algo es inmundo, para él lo es. Pero si por causa de la comida [hecho] tu hermano es contristado, ya no andas conforme al amor. No hagas que por la comida tuya se pierda aquel por quien Cristo murió. No sea, pues, vituperado vuestro bien» (Ro. 14:13-16).

«Así que, los que somos fuertes debemos soportar las flaquezas de los débiles, y no agradarnos a nosotros mismos. Cada uno de nosotros agrade a su prójimo en lo que es bueno, para edificación. Porque ni aun Cristo se agradó a sí mismo; antes bien, como está escrito, Los vituperios de los que te vituperaban, cayeron sobre mí» (Ro. 15:1-3).

5 (17:27) ***Ciudadanía:*** Jesús demostró su ciudadanía y su naturaleza mesiánica. Mediante un milagro pagó el impuesto. Este milagro demostró en forma indubitable las tres afirmaciones que Cristo acababa de hacer. Su conocimiento (omnisciencia) de la moneda en boca del pez le demostró a Pedro que ...

- Jesús era de la realeza, el Hijo de Dios.
- que era de otro reino, superior a esta tierra y sus mares.
- que era libre respecto de la tierra y sus restricciones y obligaciones. ¿Cómo pudo haber demostrado mejor su naturaleza mesiánica y su deidad?

¿Por qué pagaría Jesucristo impuestos si realmente era del cielo? ¿Por qué se sujetaría Él, que no pertenecía a esta tierra, a la ley civil y religiosa?

Aparentemente hay varias razones.

1. Cristo fue hecho (nacido) bajo la ley (Gá. 4:4). Jesús era exactamente lo que Pedro había dicho en su confesión: «el Cristo, el Hijo de Dios» (Mt. 16:16). Sin embargo, había sujetado deliberadamente su gloria y se había humillado para hacerse hombre. Él fue Dios–Hombre. Como Dos no estaba obligado a la tierra, pero como Hombre estuvo dispuesto a sujetarse a las leyes de los hombres. Los discípulos tenían que saberlo. Lo que Él y el padre estaban haciendo por el hombre no lo hacían por obligación, sino por amor y por su cuidado del hombre.

2. Cristo quería anticipar la expiación que pronto haría por el hombre. El impuesto del templo era llamado «expiación para el alma» (Éx. 30:15. cp. Éx. 30:13-16). Expiación significa *cubrir* los pecados de una persona, con una cubierta que hace posible la reconciliación entre el hombre y Dios. El impuesto era pagado como expiación por el pecado de una persona. El impuesto debía ser pagado en un acto de fe, creyendo que los propios pecados serían cubiertos y perdonados y que el hombre sería reconciliado con Dios y aceptado en forma renovada. Tenía la intención, por parte de Dios, de ser una renovada dedicación de la vida.

Cristo fue hecho «en semejanza de carne de pecado» (Ro. 8:3), y se hizo pecado por nosotros (2 Co. 5:21). Pero Cristo no tuvo pecado. No tuvo pecados por ls cuales expiar. Por eso tuvo que declarar a sus discípulos que estaba excento del impuesto, puesto que realmente era el Hijo de Dios y realmente excento de pecado. Su pago del impuesto fue un acto totalmente voluntario y deliberado. Como tal anticipaba la *expiación voluntaria* que pagaría por el hombre.

3. Cristo quería insistir en que era el Hijo de Dios. Pudo haber pagado los impuestos sin comentario alguno, pero declarando que estaba excento de ellos por ser el Hijo de Dios, insistía ante sus discípulos en cuanto a su identidad divina.

4. Cristo quiso establecer un ejemplo para el hombre. Toda persona tiene que «cumplir toda justicia» (Mt. 3:15). Cristo demostró ser un buen ciudadano, en consecuencia también deben serlo sus seguidores.

5. Cristo tuvo en alta estima tanto el templo como el gobierno (*véanse* bosquejo y notas—Ro. 13:1-7). Estando en la tierra recibió los beneficios de templo; allí adoró y ministró; el templo le dio beneficios. Por eso, ahora estaba dando un ejemplo de cómo el hombre debe retribuir una porción de sus ingresos para ayudar en el mantenimiento del templo (iglesia).

6. Cristo no quería ofender a nadie ni serle de tropiezo. Si se rehusaba a pagar impuestos, habría ofendido a algunos. Ellos pensarían que Jesús no hacía su parte, y de esa manera sería un tropiezo para otros. Habría dejado un ejemplo de rebelión e ilegalidad. Si se hubiera rehusado a sostener el gobierno y el templo y todo el mundo hubiera seguido su ejemplo, todos los gobiernos y templos se hubieran derrumbado, huebieran dejado de existir. Por eso, Cristo tuvo buenos motivos para demostrar que era un buen ciudadano.

> ***Pensamiento.*** ¿Qué nos lleva a prestar atención a Cristo y a hacer lo que enseñó? La demostración de su naturaleza divina y de ser realmente el Hijo del Dios viviente. Es por lo que Él es lo que nos impulsa a confiar en Él y a ser los mejores ciudadanos posibles.
>
> **«Un mandamiento nuevo os doy: Que os améis unos a otros; como yo os he amado, que también os améis unos a otros. En esto conocerán todos que sois mis discípulos, si tuviereis amor los unos con los otros» (Jn. 13:34-35).**
>
> **«Porque toda la ley en esta sola palabra se cumple: Amarás a tu prójimo como a ti mismo» (Gá. 5:14).**
>
> **«Si en verdad cumplis la ley real, conforme a la Escritura: amarás a tu prójimo como a ti mismo, bien hacéis» (Stg. 2:8).**
>
> **«Y este es su mandamiento: Que creamos en el nombre de su Hijo Jesucristo, y nos amemos unos a otros como nos lo ha mandado» (1 Jn. 3:23).**

1 Dos presupociones
a. Persona es grande si

XII. LOS DISCÍPULOS DEL MESÍAS Y SU CONDUCTA ENTRE ELLOS, 18:1-35

A. Las condiciones de la grandeza, 18:1-4
(Mr. 9:33-37; Lc. 9:46-48)

En aquel tiempo los discípulos vinieron a Jesús, diciendo: ¿Quién es el mayor en el reino de los cielos?
2 llamando a un niño, lo puso en medio de ellos,
3 y dijo: De cierto os digo, que si no os volvéis y os hacéis como niños, no entraréis en el reino de los cielos.
4 Así que, cualquiera que se humille como este niño, ése es el mayor en el reino de los cielos.

está en el reino
b. Hay grados de grandeza
c. Ilus. viviente: un niño
2 1ª condición: conversión
a. Volver como niño
b. La falta de conversión causa rechazo
3 2ª condición: humildad
a. Vivir como niño
b. Será el mayor en el cielo

XII. LOS DISCÍPULOS DEL MESÍAS Y SU CONDUCTA ENTRE ELLOS, 18:1-35

A. Las condiciones de la grandeza, 18:1-4

(18:1-4) ***Introducción—grandeza:*** la discusión de los discípulos era sobre quién tendría el puesto más alto en el reino de Dios. Este conflicto surgió en varias ocasiones (*véanse* bosquejos y notas—Mt. 20:20-28; Mr. 9:33-37; Lc. 22:24-30). Ellos anehlaban reconocimiento y honra en un reino terrenal. Jesús tuvo que reeducar el pensamiento de ellos. La lucha de los discípulos por puesto y poder no debe sorprendernos, porque todos los hombres tienen las mismas necesidades, las necesidades de ...

- algún reconocimiento.
- alguna posición.
- un poco de prestigio.
- algo de dinero.
- un poco de autoridad.
- alguna estima.
- algún desafío.
- alguna satisfacción física.

Estas necesidades no tiene nada de malo. Son necesidades humanas y legítimas y tienen que ser satisfechas. Pero los hombres dejan que sus corazones se llenen de *egoísmo*, y comienzan a querer más y más al extremo de codiciar y consumir y amontonar. Se llenan de orgullo y avaricia, se vuelven ambiciosos, envidiosos, e hirientes aun al punto de destruir y matar.

Lo que Cristo se dispone a hacer es cambiar las vidas de los hombres y reeducarlos en su concepto de grandeza.

1. Se presuponen dos verdades (vv. 1-2).
2. Primera condición: conversión (v. 3).
3. Segunda condición: humildad (v. 4).

1 (18:1-2) ***Niños—Jesucristo, naturaleza—grandeza:*** note las dos verdades que se presuponen en la pregunta de los discípulos. Primero, la persona es grande si está en el reino de los cielos. Segundo, hay diversos grados de grandeza.

Cristo no refutó ni negó estas suposiciones. Al contrario, enseñó ambas. La persona es grande si está en el reino de los cielos. Todo y cada uno en el cielo es grande, y hecho perfecto. Como dice Cristo, la persona puede ser *el mayor* en el reino de los cielos (v. 4). *(Véanse* las Escrituras y notas—Mt. 13:8, 23; 25:20-30; Lc. 12:41-48; 16:10-12; 19:15-23.) La pregunta no es: «¿quién será el más grande?» sino ¿cómo se llega a ser *grande* en el reino de Dios? ¿Cómo demuestra uno que es digno de confianza y responsable delante de Dios? ¿Cómo demuestra uno a Dios que puede confiar y depender de uno y que debería ser recompensado con responsabilidad en el cielo (*véanse* notas—Mt. 25:20; Lc. 19:15; 22:28-29)?

Note varios asuntos referidos a la pregunta de los discípulos.

1. Note lo que quisieron decir. Con «el mayor en el reino de los cielos» no se referían al mayor en calidad o carácter, sino de nombre y posición. Estaban pensando en términos de poder, fama, riqueza, posición y nombre (*véanse* notas—Mt. 1:1; Estudio a fondo 2—1:18; Estudio a fondo 3—3:11; notas—11:1-6; 11:2-3; Estudio a fondo 1—11:5; Estudio a fondo 2—11:6; Estudio a fondo 1—12:16; nota—Lc. 7:21-23 en cuanto a un cuadro del concepto que tenían del Mesías).

2. Note los motivos detrás de la pregunta.
   a. Percibían que Cristo estaba por etablecer su reino, que estaba por asumir su trono. Miraban al futuro y se veían como ministros de estado en su reino.
   b. Habían visto que tres de ellos fueron honrados de manera especial (Pedro, Jacobo y Juan—Mt. 17:1-13), y uno de ellos había sido distinguido de manera particular (Pedro, Mt. 16:17-19). ¿Quiénes serían los líderes en el reino del Señor? Aparentemente estaban dominados por celos, envidia ambición y alguna rivalidad.
   c. Acababan de discutir entre ellos acerca de quién sería el mayor. Marcos dice que la discusión comenzó inmediatamente después que Cristo comenzara a intensificar su enseñanza sobre la propia muerte y resurrección (Mr. 9:33-34; cp. 9:30-37). Interpretaron mal lo que estaba diciendo, espiritualizando su palabra en vez de tomarla tal cual (*véase* nota—Mt. 17:22). Aparentemente conectaron el pensamiento de *resucitar de la muerte* con el establecimiento de su reino, y entonces comenzaron a discutir sobre las principales posiciones de liderazgo.

3. Note que todavía no entendía lo que era el reino de los cielos. Todavía veían un reino terrenal, temporal, y no espiritual, un reino eterno. Es interesante lo que Cristo dijo en el v. 3. Estaba hablando a los discípulos *diciéndoles literalmente* que no entrarían al reino de los cielos si no se volvían como niños.

Cristo dio una ilustración viviente de grandeza. «*Llamando* a un niño, lo puso en medio de ellos.» El niño no era un bebé, puesto que fue *llamado* personalmente a acercarse a Cristo. Note cómo el niño inmediatamente mostró diversos rasgos de su niñez. *Confió* lo suficiente en Cristo para responder (confianza) a lo que Cristo pidió (sumisión, humildad, y obediencia).

Esto también nos dice algo de la naturaleza y del carácter de Cristo. Expresó suficiente calidez y apertura para que el niño se sienta libre para responder y entrar al grupo de adultos sentado juntos en una sesión formal.

> ***Pensamiento 1.*** Los pensamientos de la persona promedia giran en torno de su propia apariencia, imagen persona, auto-estima, posesiones, privilegios, posición y gloria; se pasa mucho tiempo pensando en estas cosas. Fantasea y se imagina ser el centro de atención, el *héroe* del juego o del partido, la principal atracción la que se considera más honorable y estimada. Son esos pensamientos y ambiciones lo que Cristo quiere cambiar. Nuestros pensamientos y nuestra mente tiene que centrarse en Cristo y en los otros, y en cosas que son verdad, no en uno mismo (Ro. 12:2; 2 Co. 10:5; Fil. 4:8).

> ***Pensamiento 2.*** Con cuánta frecuencia pensamos en términos de *grandeza terrenal y carnal*. Si se nos pregunta quiénes son las personas más *grandes* en la ciudad o el país, respondemos nombrando a los famosos, los de

prestigio, riqueza, los poderosos y los educados. Escasamente pensamos, si es que los hacemos, en aquellos que sirven y ministran.

2 (18:3) ***Grandeza—conversión:*** la primera condición para ser grande es la conversión. La palabra «conversión» (*straphete*) significa volverse, dar la vuelta; ser convertido; volverse de una cosa u otra diferente (1 Ts. 1:9: «Como os convertisteis de los ídolos a Dios»). (Cp. arrepentimiento para la misma idea.)

Aquí el significado es que los discípulos tienen que *dar la vuelta*; tienen que dar la vuelta completa. Cristo les advirtió: «Si no os volvéis». ¿Volverse de qué? Sus pecados eran muchos, pecados que son tan comunes a los hombres al andar en su egoísmo día tras día.

Note que estaban poseídos de un deseo egoista por tener ...

- posición
- poder
- prestigio
- fama
- riqueza
- estímulos carnales

Note que estaban poseídos por un espíritu de ...

- orgullo
- codicia
- ambición
- celo
- mundanalidad
- envidia
- rivalidad

La conversión es uno de los grandes temas de la Biblia. Cristo explica la razón: «Si no os volvéis ... no entraréis en el reino de los cielos» (v. 3). Si la persona es convertida o no es algo que determina su destino eterno.

1. ¿Cómo es convertida la persona? Volviéndose y llegando a ser como un niño. ¿Qué significa llegar a ser «como niños»? Cuando Cristo *llamó* al niño, éste demostró exactamente lo que Cristo quiso decir.
    a. El niño *confió en Cristo*. El niño respondió al llamado de Cristo. Percibió la apertura, calidez, ternura, protección y amor de Cristo; por eso se sintió en libertad de responder y confiar en el llamado de Cristo.
    b. El niño se *rindió* a Cristo. Estuvo dispuesto a abandonar lo que estaba haciendo e ir a Cristo, dispuesto a rendirse sea lo que fuere lo que estaba ocupando sus pensamientos y su conducta.
    c. El niño fue *obediente* a Cristo. Obedeció e hizo exactamente lo que Cristo le pidió; algo que probablemente le resultaba difícil. Había al menos trece hombre adultos aparados o sentados alrededor, y al niño se le pidió entrar en medio de ellos. Note que obedeció a pesar de la dificultad, y obedeció simplemente porque Cristo se lo pidió.
    d. El niño fue *humilde* en presencia de Cristo. Todos los rasgos anteriores demuestran humildad. Sin embargo, hay algo que con frecuencia es ignorado por el mundo adulto, algo de lo que el mundo adulto abusa. Los niños no presionan por adelantarse. No les interesa la prominencia, fama, poder, riqueza, o posición. No quieren ser puestos en medio de un grupo de adultos, prefieren permanecer en el fondo, lejos de las miradas y ojos inquisitivos. Estos los avergüenzan y les despiertan la conciencia de su ego. Por eso prefieren quedarse en su mundo oscuro. Por naturaleza son humildes, sabiendo poco, si es que algo saben, del mundo competitivo que los rodea; es decir, saben poco de Cristo hasta ser introducidos a Él por los adultos.

2. ¿Por qué debe ser convertida una persona? Porque la no conversión causa rechazo y la pérdida de grandeza. Note que la advertencia es severa: «Si no os volvéis ... no entraréis en el reio de los cielos». Y esto lo dice Cristo a sus discípulos. «Si no se convierten y se vuelven como niños no entrarán al reino de los cielos».

¡Si los discípulos fueron advertidos de esta manera, cuánto más nosotros y toda otra persona! De esta manera se acentúa la absoluta necesidad de la conversión.

«Y dijo: De cierto os digo, que si no os volvéis y os hacéis como niños, no entraréis en el reino de los cielos» (Mt. 18:3).

«Así que, arrepentíos y convertíos, para que sean borrados vuestros pecados; para que vengan de la presencia del Señor tiempos de refrigerio» (Hch. 3:19).

«Hermanos, si alguno de entre vosotros se ha extraviado de la verdad, y alguno le hace volver, sepa que el que haga volver al pecador del error de su camino, salvará de muerte un alma, y cubrirá multitud de pecados» (Stg. 5:20).

«La ley de Jehová es perfecta, que convierte el alma; el testimonio de Jehová es fiel, que hace sabio al sencillo» (Sal. 19:7).

«Vuélveme el gozo de tu salvación, y espíritu noble me sustente. Entonces enseñaré a los transgresores tus caminos, y los pecadores se convertirán a ti» (Sal. 51:12-13).

«Deje el impío su camino, y el hombre inicuo sus pensamientos, y vuélvase a Jehová, el cual tendrá de él, misericordia, y al Dios nuestro, el cual será amplio en perdonar» (Is. 55:7).

«Mas el impío, si se apartare de todos sus pecados que hizo, y guardare todos mis estatutos e hiciere según el derecho y la justicia, de cierto vivirá; no morirá» (Esd. 18:21).

Pensamiento 1. Note que los rasgos de un niño son los mismos rasgos esenciales para la conversión o salvación: confianza, rendición, obediencia y humildad.

Pensamiento 2. Lo que Cristo procura es la conversión total de una persona, una conversación completa y cabal; una conversación de corazón, vida, y pensamientos. Nuestros pensamientos hacen de nosotros lo que somos. Y cómo están concentrados en su ego, convirtiéndose en el centro de atención.

«Jehová, no se ha envanecido mi corazón, ni mis ojos se enaltecieron; ni anduve en grandezas, ni en cosas demasiado sublimes para mí. En verdad que me he comportado y he acallado mi alma» (Sal. 131:1-2).

«Arrepiéntete, pues, de esta tu maldad, y ruega a Dios, si quizá te sea perdonado el pensamiento de tu corazón» (Hch. 8:22).

«Derribando argumentos y toda altivez que se levanta contra el conocimiento de Dios, y llevando cautivo todo pensamiento a la obediencia a Cristo» (2 Co. 10:5).

3 (18:4) ***Humildad:*** la segunda condición para la grandeza es humildad.

1. ¿Cómo se vuelve humilde una persona? Viviendo como niño. El niño se había humillado para venir a Cristo. Así dijo Cristo.
    a. El niño renunció a lo que estaba haciendo. Sea lo que fuere lo que ocupaba su mente y tiempo, lo abandonó. Se humilló para venir a Cristo.
    b. El niño había obedecido a Cristo. Fue a Cristo. La obediencia siempre demanda humildad, el humillarse uno mismo (los pensamientos, energía, tiempo, esfuerzo) a efectos de hacer lo que otro demanda.
    c. El niño superó los sentimientos que tenía a efectos de repsonder a Cristo. Debido a los doce hombres que rodeaban a Cristo, necesariamente hubo alguna vacilación, temor, aprehensión o miedo; sin embargo, se humilló a sí mismo y fue a Cristo. La humildad siempre ha sido un de los rasgos más *insignificantes* entre los hombres, sin embargo, determina si un hombre entra o no al cielo. Es de esencial importancia.

2. El resultado de la humildad es grandeza. Las personas más grandes en el reino de los cielos serán las personas que han sido convertidas y que anduvieron humildemente entre los hombres 1 Corintios 13 dice exactamente lo que Cristo está demostrando.

«El amor es sufrido, es benigno; el amor no tiene envidia, el amor no es jactancioso, no se envanece; No hace nada indebido, no busca lo suyo, no se irrita, no guarda rencor; no se goza de la injusticia, mas se goza de la verdad. Todo lo sufre, todo lo cree, todo lo espera, todo lo soporta ... Y ahora permanecen la fe, la esperanza y el amor, estos tres; pero el mayor de ellos es el amor» (1 Co. 13:4-7, 13).

Pensamiento. Los hombres temen la humildad. Creen que *humildad* es un signo de debilidad y cobardía. Temen que la humildad los haga blanco de desprecio y abuso. Temen que siendo humildes serán pasados por alto, pero ocurre precisamente lo opuesto. La humildad lleva a la persona a Cristo y a la conversión. Lleva a la persona a alcanzar plenamente su potencial. Motiva a la persona a evaluarse a sí misma y a trabajar para mejorarse ella. Conduce a la persona a llegar a ser todo lo que puede y debe llegar a ser. También conduce a relaciones mejores y mas saludables y a una comunidad y mundo más vigoroso y productivo.

Cuando los hombres consideran a otros (se humillan), ganan amigos y ejercen influencia sobre otros. Edifican y fortalecen a cada uno y a todas las cosas involucradas.

«Así que, cualquiera que se humille como este niño, ése es el mayor en el reino de los cielos» (Mt. 18:4).

«Mas no así vosotros, sino sea el mayor entre vosotros como el más joven, y el que dirige, como el que sirve» (Lc. 22:26).

«Digo, pues, por la gracia que me es dada, a cada cual que está entre vosotros, que no tenga más alto concepto de sí que el que debe tener, sino que piense de sí con cordura, conforme a la medida de fe que Dios repartió a cada uno» (Ro. 12:3).

«Nada hagáis por contienda o por vanagloria; antes bien con humildad, estimando cada uno a los demás como superiores a él mismo; no mirando cada uno por lo suyo propio, sino cada cual también por lo de los otros» (Fil. 2:3-4).

«Humillaos delante del Señor, y él os exaltará» (Stg. 4:10).

«Igualmente, jóvenes, estad sujetos a los ancianos; y todos, sumisos unos a otros, revestíos de humildad; porque: Dios resiste a los soberbios, y da gracia a los humildes» (1 P. 5:5).

1 El niño representa a Cristo **2 Ofensa 1: extraviar a un niño** a. Un niño que cree b. El peor pecado concebible **3 Ofensa 2: ser causa de tropiezo** a. La certeza de pecado en un mundo pecador b. Advertencia al pecador	**B. La advertencia en cuanto a ser de obstáculo a un niño, 18:5-10** (Mr. 9:42-48) 5 Y cualquiera que reciba en mi nombre a un niño como este, a mí me recibe. 6 Y cualquiera que haga tropezar a alguno de estos pequeños que creen en mí, mejor les fuera que se le colgase al cuello una piedra de molino de asno, y que se le hundiese en lo profundo del mar. 7 ¡Ay del mundo por los tropiezos!porque es necesario que vengan tropiezos, pero ¡ay de aquel hombre por quien viene el tropiezo!	8 Por tanto, si tu mano o tu pie te es ocasión de caer, córtalo y échalo de ti; mejor te es entrar en la vida cojo o manco, que teniendo dos manos o dos pies ser echado en el fuego eterno. 9 Y si tu ojo te es ocasión de caer, sácalo y échalo de ti; mejor te es entrar con un solo ojo en la vida, que teniendo dos ojos ser echado en el infierno de fuego. 10 Mirad que no menospreciéis a uno de estos pequeños; porque os digo que sus ángeles en los cielos ven siempre el rostro de mi Padre que está en los cielos.	c. Forma de actuar ante el pecado de ser un tropiezo 1) Cortar la mano que peca 2) Cortar el pie que peca 3) Quitar el ojo que peca d. Escapar al castigo a cualquier precio 1) Será fuego eterno[EF1] 2) Será fuego del infierno **4 Ofensa 3: despreciar a un niño** a. Advertencia: mirad. b. Motivo: los niños tienen acceso directo a Dios[EF2]

B. La advertencia en cuanto a ser de obstáculo a un niño, 18:5-10

(18:5-10) ***Introducción—cristianos—responsabilidad:*** Cristo usó *al niño* (cp. Mt. 18:1-4) como lección objetiva para enseñar que los creyentes tienen una tremenda responsabilidad de velar unos por otros. Los judíos tenían dos usos para la palabra *niño.* O bien se refería a un niño de corta edad o bien al discípulo de algún maestro, un principiante en la fe. En este pasaje Jesús usó la palabra *niño* para referirse a tres clases de personas (*véanse* Estudios a fondo 1, 2—Mt. 9:42).

1. La palabra significa niño de corta edad.
2. La palabra significa el principiante en la fe, alguien que recién se ha sido convertido llegando a ser alguien que acaba de nacer de nuevo de parte de Dios. Se trata de un cristiano nuevo; por eso sabe poco acerca del Señor y de cómo debe vivir. Se deja impresionar fácilmente y puede ser extraviado o confundido con facilidad.
3. Significa cualquier creyente que tiene un espíritu y carácter infantil. Este espíritu infantil es precisamente el espíritu que Cristo acababa de mencionar (Mt. 18:3-4). Es el espíritu que Cristo anhela y espera en cada uno de sus seguidores.

Cristo se preocupa profundamente por los niños, por todos los que tienen un espíritu y carácter infantil. A los que le siguen les dice «pequeños» (18:6; 10:42). En este pasaje se ve claramente la profundidad de su cuidado; es un pasaje que pone una inmensa responsabilidad sobre todos los hombres, una responsabilidad inconfudiblemente clara y tan desesperadamente necesaria. Cristo hace una terrible advertencia en cuanto a hacer tropezar a un niño, y expresa las tres terribles ofensas que pueden hacer tropezar al niño, a los «pequeños que creen» en Él (v. 6).

1. El niño representa a Cristo (v. 5).
2. Ofensa 1: extraviar a un niño (v. 6).
3. Ofensa 2: ser causa de tropiezo (vv. 7-9).
4. Ofensa 3: despreciar a un niño (v. 10).

1 (18-5) ***Niños:*** el niño representa a Cristo. La palabra «recibirá» (*dechetai*) significa recibir a un niño de todas las formas posibles.

- Significa recibir al niño como *persona*; con ternura, calidez, cuidado, afecto y amor; sin importar su nivel social, su pobreza o su poca importancia. Cristo está contrastando *al niño* con *la persona más grande*, la persona sobre la que los discípulos acaban de discutir (*véanse* notas—Mt. 18:1-4; 18:1-2).
- Significa recibir al niño cuando está *física o materialmente* necesitado; alimentar, vestir, albergar, visitar y ayudarle (Mt. 25:35ss; Stg. 1:27).
- Significa recibir al niño *espiritualmente*; ayudarle a crecer, edificarlo, alentarlo, motivarlo para seguir a Cristo y compartir su fe.

Note dos razones por las que debemos recibir al niño.

1. El niño representa a Cristo. Recibir al niño es recibir a Cristo. Lo que se haga por el niño uno lo hace por Cristo.
2. Cristo cuidó de todo niño, de cada uno. Cristo dijo: «a un niño como este» es decir, ese niño individual es importante para Cristo. Cristo no quiere que el niño ...
   - sea dejado fuera, sintiéndose como un don nadie, ignorado y carente de amor.
   - abandonado en su necesidad física o material, teniendo que rebuscarse totalmente solo para sobrevivir.
   - abandonado sin saber cómo seguir a Cristo y cómo crecer espiritualmente.

Cristo dijo claramente que recibir y ayudar «a un niño como este» es recibirlo a Él (cp. Mt. 25:35ss).

> ***Pensamiento 1.*** Aceptar, recibir y estar abierto a las personas y sus necesidades es de suprema importancia para Cristo (*véanse* bosquejo y notas—Mt. 10:40-42).

> ***Pensamiento 2.*** Hay aquí una lección increíble, una lección que tantas veces es ignorada entre los hombres; ministrar a la gente es mucho más importante que «ser el más grande» en el reino terrenal (*véanse* notas—Mt. 18:1-4; 18:1-2). El tema es sencillamente este: *recibir a una persona es recibir a Cristo*, y recibir a Cristo es mucho más importante que *ser el más grande.*

2 (18:6) ***Pecado, guiar a otros:*** la primera advertencia es en cuanto extraviar a un niño. Guiar a un niño, a un seguidor de Cristo por camino equivocado es el peor pecado imaginable. No hay nada peor que llevar a otra persona al pecado. En efecto sería mejor colgarle del cuello una piedra de molino y arrojarla al fondo del mar que guiar por mal camino a otra persona. Esto suena severo, muy severo. Y lo es. Pero note: Cristo quiso decir excatamente lo que dijo. ¿Cómo podemos saberlo? Por tres hechos.

1. La «piedra de molino» (mulos) mencionada por Cristo era una inmensa piedra, la que los bueyes o asnos hacían girar para moler el grano. No era la pequeña piedra manual para moler que las mujeres usaban para moler un poco de grano por vez. El hecho en sí que Cristo escogiera la gran piedra de molino para ilustrar este tema muestra la envergadura de este pecado. La persona sería retenida en el fondo del mar por el asombroso y terrible peso. El pecado de extraviar a un niño es el peor pecado imaginable; por eso, se castiga con el peor castigo imaginable.

2. Los romanos utilizaban la ejecución por ahogo para castigar el crimen. Los judíos nunca usaban este método. Los judíos consideraban el ahogo como símbolo de *destrucción y aniquilamiento completo*. Lo temían. Aun los romanos lo reservaban únicamente para los peores criminales.

3. Cristo aumentó el temor de su audiencia. Presentó el cuadro de una piedra alrededor del cuello del ofensor de manera que el cuerpo nunca pudiese volver a la superficie y ser recuperado para un sepelio adecuado. Luego agregó aun más al temor usando en su ilustración la gran piedra de molino, no la pequeña. ¿Por qué? ¿Por qué infundió temor al corazón de sus oyentes? La respuesta es clara: el pecado de extraviar a otra persona es terrible, y el ofensor tiene que saber el destino que le espera.

Hay varias formas en que hacemos pecar a otros.

- Llevándolos a pecar, y enseñándoles a pecar: «Oh, vamos, nadie lo sabrá. No te va a hacer daño».
- Con el ejemplo; con las cosas que nosotros hacemos. El ejemplo no es una proposición directa, de manera que no somos necesariamente conscientes de que *el niño ve* o nos observa. Sin embargo, ve y aprende de lo que nosotros hacemos: «Si eso está bien para él, también lo es para mí». «Si él lo hace y todavía puede trabajar y jugar y seguir tan bien, entonces yo también puedo.»
- Ignorando o pasando por alto el mal; asignando nombres aceptables; considerando a algunos pecados como meros *pecados limpios*: «Ya, está bien. No es tan grave. No va a dañar a nadie. No le des importancia. Sencillamente, olvídalo.»
- Ridiculizando y sometiendo a bromas o burlas a la persona que intenta hacer el bien: «Oh, no seas tan ingenuo. Estás actuando como un fanático. Tú, y tu religión.»
- Mirando, tocando y gustando algunas cosas que socialmente son aceptadas, pero desagradan a Dios. Son dañinas y forman hábito; estimulación física que no corresponde: «Oh, mira eso.» «Prueba esto.» «¡Hombre, qué excitante!»
- Persiguiendo y amenazando a *un niño* o creyente. La amenaza puede ser desde la pérdida de la promoción, trabajo, amistad, aceptación, hasta el abuso, encarcelamiento y muerte.

Pensamiento 1. Un auténtico creyente, no importa cuan joven o inmaduro sea como cristiano, ha «alcanzado preciosa fe con nosotros». Al presentarse ante Dios, el creyente está en el mismo nivel de todos los otros creyentes. Por supuesto, esto no significa que recibirán posiciones de liderazgo mientras son creyentes jóvenes (1 Ti. 3:6). Solamente significa que merecen atención y deben ser enseñados y desarrollados en Cristo, no ignorados y pasados por alto porque todavía no pueden contribuir mucho a la obra del reino de Dios.

Pensamiento 2. Hay algunas cosas que parecen suficientemente inocentes, pero que pueden extraviar a otros (1 Co. 8:10-11). Un creyente maduro no debe abusar con su libertad del principiante (*véanse* bosquejo y notas—Ro. 14:1-23).

3 (18:7-9) ***Piedra de tropiezo—mundo, pecaminoso:*** la segunda advertencia es en cuanto a ser de tropiezo. Note los puntos del bosquejo de las Escrituras.

1. En un mundo pecaminoso hay certeza de pecado. Este es un mundo pecaminoso, lleno de mala conducta. Nadie puede salir al mundo sin encarar tentación tras tentación, y forcejeo tras forcejeo para mirar, tocar y gustar; de experimentar la *buena vida* de gratificación física, comodidad terrenal y satisfacción personal. Somos tentados, seducidos, e influenciados a cada vuelta del camino. No hay escapatoria (cp. Ro. 3:9-18).

«El mundo entero está bajo el maligno» (1 Jn. 5:19).

«Por cuanto todos pecaron, y están destituidos de la gloria de Dios» (Ro. 3:23).

2. La advertencia al pecador. Cada uno es personalmente responsable de su pecado. El hecho de un mundo pecaminoso no reduce la responsabilidad personal. No puedo culpar al mundo, sociedad o a otros; porque el hombre ...

- tiene libre albedrío.
- tiene el conocimiento de mucho bien.
- tiene una tendencia a hacer lo bueno (al menos al principio).
- normalmente tiene ejemplos de bondad.
- puede escoger hacer el bien.
- puede trabajar para superar su debilidad y fortalecerse.

Sobre todo, el hombre tiene a Dios quien le provee un camino para escapar de la tentación (1 Co. 10:13). El pecador es personalmente responsable. ¡Cada pecado se convierte en piedra de tropiezo para otros! ¡El hombre que peca se convierte en piedra de tropiezo que hará caer a muchos!

3. La forma de actuar con el pecado de ser piedra de tropiezo. Nuevamente, la severidad del lenguaje muestra la severidad del pecado. No hay mayor pecado que ser una piedra de tropiezo a uno de los amados hijos de Dios.

a. Cristo dice: «Corta la mano que peca»: fuerza la mano a apartarse, retírala, quítala. Que la mano que peca no tenga control sobre ti. Niega la presencia de esa mano, niega su existencia.

«Por lo cual, salid de en medio de ellos, y apartaos, dice el Señor, y no toquéis lo inmundo; y yo os recibiré, y seré para vosotros por Padre, y vosotros me seréis hijos e hijas, dice el Señor todopoderoso» (2 Co. 6:17-18).

b. Cristo dice: «Corta el pie que peca»: quítalo, apártalo del pecado. Inutiliza el pie y todo el cuerpo quedará inmovilizado. Quita el pie, y tu cuerpo no podrá ir al pecado; aparta el pie a suficiente distancia de modo que tengas tiempo para pensar las consecuencias. Niégale la presencia al pie, niégale la existencia.

«Mirad pues con diligencia cómo andéis, no como necios sino como sabios» (Ef. 5:15).

«Por tanto, de la manera que habéis recibido a Jesucristo, andad en él» (Col. 2:6).

«El que dice que permanece en él, debe andar como él anduvo» (1 Jn. 2:6).

c. Cristo dice: «Saca el ojo»: vuelve la mirada; déjalo; no mires. En efecto, asegúrate que no puedas mirar el pecado. Niega la presencia del ojo, niégale su existencia.

«Pero yo os digo que cualquiera que mira a una mujer para codiciarla, ya adulteró con ella en su corazón» (Mt. 5:28).

«Porque todo lo que hay en el mundo, los deseos de la carne, los deseos de los ojos, y la vanagloria de la vida, no proviene del Padre, sino del mundo» (1 Jn. 2:16).

«El que guiña el ojo acarrea tristeza; y el necio de labios será castigado» (Pr. 10:10).

«Nunca se sacia el ojo de ver, ni el oído de oír» (Ec. 1:8).

«Ni sus ojos se sacian de sus riquezas, ni se pregunta» (Ec. 4:8).

Note que es la *mano la que toca* el pecado, el *pie que lo lleva a uno* al pecado o al lugar del pecado, y el *ojo que mira* sobre el pecado y conduce al deseo y a la codicia del pecado. La forma de escapar es negando el ego(*véanse* Estudio a fondo 1—Lc.9:23; *véanse* bosquejo—Ro. 6:11-13) y acercándose a Dios (*véase* bosquejo—Stg. 4:7-10).

4. Escapar al castigo a cualquier precio. La muerte más horrible que uno se puede imaginar es la muerte por fuego. Imagínese solamente lo que sería arder y arder en fuego eterno. No hay castigo más terrible que el descrito por Cristo. ¡Qué horrible debe ser la eternidad alejado de Dios. La severidad del infierno acentúa nuevamente la gravedad del pecado a los ojos de Dios.

«Dijo Jesús a sus discípulos: Imposible es que no vengan tropiezos; mas ay de aquel por quien vienen! Mejor le fuera que se le atase al cuello una piedra de molino y se le arrojase al mar, que hacer tropezar a uno de estos pequeñitos» (Lc. 17:2).

«Así que, ya no nos juzguemos más los unos a los otros, sino más bien decidid no poner tropiezo u ocasión de caer al hermano» (Ro. 14:13).

«Pero si por causa de tu comida tu hermano es contristado, ya no andas conforme al amor. No hagas que por la comida tuya se pierda aquel por quien Cristo murió» (Ro. 14:15).

«Bueno es no comer carne, ni beber vino, ni nada en que tu hermano tropiece, o se ofenda, o se debilite» (Ro. 14:21).

«No seáis tropiezo ni a judíos, ni a gentiles, ni a la iglesiade Dios» (1 Co. 10:32).

«No damos a nadie ninguna ocasión de tropiezo, para que nuestro ministerio no sea vituperado» (2 Co. 6:3).

«El que ama a su hermano, permanece en luz, y en él no hay tropiezo» (1 Jn. 2:10).

Pensamiento 1. El mundo está lleno de personas que son piedras de tropiezo, personas que son..

- un mal ejemplo
- seductores
- tentadores
- engañadores
- guías falsos
- perseguidores

Pensamiento 2. Note varios hechos lógicos:

1) *Un Dios justo* conoce inequívocamente quién es piedra de tropiezo al *niño.*
2) *Un Dios justo* conoce exactamente quién tiene la culpa de hacer tropezar al *niño.*
3) *Un Dios justo* conoce con precisión quién arruina el alma preciosa de un niño impidiendo que el mismo sea salvado.
4) *Un Dios justo* juzgará al hombre que haga tropezar al *niño*; lo juzgará severa y eternamente. Él es justo; por eso tiene que obrar severamente; el castigo será conforme al mal.

Pensamiento 3. Note un hecho esencial: la mano, el pie, el ojo son la propia mano, pie y ojo del pecador. Él peca y hace pecar a otro. Está dañando y destruyendo su propia vida y la vida de un niño. Se condena a sí mismo como y al niño al infierno.

Pensamiento 4. Este es lenguaje duro, muy descriptivo y severo en su tema. Pero se requiere honestidad y reflexión para ver el punto que Cristo dejaba en claro. ¿Qué hay sobre la tierra más horrible que extraviar a un niño y ser una piedra de tropiezo a su salvación, condenándolo a lo que Cristo llama el «fuego del infierno» y el «fuego eterno». Cristo dice que si Dios realmente ama al *niño*, y si el *fuego del infierno* es real, entonces hace falta un lenguaje fuerte y severo para despertar al mundo a la verdad.

ESTUDIO A FONDO 1

(18:8) ***Fuego del Infierno—fuego eterno*** (*to pur to aionion*): esta es la primera vez que se usan las palabras *fuego eterno*. Las palabras señalan hacia un terrible destino, a una eternidad terrible y horrible. Eterno se refiere a la duración, continua y continua sin fin. El hecho de que el pecador no perdonado va a sufrir un castigo tan grande debería motivar a todos los pecadores a dejar de ser piedras de tropiezo. Los debería impulsar para ser piedras de escalón hacia Dios (*véanse* Estudio a fondo 2—Mt. 5:22; Estudio a fondo 3—Lc. 16:23; Estudio a fondo 4—16:24).

«Su aventador está en su mano, y limpiará su era; y recogerá su trigo en el granero, y quemará la paja en fuego que nunca se apagará» (Mt. 3:12).

«Y los echarán en el horno de fuego; allí será el lloro y el crujir de dientes» (Mt. 13:42).

«Por tanto, si tu mano o tu pie te es ocasión de caer, córtalo y échalo de ti; mejor te es entrar en la vida cojo o manco, que teniendo dos manos o dos pies ser echado en el fuego eterno» (Mt. 18:8).

«Entonces dirá también a los de la izquierda: apartaos de mí, malditos, al fuego eterno preparado para el diablo y sus ángeles» (Mt. 25:41).

«Donde el gusano de ellos no muere, y el fuego nunca se apaga» (Mr. 9:44).

«Pero los cobardes e incrédulos, los abominables y homicidas, los fornicarios y hechiceros, los idólatras y todos los mentirosos tendrán su parte en el lago que arde con fuego y azufre, que es la segunda muerte» (Ap. 21:8).

«Los pecadores se asombraron en Sion, espanto sobrecogió a los hipócritas. ¿Quién de nosotros morará con el fuego consumidor? ¿Quién de nosotros habitará con las llamas eternas?» (Is. 33:14).

«Y saldrán, y verán los cadáveres de los hombres que se rebelaron contra mí; porque su gusano nunca morirá, ni su fuego se apagará, y serán abominables a todo hombre» (Is. 66:24).

[4] (18:10) ***Niños, pecado contra—desprecio:*** la tercera advertencia es en cuanto a despreciar a un niño. Hay diversas formas en que un niño o creyente es despreciado.

1. Restando importancia al niño. No se lo considera tan competente como otros; por eso es tratado con negligencia, ignorado, o puesto de lado. Como resultado es mutilado, cortado y menguado su crecimiento y potencial para la vida y el servicio.

2. Haciendo cosas inconvenientes en presencia del niño; ignorando la presencia del niño y prosiguiendo con el lenguaje y las bromas de *tono subido*, con las pequeñas *mentiras piadosas,* y con hábitos socialmente aceptados pero pecaminosos.

3. Torciendo la mente o el cuerpo del niño hacia una conducta mala y hacia el pecado. Esto puede abarcar toda la gama desde la ambición pecaminosa y egoísta hasta el abuso del niño mediante desviación sexual y el crimen.

«Mirad, oh menospreciadores, y asombraos, y desapareced; porque yo hago una obra en vuestros días, obra que no creeréis, si alguien os la contare» (Hch. 13:41).

«¿O menosprecias las riquezas de su benignidad, paciencia y longanimidad, ignorando que su benignidad te guía al arrepentimiento?» (Ro. 2:4).

«También debes saber esto: que en los postreros días vendrán tiempos peligrosos. Porque habrá hombres amadores de sí mismos, avaros, vanagloriosos, soberbios, blasfemos, desobedientes a los padres, ingratos, impíos, sin afecto natural, implacables, calumniadores, intemperantes, crueles, *aborrecedores de lo bueno*» (2 Ti. 3:1-3).

«El que viola la ley de Moisés, por el testimonio

de dos o tres testigos muere irremisiblemente. Cuánto mayor castigo pensáis que merecerá el que pisoteare al Hijo de Dios, y tuviere por inmunda la sangre del pacto en la cual fue santificado, e hiciere afrenta al Espíritu de gracia?» (He. 10:28-29).

«Sabe el Señor librar de tentación a los piadosos, y reservar a los injustos para ser castigados en el día del juicio; y mayormente a aquellos que, siguiendo la carne, andan en concupiscencia e inmundicia, y desprecian el señorío. Atrevidos y contumaces, no temen decir mal de las potestades superiores» (2 P. 2:9-10).

Pensamiento. Los niños tienen una posición muy favorecida delante de Dios. El hecho que sus ángeles guardianes «*ven siempre*» el rostro de Dios lo demuestra. No podría haber un privilegio más grande que estar siempre delante de Dios «viendo su rostro». Los niños son muy preciosos a Dios. Por esta sola razón deberíamos hacer cuánto podamos para librarnos a nosotros mismos y al mundo del mal.

ESTUDIO A FONDO 2

(18:10) ***Angeles:*** *véase* Estudio a fondo 1—He. 1:4-14. Siempre tenemos que recordar que Cristo vino del (*ek*, procedente de) mundo espiritual, procedente de la dimensión del cielo, para revelarnos el cielo. Él enseñó la realidad de los ángeles, es decir, de mensajeros celestiales. Aquí enseña que los niños tienen «ángeles guardianes» con acceso directo a Dios. Esto es una advertencia al ofensor; todo pecado y piedra de tropiezo colocado delante de su hijos (creyentes, v. 6) es traído a su presencia de modo que ninguna ofensa quede impune. También es un aliento a cada hijo suyo: el hijo será vindicado y puede depender de Dios mismo para su vindicación.

«¿No son todos espíritus ministradores, enviados para servicio a favor de los que serán herederos de la salvación?» (He. 1:14).

«Os digo que así habrá más gozo en el cielo por un pecador que se arrepiente, que por noventa y nueve justos que no necesitan de arrepentimiento ... Así os digo que hay gozo delante de los ángeles de Dios por un pecador que se arrepiente» (Lc. 15:10).

«Pues a sus ángeles mandará acerca de ti, que te guarden en todos tus caminos» (Sal. 91:11).

1 **Jesús vino a salvar a los perdidos** 2 **Jesús busca a cada una que está perdida** a. La oveja se descarrió b. La oveja fue buscada: por el pastor	**C. La parábola de la oveja perdida: el ejemplo supremo de la preocupación por otro, 18:11-14** (Lc. 15:1-7) 11 Porque el Hijo del Hombre ha venido para salvar lo que se había perdido. 12 ¿Qué os parece? Si un hombre tiene cien ovejas, y se descarría una de ellas, ¿no deja las noventa y nueve	y va por los montes a buscar la que se había descarriado? 13 Y si acontece que la encuentra, de cierto os digo que se regocija más por aquélla, que por las noventa y nueve que no se descarriaron. 14 Así, no es la voluntad de vuestro Padre que está en los cielos, que se pierda uno de estos pequeños.	c. La oveja fue buscada en los montes[EF1] 3 **Jesús puede, o no, encontrar a la perdida** 4 **Jesús perdona y se regocija por la oveja recuperada** 5 **Dios no quiere que se pierda ninguno**

C. La parábola de la oveja perdida: el ejemplo supremo de la preocupación por otro, 18:11-14

(18:11-14) ***Introducción:*** esta es una de las parábolas más famosas relatadas por Jesús; la parábola de la «oveja perdida» o del «Pastor que busca». Contiene un gran mensaje tanto para el creyente como para el incrédulo, y Jesús la aplica a ambos. Esto se demuestra de dos maneras.

1. Las palabras «estos pequeños» se refieren a creyentes auténticos, y la palabra «perecer» se refiere a los perdidos (*véase* nota—Mt. 18:5-10).

2. En esta ocasión particular Jesús estaba hablando a sus discípulos (Mt. 18:1). En Lucas Jesús relata la misma parábola pero con un auditorio diferente dirigiéndola más a los perdidos.

Algunos creyentes son débiles, que nunca han crecido en el Señor; otros se enfrían y se descarrían; hay otros que vuelven atrás al pecado y a la vergüenza. Algunos son testarudos ante el Señor, y algunos centrados en sí mismos por sus heridas y la negligencia experimentada. Otros permiten que las heridas y la negligencias se conviertan en amargura y hostilidad contra una persona, y en su enojo pecan. Hay innumerables motivos para pecar, pero algunos creyentes pecan más bien gravemente.

El que se descarría, como el perdido, siempre está entre nosotros. Lo que hay que recordar es esto ...

> **«Porque el Hijo del hombre ha venido para salvar lo que se había perdido» (Mt. 18:11).**
>
> **«Así, no es la voluntad de vuestro Padre que está en los cielos, que se pierda uno de estos pequeños» (Mt. 18:14).**

1. Jesús vino a salvar a los perdidos (v. 11).
2. Jesús busca a cada una que está perdida (v. 12).
3. Jesús puede, o no, encontrar a la perdida (v. 13).
4. Jesús perdona y se regocija por la oveja recuperada (v. 13).
5. Dios no quiere que se pierda ninguno (v. 14).

1 (18:11) ***Jesucristo, salvador—hombre, perdido:*** Jesús vino a salvar a los perdidos. Esta es la gran declaración del propósito del Mesías; por este motivo vino a la tierra. Vino a salvar a los perdidos. Hay un universo de significado en esta gran aseveración.

1. Significa que Cristo *dejó* por propia voluntad y deliberadamente la gloria del cielo y su naturaleza de igualdad con Dios, y «se despojó a sí mismo» de esa gloria e igualdad (*véase* nota—Fil. 2:6; 2:7).

2. Significa que tanto el mundo como un todo, y el hombre como individuo se han descarriado. Cada persona se ha descarriado y apartado de Dios, está perdida, vagando en el desierto del pecado; y toda persona está condenada a ser destruida por ese desierto si no es alcanzada y salvada por Cristo. Todos necesitan ser salvados (Ro. 3:20-18, 23; 10:13; Jn. 3:16; Hch. 10:43; 1 Jn. 5:1).

3. Significa que *Dios perdió al hombre.* Dios perdió la adoración del hombre su servicio y su vida. El hombre no solamente *se ha descarriado,* el hombre no solamente ha *dejado de buscar a Dios* para seguir su propio camino, sino que se ha vuelto inútil, se ha *perdido para Dios* (Ro. 3:11-12). Mientras el hombre sigue *perdido en el desierto,* Dios no tiene esperanza de comunión con él. La adoración, el servicio y la vida del hombre se han perdido para Dios mientras siga perdido el hombre. Las palabras: «lo que se había perdido» merecen atención. En el griego son participio neutro. Esto significa que la persona perdida no solamente es el hombre (masculino) sino también la mujer (femenino). «Lo que [neutro] se había perdido» y lo que es buscado es tanto el hombre como la mujer. Se trata de mostrar el alcance del amor de Jesús. Dios ama a todos los que están perdidos, sea hombre o mujer. Nadie está fuera de su amor y de su búsqueda. Él ama y busca a todos.

> ***Pensamiento.*** Note una asombrosa verdad: No solo está perdido el hombre, sino que Dios ha perdido al hombre, y el hombre ha perdido a Dios. Ambos salen perdiendo y sufren cuando el hombre decide irse al desierto del mundo y del pecado. Es tanto lo que el hombre gana siguiendo a Dios (Jn. 5:24; Gá. 5:22-23), y es tanto lo que Dios gana cuando el hombre decide seguir a Dios (adoración y servicio eterno).

2 (18:12) ***Jesucristo, pastor que busca:*** Jesús busca a toda oveja perdida. Cristo señaló tres asuntos significativos.

1. La oveja se descarrió (*véase* Estudio a fondo 1—Mt.18:12).
2. La oveja fue buscada por el pastor. Note varios hechos.
   a. El pastor cuida todo el rebaño, de las noventa y nueve, de manera muy especial. Mientras busca a la oveja perdida lleva el rebaño *a las montañas o colinas* donde hay buena pastura y protección y seguridad. Se asegura que estén protegidas (Jn. 10:27-29).
   b. La preocupación del pastor es por el individuo, no importa cuan grande sea el rebaño. El ama al individuo. No quiere perder a ninguno.
   c. No contrata o envía a otra persona para buscar a la oveja perdida. Tampoco espera que la oveja regrese, y lo más interesante, ni siquiera permite que el cuidado de las noventa y nueve le impidan ir a buscar a la oveja perdida. El hecho de que la oveja está perdida es tan importante para él que va personalmente a buscarla, cueste lo que costare.
   d. El pastor es paciente y perseverante. Busca y busca a la oveja hasta encontrarla o hasta saber que ya no hay esperanza de hallarla con vida.
   e. El pastor busca en todo sendero, en toda peña y cañadón; utiliza todos los medios a su disposición para encontrar a la oveja perdida.
      - El pastor depende de la rudeza, del peligro, de las pruebas y sufrimientos del desierto, y del corazón, la conciencia y la memoria de la oveja para dar la vuelta y comenzar a buscar el camino de regreso.

- El pastor depende de su propio conocimiento, de la oveja y del desierto para hacer su búsqueda; el pastor conoce cada peña y cada cañadón en el desierto. Es cuestión de encontrar a la oveja antes que sea tarde. ¿Habrá ido demasiado lejos sobre una peña, o habría bajado demasiado al cañadón para poder ser encontrada? ¿Habrá sido muerta ya por enemigos o por la crueldad del desierto?
- El pastor depende en gran manera de su propia voz para llegar a oídos y al corazón de la oveja perdida. Llamando y llamando, espera que la oveja perdida lo oiga. Que ella lo oiga de dos cosas: (1) de la distancia recorrida en el desierto? ¿Puede la oveja escuchar la voz del pastor? (2) ¿Tiene la oveja todavía suficiente fuerza para contestar (responder) en caso de escuchar la voz del pastor? ¿O ha quedado tan deshidratada y exhausta en el desierto que ya no puede responder? ¿O acaso está herida, moribunda, incapaz de responder al llamado del pastor?

«¿Qué os parece? Si un hombre tiene cien ovejas, y se descarría una de ellas, ¿no deja las noventa y nueve y va por los montes a buscar la que se había descarriado?» (Mt. 18:12).

«Porque el Hijo del hombre vino a buscar y a salvar lo que se había perdido» (Lc. 19:10).

«Oyó Jesús que le habían expulsado; y hallándole, le dijo: ¿Crees tú en el Hijo de Dios?» (Jn. 9:35).

3. La oveja fue buscada en las montañas. (En cuanto a los motivos por los que se descarría una oveja, *véase* nota—Lc.15:4; aquí solo mencionamos dichos motivos.)

- La oveja es atraída por algo, afuera en el desierto lejos del rebaño y del pastor.
- La oveja anda sin sentido, sin prestar atención a lo que sucede.
- La oveja se rehusa a prestar atención a las advertencias del pastor y al ejemplo de las otras ovejas.
- La oveja no está suficientemente unida al pastor o a las otras ovejas.

Pensamiento 1. El pastor conocía a la «oveja perdida». El rebaño que cuidaba era grande, pero él conocía a cada una. Cuando la «oveja perdida» se perdió, el pastor lo supo. Echó de menos la oveja, y salió a buscarla.

Pensamiento 2. Cuando se pierde un niño, la familia deja todo lo demás y busca al niño perdido. No importa cuan grande sea la familia, ahora todos buscan al niño.

ESTUDIO A FONDO 1

(18-12) ***Mundo—desierto:*** en cuanto a un cuadro del desierto *véase* nota—Lc. 15:4.

3 (18:13) ***Perdido—sin salvación:*** Jesús puede, o no, encontrar la oveja perdida. El hecho de encontrar la oveja no es algo seguro. Depende de tantas cosas ...

- De la distancia recorrida por la oveja perdida. ¿Todavía puede oír la voz del Pastor? ¿O ya está demasiado lejos?
- ¿Quiere responder la oveja cuando oye la voz del Pastor?
- ¿Sigue la *oveja perdida* introduciéndose más y más en el desierto?
- ¿Ha sido tan descuidada y despreocupada la oveja que se ha herido cayendo en un profundo cañadón?
- ¿Está tan aturdida su mente que no es consciente de la presencia y de la voz del Pastor?
- ¿Es consciente la oveja de estar perdida? En tal caso ¿cuánto le preocupa el estar perdida?
- ¿Está la oveja suficientemente preocupada para comenzar a buscar una salidadel desierto?
- ¿Ha terminado la paciencia del Pastor? ¿Ya ha pasado tanto tiempo que seguramente no queda esperanza?

Pensamiento. La persona puede resistir al Espíritu de Dios durante tanto tiempo e introducirse tanto en el desierto del mundo que finalmente ya no puede ser hallada (*véase Pensamiento 1*—Mt. 12:14-15).

«No contenderá mi espíritu con el hombre para siempre, porque ciertamente él es carne; mas serán sus días ciento veinte años» (Gn. 6:3).

«El hombre que reprendido endurece la cerviz, de repente está quebrantado, y no habrá para él medicina» (Pr. 29:1).

4 (18:13) ***Gozo—salvación:*** Jesús perdona y se goza por la oveja recuperada. Tanto gozo no se debe a que la oveja perdida signifique más que las otras. Las ovjeas que no se perdieron siempre llenaron de gozo y paz al Pastor, pero hay un momento especial de gozo y celebración cuando la oveja perdida es hallada. Hay al menos dos razones para ello.

1. La oveja perdida estaba casi *perdida para siempre,* nunca más se la conocería ni participaría ni contribuiría a la vida del rebaño. Todo lo que la oveja perdida significaba o podía haber contribuido estaba casi perdido para siempre. Necesariamente tiene que haber gran gozo y gloria por el hecho de arrebatarla de las garras del peligro y de la muerte.

2. La oveja perdida costó tanto a la vida del Pastor; sus pensamientos, energía, esfuerzo, tiempo y sufrimientos. Que haya gran gozo y gloria cuando la prueba pasa y la tarea tiene éxito. El esfuerzo quedó plenamente justificado.

Note la gran apelación que el Pastor hace a la oveja perdida para que regrese. No habrá ...

- quejas
- amor
- amenazas
- discursos
- búsqueda
- amonestaciones
- reproches
- preocupación
- castigo

«Y al llegar a casa, reúne a sus amigos y vecinos, diciéndoles: Gozaos conmigo, porque he encontrado mi oveja que se había perdido. Os digo que así habrá más gozo en el cielo por un pecador que se arrepiente, que por noventa y nueve justos que no necesitan de arrepentimiento» (Lc. 15:7).

«Y el que siega recibe salario, y recoge fruto para vida eterna, para que el que siembra goce juntamente con el que siega» (Jn. 4:36).

«Porque ¿Cuál es nuestra esperanza, o gozo, o corona de que me gloríe? ¿No lo sois vosotros, delante de nuestro Señor Jesucristo, en su venida? Vosotros sois nuestra gloria y gozo» (1 Ts. 2:19-20).

«Puestos los ojos en Jesús, el autor y consumador de la fe, el cual por el gozo puesto delante de él sufrió la cruz, menospreciando el oprobio, y se sentó a la diestra del trono de Dios» (He. 12:2).

«Irá andando y llorando el que lleva la preciosa semilla; mas volverá a venir con regocijo, trayendo sus gavillas» (Sal. 126:6).

5 (18:14) ***Dios, voluntad de—salvación:*** Dios no quiere que ninguna oveja perezca. En el versículo diez Jesús había dicho: «Mi Padre», pero aquí hay un cambio a «vuestro Padre». Esto es significativo; cuando el Salvador nos *encuentra* a cada uno, llegamos a ser un miembro de la familia de *nuestro Padre.* Como miembro, espera nuestra ayuda en alcanzar a la oveja perdida y en cuidar del rebaño. Ser miembro de la familia implica la responsabilidad de alcanzar a los perdidos y ayudar en el cuidado de otros miembros de la familia.

Note dos cosas:

1. El Padre no quiere que ninguno perezca.

«El que quiere que todos los hombres sean salvos y vengan al conocimiento de la verdad» (1 Ti. 2:4).

«El Señor no retarda su promesa, según algunos la tienen por tardanza, sino que es paciente para con nosotros, no queriendo que ninguno perezca, sino que todos procedan al arrepentimiento» (2 P. 3:9).

2. Cristo murió por el hermano débil tanto como por el perdido.

«Pero si por causa de tu comida tu hermano es contristado, ya no andas conforme al amor. No hagas que por la comida tuya se pierda aquel por quien Cristo murió» (Ro. 14:15).

«Y por el conocimiento tuyo se perderá el hermano débil por quien Cristo murió» (1 Co. 8:11).

Pensamiento. Esto es crucial: Dios se ocupa de cada persona en forma individual. ¿Qué contraste con nuestra falta de preocupación cuando son solamente uno o dos los que se alejan. ¿Qué lección para nosotros! ¡Qué gran preocupación la de Dios por cada alma!

	D. Los pasos para	gentil y publicano.	a. La disciplina
	corregir a un	18 De cierto os digo que	terrenal
	hermano ofensor,	todo lo que atéis en la	b. El apoyo celestial
	18:15-20 (Lc. 17:3-4)	tierra, será atado en el	de Dios
		cielo; y todo lo que desatéis	
1 Paso 1: intentar la	15 Por tanto, si tu hermano	en la tierra, será desatado	
reconciliación[EF1]	peca contra ti, vé y	en el cielo.	
a. Acércate al	repréndele estando tú y él	19 Otra vez os digo, que	**3 Paso 3: el paso**
hermano a solas	solos; si te oyere, has	si dos de vosotros se	**esencial: bañar todo**
	ganado a tu hermano.	pusieren de acuerdo en la	**en oración**[EF3]
b. Acércate al	16 Mas si no te oyere,	tierra acerca de cualquiera	a. Buscando acuerdo
hermano	toma aún contigo a uno o	cosa que pidieren, les será	b. Buscando la
con testigos	dos, para que en boca de	hecho por mi Padre que	voluntad
	dos o tres testigos conste	está en los cielos.	y aprobación
	toda palabra.	20 Porque donde están dos	de Dios
c. Ante la iglesia	17 Si no los oyere a ellos,	o tres congregados en mi	c. Buscando unión en
2 Paso 2: disciplina al	dilo a la iglesia; y si no	nombre, allí estoy yo en	su nombre
hermano[EF2]	oyere a la iglesia, tenle por	medio de ellos.	d. Su presencia

D. Los pasos para corregir a un hermano ofensor, 18:15-20

(18:15-20) ***Introducción—división—disciplina de la iglesia:*** pecar contra un hermano es asunto de gran preocupación para Dios. Es tan grave que el hermano ofensor que se rehusa a rectificarse debe ser severamente disciplinado (v. 17). Sin embargo, al tratar con la disciplina es preciso notar dos aspectos cruciales.

1. El hermano pecador *es un hermano, un genuino* creyente. Peca contra otro hermano. La brecha es entre dos creyente genuinos que están *en la iglesia.*
2. El pecado es un ofensa personal; es decir, el mal y el daño es hecho contra otra persona. Un cristiano compañero es herido, lastimado, y de alguna manera dañado.

Dios tiene una gran preocupación: quiere que la paz sea restaurada. Quiere paz entre los hermanos, y quiere paz en la iglesia. La perturbación causada por dos hermanos que se ofenden hace tanto daño que Dios establece pasos muy específicos en cuanto al manejo del asunto; y si el hermano que peca se rehusa a ser reconciliado y a rectificar el mal, Dios dice que la perturbación no debe ser tolerada por más tiempo.

1. Paso 1: intentar la reconciliación (vv. 15-16).
2. Paso 2: disciplina al hermano (vv. 17-18).
3. Paso 3: el paso esencial: bañar todo en oración (vv. 19-20).

1 (18:15-16) ***Creyentes, pecado contra—reconciliación:*** el primer paso para corregir a un hermano ofensor es intentar la reconciliación (*véase* Estudio a fondo 1—Mt. 18:15). Note cuando un hermano nos perturba u ofende, no esperamos que el *hermano ofensor* venga a nosotros. Nosotros debemos ir inmediatamente a él. Hay tres pasos específicos que deben ser dados.

1. Ir a solas al hermano y «decirle su error». Esto parece indicar que tal vez no sepa que ha obrado mal y nos ha ofendido. Si no vamos a él tal vez nunca lo sepa, tal vez nunca pueda corregirse. Si sabe que nos ha ofendido y nosotros no vamos a él, la brecha permanece, y la culpa del pecado se mantiene. Los efectos del daño y de la división solo pueden aumentar y profundizarse.

Otra cosa puede ocurrir: Nuestra propio corazón y mente pueden encubar algo, envenenarse, llenarse de resentimiento, llenarse de amargura, queja y venganza. Necesitamos desesperadamente hacer todo cuanto podamos para resolver el asunto.

a. Es preciso ir al hermano a solas. No debemos compartir el asunto con nadie,ni debemos amonestarlo abiertamente. Esto solo profundiza y endurece los sentimientos y la división causando amargura y hostilidad.

b. Las palabras «estando tú y él solos» señalan como tiene que ser el acercamiento:

- humilde; examinando nuestro propio corazón (para ver si hicimos algo para causar el comportamiento ofensor; sabiendo que nosotros también podemos fácilmente ofender a otros).
- hablando con suavidad y gentileza.
- expresando nuestro deseo de comprensión y de arreglar el asunto de manera que podamos ser reconciliados.

«Deja allí tu ofrenda delante del altar, y anda, reconcíliate primero con tu hermano, y entonces ven y presenta tu ofrenda» (Mt. 5:24).

«Nada hagáis por contienda o por vanagloria; antes bien con humildad, estimando cada no a los demás como superiores a él mismo» (Fil. 2:3).

«Recuérdales esto, exhortándoles delante del Señor a que no contiendan sobre palabras, lo cual para nada aprovecha, sino que es para perdición de los oyentes» (2 Ti. 2:14).

«Porque el siervo del Señor no debe ser contencioso, sino amable para con todos, apto para enseñar, sufrido» (2 Ti. 2:24).

Pensamiento 1. Cuando un hermano nos ofende nuestra respuesta es de crucial importancia para Cristo. Hay cuatro formas comunes de responder según la carne humana de las que debemos guardarnos con toda diligencia.

1) *Una respuesta ego céntrica*: actuar como criatura, inocente, o como mártir; incubando, empollando y ponderando el mal y el daño recibido; ser consumido por el mal que nos ha sido hecho; mantener nuestros pensamientos en el daño personal hasta que todo el asunto envenena nuestro corazón y nuestra mente. Recuerde: esto es común para la carne humana, es una tendencia que existe entre todos nosotros.
2) *Negar una respuesta.* Evitar al hermano, tener aprehensión contra el hermano, temiendo tal vez encararlo o asociarse con él; mostrándole desagrado o manteniéndose a su espaldas ignorándolo y siendo negligente hacia él.
3) *Respuesta chismosa.* Compartir el asunto en tono de auto justificación; vindicándose uno mismo; la tendencia de compartir con amigos cercanos el daño, la herida el mal sufrido, con la intención de

presentarnos a nosotros mismo como sin culpa. El problema de compartir la división con otros es que Cristo dice que vayamos primero al ofensor. Luego, si no responde a nuestra apelación, debemos buscar consejo lleno de amor y sabiduría.

4) *Respuesta vengativa.* Enredarnos nosotros mismos es el espíritu divisorio e hiriente; reaccionando y rebajándonos al mismo nivel del ofensor; devolver al ofensaor con la misma moneda.

Pensamiento 2. Cuando un hermano nos ofende, la respuesta más importante (después de orar, por supuesto) es ir a solas al hermano. Hay gran sabiduría en esta instrucción; sabiduría que enseña a ambos hermanos a sujetar la carne dando prominencia al espíritu.

1) Sabiduría para el *hermano ofendido.* La naturaleza humana tiende a reaccionar, a incubar, a compartir el mal, a buscar venganza, ya sea retirándose o atacando. Cristo demanda que conquistemos la demanda de reaccionar de la carne y que controlemos la situación mediante el Espíritu. Debemos mantenernos quietos y orar y luego ir al hermano y discutir el asunto, buscando reconciliación. Dicho con simpleza, debemos ser de mentalidad espiritual.
2) Sabiduría para el *hermano ofenso.* La naturaleza humana es lenta para admitir el error y trata de evitarlo. Una visita humilde, en amor, con preocupación por el otro, para buscar reconciliación es un *aliento* para el hermano a confesar, pedir disculpas, y ser reconciliado.

Pensamiento 3. Note simplemente cuán sabia es realmente la instrucción del Señor. Piense solamente qué enormes lecciones y cualidades se aprenden y desarrollan por tres hermanos que se sientan juntos para buscar reconciliación, precisamente las cualidades del fruto del Espíritu ...

- amor
- paciencia
- fe
- gozo
- amabilidad
- mansedumbre
- paz
- bondad
- dominio propio

Pensamiento 4. Piense qué mundo diferente sería el nuestro si todos practicaran solamente este paso; la diferencia en las relaciones humanas tanto personales, nacionales como internacionales; la diferencia en salud emocional y física (úlceras, presión sanguínea, infartos, etc.).

2. Vé al hermano con testimonio. Algunos hermanos cristianos son testarudos; otros son inmaduros; hay aun otros que son prisioneros de motivaciones egoístas y pecaminosas. Por eso, un hermano ofensor tal vez no esté dispuesto a ser reconciliado ni a admitir su error. En tales casos uno o dos hermanos llenos de amor y sabiduría nos acompañan para ver al hermano ofensor. Este acto produce diversos frutos.

a. Muestra al hermano que hay una profunda preocupación; hay algunas personas que están preocupadas y quieren ayudar.
b. También demuestra que la ofensa es conocida por más de una o dos personas. Son varias las que la conocen.
c. También provee un consejo objetivo y sabio entre las dos partes en conflicto. A partir de esta situación hay mayores probabilidades de arribar a una reconciliación.
d. Ayuda a evitar prejuicios, reacciones egoístas e intereses parciales.

Pensamiento 1. Este paso nunca debiera darse antes del encuentro a solas entre el ofendido y ofensor. No debemos hablar ni compartir con nadie la ofensa del hermano, no antes de habernos sentado personalmente con él en el amor de Cristo.

Sin embargo, este paso *debe ser dado* si el ofensor persiste en su actitud divisoria. Pero siempre tiene que ser dado en una actitud de humildad, amor, cuidado, e indignidad personal.

Pensamiento 2. A veces hay una tendencia de abandonar el esfuerzo si el ofensor se niega a la reconciliación; que sufra el consecuente castigo. Sin embargo, Cristo dice: «Hay que insistir; seguirlo. No abandonar.» Note que este es el requerimiento de Cristo a través de todo el curso de disciplina. Cristo nunca abandona el intento de alcanzar al hermano pecador. Por eso la iglesia tampoco debe abandonar (*véase* Estudio a fondo 2—Mt. 18:17). Las divisiones de la iglesia en Galacia y su ataque personal a Pablo son excelentes ejemplos de este hecho. Pablo se extendía constantemente hacia quienes eran tan imperfectos y que fallaban tanto (cp. Gá. 4:19).

3. Preséntate ante la iglesia (para la discusión *véase* Estudio a fondo 2—Mt. 18:17) .

ESTUDIO A FONDO 1

(18:15) ***Creyentes, pecado contra—reconciliación:*** ¿De qué manera peca u ofende un hermano cristiano a otro hermano?

1. Por su conducta y libertad cristiana; haciendo cosas lícitas pero ofensivas y no comprendidas por un hermano más débil. (Cp. Ro. 14:1-23; 1 Co. 8:12).
   - ofendiendo su conciencia
   - siendo una piedra de tropiezo
   - entristeciendo su espíritu
   - dando un mal ejemplo
2. Confrontando al hermano cara a cara.
   - con insultos
   - degradándolo
   - mostrándole amargura
   - abusando de él
   - discutiendo
   - estando enojado
   - humillándolo
   - faltándole el respeto
   - siendo hostil
3. Desprestigiando al hermano a espaldas de él.
   - hablando de él
   - contando chismes
   - criticando
   - mintiendo
   - murmurando
   - difundiendo rumores
4. Usurpando su derecho o propiedad.
   - engañando
   - hurtando
   - envidiando
   - copiando
   - mintiendo
   - ignorando

[2] (18:17-18) ***Disciplina en la Iglesia:*** el segundo paso para corregir a un hermano ofensor es disciplinar al hermano. Cristo discute dos aspectos de la disciplina en sí.

1. La disciplina terrenal. Si el hermano ofensor se rehusa a ser reconciliado después de la apelación por parte de dos o tres creyentes, el asunto debe ser presentado ante la iglesia. ¿Por qué diría Cristo que las ofensas personales deben ser presentadas y hechas públicas ante la iglesia?

a. El hermano ofensor ya ha rechazado dos intentos humildes y llenos de amor. El primer intento por parte de la persona ofendida, y el segundo, con la participación de uno o dos testigos llenos de sabiduría y amor.
b. La negativa del hermano ofensor a ser reconciliado es una grave amenaza y un peligro. Si la brecha se mantiene sin ser resuelta, causará más división y daño tanto en la iglesia como fuera de ella. Otras vidas serán gravemente afectadas, tanto entre los salvados como entre los perdidos. El testimonio de la iglesia y de los involucrados en la división será debilitado, y el

interés de los que están a punto de salvarse será agriado y atemperado, tal vez se extinga. Las lenguas de los creyentes carnales y de los perdidos será inflamada. El hermano que peca contra otro hermano y causa división en la iglesia (y se niega a ser reconciliado) comete una grave ofensa que afectará muchas vidas. Por eso, el asunto tiene que ser tratado, paso por paso. No puede ser ignorado y dejado irresuelto.

Presentar la conducta de una persona ante la iglesia, sea ante la iglesia como un todo, o ante alguna comisión oficial es asunto grave. Más de lo que uno se puede imaginar. Pero hay que recordar cuál es la intención de Cristo, es decir, evitar que el pecado, la división y devastación se expanda destruyendo las vidas y testimonios de otros.

c. Cristo quiere que los dos hermanos se reconcilien mutuamente, y se reconcilien con Dios, y quiere que el hermano ofensor sea restaurado a la protección y al compañerismo de la iglesia.
d. Cristo quiere evitar que el pecado, la división y devastación se difundan y destruyan el interés de personas *casi salvadas*, haciendo que tal vez se pierdan para siempre.
e. Cristo quiere evitar que se dé al mundo un motivo para encender sus lenguas y difundir rumores que dañan la imagen y obra de su iglesia.
f. Cristo quiere que los dos hermanos y sus amigos íntimos y los miembros de la iglesia establezcan un testimonio fuerte, no un testimonio divisivo. No quiere que ninguna persona perezca. Quiere que el mundo se salve, cada persona en el mundo (2 P. 3:9), y hay dos cosas esenciales para que una iglesia alcance el número máximo de personas que debe estar alcanzando:
    - Amor. El amor del hermano que ama en el Señor a su hermano (Jn. 13:33-34).
    - Un testimonio vigoroso de parte de los hermanos, miembros de la iglesia.
g. Cristo quiere que las diferencias y divisiones sean arregladas en el seno de su pueblo, y no por el sistema legal del mundo con sus filosofías y argumentos carnales e impíos. La atmósfera de la ley no soluciona nada; solamente causa más problemas, resentimientos y asperezas aun más profundas. En el pueblo de Dios las disputas de relaciones y diferencias deben ser arregladas entre las dos personas involucradas a *solas*. Recién cuando ello fracasa se llama a una o dos personas sabias y llenas de amor a participar. Y si éstas fracasan, y solamente si fracasan, el asunto será presentando ante un número de representantes oficiales de la iglesia. Se ve claramente que este es el procedimiento que quiere nuestro Señor (Mt. 18:15-17. *Véanse* bosquejo y notas—1 Co. 6:1-8).
h. Cristo quiere que todos los miembros trabajen y construyan, y no destruyan la iglesia. La iglesia existe para la adoración, el compañerismo, ministerio y testimonio. Armonía, paz, amor y sentido edifican la iglesia; pecado y división destruyen la iglesia. Por este solo motivo no se debe permitir que la división prevalezca dentro de la iglesia. Es preciso ocuparse de ella para que la iglesia siga siendo la iglesia y siga siendo del Señor.

Lo antedicho merece ser repetido. Presentar la conducta de una persona ante la iglesia es asunto muy grave. Más de lo que uno se puede imaginar. Varios hechos lo hacen tan extremadamente grave.

a. La vida de una persona está involucra. La persona puede ser dañada, apartada o alejada para siempre del Señor y del pueblo de Dios.
b. La discusión pública de una conducta personal es un tema muy, muy delicado. Fácilmente puede despertar emociones y causar más divisiones. Incluso puede ser la causa para que algunas personas de mentalidad espiritual se aparten de la iglesia.
c. Lo que la naturaleza carnal del hombre disfruta discutir es el comportamiento personal y las *noticias jugosas*. Es algo que enciende las lenguas y la imaginación de la mayoría. Pocas personas tienen la libertad espiritual de no hablar sobre errores y rumores que rodean a otros. La naturaleza misma del hombre se deleita en conocer y compartir las faltas de otros con los amigos cercanos. ¿Por qué? Es el hecho de rebajar a otros lo que eleva al ego y le da algo de justificación propia (excusa) para una conducta pecaminosa y hábitos carnales. La mayoría de las personas siguen y se deleitan en la carne pecaminosa, no en el Espíritu de Dios. Esto es cierto incluso en muchos que se dicen creyentes.
d. Pocas personas pueden guardar confidencias. Pocas pueden guardar silencio. Aun los de mayor confianza, amor y sabiduría no guardan confidencias. La persona que guarda confidencias es más escasa que una rara gema desarrollada a lo largo de muchas vidas. Por eso, cuando se comparte un asunto, siempre hay que recordar y comprender que el tema será difundido. ¿Cuáles serán los efectos de la difusión? Siempre hay que evaluar los efectos cuando uno considera la posibilidad de compartir una conducta personal y las diferencias con otros, ya sea que uno las comparta con un individuo o con la iglesia como un todo.
e. El mundo, tanto el público y los perdidos de la comunidad como fuera de ella, oirán de la conducta presentada ante la iglesia. Nuevamente, los efectos que esto producirá sobre los pensamientos, las habladurías, actitudes y apertura de corazón hacia el evangelio, tiene que ser evaluado cuidadosamente antes de presentarse uno ante la iglesia con asuntos que conciernen un comportamiento personal.

Ahora bien, ¿cuándo hay que presentar un asunto o diferencia personal ante la iglesia? (Tal vez sea más apropiado preguntar: ¿Cuándo se debe discutir con otro individuo un asunto personal referido a un hermano?)

a. Cuando estemos *absolutamente seguros* que Dios no quiere que sigamos llevando el dolor y el daño como una experiencia aleccionadora. Cuando estemos absolutamente seguros de que ya no necesitamos ...
    - aprender a confiar más.
    - crecer más en nuestra experiencia.
    - aprender más paciencia.
    - aprender a tener más esperanza.
    - aprender más perseverancia.
    - aprender a conformar a su imagen (en sufrir).
    - aprender más humildad.
    - aprender más de la gloria de Dios.
    - aprender a tener más amor.
b. Cuando estemos *absolutamente seguros* que el Espíritu del Señor nos guía a compartir el asunto de la conducta personal.
c. Cuando estemos *dispuestos a reconocer* nuestros propios errores y pecaminosidad y nuestro potencial para fallar (Ro. 14:4; 1 Co. 10:12).

d. Cuando somos cautivados por un espíritu de oración, suavidad, ternura, calidez, amor y humildad.
e. Cuando somos cautivados por un espíritu de «llevar la carga lo unos de los otros» (Gá. 6:1-3).
f. Cuando estemos *absolutamente seguros* de haber seguido los pasos expresados por Cristo (Mt.18:15-17).

2. El apoyo celestial a la disciplina. Note que la disciplina del cielo para el hermano ofensor es la misma que la disciplina terrenal o de la iglesia. ¿Qué significa esto? Una cosa es segura, no puede significar que hombre alguno o iglesia alguna tenga el poder de perdonar, o no perdonar, pecados. Ningún hombre o iglesia tiene el poder de condenar, o salvar, o dejar libre a una persona.

Probablemente significa esto: Cuando un hermano escoge el pecado y se niega a ser reconciliado después que la iglesia ha intenta una y otra vez alcanzarlo, dicho hermano está perdido para la iglesia. No queda relación entre él y la iglesia. La iglesia falló en alcanzarlo; por lo tanto es *atado a la tierra* y será tratado como un extraño. De esa manera el cielo —Dios mismo— lo considerará como extraño, atado por el pecado así como lo ata (reconoce) la iglesia. De igual modo, si alguna vez es alcanzado por la iglesia y «desatado» de su ligadura de pecado, el cielo lo reconocerá como desatado. Dios lo volverá a recibir como hermano redimido, como alguien de la familia.

Pensamiento 1. En el análisis final, la final la división tiene que ser confrontada, y también tienen que ser confrontados sus causantes. «Toda casa dividida contra sí misma, no permanecerá» (Mt. 12:25).

Cristo insiste en que un hermano que causa división sea disciplinado y tratado como extraño. (Pero *siempre* tenemos que recordar que este paso recién será dado después de intentar al menos tres veces la reconciliación.) ¿Por qué es preciso tratar la división y al hermano que la causa?

1) La división amenaza la supervivencia. Un cuerpo, organización, incluso la iglesia misma solo puede permanecer si está unida y funcionando en paz y armonía.
2) La división amenaza la pureza y el carácter. La iglesia es vista como corrupta y débil si se permiten en ella cosas tales como divisiones y murmuraciones.
3) La división amenaza el orden la misión y el ministerio. La división puede amenazar y causar fracasos de cualquier propósito, misión o ministerios. El desorden asegura derrota y fracaso.

Pensamiento 2. Este pasaje es algo maravilloso. Cristo mismo, nuestro maravilloso Señor, nos ha dado el procedimiento preciso (los pasos) para tratar a la persona que causa divisiones. ¡Cuánta falta nos hace seguir sus instrucciones!

Pensamiento 3. La disciplina del hermano causante de divisiones es necesaria para preservar a la iglesia y todo lo que ella representa.

ESTUDIO A FONDO 2

(18:17) ***Disciplina, iglesia:*** los bosquejos y notas que preceden a esta Escritura deben ser leídos antes de la presente nota a efectos de obtener un cuadro completo (Mt. 18:15-20).

Un hermano en querella con otro hermano debe ser disciplinado si existen estas tres cosas.

- Si continúa en abierta rebelión contra el Señor.
- Si sigue cautivo del egoísmo, codicia y mundanalidad de esta tierra.
- Si se niega a reconciliarse con su hermano después de tres intentos de reconciliación tal como fueron expresados por Cristo.

¿Qué es la disciplina? El hermano, causante de división, debe ser tratado conforme a su conducta, es decir, como extraño, como pagano y publicano. Los paganos o pecadores y publicanos eran precisamente la gente a quienes se extendió Cristo. Estaban fuera del rebaño, pero eran alcanzables. El hermano que causa división actúa como extraño, no prestará atención ni responderá al llamado a la reconcliación hecho con humildad y amor. Por eso se lo deja solo y no se lo molesta más hasta tanto esté dispuesto a escuchar y ser reconciliado. Se niega a ser reconciliado y vive como extraño, tal como viven los perdidos. Consecuentemente, la iglesia no puede hacer nada, sino tratarlo como a un extraño.

1. El mismo hermano ofensor decidió no ser reconciliado. En tres ocasiones específicas tuvo la oportunidad de la reconciliación. Es personalmente responsable por su decisión.

2. La iglesia se extendió una y otra vez hacia el querido hermano. Hizo todo intento posible por detener al hermano en su obra divisoria y lograr una reconciliación.

3. La vida que el hermano ha escogido vivir es la de la disciplina. Es su decisión el ser una extraño en vez de ser reconciliado con su hermano y con la iglesia. Es su decisión el vivir en el mundo de «pecadores y publicanos» en vez de vivir en la presencia y reconciliación del pueblo de Dios.

4. La disciplina del hermano es tal que permite a la iglesia seguir extendiéndose hacia el hermano caído. *Pecadores y publicanos* son precisamente la gente a la que Cristo fue, a quienes va la iglesia. La disciplina del hermano es: «Tenle por gentil y publicano». Aparentemente Cristo está diciendo esto: la iglesia debe seguir buscando al hermano, *según parezca sabio,* tal como busca a todos los demás extraños. Sin embargo, en forma muy realista, los futuros intentos de reconciliación probablemente serán mucho menos frecuentes. El corazón del querido hermano tendrá menos oportunidades de ser motivado por quienes los aman y se preocupan tanto por él.

«Cualquiera que haga tropezar a uno de estos pequeñitos que creen en mí, mejor le fuera si se le atase una piedra de molino al cuello, y se le arrojase en el mar» (Mr. 9:42).

«Así que, ya no nos juzguemos más los unos a los otros, sino más bien decidid no poner tropiezo u ocasión de caer al hermano» (Ro. 14:13).

«Pero si por causa de tu comida tu hermano es contristado, ya no andas conforme al amor. No hagas que por la comida tuya se pierda aquel por quien Cristo murió» (Ro. 14:15).

«Bueno es no comer carne, ni beber vino, ni nada en que tu hermano tropiece, o se ofenda, o se debilite» (Ro. 14:21).

«No damos a nadie ninguna ocasión de tropiezo» (2 Co. 6:3).

«El que ama a su hermano, permanece en luz, y en él no hay tropiezo» (1 Jn. 2:10).

[3] (18:19-20) ***Oración:*** el tercer paso en la corrección de un hermano ofensor es el paso esencial: bañar el asunto en oración. Las palabras: «Otra vez os digo», acentúan la importancia de este paso. El asunto tiene que ser bañado en oración, pero es de crucial importancia la forma de orar por ello.

1. Tenemos que buscar acuerdo en cuanto a la corrección de un hermano (v. 19). El tema de la corrección es una inmensa responsabilidad. No debe ser dejado en manos de una sola persona. Siempre debe haber al menos dos personas involucradas.

2. Tenemos que buscar la voluntad y aprobación de Dios, para estar seguros de que la corrección es su voluntad (v. 19). Jamás debe intentarse una corrección que no sea la voluntad de Dios o que no sea conforme a la expresión explícita de su Palabra. Cualquier corrección de un hermano ofensor tiene que demostrar el amor de Dios, su compasión y misericordia.

3. Tenemos que buscar unidad en el «nombre de Jesús», no simple acuerdo humano, no seguir simplemente pensamientos y

reglas humanas referidas a la disciplina. La unidad tiene que ser «en su nombre», producida por su Espíritu y en acuerdo con todo el consejo de la Palabra de Dios (no simplemente una selección tomada fuera de su contexto o interpretada sin tener en cuenta toda la enseñanza de Dios sobre el tema) (v. 19).

Si realmente se siguen estos pasos, el Señor promete su presencia en la decisión hecha y en la corrección de un hermano ofensor.

> **«Pedid, y se os dará; buscad y hallaréis; llamad, y se os abrirá» (Mt. 7:7).**
>
> **«Y todo lo que pidiereis en oración, creyendo, lo recibiréis» (Mt. 21:22).**
>
> **«Orando en todo tiempo con toda oración y súplica en el Espíritu, y velando en ello con toda perseverancia y súplica por todos los santos» (Ef. 6:18).**
>
> **«Buscad a Jehová y su poder; buscad su rostro continuamente» (1 Cr. 16:11).**

ESTUDIO A FONDO 3

(18:19-20) ***Oración:*** este pasaje nos muestra el poder de unión que tiene la oración; aun cuando los que oran sean solo dos personas.

1. Cristo dice: «cualquier cosa que pidieren» (v. 19).
2. Cristo también dice: «estoy yo en medio de ellos» (v. 20). Note que Cristo no dice: «estaré allí». Ya está. Esta es una presencia muy especial, la presencia real, actual de Cristo. Es equivalente a la gloria Shekiná, la presencia muy especial de Dios que moraba en el tabernáculo y en el templo. Es un sentido profundo, una conciencia, un intenso percibir al Espíritu de Dios en comunión con nuestro espíritu. Dios manifiesta su presencia de una manera muy especial al creyente (*véase* nota—Jn. 14:21-22; 2 Co. 3:17-18).

Sin embargo, hay dos cosas absolutamente esenciales para experimentar el poder de unidad de la oración.

1. «Si dos de vosotros se *pusieren de acuerdo* [*sumphonesoson*]» Las palabras *pusieren de acuerdo* significa un acuerdo completo; armonizar juntos como los instrumentos en una sinfonía; sonar unidos, actuar juntos uno en la naturaleza del otro. Es todo lo opuesto a los pensamientos distraídos, a la entrega vacilante, a propósitos desconectados, a un entendimiento dislocado y desubicado, a espíritus no sincronizados, al conocimiento incompleto y fragmentario.
2. Si «dos o tres congregados *en mi nombre* [*eis to emon unoma*]». Literalmente dice esto «al interior de mi nombre». La idea es de una unión íntima estrecha con Cristo. Es un «entrar al» Espíritu de Cristo; un anhelo de estar en unión con Él y de actuar solamente para la gloria suya. Es una profundidad de *unión espiritual* que muy pocas personas demuestran. Note que esta unión no proviene únicamente de orar a solas, sino también de orar con otros.

Esto implica algo de crucial importancia. Nunca debemos intentar corregir a un hermano antes de tener una profunda unión con Cristo, una unión tan profunda que solamente podamos actuar para gloria de Dios. Tenemos que estar libres de todas las presiones carnales *para llegar al hermano*. Debemos actuar procurando solamente la gloria de Dios.

1 **El espíritu y práctica del perdón**
   a. Pedro preguntó acerca de perdonar al hermano; ¿Límites en el perdón?
   b. El perdón es ilimitado[EF1]
   c. Es semejante al reino de los cielos

2 **El espíritu perdonador de Dios: como un rey que hace cuentas con sus siervos**
   a. Todos deben rendir cuentas
   b. Le es traído un siervo
   c. El siervo tiene una inmensa deuda
   d. El s. está en bancarrota
      1) Va a ser vendido
      2) Va a perder todo
   e. El siervo se presenta ante el rey
   f. El siervo clama por misericordia
      1) Adora al Rey
      2) Formula una entrega
   g. El siervo experimenta la compasión de un Rey de amor; es librado y perdonado

3 **El espíritu no perdonador del siervo**
   a. Se encuentra con un consiervo que le debe una suma muy pequeña
   b. Reacciona severa.
   c. Rechaza el clamor pidiendo misericordia; se niega a perdonar
   d. Obra en forma materialista y egoísta, según la letra de la ley
   e. Entristece a los otros siervos; relatan el asunto al Señor

4 **Viene el gran día de rendir cuentas**
   a. Dos bases de juicio
      1) El perdón de Dios: ofrecido en Cristo
      2) La maldad del siervo: carece de compasión y misericordia
   b. El juicio
      1) El enojo del Señor
      2) La justicia del Señor

5 **El tema es: la persona que no perdona será juzgada**

E. La parábola del siervo sin compasión: el espíritu de perdón, 18:21-35

21 Entonces se le acercó Pedro y le dijo: Señor, ¿cuántas veces perdonaré a mi hermano que peque contra mí? ¿Hasta siete?
22 Jesús le dijo: No te digo hasta siete, sino aun hasta setenta veces siete.
23 Por lo cual el reino de los cielos es semejante a un rey que quiso hacer cuentas con sus siervos.
24 Y comenzando a hacer cuentas, le fue presentado uno que le debía diez mil talentos.
25 A éste, como no pudo pagar, ordenó su señor venderle, y a su mujer e hijos, y todo lo que tenía, para que se le pagase la deuda.
26 Entonces aquel sirvo, postrado, le suplicaba, diciendo: Señor, ten paciencia conmigo, y yo te pagaré todo.
27 El señor de aquel siervo, movido a misericordia, le soltó y le perdonó la deuda.
28 Pero saliendo aquel siervo, halló a uno de sus consiervos, que le debía cien denarios; y asiendo de él le ahogaba, diciendo: Págame lo que me debes.
29 Entonces su consiervo, postrándose a sus pies, le rogaba diciendo: Ten paciencia conmigo, y yo te lo pagaré todo.
30 Mas él no quiso, sino fue y le echó en la cárcel, hasta que pagase la deuda.
31 Viendo sus consiervos lo que pasaba, se entristecieron mucho, y fueron y refirieron a su señor todo lo que había pasado.
32 Entonces, llamándoles su señor, le dijo: siervo malvado, toda aquella deuda te perdoné, porque me rogaste.
33 ¿No debías tú también tener misericordia de tu consiervo, como yo tuve misericordia de ti?
34 Entonces su señor, enojado, le entregó a los verdugos, hasta que pagase todo lo que debía
35 Así también mi Padre celestial hará con vosotros si no perdonáis de todo corazón cada uno a su hermano sus ofensas.

E. La parábola del siervo sin compasión: el espíritu de perdón, 18:21-35

(18: 21-35) ***Introducción:*** ¿Cuántas veces vamos a perdonar a una persona? Espera Dios que perdonemos y perdonemos sin importar el abuso y el número de veces que se haga el mal? En esta discusión Cristo respondió a ésta, y a muchas otras preguntas.

1. Trasfondo: el espíritu y práctica del perdón (vv. 23-27).
2. El espíritu perdonador de Dios: como un Rey que hace cuentas con sus siervos (vv. 21-22).
3. El espíritu no perdonador del siervo (vv. 28-31).
4. Viene el gran día de rendir cuentas (vv. 32-34).
5. El tema es: la persona que no perdona será juzgada (v. 35).

[1] (18:21-22) ***Perdón:*** el espíritu y práctica del perdón. Note exactamente lo que ocurrió entre Pedro y Jesús.

1. Pedro preguntó acerca de perdonar a un hermano. ¿Hay límites para el perdón? La preocupación de Pedro era en cuanto a perdonar a otro hermano cristiano, a un discípulo compañero (*véanse* notas—Mt. 18:5-10; 18:5). Además Cristo colocó la discusión en el contexto del «reino de los cielos», es decir, de la comunidad cristiana o iglesia (*véase* Estudio a fondo 3—Mt. 19:23-24). En su propio concepto en cuanto a perdonar a Pedro era muy generoso. Perdonar a una persona siete veces sus ofensas es muy generoso, mucho más generoso de lo que la mayoría perdona.

2. Jesús respondió que el perdonar no tiene límites (*véase* Estudio a fondo 1—Mt. 18:22).

3. Jesús ilustró el espíritu perdonador mediante una referencia al reino de los cielos. El reino de los cielos incluye, en su forma actual, a algunas personas que son siervos de Dios, pero solamente de palabra. En esta parábola el siervo dice tener fe en Dios, pero su afirmación es falsa. Está en la iglesia, entre el pueblo de Dios. En un desesperado momento de gran necesidad Dios le ha ofrecido misericordia y perdón, pero personalmente no aprendió nada de la compasión y del perdón de Dios (*véase* nota—Mt. 18:35).

ESTUDIO A FONDO 1

(18:22) ***Perdón—relaciones personales—hermandad—unidad:*** setenta veces siete es cuatrocientos noventa. Pero no es eso lo que Jesús quiere decir. La pregunta es: ¿cuántas veces debemos perdonar a un hermano?

- Pedro: «¿hasta siete veces?»

- Jesús: «No. Hasta setenta veces siete».

Lo que Jesús quiso decir es setenta veces siete, y otras setenta veces siete, y así sucesivamente por toda la eternidad. El perdón es algo del corazón no de la mente. La mente solo guardará registro de los daños sufridos. Un espíritu perdonador no mide ni limita el número de veces que va a perdonar. Un espíritu perdonador soportará nuevos daños y heridas, y lo hará una y otra vez. ¿Por qué?

Hay varias razones por las que el espíritu perdonador no conoce límites, ni medidas, ni el número de veces que va a perdonar.

1. El perdón es algo del espíritu, una calidad del espíritu. Todas las cosas, sustancias y realidades espirituales, tales como amor, misericordia, gracia, gozo, perdón, etc., no pueden ser medidas o limitadas. Por su misma naturaleza son espirituales y no físicas. Por eso no tienen medida ni límite, de manera que deben ser conocidas y practicadas sin límite o medida. Debemos experimentar y practicar el amor en cada oportunidad. Debemos experimentar y practicar el perdón en cada ocasión. El perdón es una realidad del espíritu por eso debe ser un espíritu de vida. El espíritu de perdón debe perdonar setenta veces siete, es decir, *ad infinitum*.

2. Es imposible sostener buenas relaciones humanas sin un espíritu perdonador. El ofenderse es común a todos. Todos somos pecadores y ofendemos con frecuencia, con demasiada frecuencia ofendemos demasiado. Nadie anda en perfección ni está aproximadamente cerca de lo que debe. Si llevaramos la cuenta quedaría poco tiempo para otra cosa. Para mantener relaciones sanas debemos saber al menos cuatro cosas.

a. Fallar, pecar, fracasar, y ofender son cosas comunes a todos nosotros. Ofendemos cuando fallamos en ...

• sonreír	• hablar
• saludar	• atribuir
• no ser egoístas	• amar
• alegrarnos	• no ser irritables
• ser amable	• ser buenos
• no dejarnos provocar	• creer
• ser humildes	• ser pacientes
• reconocer	• controlarnos
• ser victoriosos	• expresar las cosas bien

b. Normalmente el ofender a otros no es intencional y sin saberlo uno. Todos nosotros ofendemos a otros, pero con frecuencia somos inconscientes de haber ofendido. Las razones por las que le fallamos a otros son innumerables, pero las causas comunes son los pensamientos preocupados, corazones y mentes apesadumbrados, y problemas que consumen nuestros pensamientos. El recordar esto nos ayudará a perdonar a otros cuando ellos nos ofenden.

c. Nosotros ofendemos a otros tanto como ellos nos ofenden a nosotros. Somos tan humanos como la persona que está a nuestro lado, y necesitamos el perdón tanto como ella. El recordar esto nos ayudará tanto como cualquier otra cosa a mantener relaciones sanas.

d. La respuesta común a la ofensa es reaccionar, ya sea mediante un retiro, tomando venganza o revolcándose en la auto piedad y en un espíritu no perdonador. Muchos se regodean en la atención que se aseguran al ser objetos de abuso, en vez de encarar el asunto en quietud y con un verdadero espíritu perdonador.

3. Un espíritu no perdonador revela que la persona tiene básicamente una naturaleza mala, egoísta, espiritualmente inmadura. La falta de perdón revela que la persona no ha crecido a la semejanza de Cristo en su entendimiento, compasión y amor. Un espíritu perdonador entiende la naturaleza del hombre (pecaminosa y ofensiva), y la naturaleza de Dios (espiritual y perdonadora, *véase* arriba, pt. 1).

4. Paz y salud solamente puede preservarse mediante un espíritu perdonador. Un espíritu renuente a perdonar es tan perturbador y causante de división como el ofensor. Un espíritu que se niega a perdonar ha descendido al nivel del ofensor, y de hecho se ha convertido en ofensor. Pienso que mientras haya un espíritu que se niegue a perdonar no puede haber paz. Prevalecen la perturbación, el conflicto y la división. El espíritu que no perdona también afecta las emociones, pensamientos y el cuerpo. Es la falta de paz, la falta de una buena relación con Dios y el hombre lo que impide el funcionamiento normal del cuerpo, la mente y las emociones. Úlceras, alta presión sanguínea, pensamientos y emociones perturbadas, y tantos otros males pueden venir y con frecuencia vienen como resultado de un espíritu renuente a perdonar.

> **«Y ante todo, tened entre vosotros ferviente amor; porque el amor cubrirá multitud de pecados» (1 P. 4:8).**
>
> **«La paz os dejo, mi paz os doy; yo no os la doy como el mundo la da. No se turbe vuestro corazón, ni tenga miedo» (Jn. 14:27).**

2 (18:23-27) ***Espíritu perdonador:*** el espíritu perdonador de Dios. Dios simplemente es como un rey que hace cuentas con sus siervos. La parábola es sencilla, pero muy descriptiva y llena de significado. Dios es el Rey, pero es un Rey muy poco común. Gobierna con justicia como deben hacerlo los reyes. Pero Él es más. Es lleno de amor, compasión y perdón; e incluso es más. El amor y la compasión lo consumen tanto que perdona enormes deudas, deudas tan enormes que exceden lo imaginable.

El Rey pide que sus siervos le rindan cuentas. En distintas ocasiones pide rendición de cuentas. En la conversión de una persona hay una rendición de cuentas y en todas aquellas ocasiones en que Dios nos lleva a evaluar nuestras vidas. Note cómo los siete pasos relatados por Cristo pueden ser aplicados a cualquiera de estas ocasiones.

1. Todos deben rendir cuentas (v. 23). La expresión «hacer cuentas» (sunairein) significa rendir cuentas; realizar un raconto; a poner las cuentas en claro. Es la misma palabra que se traduce con «hacer cuentas» en el versículo 24. El rey comenzó a recorrer la provincia y a controlar los libros de su provincia; recibos, gastos mejoras del capital. El rey tenía crucial interés en lo que sus siervos habían recibido en concepto de dones y qué uso había hecho de ellos en el ministerio.

2. Todos somos traídos al Rey, sea por el Espíritu, la Palabra, o por algún testigo cristiano (v. 24).

3. Todos tenemos que reconocer nuestra inmensa deuda de pecado y servicio para con Dios (v. 24; cp. Sal. 19:12; 40:12). La deuda del siervo era inmensa. Eran millones y millones. Probablemente era equivalente al producto bruto de una provincia o estado de aquel tiempo. El siervo era un alto oficial puesto sobre la provincia y responsable de su administración. El hecho es que Dios nos ha dado vida y nos ha hecho supervisores de esa vida. Pecar significa administrar mal esa vida y causar pérdida; por eso el pecado nos pone en deuda con Dios. La deuda es infinita, más grande de lo que jamás podríamos pagar.

4. Todos estamos en bancarrota (incapaces de pagar) ante Dios (v. 25). El pecado causa la bancarrota del hombre y lo pone en deuda con Dios. Debido al pecado nuestra bancarrota es tan grande que nada alcanza para pagar nuestra deuda.

- Ni plata ni oro, ni ninguna cantidad de riqueza puede pagar nuestra deuda.
- Un hermano u otro miembro de la familia tampoco

puede pagar nuestra deuda.

«Los que confían en sus bienes, y de la muchedumbre de sus riquezas se jactan, ninguno de ellos podrá en manera alguna redimir al hermano, ni dar a Dios su rescate» (Sal. 49:6-7).

- Las buenas obras no pueden pagar nuestra deuda.

«No por obras de justicia que nosotros hubiéramos hecho, sino por su misericordia, por el lavamiento de la regeneración y por la renovación en el Espíritu Santo, el cual derramó en nosotros abundantemente por Jesucristo nuestro Salvador» (Tit. 3:5-6).

- Sacrificios y ofrendas no pueden pagar nuestra deuda.

«Y Samuel dijo: ¿Se complace Jehová tanto en los holocaustos y víctimas, como en que se obedezca a las palabras de Jehová? Ciertamente el obedecer es mejor que los sacrificios y el prestar atención que la grosura de los carneros» (1 S. 15:22).

Note que la deuda del hombre afectaba a su propia familia. Si él era esclavizado con pérdida de todo, la familia también sería esclavizada con pérdida de todo. Los pecados de un hombre siempre lo afectan a él mismo y a su familia (*véanse* nota—Ro. 1:24; Estudio a fondo 1—Ef. 1:7; cp. Ro. 7:14-20).

5. Estamos ante la justicia de un Dios justo (v. 25).

6. Clamamos por misericordia (v. 26). Nuestra única esperanza es que Dios nos ame lo suficiente para perdonarnos sencillamente con compasión y misericordia.

«Pero Dios, que es rico en misericordia, por su gran amor con que nos amó, aun estando nosotros muertos en pecados, nos dio vida juntamente con Cristo (por gracia sois salvos)» (Ef. 2:4-6).

7. Oímos el amor y perdón de un Dios lleno de amor (v. 27).

Pensamiento 1. Algunas de las cosas que nos traen a Dios y nos motivan a evaluar y a hacer cuentas de nuestras vidas son pruebas, problemas, enfermedad, decaimiento físico, un sermón o testimonio, nuestros padres, amigos o días y ocasiones especiales (por ejemplo, Año Nuevo).

Pensamiento 2. Note que el siervo malo no clamó por misericordia hasta hallarse cara a cara con el rey. Con frecuencia somos descuidados en cuanto al pecado, hasta que somos llamados a rendir cuentas. Cuántas pruebas, sufrimientos y tentaciones podríamos evitar, si inmediatamente dejáramos el pecado.

3 (18:28-31) ***Falta de perdón:*** había el espíritu renuente a perdonar del siervo. Los mismos pasos dados por el siervo son los pasos involucrados en un espíritu que se niega a perdonar.

1. Se encontró con una persona que le debía, es decir, que de alguna manera lo *había ofendido* (v. 28). Esta deuda era comparativamente muy pequeña. No era una millonésima parte de la deuda perdonada al siervo malo. La diferencia era superior al 1 a 1.250.00, una diferencia enorme (A. Lukyn Williams. «San Mateo», *The Pulpit Commentary*, tomo 15, Ed. HDM Spense y Joseph S. Exell). Esto muestra la enorme diferencia entre nuestro pecado contra un hermano y el pecado de nuestro hermano hacia nosotros. Cuando realmente alcanzamos a ver esto, sabremos que un espíritu renuente a perdonar a un hermano es inexcusable. Podemos perdonar todo.

2. Reaccionó severamente (v. 28). Atacó al deudor; es decir usó de su autoridad sobre el deudor tratando de exprimirle el pago de la deuda. Se enojó y mostró malicia. No había necesidad para esta clase de comportamiento; era algo inexcusable. Recuerde la misericordia del rey hacía él. El rey no lo había presionado con acusaciones; el rey incluso había perdonado la deuda. ¡Cuánto necesitamos recordar el amor y perdón de Dios! El amor y perdón de Dios deberían convertirse en los factores que controlan todas nuestras relaciones.

3. Rechazó el clamor por misericordia y se negó a perdonar (v. 29).

4. Actuó egoísta y mundanamente, conforme a la letra de la ley (v. 30). El hombre realmente estaba en deuda con el siervo. La deuda era justa y legítima. El siervo tenía todo derecho de demandar y obligarlo a pagar. Eso era lo justo, pero nuevamente, recuerde lo que Cristo quería enseñar. El Rey, Dios, no actúa legalmente hacia nosotros, ejecutando justicia. En cambio tiene compasión y misericordia de nosotros y nos perdona, y borra todas nuestras deudas.

La pregunta es: ¿cuántas veces debemos perdonar a nuestro hermano? «Setenta veces siete», dijo Cristo. «Ten compasión y misericordia; no demandes justicia. No ejecutes la ley contra un hombre. No lo pisotees. No actúes cruelmente, tragándolo y destruyendo su espíritu. Amalo y perdónalo así como Dios te ha perdonado por amor a Cristo» (Ef. 4:32).

Pensamiento 1. Note lo que impulsó a este siervo a ir a la ley y demandar justicia: dinero. Tenía una mentalidad materialista y mundana. La deuda se debía, de manera que era una deuda real. Era el dinero lo que lo volvió egoísta. ¡Cuántas veces ocurre que el dinero, el materialismo y la mundanalidad destruyen a una persona!

Pensamiento 2. Note otro asunto. El hombre acababa de pasar una terrible experiencia, una experiencia que lo había llevado a las profundidades de la inseguridad. Tal vivencia necesariamente tenía que afectarlo. Después de esta experiencia se cuidaría de tener lo suficiente para si mismo y su familia. Hablando humanamente, tenía todo derecho a demandar el pago a sus deudores. Nadie objetaría su demanda a la luz de esta experiencia. Sin embargo, había algo objetable, algo que faltaba en su corazón y en su vida. Era duro; no escuchaba. Era calculador, sin comprensión. Era justo, no compasivo. Era legalista, carente de amor; todo lo opuesto a Dios. Dios es lleno de amor, compasión, misericordia y perdón; Dios espera que sus siervos sean como Él es.

5. Entristeció a los otros (v. 31). Note las palabras «se entristecieron muchos». Los verdaderos siervos de Dios siempre se entristecen viendo que la gente es maltratada, abusada y pisoteada. La crueldad y el mal trato de la gente siempre entristece al pueblo de Dios. Sufrimiento, dolor, y muerte lastiman el corazón del pueblo de Dios.

a. Sienten con los afligidos su sufrimiento, pena y dolor.

b. Sienten pena por el hombre justo pero pecador; pecador porque carece de misericordia y compasión. Su estricta justicia aumenta más y más los problemas, perturbaciones y opresión de la gente. El pueblo de Dios se valió de su único recurso; hicieron lo único que podían hacer. Llevaron el asunto a Dios.No podían mantenerse callados y permitir la opresión y el legalismo que destruiría un espíritu humano.

4 (18:32-34) ***Muerte—juicio—maldad:*** llegó el gran día de rendir cuentas. Es un día que espera en el futuro de toda persona. Se trata al mismo tiempo del llamado de la muerte como del llamado a comparecer ante Dios para ser juzgado. Es la muerte y el día de juicio lo que toda persona tiene que encarar (He. 9:26).

Note las dos bases para el juicio.

1. La primera base del juicio es el perdón de Dios. El perdón de Dios ha sido provisto en Cristo y siempre es accesible. Cristo es «la propiciación por nuestros pecados; y no solamente por los nuestros, sino también por los de todo el mundo» (1 Jn. 2:2).

«Porque de tal manera *amó* Dios *al mundo*, que ha dado a su Hijo unigénito, para que todo aquel que en él cree, no se pierda, mas tenga vida eterna ... El que en él cree, no es condenado; pero el que no cree, ya ha sido condenado, porque no ha creído en el nombre del unigénito Hijo de Dios» (Jn. 3:16, 18).

2. La segunda base para el juicio es la maldad del hombre. Es importante comprender lo que son la maldad y el pecado. Primordialmente, maldad y pecado, es «no alcanzar la gloria de Dios», no alcanzar lo que es Dios. Esto queda claramente ilustrado por este siervo malo (miembro de la iglesia). Era un hombre justo y legalmente correcto. Era un alto oficial en el gobierno y la política, servía bajo las órdenes directas del rey. Era totalmente respetado y honrado, un ciudadano sobresaliente, pero no era como Dios. No era compasivo y misericordioso, lleno de amor y perdón en su trato con otros. Hay dos grandes mandamientos que debe obedecer el siervo del Rey. Este siervo trató de obedecer el mandamiento primero: «Amarás al Señor tu Dios ... »; pero ignoró el segundo: «Y a tu prójimo como a ti mismo» (Mt. 22:39).

Expresado en forma muy sencilla, un hombre malo es un hombre que no cree honestamente en Dios ni trata con diligencia de vivir como Dios (He. 11:6). Es un hombre que no cree en la realidad de Dios; no cree al punto que ello cambie su vida. Su vida no tiene compasión, misericordia ni perdón. Por eso debe encarar el juicio del Rey y ser condenado.

> **«¿O menosprecias las riquezas de su benignidad, paciencia y longanimidad, ignorando que su benignidad te guía al arrepentimiento?» (Ro. 2:4).**

Note el juicio y la condenación que va a experimentar el hombre.

1. El hombre experimentará el enojo del Señor. Dos cosas son extremadamente detestables para Dios y encienden su enojo: no creer en Él, y no tener compasión y misericordia ni amor ni perdón para con los otros.

> **«Porque si pecáremos voluntariamente después de haber recibido el conocimiento de la verdad, ya no queda más sacrificio por los pecados, sino una horrenda expectación de juicio, y de hervor de fuego que ha de devorar a los adversarios» (He. 10:26-27).**
>
> **«Mas Jehová es el Dios verdadero; él es Dios vivo y Rey eterno; a su ira tiembla la tierra, y las naciones no pueden sufrir su indignación» (Jer. 10:10).**

2. El hombre experimentará justicia. Note dos cosas referidas a la justicia ejecutada.

   a. El siervo carente de misericordia recibió perfecta justicia. Recibió exactamente lo que le correspondía. Tuvo que *pagar*; fue castigado únicamente por lo que él debía, ni más ni menos. Recibió la pena exacta, el castigo exacto que le correspondía.
   b. El Rey, Dios, fue perfectamente justo. Meramente ejecutó la perfecta justicia. Ejecutó lo que el siervo mismo había escogido: el pago de la correspondiente deuda.

> **«Porque es justo delante de Dios pagar con tribulación a los que os atribulan» (2 Ts. 1:6).**
>
> **«Porque si la palabra dicha por medio de los ángeles fue firme, y toda transgresión y desobediencia recibió justa retribución, ¿cómo escaparemos nosotros, si descuidamos una salvación tan grande? La cual, habiendo sido anunciada primeramente por el Señor, nos fue confirmada por los que oyeron» (He. 2:2-3).**
>
> **«Así, pues, haré yo; mi ojo no perdonará, ni tendré misericordia; haré recaer el camino de ellos sobre sus propias cabezas» (Esd. 9:10).**
>
> **«Mas a aquellos cuyo corazón anda tras el deseo de sus idolatrías y de sus abominaciones, yo traigo su camino sobre sus propias cabezas, dice Jehová el Señor» (Esd. 11:21).**

5 (18:35) ***Juicio:*** El tema es este, la persona que no perdona será juzgada. Es un asunto claro y crucial. Crucial porque determina nuestra destino eterno. No solamente tenemos que perdonar, tenemos que vivir una vida de perdón y misericordia. Tenemos que desarrollar una naturaleza de perdón y compasión. De misericordia y amor hacia otros. Si no perdonamos de *todo nuestro corazón* Dios tampoco nos perdonará. Note tres cosas.

1. El perdón sale del corazón, de la nueva naturaleza obrada por Cristo.

2. Cristo dice «*Mi* Padre», *no* «*vuestro* Padre». Dios no era el Padre del siervo. El siervo no era un genuino seguidor de Dios. Solo lo era de palabra.

3. La persona que no perdona a otros no conoce el perdón de Dios. Es de tanta importancia tener un espíritu perdonador que Cristo lo enseñó una y otra vez.

> **«Bienaventurados los misericordiosos, porque ellos alcanzarán misericordia» (Mt. 5:7).**
>
> **«Pero yo os digo: amad a vuestros enemigos, bendecid a los que os maldicen, haced bien a los que os aborrecen, y orad por los que os ultrajan y os persiguen ... Sed, pues, vosotros perfectos, como vuestro Padre que está en los cielos es perfecto» (Mt. 5:44, 48; cp. Lc. 6:35-36).**
>
> **«Y perdónanos nuestras deudas, como también nosotros perdonamos a nuestros deudores .... Porque si perdonáis a los hombres sus ofensas, os perdonará también a vosotros vuestro Padre celestial mas si no perdonáis a los hombres sus ofensas, tampoco vuestro Padre os perdonará vuestras ofensas» (Mt. 6:12, 14-15).**
>
> **«Porque juicio sin misericordia se hará con aquel que no hiciere misericordia; y la misericordia triunfa sobre el juicio» (Stg. 2:13).**

1 Un contraste entre dos actitudes hacia Jesús
a. Jesús dejó Galilea y fue al Jordán
b. Actitud 1: buscar ayuda; las multitudes
c. Actitud 2: tentar y preguntar; los religiosos preguntando sobre el matrimonio
2 Creación de hombre y mujer

3 Creación de una nueva familia

4 Creación de un cuerpo[EF2]

a. Dios une los dos cuerpos en uno
b. El hombre no debe separar el cuerpo del matrimonio

5 la permanencia del matrimonio
a. El divorcio legal[EF3]
b. El divorcio era solamente una concesión
c. Corazones duros[EF4]
d. Dios nunca quiso el divorcio

6 Motivo que permite el divorcio: fornicación[EF5]

7 El matrimonio requiere poder sobrenatural
a. Los discípulos cuestionan la regla dura
b. Cristo replicó: sólo los creyentes pueden recibir esta verdad[EF6]

8 El supremo ideal del matrimonio: devoción total al reino de Dios

CAPÍTULO 19

XIII. LAS ENSEÑANZAS DEL MESÍAS EN EL CAMINO A JERUSALÉN, 19:1—20:34

A. La santidad del matrimonio,[EF1] 19:1-12
(cp. Mt. 5:31-32; Mr. 10:1-12; Lc. 16:18; 1 Co. 7:10-16)

Aconteció que cuando Jesús terminó estas palabras, se alejó de Galilea, y fue a las regiones de Judea al otro lado del Jordán.
2 Y le siguieron grandes multitudes, y los sanó allí.
3 Entonces vinieron a él los fariseos tentándole y diciéndole: ¿Es lícito al hombre repudiar a su mujer por cualquier causa?
4 El, respondiendo, les dijo: ¿No habéis leído que el que los hizo al principio, varón y hembra los hizo,
5 y dijo: Por esto el hombre dejará padre y madre, y se unirá a su mujer, y los dos serán una sola carne?
6 Así que no son ya dos, sino una sola carne; por tanto, lo que Dios juntó, no lo separe el hombre.
7 Le dijeron: ¿Por qué, pues, mandó Moisés dar carta de divorcio, y repudiarla?
8 El les dijo: Por la dureza de vuestro corazón Moisés os permitió repudiar a vuestras mujeres; mas al principio no fue así.
9 Y yo os digo que cualquiera que repudia a su mujer, salvo por causa de fornicación, y se casa con la otra, adultera; y el que se casa con la repudiada, adultera.
10 Le dijeron sus discípulos: Si así es la condición del hombre con su mujer, no conviene casarse.
11 Entonces él les dijo: No todos son capaces de recibir esto, sino aquellos a quienes es dado.
12 Pues hay eunucos que nacieron así del vientre de su madre, y hay eunucos que son hechos eunucos por los hombres, y hay eunucos que a sí mismos se hicieron eunucos por causa del reino de los cielos. El que sea capaz de recibir esto, que lo reciba.

XIII. LAS ENSEÑANZAS DEL MESÍAS EN EL CAMINO A JERUSALÉN, 19:1—20:34

A. La santidad del matrimonio, 19:1-12

(19:1-12) ***Introducción—matrimonio—divorcio:*** los interrogantes referidos al matrimonio y divorcio siempre son interrogantes candentes, extremadamente controversiales dentro de sociedades con gran influencia de la enseñanza cristiana. Las opiniones varían y las interpretaciones difieren. Siempre existe el concepto cerrado de que el divorcio nunca es admitido por Dios, no importa la crueldad y el daño que pueda existir. Y siempre existe el concepto más abierto según el cual el divorcio es admitido si la separación en la pareja no tiene reconciliación y es mayor el daño que el bien causado.

- El primero de los conceptos afirma que Cristo dio una exposición completa sobre matrimonio y divorcio; el segundo sostiene que Cristo dio lineamientos.
- El primero a veces trata el divorcio con una actitud que lo hace aparecer como el pecado imperdonable; el segundo a veces lo trata de modo que aparezca como el camino que le permite a la persona obrar según le plazca (desde fines egoísta de menor cuantía hasta placeres licenciosos).

En los días de Cristo las dos escuelas de pensamiento eran la Escuela de Shamai (conservadora) y la escuela de Hillel (liberal). (*Véase* Estudio a fondo 1—Mt. 19:1-12.) Como en toda generación había en cada escuela aquellos que no querían tener nada que ver con los de otra opinión. El concepto de que una persona es transformada por el compañerismo con sus pares.

Fue por estos sentimientos fuertes que los religiosos (fariseos) creyeron poder atrapar y desacreditar a Jesús. No importa lo que contestara, siempre habría un gran número de personas que diferirían con él, y, consecuentemente dejarían de brindarle apoyo a su ministerio. La persona de Jesús sería desacreditada y su ministerio destruido.

Note varias cosas.

1. Siempre hay una renuencia a expresar una opinión diferente a la que sostiene un gran número de personas. Compare, por ejemplo, el tema de la esclavitud, el fumar, comer en demasía,

bañarse ambos sexos juntos, apostar, jugar a las cartas, ir al cine, ver televisión y el divorcio.

2. Es un error no encarar los temas del matrimonio y divorcio, no importa cuán diferentes sean las opiniones y prácticas. ¿Por qué?

a. Siempre hay un gran número de personas divorciadas. Muchas de ellas necesitan ayuda, y la necesitan desesperadamente. La fe, esperanza, seguridad, y los hijos de ellos han sido drásticamente afectados. Si el pueblo de Dios no les abre su corazón se pierde una gran oportunidad de extensión hacia ellos para ayudarles a crecer en Cristo.

b. Siempre hay un gran número de matrimonios (tal vez la mayoría) que pasan por dificultades, algunos por dificultades graves. Dureza y crueldad, que va desde un suave apartamiento hasta el abuso físico, sencillamente van carcomiendo el compromiso matrimonial. A veces es el error de uno, a veces es de ambos. En ambos casos hay una gran necesidad. Nuevamente, si el pueblo de Dios no se extiende hacia ellos se pierde una gran oportunidad para Cristo.

Note lo que hizo Cristo: Habló y enseñó sobre el tema, un tema que en su día era tan controversial como en las generaciones posteriores. (*Véanse* también bosquejos y notas—Mt. 5:31-32; 1 Co. 1-7; 7:8-16.)

1. Trasfondo: un contraste entre dos actitudes hacia Jesús (vv.1-3).
2. Creación de hombre y mujer (v. 4).
3. Creación de una nueva familia (v. 5).
4. Creación de un cuerpo (vv. 5-6).
5 El ideal de la permanencia del matrimonio (vv. 7-8).
6. Motivo que permite el divorcio: fornicación (v. 9).
7. El matrimonio requiere poder sobrenatural (vv. 10-11).
8. El supremo ideal del matrimonio: devoción total al reino de Dios (v. 12).

ESTUDIO A FONDO 1

(19:1-12) *Matrimonio—divorcio—Shamai—Hillel:* los fariseos se acercaron a Jesús y lo tentaron diciendo: «¿Es lícito al hombre repudiar a su mujer por cualquier causa?»

Hay una historia detrás de esta pregunta. En el tiempo de Jesús la sociedad era de moralidad muy relajada. El matrimonio era considerado como nada más que un trozo de papel; si funcionaba bien, y si no, también. Uno siempre podía divorciarse (*véase* nota—Mt. 5:31).

Existían dos posiciones o escuelas de pensamiento en cuanto al divorcio. Moisés había dicho que un hombre podía divorciarse de su esposa si «no le agradare por haber hallado en ella alguna cosa indecente» (Dt. 24:1).

1. La escuela de Shamai decía que las palabras *alguna cosa indecente* se refería únicamente al adulterio. La mujer podía ser tan liberal y ordinaria como Jezabel, pero no se le podía dar carta de divorcio si no cometía adulterio.

2. La escuela de Hillel decía que las palabras *alguna cosa indecente* se referían a cualquier cosa que no le agradase al hombre. Hay que recordar que las mujeres eran consideradas como nada más que una *propiedad* poseída por los hombres. No tenían derecho alguno, excepto los que un hombre pudiera darle. Por supuesto, esta era la posición de la sociedad, porque era la posición que daba vía libre a la naturaleza humana. Se abusaba de las mujeres; se las usaba y descartaba, se las descuidaba y violaba. No eran más que una propiedad inmueble de los hombres, y con frecuencia se las consideraba inferiores a una propiedad, fuese de animales o cosas. Por eso el divorcio era un tema grave a los días de Cristo.

Los fariseos querían enredar a Jesús en la controversia existente entre conservadores (Shamai) y liberales (Hillel). Sencillamente le preguntaron si estaba de acuerdo con la escuela de Hillel: «¿Es lícito al hombre repudiar a su mujer por *cualquier* causa?» (v. 3). Cualquiera fuese la posición de Jesús con ella ofendería y exasperaría a un gran número de personas quedando enredado en una profunda controversia.

1 (19:1-3) *Divorcio:* hay dos actitudes hacia Jesús y el contraste entre las dos es agudo. Cristo viajaba por última vez a Jerusalén donde iba a ser muerto. No retornaría a Galilea sino después de su resurrección (Mt. 28:7).

Las mismas dos actitudes prevalecen en las generaciones posteriores. Están los que buscan sinceramente la ayuda de Cristo; y están los que siempre lo tientan y cuestionan, sacando toda ventaja posible del mundo y de la carne. Preguntan y preguntan, y a fuerza de preguntar logran crear inseguridad y duda en cuanto al bien al mal. Tienen la capacidad de vivir como les place.

Note la pregunta: «¿Es lícito al hombre repudiar a su mujer por *cualquier* causa?» La carne dice, sin que le importe la frivolidad —que habiendo disgusto, desagrado, algo desagradable— el divorcio es permitido. ¿Pero es realmente así? Eso es lo que Cristo está respondiendo.

2 (19:4) *Matrimonio—divorcio:* Cristo dijo que Dios los creó hombre y mujer: «Dios los hizo [Adán y Eva] hombre y mujer» (v. 4). No hizo machos y hembras como con los animales, sino que hizo un hombre y una mujer. Uno fue hecho para el otro. No fueron hechos para ningún otro, porque no había ningún otro.

> ***Pensamiento.*** La creación es la raíz del matrimonio. Un hombre para una mujer; una mujer para un hombre. No había nadie más que solamente Adán y Eva. No fue así con la creación de otros animales, que fueron creados *masivamente;* un gran número de ellos fue creado simultáneamente. Además, hay que agregar el hecho de que hombre y mujer fueron creados como seres espirituales: creados para propósitos mucho más altos. Puesto que no había otros semejantes a ellos, compartían sus propósitos en constante compañerismo con Dios.

3 (19:5) *Matrimonio—divorcio:* Cristo mencionó la creación de una nueva familia: «Por esto el hombre dejará padre y madre, y se unirá a su mujer» (v. 5). Un hombre se unirá a su mujer y creará una nueva familia, diferente a la familia de sus padres. Cristo dice *un hombre*, no hombres, y *su mujer*, no mujeres. Note que el hombre deja a su padre y madre. La unión entre marido y mujer tendrá prioridad sobre la unión entre padres e hijos. La unión de *unirse* es obrada por Dios, y designada por Dios. Por eso el matrimonio es una institución divina. Así como padres e hijos no deben divorciarse unos de otros, tampoco marido y mujer deben divorciarse.

> ***Pensamiento 1.*** Padre, madre e hijos comprenden una unidad, una familia. Sin embargo, Cristo dijo que padre y madre permanecen allí cuando el hijo se va. Y el hijo (hombre) se va para «unirse a su mujer». No hay un mínimo pensamiento, ni un vestigio de se separación en esta afirmación. Es incuestionablemente una afirmación del propósito de Dios para padre, madre y el hijo. La estructura de la familia es el medio con el cual el hombre debe ejecutar el propósito de Dios en la tierra. Divorcio, la rotura de la estructura familiar, no es el propósito de Dios. La estructura de una familia, padre, madre e hijos, es el propósito de Dios.
>
> ***Pensamiento 2.*** Note que Cristo dijo que la relación entre padre y madre debe ser más estrecha e íntima, más prolongada y duradera que aquella que hay entre padres e hijos. Viene el día cuando el hijo (hombre) deja a los padres, y estos quedan solos, en *compañía el uno del otro.* Esto dice mucho tanto al esposo como a la esposa. No deben descuidar su vida juntos, porque viene el día cuando

queden totalmente solos teniendo únicamente la compañía *el uno del otro.*

4 (19:5-6) ***Matrimonio—divorcio:*** Cristo habló de la creación de un cuerpo: «El hombre ... se unirá a su propia mujer y los dos serán una sola carne» (v. 5). Los dos se funden en una persona. El hombre y la mujer se unen el uno al otro «así que no son ya más dos, sino una sola carne». ¿Qué los convierte en una sola carne? *Unirse.* Son un cuerpo, una carne, una persona. No se unen a dos o tres o cuatro personas, sino que se unen exclusivamente uno al otro.

Cristo dice que un matrimonio unido por Dios no debe ser separado por el hombre. «El hombre ... se unirá a su mujer, ... así que [uniéndose] no son ya más dos, sino una sola carne [unida por Dios]; por tanto, lo que Dios juntó, no lo separe el hombre» (vv. 5-6).

Los temas son claros.

a. Al unirse el esposo a su mujer ambos son juntados por Dios.
b. Nadie debe separar lo que Dios junta. Ni el esposo, ni la esposa, ni ninguna otra persona debe ponerse entre los dos y causar separación.

«Dijo entonces Adán: Esto es ahora hueso de mis huesos y carne de mi carne; ésta será llamada Varona, porque del varón fue tomada. Por tanto, dejará el hombre a su padre y a su madre, y se unirá a su mujer, y serán una sola carne» (Gn. 2:23-24).

«Sea bendito tu manantial, y alégrate con la mujer de tu juventud» (Pr. 5:18).

«Goza de la vida con la mujer que amas, todos los días de la vida de tu vanidad que te son dados debajo del sol, todos los días de tu vanidad; porque esta es tu parte en la vida, y en tu trabajo con que te afanas debajo del sol» (Ec. 9:9).

«Maridos, amad a vuestras mujeres, así como Cristo amó a la iglesia, y se entregó a sí mismo por ella» (Ef. 5:25).

«Vosotros, maridos, igualmente vivid con ellas sabiamente, dando honor a la mujer como a vaso más frágil, y como a coherederas de la gracia de la vida, para que vuestras oraciones no tengan estorbo» (1 P. 3:7).

Pensamiento 1. Note algo de crucial importancia. Con *unirse* Cristo no se refiere a lo que muchas veces es considerado o graficado, no significa asirse de una mujer mediante un contrato civil, ni abrazar, ni tener una unión sexual.

Note las palabras ...

- «se unirá»
- «una carne»
- «lo que Dios juntó»

Los cónyuges que son *obedientes* a Cristo *uniéndose* mutuamente en todo su ser y vida, no solamente en lo físico, sino también espiritualmente, son los que se vuelven una carne. Ellos son los que Dios junta. Un contrato civil no ata a las personas, ni el abrazo ni el sexo. Solamente Dios puede unir una pareja *espiritualmente*, y Dios lo hace cuando la pareja es obediente a Él. Dios recompensa y bendice la obediencia, no la desobediencia.

Pensamiento 2. Note como el poder de Dios se infunde en la pareja que le obedece. Él hace que su unión los ate tan estrechamente que en adelante son como una persona.

Pensamiento 3. Note un tema significativo «No son ya más dos, sino una sola carne». «Porque nadie aborreció jamás su propia carne, sino que la sustenta y la cuida;» no la separa de sí (Ef. 5:29).

ESTUDIO A FONDO 2

(19:5) ***Unirse*** (*kollao; proskollao*): unir fuertemente; adherir una cosa con otra; ser unido en la unión más estrecha posible; ser atados; ser tan absolutamente unidos que los dos se vuelven uno. Por eso, unirse significa una unión espiritual. Es una unión superior y más fuerte que la unión de padre e hijo. Es una unión que significa más que vivir juntos, más que tener sexo y producir retoños. Los animales lo hacen. Es una unión que solamente puede ser obrada por Dios (v. 11). Es una unión espiritual que coloca al hombre encima del plano físico de los animales. Es una plenitud espiritual, un compartir juntos la vida de manera espiritual; una dedicación, consagración, una plenitud, satisfacción, que convierte a una persona en posesión exclusiva del cónyuge. Tal unión, o unión espiritual, solamente es obrada por Dios. Tanto el esposo como la esposa tienen que estar dispuestos y recíprocamente sometidos para que Dios produzca tal unión en sus vidas. «Someteos unos a otros en el temor [confianza] de Dios» (Ef. 5:21; *véanse* bosquejos y notas—Ef. 5:22-23).

En un verdadero matrimonio hay tres uniones, esto es en un matrimonio que *realmente está unido* y realmente *es juntado* por Dios (Mt. 19:6).

1. La unión física. El compartir mutuamente el cuerpo (1 Co. 7:2-5). Pero note, la unión física no puede alcanzar su plenitud máxima si no se la experimenta siendo consciente de las cálidas y tiernas misericordias de Dios (Ef. 5:25-33).
2. La unión mental. El compartir uno la vida, los sueños, y las esperanzas del otro y el trabajar juntos para lograr esos sueños y esperanzas. Es importante notar que esta unión todavía trata exclusivamente con el mundo físico y material
3. La unión espiritual. El compartir y fundirse y moldear uno el espíritu del otro (*véase* Ef. 5:25-33). Esto solo puede ser obrado por Dios. Por eso, tiene que haber un compartir juntos con Dios para que haya un *alimentar y fortalecer* del espíritu.

Ahora, este es el punto crucial, lo más grande en el mundo es conocer personalmente a Dios y estar totalmente seguro que viviremos ahora y eternamente para tener vida abundante con todo el amor, significado, sentido y propósito que humanamente sea posible. Pero un hombre y una mujer no pueden experimentar la vida abundante a partir de sí mismos y por sus propios medios. Solamente pueden nutrir la mente, unirse mental y físicamente. Para estar espiritualmente unidos la pareja tiene que compartir a Dios, tiene que compartir su gracia salvadora. Cuando una pareja comparte a Dios día tras día, Dios obra en forma sobrenatural en el espíritu de ellos, *fundiendo* y *moldeando* el ser de ellos en lo que Él llama *una carne.* Se vuelven realmente como *una persona.* Esto es lo que quiere decir «lo que Dios ha juntado». La palabra griega para «juntar» (*sunzeugen*) realmente significa *unir bajo yugo.* Es Dios quien pone el yugo, Dios une, Dios ata a la pareja en una unión espiritual que los convierte en una persona.

Una pareja que está espiritualmente unida hace dos cosas muy prácticas.

1. Ambos miembros de la pareja «se someten uno al otro en el temor de Dios» (Ef. 5:21). Se someten, rinden, entregan, sacrifican, se dan a sí mismos el uno al otro viviendo día tras día en el temor (confianza) de Dios. Día tras día parten deliberadamente a nutrir y alegrar al otro, así como el Señor nutre y alegra a la iglesia (Ef. 5:29). Se esfuerzan por llegar a ser parte el uno del otro y lo hacen tan deliberadamente que procuran llegar a ser uno parte del cuerpo del otro, uno, carne del otro, uno los huesos del otro (Ef. 5:30). Procuran ser unidos «como una carne» sin importar la sumisión y sacrificio que ello requiera. La unión del uno con el otro es operada por Dios. Dios toma ese deliberado propósito y esa conducta, ese fundir el uno su ser en

el otro, y hace que la carne del uno sea la carne del otro a tal extremo que los dos realmente se vuelven como uno, no solo física y mentalmente, sino también espiritualmente.

2. La pareja comparte la presencia de Dios y su gracia salvadora. Como resultado Dios les da una seguridad espiritual y una fuerza que comparten a lo largo de la vida. Comparten el conocimiento y la confianza ...

- de que Dios cuidará y se ocupará de ellos ahora y siempre.
- que Dios los llevará a través de las pruebas devastadoras de la vida que tantas veces confrontan a todo ser humano.
- que Dios los bendecirá con todo lo que sea necesario al transitar juntos por la vida.
- que Dios les dará una entrada abundante en el eterno reino del Señor Jesucristo por siempre y siempre.

Nuevamente, el tema central es este, Dios toma esa clase deliberada de compartir las cosas espirituales y funde y moldea al hombre y a la mujer en *una carne*, espiritualmente, al extremo que realmente se vuelven uno. Un hombre y una mujer unidos espiritualmente por Dios como una persona, eso es lo que quiere decir unirse. Unirse uno al otro en el Espíritu de Dios, eso es el verdadero matrimonio, el glorioso don de Dios.

5 (19:7-8) ***Matrimonio—divorcio:*** el ideal de la permanencia matrimonial. Los fariseos habían atrapado a Jesús, al menos eso pensaban. Jesús les había dado cuatro razones por las que no debía haber divorcio. Ahora estaba contradiciendo a Moisés. Según el concepto de ellos Moisés les había dado un mandamiento permitiendo el divorcio (v.7). Jesús dice tres cosas acerca del matrimonio ideal.

> **«El les dijo: Por la dureza [pecaminosidad] de vuestro corazón Moisés os permitió [les concedió, les permitió] repudiar a vuestras mujeres; *mas* al principio [Adán y Eva] no fue así [no fue la intención ni el propósito de Dios]» (v. 8).**

1. Moisés hizo una concesión.
2. El motivo: el corazón duro, pecaminoso del hombre.
3. El divorcio nunca fue la voluntad ni el propósito de Dios.

Pensamiento. Note tres hechos importantes.

1) La voluntad de Dios para el matrimonio era la permanencia. El divorcio era permitido bajo Moisés, pero no era la voluntad de Dios. Era pecado, lejos de la voluntad y del propósito de Dios.
2) Como causa para el divorcio se menciona la *dureza del corazón*, una acusación muy grave.
3) La unión del matrimonio no es obrada por la ley natural sino por Dios. El matrimonio no es una ley de la naturaleza, inherente al hombre. No es algo que opera por naturaleza, algo que sencillamente ocurre porque dos personas acuerdan vivir juntas y firman un contrato civil. Toda verdadera unión o matrimonio que es unido por Dios es una bendición, un don de Dios. Un don que es dado porque la pareja es obediente a Dios. *Bajo Dios* viven, el uno en y por el otro (reconociendo a Dios en todas las cosas), tal como Él dice que vivan («unidos»). Por eso Dios los bendice uniéndolos con la más íntima unión espiritual.

Merece ser repetido: el matrimonio no es una ley natural; no es una ley de la naturaleza; es una ley espiritual que opera únicamente si cada cónyuge anda en el Espíritu.

ESTUDIO A FONDO 3

(19:7) ***Referencias del Antiguo Testamento:*** cp. Dt. 24:1-4.

ESTUDIO A FONDO 4

(19:8) ***Dureza del corazón—matrimonio:*** muchas personas viven juntas, dentro y fuera del matrimonio, personas que no han sido unidas por Dios. Como dijo Jesús: «No todos son capaces de recibir esto» (*véase* nota—Mt. 19:11). El mundo está corrompido; todos son frágiles, egoístas y pecaminosos. A muchos se les endurece el corazón; y muchos, debido a su corazón duro, *desean* silenciosa o elocuentemente, divorciarse. Algunos lo hacen.

¿Qué causa la dureza del corazón?

1. Muchos no han recibido a Dios en sus vida y en su matrimonio (Jn. 1:12; Ap. 3:20); por eso, Dios y su poder son extraños, desconocidos para ellos (Ef. 3:20).

2. Algunos no se *unen* (*véase* Estudio a fondo 2—Mt. 19:5). Uno o ambos corazones son duros hacia el otro. Orgullo, heridas y barrera tras barrera han crecido entre ellos. Por eso, uno o ambos se apartan y tiene poco que ver con el otro, evitando en todo posible el contacto y las relaciones diarias.

3. Algunos creen que unirse solamente significa sexo. Muchos erran pensando que la unión física es la única faceta de unión en el matrimonio. El sexo es importante, por supuesto, como toda pareja bienavenida sabe. Pero cuando pasa la novedad de la experiencia y cuando la vida se vuelve responsabilidad, tiene que haber más que unión física para evitar las barreras y la dureza del corazón. La faceta singular la constituye Dios, no el sexo (Mt. 19:11; *véanse* bosquejos y Estudio a fondo 2—Mt. 19:5; Ef. 5:22-24; 5:25-33).

4. Muchos viven vidas puramente humanistas. No tienen más de lo que tienen los animales; viven juntos, están unidos físicamente tienen hijos, se protegen y proveen el uno para el otro. Pero eso es todo. Espiritualmente no están vivos; no han recibido a Dios en sus vidas ni en su matrimonio. Tienen *corazones duros* o no tienen *corazón* para Dios. Por eso, algunos viven en un plano en nada superior al de algunos animales, y otros no tienen el orden y el respeto por los otros que tienen algunos animales en sus tribus.

¿Cómo prevenimos la dureza del corazón y el divorcio? Hay cuatro cosas esenciales, muy básicas.

1. «Las casadas estén *sujetas* a sus propios maridos, como al Señor; porque el marido es cabeza de la mujer, así como Cristo es cabeza de la iglesia, la cual es su cuerpo, y él es su Salvador. Así que, como la iglesia está sujeta a Cristo, así también las casadas lo estén a sus maridos en todo» (Ef. 5:22-24).

2. «Maridos, *amad* a vuestras mujeres, así como Cristo amó a la iglesia, y se entregó a sí mismo por ella ... Así también los maridos deben amar a sus mujeres como a sus mismos cuerpos, el que *ama* a su mujer, a sí mismo se ama. Porque nadie aborreció jamás su propia carne, sino que la sustenta y la cuida, como también Cristo a la iglesia» (Ef. 5:25, 28-29).

3. «Por lo demás, cada uno de vosotros ame también a su mujer como a sí mismo; y la mujer respete a su marido» (Ef. 5:33).

4. «Antes sed benignos unos con otros, misericordiosos, perdonándoos unos a otros, como Dios también os perdonó en Cristo» (Ef. 4:32).

6 (19:9) ***Matrimonio—divorcio:*** hay una excusa para el divorcio: fornicación. Cristo dice: «Y yo os digo que cualquiera que repudia a su mujer, salvo por causa de fornicación, y se casa con la otra, adultera ... » (v. 9).

- Existe un motivo claro para el divorcio: adulterio.
- El que se casa de nuevo comete adulterio.

Antes que Cristo llegara al mundo, el adulterio se castigaba con la pena de muerte. Desde que vino Cristo, la pena ha sido cambiada. El divorcio mismo será el castigo, no la muerte (¡Qué impacto ha hecho este cambio legal en las sociedades del pasado! ¡Cuán necesario es en algunas partes del mundo aun hoy! Compasión es la respuesta al pecado, no enojo e ira.)

Note la importancia y gran estima que Cristo asigna al sexo dentro del matrimonio. Es una experiencia tan íntima y significativa e importante que el hecho de violarla, es excusa para el divorcio. Note, sin embargo, Cristo no dice que el divorcio debe realizarse obligatoriamente. Solamente es *permitido*. Si la pareja ha vivido en él y ha sido bendecida por él y el cónyuge traicionado no puede aceptar emocionalmente la infidelidad, el divorcio está permitido. Pero si el cónyuge ofendido puede perdonar, si él o ella pueden controlarse emocionalmente y tener suficiente perdón para perdonar, entonces el cónyuge debe perdonar.

> **«Por tanto, dejará el hombre a su padre y a su madre, y se unirá a su mujer, y serán una sola carne» (Gn. 2:24).**
>
> **«Oísteis que fue dicho: No cometerás adulterio. Pero yo os digo que cualquiera que mira a una mujer para codiciarla, ya adulteró con ella en su corazón» (Mt. 5:27-28).**
>
> **«Pero yo os digo que el que repudia a su mujer, a no ser por causa de fornicación, hace que ella adultere; y el que se casa con la repudiada, comete adulterio» (Mt. 5:32).**
>
> **«Por tanto, lo que Dios juntó, no lo separe el hombre» (Mr. 10:9).**
>
> **«Porque la mujer casada está sujeta por ley al marido mientras éste viva; pero si el marido muere, ella queda libre de la ley del marido. Así que, si en vida del marido se uniere a otro varón, será llamada adúltera; pero si su marido muriere, es libre de esa ley, de tal manera que si se uniere a otro marido, no será adúltera» (Ro. 7:2-3).**
>
> **«¿No sabéis que los injustos no heredarán el reino de Dios? No erréis; ni los *fornicarios*, ni los idólatras, ni los *adúlteros*, ni los afeminados, ni los que se echan con varones» (1 Co. 6:9).**
>
> **«Pero a los que están unidos en matrimonio, mando, no yo, sino el Señor: Que la mujer no se separe del marido» (1 Co. 7:10).**
>
> **«Recibiendo el galardón de su injusticia, ya que tienen por delicia el gozar de deleites cada día. Estos son inmundicias y manchas, quienes aun mientras comen con vosotros, se recrean en sus errores» (2 P. 2:13-14).**

ESTUDIO A FONDO 5

(19:9) ***Fornicación—adulterio:*** aquí la persona, especialmente el cristiano tiene que pensar en el significado del adulterio. Adulterio es apartarse de un cónyuge para volverse a otra persona. Muchas personas jamás pensarían en apartarse de su cónyuge hacia un tercero, pero son rápidos y dispuestos para volverse al ego y hacia otras cosas. Como dijo Dios de la nación Israel: «Ella vio que por haber fornicado la rebelde Israel, yo la había despedido y dado carta de repudio» (Jer. 3:8). Muchas personas han hecho como Israel. Se rehusaron a rendirse a Dios. Vivieron en un estado de rebeldía, y día tras día se apartaron más de su cónyuge y en muchos casos de sus hijos.

Día tras día la persona puede mostrarse al cónyuge e hijos ...

- con dureza y conducta desagradable.
- incisivo y con crueldad mental.
- negligente y descuidado.
- abusando de ellos físicamente y amenazando sus vidas.
- apartándose y separándose deliberadamente.

Y, a la verdad, muchos viven de esa forma egoísta.

- Algunos son crueles; otros sádicos.
- Algunos critican o son sarcásticos, aun otros son *demónicos e infernales*.
- Algunos se abusan mentalmente, otros físicamente, *aun* al extremo del homicidio no imaginable de cónyuge e hijos.

Solo Dios conoce la verdad de un matrimonio. Un esposo o esposa puede usar su personalidad para mostrar una fachada al mundo. Pero en el interior del corazón puede haber tal dureza hacia el cónyuge, tal indisposición a unirse realmente, que Dios sencillamente no puede juntarlos en una carne. La dureza sencillamente hace naufragar el matrimonio. Hace naufragar al matrimonio impulsando a la persona a apartarse y separarse de su cónyuge. Si el uno no está con el otro, entonces están separados, no unidos. No puede haber unión si no hay *dos* personas juntas; y, como se dijo antes, la unión es bendición y don de Dios. La unión solo es posible en la medida en que cada uno permita que Dios «los junte».

7 (19:10-11) ***Matrimonio:*** para el matrimonio se requiere poder sobrenatural. Los discípulos quedaron impactados cuando Jesús dijo que el divorcio no es voluntad de Dios. «Mas al principio [Adán y Eva] no fue así», es decir, no fue esa la intención de Dios (v. 8). Entonces los discípulos exclamaron: «No conviene casarse», puede uno quedar atrapado de esa manera.

«Entonces él [Jesús] les dijo: No todos son capaces de recibir esto, sino aquellos a quienes es dado» (v. 11); es decir, solamente un poder dado por Dios puede hacer que el matrimonio sea lo que debe ser de modo que la persona no quiera salir de él. Es preciso que Dios esté en el centro del matrimonio. Dios ha unido a los dos. (*Véanse* bosquejo y notas—Ef. 5:22-24; 5:25-33.)

> ***Pensamiento 1.*** Los hombres se rebelan ante lo estricto que es Cristo con el matrimonio. Los discípulos se rebelaron al extremo de decir que era mejor no casarse. Pero note: ellos, como tanto, no habían captado lo que Cristo estaba diciendo. El matrimonio tiene que ser una unión espiritual obrada por Dios. Debe ser una unión tan preciosa, tierna, cálida, de sostén, sentido, y significado, una unión pocas veces conocida incluso entre creyentes.
>
> ***Pensamiento 2.*** ¿Cuántos pueden *unirse* verdaderamente, sometiéndose totalmente (100%, no 50-50)? ¿Cuántos pueden amar realmente al otro como a sí mismos? No todos pueden recibir este dicho. Solamente los que pueden rendirse al otro, *bajo Dios*, pueden recibir un verdadero matrimonio, un auténtico juntarse proveniente de Dios. No es cuestión de no casarse, es cuestión de obedecer a Dios y vivir como él quiere.
>
> ***Pensamiento 3.*** Se requiere la *muerte del ego* en el matrimonio para que haya *unión* y *una sola carne*. Pero también están las bendiciones de *una nueva vida*, la gloria y emoción de dos personas viviendo como *una carne* juntos durante toda la vida.

ESTUDIO A FONDO 6

(19:11) ***Matrimonio, factores esenciales:*** «no todos pueden recibir esto». ¿Recibir qué?

1. La afirmación de que un hombre y su esposa «se unirán». Deben estar (1) totalmente unidos como *una carne*: «Así no son ya más dos, sino una sola carne» (vv. 5-6).
2. La afirmación de que es Dios, y solamente Dios, quien puede *juntar* al hombre y a su esposa (v. 6; cp. Estudio a fondo 2—Mt. 19:5).

Estas dos cosas, unirse y Dios mismo, son los factores esenciales para un verdadero matrimonio. Muchas personas viven juntas pero se rehusan a *unirse*, y se niegan a que Dios los junte. No están dispuestas a unirse, ni están dispuestas a permitir que Dios los haga como *una sola carne*. No permiten que Dios los junte.

(Note que el hombre y la mujer solo pueden unirse y juntarse físicamente. Para una unión meramente física no se necesita a Dios. Si una pareja de personas casadas quiere algo más que la unión física, tiene que volverse a Dios. Solamente Él puede «juntarlos» como una pareja espiritual.

8 (19:12). ***Matrimonio—eunucos:*** el supremo ideal del matrimonio—devoción total al reino de Dios. El ideal más alto para un hombre es la concentración total en Dios y en su Reino (cp. 1 Co. 7:1ss). Esto es así esté la persona casada o no. Cristo no estaba desacreditando el matrimonio, ni estaba diciendo que el estado del no casado es preferible al del casado. Simplemente estaba respondiendo a la pregunta de sus discípulos indicando que «algunos hombres han escogido no casarse prefiriendo ser eunucos. Algunos han nacido eunucos; otros son esclavos hechos eunucos; y aun hay otros que se consagran exclusivamente al reino de los cielos.» Luego dijo exactamente lo mismo del versículo 11: «El que sea capaz de recibir esto [ser un eunuco], que lo reciba». Cristo habló en primer término a los casados; luego, respondiendo a los discípulos habló a los no casados.

- A los casados les dijo que Dios tenía que estar en la vida de una persona para tener un verdadero matrimonio, para unirse y ser juntado al cónyuge (*véase* Estudio a fondo 6—Mt. 19:11).
- A los no casados les dijo que era preciso ser un eunuco para dedicar la vida al reino de los cielos (v. 12).

Pensamiento 1. Algunos pueden vivir más para Dios permaneciendo solteros. Por eso deberían dedicarse a permanecer solteros (*véase* nota—1 Co. 7:1).

Pensamiento 2. Algunos escogen permanecer solteros para tener la libertad de vivir vidas lujuriosas y sensuales. En otros pasajes Cristo trata los pecados sexuales. Aquí no los condona con el hecho de aprobar la vida de soltero. El estado de soltero debe ser escogido para el propósito de servir a Dios con mayor diligencia, y solamente con ese propósito debe ser escogido.

	B. La aceptación de niños, 19:13-15 (Mr. 10:13-15; Lc. 18:15-17)
1 Trajeron niños a Jesús **2 Padres trajeron sus hijos** **3 Los discípulos reprendieron a los padres** **4 Jesús reprendió a aquellos que rechazaron a los niños** a. Recibió a los niños b. Dijo que el reino es de los niños c. Tocó a los niños	13 Entonces le fueron presentados unos niños, para que pusiese las manos sobre ellos, y orase; y los discípulos les reprendieron. 14 Pero Jesús dijo: Dejad a los niños venir a mí, y no se lo impidáis; porque de los tales es el reino de los cielos. 15 Y habiendo puesto sobre ellos las manos, se fue de allí.

B. La aceptación de niños, 19:13-15

(19:13-15) ***Introducción:*** los niños son muy queridos para Dios. En tiempos de Jesús la gente consideraba insignificantes a los niños y carentes de importancia. Es esto lo que Jesús estaba combatiendo en la presenta experiencia. Los niños son tan importantes para Dios como cualquier otra persona, y no deben ser rechazados o desalentados de venir a Dios. Deben ser bienvenidos y aceptados con brazos abiertos.

1. Trajeron niños a Jesús para que los toque y ore por ellos (v. 13).
2. Padres preocupados y con fe trajeron sus hijos (v. 13).
3. Los discípulos reprendieron a los padres: Jesús, demasiado ocupado (v. 13).
4. Jesús reprendió a aquellos que rechazaron a los niños (vv. 14-15).

1 (19:13) ***Niños—padres:*** trajeron niños a Jesús para que los toque y ore por ellos. Note cuatro hechos acerca de los niños.

1. Los niños eran tan pequeños que tuvieron que ser traídos a Jesús. Lucas también los llama niños (Lc. 18:15).

2. Los niños fueron traídos para que Jesús los toque y orase por ellos. Ese era el propósito por el cual fueron traídos. La imposición de manos era un símbolo de bendición y dedicación especial (Gn. 48:14; Nm. 27:23). Demostraba fe en Dios, en su amor y poder para bendecir. Por eso, la imposición de manos en momentos especiales siempre ha sido muy significativa para el pueblo de Dios.

3. Los niños fueron traídos a pesar de la amenazante oposición. En este momento particular Jesús era grandemente atacado por la oposición de los religiosos y de los líderes políticos. Intentaban matar a Jesús (Mt. 12:14; *véanse* nota—Mt. 12:7; Estudio a fondo 1—12:10). Los padres lo sabían, pero de todos modos querían que Jesús bendiga a sus hijos. Su bendición era tan importante para esos padres que trajeron a los hijos a pesar del peligro.

> **«Y los hijos de ellos que no supieron, oigan, y aprendan a temer a Jehová vuestro Dios todos los días que viviereis sobre la tierra adonde vais, pasando el Jordán, para tomar posesión de ella» (Dt. 31:13).**

4. Los niños eran demasiado pequeños para comprender lo que estaba ocurriendo. Nada sabían de la importancia de ser bendecidos por Cristo, pero la edad de ellos no tuvo importancia. De todas maneras fueron traídos a Jesús.

> **«Y vosotros, padres, no provoquéis a ira a vuestros hijos, sino criadlos en disciplina y amonestación del Señor» (Ef. 6:4).**
>
> **«Y las repetirás a tus hijos, y hablarás de ellas estando en tu casa, y andando por el camino, y al acostarte, y cuando te levantes» (Dt. 6:7).**
>
> **«Instruye al niño en su camino, y aun cuando fuere viejo no se apartará de él» (Pr. 22:6).**

Pensamiento 1. Piense en los niños que no fueron traídos a Cristo. El resultado es trágico; nunca conocerán a Cristo, la vida y seguridad que él da al corazón humano.

Pensamiento 2. Son innumerables los beneficios de traer los niños a Cristo. A continuación figuran algunos de los más importantes.

1) Un niño traído a Cristo crece aprendiendo el amor; sabiendo que es amado por Dios y por quienes confían en Dios. Va madurando año tras año sabiendo que a pesar de lo mal que actúan algunas personas, él debe amar incluso a los que hacen mal. Aprende que debe ayudar a sembrar la semilla del amor sobre la tierra.
2) Un niño traído a Cristo crece aprendiendo del poder y de la victoria; sabiendo que Dios ayudará a sus seguidores en todas las circunstancias; que hay un poder sobrenatural disponible para ayudar, un poder para ayudar cuando mamá y papá y los seres queridos han hecho todo cuanto podían.
3) Un niño que es traído a Cristo crece aprendiendo de la esperanza y de la fe; que pase lo que pase, no importan cuán grandes sean las pruebas, todavía podemos confiar en Dios y esperar en Él. Dios ha provisto una fuerza muy especial para sostenernos a través de las pruebas de esta vida (no importa cuan dolorosas). Dios ha provisto un lugar muy especial llamado cielo al que nos llevará y al que llevará a nuestros seres queridos cuando encaramos la muerte.
4) Un niño traído a Cristo crece aprendiendo la verdad de la vida, aprendiendo paciencia (servicio); aprendiendo que Dios nos ha dado el privilegio de la vida y de vivir en una tierra y en un universo hermoso; que el mal y la maldad que existen en el mundo son causados por personas malvadas; que a pesar de ese mal debemos servir apreciando la vida y la hermosura de la tierra sobre la cual Dios nos ha colocado. Debemos trabajar, y trabajar diligentemente, haciendo la mayor contribución que podamos.
5) Un niño que es traído a Cristo aprende a confiar y perseverar; aprende que la vida está llena de tentaciones y errores que fácilmente pueden

despojarnos del gozo y destruir nuestra vidas y el cumplimiento de nuestros propósitos; que la forma de escapar a las tentaciones y los errores es seguir a Cristo y perseverar en nuestra obra y propósito.

6) Un niño que es traído a Cristo crece aprendiendo la paz; que hay una paz interior a pesar de las aguas turbulentas de este mundo; esa paz es conocer y confiar en Cristo.

2 (19:13) ***Padre—hijos:*** los padres se preocupaban por sus hijos y creían que Jesús podía ayudarles. Por eso trajeron sus hijos a Jesús. Note tres hechos acerca de los padres.

1. Los padres se preocuparon suficientemente por sus hijos para desear lo mejor para ellos. Jesucristo afirmaba ser el Mesías, el Hijo mismo de Dios; en consecuencia querían que sus hijos fuesen bendecidos por él y no por los líderes religiosos comunes.

2. Los padres creían en Jesús, en su amor y poder para bendecir. Creían que la bendición de Jesús era significativa para sus hijos, muy, muy significativa. También creían que Él se preocupaba y amaba suficientemente a los niños para bendecirlos.

3. La preocupación de los padres por sus hijos era intensa y persistente. Trajeron sus hijos a pesar de la fuerte oposición religiosa y a pesar de ser reprendidos públicamente por los discípulos (*véanse* nota—Mt.12:7; nota y Estudio a fondo 1—12:10). No dieron media vuelta para alejarse. Estaban decididos a que sus hijos fuesen bendecidos por Jesús.

Pensamiento 1. La vida es dada por Dios, de modo que los hijos pertenecen a Dios. En un sentido muy especial los hijos son *propiedad que Dios confía* al cuidado de los padres durante un breve tiempo. Los padres son los *guardianes* de la propiedad de Dios, de la pequeña vida que Dios les ha dado. Los padres son responsables de cuidar lo suficiente para confiar en el poder y la bendición de Dios para sus hijos.

Pensamiento 2. Los niños deben ser presentados a Dios como «sacrificios vivientes» para su cuidado y sus propósitos.

> **«Así que, hermanos, os ruego por las misericordias de Dios, que presentéis vuestros cuerpos en sacrificio vivo, santo, agradable a Dios, que es vuestro culto racional. No os conforméis a este siglo, sino transformaos por medio de la renovación de vuestro entendimiento, para que comprobéis cuál sea la buena voluntad de Dios, agradable y perfecta» (Ro. 12:1-2).**

Pensamiento 3. La mayoría de los padres tienen *verdadero amor de padres* para sus hijos. El mayor don de amor que pueden mostrar a sus hijos es traerlos a Cristo. También deben procurar traer a otros niños a Cristo.

Pensamiento 4. Hay varias razones por las que los padres no traen sus hijos a Cristo.

1) Algunos padres (tanto en zonas civilizadas como menos civilizadas) no son conscientes del único y verdadero Dios viviente. Por eso son ciegos; sencillamente no saben. Los cristianos han fallado en llevar el evangelio a todo el mundo.

2) Algunos padres han escuchado la verdad pero han rechazado a Cristo. Son agnósticos o ateos, o aman al mundo y las cosas del mundo más que las buenas nuevas del Dios viviente que da vida eterna. No se preocupan por nada que no sea el confort del ego y los beneficios de este mundo.

3) Algunos padres creen, al menos mentalmente, pero son complacientes y quedados. No están suficientemente preocupados para hacer el esfuerzo de venir a Cristo y de traer a sus hijos a Cristo.

4) Algunos padres son creyentes, pero desafortunadamente son inmaduros e inconsistentes en sus vidas religiosas. Sus propias vidas de cristianos y su adoración son débiles y descuidados, a veces van bien, a veces mal. De esa manera enseñan a sus hijos que Cristo realmente no es tan importante.

5) Algunos son de pensamiento liberal. No quieren ejercer influencia ni moldear espiritualmente el pensamiento a sus hijos. Quieren que hagan sus propias decisiones. Están dispuestos a enseñarles qué comidas comer, y qué libros leer, todo aquello que les enseñe a cuidarse físicamente, pero el cuidado espiritual lo dejan hasta que sean adultos.

Pensamiento 5. Hay dos grandes errores que cometen los padres que no traen sus hijos a Cristo.

1) Todo padre que no trae su hijo a Cristo está siguiendo una falsa filosofía de la vida y de la realidad.

> **«Pero sin fe es imposible agradar a Dios; porque es necesario que el que se acerca a Dios crea que le hay, y que es galardonador de los que le buscan» (He. 11:6).**
>
> **«Jesús le dijo: Yo soy el camino, y la verdad, y la vida; nadie viene al Padre, sino por mí» (Jn. 14:6).**
>
> **«Porque hay un solo Dios, y un solo mediador entre Dios y los hombres, Jesucristo hombre» (1 Ti. 2:5).**

2) La mente de un niño es moldeada por aquellos con quienes se asocia. Su mente es moldeada, o bien de manera liberal e inmoral, o bien de manera disciplinada y moral. Si la mente del niño no es moldeada por *padres piadosos*, será moldeada por el mundo y sus caminos egoístas y corruptos.

3 (19:13) ***Padres—discípulos:*** los discípulos reprendieron a los padres. Note varios hechos referidos a los discípulos.

1. Los discípulos creían conocer el pensamiento de Cristo. Eran hombres buenos, y eran líderes entre los seguidores de Cristo, Pero no conocían la mente de Cristo, al menos no en este caso. No entendían plenamente los caminos de Dios, pero actuaban como si lo entendieran. Estaban decidiendo quiénes podrían acercarse y ser bendecidos por Cristo.

2. Los discípulos reprendieron a los padres por traer los niños a Jesús. Hay varios motivos posibles que explican esa conducta.

a. El orgullo frívolo de los padres respecto de sus hijos. Los discípulos pueden haber pensado que los padres sencillamente querían deshacerse de sus hijos;que Jesús se hiciera cargo de ellos.

b. Un entendimiento erróneo de la importancia de los niños. Los discípulos pueden haber pensado que los niños sencillamente no eran suficientemente importantes o significativos para merecer la atención de una persona tan importante como Jesús. Jesús estaba demasiado ocupado, y su obra era demasiado importante para ser interrumpido por quienes en realidad no lo necesitaban.

c. Un concepto inmaduro de la bendición y el poder de Dios. Reprendiendo a los padres los discípulos mostraron definidamente ser culpables de esta deficiencia. Para ellos la bendición y oración por pequeños niños no era suficientemente importante para merecer la atención de Jesús. No podían entender cómo niñitos, que todavía no tenían suficiente edad para creer, podrían recibir algún beneficio del hecho de ser bendecidos por Cristo.

Pensamiento 1. Hay dos actitudes hacia los niños que son graves errores; ambas suelen ser adoptadas tanto por padres como por la sociedad.

1) La actitud de no dar a los niños la misma importancia que a los adultos. Por eso, con frecuencia son descuidados, pasados por alto, apartados sin recibir mucha atención o enseñanza. Por supuesto, ello conduce a una personalidad *inhibida*, débil, tímida y con un sentido de inferioridad. Decir que los niños son tan importantes como los adultos no significa darles los mismos derechos. Darles los mismos derechos sería ser indulgentes y atentos a los caprichos del niño. En cambio, tratarlos como personas es reconocerlos como *personas reales* con necesidades y derechos, las necesidades y los derechos de un niño, no de un adulto.
2) La actitud de dar rienda suelta a los niños permitiéndoles desarrollar sus propios deseos, necesidades, anhelos y personalidades. Se cree que hay que imponerles pocas restricciones o ninguna. Deben tener lo que desean sin que les cueste nada. Por supuesto, esa actitud conduce a la indulgencia, a la admisión de caprichos y a una personalidad egoísta. (*Véase* nota—Ef. 6:4.)

Pensamiento 2. Las preguntas de los niños acerca de Jesús con frecuencia son ignoradas o contestadas sin reflexión alguna. Se los considera demasiado jóvenes o carentes de importancia para merecer mucho de nuestro tiempo. Jamás alguien debe ser impedido de venir a Cristo, no importa quien sea.

Pensamiento 3. Demasiadas *personas importantes* son inaccesibles a las personas pequeñas y menos importantes del mundo. Se cree que el tiempo de la persona *importante* es demasiado valioso. En esto hay algo de verdad. Muchos de los menos importantes podrían dominar el tiempo de los más importantes al extremo que los más importantes ya no tendrían tiempo para funcionar. Pero la demanda de los importantes de no ser molestados es una demanda egoísta y pecaminosa.

4 (19:14-15) ***Niños:*** Jesús amonestó a quienes detuvieron y rechazaron a los niños. Note varias cosas acerca de Jesús.

1. Jesús amonestó a quienes detuvieron y rechazaron a los niños. Dijo que tal acción era equivocada. No debemos detener a los niños de venir a Él. Al contrario, debemos traerle los niños. Él es Dios, y siendo Dios es providencial, Él hace su voluntad. Por eso, es Él quien determina a quién va a bendecir. Nadie toma decisiones por Él. No importa cuán tierna sea la edad ni la falta de entendimiento, los niños no deben ser impedidos de venir a Él. Ningún obstáculo debe ser puesto en el camino de ellos.

2. Jesús llamó y recibió a los niños. Los niños son bienvenidos, aun siendo tan pequeños que tengan que ser traídos. Los niños pueden ser demasiado pequeños para entender, pero Cristo es suficientemente grande para bendecirlos y ocuparse de que la bendición dure por toda la eternidad. Después de todo, Él es Dios; como Dios es omnipotente, todopoderoso, capaz de ejecutar su poder y su voluntad. Los niños de ninguna manera serán rechazados por Él.

3. Jesús dijo que el reino de los cielos es de los niños. Estaba diciendo dos cosas.
   a. Los niños son ciudadanos de su reino, al menos hasta que sus mentes sean suficientemente maduras para escoger o rechazar a Dios personalmente. Generalmente esa edad es denominada la *edad de la responsabilidad.*
   b. Los niños tienen los rasgos requeridos para entrar al cielo (*véanse* bosquejo y notas—Mt. 18:3. Este pasaje ayudará en gran manera a entender lo que Cristo está diciendo).

4. Cristo tocó a los niños. No se dejó influir por las objeciones. Prosiguió y bendijo a los niños. Aquí hay una gran verdad que con frecuencia pasamos por alto. No se trata tanto de que vengamos y toquemos a Dios, sino que él venga y nos toque. No se trata tanto de que nosotros captemos cómo es Dios, sino que nosotros seamos captados por Él (Fil. 3:12-13).

> **«Mas a todos los que le recibieron, a los que creen en su nombre, les dio potestad de ser hechos hijos de Dios; los cuales no son engendrados de sangre, ni de voluntad de carne, ni de voluntad de varón, sino de Dios» (Jn. 1:12-13).**

La bendición de Dios no depende tanto de cuán racionales y capaces seamos nosotros, como de su propósito y voluntad. Dios puede escoger y tocar a quien Él quiere, y Él demuestra, más allá de toda duda, que escoge tocar y bendecir los niños que le son traídos.

> **«Pero Jesús dijo: Dejad a los niños venir a mí, y no se lo impidáis; porque de los tales es el reino de los cielos» (Mt. 19:14).**
>
> **«Como saetas en mano del valiente, así son los hijos habidos en la juventud. Bienaventurado el hombre que llenó su aljaba de ellos; no será avergonzado cuando hablare con los enemigos en la puerta» (Sal. 127:4-5).**
>
> **«Tu mujer será como vid que lleva fruto a los lados de tu casa; tus hijos como plantas de olivo alrededor de tu mesa» (Sal. 128:3).**
>
> **«Corona de los viejos son los nietos, y la honra de sus hijos, sus padres» (Pr. 17:6).**

Pensamiento. Jesús nunca se rehusó a recibir una persona. No...

- debemos ser demasiado importantes para recibir a la gente.
- no debemos estar demasiado ocupados o cansados para recibir a la gente.
- no debemos pensar que una persona es demasiado joven o vieja para ser recibida.
- no debemos ser inaccesibles para la gente.

1 **Paso 1: busca la vida eterna**[EF2] a. Acércate a Cristo b. Confiesa tu necesidad 2 **Paso 2: aprende que sólo Dios es bueno** a. El hombre es *bueno* b. Sólo Dios es bueno 3 **Paso 3: guarda los mandamientos**	**C. El joven rico: cómo entra un rico en el reino de los cielos,**[EF1] **19:16-22** (Mr. 10:17-22; Lc.18:18-23; cp. Lc. 10:25-37) 16 Entonces vino uno y le dijo: maestro bueno, ¿qué bien haré para tener la vida eterna? 17 El le dijo: ¿Por qué me llamas bueno? Ninguno hay bueno sino uno: Dios. Mas si quieres entrar en la vida, guarda los mandamientos. 18 Le dijo: ¿Cuáles? Y Jesús dijo: No matarás, No	adulterarás. No hurtarás. No dirás falso testimonio. 19 Honra a tu padre y a tu madre; y, amarás a tu prójimo como a ti mismo. 20 El joven le dijo: todo esto lo he guardado desde mi juventud. ¿Qué más me falta? 21 Jesús le dijo: Si quieres ser perfecto, anda, vende lo que tienes, y dalo a los pobres, y tendrás tesoro en el cielo; y ven y sígueme. 22 Oyendo el joven esta palabra, se fue triste porque, tenía muchas posesiones.	a. Los mandamientos referidos al prójimo; algo esp. necesario para los gobernadores y ricos del mundo. b. Concepto errado de la ley de Dios: un trágico sentirse justo uno mismo 4 **Paso 4: entrega todo a Cristo** a. Resultado: Recibimos el cielo y tesoros en el cielo b. Rechazo 1) Incredulidad, v. 17 2) Orgullo, v. 20 3) Amor al mundo, v. 21

C. El joven rico: cómo entra un rico en el reino de los cielos, 19:16-22

(19:16-22) ***Introducción:*** muchas veces ha parecido asombrosa esta forma de Jesús de acercarse al joven. Hay tres motivos para la perplejidad.

1. El joven llamó a Cristo «maestro bueno», pero Cristo negó que fuese bueno. ¿Cómo puede Cristo, que afirmaba ser Dios, negar que fuese *bueno*?
2. El joven preguntó cómo recibir la vida eterna. Cristo no habló de creer, en cambio dijo al joven que guarde ciertas leyes.
3. El tercer motivo de perplejidad es impactante. Cristo dijo al joven que vendiera cuanto tiene y lo diera a los pobres *para* recibir vida eterna. Enseguida surge la pregunta, ¿realmente demanda Cristo que una persona entregue todo lo que *tiene* para ser salva?

Estos son tres asuntos asombrosos. Sin embargo, cuando estudiamos el pasaje y comprendemos lo que estaba ocurriendo, se desvanece el asombro. Cristo llevó al joven, paso a paso, por el camino necesario para recibir la vida eterna.

1. Paso 1: busca la vida eterna (v. 16).
2. Paso 2: aprende que sólo Dios es bueno (v. 17).
3. Paso 3: guarda los mandamientos (vv. 18-20).
4. Paso 4. entrega cuanto eres y tienes a Cristo (vv. 21-22).

ESTUDIO A FONDO 1

(19:16-22) ***Jóvenes:*** este hombre es conocido como el «joven rico». Se lo llama así por el cuadro que reflejan los tres evangelios.

- Era rico (Mt. 19:22; Mr. 10:22; Lc. 18:23).
- Era joven (Mt. 19:20).
- Era un principal (Lc. 18:18).

Era un joven raro entre los *jóvenes* de su día. Era consciente, responsable, digno de confianza, a tal punto que ya había sido puesto en una posición de responsabilidad; ya era un principal [gobernante].

1 (19:16) ***Vida eterna:*** el primer paso para entrar al reino de Dios es buscar la vida eterna. El joven rico mostró cómo debemos buscar la vida eterna. Hizo exactamente lo que tenemos que hacer nosotros si queremos algo, buscarlo. Debemos buscar la vida eterna así como la buscó el joven rico, pero en la búsqueda hay que dar un paso esencial: debemos ir a la *fuente* correcta. Es precisamente lo que hizo el joven rico: (1) Se acercó a Cristo, la fuente de vida eterna; y (2) preguntó, es decir, confesó su necesidad.

Note dos cosas acerca del joven rico en su búsqueda de vida eterna.

1. Creía en la existencia de la vida eterna. Creía que había vida en otro mundo, y fue sincero y diligente (tal vez desesperado) para recibirla. Vino «corriendo e hincando la rodilla delante de él» (Mr. 10:17).
2. Hizo algo llamativo. Confesó abiertamente su profunda preocupación por la vida eterna. *Pocos ricos* confesarían abiertamente una preocupación como él, y *pocos jóvenes* lo considerarían suficientemente importante a esa edad de sus vidas. A este joven le faltaba algo, tenía una necesidad y lo sabía, y la reconoció abiertamente. Estaba buscando paz interior y un sentido de tener todo, una satisfacción que su riqueza y su posición no le habían dado.

Pensamiento. Note que una persona no se asegura la vida eterna; la recibe. Y ...

1) Uno no recibe la vida eterna hasta no buscarla.

«Para que busquen a Dios, si en alguna manera, palpando, puedan hallarle, aunque ciertamente no está lejos de cada uno de nosotros» (Hch. 17:27).

«Buscad a Jehová y su poder; buscad su rostro continuamente» (1 Cr. 16:11).

«Cercano está Jehová a los quebrantados de corazón; y salva a los contritos de espíritu» (Sal. 34:18).

«Ten misericordia de mí, oh Dios, ten misericordias de mí; porque en ti ha confiado mi alma, y en la sombra de tus alas me ampararé hasta que pasen los quebrantos» (Sal. 57:1).

«Buscad a Jehová y su poder; buscad siempre su rostro» (Sal. 105:4).

«Cercano está Jehová a todos los que le invocan, a todos los que le invocan de veras» (Sal. 145:18).

«Buscad a Jehová mientras pueda ser hallado, llamadle en tanto que está cercano» (Is. 55:6).

2) La persona no recibe vida eterna hasta no acercarse a Cristo, fuente de la vida.

«Venid a mí todos los que estáis trabajados y cargados, y yo os haré descansar» (Mt. 11:28).

«Y el Espíritu y la Esposa dicen: Ven. Y el que oye, diga: Ven. Y el que tiene sed, venga: y el que quiera tome del agua de la vida gratuitamente» (Ap. 22:17).

«Venid luego, dice Jehová, y estemos a cuenta: si vuestros pecados fueren como la grana,

como la nieve serán emblanquecidos; si fueren rojos como el carmesí, vendrán a ser como blanca lana» (Is. 1:18).

«A todos los sedientos: Venid a las aguas; y los que no tienen dinero, venid, comprad y comed. Venid, comprad sin dinero y sin precio, vino y leche» (Is. 55:1).

3) El hombre no recibe vida eterna hasta no confesar su necesidad.

«A cualquiera, pues, que me confiese delante de los hombres, yo también le confesaré delante de mi Padre que está en los cielos» (Mt. 10:32).

«Os digo que todo aquel que me confesare delante de los hombres, también el Hijo del Hombre le confesará delante de los ángeles de Dios» (Lc. 12:8).

«Que si confesares con tu boca que Jesucristo es el Señor, y creyeres en tu corazón que Dios le levantó de los muertos, serás salvo» (Ro. 10:9).

«Todo aquel que niega al Hijo, tampoco tiene al Padre. El que confiesa al Hijo, tiene también al Padre» (1 Jn. 2:23).

«Todo aquel que confiese que Jesús es el Hijo de Dios, Dios permanece en él, y él en Dios» (1 Jn. 4:15).

ESTUDIO A FONDO 2

(19:16) ***Vida eterna:*** note las diferentes palabras que en este pasaje se usan en forma intercambiable. (*Véanse* también Estudio a fondo 3—Mt.19:23-24; Estudio a fondo 1—Jn.17:2-3; cp. Estudio a fondo 2—Jn.1:4; Estudio a fondo 1—10:10.)

- *Vida eterna*: «Para tener la *vida eterna*» (v. 16).
- *Vida*: «Si quieres *entrar en la vida*» (v. 17).
- *Cielo*: «Tendrás tesoro en el *cielo*» (v. 21).

El tratamiento que Jesús le dio a los temas de la vida eterna, la vida y el cielo es significativo. En esencia estaba diciendo tres cosas.

1. Está haciendo una distinción entre vivir y existir. Recibir vida eterna es *entrar* a la vida; es vivir realmente como uno debe vivir; vivir como Dios quiso que la vida fuese vivida; vivir en pleno amor, gozo, y paz (Gá. 5:22-23). Estaba diciendo lo que la Escritura proclama una y otra vez, es decir, que el hombre sin Cristo no tiene vida (Ef. 2:1; 1 Jn. 5:12).

2. Estaba enseñando la existencia eterna. El hombre no deja de ser; su existencia continúa y continúa. La única pregunta es: ¿continúa en un estado de vida, viviendo eternamente, o de muerte, estando separado de Dios eternamente? Recibir la vida eterna significa que el hombre «*entra* en la vida», una continuación de la vida. Permanecer en el estado en que se encuentra significa que la persona simplemente sigue existiendo, es decir, existiendo en un estado de muerte, sin Dios en este mundo y existiendo sin vida eterna (*véase* Estudio a fondo 1—He. 9:27).

3. Estaba enseñando que el cielo es otro mundo, un mundo real en otra dimensión de la existencia, en una dimensión eterna. Es totalmente diferente a la dimensión física y temporal de este mundo. Note que habrá «tesoro *en el cielo*», tesoro eterno, por el hecho de seguir a Cristo.

2 (19:17) Hombre, concepto errado del: el segundo paso para entrar al reino de Dios es saber que solamente Dios es bueno. El joven rico falló en cuanto a un punto esencial, vivía una vida de justicia propia. No sabía que la única persona buena era Dios y solamente Dios. Esto fue lo que Cristo le estaba diciendo. El joven rico tenía un concepto equivocado de la naturaleza del hombre, y veía a Cristo como a un mero hombre. El joven pensaba que el hombre podía ser bueno.

1. Llamó a Jesús: «Maestro bueno». Con ello quiso decir «buen maestro, buen Rabbi», reconociendo que Jesús era una persona honorable, digna de ser estimada en gran manera. Pero veía a Jesús *únicamente* como un maestro altamente considerado. No lo consideraba como el Hijo de Dios. Percibía a Jesús como un mero hombre, no como Dios. Pensaba que Jesús era un hombre que había logrado una excelencia moral *inusual* y que mediante ella había llegado a ser un «buen maestro», en condiciones de enseñar las verdades de Dios y de la vida.

2. Preguntó: «¿Qué *bien* haré?» Tenía una religión de obras, no de fe. Creía que podía asegurarse la vida eterna mediante buenas obras. Si solamente pudiera guardar alguna gran regla y vivir una vida limpia, entonces Dios lo aceptaría. Creía que su conducta moral y sus buenas obras equilibraban sus cuentas haciéndolo aceptable ante Dios.

Cristo tuvo que corregir estos dos errores. Intentó hacerlo formulando dos preguntas precisas. «¿Por qué me llamas bueno? Ninguno hay bueno sino uno: Dios». Le estaba diciendo: «solamente Dios es bueno. No hay hombre bueno, no comparado a Dios, ni siquiera suficientemente bueno para presentarse en justicia delante de Dios. *Si yo no soy más que un hombre* un buen maestro, entonces no soy *bueno* y no tengo las palabras de vida eterna. *Pero si yo soy Dios*, entonces puedes decirme bueno, y entonces tengo las palabras de vida eterna.»

Note dos cosas.

1. Cristo le dijo al joven cómo entrar a la vida, cómo recibir vida eterna. Por eso Cristo estaba afirmando ser Dios.

2. Cristo estaba corrigiendo al joven. Con palabras vigorosas le preguntó: «¿Por qué me llamas bueno? Ninguno hay bueno sino uno: Dios». Cristo no quería que el hombre pensara de Él como de un mero hombre, por más prominente maestro que fuese en su concepto. Cristo era Dios, el propio Hijo de Dios, y debía ser llamado Hijo de Dios. Por eso, Cristo intentó guiar al joven a que reconociera que Jesús era Dios. Era la única forma en que el joven podía llegar a recibir vida eterna.

«Porque de tal manera amó Dios al mundo, que ha dado a su Hijo unigénito, para que todo aquel que en él cree, no se pierda, mas tenga vida eterna» (Jn. 3:16).

«Jesús le dijo: Yo soy el camino, y la verdad, y la vida; nadie viene al Padre, sino por mí. Si me conocieseis, también a mi Padre conoceríais; y desde ahora le conocéis, y le habéis visto» (Jn. 14:6-7).

«Que si confesares con tu boca que Jesús es el Señor, y creyeres en tu corazón que Dios le levantó de los muertos, serás salvo. Porque con el corazón se cree para justicia, pero con la boca se confiesa para salvación» (Ro. 10:9-10).

«Porque todo aquel que invocare el nombre del Señor, será salvo» (Ro. 10:13).

«Porque hay un solo Dios, y un solo mediador entre Dios y los hombres, Jesucristo hombre» (1 Ti. 2:5).

Pensamiento. La gran equivocación en el concepto referido al hombre es pensar que el hombres es *bueno*; que en su esencia y en su naturaleza original el hombre es bueno; que el hombre ...

- puede ser suficientemente bueno para merecer la aprobación de Dios.
- puede hacer suficientes *obras buenas* para presentarse aceptable delante de Dios.

Hay al menos dos errores básicos en la posición de justicia propia.

1) La justicia propia rebaja a Dios, hace a Dios menos que perfecto. Afirma que Dios aceptará algo inferior a lo perfecto. Prácticamente eleva al hombre a la estatura de Dios. En efecto, teórica y matemáticamente si podemos mejorar, alcanzar mayor bondad, entonces podemos esforzarnos hasta alcanzar la perfección. Ello diría que podemos llegar a ser tan perfectos como Dios, que nosotros mismos podemos

llegar a ser dioses. Por supuesto, tales teorías y posiciones son necias. No alcanzan a captar la realidad del mundo. La presencia del mal y de la muerte, y la necesidad de ser transformados en nuevas criaturas capaces de vivir eterna y perfectamente.

2) La justicia propia contamina con mal e imperfección el entorno de Dios. No importa cuanto bien hagamos, no podemos hacernos perfectos. El pecado y el mal siempre están en nuestro interior y en nuestras raíces. Si Dios nos acepta como pecadores y malos y equivocados, nos presentaríamos imperfectos ante Él y contaminaríamos el suelo y la atmósfera que le rodean. El cielo quedaría contaminado y despojado de su perfección. El cielo ya no sería cielo, ya no sería perfecto, libre de pecado.

Tiene que haber un cambio, un cambio completo y cabal de nuestro ser; una transformación, un nuevo nacimiento, antes que podamos entrar a la presencia de Dios. Visto con realismo ninguna persona ni cosa puede transformar al hombre de manera que su cuerpo sea perfecto y su obras solamente buenas. Ningún hombre tiene, ni nunca tendrá, el poder de perfeccionar su cuerpo y su conducta de modo de vivir perfecta y eternamente. En nuestros cuerpos actuales no alcanzamos la gloria de Dios, y morimos (Ro. 3:23; 5:12; 6:23).

Si vamos a ser transformados, Dios mismo tiene que hacerlo, y tendrá que hacerlo basado en puro y perfecto amor. Simplemente tendrá que amarnos tanto que por ese amor nos transforme. Y la gloriosa buena nueva es que nos ama tanto. Nos ama tanto ...

- que dio a su único Hijo para que pague la penalidad de nuestros pecados, que es muerte (1 P. 2:24). Por supuesto esto significa que si la pena ha sido pagada, nosotros ya no tenemos que morir.)
- que entregó a su único Hijo para mostrarnos su gran amor y hacernos creer en su amor (Jn. 5:24. Por supuesto, esto significa, que si creemos, Dios nos aceptará y transformará.)

Pensamiento 2. Solamente Dios es *perfectamente bueno*. Es la fuente, el patrón, el ideal de toda bondad. Toda bondad será medida por Él.

El problema con el joven rico es que no había pensado con suficiente profundidad. Su pensamiento era superficial. ¿Cómo creía que alguna vez haría lo suficiente para ser aceptable delante de Dios? ¿Acaso es tan bajo Dios? Si fuera así, si Dios fuera menos perfecto, entonces cómo podría ser Dios?

Pensamiento 3. La justicia propia (una persona que piensa poder ser suficientemente buena y hacer suficiente bien para ser aceptada por Dios) comete una terrible falta. Hace que el amor de Dios sea menos que perfecto. ¿Cómo?

La persona que anda en justicia propia diluye el amor de Dios; hace que el amor de Dios sea menos que perfecto y niega a Dios el derecho de expresar su amor de manera perfecta.

- Un amor perfecto tiene que expresarse de manera perfecta; desde la altura de su perfección tiene que descender a la mayor profundidad de imperfección y darse a sí mismo a esa imperfección. Un amor perfecto se extiende desde la suprema altura a la profundidad más abyecta. Y la profundidad más abyecta de imperfección que existe es el hombre, un ser que (entre todas las cosas) se rebela contra Dios y vive una vida de voluntad propia en vez de vivir una vida centrada en Dios. (Imagínese la terrible escena: un ser, un hombre, rebelándose contra el Dios del universo, el Creador y Señor de todas las cosas.)

Esto es exactamente lo que Dios hizo por el hombre. Se extendió desde su suprema altura y entregó a su único Hijo, al ser supremo y más perfecto, al hombre que había alcanzado la profundidad más abyecta al rebelarse contra Dios (Jn. 3:16; 2 Co. 5:21; 1 P. 2:24).

Pensamiento 4. El joven rico falló en dos aspectos.

1) Falló en captar la realidad de la naturaleza del hombre y el hecho de un mundo imperfecto (Ro. 3:10-20).
2) Falló en comprender que Cristo era más que un gran hombre, que un buen hombre (*véase* nota—Mt. 19:17).

3 (19:18-20) ***Ley—mandamiento—hermandad:*** el tercer paso para entrar al reino de Dio es guardar los mandamientos. Cuando Cristo hubo llevado al joven rico a creer en Él como Dios, faltaba llevarlo a amar a su prójimo. Esta también era una debilidad crucial del hombre. Debido a su bajo concepto de Dios y su incorrecto entendimiento de la naturaleza del hombre, afirmaría haber amado a su prójimo; haber guardado los mandamientos referidos al prójimo. Pero Cristo le demostraría que no era así, al menos no como debía ser. Había guardado los mandamientos de manera superficial. No los había guardado *interiormente*, no en su espíritu. No había amado a su prójimo de corazón. De lo contrario le habría ayudado más, mucho más (cp. vv. 21-22).

Cristo le dijo muy simplemente al joven rico: «Guarda los mandamientos». El joven preguntó: «¿Cuáles?» Preguntando esto el hombre revelaba un concepto inadecuado de la ley de Dios. Creía que algunos eran más importantes que otros. Quería saber cuáles le darían la vida.

Entonces Cristo tocó el verdadero problema del hombre. El hombre no amaba a su prójimo como a sí mismo, de modo que Cristo citó cinco de los diez mandamientos, los que tienen que ver con su deber hacia el prójimo (Éx. 20:12-16).

1. Homicidio: referido a la vida de nuestro prójimo.
2. Adulterio: referido a la castidad y pureza de nuestro prójimo. El adulterio tiene dos consecuencias.
   - Se apodera del cuerpo de nuestro prójimo, y entrega el propio cuerpo a un tercero.
   - Se apodera del cuerpo del cónyuge de nuestro prójimo, y quita nuestro propio cuerpo de nuestro cónyuge.
3. Hurto: referido a la propiedad de nuestro prójimo.
4. Falso testimonio: referido al nombre y la reputación de nuestro prójimo y al entendimiento de la verdad.
5. Honrar a los padres: referido a nuestro deber con nuestro prójimo más cercano, nuestra propia familia.

Note que Cristo resumió a los cinco mandamiento diciendo: «Amarás a tu prójimo como a ti mismo» (Lv. 19:18). Esto es lo que Santiago llamó la «ley real» (Stg. 2:8). La persona que ama a sus prójimo tendrá excelentes relaciones con todos y experimentará gozo, y paz, o sea la vida abundante. Experimentará exactamente lo que Cristo dice: «Entrará a la vida».

El hombre hizo la fenomenal afirmación de haber guardado la totalidad de los cinco mandamientos que Cristo mencionó. Por supuesto, como ocurre con todos los hombres, no los había guardado, no perfectamente, ni a los ojos de Dios, no en el espíritu en que Dios quiere que sean guardados. No fue suficientemente generoso con otros, no dio ni ayudó como debía haberlo hecho. Cristo estuvo listo para demostrárselo.

En esencia, Cristo le dijo: Guárda los mandamientos.

1. Guárda los mandamientos referidos a tu prójimo; aquellos que los gobernadores y ricos del mundo necesitan guardar de manera

especial, los mandamientos que tantas veces son mal entendidos o ignorados por los gobernantes y ricos.

2. Sin embargo, el joven rico malinterpretó la ley de Dios; tenía un trágico sentido de justicia propia.

a. Pensaba que algunos mandamientos eran más importantes que otros.
b. Pensaba que el hombre puede guardar los mandamientos y saldar sus cuentas con Dios, asegurándose la aceptación de Dios.

«Todo aquel que cree que Jesús es el Cristo, es nacido de Dios; y todo aquel que ama al que engendró, ama también al que ha sido engendrado por él. En esto conocemos que amamos a los hijos de Dios, cuando amamos a Dios, y guardamos sus mandamientos» (1 Jn. 5:1-2).

Pensamiento 1. Note dos hechos extremadamente importantes.

1) Lo primero que Jesús le dijo al joven rico *fue* el mismo mandamiento de Dios.

«Y este es su mandamiento: Que creamos en el nombre de su Hijo Jesucristo, y *nos amemos unos a otros* como nos lo ha mandado» (1 Jn. 3:23).

2) Cristo resumió la ley en dos mandamientos. El primero tiene que ver con nuestro amor a Dios, el cual resume los primeros cinco mandamientos, y el segundo es el que resume al segundo grupo de mandamientos, es el que Cristo citó aquí al joven rico.

«Amarás a tu prójimo como a ti mismo» (Mt. 22:39).

Pensamiento 2. Note que precisamente los mandamientos citados por Cristo son los mandamientos que necesitan los ricos, los poderosos, los famosos y los sabios. Son los mandamientos tantas veces ignorados, pasados por alto y negados por los que triunfan. En efecto, el triunfador a veces sube pisando sobre su prójimo a efectos de asegurarse lo que busca.

4 (19:21-22) ***Negarse a sí mismo:*** el cuarto paso para entrar el reino de Dios es dar cuanto uno es y tiene y tener a Cristo. Cristo sabía exactamente lo que el joven necesitaba. Esto lo mostraba su rechazo hacia Cristo. Estaba acumulando riqueza en vez de distribuirla. Dios le había dado para que pudiera tener qué dar a otros (Ef. 4:28), pero estaba fallando en amar y ayudar a su prójimo; estaba lejos de hacer lo que debía hacer.

Lo que el joven rico necesitaba era precisamente lo que Cristo decía: «Si quieres ser perfecto [es decir, realmente guardar los mandamientos y recibir el cielo] entonces demuestra públicamente a todos y sin lugar a dudas que amas a tu prójimo: ve y vende *todo* lo que tienes, y dalo a los pobres ... y ven y sígueme ...»

En nuestra lucha por proteger la gloriosa verdad de que el hombre es salvo por gracia y solamente por gracia, con frecuencia olvidamos otra gran verdad: *seguir* a Cristo es servir y ministrar a nuestro prójimo. Seguir a Cristo es *negar completamente el ego, todo lo que somos y todo lo que tenemos* (*véase* Estudio a fondo 1—Lc. 9:23). Cuando amamos a nuestro prójimo como a nosotros mismos, mostramos que realmente amamos a Dios. Si no amamos y ministramos a nuestro prójimo (encima del propio ego) entonces no amamos a Dios.

Cuando negamos al ego dando todo lo que somos y tenemos (1 Jn.4:20), y solamente entonces, recibimos el cielo y los tesoros del cielo. Negar el ego, dar *todo lo que somos y tenemos*, son palabras duras; pero es lo que Cristo demanda. Nuestros intentos de atenuar la demanda no lo anula (*véanse* Estudio a fondo 1—Lc. 9:23; Estudio a fondo 1—Ro. 3:3).

Por tres motivos el joven rico rechazó a Cristo.

1. Incredulidad: no estaba dispuesto a confiar su vida a Cristo. En cierta medida no creía que realmente era el propio Hijo de Dios quien estaba frente suyo.

2. Justicia propia y orgullo; su concepto de la religión era guardar mandamientos y hacer el bien para asegurarse la aceptación de Dios. Creía tener el poder y la bondad de hacer que Dios lo apruebe y acepte.

3. Amor al mundo; era rico y no estaba dispuesto a renunciar al confort y a las posesiones que había obtenido. Cometió el error fatal que cometen tantas personas con la riqueza el poder y la fama.

a. Amaba más las cosas del mundo que a la gente. Prefería acumular y vivir en extravagancia, prefería vivir *suntuosa* y confortablemente antes que ayudar a aquellos que estaban tan desesperadamente necesitados: los hambrientos, sedientos, pobres, enfermos,sufrientes, huérfanos, viudas, viudos, vacíos, solitarios y perdidos.
b. Amaba más las cosas del mundo que la esperanza de la vida eterna.
c. Amaba la posición, y el reconocimiento y la estima y el poder de la tierra más que a Cristo.

«Entonces Pedro comenzó a decirle: He aquí, nosotros lo hemos dejado todo, y te hemos seguido» (Mr. 10:28).

«Si alguno quiere venir en pos de mí, niéguese a sí mismo, tome su cruz cada día, y sígame» (Lc. 9:23).

«Si alguno viene a mí, y no aborrece a su padre, y madre, y mujer, e hijos, y hermanos, y hermanas, y aun también su propia vida, no puede ser mi discípulo. Y el que no lleva su cruz y viene en pos de mí, no puede ser mi discípulo» (Lc. 14:26-27).

«Así pues, cualquiera de vosotros que no renuncia a todo lo que posee, no puede ser mi discípulo» (Lc. 14:33).

1 **El hecho: la riqueza aparta a la persona del reino de los cielos**[EF1,2,3] a. Crea gran «yo», vv. 16, 20 b. Se acumula bienes, v.21 c. Se apega al mundo, v.22 2 **La gran dificultad ilustrada: es más fácil para un camello pasar**	**D. El peligro de las riquezas, 19:23-26** (Mr. 10:23-27; Lc. 18:24-27) 23 Entonces Jesús dijo a sus discípulos: De cierto os digo, que difícilmente entrará un rico en el reino de los cielo. 24 Otra vez os digo, que es más fácil pasar un camello por el ojo de una	aguja, que entrar un rico en el reino de Dios. 25 Sus discípulos oyendo esto, se asombraron en gran manera, diciendo: ¿Quién, pues, podrá ser salvo? 26 Y mirándolos, les dijo: Para los hombres esto es imposible; mas para Dios todo es posible.	**por el ojo de una aguja que para un rico entrar al reino de Dios.** 3 **El impacto: ¿quién se salva si la riqueza no es bendición de Dios, una bendición de justicia?** 4 **La única esperanza para el rico** a. Apartarse de los hombres b. Volverse a Dios[EF4]

D. El peligro de las riquezas, 19:23-26

(19:23-26) ***Introducción:*** las palabras «Entonces Jesús dijo» conecta el presente pasaje con la experiencia del joven rico. Basado en el rechazo del joven rico *advirtió* a todos los hombres sobre los peligros de las riquezas. Están entretejidas de peligros y caídas ...

- para el hombre que busca ser rico.
- para el hombre que ya es rico.

Los peligros son muchos, son peligros que enredan y esclavizan, a tal extremo que Jesús hizo la impactante afirmación de que era extremadamente difícil para un rico ser salvado.

Son palabras fuertes; la idea es impactante. De todos modos, Cristo ama y se preocupa por todas las personas incluyendo a los ricos, de modo que tenía que ser veraz. Para un rico es extremdamente difícil entrar al reino de los cielos. Los peligros que encaran los ricos son reales y terribles, de manera que la advertencia tiene que ser real y veraz.

1. El hecho: la riqueza aparta a la persona del reino de los cielos (v. 23).
2. La gran dificultad ilustrada: es más fácil para un camello pasar por el ojo de una aguja que para un rico entrar al reino de Dios (v. 24).
3. El impacto: ¿Quién se salva si la riqueza no es bendición de Dios, una bendición de justicia? (v. 25).
4. La única esperanza para el rico (v. 26).

1 (19:23) ***Riqueza—materialismo—orgullo—mundanalidad:*** la riqueza aparta a la persona del reino de los cielos. Para un rico es difícil entrar al cielo. Cristo hizo esta afirmación debido a las cosas que *apartaban* al joven rico del camino de Dios. La riqueza aparta a la persona del cielo. Hay una corriente, una atracción, una fuerza, un poder, un tironeo que se extiende y actúa cuando procuramos poseer riquezas. Hay atracciones tan fuertes que pueden esclavizar y condenar a cualquier hombre rico que falla en volverse a Dios para abrazarlo a Él.

1. *La riqueza crea un gran «yo»* (cp. vv. 16, 20). Normalmente los ricos son estimados, honrados y envidiados. La riqueza trae confort, posesiones, posición, poder, y reconocimiento. Incentiva al *ego* y hace que una persona sea autosuficiente e independiente en este mundo. Como resultado el rico tiene la tendencia a sentirse independiente y autosuficiente, de vivir como si no necesitase nada; y en esa atmósfera y en ese mundo de pensamientos Dios queda olvidado. La persona olvida que hay cosas que el dinero no puede comprar y eventos que el dinero no puede conservar. Paz, amor, gozo, todo lo que realmente importa en el espíritu del hombre, nunca puede ser comprado. El dinero tampoco puede proteger a la persona de los problemas, del desastre, enfermedad, accidente, o muerte, de aquellas pruebas que con seguridad sobrevienen a todos.

2. *La riqueza lleva al hombre a acumular cosas* (cp. v. 21). La Biblia establece para los hombres el principio para el manejo de dinero, incluso para los pobres:

> **«Trabaje, ... para que tenga qué compartir con el que padece necesidad» (Ef. 4:28).**
>
> **«Amarás a tu prójimo como a ti mismo» (Mt. 19:19; 22:39).**

El mundo se debate en desesperada necesidad. La gente muere de hambre, enfermedad, carece de techo, ropa, sufre de a millones; y muchos millones están espiritualmente perdidos sin Dios en este mundo y condenados a morir sin conocerlo. Cuando cualquiera de nosotros se mantiene quieto y mira objetivamente al mundo en su desesperado sufrimiento, preguntamos: «¿Cómo es posible que alguien en este mundo pueda acumular cosas sin ayudar a otros, gastando hasta el último centavo? ¿Cómo va a guardar alguien más de lo que necesita para sí mismo y su familia?»

Cuando Dios mira al rico se siente impulsado a hacer las mismas preguntas. En efecto, sus preguntas son más específicas y más incisivas. Esto es exactamente lo que Cristo le dijo al joven rico:

> **«Jesús le dijo: Si quieres ser perfecto, anda, vende lo que tienes, y dalo a los pobres» (Mt. 19:21).**

3. *La riquezas tienden a volver al hombre egoísta.* Por motivos inexplicables resulta que cuanto más tenemos, más queremos. Cuando gustamos las cosas de este mundo y nos volvemos confortables, tememos perder nuestras posesiones. Luchamos por conservar lo que tenemos y por obtener más. Es cierto, muchos están dispuestos a dar contribuciones, pero solo cierta cantidad, una cantidad que no afectará su condición general, o su nivel de confort y posesiones. Son pocos los que dan todo lo que son y tienen a Cristo a efectos de satisfacer las necesidades del mundo.

Como dijo Cristo, «es difícil, muy difícil, para los ricos [refiriéndose a los que tienen algo en contraste con la mayoría del mundo] entrar al cielo». Si no tenemos compasión y no nos ocupamos de nuestros hermanos (compañeros) cuando están en desesperada necesidad, ¿cómo podemos esperar que Dios tenga compasión y se ocupe de nosotros cuando nosotros estemos desesperadamente necesitados del cielo? Es necio pensar que un Dios de amor y justicia sencillamente suplirá nuestras necesidades de la vida cuando nosotros no estamos dispuestos a suplir la necesidad vital de nuestro prójimo. Los ricos (todos nosotros que tenemos algo en contraste con el resto del mundo) tenemos los medios para ayudar y alcanzar al mundo con el evangelio.

4. *Por la riqueza la persona se apega al mundo* (cp. v. 22). La riqueza capacita a la persona a comprar cosas que ...

- le dan ayuda
- desafían su capacidad mental
- halagan su paladar
- estimulan su carne
- incentivan su ego
- expanden su imagen propia
- expanden su experiencia

Si una persona centra su vida en las cosas del mundo, su atención estará en el mundo y no en Dios. Tiende a ocuparse en conseguir más y en proteger lo que tiene. Con demasiada frecuencia le dedica poco tiempo y escasa reflexión a los asuntos celestiales. La riqueza y las cosas que ella puede comprar normalmente consumen al rico.

ESTUDIO A FONDO 1

(19:23) ***Difícilmente*** (*duskolos*): La palabra significa apenas o con gran dificultad. Es difícil, muy difícil para un rico entrar al cielo ¿Por qué? Dicho en una simple frase, es difícil para el rico dar todo lo que tiene para ayudar a los necesitados; a dar todo lo que ha sido placentero, tan confortable, de tanta ayuda al ego, y tan satisfactorio en posesiones, posición y auto estima.

ESTUDIO A FONDO 2

(19:23) ***Ricos:*** ¿Quiénes son los ricos? Es desesperadamente necesario hacer esta pregunta a cada individuo a la luz de las tremendas necesidades del mundo. Cada uno de nosotros tiene que comparar lo que tenemos con lo que tiene la vasta mayoría del mundo. Los ricos son personas que tienen de todo para guardar después de haber suplido las necesidades de la propia familia (y con necesidades se quiere decir necesidades *reales).* Esto es exactamente lo que Cristo y la Biblia dicen una y otra vez (cp. también Mr. 12:42-44; Lc 21:1-4; Hch. 4:34-35).

En resumen ¿quiénes son los ricos? Los ricos somos cualquiera de nosotros que tenemos algo más de lo que necesitamos. Lo que Cristo demanda es que demos todo lo que *somos y tenemos* para satisfacer las necesidad de aquellos que están en tan desesperada necesidad, sin retener nada. Con frecuencia, esta es la queja contra los cristianos, la queja de que no creemos, no al punto de estar dispuestos a seguir el ejemplo sacrifical de Cristo. La evidencia de nuestra incredulidad se ve en la insistencia de Cristo en mandarnos a dar todo lo que tenemos para alimentar a los hambrientos y suplir las desesperadas necesidades del mundo. Algo que a pesar del mandato no hacemos. Se dice que Gandi, el gran líder de la independencia de la India, nunca abrazó el cristianismo por ese preciso motivo. ¿Cuántos otros habrán rechazado a Cristo por causa de nuestra hipocresía?

«Anda, vende lo que tienes, y dalo a los pobres, y tendrás tesoro en el cielo; y ven y sígueme» (Mt. 19:21).

«Y cualquiera que haya dejado casas, o hermanos, o hermanas, o padre, o madre, o mujer, o hijos, o tierra, por mi nombre, recibirá cien veces más, y heredará la vida eterna» (Mt. 19:29).

«Porque donde esté vuestro tesoro, allí estará también vuestro corazón» (Mt. 6:21).

«Amarás a tu prójimo como a ti mismo» (Mt. 22:39).

«Mas buscad el reino de Dios y todas estas cosas os serán añadidas. No temáis, manada pequeña, porque a vuestro Padre le ha placido daros el reino. Vended lo que poseéis, y dad limosna; haceos bolsas que no se envejezcan, tesoro en el cielo que no se agote, donde ladrón no llega, ni polilla destruye. Porque donde está vuestro tesoro, allí estará también vuestro corazón» (Lc. 12:31-34).

«Entonces Zaqueo, puesto en pie, dijo al Señor: He aquí, Señor, la mitad de mis bienes doy a los pobres; y si en algo he defraudado a alguno, se lo devuelvo cuadruplicado» (Lc. 19:8).

«En esto conocerán todos que sois mis discípulos, si tuviereis amor los unos con los otros» (Jn. 13:35).

«Si guardareis mis mandamientos, permaneceréis en mi amor; así como yo he guardado los mandamientos de mi Padre, y permanezco en su amor» (Jn. 15:10).

«El amor sea sin fingimiento. Aborreced lo malo, seguid lo bueno» (Ro. 12:9).

«Como también yo en todas las cosas agrado a todos, no procurando mi propio beneficio, sino el de muchos, para que sean salvos» (1 Co. 10:33).

«Porque ya conocéis la gracia de nuestro Señor Jesucristo, que por amor a vosotros se hizo pobre, siendo rico, para que vosotros con su pobreza fueseis enriquecidos» (2 Co. 8:9).

«El que hurtaba, no hurte más, sino trabaje, haciendo con sus manos lo que es bueno para que tenga qué compartir con el que padece necesidad» (Ef. 4:28).

«Y el Señor os haga crecer y abundar en amor unos para con otros y para con todos, como también lo hacemos nosotros para con vosotros» (1 Ts. 3:12).

«Sean vuestras costumbres sin avaricia, contentos con lo que tenéis ahora; porque él dijo: No te desampararé, ni te dejaré» (He. 13:5).

ESTUDIO A FONDO 3

(19:23-24) ***Reino de los cielos:*** Evidentemente reino de los cielos significa lo mismo que reino de Dios, vida eterna, y salvación. El reino de los cielos y el reino de Dios son intercambiables cuando Jesús dice: «difícilmente entrará un rico en el reino de los cielos» (Mt. 19:23) o «reino de Dios» Mt. 19:24). Vida eterna (Mt. 19:26) y salvación (Mt. 19:25) corresponden al mismo concepto. Eternidad y salvación, el reino de Dios y el reino de los cielos, corresponden al mismo tema discutido en Mateo 19: 16-30. Tener vida eterna, ser salvado, o entrar al reino de los cielos es más difícil para un rico que para un camello pasar por el ojo de una aguja.

El reino de los cielos y el reino de Dios es revelado en cuatro etapas a lo largo de la historia.

1. El reino espiritual que está cerca: está presente ahora mismo (Mt. 4:17;12:28).

   a. El actual reino se refiere al *gobierno y reinado de Dios y su autoridad en las vidas de los creyentes.*

«Alumbrando los ojos de vuestro entendimiento, para que sepáis cuál es la esperanza a que él os ha llamado, y cuáles las riquezas de la gloria de su herencia en los santos, y cuál la supereminente grandeza de su poder para con nosotros los que creemos, según la operación del poder de su fuerza, la cual operó en Cristo, resucitándole de los muertos y sentándole a su diestra en los lugares celestiales, sobre todo principado y autoridad y poder y señorío, y sobre todo nombre que se nombra, no sólo en este siglo, sino también en el venidero; y sometió todas las cosas bajo sus pies, y lo dio por cabeza sobre todas las cosas a la iglesia, la cual es su cuerpo, la plenitud de Aquel que todo lo llena en todo» (Ef. 1:18-23).

«Haya, pues, en vosotros este sentir que hubo también en Cristo Jesús, el cual siendo en forma de Dios, no estimó el ser igual a Dios como cosa a que aferrarse, sino que se despojó a sí mismo, tomando forma de siervo, hecho semejante a los hombres; y estando en la condición de hombre, se humilló a sí mismo, haciéndose obediente hasta la muerte, y muerte de cruz. Por lo cual Dios también le exaltó hasta lo sumo, y le dio un nombre que es sobre todo nombre, para que en el nombre de Jesús se doble toda rodilla de los que están en los cielos, y en la tierra, y debajo de la tierra; y toda lengua confiese que Jesucristo es el Señor, para gloria de Dios Padre» (Fil. 2:5-11).

«El cual nos ha librado de la potestad de las tinieblas, y trasladado al reino de su amado Hijo» (Col. 1:13).

b. El presente reino es ofrecido al mundo y a los hombres en la persona de jesucristo.

c. El presente reino se tiene que recibir como lo recibe un niño pequeño.

«Dejad a los niños venir a mí, y no se lo impidáis; porque de los tales es el reino de Dios. De cierto os digo, que el que no reciba el reino de Dios como un niño no entrará en él» (Mr. 10:14-15).

d. El presente reino se experimenta únicamente mediante el nuevo nacimiento.

«Respondió Jesús y le dijo: De cierto de cierto te digo, que el que no naciere de nuevo, no puede ver el reino de Dios» (Jn. 3:3).

e. Al presente reino se entra ahora y tiene que ser recibido ahora.

«De cierto os digo, que los publicanos y las rameras van delante de vosotros al reino de Dios» (Mt. 21:31).

«De cierto os digo, que el que no reciba el reino de Dios como un niño no entrará en él» (Mr. 10:15).

f. El presente reino es una bendición espiritual que cambia la vida.

«Porque el reino de Dios no es comida ni bebida, sino justicia, paz y gozo en el Espíritu Santo» (Ro. 14:17).

g. El presente reino es lo primero que deben buscar los creyentes.

«Mas buscad primeramente el reino de Dios y su justicia, y todas estas cosas os serán añadidas» (Mt. 6:33).

2. El reino profesante, que también pertenece a esta era. Se refiere al cristianismo moderno de cada generación. Ilustra cómo será el reino del cielo o el cristianismo profesante, cómo será el cristianismo profesante entre la primera venida de Cristo y su retorno. Este estado imperfecto es lo que se llama «los misterios del reino de los cielos» (Mt. 13:1-52, esp.11).

«Les refirió otra parábola, diciendo: el reino de los cielos es semejante a un hombre que sembró buena semilla en su campo; pero mientras dormían los hombres, vino su enemigo y sembró cizaña entre el trigo, y se fue» (Mt. 13:24-25).

3. El reino milenial que pertenece al futuro. Es el gobierno literal de Cristo o el reinado de Cristo que vendrá a la tierra durante mil años.

a. El reino milenial es el reino predicho por Daniel.

«Y en los días de estos reyes el Dios del cielo levantará un reino que no será jamás destruido, ni será el reino dejado a otro pueblo; desmenuzará y consumirá a todos estos reinos, pero él permanecerá para siempre» (Dn. 2:44).

«Después recibirán el reino los santos del Altísimo, y poseerán el reino hasta el siglo, eternamente y para siempre ... Hasta que vino el Anciano de Días, y se dio el juicio a los santos del Altísimo; y llegó el tiempo, y los santos recibirán el reino ... Y que el reino y el dominio y la majestad de los reinos debajo de todo el cielo, sea dado al pueblo de los santos del Altísimo, cuyo reino es reino eterno, y todos los dominios le servirán y obedecerán» (Dn. 7:18-27).

b. El reino milenial es el reino prometido a David.

«Y cuando tus días sean cumplidos, y duermas con tus padres, yo levantaré después de ti a uno de tu linaje, el cual procederá de tus entrañas, y afirmará tu reino ... Y será a firmada tu casa y tu reino para siempre delante de tu rostro, y tu trono será estable eternamente» (2 S. 7:12-16).

«Hice pacto con mi escogido; juré a David mi siervo, diciendo: Para siempre confirmaré tu descendencia, y edificaré tu trono por todas las generaciones» (Sal. 89:3-4).

«En aquel día Jehová defenderá al morador de Jerusalén; el que entre ellos fuere débil, en aquel tiempo será como David; y la casa de David como Dios, como el ángel de Jehová delante de ellos» (Zac. 12:8).

c. El reino milenial es el reino ilustrado por Juan.

«Y vi tronos, y se sentaron sobre ellos los que recibieron facultad de juzgar; y vi las almas de los decapitados por causa del testimonio de Jesús y por la palabra de Dios, los que no habían adorado a la bestia ni a su imagen, y que no recibieron la marca en sus frentes ni en sus manos; y vivieron y reinaron con Cristo mil años o los otros muertos no volvieron a vivir hasta que se cumplieron mil años. Esta es la primera resurrección. Bienaventurado y santo el que tiene parte en la primera resurrección; la segunda muerte no tiene potestad sobre éstos, sino que serán sacerdotes de Dios y de Cristo, y reinarán con Él mil años» (Ap. 20:4-6).

4. El reino perfecto del cielo nuevo y de la tierra nueva que pertenece al futuro.

a. El reino eterno es el gobierno y reinado de Dios en un universo perfecto por la eternidad.

«No se turbe vuestro corazón; creéis en Dios, creed también en mí. En la casa de mi Padre muchas moradas hay; si así no fuera, yo os lo hubiera dicho; voy, pues, a preparar lugar para vosotros. Y si me fuere y os preparare lugar, vendré otra vez, y os tomaré a mí mismo, para que donde yo estoy, vosotros también estéis» (Jn. 14:1-3).

«Luego el fin, cuando entregue el reino al Dios y Padre, cuando haya suprimido todo dominio, toda autoridad y potencia» (1 Co. 15:24).

«Pero el día del Señor vendrá como ladrón en la noche; en el cual los cielos pasarán con grande estruendo, y los elementos ardiendo serán deshechos, y la tierra y las obras que en ella hay serán quemadas. Puesto que todas estas cosas han de ser deshechas, ¡cómo no debéis vosotros andar en santa y piadosa manera de vivir, esperando y apresurándoos para la venida del día de Dios, en el cual los cielos, encendiéndose, serán deshechos, y los elementos, siendo quemados, se fundirán! Pero nosotros esperamos, según sus promesas, cielos nuevos y tierra nueva, en los cuales mora la justicia» (2 P. 3:10-13).

«Vi un cielo nuevo y una tierra nueva; porque el primer cielo y la primera tierra pasaron y el mar ya no existía más» (Ap. 21:1).

b. El reino eterno es el estado perfecto de la existencia del creyente en el futuro.

«Pero esto digo, hermanos: que la carne y la sangre no pueden heredar el reino de Dios, ni la corrupción hereda incorrupción» (1 Co. 15:50).

«Enjugará Dios toda lágrima de los ojos de ellos; y ya no habrá muerte, ni habrá más llanto, ni clamor, ni dolor; porque las primeras cosas pasaron. Y el que estaba sentado en el

trono dijo: He aquí, yo hago nuevas todas las cosas. Y me dijo: Escribe; porque estas palabras son fieles y verdaderas» (Ap. 21:4-5).

c. El reino eterno es un lugar real al que entrarán los creyentes en algún momento futuro.

«Y os digo que vendrán muchos del oriente y del occidente, y se sentarán con Abraham e Isaac y Jacob en el reino de los cielos» (Mt. 8:11).

d. El reino eterno es un don de Dios que será dado en el futuro.

«No temáis, manada pequeña, porque a vuestro Padre le ha placido daros el reino» (Lc. 12:32).

2 (19:24) ***Riquezas—camello—aguja:*** para un rico es extremadamente difícil entrar al reino de Dios. Tan difícil que Jesús dice: «Es más fácil pasar un camello por el ojo de una aguja, que entrar un rico en el reino de Dios».

Se han dado diversas interpretaciones a *camello* y *aguja* en un intento de atenuar las palabras de Jesús. Por ejemplo, algunos han dicho que la «aguja» era una puerta angosta en el muro que rodeaba a Jerusalén, una puerta pequeña al lado mismo de una puerta grande. Se cree que la puerta grandes se cerraba de noche para proteger la ciudad de merodeadores y enemigos, mientras que la pequeña era utilizada por el público viajero. Se dice que la puerta pequeña era llamada «el ojo de la aguja» porque era tan pequeña que aun una persona sola pasaba con dificultad.

Otros han dicho que la palabra griega usada por Cristo era *kamilos* (soga o cable de un barco) y no *kamelos* (camello). Note que la única diferencia entres las dos palabras es que la letra *i* es una *e* en la palabra para camello (kam*e*los).

Tres cosas merecen ser notadas respecto de estas interpretaciones.

1. No hay duda que Jesús se refiere literalmente a una *aguja.* En el v. 26 Jesús va al extremo al decir: «Para los hombres esto es imposible». Lo que hace es usar un dicho proverbial para expresar *una imposibilidad*. La mayoría de los países tienen proverbios para expresar la imposibilidad de algunas cosas. El camello era el animal más grande entre los judíos, de modo que Jesús o bien usó un proverbio bien conocido entre los judíos o bien creó uno. También hay que notar esto, cuando Cristo escogió hablar en parábolas, uso las cosas más comunes y ordinarias para decir lo que quería decir.

2. Los intentos por atenuar la expresión de Jesús, son precisamente intentos de atenuación. Pero con nada se puede atenuar el v. 26: «Para los hombres esto es imposible». Nadie, ni siquiera el rico mismo, puede salvar al rico. El peligro de las riquezas es muy real y muy terrible. Las riquezas enredan y esclavizan al hombre a tal extremo que para el rico es muy difícil renunciar a ellas para ayudar a otros en las desesperadas necesidades del mundo. Sencillamente no puede aceptar que debe trabajar «haciendo con sus manos lo que es bueno, para que tenga qué compartir con el que padece necesidad» (Ef. 4:28). Si alguien es rico es muy difícil no vivir en lujos personales y no edificar grandes propiedades. Comidas abundantes y exóticas, guardarropas a la moda, una buena y amplia casa, reconocimiento y atención, posición y poder, son tantas cosas a las que no se renuncia fácilmente. Es el ego quien se rehusa a renunciar.

3. La dificultad existe, tanto para las interpretaciones atenuantes como para la interpretación literal. ¿En qué puede atenuar algo un camello tratando de pasar por una puerta hecha para un solo hombre? Sería imposible. ¿Y cómo puede atenuar algo querer enhebrar una soga de barco en el ojo de una aguja? Nuevamente, es imposible.

Pensamiento. En la ilustración dada por Cristo se encuentran algunas cosas comunes al camello y al hombre rico.

1) Un camello es *demasiado grande* para pasar por el ojo de una aguja; el rico es demasiado grande para pasar por la puerta del cielo.

«A los ricos de este siglo manda que no sean altivos, ni pongan la esperanza en las riquezas, las cuales son inciertas, sino en el Dios vivo, que nos da a todos las cosas en abundancia para que las disfrutemos» (1 Ti. 6:17).

2) Un camello *nunca piensa* en pasar por el ojo de una aguja; un rico rara vez piensa en ir al cielo, si es que alguna vez piensa en ello.

«Y diré a mi alma: alma, muchos bienes tienes guardados para muchos años; repósate, come, bebe, regocíjate. Pero Dios le dijo: Necio, esta noche vienen a pedirte tu alma; y lo que has provisto, ¿de quién será?» (Lc. 12:19-20).

«Las riquezas del rico son su ciudad fortificada, y como un muro alto en su imaginación» (Pr. 18:11).

«Y tus vacas y tus ovejas se aumentaren, y la plata y el oro se te multipliquen, y todo lo que tuvieres se aumente, y se enorgullezca tu corazón, y te olvides de Jehová tu Dios, que te sacó de la tierra de Egipto, de casa de servidumbre» (Dt. 8:14).

3) Un camello *no fue hecho* para pasar por el ojo de una aguja; el hombre no fue hecho para la riqueza, no fue hecho para ser poseído y esclavizado por las *cosas* y *posesiones* de este mundo.

«Pero los afanes de este siglo, y el engaño de las riquezas, y las codicias de otras cosas, entran y ahogan la palabra, y se hace infructuosa» (Mr. 4:19).

«Porque los que quieren enriquecerse caen en tentación y lazo, y en muchas codicias neciasy dañosas, que hunden a los hombres en destrucción y perdición» (1 Ti. 6:9).

4) Un camello *trabaja* para su señor; el hombre debe trabajar para su Señor (Dios).

«Ninguno puede servir a dos señores; porque o aborrecerá al uno y amará al otro. No podéis servir a Dios y a las riquezas» (Mt. 6:24).

«Siervos, obedeced en todo a vuestros amos terrenales, no sirviendo al ojo, como los que quieren agradar a los hombres, sino con corazón sincero, temiendo a Dios. Y todo lo que hagáis, hacedlo de corazón, como para el Señor y no para los hombres; sabiendo que del Señor recibiréis la recompensa de la herencia, porque a Cristo el Señor servís» (Col. 3:22-24).

3 (19:25) ***Riqueza—salvación:*** los discípulos quedaron influidos, totalmente sin aliento. Cristo estaba diciendo algo diametralmente opuesto a lo que ellos y cada uno de los demás habían aprendido. Se les había enseñado (como también en la iglesia de generaciones posteriores) ...

- que la prosperidad (riqueza, confort, y otras cosas) es bendición de Dios.
- que una persona tiene y recibe porque Dios la está bendiciendo.
- que la prosperidad es recompensa por justicia y obediencia.
- que Dios bendice a la persona justa y obediente con cosas de esta tierra.

Pensamiento. Hay algo que normalmente se olvida y es que el hombre no fue hecho para las cosas (dinero, riqueza, posesiones), sino que las cosas fueron hechas para él. No obstante, el hombre permite ser esclavizado por cosas, anhelando tener siempre más y más.

Riqueza (dinero, posesiones, cosas) no es más que una comodidad, un medio, un instrumento que ayuda al hombre a cumplir su propósito y servicio en la tierra. Al menos eso es lo que la riqueza tiene que ser. Pero la mayoría de los hombres se convierten en un instrumento, una comodidad del dinero. Son pocos los hombres que saben por qué Dios los ha puesto en la tierra.

«Mejor es confiar en Jehová que confiar en príncipes» (Sal. 118:9).

«Dejaos del hombre, cuyo aliento está en su nariz; porque ¿de qué es él estimado?» (Is. 2:22).

«Así ha dicho Jehová: Maldito el varón que confía en el hombre, y pone carne por su brazo, y su corazón se aparta de Jehová» (Jer. 17:5).

4 (19:26) ***Riqueza—salvación—arrepentimiento:*** hay una esperanza para el hombre rico, Dios.

1. El rico tiene que apartarse de los hombres. Porque ninguno de ellos puede salvar a otro hombre, aunque sea rico.
   a. Ningún hombre tiene la fuerza ni el conocimiento práctico para quebrar el poder que obliga al hombre rico *a buscar cosas.* La fuerza natural en el interior del hombre es buscar más y más confort, comodidad y posesiones. Ningún hombre tiene el poder de romper esa *fuerza natural.* Las ligaduras son demasiado placenteras y cautivantes.
   b. Ningún hombre puede crear de nuevo el alma del hombre, cambiarlo de tal manera que busque «las cosas de arriba» y ponga la mira «en las cosas de arriba, *no en las de la tierra*» (Col. 3:1-2). No hay filosofía, ni psicología, ni medicina, ni educación, ni política ni movimiento social que pueda cambiar el alma del hombre.

«Difícilmente entrará un rico en el reino de los cielo ... ¿Quién, pues, podrá ser salvo? [puesto que aun los pobres sueñan con riquezas y las buscan] ... Para los hombres esto [esta salvación] es imposible» (vv. 23, 26).

2. El hombre rico tiene que volverse a Dios y a su poder. Dios es la única esperanza del hombre rico. Solamente Dios puede romper la esclavitud del rico en esta tierra, solamente Dios puede convertir y cambiar, volver y salvar al rico del peligro y de la condenación de la riquezas.

¿Cómo? Muy simple. Las palabras de Cristo dirigidas al joven rico le dicen a los ricos qué hacer: «Anda, vende lo que tienes, y dalo a los pobres, y tendrás tesoro en el cielo; y ven y sígueme» (Mt. 19:21).

Esta es una palabra dura, es algo difícil de hacer para cualquiera de nosotros, tan difícil que intentamos escapar de un requerimiento tan difícil quitándolo con nuestras explicaciones. *Pero es lo que Cristo dijo.* Los discípulos lo entendieron perfectamente (vv. 25-27).

En términos muy prácticos, para recibir vida eterna tenemos que *dar cuanto somos y tenemos.* Naturalmente esto es más difícil para el rico porque «tiene muchas posesiones» (v. 22).

Hay cuatro pasos prácticos que ayudarán al hombre rico a ser salvado.

1. Escuchar y seguir inmediatamente la voz interior, el punzar de nuestra conciencia, que nos manda dar a Dios nuestra vida y nuestras posesiones. Tenemos que volvernos inmediatamente a Dios y nunca más apartarnos.
2. Tenemos que estudiar diariamente la Palabra de Dios para recibir directivas, y hablar con Dios y confiar que Él guardará nuestro corazón de las atracciones y engaños de las posesiones.
3. Tenemos que usar nuestra riqueza para ayudar a los otros en sus desesperadas necesidades. Tenemos que *comprender, saber y reconocer* que la vasta mayoría del mundo pasa hambre, dolor, y necesidad de ayuda, y que esa necesidad es desesperante, y que Dios espera de nosotros que usemos todo lo que tenemos para suplir esas necesidades. No debemos acumular ni vivir extravagantemente en medio de tanta necesidad.
4. Tenemos que desarrollar un fuerte deseo referido al cielo, sabiendo que nuestra peregrinación en la tierra es tan breve, tan breve como los lirios del campo.

«Porque nada hay imposible para Dios» (Lc. 1:37).

«Yo conozco que todo lo puedes, y que no hay pensamiento que se esconda de ti» (Job 42:2).

«A los ricos de este siglo manda que no sean altivos, ni pongan la esperanza en las riquezas, las cuales son inciertas, sino en el Dios vivo, que nos da a todos las cosas en abundancia para que las disfrutemos. Que hagan bien, que sean ricos en buenas obras, dadivosos, generosos; atesorando para sí buen fundamento para lo por venir, que echen mano de la vida eterna» (1 Ti. 6:17-19).

«Porque nadie puede poner otro fundamento que el que está puesto, el cual es Jesucristo» (1 Co. 3:11).

«Por la fe Moisés, hecho ya grande, rehusó llamarse hijo de la hija de Faraón, escogiendo antes ser maltratado con el pueblo de Dios, que gozar de los deleites temporales del pecado, teniendo por mayores riquezas el vituperio de Cristo que los tesoros de los egipcios; porque tenía puesta la mirada en el galardón» (He. 11:24-26).

ESTUDIO A FONDO 4

(19:26) ***Los ricos:*** algunas personas ricas se volvieron a Cristo. Son excelentes ejemplos para los ricos de volverse a Dios (*véase* también bosquejo—Lc. 8:2-3).

- Jacobo y Juan (Mr. 1:20; cp. nota—Mr. 10:36-37).
- Mateo (*véanse* nota y Estudio a fondo 1—Mt. 9:9-13).
- Zaqueo (Lc. 19:1-10).
- José de Arimatea (Mt. 27:57).
- Nicodemo (Jn. 20:39 cp. 3:1s. Pudo o no ser salvado.)
- Lidia (Hch. 16:14-15).
- Manaén, hermanastro de Herodes, que probablemente era rico (Hch. 13:1).
- Algunas mujeres que sostenían a Jesús (*véanse* bosquejo y notas—Lc. 8:2-3).

	E. La recompensa de los creyentes, 19:27-30 (Mr. 10:28-31; Lc. 18:28-30)	vosotros que me habéis seguido también os sentaréis sobre doce tronos, para juzgar a las doce tribus de Israel.	gobernar, dirigir c. Juzgar, a Israel[EF1]
1 Los dos factores para la recompensa a. Renunciar a todo b. Seguir a Cristo	27 Entonces respondiendo Pedro, le dijo: He aquí, nosotros lo hemos dejado todo y te hemos seguido; ¿qué, pues, tendremos?	29 Y cualquiera que haya dejado casas, o hermanos, o hermanas, o padre, o madre, o mujer, o hijos o tierras, por mi nombre, recibirá cien veces más, y heredará la vida eterna.	**3 El creyente: recibirá gran recompensa** a. Motivo: dejó todo; b. Recompensa presente: cien veces más c. Recompensa futura: vida eterna
2 La recompensa del apóstol a. Cuándo: en la nueva era b. Propósito: juzgar,	28 Y Jesús les dijo: De cierto os digo que en la regeneración, cuando el Hijo del hombre se siente en el trono de su gloria,	30 Pero muchos primeros serán postreros, y postreros, primeros.	**4 Severo juicio; justicia perfecta**

E. La recompensa de los creyentes, 19:27-30

(19:27-30) ***Introducción:*** muchas veces la pregunta de Pedro es malinterpretada. Pedro no era un mercenario; lo que necesitaba era certeza. Quería tener la seguridad de que él y los otros discípulos estaban *realmente salvados*. Cualquier persona hubiera necesitado certeza después de las palabras dichas por Jesús: «Si quieres ser perfecto, anda, vende lo que tienes, y dalo a los pobres, y tendrás tesoro en el cielo; y ven y sígueme» (Mt. 19:21).

Pocas personas venden todo para darlo (v. 21), y pocas, sean ricas o pobres, controlan sus sueños e impulsos por conseguir más (*véase* nota—Mr. 10:25). Los discípulos como toda persona honesta, lo sabían. Ellos también sabían que Cristo estaba estableciendo demandas extremas para el seguidor de Cristo. Ellos, a diferencias con tantos de nosotros en nuestros intentos de atenuar sus palabras, comprendieron exactamente lo que Cristo estaba diciendo. La extrema demanda de sus palabras era impactante. No podían entender cómo alguien podría salvarse, y la respuesta que Cristo dio a sus interrogantes acerca de la salvación no les daba ninguna seguridad *personal*: «Para los hombres esto es imposible; mas para Dios todo es posible» (v. 26).

Los discípulos sentían una profunda necesidad de seguridad. ¿Habían hecho y dado lo suficiente? Creían que sí, y estaban casi seguros, ¿pero habían hecho y dado realmente lo suficiente?

Con alguna mansedumbre Pedro dijo: «He aquí, nosotros lo hemos dejado todo y te hemos seguido; ¿qué, pues, tendremos? ¿Tendremos la vida eterna ...?»

Cristo usó la pregunta de Pedro para enseñar una maravillosa verdad. Ellos, y todos los que le seguían, podían estar seguros, tendrían una enorme recompensa.

Note las palabras tranquilizantes del Señor: «De cierto *os digo* ... *vosotros* que me habéis seguido también os sentaréis sobre doce tronos [de mi gloria] .... Y cualquiera que haya dejado casas... heredará la vida eterna» (vv. 28-29).

1. Los dos factores esenciales para la recompensa (v. 27).
2. La recompensa del apóstol: reinará y gobernará con Cristo (v. 28).
3. La recompensa del creyente: recibirá gran recompensa (v. 29).
4. Impactante sorpresa: severo juicio a los creyentes; justicia perfecta (v. 30).

[1] (19:27) ***Recompensa—creyentes —negación propia:*** hay dos factores esenciales para la recompensa.

1. La persona tiene que renunciar a todo. ¿Qué quiere decir esto? Pedro y algunos de los otros discípulos tenían familias, y con diligencia suplían las necesidades de ellas (Mt. 8:14). Por eso, *renunciar a todo* no significa abandonar y descuidar nuestras responsabilidades diarias para con nuestras familias. *Renunciar a todo* es renunciar y negar, a entregar todo sin reservas. Significa que la persona cuida de su familia; sí, pero después de ello usa todo lo que tiene para suplir las necesidades de un mundo desesperado. Significa que una persona sirve y pone a Cristo por encima de todo, incluyendo la familia y los amigos. Significa que la persona *renuncia a toda conducta pecaminosa* como pueden ser hábitos sucios, malas compañías, caminos torcidos, bromas de tono subido y blasfemias. Significa que no permitimos que nada interfiera con servir a Cristo. Significa que *seguir a Cristo* es prioridad suprema. Cuando lo ponemos a Él primero, descubrimos una verdad maravillosa, la vida se equilibra. Todas las demás cosas, incluyendo la familia, van ocupando su propio lugar; y la vida se convierte en una experiencia grandemente enriquecedora (aun cuando la familia del creyente haya rechazado al creyente.

2. La persona tiene que seguir a Cristo (*véase* Estudio a fondo 1—Lc. 9:23). La persona que realmente sigue a Cristo no tiene objeciones, ni deseos de quejarse. Es realmente una nueva criatura: «las cosas viejas pasaron, he aquí todas son hechas nuevas» (2 Co. 5:17). Esa persona está satisfecha y completa (Col. 2:10).

> **«Entonces Pedro comenzó a decirle: He aquí, nosotros lo hemos dejado todo, y te hemos seguido» (Mr. 10:28).**
>
> **«Después de estas cosas salió, y vio a un publicano llamado Leví, sentado al banco de los tributos públicos, y le dijo: Sígueme» (Lc. 5:27).**
>
> **«Si alguno quiere venir en pos de mí, niéguese a sí mismo, tome su cruz cada día, y sígame. Porque todo el que quiera salvar su vida, la perderá; y todo el que pierda su vida por causa de mí, éste la salvará» (Lc. 9:23-24).**
>
> **«Así, pues, cualquiera de vosotros que no renuncia a todo lo que posee, no puede ser mi discípulo» (Lc. 14:33).**
>
> **«Y él les dijo: De cierto os digo, que no hay nadie que haya dejado casa o padres, o hermanos, o mujer, o hijos, por el reino de Dios, que no haya de recibir mucho más en este tiempo, y en el siglo venidero la vida eterna» (Lc. 18:29-30).**
>
> **«Y ciertamente, aun estimo todas las cosas como pérdida por la excelencia del conocimiento de Cristo Jesús, mi Señor, por amor del cual lo he perdido todo, y lo tengo por basura, para ganar a Cristo» (Fil. 3:8).**

Pensamiento. Hay dos grandes peligros que pueden reducir nuestra recompensa.

1) No renunciar a todo por Cristo; apegarnos a algunas cosas, sean conductas, hábitos, relaciones, o posesiones.
2) La superespiritualidad. Después de renunciar a todo por Cristo, siempre existe el peligro de pensar que hemos renunciado y entregado más que otros. Diversas

áreas se prestan para el orgullo espiritual ...

- sufrimiento.
- talentos y dones espirituales.
- servicio y obras.
- ministerio y posición ministerial.
- dones financieros y benevolencias.
- ser salvado de las profundidades del pecado.

Pensamiento 2. Algunas personas tratan de negociar con Dios. Ello no debe ser. Debemos ir y renunciar a todo, confiando y siguiendo a Cristo (2 Co. 6:17-18; 1 Jn. 2:15-16).

2 (19:28) ***Recompensa—apóstoles—regeneración:*** los apóstoles serían maravillosamente recompensados. Recibirían un gran honor, el honor de reinar y gobernar con Cristo mismo. Note que Cristo les dijo tres cosas. (Para una discusión de estos tres puntos *véase* Estudio a fondo 1—Mt. 19:28).

- Cuándo reinarán con Él.
- Por qué reinarán con Él.
- Sobre quién gobernarán y a quién regirán en su reino.

La palabra «regeneración» (*paliggenesia*) significa recreación, restauración, renovación, avivamiento, nuevo nacimiento. La palabra se usa en una ocasión más en el Nuevo Testamento y es en referencia al nuevo nacimiento de un individuo (Tit. 3:5). Aquí Cristo la usa para referirse a la «restauración de todas las cosas» (Hch. 3:21), un tiempo en el futuro cuando Él establecerá el nuevo orden de cosas bajo su gobierno y reino personal (cp. Ro. 8:19-23; Is. 11:6-9). Con frecuencia ese día es llamado el día de la redención o referido como el reino de Dios. (*Véanse* Estudio a fondo 1—Ef.1:7; Estudio a fondo 3—Mt. 19:23-24.)

Note varias cosas.

1. La «restauración de todas las cosas» es en el futuro. Cristo no dijo: «vosotros que me habéis seguido en la regeneración», sino «vosotros que me habéis seguido, en la regeneración *cuando* el Hijo de Hombre ...», la coma debe ser colocada después de «me habéis seguido» Será el tiempo «*cuando* el Hijo del Hombre se siente en el trono», un tiempo perteneciente al futuro.

2. Cristo dijo que los apóstoles serían recompensados con doce tronos, cada uno gobernando a una de las doce tribus de Israel. ¿Cuándo van a gobernar? «en la regeneración», cuando sea establecido el nuevo orden de cosas bajo el gobierno y reinado de Cristo. ¿Pero cuándo será el nuevo orden de cosas? Hay dos respuestas posibles: ya sea durante el reinado milenial de Cristo (*véanse* Estudio a fondo 3—Mt.19:23-24; Estudio a fondo 2—Ap. 20:4-6) o bien cuando sean hechos los nuevos cielos y la nueva tierra (Ap. 21:1ss; cp. 1 Co. 15:23-28).

Hay tres pasajes en los que Cristo habla de la regeneración que se predice aquí.

«Y Jesús les dijo: De cierto os digo que en la regeneración, cuando el Hijo del hombre se siente en el trono de su gloria, vosotros que me habéis seguido también os sentaréis sobre doce tronos, para juzgar a las doce tribus de Israel» (Mt. 19:28).

«El le dijo: ¿Qué quieres? Ella le dijo: Ordena que en tu reino se sienten estos dos hijos míos, el uno a tu derecha, y el otro a tu izquierda ... El les dijo: A la verdad, de mi vaso beberéis, y con el bautismo con que yo soy bautizado, seréis bautizados; pero el sentaros a mi derecha y a mi izquierda, no es mío darlo, *sino a aquellos* para quienes está preparado por mi Padre» (Mt. 20:21-23).

«Pero vosotros sois los que habéis permanecido conmigo en mis pruebas. Yo, pues, os asigno un reino, como mi Padre me lo asignó a mí, para que comáis y bebáis a mi mesa en mi reino, y os sentéis en tronos juzgando a las doce tribus de Israel» (Lc. 22:28-30).

Aparentemente el cumplimiento de esta promesa pareciera ser el reino mesiánico o reino milenial de Cristo en la tierra. Aparentemente esta es la forma de cumplir la promesa de Cristo a Israel.

«Restauraré tus jueces como al principio, y tus consejeros como eran antes; entonces te llamarán Ciudad de justicia, Ciudad fiel» (Is. 1:26).

3. Sin embargo, hay que notar que a algunos les resulta muy difícil decir que *volverá a haber distinción entre judíos y gentiles.* Afirman que Cristo vino a traer paz a todos los hombres y entre todos los hombres, derribando el muro de separación entre ellos. Afirman que el gran peso de las Escrituras se opone a que alguna vez vuelva a haber distinción entre judíos y gentiles. Esta interpretación solamente dice que cuando Cristo vuelva el fin del tiempo estará cerca. Cuando Él vuelva, establece su reino *eterno* y gobierna para siempre. Por eso el gobierno y reino de los apóstoles se refiere a la iglesia, es decir, al Israel espiritual o al verdadero Israel de Dios (Gá. 6:15-16; cp. Ro. 2:28-29).

4. Cristo dijo que recompensaría a los apóstoles con un *honor especial.* ¿Por qué? Los apóstoles creyeron y siguieron a Cristo en su etapa embriónica o en el comienzo del cristianismo. Fueron firmes en su fe y perseveraron en vista de increíbles obstáculos. ¡Imagínese!

- Imagínese estar en presencia de un hombre cuyo parecer es igual al de todos los otros hombres, meramente un hombre, y creer que ese hombre realmente es el *Hijo de Dios.*
- Imagínese ser fiel y continuar con Cristo cuando todos los demás le habían dado la espalda (cp. Jn. 6:67).
- Imagínese seguir inmediatamente las huellas del Señor resucitado y comenzar al instante a ser responsable de alcanzar al mundo. (Por eso Dios tuvo que planear el envío de su Espíritu a los discípulos, como lo hizo en pentecostés y que el Espíritu viva en nuestros cuerpos, tal como vive. *Véanse* notas—1 Co. 3:16; 6:19-20.)
- Imagínese seguir y seguir, tratando de ser obedientes y de alcanzar a más y más a pesar de los increíbles obstáculos y de tener que encarar constantemente las dificultades interpuestas por los propios conciudadanos, los judaizantes o religiosos.
- Imagínese, confrontar y perseverar contra amenazas increíbles y contra la persecución lanzada desde un gobierno inmoral y una religión corrompida por el hombre que reaccionaba ferozmente contra quienes diferían con ella.

Los apóstoles no solo tuvieron mayor responsabilidad y no solo pasaron por más penurias de las que jamás sabremos; sino que fueron responsables de cosas y atravesaron circunstancias que exceden a nuestra imaginación (cp. 1 Co. 4:9-13; 2 Co. 11:24-28).

Pensamiento. Hay dos regeneraciones.

1) La regeneración de la vida de una persona; un nuevo nacimiento, la recreación de la naturaleza y vida de una persona (*véase* Estudio a fondo 1—Jn. 3:1-15).
2) La regeneración del universo; una nueva creación del cielo y de la tierra (Ro. 8:21-23; 2 P. 3:10; 21:1).

ESTUDIO A FONDO 1

(19:28) ***Juzgar (krino)—Vida eterna:*** juzgar, gobernar, dirigir; administrar asuntos, supervisar y controlar. Aquí se enseña la asignación de responsabilidades, de tareas, de trabajos que deben ser hechos. Será preciso *juzgar,* es decir, gobernar, dar dirección y supervisión a lo largo de la eternidad. Cristo dijo a los apóstoles que ellos gobernarían y supervisarían a Israel. Pablo dijo que los creyentes tendrían la dirección y supervisión del mundo y los ángeles (1 Co. 6:2-3). Por supuesto, toda esta actividad y responsabilidad, se hará bajo la dirección de Cristo.

Por algún desconocido motivo frecuentemente nos imaginamos la *vida eterna* como un soñoliento reposo, una existencia de semiconciencia. Nos la imaginamos como una existencia futura sobre una abullonada nube que nos tiene flotando en un eterno estado de inactividad. Es difícil entender por qué el hombre no puede entender la afirmación de Cristo de que la vida eterna será eterna. Vida eterna es vida que continua y continua. Sin embargo, hay una diferencia básica: la vida será perfeccionada, perfeccionada en cuerpo, mente y espíritu. Es vida en medio de nuevos cielos y nueva tierra (perfeccionados), vida vivida en presencia de Cristo y con responsabilidad ante Cristo en todo lo asignado (Jn. 3:16; 5:24; Ro. 8:19-23; 2 P. 3:9-18; 1 Jn. 5:11-13; Ap. 21:1).

3 (19:29) ***Recompensa:*** los apóstoles no serán los únicos en ser recompensados. Todo auténtico seguidor de *Cristo* será grandemente recompensado. En este versículo Cristo dijo tres cosas acerca de la recompensa del creyente.

1. El motivo de la recompensa. El creyente será recompensado porque ha dejado todo; ha dado su lealtad suprema a Jesucristo (*véase* nota—Mt. 19:27), los dos factores esenciales para la recompensa).

Note que Cristo menciona las dos cosas más queridas por el hombre: su familia inmediata y sus posesiones (honra y tierras). Estas cosas son, por mucho, las más difíciles de entregar a Cristo. Pasatiempos, hábitos, placeres, amigos, todo puede ser entregado (sometido a Cristo) con mayor facilidad que la familia y las posesiones. Note también que Cristo comenzó y terminó la lista con posesiones materiales. Cuán esclavizantes son, ¡para algunas personas más que la misma familia!

2. La recompensa en el presente: cien veces más. El evangelio de Marcos aclara que Cristo estaba hablando de una recompensa presente (Mr. 10:21). Ningún verdadero seguidor de Cristo ha sido rechazado o despojado habiendo renunciado a sus posesiones y seguido al Señor. Cristo recompensa al verdadero seguidor de muchas maneras. Note que la recompensa es tanto humana como material.

a. La recompensa humana es un verdadero y auténtico compañerismo entre genuinos creyentes. Cristo sabe cuándo enviar alguien a la vida de uno de sus seguidores, cuándo suplir en la vida del discípulo una dolorosa necesidad de verdadera amistad. El suple esa necesidad más que abundantemente.

«Lo que hemos visto y oído, eso os anunciamos, para que también vosotros tengáis comunión con nosotros; y nuestra comunión verdaderamente es con el Padre, y con su Hijo Jesucristo» (1 Jn. 1:3).

«Pero si andamos en luz, como él está en luz, tenemos comunión unos con otros, y la sangre de Jesucristo su Hijo nos limpia de todo pecado» (1 Jn. 1:7).

«Y perseveraban en la doctrina de los apóstoles, en la comunión los unos con otros, en el partimiento del pan y en las oraciones» (Hch. 2:42).

«Porque donde están dos o tres congregados en mi nombre, allí estoy yo en medio de ellos» (Mt. 18:20).

«Así nosotros, siendo muchos, somos un cuerpo en Cristo, y todos miembros los unos de los otros» (Ro. 12:5).

«Compañero soy yo de todos los que te temen y guardan tus mandamientos» (Sal. 119:63).

«Entonces los que temían a Jehová hablaron cada uno a su compañero; y Jehová escuchó y oyó, y fue escrito libro de memoria delante de él para los que temen a Jehová, y para los que piensan en su nombre» (Mal. 3:16).

b. La recompensa material consiste en suplir las necesidades y todo lo que Dios quiere dar además para que podamos ayudar a suplir las necesidades de otros.

La idea que estaba trasmitiendo Cristo era la de un perfecto cuidado y seguridad material. El preciso motivo por el cual buscamos y buscamos es básicamente la inseguridad y la necesidad básica de conseguir más y más. Ansiedad, codicia, temor e inseguridad son cosas muy insalubres y desestabilizantes. Cuando entregamos todo y seguimos genuinamente a Cristo, Él nos da la mayor paz y seguridad posible; se da a sí mismo y su poder a efectos de proveer para nuestras necesidades. Nunca más tendremos que preocuparnos o volver a tener ansiedad (*véanse* notas—Mt. 6:25-34; Lc. 16:12; cp. Mr. 10:29-30; Lc. 18:28-30; Ef. 4:28). Hay mucha mayor felicidad, gozo, paz, seguridad, firmeza, confianza, satisfacción, llenura, y cumplimiento en Cristo que en cualquier cantidad de posesiones o compañías y amistades mundanas.

«Mas buscad primeramente el reino de Dios y su justicia, y todas estas cosas os serán añadidas» (Mt. 6:33; cp. Mt. 6:25-34).

«El ladrón no viene sino para hurtar y matar y destruir; yo he venido para que tengan vida: y para que la tengan en abundancia» (Jn. 10:10).

«Y poderoso es Dios para hacer que abunde en vosotros toda gracia, a fin de que, teniendo siempre en todas las cosas todo los suficiente, abundéis para toda buena obra» (2 Co. 9:8).

«Y a Aquel que es poderoso para hacer todas las cosas mucho más abundantemente de lo que pedimos o entendemos, según el poder que actúa en nosotros» (Ef. 3:20).

«Mi Dios, pues, suplirá todo lo que os falta conforme a sus riquezas en gloria en Cristo Jesús» (Fil. 4:19).

«Porque de esta manera os será otorgada amplia y generosa entrada en el reino eterno de nuestro Señor y Salvador Jesucristo» (2 P. 1:11).

«Aderezas mesa delante de mí en presencia de mis angustiadores; unges mi cabeza con aceite; mi copa está rebosando» (Sal. 23:5).

«Serán completamente saciados de la grosura de tu casa, y tú los abrevarás del torrente de tus delicias» (Sal. 36:8).

«Bendito el Señor; cada día nos colma de beneficios el Dios de nuestra salvación» (Sal. 68:19).

«Entonces dará el Señor lluvia a tu sementera, cuando siembres la tierra, y dará pan del fruto de la tierra, y será abundante y pingüe; tus ganados en aquel tiempo serán apacentados en espaciosas dehesas» (Is. 30:23).

«Comeréis hasta saciaros, y alabaréis el nombre de Jehová vuestro Dios, el cual hizo maravillas con vosotros; y nunca jamás será mi pueblo avergonzado» (Jl. 2:26).

«Traed todos los diezmos al alfolí y haya alimento en mi casa; y probadme ahora en esto, dice Jehová de los ejércitos, si no os abriré las ventanas de los cielos, y derramaré sobre vosotros bendición hasta que sobreabunde» (Mal. 3:10).

3. La recompensa futura es vida eterna (*véanse* Estudio a fondo 1—Jn.17:2-3; cp. Estudio a fondo 2—Jn. 1:4 y Estudio a fondo 1—Mt. 19:28. Cp. Ro. 8:16-18).

«Entonces Jesús, mirándole, le amó, y le dijo: Una cosa te falta: anda, vende todo lo que tienes, y dalo a los pobres, y tendrás tesoro en el cielo; y ven, sígueme, tomando tu cruz» (Mr. 10:21).

«Para que todo aquel que en él cree no se pierda, mas tenga vida eterna» (Jn. 3:15).

«El que cree en el Hijo tiene vida eterna; pero el que rehusa creer en el Hijo no verá la vida, sino que la ira de Dios está sobre él» (Jn. 3:36).

«Y el que siega recibe salario, y recoge fruto para vida eterna, para que el que siembra goce juntamente con el que siega» (Jn. 4:36).

«De cierto, de cierto os digo: el que oye mi palabra, y cree al que me envió, tiene vida eterna; y no vendrá a condenación, mas ha pasado de muerte a vida» (Jn. 5:24).

«Y esta es la vida eterna: que te conozcan a ti, el único Dios verdadero, y a Jesucristo, a quien has enviado» (Jn. 17:3).

«Porque el que siembra para su carne, de la carne segará corrupción; mas el que siembra para el Espíritu, del Espíritu segará vida eterna» (Gá. 6:8).

Pensamiento. Cristo promete recompensar a sus seguidores en el presente con una increíble comunidad cristiana, compañerismo, y seguridad. Él fundó la iglesia para cumplir esta promesa. La iglesia tiene un gran llamado. Imagínese a la iglesia local y a sus creyentes genuinos, cercanos unos a otros más que los miembros de una familia. La iglesia debe proveer un precioso compañerismo para los alienados, los solitarios, los tímidos, los que no tienen amigos, y los extraños. Ella está para suplir las necesidades que las familias fallan en suplir.

Una pregunta incisiva: ¿Cuántas iglesias proveen un verdadero compañerismo (*véase* Estudio a fondo 3—Hch. 2:42)? ¿Cuántas veces tiene que apartarse Dios de congregaciones locales a otras para suplir las necesidades de sus discípulos?

4 (19:30) ***Recompensa—juicio:*** las palabras del Señor son claras. Habrá un severo juicio de creyentes; ejecución de justicia perfecta. Nuestro juicio, juicio humano con frecuencia es inadecuado. *Muchas personas* serán apartadas; muchas personas que estimábamos y teníamos en alta consideración serán puestas en último lugar, y muchas que creíamos débiles y de escaso nivel, serán puestas en primer lugar. Solamente Dios conoce realmente el corazón de sus siervos. Nosotros juzgamos y recompensamos ...

- según las obras visibles.
- con reconocimiento.
- según la moral visible.
- con estima.
- según la edad y experiencia.
- con influencia.
- según el carácter amigable.
- según habilidad y capacidad.
- según los años de cristiano.
- por la posición.

En cambio, Dios ve el corazón de sus seguidores, ve el corazón de cada uno; Dios enderezará todo juicio equivocado de todos nuestros queridos hermanos y hermanas en Cristo. Cristo no deja dudas: los más humildes de la tierra serán elevados para ser los más grandes en el cielo. Será una sorpresa impactante, pero habrá juicio, un realineamiento justo, un posicionamiento de los creyentes (*véanse* Estudio a fondo 1—2 Co. 5:10; nota—1 Jn. 3:1-2).

«Porque es necesario que todos nosotros comparezcamos ante el tribunal de Cristo, para que cada reciba según lo que haya hecho mientras estaba en el cuerpo, sea bueno o sea malo» (2 Co. 5:10).

«La obra de cada uno se hará manifiesta; porque el día la declarará, pues por el fuego será revelada; y la obra de cada uno cuál sea, el fuego la probará Si permaneciere la obra de alguno que sobreedificó, recibirá recompensa. Si la obra dealguno se quemare, él sufrirá pérdida, si bien él mismo será salvo, aunque así como por fuego» (1 Co. 3:13-15).

«¡Ay de vosotros, los que ahora estáis saciados! porque tendréis hambre. ¡Ay de vosotros, los que ahora reís! porque lamentaréis y lloraréis» (Lc. 6:25).

«Hijo, acuérdate que recibiste tus bienes en tu vida, y Lázaro también males; pero ahora éste es consolado aquí, y tú atormentado» (Lc. 16:25).

1 La gracia de Dios provee trabajo al hombre[EF1]
2 La gracia busca y llama a hombres al trabajo[EF2, 3,4,5]
- a. El llamado a los dispuestos
  - 1) Promesa de salario completo
  - 2) Enviados al viñedo
- b. Llamado a los ociosos, despreocupados, los que buscan por cuenta propia, indolentes.
  - 1) Desafío vigoroso y salario justo
  - 2) Algunos responden
- c. El llamado constante: a todos; muestra gracia constante
- d. Llamado final: llamado de la hora undécima.
  - 1) Amonestación
  - 2) Excusa presentada
  - 3) Mostró gracia: vigoroso desafío y promesa de salario justo

3 La gracia de Dios paga los salarios prometidos; al tiempo indicado, al final del día
- a. Pago por medio del mayordomo
- b. Pagado a partir de un corazón de amor y gracia
  - 1) Se preocupó y mostró gracia a los que llegaron tarde
  - 2) Se preocupó y mostró gracia a los madrugadores: salario completo
- c. El pago no se basa en trabajo y energía: ilustrado por la murmuración de los madrugadores en cuanto al mismo pago
  - 1) Pago con gracia y justicia: Promesa de salario completo
  - 2) Pago basado en la preocupación de Dios por todos
- d. El pago no es según lo ve el hombre (con ojos malos, egoístas); el pago es como quiere Dios

4 Reinará la justicia de Dios al pagar lo que ha prometido[EF6]

CAPÍTULO 20

F. La parábola de los labradores en el viñedo: la gloriosa gracia de Dios, 20:1-16

Porque el reino de los cielos
es semejante a un hombre, pa-
dre de familia, que salió por
la mañana a contratar obreros
para su viña.
2 Y habiendo convenido con
los obreros en un denario al
día, los envió a su viña.
3 Saliendo cerca de la hora
tercera del día, vio a otros que
estaban en la plaza
desocupados;
4 y les dijo: Id también voso-
tros a mi viña, y os daré lo
que sea justo. Y ellos fueron.
5 Salió otra vez cerca de las
horas sexta y novena, e hizo lo
mismo.
6 Y saliendo cerca de la hora
undécima, halló a otros que
estaban desocupados; y les
dijo: ¿Por qué estáis aquí todo
el día desocupados?
7 Le dijeron: Porque nadie
nos ha contratado. El les
dijo: Id también vosotros a
la viña, y recibiréis lo que
sea justo.
8 Cuando llegó la noche, el
señor dijo a su mayordomo:
Llama a los obreros y págales
el jornal, comenzando desde
los postreros hasta los
primeros.
9 Y al venir los que habían
ido cerca de la hora
undécima, recibieron cada
uno un denario.
10 Al venir también los
primeros, pensaron que
habían de recibir más; pero
también ellos recibieron
cada uno un denario.
11 Y al recibirlo, murmu-
raban contra el padre de fa-
milia,
12 diciendo: Estos pos-
treros han trabajado una sola
hora, y los has hecho iguales
a nosotros, que hemos
soportado la carga y el calor
del día.
13 El, respondiendo, dijo a
uno de ellos: Amigo, no te
hago agravio; ¿no
conviniste conmigo en un
denario?
14 Toma lo que es tuyo, y
vete; pero quiero dar a este
postrero, como a ti.
15 ¿No me es lícito hacer
lo que quiero con lo mío? ¿O
tienes tú envidia, porque yo
soy bueno?
16 Así, los primeros serán
postreros, y los postreros,
primeros; porque muchos
son llamados, mas pocos
escogidos.

F. La parábola de los labradores en el viñedo: la gloriosa gracia de Dios, 20:1-16

(20:1-16) ***Introducción:*** esta es una de las parábolas más significativas de las Escrituras, aunque a veces se equivoca la interpretación de su significado. Cristo estaba continuando su discusión sobre la salvación (Mt. 19:25) y la vida eterna (Mt. 19:29). (*Véase* nota—Mt.19:27-30). Lo que ahora quería hacer era mostrar la *maravillosa gracia de Dios* en la salvación, en su otorgamiento de vida eterna. Lo hizo relatando una parábola, una parábola que demuestra la maravillosa gracia de Dios como pocas otras lecciones lo hacen.

1. La gracia de Dios provee trabajo al hombre; atender un viñedo (v.1).
2. La gracia de Dios busca y llama hombres al trabajo (vv. 1-7).
3. La gracia de Dios paga los salarios prometidos; al tiempo indicado, al final del día (vv. 8-15).
4. Reinará la justicia de Dios al pagar lo que ha prometido (v. 16).

1 (20:1) ***Trabajo—labranza—gracia—propósito:*** la gracia de Dios provee trabajo al hombre; atender un viñedo. Se acentúan aquí dos hechos significativos.

1. Es Dios quien provee el trabajo al hombre, quien da el viñedo para ser atendido. El gran padre de familia es Dios. El viñedo o campo es el mundo o la iglesia. El mundo, la iglesia y el hombre mismo provienen todos de la gracia de Dios. La creación del hombre es por la gracia de Dios. La gracia de Dios ha provisto el campo (el mundo y la iglesia) donde puede trabajar el hombre. Sin Dios no habría nada (Ro. 11:36; Col. 1:16ss).

2. Es Dios quien sale a buscar y llamar a los hombres a trabajar. No es que los obreros vengan a Él. Dios sale a buscar al hombre es maravillosa gracia (Lc. 19:10; Jn. 3:16; 15:16). Cada paso involucrado en el llamado de Dios es de gracia; el llamado mismo, el desafío a ir y trabajar, la promesa del salario (recompensa), la aceptación de las respuestas, y el envío al viñedo. Dios no estaba obligado a hacer el llamado ni a dar ninguno de los pasos dados. Cada paso es una maravillosa demostración del cuidado y de la gracia de Dios.

Note otro asunto. El alma del hombre está al servicio de algo. O bien se sirve a sí misma y al pecado o bien a Dios y a la justicia. El hombre trabaja, o bien para el mundo y sus propósitos, o bien para el cielo y los propósitos del cielo (Ro. 6:16-22). Por eso Dios hace un llamado tras otro (*véanse* bosquejo de arriba y las notas referidas a cada llamado).

«Entonces dijo a sus discípulos: A la verdad la mies es mucha, mas los obreros pocos. Rogad, pues, al Señor de la mies, que envíe obreros a su mies» (Mt. 9:37-38).

«¿No decís vosotros: Aún faltan cuatro meses para que llegue la siega? He aquí os digo: Alzad vuestros ojos y mirad los campos, porque ya están blancos para la siega. Y el que siega recibe salario, y recoge fruto para vida eterna, para que el que siembra goce juntamente con el que siega» (Jn. 4:36).

«Y dijo el Señor: ¿Quién es el mayordomo fiel y prudente al cual su señor pondrá sobre su casa, para que a tiempo les dé su ración? Bienaventurado aquel siervo al cual, cuando su señorvenga, le halle haciendo así» (Lc. 12:42-43).

ESTUDIO A FONDO 1

(20:1) ***Reino de los cielos:*** *véase* Estudio a fondo 3—Mt. 19:23-24.

2 (20:2) ***Llamado—propósito—recompensa:*** el llamado de Dios a hora temprana es el primer llamado que Dios dirige a una persona. Va dirigido a la persona cuando hay una disposición especial y una ansiedad por servir a Dios. El primer llamado es Dios comenzando a hablar al corazón de la persona. Hay una atracción, una fuerza, una voz, un pensamiento en el corazón de la persona por escuchar a Dios y volverse a Él.

Note dos cosas.

1. El padre de familia prometió un pago completo a los labradores. Si los labradores que estaban dispuestos, creían la promesa, irían al viñedo a trabajar. Si no creían su promesa, no irían. La fe de ellos precedía el trabajo. Él prometió y ellos creyeron y sirvieron.

El llamado de Dios es por gracia, no por obras. El hecho que Cristo hable de trabajo y salario, no significa de ninguna manera que la salvación se gana, que la salvación sea por obras. Somos salvados por la gracia de Dios por medio de la fe (Ro. 4:3-5; Ef. 2:8-10).

2. El servicio era de un día, que simboliza toda la vida. Al término del día (vida) los labradores que estuvieron dispuestos a trabajar recibirían la promesa del padre de familia. Serían recompensados exactamente con lo prometido; con una recompensa que les pertenecería por siempre. El día era un breve período de tiempo comparado con las necesidades que debían satisfacer. Por un día podían soportar cualquier prueba (carga o calor, v. 12), puesto que el día pronto terminaría.

Dos cosas los alentaba a seguir trabajando: el tiempo del trabajo era breve, solamente un día, y tenían la presencia del dueño mismo. Los estaba alentando constantemente, tenía compañerismo con ellos y les recordaba su promesa.

«Id, pues, a las salidas de los caminos, y llamad a las bodas a cuantos halléis» (Mt. 22:9).

«El que quiere que todos los hombres sean salvos y vengan al conocimiento de la verdad» (1 Ti. 2:4).

«Mira, yo he puesto delante de ti hoy la vida y el bien, la muerte y el mal» (Dt. 30:15).

ESTUDIO A FONDO 2

(20:3-4) ***Llamado—propósito:*** el llamado a hora avanzada es un llamado tardío dirigido a la persona. Toda ciudad tiene su mercado laboral. Cualquiera de nosotros que ha tratado con el mercado laboral sabe que un empleador con frecuencia descubre que necesita más obreros a medida que avanza el día. De manera que vuelve en busca de más obreros. Cada vez que vuelve es, por así decir, un acto de gracia, porque suple la necesidad de un mayor número de personas.

Un empleador que busca obreros para que se unan a su fuerza de trabajo encuentra todo tipo de respuestas.

1. El labrador *dispuesto y ansioso por trabajar.* Estos siempre salen temprano, necesitando y buscando trabajo. Reconocen y saben cuál es su necesidad, y son extremadamente responsables en hacer cuanto pueden para suplir sus necesidades. Con frecuencia son personas que quieren un propósito, sentido, significado tanto como la provisión física.

2. Los que Cristo llama *desocupados.* Poco y nada están interesados en trabajar. Están allí simplemente porque es un lugar de reunión donde pueden encontrar compañía y pasar el tiempo.

3. Los *cuentapropistas* o labradores por placer. Van de un empleador a otro preguntando qué trabajo hay para hacer. Si el trabajo les parece demasiado difícil o poco placentero y divertido, lo rechazan prefiriendo esperar algo más placentero. Sin embargo, cuando avanza el día, si no se presenta nada más satisfactorio, están dispuestos a escuchar el llamado del empleador anterior.

4. Los *labradores negligentes.* Son sencillamente perezosos, que no quieren trabajar todo un día. Prefieren recostarse en un lugar u otro, sentirse libres sin obligaciones en vez de poner esfuerzo y energía requeridos por el trabajo. Prefieren vivir con menos antes que trabajar todo un día. Por eso recién aparecen en el mercado cuando necesitan un poco de trabajo.

5. Los *labradores complacientes.* Los que se mueven despacio. Duermen hasta tarde, se mueven despacio y siempre llegan tarde al mercado laboral. No podrían ser más despreocupados en cuanto a las mejores oportunidades; solo consiguen lo suficiente para satisfacer sus necesidades inmediatas.

6. Los labradores que *fallan por débiles.* Aceptan trabajos que les gustan, pero descubren que son trabajos duros y difíciles. De modo que abandonan su compromiso y vuelven al mercado esperando algo más fácil.

Se puede ver fácilmente el paralelismo con el llamado de Dios a los que llegan tarde. Note dos cosas acerca del llamado a los que llegan tarde, dos cosas en que difiere el llamado a los madrugadores.

1. El llamado a trabajar es más vigoroso: « Id ... vosotros». Tiene que ser más vigoroso. Todos ellos ya han rechazado el primer llamado o no estaban presentes para oír el primer llamado. Una parte del día (de su vida) ya ha pasado y nunca podrá ser recuperada. Se requiere más fuerza y más convencimiento para mover a la mayoría de los tardíos.

2. Tienen la promesa del pago (recopensa) pero no la cantidad. El Señor dijo meramente: «os daré lo que sea justo». El que llega tarde, la persona que no responde a Dios sino a edad avanzada, tiene que confiar simplemente en que Dios será justo y equitativo. La promesa es que dará un *pago justo.*

«Porque oímos que algunos de entre vosotros andan desordenadamente, no trabajando en nada, sino entremetiéndose en lo ajeno» (2 Ts. 3:11).

«A fin de que no os hagáis perezosos, sino imitadores de aquellos que por la fe y la paciencia heredan las promesas» (He. 6:12).

«También el que es negligente en su trabajo es hermano del hombre disipador» (Pr. 18:9).

«Pasé junto al campo del hombre perezoso, y junto a la viña del hombre falto de entendimiento; y he aquí que por toda ella habían crecido los espinos, ortigas habían ya cubierto su faz, y su cerca de piedra estaba ya destruida» (Pr. 24:30-31).

ESTUDIO A FONDO 3

(20:5) ***Llamado—propósito:*** el llamado constante es el movimiento ocasional de Dios entrando al corazón del hombre. No hay nada más trágico que una persona desocupada, es decir, que no sirve a Dios, ni en el mundo ni en la iglesia. Dios se preocupa y tiene abundante trabajo para cada uno. Por eso procura alcanzar el corazón del hombre, llamando a toda hora posible. Note tres cosas referidas al llamado constante de Dios.

1. Es la gran compasión de Dios por todos nosotros lo que

lo mantiene llamándonos.

2. Los llamados de Dios son limitados; son transitorios. Hasta aquí la parábola solamente tiene cuatro llamados. Solamente queda un llamado por hacer, solamente cinco llamados en un día y en la vida. El movimiento de Dios, el Espíritu de Dios no contenderá para siempre con nosotros (Gn. 6:3). Lo sabemos por experiencia. Cuando la *lucha* comienza en nuestro corazón o mente (sea mediante la lectura, el oír un mensaje, u otra cosa) y lo ignoramos y no tomamos inmediatamente una decisión, el llamado merma y finalmente cesa. Nos abandona, y nosotros seguimos de la misma manera que antes.

3. Los llamados de Dios se vuelven más débiles y menos vigorosos con el rechazo de cada llamado.

- Nuestra conciencia se endurece; nuestras mentes se vuelen menos impresionables.
- Nuestros corazones se vuelven menos sensibles; nuestro ego más centrado en sí mismo.
- Nuestros pensamientos se vuelven más mundanos; nuestras vidas más abrumadas.
- Nuestra voluntad se vuele más perezosa (Pr. 29:1).

«Y si mal os parece servir a Jehová, escogeos a quién sirváis; si a los dioses a quienes sirvieron vuestros padres, cuando estuvieron al otro lado del río, o a los fioses de los amorreos en cuya tierra habitáis; pero yo y mi casa serviremos a Jehová» (Jos. 24:15).

«Y Elías volvió a decir al pueblo: Sólo yo he quedado profeta de Jehová; mas de los profetas de Baal hay cuatroscientos cincuenta hombres» (1 R. 18:21).

«Y envié a vosotros todos mis siervos y profetas, desde temprano y sin cesar, para deciros: Volveos ahora cada uno de vuestro mal camino, y enmendad vuestras obras, y no vayáis tras Dioses ajenos para servirles, y viviréis en la tierra que di a vosotros y a vuestros padres; mas no inclinasteis vuestro oído, ni me oísteis» (Jer. 35:15).

«Diles: Vivo yo, dice Jehová el Señor, que no quiero la muerte del impío, sino que se vuelva el impío de su camino, y que viva. Volveos, volveos de vuestros malos caminos; ¿Por qué moriréis, oh casa de Israel?» (Esd. 33:11).

«Venid y volvamos a Jehová; porque él arrebató, y nos curará; hirió, y nos vendará» (Os. 6:1).

ESTUDIO A FONDO 4

(20:5) ***Tiempo, judío:*** el día judío comenzaba a las 6 de la mañana y terminaba a las 18 horas. El primer llamado fue hecho antes de las 6 de la mañana, hora en que el trabajo debía comenzar. El llamado a los que llegaron tarde habría sido a las 9 de la mañana cuando una cuarta parte del día (vida) ya había pasado. La sexta hora era a las 12 del mediodía; la novena hora a las 15, y la undécima hora las 17 horas.

ESTUDIO A FONDO 5

(20:6-7) ***Llamado—propósito—decisión:*** el llamado final es el último llamado de Dios al hombre; es el llamado de la hora undécima. Note lo que pasa cuando las personas esperan hasta la hora undécima.

1. Dios los amonesta severamente; mucho más severamente que a cualquiera de los otros. ¿Por qué están aquí todo el día *desocupados*. No hay excusa para tal comportamiento.

2. La excusa presentada por ellos mismos es: «nadie nos ha contratado». Pero no es ése el caso; mienten y engañan su propio corazón.

3. Dios les demuestra gracia a pesar de su excusa engañosa; los llama vigorosamente y promete un pago justo.

Pero note algo: nada se dice de cuántos respondieron. Solamente piense. ¿Cuántos en realidad responderían y saldrían a trabajar por solamente una hora? ¿Cuántos estarían dispuestos a confiar después de rechazar cuatro ofrecimientos en un mismo día? Realmente, no serían muchos.

Tres cosas muy prácticas militan contra la persona que espera hasta la hora undécima para aceptar el llamado de Dios.

1. Muchas veces la persona no sabe cuándo es la hora undécima. Pocos saben cuándo va a terminar el día, mucho menos cuándo Dios va a llamar por última vez.

2. La persona de la undécima hora tiene poco tiempo para servir. La persona que ha fallado en aprovechar una oportunidad tiende a acusarse y a condenarse ella misma. Percibe su indignidad. Es poco probable que perciba el llamado de Dios al punto de responder.

3. La persona de la undécima hora, que ha rechazado llamado tras llamado, es dura, muy dura. Le queda poca sensibilidad y percepción para responder al llamado de Dios por muy vigoroso que sea.

«Y envió a sus siervos a llamar a los convidados a las bodas; mas éstos no quisieron venir» (Mt. 22:3).

«Y no queréis venir a mí para que tengáis vida» (Jn. 5:40).

«Pero acerca de Israel dice: Todo el día extendí mis manos a un pueblo rebelde y contradictor» (Ro. 10:21).

«Ahora, pues, por cuanto vosotros habéis hecho todas estas obras, dice Jehová, y aunque os hablé desde temprano y sin cesar, no oísteis, y os llamé y no respondisteis» (Jer. 7:13).

«Mi Dios os desechará, porque ellos no lo oyeron; y andarán errantes entre las naciones» (Os. 9:17).

[3] (20:8-15) ***Recompensa—gracia—muerte:*** Dios paga el salario prometido a aquellos que han trabajado por Él. Pagará al tiempo señalado. ¿Cuándo es el tiempo señalado? A la noche, al morir, cuando el trabajo termina. Ese es el significado de *cuando llegó la noche*, de *la hora señalada*. Hay dos tipos de *noche*, dos tiempos señalados para el siervo de Dios.

Primero, la noche o el tiempo de la muerte cuando el siervo pasa de esta vida a la presencia de Dios. Entonces recibe la recompensa de la vida eterna. Dios lo transporta a la presencia del Señor y el creyente es transformado a la imagen de Cristo (***véase*** nota—1 Jn. 3:2). Este es el pago del jornal referido en esta parábola.

Segundo, la noche o tiempo señalado que es el juicio, cuando las obras del siervo son juzgadas (*véase* Estudio a fondo 1—2 Co. 5:10). La presente parábola *no* está referida a esa noche o juicio.

1. El mayordomo es Cristo, el Hijo de Dios, a quien Dios ha entregado todo juicio (Jn. 5:22; 2 Co. 5:10).

2. Dios paga a cada uno a partir de un corazón lleno de gracia y de cuidado. Es tan esencial entender esto; Dios es amor y nos cuida. Cuida a todos sus siervos, no importa su edad o cuánto tiempo hayan estado en su servicio. Él los cuida y quiere que sus labradores tengan lo suficiente para suplir sus necesidades. El pago de un día (la recompensa de vida eterna) era lo necesario para suplir su necesidad. No dejaría que ningún siervo se retirara sin al menos ese monto. Por eso, Dios paga *incluso a los que llegaron tarde* un jornal completo (vida eterna).

Note otro asunto. Cuando hablamos de vida eterna y de perfección, es decir, de ser conformados a la naturaleza e imagen de Cristo, Dios no muestra preferencias. Todos seremos hechos a la semejanza de Cristo, perfeccionados en nuestra naturaleza.

- Tendremos diferentes responsabilidades y, aparentemente, diferentes grados de gloria; pero todos seremos hechos perfectos.

- Todos nos presentaremos ante el trono de juicio de Cristo. Todos recibiremos diferentes tareas en el cielo, en virtud del servicio bueno o malo aquí en la tierra, pero todos seremos perfectamente felices y gozosos en lo que hagamos.
- Todos seremos juzgados por nuestra fidelidad aquí en la tierra. Algunos serán establecidos como vasijas grandes y otros como vasijas más pequeñas, pero todos seremos perfectamente completos, llenos hasta el borde (2 Ti. 2:20-21).
- Todos daremos cuenta del capital y de los dones que fueron puestos a nuestro cuidado. Todos seremos correspondientemente recompensados, pero todos recibiremos perfecta llenura.
- Todos nos presentaremos ante Cristo por el fruto que hayamos llevado en la tierra, pero todos recibiremos perfecta satisfacción y todos seremos hechos perfectamente fructíferos.

«... Vé por los caminos y por los vallados, y fuérzalos a entrar, para que se llene mi casa» (Lc. 14:23).

«Y os digo que vendrán muchos del oriente y del occidente, y se sentarán con Abraham e Isaac y Jacob en el reino de los cielos» (Mt. 8:11).

3. El pago (recompensa) de Dios no está basado en obras y energía. Está basado en la gracia y justicia de Dios, y está basado en la preocupación y cuidado de Dios por todos.

a. Note que Dios es justo y lleno de gracia y cuidado. La gracia y cuidado de Dios no borra ni anula su justicia. Dios no es injusto (cp. Ro. 4:5-6).

- Cuando Dios le da trabajo a un hombre desesperado por trabajar, ello es una demostración de gracia y cuidado. Ese fue el caso con el llamado a primera hora a los labradores madrugadores. No aprovecharse de la desesperación de un hombre es un acto de gracia. Ofrecer y pagar un jornal completo y no aprovecharse del hombre no es injusto sino lo opuesto. Es un acto de justicia y de gracia, un acto que prodiga cuidado.
- De igual manera, cuando Dios paga a un hombre más de lo que ha ganado, porque Dios se preocupa de que el hombre tenga lo suficiente para vivir, ello es un acto de gracia y de cuidado. No es una acto de injusticia hacia el primero o el madrugador. Es sencillamente un acto de gracia que revela a Dios como una Persona de enorme preocupación.
- Si Dios nos da lo que nos ha prometido, no es injusto si al otro le da otra cosa. Ni siquiera es injusto hacia nosotros si a otra persona le da un don enorme. Él es justo y de enorme preocupación y protección llena de gracia al guardar su Palabra, al *darnos a nosotros y a la otra persona.*

b. Note que la queja de los obreros madrugadores lleva a algunas personas a aplicar la parábola a la relación entre Dios y los judíos y los gentiles. Los obreros madrugadores representan a los judíos, que se quejan porque Dios da un pago igual (recompensa y posición en su reino) a los gentiles. Prácticamente cualquier comentario ofrece discernimiento al lector que quiera seguir esa línea de interpretación.

4. El pago de Dios (recompensa) no es como el hombre lo ve, sino conforme a la voluntad y conocimiento de Dios. Nuestros ojos son malos porque somos de un mundo malo. Por eso juzgamos y comprendemos desde un punto de vista imperfecto y egoísta. Dios es bueno; Él nos cuida y es lleno de gracia. Por eso, da la vida eterna a todos los que vienen a Él, no importa cuándo vienen, si al primer llamado o si al llamado de la hora undécima.

«Antes creemos que por la gracia del Señor Jesús seremos salvos, de igual modo que ellos» (Hch. 15:11).

«Siendo justificados gratuitamente por su gracia, mediante la redención que es en Cristo Jesús» (Ro. 3:24).

«Porque por gracia sois salvos por medio de la fe; y esto no de vosotros, pues es don de Dios; no por obras, para que nadie se gloria» (Ef. 2:8-9).

«Porque la gracia de Dios se ha manifestado para salvación a todos los hombres» (Tit. 2:11).

«Para que justificados por su gracia, viniésemos a ser herederos de la vida eterna» (Tit. 3:7).

4 (20:16) ***Justicia—recompensa:*** esta declaración «pero muchos primeros serán postreros, y postreros, primeros» (cp. Mt. 19:30; 20:16), es precisamente la declaración que llevó a Cristo a relatar esta parábola. Recuerde que los discípulos necesitaban seguridad de su salvación. Cristo les dio esa seguridad y les prometió la recompensa de gobernar y reinar con Él y de vivir eternamente (cp. Mt. 19:27-30; *véase* nota—Mt. 19:27-30). Pero Cristo quería que supieran que no pueden juzgar a otros, porque no sabían lo que había en el interior de los hombres, ciertamente, no lo sabían. Ellos no sabían quién sería recompensado en gran manera y quién no.

Por ejemplo, ¿quién habría imaginado que los obreros madrugadores, ansiosos de trabajar, que respondieron inmediatamente al Señor, mostrarían un espíritu gruñón y celoso? Para prevenir a sus siervos de juzgar y mostrar preferencia entre ellos, Cristo cierra su discusión sobre la vida eterna y la salvación con dos advertencias.

1. Los postreros serán primeros. Es decir, muchos de los últimos (que llegaron tarde) nos excederán a menos que seamos fervientes y celosos sirviendo a Dios. Quizá hayamos proclamado a Cristo durante años sirviéndole antes que lo hicieran otros; sin embargo podemos ...

- fallar en adorar a Cristo día tras día en forma tan consistente como los obreros tardíos.
- fallar en el crecimiento en el conocimiento de Cristo con el fervor de los obreros tardíos.
- fallar en estudiar las Escrituras y orar tanto como aquellos.
- fallar en usar nuestros dones con la fidelidad de los obreros tardíos.
- fallar en testificar con tanta osadía como aquellos obreros.
- fallar en dar todo lo que somos y tenemos con la misma disposición y tan sacrificialmente como aquellos.
- fallar en amar con la misma mansedumbre de esos obreros.
- fallar en responder con la amabilidad de los obreros tardíos.
- fallar en vivir tan desprendidamente como aquellos obreros.
- fallar en relacionarnos con tanto amor como lo hacen aquellos.
- fallar en soportar con la misma paciencia de los que llegaron tarde.
- fallar en esperar el retorno de Cristo con la esperanza de aquellos.

Note que aparentemente Cristo pasa de discutir el don de la vida eterna a la advertencia dirigida a sus siervos en cuanto al juicio venidero de las obras, un juicio que determinará grados de gloria y posiciones y responsabilidades (*véase* Estudio a fondo 1, ***Trono del Juicio de Cristo***—2 Co. 5:10).

«Quitó de los tronos a los poderosos, y exaltó a los humildes» (Lc. 1:52).

«¡Ay de vosotros los que ahora estáis saciados! porque tendréis hambre. ¡Ay de vosotros, los que ahora reís! porque lamentaréis y lloraréis» (Lc. 6:25).

«Pero Abraham le dijo: Hijo, acuérdate que recibiste tus bienes en tu vida, y Lázaro también males; pero ahora éste es consolado aquí, y tú atormentado» (Lc. 16:25).

«Mas Dios es el juez; a éste humilla, y a aquél enaltece» (Sal. 75:7).

«Jehová exalta a los humildes, y humilla a los impíos hasta la tierra» (Sal. 147:6).

2. Muchos son llamados, mas pocos escogidos. El siervo no debe estar juzgando a otros (como hicieron los siervos madrugadores ansiosos de trabajar), porque tiene suficiente con asegurarse su propio llamamiento y elección (2 P. 1:10). El siervo de Dios tiene que *ocuparse diligentemente de su propia salvación.* Exteriormente puede parecer que una persona es un verdadero siervo, pero quizá interiormente no ha cambiado. Note que Cristo dice: «muchos son llamados, mas pocos escogidos». Muchos son falsos, no *están dispuestos a dar todo* lo que son y tienen. Son como el joven rico, sencillamente no están dispuestos. El precio del discipulado es demasiado alto. En toda realidad, ¿cuántos están siguiendo honestamente a Cristo, tal como Él lo demanda en esta discusión? (Mt. 19:21, 29-30, 16. *Véanse* nota y Estudio a fondo 1—Lc. 9:23.)

«Entonces Pedro comenzó a decirle: He aquí, nosotros lo hemos dejado todo, y te hemos seguido» (Mr. 10:28).

«Después de estas cosas salió, y vio a un publicano llamado Leví, sentado al banco de los tributos públicos, y le dijo: Sígueme» (Lc. 5:27).

«Así, pues, cualquiera de vosotros que no renuncia a todo lo que posee, no puede ser mi discípulo» (Lc. 14:33).

ESTUDIO A FONDO 6

(20:16) ***Justicia:*** esta nota está puesta al final porque trata un tema diferente al del bosquejo de arriba. *¿Es injusto Dios en su trato con los hombres?* Esta es la acusación presentada contra Dios por los siervos madrugadores (vv. 10-15). Con frecuencia los hombres acusan a Dios de ser injusto. Esa impía acusación es causada por discusiones religiosas y teológicas por una fe equivocada y por la incredulidad. Esta acusación también es presentada contra Dios cuando hay crisis y cuando preguntamos: «Cómo pudo hacer eso Dios o permitir que suceda?»

El Nuevo Testamento discute el tema de Dios siendo injusto en tres pasajes (*véase* nota, pts. 3 y 4—Mt. 20:8-15; *véanse* también notas—Ro. 3:5-8; Ro. 9:14-33).

	G. El Mesías anuncia su muerte y resurrección (3ª vez), 20:17-19 (Mr. 10:32-34; Lc. 18:31-34)
1 Jesús llevó los discípulos aparte a. Estaban de camino b. Prepara su muerte	17 Subiendo Jesús a Jerusalén, tomó a sus doce discípulos aparte en el camino, y les dijo:
2 Jesús sería traicionado y entregado[EFI] a. No se nombró al traidor o entregador b. Los perseguidores: judíos o religiosos	18 He aquí subimos a Jerusalén, y el Hijo del Hombre será entregado a los principales sacerdotes y a los escribas, y le condenarán a muerte;
3 Sería entregado para ser ejecutado a. A los gentiles b. Por crucificción **4 Resucitaría de la muerte**	19 y le entregarán a los gentiles para que le escarnezcan, le azoten, y le crucifiquen; mas al tercer día resucitará.

G. El Mesías anuncia su muerte y resurrección (3ª vez), 20:17-19

(20:17-19) ***Introducción:*** esta es la tercera vez que Mateo acentúa la muerte y resurrección de Jesucristo. Cristo había advertido a sus discípulos una y otra vez que moriría y sería resucitado al tercer día. (*Véanse* bosquejo y notas—Mt. 16:21-23; 17:22-23; Mr. 8:31-33; 9:30-32; 10:32-34. Estos pasajes deben ser estudiados con el texto presente. Mateo 17:22-23 incluye la mayoría, sino todos los pasajes del Nuevo Testamento sobre la muerte y resurrección de Cristo. Hay abundancia de material en estas referencias.)

Jesucristo tenía que comunicar tres hechos a sus discípulos.

1. Jesús llevó los discípulos aparte (v. 17).
2. Jesús sería traicionado y entregado para ser *perseguido* (v. 18).
3. Sería entregado para ser *ejecutado* (v. 19).
4. Resucitaría de la muerte (v. 19).

1 (20:17 ***Jesucristo, muerte:*** Jesús llevó los discípulos aparte. La palabra «llevó» (*parelaben*) significa que tomó a sus discípulos «aparte, consigo». Hay un gran significado en estas palabras.

1. En ellas hay ternura, calidez e intimidad. Quería y necesitaba que estuviesen cerca de Él, a su lado. Necesitaba sentir y percibir la presencia de ellos, sentir particularmente que estaban con Él al *subir a Jerusalén* para encarar la muerte. También ellos necesitaban la presencia suya, que estuviera al lado de ellos y sentir lo que Él sentía. Los recuerdos de esto les ayudaría a encarar las pruebas que les esperaban.

2. Había una tremenda presión y tensión (*véase* también nota—20:19). La atmósfera misma que los rodeaba estaba cargada. Una pesada nube parecía pender sobre la cabeza del Señor. Parecía ser consumido por profundos pensamientos, la clase de pensamientos que acelera el ritmo de una persona, tensa sus músculos y la expresión de su rostro. No se puede sobreestimar la presión y tensión de aquellos momentos. Marcos lo expresa bien: «Iban por el camino subiendo a Jerusalén; y Jesús iba delante, y ellos se asombraron [estaban perturbados, perplejos], y le seguían con miedo [temor se había apoderado de ellos]» (Mr. 10:32).

Dos acontecimientos muestran la intensidad de la presión que debe haberse acumulado en aquella ocasión.

a. La experiencia en el huerto de Getsemaní donde la presión fue tan intensa que Cristo sudó grandes gotas de sangre (Lc. 22:44).
b. La experiencia de la cruz donde Cristo sufriría por los pecados del mundo, soportando hasta el extremo todo el dolor posible para un corazón, una mente, y un cuerpo (1 P. 2:24; cp. Mt. 27:46; 2 Co. 5:21).

3. Hay un propósito y aliento. Se evidencia en dos hechos.

a. Jesús iba deliberadamente «a Jerusalén». No tenía que ir. Era hombre en toda su plenitud, y como hombre pudo haber escogido diferente (He. 2:16-18; 4:15). Sabía lo que le esperaba, pero no retrocedería ante el propósito de Dios.
b. Deliberadamente tomó aparte a sus discípulos a efectos de prepararlos para su próxima muerte. Presenciarían el evento más repulsivo de sus vidas, un evento tan repulsivo que bien podría destruir sus vidas e impedir el plan de Dios para todas las eras. Cristo tenía que prepararlos para resistir el impacto de su muerte (*véase* nota—Mt. 16:21-28).

Hubo al menos dos motivos por los que Jesús no podía revelar públicamente su muerte en la cruz.

1. Muchos se habrían desanimado, dejando de seguirle. Habrían temido a los romanos que ejecutarían a Cristo. El fervor de las multitudes se habría enfriado y lo habrían abandonado. Ver a las multitudes abandonar a Cristo podría haber desalentado en gran manera a los discípulos, y no era eso lo que al momento necesitaban. Necesitaban aliento y preparación para encarar la cruz.

2. Algunas de las personas se sentirían tentadas a defender a Cristo, tal vez golpeando primeramente. Algunos de los discípulos, o todos, podrían haber sido arrastrados por el fervor de semejante reacción mal encauzada.

Pensamiento 1. Cristo quiere apartarnos a todos «a estar con Él».

1) Quiere tener momentos de ternura y calidez con nosotros. Muchos momentos de ese tipo (Ap. 3:20; cp. Sal. 145:18; Lc. 18:1; 1 Jn. 1:3).
2) Quiere atraernos a estar más cerca de Él en tiempos de presión y tensión (Fil. 4:6-7; He. 4:15-16; Sal. 34:18).
3) Quiere acercarnos a Él a efectos de alentarnos (Is. 43:10; Mt. 11:28-30; Stg. 4:8-10). Quiere protegernos

de *huir* del propósito de Dios y a estar más y más preparados a proclamar su muerte. Quiere que seamos fortalecidos contra el impacto de ser rechazados, ridiculizados, abusados y aun perseguidos al ir a cumplir el propósito de Dios.

Pensamiento 2. Hay momentos para ministrar a las multitudes, y momentos para no ministrarles. La multitud no estaba muy dispuesta a oír acerca de la muerte de Cristo. La gente tiene que ser nutrida progresivamente. No todos han alcanzado el nivel de crecimiento espiritual y madurez espiritual.

1) Algunos son nuevos en Cristo. Todavía no están afirmados en las cosas básica. No están listos para la *carne* de la Palabra (1 P. 2:2-3).
2) Algunos viven vidas carnales. No tienen mentalidad espiritual. No tendrían el interés ni entenderían (1 Co. 3:1-2; He. 5:11-14).
3) Algunos todavía no han sido regenerados. Están en la iglesia pero no son seguidores de Cristo. No tienen interés en Cristo y serían ofendidos por la cruz de Cristo.

2 (20:18) ***Jesucristo, muerte:*** Cristo sería traicionado y entregado a la persecución.

1. El traidor no es nombrado. Sin embargo, note las palabras «será entregado» (*paradothesetai*). La frase significa *librado en manos de*. Es la misma palabra griega traducida con *entregarán* del versículo siguiente. ¿Quién entregaría a Jesús para ser perseguido y ejecutado? Jesús no nombró a la persona. Las Escrituras enseñan que tres personas entregaron a Jesús para ser crucificado. (Para la discusión *véase* nota—Mt. 17:22.)

2. Los perseguidores de Jesús son nombrados. Serían los judíos, en particular los líderes entre los judíos, los principales sacerdotes, los escribas y los ancianos (*véanse* Estudios a fondo 1, 2—Mt. 16:21; nota—1 Ts. 2:15-16). Pero note que ellos solo serían los perseguidores, no los verdugos. Por ley les estaba prohibido realizar ejecuciones (Jn. 18:31). Ellos debían entregarlo a los gentiles para la ejecución. Hay un simbolismo en esto:

a. Tanto judíos como gentiles (el mundo) son culpables de la muerte del Hijo de Dios.
b. En su muerte, Cristo debía llevar el pecado, tanto de judíos como de gentiles. Debía reconciliar a ambos, es decir, reconciliar al mundo con Dios. (*Véanse* bosquejo y notas—Ef. 2:14-18.)

«Porque de tal manera amó Dios al mundo, que ha dado a su Hijo unigénito, para que todo aquel que en él cree, no se pierda, mas tenga vida eterna» (Jn. 3:16).

«Y mediante la cruz reconciliar con Dios a ambos en un solo cuerpo, matando en ella las enemistades» (Ef. 2:16).

«Y por medio de él reconciliar consigo todas las cosas, así las que están en la tierra como las que están en los cielos, haciendo la paz mediante la sangre de su cruz» (Col. 1:20).

«Y él es la propiciación por nuestros pecados; y no solamente por los nuestros, sino también por los de todo el mundo» (1 Jn. 2:2).

Pensamiento. Hay una verdad aquí en la que pocas veces se piensa: Debemos pensar *frecuentemente en la muerte* así como Cristo estuvo obsesionado con ella. Tres razones por las que no debemos huir ni negar ese pensamiento.

1) La muerte es un asunto eterno así como la vida es un asunto eterno (2 Co. 10:5).
2) La muerte ya no debe ser temida (He. 2:14-15; 2 Ti. 1:7).
3) Debemos vivir muriendo diariamente, negando constantemente el ego (*véanse* nota y Estudio a fondo 1—Lc. 9:23; cp. Ro. 8:36; Tit. 3:12-15).

ESTUDIO A FONDO 1

(20:18) ***Jesucristo, muerte:*** el dolor del sufrimiento alcanzó su clímax en el sufrimiento de Jesucristo. Él sufrió en grado extremo, en un sentido absoluto. Pero en medio de tan terrible sufrimiento, hay algo que es muy precioso, un pensamiento, una verdad que nos debe ser muy, muy preciosa. Es que *la muerte de Jesús fue de gran estima a su propio corazón*, fue de gran estima a pesar del terrible sufrimiento que debía soportar. De una manera desconocida por el hombre y que el hombre jamás podrá entender, Jesús dirigió su corazón y su rostro a la cruz. ¿Por qué? Porque la cruz era el foco central del propósito de Dios por toda la eternidad.

1. La cruz fue de gran estima a su corazón porque ella era la voluntad del Padre. Al morir podía complacer a su Padre, y el complacer a su Padre era el objetivo supremo de su vida (*véase* nota—Ef. 5:2).
2. La cruz fue de gran estima a su corazón porque fue el medio mediante el cual ganar a muchos hermanos (*véase* nota—Ro. 8:29).
3. La cruz fue de gran estima a su corazón porque mediante la muerte Él sería hecho *autor* de la salvación del hombre (He. 2:9-10).
4. La cruz fue de gran estima a su corazón porque mediante la muerte destruiría el poder del diablo sobre el hombre, es decir, destruiría la muerte (He. 2:14-15).
5. La cruz fue de gran estima a su corazón porque mediante la cruz iba a reconciliar a todos los hombres, reconciliarlos tanto con Dios como los unos con los otros (*véanse* bosquejo y notas—Ef. 2:13-18).
6. La cruz fue de gran estima a su corazón porque mediante la muerte volvería a su gloria anterior la cual había tenido con su Padre antes de la fundación del mundo (Jn. 17:1-5).

3 (20:19) ***Jesucristo, muerte:*** Cristo sería entregado a los gentiles para ser torturado y ejecutado. Note las tres formas de tortura que se mencionan.

- Burla: el ridículo, desprecio, insulto, humillación, desafío, escarnio.
- Castigo: ser golpeado mediante una vara o látigo con puntas de metal o hueso en sus extremos. Se aplicaban treinta y nuevo o cuarenta azotes. El propósito de los azotes era infligir severo dolor.
- Crucifixión (*véase* Estudio a fondo 1—Mt.27:26-44 en cuanto al terrible sufrimiento de la cruz).

Jesús llevó los pecados del hombre, sufriendo el grado extremo del dolor. Sufrió el dolor en un sentido absoluto.

1. Mentalmente. Mientras era torturado, su mente estaba fija en el motivo por el que sufría. Pensaba en el pecado del hombre y en problema que el pecado había causado a Dios. Imagínese el pecado del mundo, su enormidad y terror consumiendo la mente de Cristo. Mentalmente estaba sufriendo en grado extremo.

«Al que no conoció pecado, por nosotros lo hizo pecado, para que nosotros fuésemos hechos justicia de Dios en él» (2 Co. 5:21).

«Y él es la propiciación por nuestros pecados; y no solamente por los nuestros, sino también por los de todo el mundo» (1 Jn. 2:2).

2. Espiritualmente. Su corazón estaba roto. Aquellos a quienes había amado tanto estaban cometiendo un pecado tan horrendo que escapaba a todo lo imaginable. Se estaban rebelando tanto contra Dios que estaban dando muerte al propio Hijo de Dios.

Además, lo que es más terrible, su propio Padre, Dios mismo, le daría la espalda. Dios se apartaría de su propio Hijo (*véanse* notas—Mt. 27:46-49; Mr. 15:34). Estaba comenzando a soportar, e iba a soportar, el juicio, la condenación y el castigo merecido por el hombre. Iba a soportar el dolor espiritual en sentido absoluto. La ira de la santidad de Dios contra el pecado sería descargada sobre él.

«Todos nosotros nos descarriamos como ovejas, cada cual se apartó por su camino; mas Jehová cargó en él el pecado de todos nosotros» (Is. 53:6).

«Y a la hora novena Jesús clamó a gran voz, diciendo: Eloi, Eloi, ¿lama sabactani? que traducido es: Dios mío, Dios mío, ¿por qué me has desamparado?» (Mr. 15:34).

«Y estando en agonía, oraba más intensamente; y era su sudor como grandes gotas de sangre que caían hasta la tierra» (Lc. 22:44).

«Porque convenía a aquel por cuya causa son todas las cosas, y por quien todas las cosas subsisten, que habiendo de llevar muchos hijos a la gloria, perfeccionase por aflicciones al autor de la salvación fe ellos» (He. 2:10).

«Y aunque era Hijo, por lo que padeció aprendió la obediencia» (He. 5:8).

«Por lo cual también Jesús, para santificar al pueblo mediante su propia sangre, padeció fuera de la puerta» (He. 13:12).

«Quien llevó él mismo nuestros pecados en su cuerpo sobre el madero, para que nosotros, estando muertos a los pecados, vivamos a la justicia; y por cuya herida fuisteis sanados» (1 P. 2:24).

«Porque también Cristo padeció una sola vez por los pecados, el justo por los injustos, para llevarnos a Dios, siendo a la verdad muerto en la carne, pero vivificado en espíritu» (1 P. 3:18).

3. Físicamente. Su dolor sería tanto mayor por la presión mental y espiritual que soportaba al mismo tiempo. También es cierto que cuando es mayor la burla en el corazón del perseguidor, más cruelmente tortura a su víctima (cp. la corona de espinas, el manto real, la excesiva burla de los soldado). El hecho que Cristo afirmara ser el Hijo de Dios incentivó a los perseguidores a infligir mayor escarnio y tortura. (Cp. Mt. 27:1ss.)

«Di mi cuerpo a los heridores, y mis mejillas a los que me mesaban la barba; no escondí mi rostro de injurias y de esputos» (Is. 50:6).

«Y le preguntarán: ¿Qué heridas son estas en tus manos? Y él responderá: Con ellas fui herido en casa de mis amigos» (Zac. 13:6).

«Y pusieron sobre su cabeza una corona tejida de espinas, y una caña en su mano derecha; e hincando la rodilla delante de él, le escarnecían, diciendo: ¿Salve, Rey de los judíos» (Mt. 27:29).

«Cuando le hubieron crucificado, repartieron entre sí sus vestidos, echando suertes, para que se cumpliese lo dicho por el profeta: Partieron entre sí mis vestidos, y sobre mi ropa echaron suertes» (Mt. 27:35).

«Y los que pasaban le injuriaban, meneando la cabeza» (Mt. 27:39).

«Y los que pasaban le injuriaban, meneando la cabeza y diciendo: ¡Bah! tú que derribas el templo de Dios, y entres días lo reedificas» (Mr. 15:29).

Pensamiento. Jesús sufrió el grado supremo del dolor y lo hizo *por nosotros.* Este hecho debería rompernos el corazón, pero raras veces lo hace. ¿Por qué? Porque tan pocos de nosotros pasamos tiempo meditando en su muerte, y, de entre nosotros que lo hacemos, un porcentaje aun menor le dedica ni cercanamente el tiempo que debería.

4 (20:19) ***Jesucristo, resurrección:*** Cristo resucitaría de los muertos. Al mencionar la resurrección en la misma discusión sobre su muerte Cristo alcanza tres objetivos.

1. Al predecir la resurrección volvía a grabar en la mente de sus discípulos este próximo acontecimiento. Los discípulos tienen que recordar siempre la resurrección. La muerte de Cristo no fue la última palabra.

«Acuérdate de Jesucristo, del linaje de David, resucitado de los muertos conforme a mi evangelio» (2 Ti. 2:8).

2. Al predecir la resurrección estaba anticipando el poder de Dios. Después de la resurrección del Señor los discípulos la recordarán y la gloriosa verdad del poder de Dios se grabaría por siempre, con mayor fuerza, en la mente y el corazón de ellos.

a. El poder de Dios es victorioso.

«¿Dónde está, oh muerte, tu aguijón? ¿Dónde, oh sepulcro, tu victoria? ... Mas gracias sean dadas a Dios, que nos da la victoria por medio de nuestro Señor Jesucristo» (1 Co. 15:55-57).

b. El poder de Dios triunfa.

«Y despojando a los principados y a las potestades, los exhibió públicamente, triunfando sobre ellos en la cruz» (Col. 2:15).

c. El poder de Dios es conquistador.

«Antes, en todas estas cosas somos más que vencedores por medio de aquel que nos amó. Por lo cual estoy seguro de que ni la muerte, ni la vida, ni ángeles, ni principados, ni potestades, ni lo presente, ni lo por venir, ni lo alto, ni lo profundo, ni ninguna otra cosa creada nos podrá separar del amor de Dios, que es en Cristo Jesús Señor nuestro» (Ro. 8:37-39).

«Así que, por cuanto los hijos participaron de carne y sangre, él también participó de lo mismo, para destruir por medio de la muerte al que tenía el imperio de la muerte, esto es, al diablo y librar a todos los que por el temor de la muerte estaban durante toda la vida sujetos a servidumbre» (He. 2:14-15).

3. Al predecir la resurrección Cristo estaba anticipando el movimiento que el poder de Dios iba a obrar en sus vidas.

a. Poder para alentar y motivar.

«Alumbrando los ojos de vuestro entendimiento, para que sepáis cuál es la esperanza a que él os ha llamado, y cuáles las riquezas de la gloria de su herencia en los santos, y cuál la supereminente grandeza de su poder para con nosotros los que creemos, según la operación del poder de su fuerza» (Ef. 1:18-19).

«Porque no nos ha dado Dios, espíritu de cobardía, sino de poder, de amor y de dominio propio» (2 Ti. 1:7).

b. Poder para dar seguridad y afirmar la confianza.

«Ocho días después, estaban otra vez sus discípulos dentro, y con ellos Tomás. Llegó Jesús, estando las puertas cerradas, y se puso en medio y les dijo: Paz a vosotros. Luego dijo a Tomás: Pon aquí tu dedo, y mira mis manos; y acerca tu mano, y métela en mi costado; y no seas incrédulo, sino creyente. Entonces Tomás respondió y le dijo: ¡Señor mío, y Dios mío! Jesús le dijo: Porque me has visto, Tomás, creíste; bienaventurados los que no vieron, y creyeron» (Jn. 20:26-29).

c. El poder para dar coraje y osadía.

«Y puestos en libertad, vinieron a los suyos y contaron todo lo que los principales sacerdotes y los ancianos les habían dicho. Y ellos, habiéndolo oído, alzaron unánimes la voz a Dios, y dijeron: Soberano Señor, tú eres el Dios que hiciste el cielo y la tierra, el mar y todo lo que en ellos hay» (Hch. 4:23-24).

«Por tanto no te avergüences de dar testimonio de nuestro Señor, ni de mí, preso suyo, sino participa de las aflicciones por el evangelio según el poder de Dios, quien nos salvó y llamó con llamamiento santo, no conforme a nuestras obras, sino según el propósito suyo y la gracia que nos fue dada en Cristo Jesús antes de los tiempos de los siglos» (2 Ti. 1:8-9).

1 El pecado de falsas ambiciones: buscar grandeza propia[EF1]
a. Busca satis. propia
b. Es engañoso
c. Hace mal uso de influencia, y poder
d. Surge del orgullo
e. Malinterpreta la verdadera grandeza

2 Requisitos de la verdadera grandeza: ¿Está dispuesta a pagar el precio?
a. El precio de la contemplación
b. El precio del sufrimiento: la copa[EF2]
c. El precio de la muerte: bautismo
d. El precio de la decisión: «podemos»
e. El precio de fidelidad inalterable: a Cristo[EF3, 4]

3 ¿Qué es grandeza?
a. Grandeza eterna proviene de Dios
b. Grandeza no es dominio sobre las personas
1) Concepto equivocado
2) Características del mundo
c. Grandeza es servir a otros
1) Los grandes: son ministros
2) Los más grandes: son esclavos
d. Verdadera grandeza demostrada por Cristo[EF5]

H. Precio y significado de la grandeza, 20:20-28 (Mr. 10:35-45; Lc. 22:24-27)

20 Entonces se le acercó la madre de los hijo s de Zebedeo con sus hijos, postrándose ante él y pidiéndole algo.
21 El le dijo: ¿Qué quieres? Ella le dijo: Ordena que en tu reino se sienten estos dos hijos míos, el uno a tu derecha, y el otro a tu izquierda.
22 Entonces Jesús respondiendo, dijo: No sabéis lo que pedís. ¿Podéis beber del vaso que yo he de beber, y ser bautizados con el bautismo con que yo soy bautizado? Y ellos le dijeron: Podemos.
23 El lesdijo: A la verdad, de mi vaso beberéis, y con el bautismo con que yo soy bautizado, seréis bautizados; pero el sentaros a mi derechay a mi izquierda, no es mío darlo, sino a aquello para quienes está preparado por mi Padre.
24 Cuando los diez oyeron esto, se enojaron contra los dos hermanos.
25 Entonces Jesús, llamándolos, dijo: Sabéis que los gobern antes de las naciones se enseñorean de ellas, y los que son grandes ejercen sobre ellas potestad
26 Mas entre vosotros no será así, sino que el que quiera hacerse grande entre vosotros, será vuestro servidor,
27 y el que quiera ser el primero entre vosotros será vuestro siervo;
28 como el Hijo del Hombre no vino para ser servido, sino para servir, y para dar su vida en rescate por muchos.

H. Precio y significado de la grandeza, 20:20-28

(20:20-28) ***Introducción:*** Jesús estaba en camino a Jerusalén. Esta sería una visita suprema a la capital. Sería la visita en la cual tendría lugar la crisis, la crisis de su muerte y resurrección. Acababa de mencionar nuevamente el hecho de la crisis (vv. 17-19). Durante meses su muerte y resurrección habían consumido su atención y sus mensajes privados dirigidos a los discípulos (Mt. 16:13-20; 16:21-28; 17:1-13; 17:22; 17:24-27; 20:17). Ya no quedaban dudas en la mente de los discípulos; esta visita a Jerusalén sería el acontecimiento supremo al que habían esperado tanto tiempo. Jesús iba a librar a Israel y establecer su propio reino sobre la tierra.

Nosotros, que vivimos ahora, sabemos lo que Cristo quiso decir con su muerte y resurrección. Iba a morir por nuestros pecados y resucitar para darnos vida nueva, pero los discípulos no sabían esto. Cristo todavía no había muerto ni resucitado. Ellos creían que hablaba de un reino terrenal y material. Si Jesús iba a establecer su reino, este era el momento para tomarse de su promesa de posiciones y poder en dicho reino. Este era el momento para asegurarse las posiciones de gobierno y autoridad. (*Véanse* notas—Mt. 1:1; Estudio a fondo 2—1:18; Estudio a fondo 3—3:11; notas—11:1-6; 11:2-3; Estudio a fondo 1—11:5; Estudio a fondo 2—11:6; Estudio a fondo 1—12:16; nota—Lc. 7:21-23).

Es lo que Jacobo y Juan estaban haciendo. Se estaban asegurando las posiciones claves en el gobierno de Cristo. *Véanse* bosquejos y notas—Mt. 18:1-4; Lc. 22:24-30).

1. El pecado de las falsas ambiciones: buscar grandeza propia (vv. 20-21).
2. Requisitos de la verdadera grandeza: ¿Está dispuesta la persona a pagar el precio (vv. 22-23)?
3. ¿Qué es la grandeza? (vv. 23-28).

1 (20:20-21) ***Ambición falsa—grandeza:*** note los pecados de la falsa ambición y de buscar grandeza personal. Son cinco.

1. La ambición falsa busca satisfacción propia. Jacobo y Juan solo estaban interesados en el honor de la posición; no en el propósito de servir. En sus mentes estaban la pompa y ceremonia, posiciones y reconocimiento, poder y autoridad, no el ministrar y servir a la gente.

2. La ambición falsa engaña y usa a la gente. Note cuán engañosamente vinieron Jacobo y Juan y la madre de ellos a Jesús. Los hijos persuadieron a su madre a usar la influencia que tenía con Jesús. Ella era instrumento de la ambición de los hijos. Al tomar ella la iniciativa, esperaban que Cristo considerase el pedido como de ella y no de sus hijos. Ya habían sido amonestados por ser ambiciosos (*véanse* bosquejo y notas—Mt. 18:1-4). Con frecuencia la ambición nos lleva a usar a la gente. Demasiadas veces ponemos el deseo de cosas, posición, poder e influencia delante y por encima de las personas. Algunos incluso engañan y usan a otros para lograr sus propósitos.

3. La ambición falsa usa mal la influencia, posición, y poder. Jacobo y Juan, juntamente con Pedro, formaban el círculo íntimo alrededor de Cristo. Cristo les dio oportunidad de presenciar varios acontecimientos que a los otros quedaron vedados. Se sentían más favorecidos y que su posición era superior a la de los otros discípulos (*véase* Estudio a fondo 1—Mr. 9:2). Esto fue tanto más así cuando Jacobo y Juan usaron la propia posición familiar para influir en Jesús (*véase* Estudio a fondo 1—Mt. 20:20-21).

4. La ambición falsa surge del orgullo y contumacia. Se sentían más honrados, más especiales, más preferidos; y estaban mostrando su arrogancia. Esperaban plenamente que su pedido sería otorgado. El postrarse con su madre (probablemente detrás de ella) lo demuestra. En el orgullo siempre hay desprecio hacia otros. Sentirse más honrados y más preferidos eleva a unos sobre otros tratando a aquellos como inferiores.

5. La ambición falsa malinterpreta los hechos. Jacobo y Juan no entendían la muerte y resurrección de Jesús. Las malinterpretaron. Hicieron el mismo error que tantas veces hace el hombre, espiritualizaron la Palabra de Dios.

Cuando Cristo habló de morir probablemente pensaron que se refería al conflicto que tendría lugar al ser derrocado el dominio romano. Cuando Cristo habló de resucitar, probablemente pensaron que se refería al nacimiento y al poder del reino de Dios. Solo pensaban en términos de poder terrenal y temporal. No captaron en absoluto el tema en cuestión; no captaron la muerte y resurrección literal del Hijo de Dios que salvaría espiritual y eternamente al hombre. La cuestión es esta: la falsa ambición concentra su atención en cosas del presente, no en la eternidad. Interpreta la vida y los valores de la vida en términos exclusivamente de poder, posición, reconocimiento y riqueza terrenal. No alcanza a ver que estos son tan breves que no duran. Malinterpreta totalmente los hechos.

Pensamiento 1. Existe la ambición buena y saludable; y existe la ambición mala, destructiva. La buena ambición le da a uno propósito, significado y sentido a la vida; motoriza la actividad, la iniciativa; da auto estima y muchas, muchas otras cosas. Todas estas cualidades son saludables y necesarias para todo ser humano. Todos necesitamos sentirnos dignos, pero la auténtica salud interior proviene de servir a otros, no de la posición y el poder. Esto es lo que Jacobo y Juan no vieron.

La ambición mala es falsa. Es engañosa en todo sentido imaginable. Puede llevar a la exaltación y al poder, pero corrompe y destruye. Carcome el cuerpo de la persona tanto como su espíritu, y consume y hace mal uso de las personas. El pecado corrompe y destruye, de modo que la falsa ambición es pecado.

Pensamiento 2. Las altas posiciones de responsabilidad y autoridad no tiene nada de malo. El liderazgo y la organización, gobierno y leyes, maestros y alumnos, padres e hijos: son todas categorías esenciales. Sin embargo, todas las posiciones deberían existir, *no para enseñorearse de la gente,* sino para servirle. Debemos procurar servir a la gente, no dominarla. Nuestra ambición no debe ser *mandar,* sino servir. Este era el error de Jacobo y Juan. Con frecuencia es también el nuestro. Hay una tremenda diferencia entre mandar y servir.

Pensamiento 3. En esta experiencia hay algo muy loable respecto de Jacobo y Juan, y es la vigorosa fe que tienen en Jesús y en su reino. Estaban equivocados en su ambición, pero acertados en cuanto a Jesús mismo. Jesús era el verdadero Mesías que había venido para reinar sobre las obras y vidas de los hombres. Solo estaban equivocados encuanto al método de Jesús. Jesús lo haría espiritualmente, no militarmente.

Pensamiento 4. Jacobo y Juan habían dejado todo por Cristo (Mt. 19:27-29). Durante tres años habían viajado y sufrido con Él por todo el país. Ahora creían que sus pruebas habían terminado. Creían que ahora Cristo cambiaría las cosas y los elevaría por encima de sus sufrimientos, y los recompensaría por la confianza demostrada. Estaban tan equivocados. Como tantos de nosotros interpretaron en forma totalmente equivocada lo que realmente significa seguir a Cristo. Cristo no quita nuestras pruebas; en cambio, nos lleva a través de ellas. No elimina el sufrimiento; nos lleva a través de ellos. Nuestro reposo de trabajos y pruebas, y nuestra corona pertenecen al mundo venidero, no a éste.

ESTUDIO A FONDO 1

(20:20-21) ***Salomé:*** la madre de Jacobo y Juan se llamaba Salomé (Mt. 25:56; cp. Mr. 15:40; 16:1). Un hecho interesante es que Salomé probablemente era hermana de María, madre de Jesús, lo cual significa que Jacobo y Juan serían primeros hermanos de Jesús. Esto lo vemos en los relatos que hacen Marcos y Juan de la crucifixión. Marcos dice que Salomé estuvo cerca de la cruz junto a María, la madre de Jesús (Mr.15:40). Juan simplemente dice: «estaban junto a la cruz de Jesús su madre, y la hermana de su madre... » (Jn. 19:25).

2 (20:22-23) ***Grandeza:*** ¿Qué requisitos tiene la grandeza? Y ¿está la persona dispuesta a cumplir esos requisitos? Cristo le dijo a Jacobo y Juan cómo llegar a la grandeza; en su reino la grandeza tiene cinco requisitos.

1. El precio de contemplar el sufrimiento y la muerte. La persona tiene que comprender que la grandeza implica el sufrimiento del discípulo, obediencia y muerte del ego para el confort, la indulgencia y extravagancia. La persona tiene que pensar, contemplar y comprender lo que está buscando. El pensar requiere tiempo; requiere concentración, energía y esfuerzo. Implica muchas horas, largas y cansadoras, y días de estudio y aprendizaje concentrado. Significa conocer y entender lo que uno pide. Significa conocer dónde uno está, dónde ha estado, y a dónde debe ir en la vida.
2. El precio de beber la copa del sufrimiento. Significa la disposición a morir diariamente al propio yo, y de entregarse a soportar lo que sea preciso soportar para seguir a Cristo (*véanse* Estudio a fondo 2, ***Copa***—Mt. 2:22-23; nota y Estudio a fondo 1—Lc. 9:23).
3. El precio de ser bautizados en la muerte. Significa pagar cualquier precio para alcanzar el propósito establecido por Dios, aun cuando ello signifique morir (Estudio a fondo 2, ***Bautismo***—Mt. 20:22-23).
4. El precio de la decisión. Jacobo y Juan respondieron: «Podemos». La grandeza es aceptar el desafío porque uno ama al Señor y está dispuesto a compartir su sufrimiento y muerte cualquiera sea el precio.
5. El precio de inamovible fidelidad a Cristo. La grandeza es soportar y perseverar cualquiera sea el sufrimiento o la negación demandados. Jacobo y Juan, ambos, bebieron la copa y fueron bautizados con el bautismo de Cristo (*véanse* Estudios a fondo 3, 4—Mt. 20:23).

«Así, pues, cualquiera de vosotros que no renuncia a todo lo que posee, no puede ser mi discípulo» (Lc. 14:33).

«Y les dijo: Si alguno quiere venir en pos de mí, niéguese a sí mismo, tome su cruz cada día, y sígame. Porque todo el que quiera salvar su vida, la perderá; y todo el que pierda su vida por causa de mí, éste la salvará» (Lc. 9:23-24).

«Si alguno viene a mí, y no aborrece a su padre, y madre, y mujer, e hijos, y hermanos, y hermanas, y aun también su propia vida, no puede ser mi discípulo. Y el que no lleva su cruz y viene en pos de mí, no puede ser mi discípulo» (Lc. 14:26-27).

«Porque si vivís conforme a la carne, moriréis; mas si por el Espíritu hacéis morir las obras de la carne, viviréis» (Ro. 8:13).

«Pero los que son de Cristo han crucificado la carne con sus pasiones y deseos» (Gá. 5:24).

«Y ciertamente, aun estimo todas las cosas como pérdida por la excelencia del conocimiento de Cristo Jesús, mi Señor, por amor del cual lo he perdido todo, y lo tengo por basura, para ganar a Cristo» (Fil. 3:8).

Pensamiento 1. Cristo no se anda con paños tibios. Si queremos grandeza hay un precio que pagar, un tremendo precio. Si queremos tener la corona que Él ofrece, hay una copa amarga que beber y un bautismo en el cual ser sumergidos (*véase* nota—Mt. 20:22).

Pensamiento 2. Cuando decimos «sí» a Cristo, tiene que ser de corazón. Tiene que haber una férrea decisión de seguir a Cristo. Tenemos que estar en condiciones de decir con Jacobo y Juan: «Podemos», cualquiera sea la copa y el bautismo. Sin embargo, siempre tenemos que recordar que *solamente podemos hacerlo* mediante la fuerza del poder de su resurrección.

Pensamiento 3. Note que Cristo no rechazó a Jacobo y Juan por el hecho de estar equivocados y por haber cometido un terrible pecado. No renunció a ellos apartándolos como inútiles. Simplemente los corrigió y les enseñó la verdad y siguió usándolos. Note algo más: Cristo confió en ellos. Conocía el corazón de ellos en la profundidad de su ser; sabía que vencerían y que en el análisis final pagarían cualquier precio por Él.

Aquí hay una tremenda lección. Cristo cree en nosotros y nos considera dignos de confianza (1 Ti. 1:12; cp. Ro. 8:28ss). Aun cuando fracasamos y comenzamos a ser desagradables para nosotros mismos, Él nos ama y cuida, y quiere corregirnos y enseñarnos, y poner nuestros pies nuevamente en la senda de la utilidad.

ESTUDIO A FONDO 2

(20:22-23) ***Copa—bautismo:*** hay una diferencia entre beber la copa del sufrimiento y ser bautizados con sufrimientos. La copa se refiere más a lo que una persona internaliza y soporta en su interior. Es más un sufrimiento y agonía interior. El bautismo es más lo que se impone a una persona desde afuera. Es más el sufrimiento exterior.

La copa significa beber la amargura y agonía de las pruebas, penas, heridas, tristezas, angustias, sufrimientos, desilusiones y lágrimas (cp. la experiencia de Cristo en el huerto del Getsemaní, Mt. 26:36-46. Sus sufrimientos, Mt. 20:19; 27:46-49; y la experiencia de Juan en Patmos, Ap.1:9; cp. Introducción—Fecha). La copa está asociada con el sufrimiento y con la ira de Dios (cp. Sal. 11:6; Is. 51:17; Ez. 23:33).

El bautismo de sufrimiento significa ser sumergidos en torrentes de aflicción, rechazo, abuso, ridículo, oposición, persecución y martirio.

El creyente cristiano que vive auténticamente en el camino de Cristo y testifica de Él beberá su copa y será bautizado con su bautismo. Piense solo por un momento. Cristo demanda todo lo que *somos y tenemos* para ayudarle a llevar el mensaje de salvación al mundo. Si fuéramos sinceros dando todo lo que *somos y tenemos,* imagine el costo que sería para nosotros. Imagine qué diferentes seríamos respecto del mundo. Imagine la reacción del mundo hacia nosotros. Ese es el motivo por el que Cristo y los apóstoles con frecuencia encontraban tanta oposición. Dieron todo lo que *eran* y todo lo que *tenían* y vivieron de manera tan diferente. Vivieron para Dios en vez de vivir para sí mismos y para el mundo; por eso el mundo no podía entenderlos. Algunos ignoraban y otros se burlaban, abusaban, los perseguían e incluso los mataban. Tuvieron que soportar la copa y el bautismo del sufrimiento y sacrificio, y de igual manera tienen que soportarlo todos los que realmente le siguen. (*Véanse* bosquejos y notas—Mt. 10:16-23;10:24-33; 10:34-42; 19:23-26; 19:27-30. Cp. Mt. 10:22; Fil. 1:29; 2 Ti.3:12; 1 P. 2:21; 4:1-5; 5:10; Mt. 19:29; Ro. 8:16-17.)

ESTUDIO A FONDO 3

(20:23) ***Jacobo:*** fue muerto por Herodes. Fue el primer apóstol que bebió la copa del martirio.

ESTUDIO A FONDO 4

(20:23) ***Juan:*** vivió hasta una edad aproximada a los cien años, y según sepamos, murió en una cama. Sin embargo, bebió la copa y fue bautizado con sufrimiento de la forma más desgarradora:

- Presenció los sufrimientos de la muerte de Cristo.
- Vivió para ver el asesinato y muerte de todos los otros apóstoles.
- Vivió una larga vida de exilio en la isla de Patmos (*véanse* Introducción, Apocalipsis—Fecha).

3 (20:23-28) ***Grandeza:*** ¿Qué es verdadera grandeza? Cuatro cosas.

1. La grandeza eterna proviene de Dios. No hay otra grandeza sino la que es de Dios, no una grandeza basada posiciones y honores eternos. La grandeza imaginada por los hombres es superficial; se desvanece. Note dos cosas que aparentemente Cristo estaba diciendo.

   a. Que algunos se sentarán a su derecha y otros a su izquierda. Dios prepara todo para dar a algunos ese honor. Esto pareciera señalar hacia grados de gloria en el cielo (cp. vv. 26-27).

   b. Cristo dijo que el derecho de reinar con Él era determinado exclusivamente por Dios (esto es, por su absoluta justicia). También hizo una distinción entre *los grandes* que solamente se entregan servir, y los *primeros* (principales) que se entregan para ser *servidores* (esclavos) (v. 26; cp. v. 27).

   «Lo que os digo en tinieblas, decidlo en la luz; y lo que oís al oído, proclamadlo desde las azoteas»» (Mt. 10:27).

   «Si alguno me sirve, sígame; y donde yo estuviere, allí estará también mi servidor. Si alguno me sirviere, mi Padre le honrará» (Jn. 12:26).

   «Pues si yo, el Señor y el Maestro, he lavado vuestros pies, vosotros también debéis lavaros los pies los unos a los otros» (Jn. 13:14).

   «Volvió a decirle la segunda vez: Simón, Hijo de Jonás, ¿me amas? Pedro le respondió: Sí, Señor; tú sabes que te amo. Le dijo: Pastorea mis ovejas» (Jn. 21:16).

   «Porque habéis sido comprados por precio [sangre de Cristo]; glorificad, pues, a Dios en vuestro cuerpo y en vuestro espíritu, los cuales son de Dios» (1 Co. 6:20).

   «Porque el que en el Señor fue llamado siendo esclavo, liberto es del Señor; asimismo el que fue llamado siendo libre, esclavo es de Cristo» (1 Co. 7:22).

   «Sabiendo que del Señor recibiréis la recompensa de la herencia, porque a Cristo el Señor servís» (Col. 3:24).

2. Dominar a las personas no es grandeza. Los discípulos todavía pensaban que el reino del Mesías sería la restauración de Israel como nación y poder terrenal. Los otros diez discípulos estaban indignados porque ellos mismos querían las posiciones más altas. Se hubieran preocupado y no enojado, por una conducta tan mala y egoísta, si no hubieran tenido ellos también idénticos sentimientos. El concepto mundano de grandeza es doble.

   a. El concepto exterior es medido por el poder, fama, reconocimiento, influencia, autoridad, dominio, y posición.

   b. El concepto interior es medido por riqueza, edificios, vehículos y máquinas, y la capacidad de trabajar y lograr metas. Estas son las cosas que busca el mundo; estas son las cosas que buscan los individuos tanto como las naciones. De hecho, la mayoría de las personas son cautivas, en cierta medida de la *grandeza mundana,* buscando algún reconocimiento, posición, influencia, fama, y riqueza. Pocas personas están totalmente despojadas de *grandeza mundana.*

   «El que ama la disputa, ama la transgresión; y el que abre demasiado la puerta busca su ruina» (Pr. 17:19).

   «Comer mucha miel no es bueno, ni el buscar la propia gloria es gloria» (Pr. 25:27).

   «Porque el que se enaltece será humillado, y el

que se humilla será enaltecido» (Mt. 23:12).

«¿Cómo podéis vosotros creer, pues recibís la gloria los unos de los otros, y no buscáis la gloria que viene del Dios único?» (Jn. 5:44).

3. Grandeza es servir a otros. Los grandes son los que ministran. Los primeros, los principales entre los demás, son los esclavos (*véase* nota—Ro. 1:1). Note las dos palabras *primero* (*protos*) y *siervo* (*doulos*, esclavo). Cristo hizo una significativa distinción entre lo que dijo en versículo 26 y lo que dijo en versículo 27. Es una diferencia poderosa y desafiante. Hay el ...

- *grande* (v. 26) en contraste con el *primero* (v. 27).
- *servidor* (v. 26) en contraste con el *siervo* (v. 27).

Otra forma de ver la diferencia es...

- los *grandes* son los que *ministran.*
- los *primeros* son los *siervos* (esclavos).

Esto es lo que Cristo estaba diciendo. Entre sus discípulos, la persona que ministra es grande, pero la persona que es un siervo (esclavo) es primera. La idea de la persona que ministra es la de un servicio ocasional; mientras que el siervo es la persona comprometida cada momento de su vida con el Señor; sirviendo siempre, sin importar la hora, o el llamado o la dificultad.

La idea de diversos grados de servicio está incuestionablemente implícita. No todos los creyentes sirven con el mismo fervor o dedicación. Una y otra vez nuestro Señor trasmite la idea de *grados de recompensa* por el trabajo. (Para una lista completa *véase* nota, ***Recompensa***—Lc. 16:10-12.)

«Y cualquiera que dé a uno de estos pequeñitos un vaso de agua fría solamente, por cuanto es discípulo, de cierto os digo que no perderá su recompensa» (Mt. 10:42).

«Así, no es la voluntad de vuestro Padre que está en los cielos, que se pierda uno de estos pequeños» (Mt. 18: 14).

«Mas no así vosotros, sino sea el mayor entre vosotros como el más joven, y el que dirige, como el que sirve» (Lc. 22:26).

«Pues si yo, el Señor y Maestro, he lavado vuestros pies, vosotros también debéis lavaros los pies los unos a los otros» (Jn. 13:14).

«Sirviendo de buena voluntad, como al Señor y no a los hombres» (Ef. 6:7).

«Así que, recibiendo nosotros un reino inconmovible, tengamos gratitud, y mediante ella sirvamos a Dios agradándole con temor y reverencia» (He. 12:28).

«Riquezas, honra y vida son la remuneración de la humildad y del; temor a Jehová» (Pr. 22:4).

«Oh hombre, él te ha declarado lo que es bueno, y qué pide Jehová de ti: solamente hacer justicia, y amar misericordia, y humillarte ante tu Dios» (Mi. 6:8).

4. En tres actos supremos Cristo demostró lo que es verdadera grandeza.

a. El acto de venir a la tierra. «El Hijo del Hombre *vino*». La encarnación es el Hijo de Dios haciéndose hombre. La mayoría de las personas consideran a la humanidad el clímax de la creación sobre esta tierra. Pero dentro de lo largo y ancho del universo y de la dimensión del mundo espiritual, y en particular ante la presencia de Dios, el hombre no es nada: al menos no para aquel que piensa sinceramente. No es más que un grano de arena en la playa o un a gota de agua en el océano. El hombre dura a lo sumo unos setenta años, y eso si *puede.*

En realidad es inimaginable que Dios venga a una raza de seres tan bajos. Es el acto más humillante posible.

b. El acto de ministrar: «Vino, no para ser servido, sino para servir». Además fue tratado como la más baja de las criaturas por los hombres a quienes vino. ¡Imposible, pero cierto! No le dieron lugar donde recostar su cabeza (Mt. 8:20; Lc. 9:58) y apenas tres años después de haber anunciado públicamente que había venido a salvarlos, lo mataron. Ahora note: Jesús es el Rey de reyes y Señor de señores, sin embargo, aseguró su reinado haciéndose ministro y siervo de todos. No se *enseñoreó* sobre los hombres. Ministró a los hombres y les sirvió, y por hacerse siervo de todos, ahora Dios lo ha exaltado en gran manera (Fil. 2:8).

c. El acto de entrezar su vida «en rescate por muchos» (*véase* nota—Mt. 20:28).

ESTUDIO A FONDO 5

(20:28) ***Rescate por muchos*** (*lutron anti pollon*): un rescate a cambio (*anti*) de muchos; un rescate por muchos; un rescate en lugar de muchos.

En el Antiguo Testamento el rescate es un medio para librar a alguien. Es la liberación de una vida o el rescate por una vida (Éx. 21:30). Es dar libertad, el precio del rescate, el precio redentor por alguien, por ejemplo ...

- es el precio pagado por la liberación de un esclavo (Lv. 19:20).
- es el precio del rescate pagado por la tierra (Lv. 25:24).
- es el precio del rescate pagado por un cautivo (Is. 45:13).

La palabra griega para rescate (*anti*) es significativa. Implica, sin duda alguna, la idea de *cambio.* Cristo dio su vida en *cambio,* es decir, en lugar de, o como sustituto de muchos. (*Véase* Estudio a fondo 2, ***Justificación***—Ro. 4:22; nota—5:1.)

La palabra es usada otras dos veces en el Nuevo Testamento (Mr. 10:45; 1 Ti. 2:6). En 1 Timoteo 2:6 las palabras son «un rescate sustitutorio por todos» (*antilutron huper panton*). *Huper* es la preposición que trasmite la idea de sustituto. Es una sustitución en favor de todos. Sin embargo, note dos cosas.

1. No todos reciben el ofrecimiento. Pablo dijo: «[Cristo] se dio en rescate por todos» 1 Ti. 2:5). Juan dijo: «El es la propiciación ... por los pecados de todo el mundo» (1 Jn. 2:2). Y potencialmente lo es. Cristo ha suplido la necesidad y provisto el precio de rescate por todo hombre y toda mujer, pero cada uno tiene que aceptar el ofrecimiento para su propio provecho. Cristo ha provisto, pero toda persona puede rechazar el rescate. Y algunos lo hacen. Por eso, la Escritura habla de Cristo muriendo «por todos», y también «por muchos». Murió por *todos* en el sentido de haber *provisto* para que todos sean salvados, pero murió por *muchos* en el sentido de que solamente algunos reciben el ofrecimiento del rescate.

2. La palabra «rescate» también lleva la idea de sacrificio. En efecto, eso precisamente es *rescate.* Es el cambio, el sacrificio, la entrega de alguna cosa por alguna otra cosa. Algo es sustituido y sacrificado por otra cosa. Es exactamente lo que Cristo hizo por nosotros. Se sacrificó y entregó a sí mismo como un rescate por nosotros (Ef. 1:7; 1 Jn. 2:1-2). (Cp. los sacrificios del Antiguo Testamento; ilustraban lo que Cristo iba a hacer por nosotros).

«Al que nos amó, y nos lavó de nuestros pecados con su sangre» (Ap. 1:5).

«Sabiendo que fuisteis rescatados ... no con cosas corruptibles, como oro o plata, sino con la sangre preciosa de Cristo, como de un cordero sin mancha y sin contaminación» (1 P. 1:18-19).

«Cristo nos redimió de la maldición de la ley, hecho por nosotros maldición» (Gá. 3:13).

«Y por todos murió, para que los que viven, ya no vivan para sí, sino para aquel que murió y resucitó por [*huper*] ellos» (2 Co. 5:15).

«Al que no conoció pecado, por [*huper*] nosotros lo hizo pecado, para que nosotros fuésemos hechos justicia de Dios en él» (2 Co. 5:21).

«Que no tiene necesidad cada día, como aquellos sumos sacerdotes, de ofrecer primero sacrificios por sus propios pecados, y luego por

[*huper*] los del pueblo; porque esto lo hizo una vez para siempre, ofreciéndose a sí mismo» (He. 7:27).

«Porque si la sangre de los toros y de los machos cabríos, y las cenizas de la becerra rociadas a los inmundos, santifican para la purificación de la carne, ¿Cuánto más la sangre de Cristo, el cual mediante el Espíritu eterno se ofreció a sí mismo sin mancha a Dios, limpiará vuestras conciencias de obras muertas para que sirváis al Dios vivo?» (He. 9:13-14).

«Y no para ofrecerse muchas veces, como entra el sumo sacerdote en el Lugar Santísimo cada año con sangre ajena. De otra manera le hubiera sido necesario padecer muchas veces desde el principio del mundo; pero ahora, en la consumación de los siglos, se presentó una vez para siempre por el sacrificio de sí mismo para quitar de en medio el pecado» (He. 9:25-26).

«En esa voluntad somos santificados mediante la ofrenda del cuerpo de Jesucristo hecha una vez para siempre» (He. 10:10).

«Pero Cristo, habiendo ofrecido una vez para siempre un solo sacrificio por los pecados, se ha sentado a la diestra de Dios ... Porque con una sola ofrenda hizo perfectos para siempre a los santificados» (He. 10:12, 14).

«Quien llevó él mismo nuestros pecados en su cuerpo sobre el madero, para que nosotros, estando muertos a los pecados, vivamos a la justicia; y por cuya herida fuisteis sanados» (1 P. 2:24; cp. 1 Co. 5:7; Ef. 5:2).

I. Dos ciegos sanados: cómo pueden ser salvados los desesperados, 20:29-34
(Mr. 10:46-52; cp. Lc.18:35-43)

1 Jesús salió de Jericó
a. Seguido por la multitud
b. Dos ciegos al camino
2 Paso 1: aprovechar la oportunidad del paso de Jesús
3 Paso 2: pedir misericordia[EFI]

29 Al salir de Jericó, les seguía una gran multitud.
30 Y dos ciegos estaban sentados junto al camino, cuando oyeron que Jesús, pasaba, clamaron, diciendo: ¡Señor, Hijo de David, ten misericordia de nosotros!
31 Y la gente les reprendió para que callasen; pero ellos clamaban más, diciendo: ¡Señor, Hijo de David, ten misericordia de nosotros!
32 Y deteniéndose Jesús, los llamó, y les dijo: ¿Qué queréis que os haga?
33 Ellos le dijeron: Señor, que sean abiertos nuestros ojos.
34 Entonces Jesús, compadecido, les tocó los ojos, y enseguida recibieron la vista; y le siguieron.

4 Paso 3: persistir en pedir misericordia
a. A pesar de la oposición
b. Hasta que Jesús responda
5 Paso 4: pedir grandes cosas a Cristo
6 Paso 5: recibir la compasión y el toque de Jesús
7 Paso 6: seguir a Jesús

I. Dos ciegos sanados: cómo pueden ser salvados los desesperados, 20:29-34

(20:29-34) ***Introducción:*** vivimos en un mundo desesperado, lleno de gente desesperada. Muchos sufren de vacío interior, enfermedad, muerte, accidentes, problemas, conflictos, dificultades, pobreza, hambre, falta de propósito, carencia de sentido y significado, falta de esperanza y falta de medios. Los dos hombres ciegos muestran cómo pueden ser salvados y ayudados los desesperados.

1. Jesús salió de Jericó (vv. 29-30).
2. Paso 1: aprovechar la oportunidad del paso de Jesús (v. 30).
3. Paso 2: pedir misericordia (v. 30).
4. Paso 3: persistir en pedir misericordia (vv. 31-32).
5. Paso 4: pedir grandes cosas a Cristo (v. 33).
6. Paso 5: recibir la compasión y el toque de Jesús (v. 34).
7. Paso 6: seguir a Jesús (v. 34).

[1] (20:29-30) ***Multitudes—Jesucristo:*** cuando Jesús dejó a Jericó había también una hueste de peregrinos en camino a Jerusalén para celebrar la pascua. El famoso historiador judío Josefo estimó que entre dos a tres millones de personas asistían anualmente a esta fiesta. En esta ocasión una enorme multitud estaría siguiendo a Cristo. Hay varios motivos por los que multitudes tan numeros as seguían a Jesús en su ministerio.

1. Algunos, porque tenían gran necesidad. Realmente creían que Jesús les podía ayudar.
2. Algunos, por lo que podrían conseguir de Jesús. El hecho de seguirlo suplía en cierta medida sus deseos materiales y físicos (Jn. 6:26).
3. Algunos por curiosidad.
4. Algunos, porque creían que Cristo era la respuesta a la utopía, a la realización personal y nacional. Creían que posiblemente sería el Mesías que libraría a Israel y supliría para siempre las necesidades de la gente (*véase* Estudio a fondo 2—Mt. 1:18).
5. Algunos seguían a Cristo porque creían honestamente que era el auténtico Mesías y que tenía palabras de vida eterna. Querían ser verdaderos discípulos suyos (Jn. 6:67-68; cp. Jn. 1:29, 34, 40-41, 45, 49; Mt. 16:16).

Al salir Jesús de la ciudad, dos ciegos estaban sentados junto al camino. Tres cosas se dicen de estos dos hombres.

- Estaban desesperados. Ambos eran ciegos, sufriendo la misma incapacidad física.
- Estaban juntos. Eran compañeros; encontraron compañerismo al estar juntos. Estando sentados conversaban, y como muestra este acontecimiento, actuaron juntos.
- Estaban sentados en el lugar donde pasaría Jesús. Algunos pueden llamarlo oportunidad o suerte, otros, destino, y otros, propósito; el hecho es que estaban en el lugar preciso donde pasaría Cristo.

Pensamiento 1. Los dos sufrían y actuaban juntos. Hay gran beneficio en compartir con alguien que tenga la misma experiencia, no para llorar la desgracia común, sino para alentarse mutuamente.

Note otro hecho: Cristo alienta la oración en conjunto. Toda amistad entre cristianos debe incluir el orar juntos. Estos dos hombres se acercaron juntos a Cristo sin siquiera poder ver. Cristo debe ser hecho una parte significativa de nuestro compañerismo (Mt. 18:20).

Pensamiento 2. Note dos cosas.

1) Los necesitados y desesperados tienen que ubicarse donde está Cristo. Tienen que ir y sentarse donde saben que podrán oír a Cristo.
2) Los necesitados y desesperados pueden tener gran esperanza, pero hay una condición. Tienen que estar donde puedan oír a Cristo. Si estos dos hubieran estado en cualquier otra parte, no se habrían encontrado con Cristo. Es esencial descubrir donde se puede oír a Cristo.

[2] (20:30) ***Salvación—necesidad:*** en primer lugar, los desesperados pueden ser salvados aprovechando la oportunidad del paso de Cristo, pero es esencial estar vivos y ser sensibles. Estos dos hombres estuvieron alertos y sensibles. Escucharon los pies y la conversación de la multitud que pasaba. El oír los pies de la multitud los alertó y el escuchar la conversación les reveló exactamente lo que estaba sucediendo.

Pensamiento 1. Los desesperados pueden hallar a Jesús estando alerta al lugar donde pasa el pueblo de Dios y escuchando al pueblo de Dios diciendo donde está Cristo. Los pies y la voz de los seguidores de Cristo guiarán a los desesperados a Él.

Pensamiento 2. Una cosa es esencial para los desesperados: aprovechar la oportunidad. No la deben dejar pasar. Cuando vemos o escuchamos donde está Jesús debemos ir a Él. Si no vamos al lugar donde Él está, aumentamos la posibilidad de perderlo para siempre. Hay tres causas que reducen nuestras posibilidades.

1) Nos volvemos más indolentes, duros, insensibles, despreocupados e inactivos; y comenzamos a aceptar las circunstancias tal como son.
2) Nunca se presentará una oportunidad mejor. Las intenciones son buenas, pero se requiere una decisión inmediata. Pablo predicaba y muchos escuchaban. Algunos dijeron: «Ya te oiremos acerca de esto otra

vez» (Hch. 17:32). Pero nunca volvieron a oírlo.

3) Tal vez Cristo nunca vuelva a pasar por nuestro camino. Si lo hace, tal vez no sea con la misma fuerza. «Para que busquen a Dios, si en alguna manera, palpando, puedan hallarle, aunque ciertamente no está lejos de cada uno de nosotros» (Hch. 17:27).

«Buscad a Jehová y su poder; buscad siempre su rostro» (Sal. 105:4).

«Buscad a Jehová todos los humildes de la tierra, los que pusisteis por obra su juicio; buscad justicia, buscad mansedumbre; quizá seréis guardados en el día del enojo de Jehová» (Sof. 2:3).

«Buscad a Jehová mientras puede ser hallado, llamadle en tanto que está cercano» (Is. 55:6).

[3] (20:30) ***Salvación—misericordia:*** segundo, los desesperados pueden ser salvados clamando por misericordia. Tres cosas deben ser notadas en cuanto a los dos ciegos clamando por misericordia.

1. Su conocimiento de Cristo era imperfecto. Eran ciegos; por eso no podían viajar con Él y aprender de Él. El conocimiento de ellos se basaba en lo que habían oído *acerca* de Él.

2. Creyeron lo que habían oído; creyeron que era el Mesías, el Hijo de David prometido. Creyeron en su poder para ayudarles y librarlos.

3. Ellos mismos se dieron ánimo y clamaron por misericordia. Imagine los obstáculos: la gran multitud, el enorme ruido. Ellos eran ciegos y sus posibilidades de llegar hasta Cristo y ser oídos eran escasas. Pero hubo dos cosas que marcaron la diferencia. Estaban desesperados y creyeron. Así que se dieron ánimo y clamaron. *Actuaron conforme al conocimiento y conforme a la fe* que tenían.

Hay dos hechos importantes relacionados con su clamor por misericordia.

- Ellos mismos clamaron por misericordia. No pidieron a otro que fuera en lugar de ellos a Cristo.
- Pidieron misericordia, y solamente misericordia. No pidieron ninguna otra cosa. Eran pobres, eran mendigos, pero no pidieron casa o ropa, ni siquiera comida. Pidieron por su necesidad fundamental, pidieron misericordia.

«Y su misericordia es de generación en generación a los que le temen» (Lc. 1:50).

«Mas el publicano, estando lejos, no quería ni alzar los ojos al cielo, sino que se golpeaba el pecho, diciendo: Dios, sé propicio a mí, pecador. Os digo que este descendió a su casa justificado antes que el otro; porque cualquiera que se enaltece, será humillado; y el que se humilla será enaltecido» (Lc. 18:13-14).

«Pero Dios, que es rico en misericordia, por su gran amor con que nos amó, aun estando nosotros muertos en pecados, nos dio vida juntamente con Cristo (por gracia sois salvos)» (Ef. 2:4-5).

«Ten misericordia de mí, oh Jehová, porque estoy enfermo; sáname, o Jehová porque mis huesos se estremecen. Mi alma también está muy turbada; y tú, Jehová, ¿hasta cuándo?» (Sal. 6:2-3).

«Oye, oh Jehová, mi voz con que a ti clamo; ten misericordia de mí, y respóndeme» (Sal. 27:7).

«Ten piedad de mí, oh Dios, conforme a tu misericordia; conforme a la multitud de tus piedades borra mis rebeliones» (Sal. 51:1).

«Muéstranos, oh Jehová, tu misericordia, y danos tu salvación» (Sal. 85:7).

«Vengan a mí tus misericordias, para que viva, porque tu ley es mi delicia» (Sal. 119:77).

«Rasgad vuestro corazón, y no vuestros vestidos, y convertíos a Jehová vuestro Dios; porque misericordioso es y clemente, tardo para la ira y grande en misericordia, y que se duele del castigo» (Jl. 2:13).

«Tú, enemiga mía, no te alegres de mí, porque aunque caí, me levantaré; aunque more en tinieblas, Jehová será mi luz» (Mi. 7:8).

ESTUDIO A FONDO 1

(20:30) ***Hijo de David:*** notas—Mt. 1:1; Estudio a fondo 2—1:18; 3:11; notas—11:1-6; 11:2-3; Estudio a fondo 1—11:5; Estudio a fondo 2—11:6; Estudio a fondo 1—12:16; nota—Lc. 7:21:23.

[4] (20:31-32) ***Salvación—persistencia:*** tercero, los desesperados pueden ser salvados persistiendo en su clamor por misericordia.

1. Los desesperados tienen que persistir aun en vista de la oposición. La persona que realmente quiere a Cristo debe perseverar; debe luchar contra todos los obstáculos hasta que Cristo responda.

Estos dos hombres nos enseñan la perseverancia. La multitud los reprendió y trató de impedirles que lleguen a Cristo, pero ellos no se dejarían detener. Note la Escritura: «Pero ellos clamaban más». Un torrente de fervor y sensación vibraba en el cuerpo de ellos. Estaban sinceramente muertos; nada podría detenerlos. Estaban desesperados —quizá nunca más tendrían tal oportunidad— de modo que lucharon, combatieron, resistieron a la multitud, y clamaron a voz en cuello: «Señor, Hijo de David, ten misericordia de nosotros».

Pensamiento. Note dos cosas.

1) Hay muchos obstáculos en nuestra búsqueda de Cristo—obstáculos interiores y exteriores. A veces nosotros mismos obstruimos el camino, a veces otra persona; a veces son circunstancias. Los obstáculos siempre están allí.

2) Los obstáculos tienen que ser combatidos y superados. No debemos rendirnos antes ellos; en cambio debemos usarlos para aprender la paciencia y crecer en experiencia (vida victoriosa) y esperanza. Las pruebas tienen que ser usadas para agudizar, incrementar y fortalecer nuestra fe. Es por este motivo que no solamente «nos gloriamos en la esperanza de la gloria de Dios ... sino también nos gloriamos en las tribulaciones» (Ro. 5:2-4).

2. Los desesperados deben perseverar hasta tener respuesta de Jesús. La persistencia siempre atrae la atención del Señor (*véanse* bosquejo y notas—Mt. 7:7- 11. Cp. Lc. 18:1). Note lo que preguntó Jesús. Ya sabía lo que los ciegos querían. Probablemente también los había oído clamar, pero quería que experimentasen la persistencia. ¿Por qué? ¿Por qué nos enseña Cristo la persistencia y perseverancia en vez de simplemente satisfacer de manera inmediata nuestras necesidades? Hay al menos cinco motivos.

- La perseverancia agudiza y fortalece nuestra fe. Nos enseña paciencia, nos da experiencia (vida victoriosa) y esperanza (Ro. 5:2-4).
- Tener que perseverar agudiza nuestras mentes y nos hace más concientes. Nos da más tiempo para pensar, meditar, y buscar la verdad acerca de nosotros mismos y de nuestras necesidades. Resalta nuestras verdaderas necesidades.
- La necesidad de perseverar nos enseña a orar y buscar a Dios más y más. Nos hace más conscientes de nuestra indefensa y de nuestra necesidad de su presencia y ayuda. Requiere de mayor compañerismo y comunión con Él.
- Tener que perseverar aumenta nuestra parte en su obra y adoración. Crea un sentido dentro de nosotros de tener una parte más grande. No es una necesidad de parte de Dios, sino de parte nuestra. Es un gran privilegio servirle, privilegio que Él nos concede.
- Teniendo que perseverar nos da más tiempo para

alcanzar un mayor número de personas con el poder de Dios. La perseverancia es un testimonio mayor de Dios. Cuando Dios responde y se mueve, mayor número de personas son impulsadas a observar la obra de Dios.

«Pedid, y se os dará; buscad y hallaréis; llamad, y se os abrirá» (Mt. 7:7).

«Mas si de allí buscares a Jehová tu Dios, lo hallarás, si lo buscares de todo tu corazón y de toda tu alma» (Dt. 4:29).

«Pero así dice Jehová a la casa de Israel: Buscadme, y viviréis» (Am. 5:4).

Pensamiento. Esta es una importante lección para la iglesia. Con frecuencia los pobres y más necesitados son alejados, ignorados, olvidados, reprendidos y no deseados en la iglesia. Se los considera perezosos y carentes de iniciativa o incapaces de contribuir con mucho. La iglesia racionliza diciendo que los pobres y necesitados se sentirían incómodos y que de todos modos no querrían ser parte del compañerismo.

Nuestro Señor nunca rechazó a persona alguna. Nunca pensó que la iglesia solamente supliera las necesidades de cierta clase. Además ¿qué es *clase?* ¿Es cierta cantidad de dinero? ¿Es cierto *número* de vestidos? ¿O trajes? ¿O zapatos? ¿O relojes? ¿Es cierto *tamaño* de casa? ¿De automóvil? ¿Escritorio? ¿Silla? ¿Es estatura? ¿Peinado? ¿Es cierta zona en la ciudad? ¿En el barrio? ¿Junto a un campo de golf? ¿Junto a un lago? ¿Cuán necios podemos ser? ¿Hasta cuándo nos haremos los necios mientras el mundo alrededor clama desesperadamente? ¿Hay alguien aquí que piense y vea y sienta como piensa y ve y siente Dios? ¿Dónde está la persona que se ponga en lugar de Dios para extender la ayuda a los perdidos y pobres de este mundo?

5 (20:33) ***Oración:*** cuarto, los desesperados pueden ser salvados pidiendo grandes cosas a Cristo. Note qué gran pedido hicieron a Cristo.

1. Eran mendigos, muy pobres. No poseían nada que apelase a otros.
2. La sociedad los rechazaba. Incluso la multitud que rodeaba a Jesús los apartó tratando de silenciar su búsqueda de Dios.
3. Nunca habían seguido a Cristo. Nunca lo habían oído predicar, ni siquiera una vez. Sabían muy poco de Él.
4. Tenían un pedido increíble para hacer: que Cristo sanara su ceguera.

«Y todo lo que pidiereis en oración, creyendo, lo recibiréis» (Mt. 21:22).

«Y todo lo que pidiereis al Padre en mi nombre, lo haré, para que el Padre sea glorificado en el Hijo» (Jn. 14: 13).

"Si permanecéis en mí, y mis palabras permanecen en vosotros, pedid todo lo que queréis, y os será hecho» (Jn. 15:7).

«Hasta ahora nada habéis pedido en mi nombre; pedid, y recibiréis, para que vuestro gozo sea cumplido» (Jn. 16:24).

«Y esta es la confianza que tenemos en él, que si pedimos alguna cosa conforme a su voluntad, él nos oye. Y si sabemos que él nos oye en cualquier cosa que pidamos, sabemos que tenemos las peticiones que le hayamos hecho» (1 Jn. 5:14-15).

«Y antes que clamen, responderé yo; mientras aún hablan, yo habré oído» (Is. 65:24).

«Clama a mí y yo te responderé, y te enseñaré cosas grandes y ocultas que tú no conoces» (Jer. 33:3).

Pensamiento 1. Muchas personas solamente vienen a Cristo cuando tienen problemas físicos (ceguera). Sin embargo, su verdadero problema es la ceguera espiritual. Son espiritualmente ciegos y no lo saben (Jn. 9:41).

Pensamiento 2. Aquí hay una lección en cuanto a ser específicos en nuestros pedidos. Al principio, los ciegos pidieron misericordia sin identificar precisamente donde necesitaban la misericordia. Cristo les pidió que fuesen específicos: «¿Qué queréis que os haga?»

6 (20:34) ***Decisión:*** quinto, los desesperados pueden recibir la compasión y el toque de Jesús. Note lo que ocurre.

1. Jesús tuvo compasión. No acababan de pedir e inmediatamente se manifestó la compasión de Jesús. Se ocupó con gran sensibilidad de ellos.
2. Jesús tocó sus ojos. Hizo más que expresar compasión y sentimientos; extendió su mano hacia ellos y los tocó; les hizo sentir su cuidado y su toque. Se extendió y se entregó a ellos. ¡Qué lección sobre el ministerio!
3. Jesús los sanó. *Inmediatamente* experimentaron el amor y poder de Dios. Fueron sanados.

«Por lo cual puede también salvar perpetuamente a los que por Él se acercan a Dios, viviendo siempre para interceder por ellos» (He. 7:25).

«Pero sin fe es imposible agradar a Dios; porque es necesario que el que se acerca a Dios crea que le hay, y que es galardonador de los que le buscan» (He. 11:6).

«Encomienda a Jehová tu camino, y confía en Él; y Él hará» (Sal. 37:5).

«Fíate de Jehová de todo tu corazón, y no te apoyes en tu propia prudencia» (Pr. 3:5).

«Confiad en Jehová perpetuamente, porque en Jehová el Señor está la fortaleza de los siglos» (Is. 26:4).

Pensamiento. Los hombres tuvieron respuesta a su oración

1) Creyeron en Cristo, el Mesías, y su poder para suplir la necesidad de ellos.
2) Persistieron en esa fe. No eran hombres de abandonar. No permitieron que otras personas o circunstancia les impidan buscar a Jesús.

7 (20:34) ***Discipulado:*** sexto, los desesperados pueden ser salvados siguiendo a Jesús. Note estas sencillas palabras: «y le siguieron». Les había mostrado misericordia y ellos se hicieron sus discípulos. Ser un discípulo significaba dos cosas.

1. Le siguieron para aprender de él.

«Y decía a todos: si alguno quiere venir en pos de mi niéguese a si mismo, tome su cruz cada dia, y sígame» (Lc. 9:23).

«Mis ovejas oyen mi voz, y yo las conozco, y me siguen» (Jn. 10:27).

«Si alguno me sirve, sígame; y donde yo estuviere, alli estará también mi servidor. Si alguno me sirviere, mi Padre le honrará» (Jn. 12:26).

«Sed, pues, imitadores de Dios como hijos amados» (Ef. 5:1).

«Por tanto, de la manera que habéis recibido a Jesucristo, andad en él» (Col. 2:6).

«Pues para esto fuisteis llamados; porque también Cristo padeció por nosotros, dejándonos ejemplo, para que sigáis sus pisadas» (1 P. 2:21).

«El que dice que permanece en él, debe andar como él anduvo» (1 Jn. 2:6).

2. Le siguieron para ser testigos suyos y de su poder.

«Asi alumbre vuestra luz delante de los hombres, para que vean vuestras buenas obras, y glorifiquen a vuestro Padre que está en los cielos» (Mt. 5:16).

«Para que unánimes, a una voz, glorifiquéis al Dios y Padre de nuestro Señor Jesucristo» (Ro. 15:6).

«Porque habéis sido comprados por precio; glorificad, pues, a Dios en vuestro cuerpo y en vuestro espiritu, los cuales son de Dios» (1 Co. 6:20).

«Para que el nombre de nuestro Señor Jesucristo sea glorificado en vosotros, y vosotros en él, por la gracia de nuestro Dios y del Señor Jesucristo» (2 Ts. 1:12).

«Asi que, ofrezcamos siempre a Dios, por medio de él, sacrificio de alabanza, es decir, fruto de labios que confiesen su nombre» (He. 13:15).

«Mas vosotros sois linaje escogido, real sacerdocio,

nación santa, pueblo adquirido por Dios, para que anunciéis las virtudes de aquel que os llamó de las tinieblas a su luz admirable» (1 P. 2:9).

«Cantad a Jehová, que habita en Sion; publicad entre los pueblos sus obras» (Sal. 9:11).

«Te alaben los pueblos, oh Dios; todos los pueblos te alaben» (Sal. 67:3).

Pensamiento. Aquí hay una lección sobre la gratitud. Los hombres expresaron su aprecio de la mayor forma posible. Se convirtieron en testigos de su benevolencia, amor, misericordia y poder. Much as personas nunca expresan gratitud alguna. Demasiadas personas obtienen lo que quieren y pronto olvidan que vino de Dios.

CAPÍTULO 21

XIV. LA ÚLTIMA SEMANA DEL MESÍAS: SU AFIRMACIÓN DESAFIADA Y RECHAZADA, 21:1—23:39

A. La entrada triunfal: Jesús afirmó deliberadamente a ser el Mesías,[EF1] 21:1-11
(Mr. 11:1-11; Lc. 19: 28-40; Jn. 12:12-19)

Cuando se acercaron a
Jerusalén, y vinieron a
Betfagé, al monte de los
Olivos, Jesús envió dos
discípulos,
2 diciéndoles: Id a la aldea
que está enfrente de
vosotros, y luego hallaréis
una asna atada, y un
pollino con ella; desatadla,
y traédmelos.
3 Y si alguien os dijere
algo, decir: El Señor los
necesita; y luego los
enviará.
4 Todo esto aconteció para
que se cumpliese lo dicho
por el profeta, cuando dijo:
5 Decid a la hija de Sion:
He aquí tu Rey viene a ti,
Manso, y sentado sobre
una asna, sobre un pollino,
hijo de animal de carga.
6 Y los discípulos fueron,
e hicieron como Jesús les
mandó;
7 y trajeron el asna y el
pollino, y pusieron sobre
ellos sus mantos; y él se
sentó encima.
8 Y la multitud, que era
numerosa, tendía sus
mantos en el camino; y
otros cortaban ramas y las
tendían en el camino.
9 Y la gente que iba
delante y la que iba detrás
aclamaba, diciendo: ¡Ho-
sanna al Hijo de David!
¡Bendito el que viene en el
nombre del Señor! ¡Ho-
sanna en las alturas!
10 Cuando entró él en
Jerusalén, toda la ciudad se
conmovió, diciendo:¿Quién
es éste?
11 Y la gente decía: Este
es Jesús el profeta, de
Nazaret de Galilea.

1 Última semana de Jesús comenzó en Jerusalén
- a. En Betfagé[EF2]
- b. Dos discípulos en una misión especial

2 Cumplió deliberadamente la profecía
- a. Misión especial de la misión: traer una asna y su pollino
- b. El tema: cumplimiento deliberado de la profecía un cuadro de Zac. 9:9
    - 1) Advertencia a Jerusalén
    - 2) El Rey viene
    - 3) Viene manso
    - 4) Viene sobre pollino[EF3]

3 Recibió el homenaje de sus discípulos
- a. Ellos hicieron como se les pidió
- b. Usaron sus propias ropas como montura

4 Recibió el homenaje de la gente
- a. Muchos lo recibieron como Rey: tendieron sus ropas a su paso
- b. Muchos lo recibieron como Mesías: Hosanna
    - 1) Como Hijo de David
    - 2) Como Señor
    - 3) Como Supremo

5 La pregunta de la gente de Jerusalén
- a. Pregunta: ¿Quién es éste?
- b. Respuesta: Jesús, el profeta de Nazaret[EF4]

XIV. LA ÚLTIMA SEMANA DEL MESÍAS: SU AFIRMACIÓN DESAFIADA Y RECHAZADA, 21:1—23:39

A. La entrada triunfal: Jesús afirmó deliberadamente a ser el Mesías, 21:1-11

(21:1-11) ***Jesucristo, última semana:*** Jesús comenzaba la última semana de su vida. Había pasado la noche anterior (sábado) en Betania con Lázaro, María y Marta (Jn.12:1ss). Ahora iba a demostrar deliberadamente que era el Mesías, el profetizado como Salvador del mundo. Demostró en forma indubitable que él era el cumplimiento de la profecía, aquel a quien todos los hombres justos habían anhelado y esperado.

1. La última semana de Jesús comenzó en Jerusalén (v. 1).
2. Cumplió deliberadamente la profecía (vv. 2-5).
3. Deliberadamente recibió el homenaje de sus discípulos (vv. 6-7).
4. Deliberadamente recibió el homenaje de la gente (vv. 8-9).
5. Conclusión: la pregunta de la gente de Jerusalén (vv. 10-11).

ESTUDIO A FONDO 1

(21:1-11) ***Semana Santa—Domingo de Palmas:*** desde los tiempos más remotos la última semana en la vida de nuestro Señor llegó a ser conocida como Semana Santa. La entrada triunfal fue el primer acontecimiento de la semana; ocurrió el primer día. Se lo ha llamado y todavía se llama Domingo de Palmas.

[1] (21:1) ***Jesucristo—pobreza:*** la última semana de Jesús comenzó en Jerusalén. Note la humilde condición de Jesús. Para su hospedaje tuvo que depender de amigos. Hasta el mismo final «el Hijo del Hombre no tuvo donde recostar su cabeza» (Mt. 8:20; Lc. 9:58).

Además se acercó a Jerusalén a pie. No tenía caballo, ni asno, ni camello; no tenía medios de transporte. Solamente tenía lo que Dios le había dado al entrar al mundo, sus pies, para llevarlo al lugar que Él quería. Cómo debe padecer en lo más profundo el corazón de Dios ante nuestra preocupación por comodidades y bienestar material. El rostro de Jesús siempre estaba dirigido a salvar y ayudar al mundo. Hasta el mismo final se ocupó de su propósito, propósito que el mundo no puedo cambiar. ¡Qué lección para nosotros!

1. Cristo comenzó su última semana en Betfagé (*véase* Estudio a fondo 2—Mt. 21:1).
2. Cristo envió a dos discípulos a cumplir una misión especial.

ESTUDIO A FONDO 2

(21:1) ***Betfagé:*** el nombre de la ciudad significa «Casa de higos». Era un suburbio de Jerusalén en la zona del Monte de los Olivos. Note que Jesús llegó a pie a Betfagé, indicando que no tenía medio para viajar excepto caminar.

[2] (21:2-5) ***Profecía:*** el Señor cumplió deliberadamente la profecía.

1. Cristo envió a dos discípulos a la ciudad para traer a una asna con su joven pollino. Tomó prestado de otro hombre los animales, probablemente de otro discípulo. Ocurrió una de tres cosas para que el hombre le prestara los animales.

a. El hombre era un discípulo dispuesto a prestarle al *Señor* los animales. «El *Señor* los necesita» indica en forma más bien vigorosa que es esto parte al menos de lo ocurrido. El Señor (o *kurios*) era una expresión fuerte que un incrédulo difícilmente usaría. Equivalía a Jehová.
b. El Señor había convenido previamente con el propietario el préstamo de los animales. Por supuesto, es una posibilidad; pero poco probable puesto que los discípulos podían ser interrogados sobre el porqué se llevaban los animales.
c. El Señor demostró su omnisciencia para seguir afirmando su naturaleza mesiánica. Siendo Dios, sabía exactamente donde estarían los animales, sabía lo que le preguntarían a los discípulos, y sabía que el propietario se los prestaría. Es muy factible que esto haya sido parte de lo ocurrido.

Lo importante para notar es la fuerza y autoridad de Cristo a lo largo de todo este acontecimiento. Asumió su posición de Mesías, de Señor (Jehová) de todos los hombres, de la voluntad y propiedad de los hombres, y aun de sus animales.

Pensamiento 1. Toda misión encomendada por el Señor —no importa cuan pequeña— es importante. Ir y traer los animales era una pequeña tarea, sin embargo, de importancia crítica en la proclamación de Cristo como Rey. Ninguna tarea debe ser tenida como demasiado pequeña en el reino de nuestro Señor.

Pensamiento 2. Note dos cosas.

1) Jesús nos alienta y consuela con la presencia de otros. Pocas veces nos envía solos.
2) Cuántas veces tuvo Cristo alguna misión sin que nadie se presentara para ella, especialmente tratándose de misiones pequeñas e insignificantes como ésta?

Pensamiento 3. El pollino era prestado. Nuevamente, Jesús no tenía ninguno de los bienes de este mundo. A efectos de cumplir las Escrituras de que el Mesías entraría a la ciudad montando un pollino, Jesús tuvo que pedir prestado el animal. ¡Cuán materialistas nos volvemos, pensando que tenemos que tener cosas para vivir! Incluso pensamos que *no podemos ministrar* eficazmente sin las últimas *cosas materiales* del mundo (máquinas, equipos, métodos). ¡Qué distinto Cristo!

«Porque ya conocéis la gracia de nuestro Señor Jesucristo, que por amor a vosotros se hizo pobre, siendo rico, para que vosotros con su pobreza fueseis enriquecidos» (2 Co. 8:9).

Pensamiento 4. Note un hecho significativo. Cuando estaba en juego la proclamación de su naturaleza mesiánica, Cristo no permitía que nada se interpusiera. Era crucial que la gente supiera que Él era el Mesías. No poseía la asna para cumplir la profecía, de modo que salió a conseguir una. Semejante determinación e inamovible propósito deberían cautivarnos para proclamar que Él es el Mesías.

2. Cristo tenía un motivo para hacer preparativos tan detallados al entrar a Jerusalén. Estaba cumpliendo deliberadamente la profecía de Zacarías 9:9. La profecía decía cuatro cosas.

a. «Alégrate mucho, hija de Sion [esto es Jerusalén]»: se le daba a Jerusalén una triple advertencia. ¿Por qué necesitaba ser advertida? Porque no iba a ocurrir lo que ella esperaba, no como ella lo anticipaba.
b. «He aquí tu rey vendrá a ti»: esta era la primera advertencia. El Rey de Jerusalén estaba en camino, estaba llegando tal como Jerusalén lo esperaba. En esta parte de su expectativa la gente estaba acertada. Pero hay un peligro en la expectación y es el peligro de ser tan fervientes en las ideas propias que no se distinga lo que realmente ocurre. La expectativa ferviente puede pasar por alto el acontecimiento cuando este es algo diferente de lo esperado. «Tu rey vendrá», pero vendrá de modo algo diferente de lo esperado.
c. «Tu rey vendrá ... humilde»: esta era la segunda advertencia. El Mesías venía en mansedumbre, no como un monarca en pleno reinado. Venía para conquistar espiritual y eternamente, no física y materialmente, el corazón y las vidas de los hombres (*véanse* notas—Mr. 11:1-11; Ef. 1:3; cp. Mt. 11:29).
d. «Tu rey viene ... cabalgando sobre un asno, sobre un pollino»: esta era la tercera advertencia. El Mesías no venía como conquistador montado en un caballo blanco, sino como un Rey de paz, montado en un asno. Venía para salvar al mundo mediante la paz, para reconciliar al mundo con el Dios de amor, no con el Dios de odio, venganza y guerra. No venía a matar hombres ni derrocar gobiernos (romanos y gentiles). Venía para conquistar corazones y vidas mediante las buenas nuevas (evangelio) de que Dios ama y reconcilia al mundo (*véanse* bosquejo y notas—Ef. 2:13-18).

Note la profecía y los cuidadosos preparativos que Cristo hizo para cumplirla. Esto es significativo porque indica que Cristo estaba dramatizando su naturaleza mesiánica, que la dramatizaba con tanta claridad que la gente no podría dejar de ver que él era el Mesías de Dios. Esta era la voluntad de Dios profetizada generaciones antes que viniera Cristo. Dios quería que su Hijo proclamara su naturaleza mesiánica con tanta claridad que la gente no pudiera confundirse al ver lo que hacía.

Pensamiento 1. Jesús afirmaba ser el Mesías, el Hijo mismo de Dios. Los grandes esfuerzos que hizo para cumplir esta profecía mostraban claramente lo que pretendía decir. Deliberadamente estaba poniendo por obra la voluntad de Dios. Estaba haciendo exactamente lo que Dios había dicho siglos antes en cuanto a su Hijo (Zac. 9:9). Jesús estaba afirmando de modo dramático ser el Mesías de Dios. Estaba pintando un cuadro tan claro que no podrían dejar de captarlo. Ahora se requiere una decisión deliberada de nosotros. O bien aceptamos su afirmación, o no la aceptamos. Como él cumplió *deliberadamente* la profecía, así nosotros *aceptamos o rechazamos deliberadamente* lo que Él afirmó.

«Por la entrañable misericordia de Dios, con que nos visitó desde lo alto la aurora, para dar luz a los que habitan en tinieblas y en sombra de muerte; para encaminar nuestros pies por camino de paz» (Lc. 1:78-79).

«Y repentinamente apareció con el ángel una multitud de las huestes celestiales, que alababan a Dios, y decían: ¡Gloria a Dios en las alturas, y en la tierra paz, buena voluntad para con los hombres!» (Lc. 2:13-14).

«La paz os dejo, mi paz os doy; yo no os la doy como el mundo la da. No se turbe vuestro corazón, ni tenga miedo» (Jn. 14:27).

«Estas cosas os he hablado para que en mí tengáis paz. En el mundo tendréis aflicción; pero confiad, yo he vencido al mundo» (Jn. 16:33).

«Dios envió mensaje a los hijos de Israel, anunciando el evangelio de la paz por medio de Jesucristo; éste es Señor de todos» (Hch. 10:33).

«Justificados, pues, por la fe, tenemos paz para con Dios por medio de nuestro Señor Jesucristo» (Ro. 5:1).

«Porque el reino de Dios no es comida ni bebida, sino justicia, paz y gozo en el Espíritu Santo» (Ro. 14:17).

«Porque Él es nuestra paz, que de ambos pueblos

hizo uno, derribando la pared intermedia de separación» (Ef. 2:14).

«Y por medio de él reconciliar consigo todas las cosas, así las que están en la tierra como las que están en los cielos, haciendo la paz mediante la sangre de su cruz» (Col. 1:20).

«Jehová dará poder a su pueblo; Jehová bendecirá a su pueblo con paz» (Sal. 29:11).

Pensamiento 2. Note dos cosas muy significativas.

1) Cristo no vino para ejecutar juicio, sino para salvar a los hombres espiritualmente mediante el perdón de sus pecados. Cristo no vino como juez para juzgar a los hombres por ignorar, descuidar, rechazar y mal interpretar a Dios; vino como mensajero de paz para reconciliar a los hombres con Dios por medio de la cruz (*véanse* bosquejo y notas—Ef. 2:13-18; Col. 1:20).
2) Cristo está viniendo otra vez, viniendo como Juez para ejecutar justicia entre todos los hombres, tanto los salvados como los no salvados (Estudio a fondo 1—He. 9:27; cp. Mt. 25:31-46; 2 Co. 5:10).

ESTUDIO A FONDO 3

(21 :5) ***Asno—pollino:*** *véase* Estudio a fondo 4—Mr. 11 :7.

3 (21:6-7) ***Homenaje—obediencia:*** Cristo recibió deliberadamente el homenaje de sus discípulos. Los discípulos lo homenajearon (reverencia, reconocimiento). Hicieron exactamente lo que les había pedido, a pesar de la incertidumbre del caso. No tenían dinero para comprar o alquilar animales, además se les preguntaría por qué querían los animales. Sin embargo, obedecieron: sin preguntar, sin dudar.

Note el otro homenaje: no había montura para el Señor. Cuidaron de Jesús y de su comodidad echando sus propias ropas exteriores sobre los animales. Nuevamente, este era un acto de homenaje (reverencia y reconocimiento). Siguiendo a Cristo los dos hombres habían vivido en pobreza, de modo que no tenían mucha ropa. Les era costoso usar sus ropas para un acto tan humilde. La ropa quedaría manchada y olorienta, pero mediante este hecho cuidaron de Jesús y lo adoraron.

El hecho es que ahora Cristo reclamaba en forma inequívoca la dignidad y los derechos de un Rey. Ahora no estaba lavando pies; estaba aceptando deliberadamente el homenaje y la reverencia de ellos.

Pero note algo de crucial importancia. Al reclamar la dignidad y los derechos de un Rey, lo hacía de la forma más humilde de aquel tiempo: es decir, entrando a la ciudad como un Rey de paz. Esto se simbolizaba al cabalgar sobre un pollino, en vez de montar el caballo del conquistador. Estaba negando toda idea de un reino terrenal y material. Vino para salvar a Jerusalén y al mundo mediante la paz, no la guerra.

Pensamiento. Hay tres claras lecciones en este acontecimiento.

1) Debemos honrar al Señor obedeciendo sus mandamientos. A veces tal vez sean difíciles de entender, a veces son embarazosos, sin embargo, debemos confiar y obedecer como lo hicieron los dos discípulos: sin dudar y sin preguntar.

«El que tiene mis mandamientos, y los guarda, ése es el que me ama; y el que me ama, será amado por mi Padre, y yo le amaré, y me manifestaré a él» (Jn. 14:21).

«Si guardareis mis mandamientos, permaneceréis en mi amor; así como yo he guardado los mandamientos de mi Padre, y permanezco en su amor ... Vosotros sois mis amigos, si haceis lo que yo os mando» (Jn. 15:10, 14).

«Y cualquier cosa que pidiéremos la recibiremos de él, porque guardamos sus mandamientos, y hacemos las cosas que son agradables delante de él» (1 Jn. 3:22).

«Y Samuel dijo: ¿Se complace Jehová tanto en los holocaustos y víctimas, como en que se obedezca a las palabras de Jehová? Ciertamente el obedecer es mejor que los sacrificios, y el prestar atención que la grosura de los carneros» (1 S. 15:22).

2) Debemos honrar al Señor dándole lo mejor que tenemos. Él es digno de todo, y a Él debemos todo, de modo que debemos hacer lo que hicieron los discípulos, dar todo, aun la mejor de nuestra ropa si es necesario.

«Jesús le dijo: Si quieres ser perfecto, anda, vende lo que tienes, y dalo a los pobres, y tendrás tesoro en el cielo; y ven y sígueme» (Mt. 19:21).

«Entonces Pedro comenzó a decirle: He aquí, nosotros lo hemos dejado todo, y te hemos seguido» (Mr. 10:28).

«Después de estas cosas salió, y vio a un publicano llamado Leví, sentado al banco de los tributos públicos, y le dijo: Sígueme. Y dejándolo todo, se levantó y le siguió» (Lc. 5:27-28).

«Así, pues, cualquiera de vosotros que no renuncia a todo lo que posee, no puede ser mi discípulo» (Lc. 14:33).

«Y ciertamente, aun estimo todas las cosas como pérdida por la excelencia del conocimiento de Cristo Jesús, mi Señor, por amor del cual lo he perdido todo, y lo tengo por basura, para ganar a Cristo» (Fil. 3:8).

3) Adoramos y honramos a Cristo cuando entregamos nuestra ropa. Ello es un ministerio muy noble que recibirá gran recompensa.

«Venid, benditos de mi Padre, heredad el reino preparado para vosotros ... Porque ... estuve desnudo, y me cubristeis .... » (Mt. 25:34-36; cp. 24:31-46).

Pero note: hay una diferencia entre regalar la vieja ropa usada y en comprar ropa nueva, o en entregar la ropa que uno usa. A efectos de ministrar, los discípulos dieron lo que tenían. Dieron la ropa que estaban vistiendo (cp. La ofrenda de la viuda, Lc. 21:1-4).

4 (21: 8-9) ***Homenaje—Mesías:*** Cristo recibió deliberadamente el homenaje de la gente. Y note, era una «multitud, que era muy numerosa» (v. 8). Aparentemente es esto lo que ocurrió. La multitud había comenzado a reunirse desde hora temprana; con gran excitación miraban a aquel que había resucitado a Lázaro de la muerte. Lo dijo Juan. En efecto, había tanta gente que los fariseos dijeron «el mundo se va tras él» (Jn. 12:17-19). Allí estaba la multitud de los discípulos que ya le acompañaban, y los peregrinos en su camino a la festividad de la pascua que se habían unido a la caravana. Además estaban los habitantes de Betania y Betfagé que habían escuchado de su presencia y de sus milagros, y aquellos que ya estaban en Jerusalén, ciudadanos y peregrinos que salían presurosos buscando a Jesús.

Somos impulsados a mirar una enorme multitud de miles y miles ubicándose junto al camino mientras ayudaban a Cristo a montar el asno y hacer su entrada triunfal en Jerusalén. Hay varios puntos que señalan hacia esta conclusión.

1. Anualmente se reunían en Jerusalén dos millones de peregrinos, o más, para la fiesta de la pascua (*véase* Estudio a fondo 1—Mt. 26:2). Miles y miles eran religiosos estrictos que creían en la venida del Mesías judío.
2. Las noticias difundidas en la ciudad y alrededores referidas a los milagros realizados por Cristo, durante algunos días hubo toda una concentración de milagros que incluía la resucitación de Lázaro

(Jn. 11:1ss; 11:55-56). La atmósfera misma estaba como electrizada por las emocionantes noticias de que Jesús era el Mesías prometido por Dios. Las multitudes habían escuchado que estaba en Betania y Betfagé (Mr. 14:1-9). Como se dijo arriba, allí estaba la multitud que había salido de Jerusalén para encontrarlo (Jn. 12:17-19); allí estaba la multitud que ya viajaba con Él (Mt. 21:29); y estaba la multitud de ciudadanos de Betania y Betfagé que había comenzado a reunirse alrededor de Jesús (Mr. 14:1-9; Jn. 12:1ss). La totalidad del cuadro señalaba hacia una multitud de miles y miles buscándolo y apresurándose para darle la bienvenida al oír que ya venía. (Note las palabras de Mateo, «la gente que iba delante y a que iba detrás» v. 9).

Las multitudes hicieron dos cosas.

1. Lo recibieron como Rey. Esto lo muestran dos cosas que siempre se hacían cuando los reyes entraban a una ciudad. Se despojaban de sus ropas y cortaban ramas de árboles, y tendían ambas cosas en el camino delante de Él. Querían honrarlo y darle el homenaje de un Rey. Querían mostrarle que lo recibían como el rey prometido de Israel.

2. Lo recibieron como Mesías. Esto se ve en lo que exclamaban acerca de Cristo.

- Gritaban «Hosanna» que significa, salva ahora, o salva, pedimos.
- Lo llamaron «el Hijo de David» que era el título del Mesías (*véanse* notas—Mt. 1:1; Estudio a fondo 2—1:18; Estudio a fondo 3—3:11; notas—11:16;11:2-3; Estudio a fondo 1—11:5; Estudio a fondo 2—11:6; Estudio a fondo 1—12:16; nota—Lc. 7:21-23).
- Gritaron: «Bendito el que viene en el nombre del Señor.» Esto significa, bendito el que es enviado por Dios para salvar a su pueblo; bendito el que es enviado con la autoridad de Dios.»
- Gritaron: «Hosanna en las alturas» que significa «Dios salve, pedimos. Tú que eres el supremo, salva ahora por medio de Aquel a quien has enviado».

Pensamiento. En este punto hay varias lecciones cruciales.

1) Debemos proclamar a Cristo como nuestro Rey. El debe ser el Rey de nuestros corazones y vidas, para reinar y gobernar sobre nosotros. Pero note la crucial pregunta: ¿Qué queremos decir con Rey? La gente del tiempo de Cristo estaba dispuesto a aceptarlo como un rey terrenal; es decir, aceptarían toda autoridad y poder que él usara en favor de ellos. Ni remotamente habían pensado en el gobierno y reinado espiritual sobre sus vidas. Querían beneficios terrenales y materiales. ¡Cuán parecido a muchos de nosotros! Queremos su poder real cuando estamos en necesidad (física o material), pero no queremos tener nada que ver con su autoridad real sobre nuestras vidas.
2) Tenemos que recibir a Cristo como el auténtico Mesías de Dios, Aquel que ha venido para salvarnos realmente. Pero nuevamente, es crucial saber qué queremos decir con *salvar.* No deberíamos aspirar a su cuidado y liberación terrenal si antes no estamos dispuestos a recibir su cuidado y liberación espiritual (salvación y nuevo nacimiento, la entrega de todo lo que somos y tenemos).
3) Toda persona debería exclamar: «Hosanna, salva ahora, oh Señor, pedimos». «He aquí ahora el tiempo aceptable; he aquí ahora el día de salvación» (2 Co. 6:2).
4) Tenemos que hacer dos confesiones.
   - Cristo es *el Bendito* que viene en el nombre del Señor.
   - «Hosanna en las alturas»: la salvación es en «las alturas»; es en Cristo, enviado por Dios.

«Respondió Natanael y le dijo: Rabí, tú eres el Hijo de Dios; tú eres el Rey de Israel» (Jn. 1:49).

«Porque de tal manera amó Dios al mundo, que ha dado a su Hijo unigénito, para que todo aquel que en Él cree, no se pierda, mas tenga vida eterna» (Jn. 3:16).

«Le dijo entonces Pilato: ¿Luego, eres tú rey? Respondió Jesús: Tú dices que yo soy rey. Yo para esto he nacido, y para esto he venido al mundo, para dar testimonio a la verdad. Todo aquel que es de la verdad, oye mi voz» (Jn. 18:37).

«Porque dice: En tiempo aceptable te he oído, y en día de salvación te he socorrido. He aquí ahora el tiempo aceptable; he aquí ahora el día de salvación» (2 Co. 6:2).

«La cual a su tiempo mostrará el bienaventurado y solo Soberano, Rey de reyes, y Señor de señores» (1 Ti. 6:15).

«Porque la gracia de Dios se ha manifestado para salvación a todos los hombres, enseñándonos que, renunciando a la impiedad y a los deseos mundanos, vivamos en este siglo sobria, justa y piadosamente» (Tit. 2:11-12).

5) Tenemos que dejar todo lo que somos y tenemos, y no solamente la ropa, ante Cristo.

5 (21 :10-11) ***Jesucristo, respuesta:*** la pregunta de la gente en Jerusalén. Toda la ciudad se conmovió (*eseisthe*), es decir, fue sacudida. Juan dijo que «todo el mundo se va tras él» (Jn. 12:19).

- Los romanos percibieron que podría estarse gestando un levantamiento popular.
- Los herodianos, el partido judío gobernante, temían ser derrocados y despojados de su poder.
- Los fariseos fueron empujados hacia nuevas profundidades en su envidia y malicia.
- La gente común estaba convencida de que su día de liberación finalmente había llegado en Jesús de Nazaret.

ESTUDIO A FONDO 4

(21:11) ***Profeta:*** esta era decididamente una referencia al Mesías, al que había sido enviado por Dios (cp. Jn. 1:21; 6:14; 9:17).

1 El templo (iglesia) no es lugar para explotar a la gente 2 El templo (iglesia) debe ser una casa de oración	**B. La purificación del templo: autoridad sobre la casa de Dios,**[EF1] **21:12-16** (Mr. 11:15-19; Lc.19: 45-46; cp. Jn. 2:13-16) 12 Y entró Jesús en el templo de Dios, y echó fuera a todos los que vendían y compraban en el templo, y volcó las mesas de los cambistas, y las sillas de los que vendían palomas; 13 y les dijo: Escrito está: Mi casa, casa de oración será llamada; mas vosotros	la habéis hecho cueva de ladrones. 14 Y vinieron a él en el templo ciegos y cojos, y los sanó. 15 Pero los principales sacerdotes y los escribas, viendo las maravillas que hacía, y a los muchachos aclamando en el templo y diciendo: ¡Hosanna al Hijo de David! se indignaron, 16 y le dijeron: ¿Oyes lo que éstos dicen? Y Jesús les dijo: Sí; ¿nunca leísteis: De la boca de los niños y de los que maman perfeccio- naste la alabanza?	3 El templo (iglesia) debe ser un lugar para ministrar 4 El templo debe ser un lugar para hacer cosas maravillosas 5 El templo debe ser un lugar para alabar a Cristo a. Los niños lo alababan b. Algunos lo objetaban c. Cristo insistía[EF2]

B. La purificación del templo: autoridad sobre la casa de Dios, 21:12-16

(21:12-16) ***Introducción:*** la limpieza del templo tuvo lugar el lunes, el día siguiente a la entrada triunfal en Jerusalén. Marcos nos dice lo siguiente:

> **«Y entró Jesús en Jerusalén, y en el templo; y habiendo mirado alrededor todas las cosas, como ya anochecía, se fue a Betania con los doce» (Mr. 11:11).**

Esta era la escena: los miles y miles habían estado junto al camino en la entrada triunfal de Jesús. Cabalgando junto a las expresiones de bienvenida de las multitudes, se dirigió directamente a las escalinatas del templo. Marcos dice que entró al templo y miró «alrededor todas las cosas» observando lo que ocurría. Desde un costado observó toda la corrupción. Transcurrido un tiempo, con corazón quebrantado y cansado, se fue y volvió a Betania para pasar allí la noche del domingo. Al levantarse el lunes de mañana, volvió al templo y lo limpió de todos aquellos que profanaban su santidad.

Cuatro cosas hay que notar acerca del templo en la última semana de la vida de nuestro Señor.

1. Jesús estaba terminando su ministerio en el templo, en la casa de oración de su Padre, el lugar donde moraba la presencia de Dios de una manera muy, muy especial. Estaba por terminar su vida en la tierra, un glorioso ministerio cumpliendo de manera perfecta la voluntad de Dios. En la víspera, al observar en el templo, desde un costado, cuanto estaba aconteciendo, sus pensamientos tuvieron que ser muy contemplativos: pensamientos que meditaban en su Padre; en su propia vida a punto de ser completada; en el gran sacrificio que pagaría por los pecados del hombre; en la corrupción que le rodeaba en el templo; en la adoración que en cambio tendría que tener lugar allí, y en tantas otras cosas más. Su corazón se sintió tan cerca de Dios, y sin embargo estaba quebrantado y llorando interiormente. Allí mismo, en frente suyo había un cuadro del pecado tan terrible por el cual habría de morir. El templo mismo, el lugar donde la gente tenía que encontrar la posibilidad de acercarse a Dios, estaba corrompido por los hombres. Se había convertido en cualquier cosa menos en una casa de oración. Era un lugar para el comercio, para la codicia del hombre.

2. Jesús estaba demostrando quién era Él al limpiar el templo. Estaba proclamando a todas las generaciones que Él tenía el derecho de determinar cómo debía ser usado el templo, y tenía el derecho de purgarlo de corrupción. Como Hijo de Dios, el templo era su morada, el lugar donde se debía conocer de manera especial la adoración a Dios.

3. Al limpiar el templo, Jesús estaba revelando cómo los hombres debían tratar y usar el templo de Dios.

4. Jesús comenzó y terminó limpiando el templo. Las dos limpiezas fueron eventos separados que marcaron la inauguración y la conclusión de su ministerio. Con ello se demostró la importancia del templo como casa de Dios para la oración y adoración.

Cuando Jesús entró a Jerusalén no subió al palacio del rey ni a las cortes de los gobernantes, en cambio fue al templo, a la casa de Dios. Su reino no era de este mundo, no era físico, sino del cielo, del mundo espiritual. Su autoridad y gobierno se manifestaban en el templo de Dios y en el corazón de la gente. Por eso subió al templo de Dios para limpiarlo y enseñar a los hombres cómo debe ser usado el templo.

1. El templo no es lugar para explotar a la gente (v. 12).
2. El templo debe ser una casa de oración (v. 13).
3. El templo debe ser un lugar para ministrar (v. 14).
4. El templo debe ser un lugar para hacer cosas maravillosas (v. 15).
5. El templo debe ser un lugar para alabar a Cristo (vv. 15-16).

ESTUDIO A FONDO 1

(21:12-16) ***Templo:*** es preciso que uno entienda el plano del templo para ver lo que estaba ocurriendo en este acontecimiento. El templo estaba asentado en la cima del Monte Sion y se cree que cubria una superficie de aproximadamente 30 acres. Consistia de dos partes, el edificio del templo propiamente dicho, y los atrios del templo. La lengua griega tiene dos palabras diferentes para distinguir entre un lugar y otro.

1. *El edificio del templo* (*naos*) era una pequeña estructura ornamentada, ubicada en el centro de la propiedad del templo. Se lo llamaba lugar santo, o santisimo, y solamente el sumo sacerdote podia entrar a el. Y solamente podía entrar una vez al ano—en el día de la expiación.

2. *Los atrios del templo* (*hieron*) eran cuatro atrios que rodeaban el edificio del templo y que según los judíos decrecían en importancia. Es esencial recordar que grandes muros separaban a los atrios entre sí.

   a. Primero estaba el atrio de los sacerdotes. Este rodeaba al lugar santísimo que simbolizaba la presencia misma de Dios. Sólo a los sacerdotes les era permitido entrar a este atrio. Allí estaban los grandes mobiliarios de la adoración: el altar de la ofrenda quemada, la fuente de bronce, el candelabro de siete brazos, el altar de incienso y la mesa con los panes de la proposición.

   b. Le seguía el atrio de los israelitas. Era un inmenso

atrio donde se reunían los adoradores judíos para celebrar servicios conjuntos en los grandes días de fiesta. También era el lugar donde los adoradores entregaban sus sacrificios a los sacerdotes.

c. Tercero era el atrio de las mujeres. Normalmente las mujeres estaban restringidas a esta zona excepto para la adoración. Sin embargo, podían entrar al atrio de los israelitas cuando venían a sacrificar o a participar de la adoración conjunta en uno de los grandes días de fiesta.

d. El atrio de los gentiles era el último. Cubría un vasto espacio que rodeaba a los otros atrios, y era el lugar de adoración de los gentiles convertidos al judaísmo.

Tres hechos deben ser destacados en cuanto al atrio de los gentiles.

1. Era el atrio más alejado del centro de adoración, del lugar santisimo que representaba la presencia misma de Dios (*véase* nota, pt. 2—Ef. 2:14-15).

2. Un gran muro separaba el atrio de los gentiles de los otros atrios, impidiendo a los gentiles un mayor acercamiento a la presencia de Dios. En efecto, había carteles a lo largo de todo el muro amenazando de muerte a todo gentil que traspasara su propio atrio.

3. Fue en el atrio de los gentiles donde tenía lugar tanto comercio. En el interior de sus muros funcionaba regularmente un mercado. ¿Cómo pudo entrar un mercado al templo de Dios? Muy sencillamente, por la codicia. Los adoradores necesitaban animales (bueyes, ovejas, palomas), incienso, harina, vino, aceite y otros elementos para sus sacrificios y of rendas. Los peregrinos de otros países también necesitaban cambiar dinero. En algún momento de la historia del templo los sacerdotes decidieron aprovechar ellos mismos el mercado en vez de dar toda la ganancia a concesionarios exteriores. De modo que los sacerdotes comenzaron a establecer puestos dentro del atrio de los gentiles, y a alquilar los lugares *exteriores* a concesionarios que con frecuencia resultaban ser miembros de la propia familia. El propietario de los puestos o espacios era el sumo sacerdote o Anás. El atrio estaba cubierto de puestos donde lo s adoradores podían adquirir todo tipo de servicio que necesitaran. La atmósfera era la de intenso tráfico y movimiento comercial, no de adoración y oración.

Recordando a los miles y miles que asistian a las grandes festividades, podemos imaginarnos la ruidosa conmoción. Probablemente nos quedemos cortos al imaginarnos la escena. ¿Quién puede imaginarse a miles de animales con sus ruidos peculiares, sus excrementos y olores, dentro del templo de Dios? ¿Y para qué? ¿Qué llevaría a los hombres a abusar de tal manera del centro de adoración de Dios? Como se dijo arriba, dinero, es la codicia de los hombres. No es de asombrase que Cristo hiciera lo que hizo. No tenía otra alternativa, porque el era el Hijo de Dios, el Mesías enviado al mundo para inaugurar auténtica adoración a Dios. Y no había esperanza de adorar en el atrio de los gentiles. Era totalmente imposible orar y adorar allí.

1 (21:12) ***Templo—iglesia:*** el templo o iglesia no es lugar para explotar a la gente. Note lo que hizo Jesus para mostrar esto.

1. Entró al templo (atrio de los gentiles) donde debía estar la presencia de Dios y donde el y otros tenían que poder adorar en silencio y meditación. Pero encontró exactamente lo opuesto: conmoción, un mercado de compra y venta.

2. Reaccionó en el poder y juicio purificador de Dios; fue la clase de poder y juicio purificador que hace temblar a los hombres en la presencia de Dios (Fil. 2:9-11).

3. Recorrió, a paso acelerado, el templo e hizo tres cosas: (a) Echó fuera a *todos* los que compraban y vendían; (b) volcó las mesas de los cambistas; y (c) volcó las sillas de los vendedores de palomas.

«Y dijo a los que vendían palomas: Quitad de aquí esto, y no hagáis de la casa de mi Padre casa de mercado» (Jn. 2:16).

«Pues que, ¿no tenéis casas en que comáis y bebáis [negocios para comprar y vender]? ¿O menospreciáis la iglesia de Dios, y avergonzáis a los que no tienen nada? ¿Qué os diré? ¿Os alabaré? En esto no os alabo» (1 Co. 11:22).

«Mis días de reposo guardaréis, y mi santuario tendréis en reverencia. Yo Jehová» (Lv. 19:30).

«Cuando fueres a la casa de Dios, guarda tu pie; y acercate más para oír que para ofrecer el sacrificio de los necios; porque no saben que hacen mal» (Ec. 5:1).

«Porque los hijos de Judá han hecho lo malo ante mis ojos, dice Jehová; pusieron sus abominaciones en la casa sobre la cual fue invocado mi nombre, amancillándola» (Jer. 7:30).

«Sus [el templo, las iglesias] profetas son livianos, hombres prevaricadores; sus sacerdotes contaminaron el santuario, falsearon la ley» (Sof. 3:4).

Pensamiento 1. Hay una seria advertencia aquí. El templo se había corrompido por causa del dinero; a la iglesia le puede también ocurrir los mismo. Hubo quienes se aprovecharon de la gente que venía a adorar; fueron usados para ganancia material. Note un hecho que realmente debería hablar a la iglesia: los artículos que se vendían a la gente eran necesarios para su adoración. No eran simplemente artículos que les ayudarían en su crecimiento espiritual y en su adoración; eran *cosas esenciales.* Sin ellas la gente no podía adorar.

Ahora piense por un momento: si aquellas cosas eran necesarias para su adoración y crecimiento, ¿qué había de malo en lo que hacían? La palabras del versículo12 nos responden: «Jesús ... echó fuera a todos los que vendían y compraban *en el templo».* El comprar y vender los artículos para la adoración y el crecimiento era necesario y bueno, pero *no en* el templo. El comprar y vender debía hacerse fuera de los muros del templo, fuera del terreno del templo. El templo y la iglesia no son lugares comerciales.

Pensamiento 2. El deseo de la gente de adorar y crecer espiritualmente no debe ser usado para ganancias materiales, no por la iglesia ni dentro de la ella. El liderazgo de la iglesia es responsable de proteger a sus adoradores del abuso a que otros someten la tierra santificada y apartada para la adoración de Dios.

Pensamiento 3. Cosas legítimas, tales como comprar y vender artículos que nos ayudan a crecer pueden ser usadas equivocadamente. Es de crucial importancia *donde* se hacen las cosas. El comprar y vender no debe tener lugar en la iglesia de Dios. El punto crucial es que la adoración debe ser la principal preocupación de la persona cuando está en la iglesia.

Pensamiento 4. El enojo de Jesús puede ser feroz. Note quiénes encendieron tanto enojo en Él.

1) Los que abusaron del templo de Dios (iglesia).
2) Los que explotaban a otros.
3) Los que le impedían a otros adorar realmente a Dios.

Pensamiento 5. Note lo que ocurre con el hombre que abusa del templo de Dios y explota a los otros: es «echado fuera».

2 (21:13) ***Templo—iglesia:*** Jesús proclamó que el templo debe ser casa de oración. Esto era una cita del Antiguo Testamento tomada de dos pasajes:

«Porque mi casa será llamada casa de oración para todos los pueblos» (Is. 56:7).

«¿Es cueva de ladrones delante de vuestros ojos esta casa sobre la cual es invocado mi nombre?» (Jer. 7:11).

Cristo señaló dos cosas.

1. El templo debía ser una casa de oración para *toda la gente.* Esto incluía a los gentiles tanto como a los judíos. Toda la gente tenía que tener la posibilidad de adorar en la quietud y paz del templo de Dios. Nadie debía quedar excluido, separado, o desalentado de adorar a Dios en su templo. Todos deben ser bienvenidos.

Note otro hecho. El templo (iglesia) era llamado casa de oración, no casa de sacrificio, ofrenda, enseñanza, profecía, o predicación. Toda actividad en el interior de la casa de Dios debía conducir a la oración, es decir, a la *adoración y comunión con* el Padre.

2. El templo no debía ser usado con propósitos comerciales. No debía ser lugar para comprar y vender, comercializar y regatear, hurtar y engañar. No debía ser profanado. El templo era la casa de Dios, la casa de Dios para la oración. Debía ser un lugar de santidad, refinado y purificado por Dios mismo. Debía ser un lugar de quietud y meditación, un lugar apartado para la adoración y no para comprar y vender con ganancia para el hombre.

«Ciertamente el bien y la misericordia me seguirán todos los días de mi vida, en la casa de Jehová moraré por largos días» (Sal. 23:6).

«Porque mejor es un día en tus atrios que mil fuera de ellos. Escogería antes estar a la puerta de la casa de mi Dios, que habitar en las moradas de maldad» (Sal. 84:10).

«Yo me alegré con los que me decían: A la casa de Jehová iremos» (Sal. 122:1).

Pensamiento 1. El templo o iglesia es una parcela de terreno y una estructura *apartados* para la adoración a Dios. Esta es precisamente la diferencia con toda otra parcela de tierra y otras estructuras. Es *apartada específicamente y dedicada* para el exclusivo propósito de adorar a Dios. Por lo tanto, debe ser usada para ese propósito. Una vez apartada para Él y para su adoración, Dios espera que sea suya y que sea usada para ese exclusivo propósito.

Pensamiento 2. Hay abundantes mercados que rodean la iglesia, lugares donde pueden realizarse todos los servicios, incluyendo las transacciones de compra y venta. La iglesia debe ser la casa de oración, no un mercado, no un lugar donde el hombre gane dinero. No debe ser profanada, ni en menor ni en mayor medida, por el hecho de convertirse en *cueva de ladrones.*

Pensamiento 3. Los pensamientos de la persona tienen que estar centrados en Dios cuando pisa el terreno santificado del templo de Dios. Mientras permanece en el territorio del templo de Dios, debe estar orando y meditando en su Señor. Nada debe distraer sus pensamientos hasta que abandona nuevamente la propiedad de Dios. ¡Piense por un instante! ¿Cuánta reverencia habría en el templo de Dios si realmente le devolveríamos su propósito original? ¿Cuánto nos hemos alejado realmente de los auténticos centros de adoración, de la iglesia como casa de oración?

3 (21:14) ***Iglesia—ministerio:*** el templo o la iglesia debe ser un lugar para el ministerio. Jesús usó el templo como lugar para el ministerio, y de esa manera demostró que debía ser un lugar de ministerio para todos los hombres.

Cuando el templo fue limpiado de sus corrupciones ocurrieron dos cosas maravillosas.

1. Los adoradores, aquellos en necesidad (simbolizados por los ciegos y cojos), pudieron venir a Cristo y adorar y ser suplidas sus necesidades en paz.

2. Cristo pudo asumir su legítima posición dentro del templo. Pudo ser la figura prominente y recibir a los adoradores y ministrar a aquellos que tenían necesidades.

Pensamiento. Cuando la corrupción está dentro de los muros de la iglesia la gente es rechazada y excluida de ella. No tiene que ser precisamente comprar y vender; pueden ser divisiones, murmuraciones, quejas, chismes, y una hueste de otros pecados. Pero nada alejará a la gente tan rápidamente de la iglesia como el pecado en su interior.

Cuando esos pecados son removidos y la iglesia es purificada, entonces Cristo puede tener su lugar legítimo en la iglesia. Entonces la gente puede venir y recibir ayuda. Pueden adorar y recibir satisfacción sobre sus necesidades.

Pensamiento 2. Con frecuencia los necesitados son excluidos, rechazados y no bienvenidos por la sociedad. En la iglesia no debe ser así. La iglesia debe tener brazos abiertos y un corazón puro, recibiendo a todos, no importa cuan pobres y necesitados. En efecto, la iglesia debe ser el centro de adoración para el ministerio.

4 (21:15) ***Templo, propósito:*** el templo o iglesia es el lugar donde deben ser hechas cosas maravillosas. La expresión «cosas maravillosas» (*ta thaumasia*) significa milagros, obras prodigiosas. Se refiere a todas las cosas que Cristo estaba haciendo en el templo. Este es el único uso de esta palabra en el Nuevo Testamento. Qué descripción hermosa de lo que la iglesia debe ser: un lugar donde se deben hacer hermosos prodigios para Dios.

«Y a Aquel que es poderoso para hacer todas las cosas mucho más abundantemente de lo que pedimos o entendemos, según el poder que actúa en nosotros» (Ef. 3:20).

5 (21:15-16) ***Templo—iglesia:*** el templo o iglesia debe ser un lugar donde Cristo es alabado. Note tres cosas que ocurrieron en esta escena.

1. Había niños en el templo (atrio de los gentiles) gritando «Hosanna el Hijo de David». Aparentemente estos niños habían estado con sus padres en la entrada triunfal, el día anterior; ahora estaban presenciando el ministerio de Cristo a los cojos y ciegos. Retomaron el cántico que habían cantado el día anterior con sus padres, o que habían escuchado cantar. Por supuesto, el cántico proclamaba que Jesús era el Mesías. Es poco probable que los niños estuvieron jugando como algunos sugieren. Dos hechos indican que había seriedad en lo que los niños estaban diciendo. Primero, Cristo ya había aquietado la conmoción y silenciado todo ruido; y, segundo, necesariamente tenía que haber una extrema seriedad y santidad referida a su ministerio. Es difícil imaginarse que Cristo permitiera mucha conmoción en los momentos tan serios del ministerio, y ciertamente no habría permitido que lo perturbe un grupo de niños jugando en la cercanía. Los habría mandado fuera si no habrían sido serios en su adoración y alabanza. Sería particularmente difícil imaginarse a Cristo permitiendo la conmoción después de lo que acababa de vivir.

2. Los religiosos (sumos sacerdotes y escribas) estaban disgustados y protestaron ante lo que veían y oían. No querían que tales cosas fuesen hechas en el templo, y no querían que Jesús fuese alabado en el templo. Protestaron por tres motivos, por lo menos.

a. Protestaron contra el cambio de las cosas tradicionales. El sistema y los procedimientos establecidos por ellos para el manejo de las cosas (cambistas, regateo comercial en el templo) habían sido perturbado, y, en sus pensamientos lo declararon *no bueno o no tan bueno* como debía ser. Jesús estaba afectando la posición de ellos, el sustento de sus vidas, reconocimiento, estima y autoridad.

b. Protestaron porque Jesús era proclamado Mesías, el Hijo de Dios. Algunos estaban dispuestos a reconocerlo como un gran maestro, pero solo como gran maestro. Negaban que fuese el Salvador del mundo que murió por los pecados de los hombres.

c. Protestaban contra los aparentes desmanes que estaban ocurriendo. Protestaban contra una alabanza pública a Dios y a un ministerio que ayudaba a los necesitados dentro de las paredes de la iglesia.

Note que estos son los mismos motivos por los que la gente muchas veces se perturba en la iglesia de hoy.

3. Cristo insistió en que Él debía ser alabado. Simplemente respondió a las protestas: «Dios mismo ha tomado las bocas de estos niños y provisto la alabanza que ustedes oyen. Y es alabanza perfecta porque es traída por Dios mismo para su Hijo. La iglesia debe ser un lugar donde el Hijo de Dios sea alabado.»

Pensamiento 1. Se requiere un auto examen. ¿Realmente es alabado Dios en nuestras iglesias? ¿Realmente es reconocido y proclamado como el Mesías el Hijo de Dios?

Pensamiento 2. Los niños deben ser alentados a alabar a Dios.

1) Note la asistencia de los niños cuando Cristo enseñaba y ministraba (Mr. 11:18; Lc. 19:47). Él los recibía y ellos se sentían bien en su cercanía. 2) No cómo Cristo se interpuso en favor de los niños y contra el liderazgo (sacerdotes).

Pensamiento 3. Los niños seguían el ejemplo de sus padres. Habían visto a sus padres y habían participado con ellos el día anterior. Ahora alababan por su cuenta la presencia, el ministerio y la enseñanza de Cristo.

Pensamiento 4. Note esto: Cristo dijo que Dios mismo había levantado a estos niños para alabarlo y alabar su ministerio dentro de la iglesia. Si una iglesia cesa de alabar a Cristo es probable que Dios levante otra iglesia para llenar sus muros con las voces de alabanza y el ministerio a su Hijo.

ESTUDIO A FONDO 2

(21:16) ***Referencia del AntiguoTestamento:*** cp. Sal. 8:2.

	C. Maldición de la higuera: la fuente de poder, 21:17-22 (Mr. 11:12-14, 20-26)	se secó la higuera.	
		20 Viendo esto los discípulos, decían maravillados: ¿Cómo es que se secó en seguida la higuera?	**3 La gran fuente de poder de Jesús: fe, sin dudar** a. El poder de Cristo despertó asombro y preguntas
1 Trasfondo: Jesús se hospeda en Betania	17 Y dejándolos, salió fuera de la ciudad, a Betania, y posó allí.	21 Respondiendo Jesús, les dijo: De cierto os digo, que si tuviereis fe, y no dudareis, no sólo haréis esto de la higuera, sino que si a este monte dijereis: Quítate y échate en el mar, será hecho.	b. La gran fuente de poder 1) Fe 2) No dudar nada 3) Autoridad de Dios: dada a quienes hablan la Palabra
a. Volvió a Jerusalén[EF1] b. Tuvo hambre	18 Por la mañana, volviendo a la ciudad, tuvo hambre.		
2 El gran poder de Jesús sobre el mundo físico[EF2] a. Expectativa: fruto[EF3] b. Desilus.: falta de fruto c. Su poder absoluto sobre el mundo físico	19 Y viendo una higuera cerca del camino, vino a ella, y no halló nada en ella, sino hojas solamente; y le dijo: Nunca jamás nazca de ti fruto. Y luego	22 Y todo lo que pidiereis en oración, creyendo, lo recibiréis.	**4 Jesús promete poder a sus discípulos: por oración y fe**

C. Maldición de la higuera: la fuente de poder, 21:17-22

(21:17-22) ***Introducción—poder—juicio:*** Jesús destruyó la higuera. ¿Por qué? Algunas personas dijeron que tal destrucción era ajena al carácter de Cristo. Nunca destruiría una higuera por no tener fruto.

¿Por qué destruyó Jesús la higuera?

- Por el mismo motivo que lo llevó a echar enojado a todos los que compraban y vendían en el templo.
- Por el mismo motivo que lo llevó a hablar contra los fariseos por ser hipócritas (Mt. 23:13-39).
- Por el mismo motivo que lo llevó a echar los malos espíritus a un hato de cerdos, a los que mataron (Mt. 8:28-34).
- Por el mismo motivo que lo llevó a indignarse (enojarse) con los discípulos por impedir que los niños vinieran a él (*véase* Estudio a fondo 4—Mr. 10:14).
- Por el mismo motivo que lo llevó a demandar deliberadamente un compromiso incondicional a pesar de las necesidades familiares o personales (Mt. 8:18-22; 10:34-39).

¿Por qué actuó Jesús con tanta fuerza en la destrucción de la higuera? Por el mismo motivo que lo llevó a actuar con tanta fuerza en los casos antemencionados. Jesús siempre actuó, o bien para enseñar o bien para salvar y ayudar al hombre. Al destruir la higuera estaba enseñando una lección al hombre, una lección muy necesaria.

La lección: El Mesías tiene poder absoluto sobre todo el universo físico Los que carecen de fruto entre los hombres (simbolizados en la higuera) no tienen tal poder. Al contrario, solamente él tiene tan enorme poder. Solamente él tiene el poder para juzgar y determinar los frutos o la ausencia de ellos, la vida y la muerte, salvación y condenación. Solo él entregó su vida; ningún hombre se la quitó (Jn. 10:11, 15-18, esp. 18).

Recuerde, esta era la última semana de Jesús. Era martes, apenas tres días antes de ser muerto por hombres sin fruto. Jesús tenía que hacer cuanto estaba a su alcance para preparar a sus discípulos para la próxima muerte y para todo lo que pasarían en los años siguientes. Le quedaban solamente dos días, de modo que tenía que fortalecerlos todo lo que podía. Estaba hambriento y vio una higuera llena de hojas. Se acercó para arrancar algunos higos, pero no encontró higos. Vio que en ese hecho había una lección objetiva, una lección que podía ser usada en forma singular para enseñar y preparar a los discípulos.

Al destruir el árbol, Jesús estaba mostrando a los discípulos (de manera inequívoca) que él tenía poder absoluto sobre todo el mundo físico, aun el poder para evitar que lo maten. No estaba muriendo por ser débil, no moría por no ser el Mesías, ni por causa de los complots y las intrigas de los hombres. Muchos podrán juzgarle de no tener frutos y de llevar una vida indigna, pero él no moría por ello. Jesús moría porque la muerte del Hijo de Dios era el camino de la salvación (Jn.3: 16; 2 Co. 5 :19-20; 1 P. 2:24). No estaba siendo juzgado por hombres o eventos carentes de fruto; al contrario, los hombres y eventos sin fruto estaban siendo juzgados por él en la cruz (1 P. 2:24; cp. Ef. 2:13-22).

Dicho de manera muy sencilla, Jesús estaba ilustrando que él era verdaderamente el Hijo de Dios con poder omnipotente, y lo estaba ilustrando de tal forma que nunca podremos olvidarlo. El tenía el poder para salvarse a sí mismo y destruir a los hombres sin fruto que le quitarían la vida. Pero, por supuesto, no podía hacerlo, al menos no en ese momento. En ese momento estaba en el mundo para morir por los hombres y salvarlos, incluyendo a los mismos que lo juzgaban y condenaban por no tener fruto y por una vida indigna. Sin embargo, viene el día cuando él juzgue a los carentes de fruto tal como juzgó a la higuera. Pero ese día pertenece al futuro, en el presente, su propósito era salvar a los hombres.

Note esto: la lección sobre el *poder mediante oración y fe* fue la lección que Cristo dedujo de su acción (vv. 20-22).

1. Jesús se hospeda en Betania (vv. 17-18).
2. El gran poder de Jesús sobre el mundo físico (v. 19).
3. La gran fuente de poder de Jesús: fe, sin dudar (vv. 20-21).
4. La promesa de poder de Jesús a sus discípulos (v. 22).

> ***Pensamiento.*** Jesús volvió a Jerusalén a pesar de la amenaza a su vida. Jesús volvió porque esa era la voluntad de Dios. No permitiría que nada le impidiera hacer la voluntad de Dios. Así debe ser con nosotros. Nunca debemos permitir que la oposición y las amenazas nos impidan hacer la voluntad de Dios. Note que como Cristo, Pablo no huyó de la voluntad de Dios, de dirigir su rostro hacia Jerusalén a pesar de las cadenas y pruebas que allí le esperaban (Hch. 21:13-15).

1 (21:17-18) ***Betania:*** Jesús se hospedó en Betania que era un suburbio de Jerusalén. Estaba a unas dos millas al este de la gran ciudad. Era el hogar de Lázaro, María y Marta. Jesús se hospedaba en casa de esa familia cuando ministraba en las cercanías de Jerusalén. Debemos recordar que aparentemente Jesús no tenía hogar propio, debido, en parte a que su propia familia no creía en él (Jn. 7:1-5, esp. 5). El mismo había dicho: «Las zorras tienen guaridas, y las aves del cielo nidos; mas el Hijo del hombre no tiene dónde recostar su cabeza» (Mt. 8:20). El único techo que tenía era el de hogares de otras personas tales como María y Marta (Jn.11:2s; Lc. 11:1ss; Lc. 10:38-42; 19:29s.; Jn. 12:1ss).

ESTUDIO A FONDO 1

(21:8) ***En la mañana*** (*proias*): significa temprano, muy de mañana, a primera hora, la cuarta o última vigilia de la víspera (Mr. 1:35). Jesús comenzó los eventos del martes tan temprano que aun estaba oscuro, o, conforme al tiempo de los judíos, en las últimas horas del día anterior.

2 (21:19) ***Jesucristo—poder:*** Jesús tenía gran poder sobre el mundo físico. Mediante tres hechos demuestra su gran poder. Estos mismos hechos son aplicables a la vida humana.

1. Su expectativa: fruto. El árbol parecía sano y lleno de hojas. Era tiempo de desayunar, y tenía derecho a esperar fruto en un árbol aparentemente tan *maduro*. Profesaba tener fruto.
2. Su desilusión: no había fruto. El árbol tenía vida; estaba vivo. Tenía la sabia para producir semejante follaje y prometía tener fruto, pero no lo tenía. El propósito específico del árbol era tener fruto, pero no lo tenía. Fracasó en tres sentidos.
   a. Su profesión era falsa.
   b. Su propósito no se había cumplido.
   c. Engañaba en vez de servir.
3. Demostración de su poder absoluto sobre el mundo físico. Cristo demostró que tiene el derecho y el poder para ejecutar juicio según su voluntad. Jesús puede librar o destruir. Sus discípulos necesitaban tener esta enseñanza fresca en sus mentes. Su omnipotente poder, su enorme poder, disponible para ellos, los alentaría al experimentar la muerte del Maestro y al encarar las pruebas que les esperaban en su propio testimonio. (*Véase* nota—Mt. 21:17-22.)

Pensamiento 1. La higuera es una ilustración clara de hipocresía o falsa profesión (*véase* Estudio a fondo 2—Mt. 21:19).

Pensamiento 2. Si un árbol vive, se espera que tenga fruto. Ese es el propósito de su vida. Si no lleva fruto es inútil y no sirve para nada, sino para ser cortado y quemado (cp. Lc. 13:7). Note otro hecho: cuanto más vivo está un árbol, más llena es su apariencia, y más fruto se espera que haya en él. Si damos la apariencia de justicia, Dios espera que llevemos fruto de justicia.

Pensamiento 3. Hay dos momentos particulares cuando Cristo espera fruto en una persona.

1) ¡Hay los tiempos de profunda sensibilidad operada por las grandes pruebas de la vida y las grandes oportunidades.Son momentos que llevan a la persona a pensar en Dios, en su propia necesidad de Dios, y en su obligación de usar la vida para el bien (para dar ejemplo, nutrir, vestir y dar a otros). Cuando atravesamos estos tiempos Cristo espera que llevemos fruto de un modo muy especial, que en la prueba nos volvamos a él y que ayudemos a otros y demos testimonio cuando las grandes oportunidades se presentan.
2) Habrá los tiempos del juicio eterno. Al fin del mundo viene un día cuando Cristo juzgue a todos los hombres. tanto creyentes como incrédulos. Se esperará fruto (*véase* Estudio a fondo 1—2 Co.5:10; cp. Gá. 5:22-23).

Pensamiento 4. Cristo tiene poder absoluto sobre el universo. No murió a manos de hombres. Murió a propósito por los pecados del mundo tal como Dios quería. Tenía el poder para evitar la muerte, pero escogió entregar su vida por amor a los hombres (Ro. 5:8).

Pensamiento 5. No hay duda, la maldición de la higuera muestra el enorme poder de Cristo para hacer tres cosas: (l) Muestra el poder para librar a sus discípulos de la gran prueba. (2) Muestra el poder de Cristo para determinar el momento en que sus discípulos partan de este mundo (cp. 2 Ti. 4:6-8). (3) Muestra el poder de Cristo para juzgar y condenar. Todavía no ha venido el gran día de su ira (Ap. 6:17), pero vendrá. Cuando venga el día se juzgará mediante su absoluto poder toda falta de frutos en los hombres. (Cp. la parábola de la higuera, Lc. 13:6-9.)

Pensamiento 6. Algunas cosas nos condenarán: hipocresía, falsa profesión, ser inútiles, falta de propósito, ausencia de fruto. Todo esto lo simboliza la higuera maldecida.

ESTUDIO A FONDO 2

(21:19) ***Higuera maldecida:*** algunas personas afirman que la higuera representa a Israel. La higuera estaba llena de hojas, aparentemente era fructífera; pero no tenía fruto. Igualmente Israel parecía estar lleno, es decir, ser religioso. La nación profesaba tener fruto espiritual, sin embargo, no había fruto en la nación. Su religión era estéril, legalista, de ceremonias muertas. De esa manera el árbol era una señal de la desilusión de Dios y de la justicia y del castigo que se ejecutaría sobre Israel.

Sin embargo, tenemos que notar que esta no es la lección deducida por Cristo. El evento permite deducir muchas lecciones, incluyendo la experiencia de Israel; pero la aplicación hecha por Cristo es claramente referida al poder, al poder que viene mediante fe y oración (vv. 20-22).

ESTUDIO A FONDO 3

(21:19) ***Higuera:*** algunas personas afirman que el fruto tardío aparecería a fines del otoño y se mantendría hasta la primavera siguiente. Al volver la sabia el árbol comenzaría a producir sus hojas, y el fruto maduraría. Por eso, era de esperar que un árbol lleno de hojas tendria que tener algún fruto. Cualquiera sea el caso, esto se sabe: la higuera es inusual en el sentido de *dar su* fruto antes que sus hojas. Por eso, al tener la higuera el follaje desarrollado, la persona podia esperar que los primeros frutos estuvieran o maduros o a punto de madurar. Al menos algunos frutos tendrian suficiente sabor para ser comibles por un viajero hambriento.

Recuerde también que la palabra *Betfagé* significa «Casa de higos». Seria posible que los últimos métodos para el cultivo de frutas habrian producido una variedad temprana. ¿Quién sabe? Las variedades con fruto temprano y tardío son comunes en la actualidad. Ciertamente hay indicaciones de que la gente de antaño estaban asombrosamente avanzadas en algunas áreas.

3 (21:20-21) ***Poder—fe:*** la demostración del gran poder de Jesús produjo precisamente lo que él queria. Movió a los di scipulos a maravillarse y a preguntar. Asombrados preguntaron: «¿ Cómo es que la hi guera se secó *en se guida*?» (Esta es la mejor forma de entender el griego).

Asi Jesús los tuvo precisamente donde queria tenerlos; ellos preguntaron acerca de su gran poder. Queria enseñarles que tenia poder absoluto sobre el mundo fisico y que el mismo poder estaba disponible para ellos en el futuro, a medida que le sirvieran. Habia demostrado su poder absoluto; ahora ellos preguntaban por la fuente de ese poder.

Note que Jesús compartió la fuente de su poder. En esencia dijo: «Aqui está la fuente de mi poder, la cual también está disponible para ustedes». Estaba explicando cuál era la fuente de su poder y lo hacía en *segunda persona* lo cual la hacia accesible a todos sus discípulos. Estaba respondiendo la pregunta de ellos referida a su poder, pero lo estaba haciendo de tal manera que ellos supieran que el mismo poder estaba al alcance de ellos.

¿Cuál es la fuente del gran poder de Cristo? También podemos preguntar cuál es la fuente del gran poder para los discipulos de Cristo? La respuesta incluye tres cosas. (Todas las notas mencionadas en los siguientes puntos ofrecen un excelente estudio sobre la fe. *Véanse* también el bosquejo completo y las notas—Mt. 17:14-21.)

1. Fe (*véanse* notas—Mr. 11:22-23;11:6; nota y Estudio a fondo 1—He. 11:1).

2. No dudar nada. Esto significa no alentar nunca pensamiento alguno en cuanto que una cosa puede ser hecha o no. Significa no vacilar, no cuestionar, no preguntar, no preocuparse. En realidad, solamente Dios mismo puede saber si algo va a ocurrir o no; sólo Dios puede saberlo con la perfección necesaria para que ninguna duda pase por su mente. Lo que Cristo persigue es que crezcamos en fe y confianza. Quiere que creamos que todas las cosas son posibles pormedio de Cristo que nos fortalece (Fil. 4:13). (*Véanse* bosquejos y notas—Mt. 17:15-16; 17:17, 18; 17:19-20; Mr. 9:18.)

3. La autoridad de dios. Esta es dada a quienes hablan la Palabra. Note le expresión: «dijereis» (*véase* nota—17:20). El poder de Cristo venía de la autoridad de Dios.Lo único que tenía que hacer era *decir,* esto es, hablar la Palabra para que fuera hecha. Ese es el punto crucial que Cristo está acentuando para nosotros. Si creemos, no dudando, estamos en la autoridad de Dios. Podemos *decir,* esto es, hablar la Palabra y ella será hecha.

> **«Viniendo entonces los discípulos a Jesús, aparte, dijeron: ¿Por qué nosotros no pudimos echarlo fuera? Jesús les dijo: Por vuestra poca fe; porque de cierto os digo, que si tuviereis fe como un grano de mostaza, diréis a este monte: Pásate de aquí allá, y se pasará; y nada os será imposible» (Mt. 17:19-20).**
>
> **«Y todo lo que pidiereis en oración, creyendo, lo recibiréis» (Mt. 21:22).**
>
> **«Porque de cierto os digo que cualquiera que dijere a este monte: Quítate y échate en el mar, y no dudare en su corazón, sino creyere que será hecho lo que dice, lo que diga le será hecho. Por tanto, os digo que todo lo que pidiereis orando, creed que lo recibiréis, y os vendrá» (Mr. 11:23-24).**
>
> **«Si permanecéis en mí, y mis palabras permanecen en vosotros, pedid todo lo que queréis, y os será hecho» (Jn. 15:7).**
>
> **«Es, pues, la fe la certeza de lo que se espera, la convicción de lo que no se ve» (He. 11:1).**
>
> **«Pero sin fe es imposible agradar a Dios; porque es necesario que el que se acerca a Dios crea que le hay, y que es galardonador de los que le buscan» (He. 11:6).**
>
> **«Así también la fe, si no tiene obras, es muerta en sí misma» (Stg. 2:17).**

4 (21:22) ***Oración:*** el poder que Jesús nos promete es mediante oración y fe. Cristo destaca dos puntos impactantes.

1. Su promesa lo incluye todo: «todas las cosas». Es totalmente inclusive, mucho más allá de la esfera de lo que podemos pedir o aun pensar (Ef. 3:20).

2. Su promesa es condicional:«en oración, creyendo». Tenemos que *orar y creer* que lo vamos a recibir.

a. La oración tiene que ser constante. La persona que recibe respuestas de Dios conoce a Dios personalmente. Está en compañerismo constante, ininterrumpido y en comunión con Dios. La persona no puede venir de tanto a Dios y esperar respuestas. No es lo que Cristo quiere decir.

> **«Todos estos perseveraban unánimes en oración y ruegos» (Hch. 1:14).**
>
> **«Para ocuparos sosegadamente en la oración» (1 Co. 7:5.** Para tener un cuadro de esto refiera a todo el versículo.)
>
> **«Orando en todo tiempo con toda oración y súplica en el Espíritu, y velando en ello con toda perseverancia y súplica por todos los santos» (Ef. 6:18).**
>
> **«Perseverando en la oración, velando en ella con acción de gracias (Col. 4:2).**

b. Por supuesto, creer es esencial, bien lo dice Marcos:

> **«Porque de cierto os digo que cualquiera que dijere a este monte: Quítate y échate en el mar, y no dudare en su corazón, sino creyere que será hecho lo que diga le será hecho» (Mr. 11:23).** (*Véase* nota—He. 11:1.)

Pensamiento 1. *Véase nota*—Mt. 21:22. *Véanse* bosquejo y notas—Mt. 7:7-11.

Pensamiento 2. El poder sobrenatural de Dios es accesible a nosotros, pero es condicional. No poseemos poder sobrenatural en nosotros mismos. El poder de Dios viene únicamente mediante la oración y la fe.

Pensamiento 3. El vehículo es la oración; fe es la energía. Se requiere de ambas para llegar al destino anhelado.

Pensamiento 4. La fe despierta oración y comunión con Dios. La persona que realmente *cree*, que tiene verdadera fe en Dios, es impulsada a orar y a tener comunión con Dios.

Pensamiento 5. Esta gran promesa debe impulsarnos a orar y creer en Dios, a pedir y pedir.

1 **La incredulidad obstinada de los líderes** 2 **La incredulidad desdeña a Cristo** 3 **La incredulidad cuestiona la autoridad de Cristo** 4 **La in credulidad tiene que responder al interrogatorio personal**	**D. El poder del Mesías puesto en duda: el problema de la incredulidad obstinada, 21:23-27** (Mr. 11:27-33; Lc. 20:1-8) 23 Cuando vino al templo, los principales sacerdotes y los ancianos del pueblo se acercaron a él mientras enseñaba, y le dijeron: ¿Con qué autoridad haces estas cosas? ¿y quién te dio esta autoridad? 24 Respondiendo Jesús, les dijo: Yo también os haré una pregunta, y si me la	contestáis, también yo os diré con qué autoridad hago estas cosas. 25 El bautismo de Juan, ¿de dónde era? ¿Del cielo, o de los hombres? Ellos entonces discutían entre sí, diciendo: Si decimos, del cielo, nos dirá: ¿Por qué pues, no le creísteis? 26 Y si decimos, de los hombres, tememos al pueblo; porque todos tienen a Juan por profeta. 27 Y respondiendo a Jesús, dijeron: No sabemos. Y él también les dijo: Tampoco yo os digo con qué autoridad hago estas cosas.	**de Cristo** a. Tiene que admitir su derecho de preguntar b. El ministerio de Juan ¿era del cielo o de los hombres? 5 **La incredulidad causa triple pecado y culpa** a. Negación deliberada de los hombres b. Cobardía deliberada de los hombres c. Ignorancia o actitud de los hombres 6 **La incredulidad resulta en el silencio de Cristo**

D. El poder del Mesías puesto en duda: el problema de la incredulidad obstinada, 21:23-27

(21:23-27) ***Introducción—Jesucristo. Oposición:*** desde este pasaje hasta el final del Capítulo 23 Jesús trata con sus oponentes, religiosos llenos de justicia propia y líderes civiles (ancianos). Todos los acontecimientos de esta parte, como también el discurso en el monte de los olivos (Mt. 24-25) aparentemente tuvieron lugar el martes (cp. Mt. 22:23; 25:1; 26:1-2). Una rápida lectura de esta Escritura le abre a uno los ojos en cuanto a la gran tragedia y problema de quienes se auto justifican y persisten en incredulidad. Cristo fue vigoroso, muy vigoroso en atacar la justicia propia. Libró un *ataque sostenido* no dejando dudas de que la persona que continúa en la actitud de justificarse a si misma, aunque sea religiosa, es indigna del reino de Dios. La incredulidad obstinada es condenada.

1. La incredulidad obstinada de los líderes (vv. 2, 3).
2. La incredulidad desdeña a Cristo (v. 23).
3. La incredulidad cuestiona la autoridad de Cristo (v. 23).
4. La incredulidad tiene que responder al interrogatorio personal de Cristo (vv. 24-25).
5. La incredulidad causa triple pecado y culpa (vv. 25-27).
6. La incredulidad resulta en el silencio de Cristo: Se rehusa a revelarse (v. 27).

1 (21:23) ***Incredulidad, obstinada—sanhedrín:*** la obstinada incredulidad de los líderes. Este acontecimiento tiene lugar después del ministerio final del Señor en los atrios del templo. Había peregrinos de todas partes del mundo en Jerusalén. Un gran número de persona se había reunido en el templo y rodeaba a Cristo. Escuchaban su enseñanza. Mateo dijo: «los principales sacerdotes y ancianos» se perturbaron en extremo y confrontaron a Cristo. Marcos y Lucas nos dicen que también estaban presentes los escribas. Esto indica que los líderes eran una delegación oficial representando al cuerpo del gobierno judío, el sanhedrin (*véanse* notas—Mt. 26:57, 59). Todo lo ocurrido naturalmente produjo una crisis para el gobierno; la entrada triunfal, la aceptación por parte de Cristo del homenaje que le rindió el pueblo, la limpieza del templo, la interrupción del lucro de aquellos que vendían y compraban, la sanidad de los ciegos y cojos, y la adoración de los niños. Lo que Cristo hacía sencillamente los encendía en furia. Los impulsó a preguntar: «¿Quién se cree ser Jesús de Nazaret?» (Mt. 21:10-11).

Pero note: era una pregunta capciosa, no para buscar la verdad. Era una pregunta para tratar de desacreditar, no de aprender la verdad. La pregunta se planteó porque la propia posición, estima y ganancia de ellos eran sacudidos y no porque realmente quisieran conocer si él era el Mesías. Sus mentes estaban cerradas a las afirmaciones de Jesús. Contaban con muchas afirmaciones y pruebas de su naturaleza mesiánica, pero las ignoraban deliberadamente y negaban su misión divina. Tenían abundantes oportunidades para aprender la verdad, pero no permitían que nada los cambiase (*véase* nota—Jn. 3:2). Eran cautivos de una incredulidad obstinada (*véanse* notas—Mt.12:1-8; nota y Estudio a fondo 1—12:10; nota—15:1-20; Estudio a fondo 2—15:6-9). Estas notas explicarán de alguna manera la oposición contra Cristo.

> ***Pensamiento 1.*** *Véanse* notas—Mt. 21:23; cp. Estudio a fondo 4—Mt. 12:24; nota—12:31-32.
>
> ***Pensamiento 2.*** Con frecuencia estas cosas ocurren a una persona que tiene posición, estima y riqueza, y que procura conseguir más ganancia.
> 1) Teme que la verdad sea una amenaza a lo que tiene.
> 2) Está obligada a seguir en la incredulidad y negación. La persona teme encarar honestamente el asunto para no tener que confesar que ha estado equivocada. Sería demasiado embarazoso y humillante, causando más burlas de las que estaría dispuesta a soportar.

2 (21:23) ***Incredulidad:*** la incredulidad desdeña a Cristo. Cristo estaba enseñando y la gente estaba adorando. Sin embargo, los incrédulos se acercaron con toda informalidad e interrumpieron su enseñanza y la adoración de la gente.

> ***Pensamiento 1.*** La incredulidad trata a Cristo con desconfianza. No presta atención a lo que dice y hace. Imagine la gravedad de la desconfianza. Cristo es el Hijo de Dios ...
> - dejó la gloria del cielo y vino a la tierra.
> - habló revelando la verdad de Dios, del hombre y del mundo.
> - aseguró salvación y vida eterna para el hombre.

Sin embargo, a pesar de todo lo que Cristo ha hecho, el hombre lo niega. Prefiere unos pocos años de estima y placeres humanos antes que creer y entregar sus esperanzas al hecho de que la vida continúa por siempre. Hablando de desprecio no hay mayor desprecio que el de negar al Hijo de Dios. La incredulidad es desdeñar definitivamente a Cristo.

> ***Pensamiento 2.*** La incredulidad siempre interrumpe. Dios quiere un flujo libre del espíritu de fe. Cuando hay una persona incrédula presente, ésta interrumpe el espíritu de fe. No hay entonces un flujo libre del espíritu de fe. A

mayor la incredulidad, mayor el impedimento al flujo de la fe. La incredulidad impide, obstaculiza, perturba, interrumpe la fe.

«Y los que pasaban le injuriaban, meneando la cabeza, y diciendo: Tú que derribas el templo, y en tres días lo reedificas, sálvate a tí mismo; si eres Hijo de Dios, desciende de la cruz» (Mt. 27:39-40).

«De esta manera también los principales sacerdotes, escarneciendo, se decían unos a otros, con los escribas: a otros salvó, a sí mismo no se puede salvar. El Cristo, Rey de Israel, descienda ahora de la cruz, para que veamos y creamos. También los que estaban crucificados junto a él le injuriaban» (Mr. 15:31-32).

«Y el pueblo estaba mirando; y aun los gobernantes se burlaban de él, diciendo: A otros salvó; sálvese a sí mismo, si éste es el Cristo, el escogido de Dios» (Lc. 23:35).

«Entonces los escribas y los fariseos comenzaban a cavilar, diciendo: ¿Quién es este que habla blasfemias? ¿Quién puede perdonar pecados sino sólo Dios?» (Lc. 5:21).

«Por esto los judíos aun más procuraban matarle, porque no sólo quebrantaba el día de reposo, sino que también decía que Dios era su propio Padre, haciéndose igual a Dios» (Jn. 5:18).

«¿Eres tú acaso mayor que nuestro padre Abraham, el cual murió? ¡Y los profetas murieron! ¿Quién te haces a ti mismo?» (Jn. 8:53).

«Le respondieron los judíos diciendo: Por buena obra no te apedreamos, sino por la blasfemia; porque tú, siendo hombre, te haces Dios» (Jn. 10:33).

3 (21:23) ***Incredulidad:*** la incredulidad golpea la esencia misma de la naturaleza de Cristo; duda de su autoridad, duda de quién realmente es.

El sanhedrín (principales sacerdotes, ancianos y escribas) eran los líderes de la nación, y los principales sacerdotes eran los guardianes y gobernadores del templo. Querían saber quién le había dado a Cristo el derecho de hacer lo que estaba haciendo. Jesús estaba interfiriendo con la administración de ellos, y no tenía derecho para hacerlo.

Formularon dos preguntas: «¿Con qué autoridad haces estas cosas? Y ¿quién te dio esta autoridad?» Estaban cuestionando la autoridad de sus obras (primera pregunta) y su persona (segunda pregunta). La incredulidad siempre cuestiona las obras y la persona; *¿por qué* autoridad «son hechas estas cosas» y «quién te dio» tal autoridad? Cristo podía dar una de tres respuetas: por la autoridad propia, por la autoridad de Dios, o por la de las autoridades del templo. Sus interlocutores sabían que ninguna autoridad del templo le había permitido hacer lo que estaba haciendo; así, con estas

Pensamiento 1. La incredulidad toca la esencia misma de la naturaleza de Cristo. Una persona puede decir que cree en Cristo, pero no mostrar señales de haber entregado su vida a Él. Esa clase de fe no es bíblica, no es lo que la Biblia llama creer. Esa clase de fe es mera aceptación mental de una persona histórica. La fe que no entrega la vida no es sino una aceptación mental y superficial. Si una persona realmente sabe que Jesús es el Hijo de Dios, esa persona le entrega su vida. La incredulidad, cualesquiera sean sus pretensiones o pensamientos, duda y niega que Cristo sea realmente el Hijo de Dios.

Pensamiento 2. La incredulidad siempre cuestiona la autenticidad de la persona y de sus obras. Siempre hay incrédulos cerca esperando una oportunidad para justificar su propia posición ante la caída en pecado de un creyente. Por eso, todo creyente debe saber con qué autoridad está obrando. ¿Está obrando por su propio ego o por autoridad de Dios ? Los ministros y las congregaciones deben estar seguros de que su obrar y conducta sean de Dios y no de si mismos. Vivir una vida de justicia es actuar bajo la autoridad de Dios. La vida justa es lo único que silenciará la incredulidad.

4 (21:24-25) ***Incredulidad:*** la incredulidad debe encarar las preguntas de Cristo. Cristo tiene tanto derecho a preguntar a los incrédulos como ellos a Él. Cristo hizo una sola pregunta: «El ministerio de Juan, ¿era del cielo o de los hombres?»

Si el ministerio de Juan era del cielo, Cristo era el Hijo de Dios. ¿Por qué? Porque Juan dio testimonio: «He aquí el Cordero de Dios, que quita el pecado del mundo ... Y yo le vi, y *he dado testimonio* de que éste es el Hijo de Dios» (Jn. 1:29, 34).

Si el ministerio de Juan era de los hombres ¿cómo podemos explicar tantas vidas cambiadas y tantas obras maravillos as ? Esta sola pregunta muestra lo absurdo y pecaminoso de la incredulidad, no solamente en cuanto a los incrédulos del tiempo de Jesús, sino de los incrédulos de nuestros días también. (*Véanse* bosquejo y notas— Mt. 3:1-17; Lc. 7:29-31.)

Pensamiento 1. ¿Era el ministerio de Juan del cielo o de los hombres? La misma pregunta es aplicable a nuestros días. La pregunta requiere una confesión, o negación, y la negación es totalmente absurda y ridícula. ¿Cómo se pueden explicar tantas vidas cambiadas y tantas obras maravillosas en todo el mundo y a lo largo de la historia, aparte de Cristo? Los testigos son abundantes.

Pensamiento 2. Piense por un momento. ¿Era el ministerio de Juan realmente suyo propio, producto de su propia mente? ¿Cómo es posible que tanta gente a lo largo de la historia ministre como producto de su propia mente? Imagine un incrédulo tiene que decir cosas increíbles:

1) Que todo creyente que alguna vez ha ministrado, creó su propio ministerio (obras) como producto de su propia mente.
2) Que todo creyente que alguna vez ha ministrado estaba equivocado en cuanto a Cristo (en el sentido de conocerlo personalmente como Hijo de Dios y de recibir el llamado y los dones de él).

«Y todo el pueblo y los publicanos, cuando lo oyeron, justificaron a Dios, bautizándose con el bautismo de Juan» (Lc. 7:29).

«Jesús les respondió: Os lo he dicho, y no creéis; las obras que yo hago en nombre de mi Padre, ellas dan testimonio de mí» (Jn. 10:25).

«¿Al que el Padre santificó y envió al mundo, vosotros decís: Tú blasfemas, porque dije: Hijo de Dios soy? Si no hago las obras de mi Padre, no me creáis. Mas si las hago, aunque no me creáis a mí, creed a las obras, para que conozcáis y creáis que el Padre está en mí, y yo en el Padre» (Jn. 10:36-38).

«Y muchos venían a él, y decían: Juan, a la verdad, ninguna señal hizo; pero todo lo que Juan dijo de éste, era verdad. Y muchos creyeron en él allí» (Jn. 10:41-42).

«¿No crees que yo soy en el Padre, y el Padre en mí? Las palabras que yo os hablo, no las hablo por mi propia cuenta, sino que el Padre que mora en mí, él hace las obras» (Jn. 14:10).

5 (21:25-27) ***Incredulidad:*** la incredulidad causa triple pecado y culpa. Las palabras: «discutían entre sí» (*par eantois*) significan que discutían entre ellos qué respuesta dar. No solamente razonaban (*en*) entre ellos mismos, cada uno librado a sus propios pensamientos. Este fue un ataque planificado contra Cristo, un rechazo deliberado de Cristo.

Los interlocutores del Señor supieron enseguida cómo contestar. Si decían que el ministerio de Juan era de Dios, Cristo les preguntaría por qué no habían creído el testimonio de Juan respecto del Mesías. Si (decían que el ministerio de Juan era de los hombres, levanta-rían al pueblo contra ellos mismos, puesto que el pueblo creía firmemente que Juan fue un verdadero profeta de Dios.

Note como los enviados a preguntar razonaron entre sí. Su interés no era descubrir la verdad, sino salvar las apariencias y proteger su propia posición, estima, y seguridad. Cometieron un triple pecado.

1. Negaron deliberadamente a Cristo. Confesar que Juan era de Dios los obligaría a reconocer a Cristo, y sencillamente no estaban dispuestos a ello. Temían la pérdida de cuanto poseían (posición, poder, riqueza, estima, imagen, seguridad).

«Si sufrimos, también reinaremos con él; si le negáremos, él también nos negará» (2 Ti. 2:12).

«Pero hubo también falsos profetas entre el pueblo, como habrá entre vosotros falsos maestros, que introducirán encubiertamente herejías destructoras, y aun negarán al Señor que los rescató, atrayendo sobre sí mismos destrucción repentina» (2 P. 2:1).

«¿Quién es el mentiroso, sino el que niega que Jesús es el Cristo? Este es anticristo, el que niega al Padre y al Hijo» 1 Jn. 2:22).

2. Temían a los hombres. Eran deliberadamente cobardes. Temían las reacciones de la gente (abuso, burla, persecución).

«Porque el que se avergonzare de mí y de mis palabras en esta generación adúltera y pecadora, el Hijo del Hombre se avergonzará también de él, cuando venga en la gloria de su Padre con los santos ángeles» (Mr. 8:38).

3. Escogieron una actitud deliberada de ignorancia. Temían ser avergonzados, pasar situaciones embarazosas, temían el ridículo. Confesar a Cristo significaba confesar que todo el tiempo habían estado equivocados; significaría negar completamente su propio ego y hacerlo públicamente. La mayoría de los hombres ...

- prefieren una actitud oportuna antes que basarse en principios.
- ir a lo seguro antes que pronunciarse por la verdad.
- decir «no sé» antes que decir la verdad.

«Jesús les respondió: Os lo he dicho, y no creéis; las obras que yo hago en nombre de mi Padre, ellas dan testimonio de mí» (Jn. 10:25).

«¿Al que el Padre santificó y envió al mundo, vosotros decís: Tú blasfemas, porque dije: Hijo de Dios soy? Si no hago las obras de mi Padre, no me creáis. Mas si las hago, aunque no me creáis a mí, creed a las obras, para que conozcáis y creáis que el Padre está en mí, y yo en el Padre» (Jn. 10:36-38).

«¿No crees que yo soy en el Padre, y el Padre en mí? Las palabras que yo os hablo, no las hablo por mi propia cuenta, sino que el Padre que mora en mí, él hace las obras» (Jn. 14:10).

Pensamiento 1. Es deber de toda persona que piensa saber si Cristo es o no es verdadero. Para una persona que piensa es inaceptable decir «no sé». Una *persona que piensa* debe saber, porque tiene la capacidad para saber. Tiene que pensar, distinguir lo verdadero de lo falso. Si falla se condena a sí misma.

Pensamiento 2. Hay dos cosas absurdas.

1) Es absurdo reconocer una verdad y luego rechazarla. Un incrédulo no puede reconocer que Juan y Cristo *son de Dios y* luego no confesarlo. Decir que son *de Dios y* luego negarlos es el colmo de lo absurdo.
2) Es absurdo no confesar a Cristo. Negarlo es el colmo de los absurdo; la evidencia es avasalladora.

Pensamiento 3. Hay al menos dos cosas que impulsan al hombre a rechazar la verdad y oponerse a ella.

1) Pecado: una persona ama el pecado demasiado para renunciar a él. Su pecado puede ser cosas como la carne, orgullo, fama, poder, riqueza, voluntad propia, posición, propiedad. Está sencillamente demasiado poseída para volverse a Cristo.
2) Temor: los hombres temen dos cosas.
   a) Temen a Dios. Si confiesan a Cristo temen que Dios les hará demandas y que tendrán que renunciar a algunas cosas. Temen perder lo que tienen y disfrutan, es decir, posición, riqueza, placer.
   b) Temen a los hombres. Si confiesan a Cristo, temen el ridículo, temen situaciones embarazosas, persecución, verguenza, abuso, rechazo, ser pasados por alto. Estas cosas y tantas más impulsan a los hombres a cometer el triple pecado de la incredulidad.

6 (21:27) ***Decisión—incredulidad:*** la incredulidad resulta en el silencio de Cristo. Sus interlocutores dijeron: «No sabemos». Mintieron. Sabían perfectamente bien que el bautismo de Juan era de Dios. Sencillamente no estaban dispuestos a correr el riesgo de perder su posición, su salario, y seguridad. Amaban al mundo más que a Dios y a la esperanza que Dios les extendía. De manera que negaron, actuaron cobardemente y escogieron el camino de la conveniencia.

Pensamiento 1. El punto es éste, estos incrédulos no se dejarían convencer por la verdad. No es que *no podían* ser convencidos, sino que *no querían* ser convencidos. La incredulidad tan obstinada rara vez, si es que alguna vez, alcanza a ver la verdad de Cristo. Aunque Cristo les revelara abiertamente la verdad, ellos la rechazarían.

«Mas Abraham le dijo: Si no oyen a Moisés y a los profetas, tampoco se persuadirán aunque alguno se levante de los muertos» (Lc. 16:31).

Pensamiento 2. Cuando se destacan los pecados de la incredulidad los hombres con frecuencia se siente provocados y buscan venganza. Actúan con malicia, con frecuencia lo hacen legalmente conforme a las reglas de la sociedad. A veces intentan denunciar y desacreditar; a veces persiguen.

Pensamiento 3. El juicio de Cristo es contra la incredulidad obstinada. ¿Qué juicio? El juicio del silencio; Cristo honrará la incredulidad, la honrará no revelándose al incrédulo. La incredulidad es condenada.

«Mas Abraham le dijo: Si no oyen a Moisés y a los profetas, tampoco se persuadirán aunque alguno se levante de los muertos» (Lc. 16:31).

«Y no queréis venir a mí para que tengáis vida» (Jn. 5:40).

«Y [Dios] envió a sus siervos a llamar a los convidados a las bodas; mas éstos no quisieron venir» (Mt. 22:3).

«Ahora, pues, por cuanto vosotros habéis hecho todas estas obras, dice Jehová, y aunque os hablé desde temprano y sin cesar, no oísteis, y os llamé y no respondisteis ... Os echaré de mi presencia» (Jer. 7:13,15).

«A los cielos y la tierra llamo por testigos hoy contra vosotros, que os he puesto delante la vida y la muerte, la bendición y la maldición; escoge, pues, la vida, para que vivas tú y tu descendencia; amando a Jehová tu Dios, atendiendo a su voz, y siguiéndole a él; porque él es vida para ti, y prolongación de tus días» (Dt. 30:19-20).

«Porque dice: En tiempo aceptable te he oído, y en día de salvación te he socorrido. He aquí ahora el tiempo aceptable; he aquí ahora el día de salvación» (2 Co. 6:2).

1 La parábola: un hombre y dos hijos a. Manda al primer hijo a trabajar en su viñedo 1) Dice «no quiero» 2) Después se arrepiente y va b. Manda al 2^{ndo} que vaya 1) Dice: «iré, señor»	**E. La parábola de los dos hijos: lo que requiere entrar al Reino de Dios, 21:28-32** 28 Pero ¿Qué os parece? Un hombre tenía dos hijos, y acercándose al primero, le dijo: Hijo, vé hoy a trabajar en mi viña. 29 Respondiendo él, dijo: No quiero; pero después, arrepentido, fue. 30 Y acercándose al otro, le dijo de la misma manera;	y respondiendo él, dijo: Sí, señor, voy. Y no fue. 31 ¿Cuál de los dos hizo la voluntad de su padre? Dijeron ellos: El primero. Jesús les dijo: De cierto os digo, que los publicanos y las rameras van delante de vosotros al reino de Dios. 32 Porque vino a vosotros Juan en camino de justicia, y no le creísteis; pero los publicanos y las rameras le creyeron; y vosotros, viendo esto, no os arrepentisteis después para creerle.	2) Pero no va c) El primer hijo hizo la voluntad de su padre **2 El tema: los pecadores entran al reino antes que los religiosos** **3 Los religiosos no creen a Juan** a. Juan estaba acertado b. Los peca.creen a Juan c. Los reli. ven las vidas cambiadas, pero ni se arrepienten ni creen

E. La parábola de los dos hijos: lo que requiere entrar al Reino de Dios, 21:28-32

(21:28-32) ***Introducción:*** las palabras «¿Qué os parece?» conectan esta parábola a los líderes judíos que acababan de confrontar a Cristo tratando de desacreditarlo. El Señor quería trasmitirles un mensaje crucial, un mensaje que determinaría el destino eterno de ellos.

¿Qué se requiere para entrar al reino de Dios? no solo la profesión y justicia, también arrepentimiento y fe.

1. La parábola: un hombre y dos hijos (vv. 28-31).
2. El tema: los pecadores entran al reino antes que los religiosos (los que se autojustifican y los que profesan con falsía) (v. 31).
3. El motivo: los religiosos no creen a Juan, que Jesús es el Hijo de Dios (v. 32).

1 (21:28-31) ***Parábola—trabajo—servicio:*** es una parábola sencilla y clara. Es referida a un hombre que tenía dos hijos. Note varios hechos.

1. El mandato «Vé a trabajar» es un imperativo enfático. El Padre decía: «¡Vé! ¡Trabaja!» En su mente no hay otra elección; no hay alternativa. Los hijos debían trabajar y servir a su padre.
2. Note la palabra «hoy.» Hoy es el día de ir. Hoy es el día para trabajar, no mañana. Mañana puede ser demasiado tarde. La cosecha se perdería en el campo. Vendrá la noche cuando nadie puede trabajar (Jn. 9:4). Además los hijos podían morir (He. 9:27). Tenían que ir hoy, mientras tenían la oportunidad de ayudar a su padre.

> **« ... He aquí ahora el tiempo aceptable; he aquí ahora el día de salvación» (2 Co. 6:2).**
>
> **«Si oyereis hoy su voz, no endurezcáis vuestro corazón» (Sal. 95:7-8).**

3. El primer hijo dijo: «No quiero». Esto era una irrespetuosa rebelión. Era el rechazo de un hijo que quería tomar su propio camino en la vida; que se rebelaba cuando le decían qué hacer. Era egoísta, mundano, carnal, materialista y lleno de orgullo. Iría por su propio camino, haría lo que él quería. Sin embargo, note que el primer hijo *se arrepintió y fue.* La palabra *arrepentir* significa cambiar, volver. (*Véase* Estudio a fondo 1, ***Arrepentir***—Hch. 17:29-30). El primer hijo cambió y se volvió de la vida de rebelión y mundanalidad que había escogido, se volvió al padre y fue al viñedo a trabajar. Hizo exactamente lo que su padre le mandó hacer.
4. El segundo hijo dijo: «*Iré, señor*». Note que su respuesta indica que irá de inmediato para servir celosamente en el trabajo de su padre. Dijo, iré a trabajar *por ti.* Pero falló; *nunca* fue a trabajar para su padre. Fue a trabajar, pero no para su padre. Era igual que el primer hijo: egoísta, irrespetuoso del padre y de sus necesidades. Se ocupó de la vida propia, viviendo y trabajando para *si mismo.* La única diferencia entre los dos hijos es que el segundo *profesó* tener respeto hacia su padre y *dijo* ir a trabajar para el padre, pero nunca fue. Nunca hizo la obra de su padre. (Esto implica que lo que hacía día tras día era su propio trabajo, su propia labranza. Trabajaba y vivía como quería, sin considerar en absoluto a su padre. Era una vida de religión y rectitud moral según veremos.)
5. Cristo preguntó a los religiosos, parados alrededor, cuál de los dos hijos había hecho la voluntad de su padre. Sin embargo, los religiosos no alcanzaron a ver la enseñanza de la parábola, de manera que dieron la respuesta obvia: el primer hijo hizo la voluntad de su padre.

Su respuesta inmediata a Cristo es interesante. Demostraron en qué medida puede la religión y justificación propia enceguecer a una persona y darle un sentido de falsa seguridad. Una persona, ministro o laico. Que vive sinceramente una vi da religiosa y de pureza moral, puede hallar gran dificultad en entender por qué no es aceptable a Dios y por qué no puede entrar al reino de Dios.

2 (21:31) ***Salvación—auto justificación—trabajo:*** Jesús dio la enseñanza de la parábola. Los pecadores entran al reino de los cielos antes que los religiosos (los que se auto justifican y solamente profesan tener fe). Note lo que hizo Jesús.

1. Jesús identificó al hombre y a los dos hijos en la parábola.
   a. El hombre, propietario del viñedo, es Dios. Dios es la Persona que posee el reino (*véase* Estudio a fondo 3—Mt. 19:23-24).
   b. El primer hijo representa a los no religiosos y mundanos de esta tierra. No profesan ser religiosos, y no saben que están perdidos. Quieren transitar su propio camino, sin tener nada que ver con Dios. Los publicanos y cobradores de impuestos representan a los rechazados y de mentalidad mundana, aquellos más interesado en el dinero y en las cosas de este mundo que en Dios. Las rameras representaban a los inmorales y sensuales, a los que les interesaba más el placer que Dios.
   c. El segundo hijo representa a los religiosos de esta tierra (los que se auto justifican y hacen falsa profesión de fe). Gente que, o bien había crecido en la iglesia desde temprana infancia o bien llegó algún tiempo después a la iglesia. Profesaban la religión y la justicia como la forma en que una persona debe vivir.
2. Jesús identificó el viñedo y el trabajo en él. El viñedo es el reino de Dios y el trabajo: «Vé al reino de Dios»—servir a Dios en su reino (*véase* Estudio a fondo 3—Mt. 19:23-24). Note dos cosas:
   a. Ambos hijos (todos los hombres) reciben el mismo mandato y la misma obligación: «Vé al viñedo».
   b. Dios respeta a ambos hijos. No obliga a ninguno a ir, ni al hijo que se rebela ni al que se compromete pero

falla en ir a trabajar al viñedo. La voluntad de los hijos será respetada. Pueden ir y trabajar donde quieren.

3. Jesús subrayó claramente la enseñanza de la parábola.
   a. Dijo enfáticamente: «De cierto os digo». *De cierto* significa seguramente, verdaderamente, paren y tomen nota. Al hablar en primera persona, «Yo» se refiere al Mesías, al Hijo de Dios mismo. El Mesías está revelando una verdad crucial.
   b. En términos inconfundibles dijo: los pecadores «van delante de ustedes al reino de Dios», delante de quienes se autojustifican; delante de los religiosos falsos, y de los que profesan con falsía. Es importante prestar cuidadosa atención a las palabras del Señor. Dijo: «delante de vosotros». No estaba cerrando la puerta del cielo a los religiosos. Simplemente, en su estado actual, no podían entrar. Como Criso dijo en el siguiente versículo, les faltaba una cosa, y tenían que cumplir con ella para entrar al reino de Dios .

4. Jesús causó un resultado poderoso en su audiencia. Declaró que la idea que el hombre tenía de la religión era equivocada. Religión y justicia no son suficientes para entrar al reino de Dios. Se requiere más. La religión no es suficiente (servicios de adoración, ceremonias, ritual, profesión de fe, ordenanza). La justicia no es suficiente (moralidad, virtud, leyes, reglas y reglamentos, buenas obras y compromiso). En forma escandolizador Cristo declaró a los religiosos y a los justos: «Los pecadores van *delante* de ustedes al reino de Dios. Lo que *ustedes* tienen no es suficiente; se requiere más. Algo más se necesita».

«Porque os digo que si vuestra justicia no fuere mayor que la de los escribas y fariseos, no entraréis en el reino de los cielos» (Mt. 5:20).

«Porque ignorando la justicia de Dios, y procurando establecer la suya propia, no se han sujetado a la justicia de Dios» (Ro. 10:3).

«Velad debidamente, y no pequéis; porque algunos no conocen a Dios; para verguenza vuestra lo digo» (1 Co. 15:34).

[3] (21:32) ***Salvación—rechazo:*** se establece claramente el motivo por el cual los pecadores entran al reino de Dios y los religiosos no. Los religiosos no creen el mensaje de Juan, de que Jesús es el Mesías, el Hijo de Dios. Note que Cristo dijo tres cosas.

1. Juan estaba en lo cierto. Juan vino en «el camino de justicia», en la misma justicia que los religiosos afirman como necesaria para vivir para Dios. Juan fue piadoso y vivía tal como los religiosos decían que era necesario vivir, sin embargo, los religiosos no creyeron a Juan; es decir, no creyeron en su ministerio y testimonio, de que Jesús era el Mesías, el hijo de Dios.

«Cristo dijo a los religiosos alrededor suyo: Ustedes se contradicen. Juan vino a ustedes en la justicia que ustedes profesan. Fue piadoso, y sin embargo, ustedes no recibieron su ministerio y testimonio». «He aquí el Cordero de Dios, que quita el pecado del mundo» (Jn. 1:29; cp. Jn. 1:29-36).

«Y yo le vi, y he dado testimonio de que éste es el Hijo de Dios» (Jn. 1:34).

«Mas los fariseos y los intérpretes de la ley desecharon los designios de Dios respecto de sí mismos, no siendo bautizados por Juan» (Lc. 7:30).

Pensamiento. La gran tragedia de los religiosos es esta: se paran al costado. Rechazan el designio de Dios; no van a trabajar al viñedo de Dios.

2. Los pecadores creen el testimonio de Juan: «Los publicanos y las rameras le creyeron». El primer hijo hizo exactamente lo que Juan dijo: se arrepintió de su vida libertina y creyó que Jesús era el Hijo de Dios (*véase* nota—Mt. 21:31).

3. Los religiosos vieron las evidencias, pero la rechazaron. Vieron la evidencia de la justicia de Juan y de las vidas cambiadas de los pecadores («vosotros, viendo esto»). Pero los religiosos aun negaban los hechos. Note: un religioso comete dos errores graves que se ven en este pasaje.
   a. El religioso vive una vida estricta, pero no se arrepiente de fallar. Le dice a Dios que *irá a trabajar en su viñedo,* es decir, *en su reino,* pero no va. Sin embargo, note esto: el religioso trabaja. En efecto, es muy estricto en su trabajo, pero trabaja en la viña de su propia *religión y* justicia y reglamentos. Nunca entra al viñedo de Dios (reino) para servir al Padre.

   Ocurrió lo que Jesús dijo. Los religiosos rechazaron el testimonio de las Escrituras que comenzó con el ministerio y testimonio de Juan. Este testimonio decía que la única forma de ir al viñedo de Dios era medi ante la fe en Cristo, y que la única forma de servir adecuadamente a Dios era mediante el poder interior de Cristo (Jn. 14:6; 1 Ti. 2:5).

   «Yo soy la vid, vosotros los pámpanos; el que permanece en mí; y yo en él, éste lleva mucho fruto; porque separados de mí nada podéis hacer» (Jn. 15:5).

   «Y a Aquel que es poderoso para hacer todas las cosas mucho más abundantemente de lo que pedimos o entendemos, según el poder que actúa en nosotros» (Ef. 3:20).

   b. El religioso no cree el testimonio personal de Juan de que Jesús es el Mesías, el hijo de Dios. El religioso probablemente acepta a Jesús como un gran maestro, pero no como el Cordero de Dios que se sacrificó a sí mismo por los pecados del mundo (1 P. 2:24).

   «Nadie me la quita, sino que yo de mí mismo la pongo. Tengo poder para ponerla [mi vida], y tengo poder para volverla a tomar. Este mandamiento recibí de mi Padre» (Jn. 10:18).

   «Quien llevó él mismo nuestros pecados en su cuerpo sobre el madero, para que nosotros, estando muertos a los pecados, vivamos a la justicia; y por cuya herida fuisteis sanados» (1 P. 2:24).

   «Porque también Cristo padeció una sola vez por los pecados, el justo por los injustos, para llevarnos a Dios, siendo a la verdad muerto en la carne, pero vivificado en espíritu» (1 P. 3:18).

Pensamiento. El testimonio de Juan es la norma con que Jesús mide a los religiosos. No es suficiente ser religioso y justo, es decir, bueno, moral, sobresaliente como ciudadano. La persona tiene que hacer más.

1) Tiene que arrepentirse de no ir al viñedo de *Dios,* es decir, al reino de Dios. El religioso crea su propia viña de religión y justicia, pero su viña no es la de Dios. La viña de Dios es la de la fe.
2) Tiene que creer en el Hijo de Dios, en Jesucristo. Tiene que entrar a la viña de la fe, y tiene que trabajar en ella.

«Porque por gracia sois salvos por medio de la fe; y esto no de vosotros, pues es don de Dios; no por obras, para que nadie se gloríe. Porque somos hechura suya, creados en Cristo Jesús para buenas obras, las cuales Dios preparó de antemano para que anduviésemos en ellas» (Ef. 2:8-10).

1 La parábola: historia de Israel como la ve Dios
a. Dios plantó un viñedo (la nación de Israel)[EF1]
b. Dios confió el viñedo a los labradores[EF2]
c. Dios envió mensajeros a recoger el fruto[EF3]
1) Se esperaba fruto
2) Los labradores se rebelaron y rechazaron a los mensajeros de Dios[EF4]
d. Dios mostró paciencia y siguió enviando mensajeros
e. Finalmente Dios envió a su Hijo[EF5]
1) Cristo afirmó ser Hijo de Dios
2) Vieron aCristo
3) Se complotaron matarle
4) Planearon adueñarse de su herencia
5) Mataron al Hijo
f. Dios va a juzgar a los labradores[EF6]
1) Dios está viniendo
2) Dios destruirá a los malvados
3) Dios confiará su viñedo a otros (a los gentiles, v. 43)

2 Las tres afirmaciones de Jesús
a. Es la cabeza de la piedra angular[EF7]
1) Al principio es rechazado
2) Se hace cabeza de la piedra angular
b. Dios quitará a Israel el reino y lo dará a otra nación[EF8]
c. Algunos se condenan[EF9, 10]
1) Tropiezan en la piedra
2) Se oponen a la piedra

3 Resultados de la parábola
a. Comprendieron que Cristo se refería a ellos
b. Reacción sin arrepentirse
c. La gente veía a Cristo como profeta, no como Mesías

F. La parábola de los labradores malvados: Israel rechaza la naturaleza mesiánica de Jesús, 21:33-46

33 Oíd otra parábola: Hubo un hombre, padres de familia, el cual plantó una viña, la cercó de vallado, cavó en ella un lagar, edificó una torre, y la arrendó a unos labradores, y se fue lejos.
34 Y cuando se acercó el tiempo de los frutos, envió a sus siervos a los labradores, para que recibiesen sus frutos.
35 Mas los labradores, tomando a los siervos, a uno golpearon, a otro mataron, y a otro apedrearon.
36 Envió de nuevo otros siervos, más que los primeros; e hicieron con ellos de la misma manera.
37 Finalmente les envió su hijo, diciendo: Tendrán respeto de mi hijo.
38 Mas los labradores, cuando vieron al hijo, dijeron entre sí: Este es el heredero; venid, matémosle, y apoderémonos de su heredad.
39 Y tomándole le echaron fuera de la viña, y le mataron.
40 Cuando venga, pues, el señor de la viña, ¿qué hará a aquellos labradores?
41 Le dijeron: a los malos destruirá sin misericordia, y arrendará su viña a otros labradores, que le paguen el fruto a su tiempo.
42 Jesús les dijo: ¿Nunca leísteis en las Escrituras: La piedra que desecharon los edificadores, ha venido a ser cabeza del ángulo. El Señor ha hecho esto, y es cosa maravillosa a nuestros ojos?
43 Por tanto os digo, que el reino de Dios será quitado de vosotros, y será dado a gente que produzca los frutos de él.
44 Y el que cayere sobre la piedra será quebrantado; y sobre quien ella cayere, le desmenuzará.
45 Y oyendo sus parábolas los principales sacerdotes y los fariseos, entendieron que hablaba de ellos.
46 Pero al buscar cómo echarle mano, temían al pueblo, porque éste le tenía por profeta.

F. La parábola de los labradores malvados: Israel rechaza la naturaleza mesiánica de Jesús, 21:33-46

(21:33-34) ***Introducción:*** esta es una de las parábolas más interesantes contadas por Jesús. Es interesante porque es histórica y profética. Cristo cubrió la historia de Israel desde la perspectiva de Dios, tal como Dios la ve (vv. 33-36). Luego predijo o reveló exactamente lo que iba a ocurrir con Israel. Israel rechazaría al propio Hijo de Dios (vv. 37-39, 42), y por su rechazo y crueldad, Dios los rechazaría a ellos dando el reino de Dios a otra gente (v. 43).

Lo que se dice a través de este pasaje es aplicable a todas las naciones tanto como a Israel. Dios nos ha confiado el viñedo de la iglesia y del mundo a nosotros (Mt. 28:19-20), la nueva nación, la nueva creación de Dios (*véanse* notas—Ef. 2:11-18; pt. 4, 2:14-15; 4:17-19). Por eso, cada punto cubierto en la historia de Israel, debe ser un mensaje dinámico que hable con elocuencia y claridad a nuestros corazones.

Hay tres puntos principales en este pasaje.

1. La parábola: la historia de Israel como la ve Dios (vv. 33-41).
2. Las tres afirmaciones de Jesús (vv. 42-44).
3. Los resultados de la parábola (vv. 45-46).

[1] (21:33-41) ***Israel:*** la historia de Israel como la ve Dios. El padre de familia es Dios. El viñedo es Israel, el verdadero Israel, el pueblo de Dios. Los labradores son los líderes religiosos de Israel; los siervos son los profetas; y el Hijo es Jesucristo, el Mesías (cp. Is. 5:1-7). (Los sub puntos de este tema son tan importantes que se los discute en notas separadas. *Véanse* Estudios a fondo 1, 2 3, 4, 5, 6—Mt. 21:33-41.)

ESTUDIO A FONDO 1

(21:33) ***Dios—protección—provisión—mundo—iglesia—Israel:*** Dios plantó un viñedo. Hay diferentes formas de ver el viñedo.

1. El viñedo es Israel, esto es, el auténtico Israel, un pueblo para Dios (Is. 5:7).

2. El viñedo es el reino de Dios que Israel debía cuidar. Probablemente esta sea la forma más adecuada de interpretar lo que Cristo quería decir y lo que realmente ocurre en el trato de Dios con los hombres. Dios confía su reino o iglesia (viñedo) a nuestras manos y espera que nosotros lo cultivemos (cp. v. 43; *véase* Estudio a fondo 3—Mt. 19:23-24).

3. El viñedo también puede ser aplicado a la tierra misma, a la que Israel debía ministrar (*véase* Estudio a fondo 1—Jn. 4:22).

Note tres cosas maravillosas que Dios hizo por el viñedo. Proveyó todo lo imaginable para cuidar del viñedo y de sus labradores. Proveyó todo lo necesario para asegurar crecimiento y fruto. Los labradores no tenían excusa para no producir.

1. Dios la «cercó». El cerco era un muro construido alrededor del viñedo para mantener los animales alejados de las uvas. El cerco o muro *aseguraba* crecimiento y fruto.

> **«No me elegisteis vosotros a mí, sino que yo os elegí a vosotros, y os he puesto para que vayáis y llevéis fruto, y vuestro fruto permanezca; para que todo lo que pidiéreis al Padre en mi nombre, él os lo dé» (Jn. 15:16).**
>
> **«Llenos de frutos de justicia que son por medio de Jesucristo, para gloria y alabanza de Dios» (Fil. 1:11).**
>
> **«Para que andéis como es digno del Señor, agradándole en todo, llevando fruto en toda buena obra, y creciendo en el conocimiento de Dios; fortalecidos con todo poder, conforme a la potencia de su gloria, para toda paciencia y longanimidad» (Col. 1:11).**

2. Dios cavó un lagar. Era un hueco u hondanada en la que se exprimía la uva. A veces se la cavaba en la roca, a veces se la construía de madera. Equivale al equipamiento que Dios provee para que se haga su obra.

> **«A uno dio cinco talentos, y a otro dos, y a otro uno, a cada uno conforme a su capacidad; y luego se fue lejos» (Mt. 25:15).**
>
> **«Pero recibiréis poder, cuando haya venido sobre vosotros el Espíritu Santo, y me seréis testigos en Jerusalén, en toda Judea, en Samaria, y hasta lo último de la tierra» (Hch. 1:8).**
>
> **«De manera que, teniendo diferentes dones, según la gracia que nos es dada» (Ro. 12:6).**
>
> **«Ahora bien, hay diversidad de dones, pero el Espíritu es el mismo» (1 Co. 12:4).**

3. Dios construyó una torre. Esta era una torre de observación usada para guardar y proteger el viñedo de ladrones. Representa la seguridad y certeza de la protección que Dios da a los labradores (cp. Mt. 6:25-34).

> **«No os afanéis, pues, diciendo: ¿Qué comeremos, o qué beberemos, o qué vestiremos? Porque los gentiles buscan todas estas cosas; pero vuestro Padre celestial sabe que tenéis necesidad de todas estas cosas» (Mt. 6:31-32).**
>
> **«Pues aun los cabellos de vuestra cabeza están todos contados. No temáis, pues; más valéis vosotros que muchos pajarillos» (Lc. 12:7).**
>
> **«Echando toda vuestra ansiedad sobre él, porque él tiene cuidado de vosotros» (1 P. 5:7).**
>
> **«Mi Dios, pues, suplirá todo lo que os falta conforme a sus riquezas en gloria en Cristo Jesús» (Fil. 4:19).**

ESTUDIO A FONDO 2

(21:33) ***Trabajo—responsabilidad—ministerio:*** Dios le confió su viñedo a los labradores. Estos representaban a la nación, al pueblo de Israel, particularmente a los líderes (tanto religiosos como civiles). Cada uno era responsable de cuidar de la nación toda, cuidando unos a otros, y contribuyendo así al bienestar y la provisión de todos. (Cp. todo el cuerpo de la iglesia y la responsabilidad de cada ministro de trabajar en el viñedo, 1 Co. 12:12ss.)

Note dos cosas.

1. Dios pone confianza en los hombres. ¡Piense en el gran privilegio que es que Dios confíe en uno! Piense en cuánto aprecia Dios su viñedo, luego piense que su cuidado es confiado a nosotros, no a los ángeles ni a alguna otra forma superior de ser. ¡Qué cosa asombrosa y maravillosa que Dios nos confíe su más preciado viñedo!

2. Dios le da libertad al hombre. Dios dejó que los labradores cuiden de su viñedo como ellos querían. Debían ejercitar su propia voluntad y energía para cuidar la viña. Tenían el glorioso privilegio de la libertad, de ser libres para usar su propio ingenio y sus propias ideas. No había alguien mirando por encima de sus hombros obligándolos a mantener cierta conducta.

> **«Y creó Dios al hombre a su imagen, a imagen de Dios lo creó; varón y hembra los creó. Y los bendijo Dios, y les dijo: Fructificad y multiplicaos; llenad la tierra, y sojuzgadla, y señoread en los peces del mar, en las aves de los cielos, y en todas las bestias que se mueven sobre la tierra» (Gn. 1:27-28).**
>
> **«Le hiciste señorear sobre las obras de tus manos; todo lo pusiste debajo de sus pies» (Sal. 8:6).**
>
> **«Porque el reino de los cielos es como un hombre que yéndose lejos, llamó a sus siervos y les entregó sus bienes» (Mt. 25:14).**
>
> **«Ahora bien, se requiere de los administradores que cada uno sea hallado fiel» (1 Co. 4:2).**
>
> **«Y llamando a diez siervos suyos, les dio diez minas, y les dijo: Negociad entre tanto que vengo» (Lc. 19:13).**

ESTUDIO A FONDO 3

(21:34-35) ***Hombre—rebelión—rechazo—persecución:*** Dios envió mensajeros a juntar el fruto del viñedo. Los mensajeros serían los profetas y los líderes buenos y piadosos en la historia de Israel (jueces, reyes y sacerdotes).

Note tres cosas:

1. El fruto era esperado. Cada labrador, esto es, toda persona, era responsable del viñedo; se esperaba de cada uno que trabajara y produzcara.

2. Llegó el día de rendir cuentas. Cada persona debía pagar sus deudas y hacer su contribución por el maravilloso privilegio de vivir en el hermoso viñedo y ser bendecido por él. (El reino de Dios, el mundo, la iglesia —como quiera que se aplique este pasaje— son maravillosos viñedos y todos somos responsables de contribuir con el fruto que podamos.)

> **«Dijo también esta parábola: Tenía un hombre una higuera plantada en su viña, y vino a buscar fruto en ella, y no lo halló» (Lc. 13:6).**
>
> **«Todo pámpano que en mí no lleva fruto, lo quitará; y todo aquel que lleva fruto, lo limpiará, para que lleve más fruto» (Jn. 15:2).**
>
> **«Yo soy la vid, vosotros los pámpanos; el que permanece en mí; y yo en él, éste lleva mucho fruto; porque separados de mí nada podéis hacer. El que en mí no permanece, será echado fuera como pámpano, y se secará; y los recogen, y los echan en el fuego y arden» (Jn. 15:5-6).**

3. Los labradores se rebelaron y se rehusaron a pagarle al Dueño. En efecto, su rebelión los llevó a perseguir y matar a los siervos de Dios.

   a. El hombre se rebela deliberadamente contra Dios. El hombre quiere gobernar él mismo el viñedo. Quiere ser el rey del reino, el gobernador de la tierra, y aun la cabeza de la iglesia. Quiere que las cosas funcionen a su manera; gobernar y reinar como él desea y quiere. No quiere autoridad alguna sobre sí mismo; desea vivir conforme a su voluntad, y hacer las cosas que le gustan hacer. Quiere tener, él mismo, el derecho sobre el fruto.

   b. El hombre quiere tanto su propio camino que se burla, escarnece, persigue e incluso mata a los verdaderos siervos de Dios.

«¿A cuál de los profetas no persiguieron vuestros padres? Y mataron a los ancianos que anunciaron de antemano la venida del Justo, de quien vosotros ahora habéis sido entregadores y matadores» (Hch. 7:25; cp. Mt. 23:34-37; He. 11:36-38).

c. El siervo de Dios tiene que entender que es llamado a sufrir (*véase* Estudio a fondo 4—Mt. 21:36. Cp. nota y Estudio a fondo 1—Mt. 20:22-23).

ESTUDIO A FONDO 4

(21:36) ***Persecución:*** Dios mostró paciencia; siguió enviando a sus mensajeros. A lo largo de toda la historia de Israel Dios amó y mostró su paciencia al no reaccionar y rechazar a la nación. Dios nos ha dado oportunidad tras oportunidad. Una y otra vez envía mensajeros a encontrarnos en nuestro camino. Nos ama y desea pagar nuestras deudas. Anhela que llevemos frutos y vivamos como debemos.

Trágicamente la mayoría de los labradores siguen como siempre, rebelándose y afirmando tener derechos sobre el viñedo y sobre sus propias vidas. Por eso siguen reaccionando contra los mensajeros de Dios.

Pensamiento: ¡Cuántos creyentes, laicos como ministros, son maltratados por el mundo!

«Porque a vosotros os es concedido a causa de Cristo, no sólo que creáis en él, sino también que padezcáis por él» (Fil. 1:29).

«Y también todos los que quieren vivir piadosamente en Cristo Jesús padecerán persecución» (2 Ti. 3:12).

«Amados, no os sorprendáis del fuego de prueba que os ha sobrevenido, como si alguna cosa extraña aconteciese, sino gozaos por cuanto sois participantes de los padecimientos de Cristo, para que también en la revelación de su gloria os gocéis con gran alegría» (1 P. 4:12-13; cp. 1 P. 2:21; 4:5-6; Mt. 19:29; Ro. 8:16-17).

ESTUDIO A FONDO 5

(21:37-39) ***Jesucristo, deidad—muerte:*** finalmente Dios envió a su Hijo. Dios mismo quería hablar al hombre. Tal vez prestaran atención a su voz y respeto a sus derechos. Fue condescendiente y pidió a su Hijo a dejar la gloria de la eternidad y llevar la Palabra a la tierra, hablando cara a cara con el hombre.

Note cinco hechos.

1. Cristo afirmó ser el Hijo de Dios. Era diferente a todos los siervos enviados anteriormente. Era más que otro siervo humano; él era el propio Hijo de Dios. No hay dudas de que Cristo afirmaba esto de manera singular respecto de sí mismo.

2. Los labradores vieron al Hijo de Dios. Había toda clase de evidencia: profecías del Antiguo Testamento; el testimonio de Juan el Bautista; la propia afirmación de Jesús y sus obras prodigiosas; las señales de los tiempos (Gá. 4:4); el presentimiento de que él era el Mesías prometido, incluso entre aquellos que ahora se le oponían (*véase* nota—Jn. 3:1-2; cp. Jn. 11:47-52). Esta es la trágica acusación contra los judíos. En lo profundo de su interior sentían que Jesús realmente era el Mesías, pero el pecado y la codicia de posiciones, estima, poder y seguridad les impedía reconocerlo. La incredulidad de ellos era deliberada y obstinada (*véanse* bosquejo y notas—Mt. 21:23-27).

3. Los labradores se complotaron para matarlo (cp. Mt. 12:14; Jn. 11:53).

4. Los labradores querían adueñarse de la herencia. El hombre quiere poseer el reino, la nación, propiedad, poder, gobierno, reinado, posición, estima, fama, reconocimiento y riqueza. Cualquiera sea la posesión, el hombre la quiere para sí mismo; y para conseguirla negará, engañará mentirá, falseará, hurtará y aun matará. (*Véanse* notas—Mt. 12: 1-8; nota y Estudio a fondo 1—12:10; nota—15:1-20; Estudio a fondo 2—15:6-9.)

5. Los labradores mataron al Hijo. Cometieron el peor crimen de la historia humana. Mataron el Hijo de Dios mismo. Note que la muerte de Cristo fue profetizada. El mismo estaba profetizando su muerte, y la muerte sería un acto voluntario de su parte. Sabía que la muerte lo esperaba y que podía haber escapado, pero escogió morir. Ello estaba en el «determinado designio de Dios» (Hch. 2:23).

«Porque de tal manera amó Dios al mundo, que ha dado a su Hijo unigénito, para que todo aquel que en él cree, no se pierda, mas tenga vida eterna» (Jn. 3:16).

«Mas Dios muestra su amor con para con nosotros, en que siendo aún pecadores, Cristo murió por nosotros» (Ro. 5:8).

«Pero Dios, que es rico en misericordia, por su gran amor con que nos amó, aun estando nosotros muertos en pecados, nos dio vida juntamente con Cristo (por gracia sois salvos)» (Ef. 2:4-5).

ESTUDIO A FONDO 6

(21:40-41) ***Juicio—iglesia:*** Dios va a juzgar a los labradores. Hay tres puntos importantes en esto.

1. Cristo dijo que el Señor del viñedo está viniendo. Está viniendo para vengar la muerte de su único Hijo.

2. Dios está viniendo para destruir a los malvados. Será una destrucción implacable (*kakos*) y terrible. Note: eran tanto los gobernantes como el pueblo quienes decían que se haría justicia. Por su propia naturaleza el hombre espera que la injusticia sea castigada.

3. Dios va a confiar su viñedo a otros. Nuevamente, era la multitud quien dijo esto. Incluso el hombre sabe que el viñedo no quedará desprovisto de cuidado. Alguien lo cultivará. Dios levantará un pueblo nuevo para cuidar de él (la iglesia, la nueva creación de Dios). (*Véanse* Estudio a fondo 8—Mt. 21:43; notas—Ef. 2:11-18; pt. 4, 2:14-15; 4:17-19.)

«Y ya también el hacha está puesta a la raíz de los árboles; por tanto, todo árbol que no da buen fruto es cortado y echado en el fuego» (Mt. 3:10).

«El que en mí no permanece, será echado fuera como pámpano, y se secará; y los recogen, y los echan en el fuego y arden» (Jn.15:6).

«Pero la que produce espinos y abrojos es reprobada, está próxima a ser maldecida, y su fin es el ser quemada» (He. 6:8).

2 (21:42-44) ***Jesucristo, piedra angular:*** en estos versículos Cristo hizo tres afirmaciones asombrosas, afirmaciones que afectan tanto la historia del mundo como el destino personal de cada uno que vive en Él.

1. El es la Cabeza de la piedra angular. (Para la discusión *véase* Estudio a fondo 7—Mt. 21:42.)

2. Dios se apartará de Israel y se volverá a otra nación. (Para la discusión *véase* Estudio a fondo 8—Mt. 21:43.)

3. Cuando una persona rechaza a Cristo, su rechazo la desmenuzará.

ESTUDIO A FONDO 7

El simbolismo de la Cabeza de piedra angular dice dos cosas significativas.

1. La piedra angular es la primera que se pone. Todas las otras son posteriores. Ella es la piedra *preeminente* en el tiempo. Y así es con Cristo; el es *el primero* en el nuevo movimiento de Dios.

- Cristo es el *capitan* de la salvación. Todos los que le siguen son tripulación.

  «Porque convenía a aquel por cuya causa son todas las cosas, y por quien todas las cosas subsisten, que habiendo de llevar muchos hijos a la gloria, perfeccionase por aflicciones al autor de la salvación de ellos» (He. 2:10).
- Cristo es el *autor* de eterna salvación, de nuestra salvación. Todos los demás son lectores de la historia.

  «Y habiendo si do perfeccionado, vino a ser autor de eterna salvación para todos los que le obedecen» (He. 5:9).

  «Puestos los ojos en Jesus, el autor y consumador de la fe, el cual por el gozo puesto delante de él sufrió la cruz, menospreciando el oprobio, y se sentó a la diestra del trono de Dios» (He. 12:2).
- Cristo es el *comienzo y elfin.* Todos los demás son después de Él y están en medio de Él.

  «Yo soy el Alfa y la Omega, principio y fin, dice el Señor, el que es y que era y que ha de venir, el Todopoderoso» (Ap. 1:8; cp. 21:6; 22: 13).
- Cristo es el *precursor* que entra a la presencia de Dios. Todos los otros entran después de Él.

  «La cual tenemos como segura y firme ancla del alma, y que penetra hasta dentro del velo, donde Jesus entró por nosotros como precursor, hecho sumo sacerdote para siempre según el orden de Melquisedec» (He. 6:19-20).

2. La piedra angular es la piedra de sostén. Todas las otras piedras son puestas sobre ella y sostenidas por ella. Todas apoyan en ella. Es la piedra preeminente en posición y poder. Así es con Cristo; es el sostén y poder, el fundamento del nuevo movimiento de Dios.

- Cristo es *Cabeza de la piedra angular,* el único fundamento verdadero sobre el cual podemos construir. Todos los que no están edificados sobre Él se desmoronaran.

  «Porque nadie puede poner otro fundamento que el que esta puesto, el cual es Jesucristo» (1 Co. 3:11).
- Cristo es la *principal piedra del ángulo* sobre la que todas las otras son colocadas y formadas. Todos los que quieren ser unidos y formados tienen que se colocados sobre Él.

  «Edificados sobre el fundamento de los apóstoles y profetas, siendo la principal piedra del ángulo Jesucristo mismo, en quien todo el edificio bien coordinado, va creciendo para ser un templo santo en el Señor; en quien todos vosotros también sois juntamente edificados para morada de Dios en el Espíritu» (Ef. 2:20-22).
- Cristo es *la piedra viviente* sobre la que son edificadas todas las otras. Es sobre Él que somos edificados como casa espiritual. Todas las otras tienen que ser edificadas sobre Él si desean vivir y quieren que su sacrificio espiritual sea aceptado por Dios.

  «Acercándose a él, piedra viva, desechada ciertamente por los hombres, mas para Dios escogida y preciosa, vosotros también, como piedras vivas, sed edificados como casa espiritual y sacerdocio santo, para ofrecer sacrificios espirituales aceptables a Dios por medio de Jesucristo» (1 P. 2:4-5).

ESTUDIO A FONDO 8

(21:43) ***Israel—gentiles—iglesia—nueva creación:*** Dios quitará su reino y lo dará a otra nación. Cristo dio una profecía que afecta dramáticamente la historia del mundo; su viñedo o reino será quitado de Israel y entregado a otra nación.

Hay varios hechos importantes que deben entenderse en este punto para captar el significado de la profecía del Señor.

1. Israel era la nación levantada por Dios para que fuera su testigo en el mundo (*véase* Estudio a fondo 1—Jn. 4:22).

   a. Israel llevó el nombre de Dios al mundo.

   «Dios es conocido en Judá; en Israel es grande su nombre. En Salem [Jerusalén] está su tabernaculo, y su habitación es Sion» (Sal. 76:1-2).

   b. A Israel le fueron dados los oráculos de Dios, esto es, la Palabra de Dios, la revelación de Dios para el mundo.

   «Qué ventaja tiene, pues, el judío? ... Primero, ciertamente, que les ha sido confiada la palabra de Dios» (Ro. 3:1-2).

   c. Israel era un pueblo grandemente privilegiado en cosas espirituales.

   d. A Israel le fue dado el glorioso plan de la salvación.

   «Vosotros adoráis lo que no sabéis; nosotros adoramos lo que sabemos; porque la salvación viene de los judíos» (Jn. 4:22).

   e. Israel le fue dado el glorioso privilegio de ser testigos de Dios en la tierra.

   «Vosotros sois mis testigos, dice Jehová, mi siervo que yo escogí, para que me conozcáis y me creáis, y entendáis que yo mismo soy; antes de mí no fue formado Dios, ni lo será después de mí» (Is. 43: 10).

2. Israel falló en cumplir la misión encomendada por Dios, y falló miserablemente. Por eso Dios le quitó el reino. Como señala Cristo en esta parábola, ellos: «Tomando a los siervos, a uno golpearon, a otro mataron, y a otro apedrearon» (vv. 35-36). Luego cometieron el crimen más atroz de la historia; rechazaron y dieron muerte al propio hijo de Dios (v. 39). A lo largo de su historia Israel fue estéril, excepto por uno que otro momento de resplandor. Se opusieron al reinado de Dios sobre sus vidas, y en el último paso de su rebelión rechazaron a Cristo y se opusieron al evangelio. Por eso perdieron los privilegios que Dios les había dado. El reino de Dios les fue quitado y dado a otra nación.

   a. Dios se apartó de Israel porque mataron a su Hijo.

   «Y tomándole [el Hijo de Dios] le echaron fuera de la viña, y le mataron ... [Por eso] arrendará su viña a otros labradores, que le paguen el fruto a su tiempo» (Mt. 21:39, 41).

   b. Dios se apartó de Israel porque era estéril.

   «Por tanto os digo, que el reino de Dios será quitado de vosotros, y será dado a gente que produzca los frutos de él» (Mt. 21:43).

   c. Dios se apartó de Israel porque buscaban la justicia de la ley y no de la fe.

   «Mas Israel, que iba tras una ley de justicia, no la alcanzó. ¿Por qué? Porque iban tras ella no por fe, sino como por obras de la ley, pues tropezaron en la piedra de tropiezo, como está escrito: He aquí pongo en Sion piedra de tropiezo y roca de caída; y el que creyere en él, no será avergonzado» (Ro. 9:33).

   d. Dios se apartó de Israel porque no quisieron someterse a la justicia de Dios.

   «Porque yo les doy testimonio de que tienen [Israel] celo de Dios, pero no conforme a ciencia. Porque ignorando la justicia de Dios, y procurando establecer la suya propia, no se han

sujetado a la justicia de Dios» (Ro. 10:2, 3).

e. Dios se apartó de Israel porque no obedeció el evangelio.

«Mas no todos obedecieron al evangelio; pues Isaías dice: Señor, ¿quién ha creído nuestro anuncio?» (Ro. 10:16).

f. Dios se apartó de Israel porque fue un pueblo desobediente y obstinado.

«Pero acerca de Israel dice: Todo el día extendí mis manos a un pueblo rebelde [obstinado] y contradictor» (Ro. 10:21).

g. Dios se apartó de Israel por causa de su incredulidad.

«Bien; por su incredulidad fueron desgajadas, pero tú por la fe estás en pie. No te ensoberbezcas, sino teme. Porque si Dios no perdonó a las ramas naturales, a ti tampoco te perdonará. Mira, pues, la bondad y la severidad de Dios; la severidad ciertamente para con los que cayeron, pero la bondad para contigo, si permaneces en esa bondad; pues de otra manera tú también serás cortado»(Ro. 11: 20-22).

3. Como nación, Israel nunca fue salvado. No todos los ciudadanos creyeron en Dios. Cuando Dios escogió a Israel como pueblo suyo, no quiso decir *salvación nacional*. Dios sabía que no todos los ciudadanos de Israel creerían. En ninguna nación creen todos los ciudadanos. Lo que Dios quiso decir fue, muy simple, que Israel como nación sería el *primordial receptor y mensajero* de su reino y del evangelio (*véase* arriba, privilegios especiales de Israel—pt. 1). La salvación nunca fue un asunto nacional, no un asunto de raza o herencia. Siempre fue un asunto de fe personal. Nunca hubo un momento en la historia de Israel en que todos los judíos creyeron en las promesas de Dios.

«No que la palabra de Dios haya fallado; porque no todos los que descienden de Israel son israelitas, ni por ser descendientes de Abraham, son todos hijos; sino: En Isaac te será llamada descendencia. Esto es: no los que son hijos según la carne son los hijos de Dios, sino que los que son hijos según la promesa son contados como descendientes» (Ro. 9:6-8).

«También Isaías clama tocante a Israel: Si fuere el número de los hijos de Israel como la arena del mar, tan sólo el remanente será salvo ... Y como antes dijo Isaías: Si el Señor de los ejércitos no nos hubiera dejado descendencia, como Sodoma habríamos venido a ser, y a Gomorra seríamos semejantes» (Ro. 9:27, 29).

«Pues no es judío el que lo es exteriormente, ni es la circuncisión la que se hace exteriormente en la carne; sino que es judío el que lo es en lo interior, y la circuncisión es la del corazón, en espíritu, no en letra; la alabanza del cual no viene de los hombres, sino de Dios» (Ro. 2:28-29).

«Porque no por la ley fue dada a Abraham o a su descendencia la promesa de que sería heredero del mundo, sino por la justicia de la fe» (Ro. 4:13).

«Porque ¿qué dice la Escritura? Creyó Abraham a Dios, y le fue contado por justicia. Pero al que obra, no se le cuenta el salario como gracia, sino como deuda; mas al que no obra, sino cree en aquel que justifica al impío, su fe le es contada por justicia. Como también David habla de la bienaventuranza del hombre a quien Dios atribuye justicia sin obras, diciendo: Bienaventurados aquellos cuyas iniquidades son perdonadas, y cuyos pecados son cubiertos. Bienaventurado el varón a quien el Señor no inculpa de pecado» (Ro. 4:3-8).

4. Sin embargo, Israel siempre tuvo un remanente, un reducido número de genuinos creyentes (*véanse* bosquejo y notas—Ro. 11:1-10; cp. 9:27-29).

«También Isaías clama tocante a Israel: Si fuere el número de los hijos de Israel como la arena del mar, tan sólo el remanente será salvo .... Y como antes dijo Isaías: Si el Señor de los ejércitos no nos hubiera dejado descendencia, como Sodoma habríamos venido a ser, y a Gomorra seríamos semejantes» (Ro. 9:27, 29).

«Digo, pues: ¿Ha desechado Dios a su pueblo? En ninguna manera. Porque también yo soy israelita, de la descendencia de Abraham, de la tribu de Benjamín. No ha desechado Dios a su pueblo, al cual desde antes conoció. ¿O no sabéis qué dice de Elías la Escritura, cómo invoca a Dios contra Israel diciendo: Señor, a tus profetas han dado muerte, y tus altares han derribado; y sólo yo he quedado, y procuran matarme? Pero qué le dice la divina respuesta? Me he reservado siete mil hombres, que no han doblado la rodilla delante de Baal. Así también aun en este tiempo ha quedado un remanente escogido por gracia» (Ro. 11:1-5).

5. Dios se volvió a otra nación para entregarle el reino.

«Por tanto os digo, que el reino de Dios será quitado de vosotros, y será dado a gente que produzca los frutos de él» (Mt. 21:43).

«Como también Oseas dice: Llamaré pueblo mío al que no era mi pueblo, y a la no amada, amada. Y en el lugar donde se dijo: Vosotros no sois pueblo mío, allí serán llamados hijos del Dios viviente» (Ro. 9:25-26).

«¿Qué, pues, diremos? Que los gentiles, que no iban tras la justicia, han alcanzado la justicia, es decir, la justicia que es por la fe; mas Israel que iba tras una ley de justicia, no la alcanzó. ¿Por qué? Porque iban tras ella no por fe, sino como por obras de la ley, pues tropezaron en la piedra de tropiezo, como está escrito: He aquí pongo en Sion piedra de tropiezo y roca de caída; y el que creyere en él, no será avergonzado» (Ro. 9:30-33).

«E Isaías dice resueltamente: Fui hallado de los que no me buscaban; me manifesté a los que no preguntaban por mí» (Ro. 10:20).

«Pues como vosotros también en otro tiempo erais desobedientes a Dios, pero ahora habéis alcanzado misericordia por la desobediencia de ellos» (Ro. 11:30).

6. La nueva nación de Dios tenía que ser una nueva creación; es decir, no podía ser una nación existente. Así como Dios había creado a Israel para ser una nueva nación por medio de un hombre, Abraham, así Dios iba a crear otra nueva nación a través de un Hombre, Jesucristo. Dos cosas deben notarse acerca de la nueva nación de Dios.

a. La tierra o herencia de la nueva nación no es de esta tierra sino del cielo. La herencia pertenece a la dimensión espiritual del ser; es celestial y eterna. No es de la dimensión física del ser; no es del mundo ni temporal.

b. Los ciudadanos de esta nueva nación son personas de todas las nacionalidades terrestres que realmente creen en el Señor Jesucristo. Cuando una persona de cualquier nación del mundo cree en Cristo, Dios toma a esa persona y le da un nuevo nacimiento espiritual (Jn. 3:3-17; 1 P. 1:23; 1 Jn. 5:1, 4-5). La persona es una nueva criatura y un nuevo hombre (2 Co. 5:17; Ef. 4:24; Col. 3:10).

Se dice que todos los creyentes son ...

- los ciudadanos de la nueva nación (Ef. 2:19; 1 P. 2:9) la familia y casa de Dios (Ef. 2:19; 5:1, 8; cp. Ro. 8:16-17).

- un nuevo cuerpo de creyentes. (1 Co. 12:12-14; Ef. 2:16).
- un templo santo (Ef. 2:21-22).
- una nueva raza (Ef. 4:17).
- una casa espiritual (1 P. 2:5).
- un sacerdocio santo (1 P. 2:5).
- una generación escogida (1 P. 2:9).
- un sacerdocio real (1 P. 2:9).
- un pueblo especial (1 P. 2:9).
- el pueblo de Dios (1 P. 2:10).
- advenedizos y peregrinos en la tierra (1 P. 2:11).

7. Dios va a restaurar a Israel; es decir, va a tener misericordia de Israel y traerlo de vuelta de su impiedad. ¿Por qué? Para tener misericordia de todos, tanto de gentiles como de judíos (Ro. 11:32). (*Véanse* bosquejos y notas—Ro. 11:25-36. Cp. Ro. 11:11-16. El trato histórico de Dios con judíos y gentiles es cubierto detalladamente por Romanos, capítulos 9, 10 y 11. Para la discusión *véanse* también bosquejo y notas—Ap. 11:3-13.)

ESTUDIO A FONDO 9

(21:44) ***Juicio—piedra de tropiezo—piedra que desmenuza:*** Cristo dijo que dos tipos de personas están condenadas.

1. Las personas que hallan tropiezo en Cristo, cabeza de la piedra angular, son condenadas. Muchos de los que en aquel día rodeaban a Cristo tropezaron, y muchos tropiezan hoy. Muchos sencillamente no pueden creer que Dios realmente envió a su Hijo al mundo. La idea de que Dios se humillara tanto a sí mismo excede el entendimiento de ellos, de manera que se rehusan a creer. Les resulta aceptable creer que Cristo fue un gran maestro; pero reconocerlo como más que un hombre, como el Hijo de Dios que moría por los pecados del mundo, va más allá de ellos. Por eso tropiezan en la piedra angular, el fundamento mismo que Dios puso para la salvación del hombre. Tropiezan y caen en lo que Él es, entonces son sacudidos y quebrantados (*véase* nota—Lc. 2:34).

2. Las personas que se oponen a Cristo por ser la Cabeza angular son condenadas. Algunas personas se oponen muy activamente a Cristo y a su reino. Dicen y enseñan que realmente no es el Hijo de Dios. Ni él ni ningún otro ser humano, podía ser de manera alguna el Hijo de Dios. Un buen hombre, sí, pero nunca el Hijo de Dios, exaltado a la diestra de Dios. Cristo dice que el Hijo (él mismo) desmenuzará a los que se oponen a Él, a aquellos que extravían a otros para quitarles la fe en Él y en su reino. Severo juicio, santa venganza vendrá sobre todas las injusticias y pecados de los hombres.

ESTUDIO A FONDO 10

(21:44) ***Jesucristo, nombres—títulos:*** en las Escrituras hay cuatro cuadros de Cristo como la Piedra. Cada uno muestra cómo la venida de Cristo afecta al mundo (*véase* notas—Lc. 2:34).

1. Cristo es la Cabeza o principal piedra angular, la piedra fundamental. El es el fundamento y piedra angular sobre la cual todo hombre debe edificar su vida. No hay otro fundamento sobre el cual el hombre pueda edificar y estar seguro. Además, Cristo es el fundamento y piedra angular de la iglesia (*véase* Estudio a fondo 7—Mt. 21:42; cp. 1 Co. 3:11; Ef. 2:20-22; 1 P. 2:4-5).

2. Cristo es la piedra de tropiezo y la roca de ofensa. Algunas personas no pueden entender el hecho que Jesús sea el Hijo de Dios. A otros resulta repulsiva la cruz y la sangre de Cristo. Tropiezan y les ofende la deidad de Cristo y su muerte por nuestros pecados. Israel fue primero en tropezar, y desde entonces multitudes han tropezado igualmente. (*Véase* Estudio a fondo 9—Mt. 21:44; cp. Is. 8:14-15; Ro. 9:32-33; 1 Co. 1:23; 1 P. 2:8.)

3. Cristo es la piedra de destrucción que desmenuza, o la piedra que hiere (Mt. 21:44; Dn. 2:34). Ahora Cristo gobierna y reina a la diestra de Dios. Pero con tanto mal y tanta destrucción en el mundo puede parecer que no gobierna; sin embargo, gobierna. Simplemente está esperando que más y más personas crean, porque no quiere que ninguna se pierda. Pero viene el día de la redención del creyente y de la destrucción del incrédulo. Él será la piedra que desmenuza, la piedra que hiere y trae destrucción a todos los que se *oponen* a Él. Él demenuzará y herirá, destruyendo a todos los que se oponen a Él. Aparentemente esto se refiere tanto a los individuos como a los poderes del mundo que se oponen a Él. (*Véase* Estudio a fondo 9—Mt. 21:44. Cp. Dn. 2:34; Ap. 16:13; 19:17.)

4. Cristo es la piedra viviente (1 P. 2:4-5). Fue desechado por los hombres, pero escogido por el arquitecto principal, Dios Mismo, y contado como la más preciosa de las piedras. Todos los que vienen a él son establecidos sobre él, y son edificados como casa espiritual para ofrecer sacrificios espirituales (*véase* Estudio a fondo 7—Mt. 21:42).

3 (21:45-46) ***Jesucristo, respuesta:*** los resultados de la parábola son tres.

1. Los religiosos comprendieron que Cristo se dirigía directamente a ellos pero sus conciencias estaban cauterizadas por una obstinada incredulidad (1 Ti. 4:2). Fueron insensibles a sus advertencias (Mt. 21:41-44).

2. Los religiosos se opusieron en vez de arrepentirse. Debían haber atendido la advertencia del Señor, pero no lo hicieron. Se pusieron en contra de Él, procurando matarlo y silenciar sus afirmaciones.

3. La gente veía a Cristo como profeta solamente (un gran maestro) y no como el Mesías. Esto es trágico en extremo, pero Dios supo usar el respeto de ellos para proteger a Cristo hasta el momento establecido para su muerte.

1 Nuevamente Jesús contó una parábola
a. Sobre el reino de los cielos
b. Un matrimonio preparado por Dios para su Hijo
2 Invitación de Dios a Israel
a. Dios invitó a Israel, pero Israel rechazó
b. Dios mostró gran misericordia
1) Extendió una segunda invitación
2) Preparó con abundancia
c. Dios vio rechazada su segunda invitación
1) Por un agricultor
2) Por un comerciante
3) Por los religiosos que persiguieron a los siervos
d. Dios juzgó a Israel
1) Destruyó a los abusa. y homicidas
2) Rechazó a los rechazadores
3 La invitación de Dios a todos y cada uno
a. Entonces Dios invitó a todos
1) A los en los caminos
2) Tanto a buenos como malos
b. La invitación de Dios fue aceptada
4 Dios se presenta ante los huéspedes
a. Dios entró para ver
1) Vio a un hombre sin traje de fiesta
2) Hizo una sola pregunta
3) El hom. enmudeció
b. Dios juzgó al hombre no vestido de fiesta
1) Fue atado
2) Fue llevado fuera
3) Fue arrojado afuera [EFI, 2, 3]
c. Dios llama a muchos; pocos son escogidos

CAPÍTULO 22

G. La parábola de las bodas: Israel rechaza la gran invitación de Dios, 22:1-14
(Lc. 14:15-24)

Respondiendo Jesús, les volvió a hablar en parábolas, diciendo:
2 El reino de los cielos es semejante a un rey que hizo fiesta de bodas a su hijo;
3 y envió a sus siervos a llamar a los convidados a las bodas; mas éstos no quisieron venir.
4 Volvió a enviar otros siervos, diciendo: Decid a los convidados: He aquí he preparado mi comida; mis toros y animales, y todo está dispuesto; venid a las bodas.
5 Mas ellos, sin hacer caso, se fueron, uno a su labranza, y otro a sus negocios;
6 y otros, tomando a los siervos, los afrentaron y los mataron.
7 Al oír esto el rey, se enojó; y enviando sus ejércitos, destruyó a aquellos homicidas, y quemó la ciudad.
8 Entonces dijo a sus siervos: Las bodas a la verdad están preparadas; más los que fueron convidados no eran dignos.
9 Id, pues, a las salidas de los caminos, y llamad a las bodas a cuantos halléis.
10 Y saliendo los siervos por los caminos, juntaron a todos los que hallaron, juntamente malos y buenos; y las bodas fueron llenas de convidados.
11 Y entró el rey para ver a los convidados, y vio allí a un hombre que no estaba vestido de boda.
12 Y le dijo: Amigo, ¿cómo entraste aquí, sin estar vestido de boda? Mas él enmudeció.
13 Entonces el rey dijo a los que servían: Atadle de pies y manos, y echadle en las tinieblas de afuera; allí será el lloro y el crujir de dientes.
14 Porque muchos son llamados, y pocos escogidos.

G. La parábola de las bodas: Israel rechaza la gran invitación de Dios, 22:1-14

(22:1-14) ***Introducción—la gran boda del Señor:*** es preciso notar varias cosas referidas a esta parábola.

1. Esta parábola debe ser comparada con la de Lucas 14:15-24. Hay muchas similitudes, aunque son diferentes. La parábola en Mateo es *La gran boda.* En Lucas es *La gran cena.* La parábola en Lucas fue contada en una fecha muy anterior. La de Mateo fue contada durante la última semana de la vida de Cristo. Cada parábola tuvo un propósito diferente y fue contada en un lugar diferente. También hay algunos detalles que difieren.

Es importante no confundir una con otra. Cada una tiene sus propias lecciones y verdades. Necesariamente Cristo tuvo que repetir con frecuencia sus parábolas y enseñanzas, puesto que las pruebas son comunes a todos los hombres (1 Co. 10:13). Todos los hombres necesitan las mismas lecciones y verdades. Cristo simplemente cambiaba los detalles para aplicar las parábolas a diversas congregaciones con sus necesidades particulares.

2. Esta parábola, de la Gran Boda, se refiere al *reino de los cielos* (v. 2). Esto es importante. Aunque la parábola dice cómo obró Dios con Israel y cómo se apartó de Israel, su mayor enseñanza se refiere al trato que Dios da a su pueblo, la iglesia (la nueva nación. *Véase* Estudio a fondo 8—Mt. 21:43; esp. pt. 6).

3. El significado de los diversos puntos de la parábola es claro.
- El rey es Dios.
- El hijo es Cristo mismo. Note que nuevamente afirma ser el Hijo de Dios, diferenciado de los siervos del Rey. Es crucial ver esto. No hay dudas de que Cristo entiende ser el Mesías (*véase* Estudio a fondo 5—Mt. 21:37-39).
- La gran boda es el glorioso día de redención. Es el glorioso día en que la iglesia verá por vez primera a Cristo siendo unida para siempre a Él (cp. 1 Ts. 4: 13-18).
- Los que «fueron convidados» a las bodas representan a Israel. Desde el principio, comenzando con Abraham, fueron llamados por Dios. Sin embargo, este punto puede ser aplicado a cualquiera de nosotros —al agricultor, al comerciante, al religioso, al mundano— a cualquiera que apremie, abuse, persiga, y niegue que Cristo es el Hijo de Dios.
- Los que están en «los caminos» son los gentiles, gente de todas las naciones, dispuestas a aceptar la gloriosa invitación de Dios a las bodas de su Hijo.
- El vestido de fiesta es la justicia. Ningún huésped es aceptado a las bodas a menos que esté adecuadamente vestido, y la única vestimenta adecuada es la justicia, la justicia del Señor Jesucristo.

La parábola tiene un sentido tanto histórico como personal. Es decir, su enseñanza puede ser aplicada a cualquiera de nosotros. Esto lo muestra una rápida mirada a sus diferentes puntos tanto mayores como menores.

1. Nuevamente Jesus contó una parábola (vv. 1-2).
2. La invitación de Dios a Israel (vv. 3-7).
3. La invitación de Dios a todos y cada uno (vv. 8-10).
4. Dios se presenta ante los huéspedes (vv. 11-14).

1 (2:1-2) ***La gran boda:*** nuevamente Jesus contó una parábola sobre el reino de los cielos. Dios ha preparado una gran boda para su Hijo y sus verdaderos seguidores. La íntima relación entre Cristo y su iglesia con frecuencia es comparada a un matrimonio (cp. Mt. 9:15; Jn. 3:29; 2 Co. 11:2; Ef. 5:23-32).

«Gocémonos y alegrémonos y démosle gloria; porque han llegado las bodas del Cordero, y su esposa se ha preparado» (Ap. 19:7).

«Vino entonces a mí uno de los siete ángeles que tenían las siete copas llenas de las siete plagas postreras,y habló conmigo, diciendo: Ven acá, yo te mostraré la desposada, la esposa del Cordero» (Ap. 21:9).

El pacto de la fe es similar al pacto del matrimonio. Cuando una persona cree, Cristo le promete una relación eterna consigo mismo. La relación o unión es para siempre, una vez para siempre.

2 (22:3-7) ***Israel—invitacion:*** la invitación de Dios a Israel es tanto histórica como profética. Esto se ve claramente cuando notamos los diversos eventos que Cristo cubre en los versículos 3-7. Las diversas invitaciones enviadas por el Rey reflejan la práctica de la costumbre judía. El rey anunciaría la futura ocasión y luego enviaría recordatorios a medida que el día se aproximaba (cp. Ester 5:8 con 6:15). Note cuatro cosas.

1. Dios invitó a Israel, pero ellos rechazaron.
   a. Las palabras «a los convidados» indican que Israel ya había sido invitado. Desde el comienzo mismo con Abraham mismo (Gn. 12:1s), Dios invitó a Israel a la gran boda de su Hijo.
   b. Los siervos «enviados» con esta invitación particular eran los que vivían durante la vida de Cristo. En cuanto al tiempo, esta parábola toma la historia de Dios en su trato con Israel durante la vida de Cristo. Por eso, los siervos serían Juan el bautista, los doce apóstoles (Mt. 10ss), y los setenta que fueron enviados a cada ciudad a efectos de preparar a la gente para la venida de Cristo (Lc. 10:1ss).
   c. «Estos [Israel] no quisieron venir». Las palabras son pocas y pronunciadas de manera sencilla, pero el hecho es trágico. Esta era la primera invitación, pero ellos no quisieron aceptarla. ¿Por qué alguien se negaría a aceptar la primera invitación de un Rey a las bodas de su único Hijo? (cp. Lc. 13:34-35). La persona ...
      - puede estar demasiado ocupada.
      - puede apartar la invitación para aceptar mas tarde.
      - puede estar comprometida a otra cosa.
      - puede no interesarse lo suficiente en el Rey.
      - puede preferir alguna otra festividad.
      - puede querer demostrar disgusto personal.
      - puede no confiar, no creer que el Rey realmente haga una fiesta.
      - puede no creer en el Hijo.
      - puede disgustarle el Hijo.

      «Porque yo les doy testimonio de que tienen celo de Dios, pero no conforme a ciencia. Porque ignorando la justicia de Dios, y procurando establecer la suya propia, no se han sujetado a la justicia de Dios» (Ro. 10:2-3).

      «Pero acerca de Israel dice: Todo el día extendí mis manos a un pueblo rebelde y contradictor» (Ro. 10:21).

      «Pero mi pueblo no oyó mi voz, e Israel no me quiso a mí» (Sal. 81:11).

      «Ahora, pues, por cuanto vosotros habéis hecho todas estas obras, dice Jehova, y aunque os hablé desde temprano y sin cesar, no oísteis, y os llamé y no respondisteis» (Jer. 7:13).

2. Dios mostró gran misericordia. Había sido incitado y rechazado con toda la falta de respeto y consideración imaginables. Una persona sencillamente no descarta la invitación de un Rey como ellos lo habían hecho, pero de todos modos el Rey no reaccionó con violencia. Actuó con misericordia y gracia, continuando con su invitación a la gente de concurrir a la gran boda de su único Hijo.
   a. Dios extendió una segunda invitación. Los siervos que llevaron esta invitación eran los testigos que salieron inmediatamente después de la resurrección del Señor y de la venida del Espíritu Santo.

      Note que la cena ahora estaría lista: «He aquí, he preparado [ahora] mi comida». El gran sacrificio necesario para preparar la cena había tenido lugar. Debían venir ahora, venir inmediatamente a la fiesta que *precedería* a la boda misma. Aun todos están invitados (2 Co. 5: 11, 20; 2 Co. 6:1).
   b. Dios Dreparó en abundancia.
      - Era momento propicio para dejar de lado todos los disgustos y diferencias. Había llegado el día de las bodas del único Hijo del Rey.
      - Era tiempo para regocijarse; iba a casarse el único Hijo del Rey. La fiesta sería la más grande de todas las fiestas. Debía ser la más gozosa de todas las ocasiones.
      - Era tiempo de regocijo.

      Pensamiento. El hecho mismo de que Dios llame yllame revela cuán *dispuesto* está su corazón a recibirnos. Anhela que estemos presentes y preparados para la gran boda del su Hijo.

3. Dios vio rechazada su segunda invitación. La gente la trató superficialmente. Las palabras «sin hacer caso» (*amelesantes*) significan que poco y nada les importó, que los tuvo sin cuidado. En el griego esto es un participio aoristo, es decir, los invitados *la tomaron a la ligera.* Fueron *concisos* en su decisión de no concurrir a la gran boda. Tuvieron una actitud de *descuido y negligencia* al respecto. Estaban *demasiado ocupados* para preocuparse por la invitación del Rey, demasiado ocupados con el mundo y con ganarse el sustento y con conseguir más y más para el placer y confort (cp. Stg. 4:13).
   a. Algunos eran agricultores ocupados. La propiedad y la cosecha tenían que ser atendidos. Note las palabras: «su labranza» (*ton idion agron*). Era su *propia* granja o propiedad. La idea parece ser la de disfrutar en forma egoísta. El hombre fue a disfrutar de manera egoísta su propia estancia. Era *cautivo* de las posesiones de este mundo.

      «Porque ¿Qué aprovechará al hombre, si ganare todo el mundo, y perdiere su alma? ¿O qué recompensa dará el hombre por su alma?» (Mt. 16:26).

      «La que cayó entre espinos, éstos son los que oyen, pero yéndose, son ahogados por los afanes y las riquezas y los placeres de la vida, y no llevan fruto» (Lc. 8:14).

      «Vosotros, pues, no os preocupéis por lo que habéis de comer, ni por lo que habéis de beber, ni estéis en ansiosa inquietad» (Lc. 12:29).

      «Ciertamente, como una sombra es el hombre; ciertamente en vano se afana; amontona riquezas, y no sabe quién las recogerá» (Sal. 39:6).

      «Volvió, por tanto, a desesperanzarse mi

corazón acerca del todo el trabajo en que me afané, y en que había ocupado debajo del sol mi sabiduría» (Ec. 2:20).

b. Algunos eran comerciantes ocupados (habitantes de la ciudad). Estaban ocupados en los negocios, transacciones, tráfico. Eran presa de los negocios del mundo.

«¡Vamos ahora! los que decís: Hoy y mañana iremos a tal ciudad, y estaremos allá un año, y traficaremos, y ganaremos» (Stg. 4:13).

«Ninguno que milita se enreda en los negocios de la vida, a fin de agradar a aquel que lo tomó por soldado» (2 Ti. 2:4).

«Y todos a una comenzaron a excusarse. El primero dijo: He comprado una hacienda, y necesito ir a verla; te ruego que me excuses. Otro dijo: He comprado cinco yuntas de bueyes, y voy a probarlos; te ruego que me excuses» (Lc. 14:18-19).

c. Algunos eran de mentalidad mundana y religiosa. Estaban tan apegados al mundo que no querían tener nada que ver con el Rey. Les interrumpía en sus intereses y vidas. Era una amenaza a la posición de ellos, a su prestigio y seguridad. Por eso le eran hostiles. En efecto, hubieran derrocado su reino para tomarlo ellos mismos. Persiguieron e hirieron a sus siervos, a cualquiera que les recordara su obligación de concurrir a la boda del Rey (cp. Hch. 4:3; 5:40; 7:58; 9:2; 12:2ss;14:19;16:23; 2 Co. 11:23-25).

Pensamiento 1. Los hombres siempre rechazan la invitación de Dios ¿Por qué? *No porque tengan que hacerlo* sino porque *quieren* hacerlo.

«Y no queréis venir a mí para aue tenzáis vida» (Jn. 5:40).

Pensamiento 2. ¡Qué paradoja! Si alguien debería ser recibido con los brazos abiertos, es el mensajero que trae la invitación del Rey a la gran boda de su Hijo. Pero con frecuencia ocurre todo lo contrario. Muchas veces los mensajeros del Rey no son bienvenidos, son ridiculizados, criticados, maltratados, abusados, maldecidos, perseguidos, recibidos con murmuraciones, y a veces son muertos.

«Nos difaman, y rogamos; hemos venido a ser hasta ahora la escoria del mundo, el desecho de todos» (1 Co. 4:13).

4. Dios juzgó a Israel por rechazar su invitación. Algunos interpretan este versículo como referido a la destrucción de Jerusalén en 70 d.C. a manos de Tito. Tal vez tal aplicación sea posible, pero significaría que la muerte aludida solamente es muerte y destrucción física. Tal interpretación está lejos de lo que Cristo quiso decir. Se estaba refiriendo primordialmente al juicio eterno que tendrá lugar en el futuro. La ira extrema vendrá sobre todos los rechazadores (1 Ts. 2:15-16). Esta es una parábola, de manera que la referencia a ejércitos y la quema de la ciudad es lenguaje parabólico. Israel tuvo el privilegio de asistir a la gran boda del único Hijo de Dios, pero Israel se abusó de su privilegio rechazando la invitación y dando muerte a los mensajeros del Rey. Por lo tanto han perdido su testimonio como pueblo de Dios y serán juzgados eternamente como todos los rechazadores de la invitación de Dios.

Note las palabras: «los ... convidados no eran dignos». No eran dignos de asistir a la fiesta y a la boda. Y no asistirán.

Pensamiento. Note los dos pecados que traen el juicio de Dios sobre nosotros.

1) Ridiculizar a los siervos de Dios y abusar de ellos. Note que Dios «destruyó a aquellos homicidas» (v. 7), a la gente que había perseguido a sus mensajeros.
2) Rechazar la invitación de Dios. Note las palabras «no eran dignos». Lo que los hizo indignos fue el rechazar la invitación de Dios, tan llena de gracia. Es el rechazo de la invitación lo que causó el juicio de ellos, no el acto de Dios. Cuando rechazamos a Dios, es nuestro rechazo lo que hace que seamos condenados. Rechazo es igual a condenación.

«El que en él cree, no es condenado; pero el que no cree, ya ha sido condenado, porque no ha creído en el nombre del unigénito Hijo de Dios» (Jn. 3:18).

«Y ya también el hacha está puesta a la raíz de los árboles; por tanto, todo árbol que no da buen fruto se corta y se echa en el fuego» (Lc. 3:9).

«Y a vosotros que sois atribulados, daros reposo con nosotros, cuando se manifieste el Señor Jesús desde el cielo con los ángeles de su poder, en llama de fuego, para dar retribución a los que no conocieron a Dios, ni obedecen al evangelio de nuestro Señor Jesucristo; los cuales sufrirán pena de eterna perdición, excluidos de la presencia del Señor, y de la gloria de su poder» (2 Ts. 1:7-9).

3 (22:8-10) ***Invitación—gentiles—hombre:*** ahora la invitación de Dios es extendida a todos y cada uno. Eso es lo que se significa con la expresión «salida de los caminos». Los siervos de Dios deben ir a las salidas de los caminos del mundo e invitar a todos y cada uno a la gran boda de su Hijo.

Note varias cosas.

1. Los siervos de Dios deben invitar a tantos como puedan encontrar. La invitación ya no es para unos pocos. Ahora es universal: a judíos y gentiles, a ricos y pobres, a los de alta posición o baja, a libres y esclavos, a morales e inmorales, a religiosos y no religiosos. Note algo importante. Pocos, si es que algunos, en las salidas de los caminos esperarían recibir la invitación a las bodas de un Rey.

«Entonces, Pedro, abriendo la boca, dijo: En verdad comprendo que Dios no hace acepción de personas, sino que en toda nación se agrada del que le teme y hace justicia» (Hch. 10:34-35).

«Porque no hay diferencia entre judío y griego, pues el mismo que es Señor de todos, es rico para con todos los que le invocan» (Ro. 10:12).

«El que quiere que todos los hombres sean salvos y vengan al conocimiento de la verdad» (1 Ti. 2:4).

2. Los siervos de Dios deben invitar a buenos y malos, es decir, tanto a los morales y circunspectos (por ejemplo, Cornelio, Hch.10:1ss; los griegos devotos, Hch. 17:4), como a los inmorales e irreligiosos (1 Co. 6:9-11). Esto también podría significar que algunas personas malas acepten efectivamente la invitación, pero nunca se visten para la ocasión (vv. 11-14). La iglesia visible contiene tanto a buenos como a malos (cp. Mt. 13:1ss).

«Id, pues, y aprended lo que significa: Misericordia quiero, y no sacrificio. Porque no he venido a llamar a justos, sino a pecadores, al arrepentimiento» (Mt. 9:13).

«Porque el Hijo del Hombre vino a buscar y a salvar lo que se había perdido» (Lc. 19:10).

3. Los siervos de Dios deben llenar la fiesta con huéspedes de las *salidas de los caminos.* Dios le asegura a su Hijo que la boda tendrá huéspedes; pero note, solamente tantos como «halléis» (v. 9), y solamente tantos como «hallaron» (v. 10).

«Venid a mí todos los que estáis trabajados y cargados, y yo os haré descansar» (Mt. 11:28).

«Y el Espíritu y la Esposa dicen: Ven. Y el que oye, diga: Ven. Y el que tiene sed venga: y el que quiera tome del agua de la vida gratuitamente» (Ap. 22:17).

«A todos los sedientos: Venid a las aguas; y los que no tienen dinero, venid, comprad y comed. Venid, comprad sin dinero y sin precio, vino y leche» (Is. 55:1).

4 (22:11-14) ***Juicio—gran boda:*** el presentarse Dios ante los huéspedes fue un momento climático. Sin embargo, note el énfasis de esta parábola. El énfasis no está en el gozo y la festividad de las bodas, sino en un huésped que vino inadecuadamente vestido para la ocasión. Un hombre trató de asistir a la boda sin la vestimenta adecuada. No estaba vestido con la justicia de Jesucristo.

Cristo dijo tres cosas.

1. Dios entró a la fiesta para ver a los huéspedes. Habiendo entrado inmediatamente vio a un hombre sin traje de fiesta. Las palabras «para ver» (*theasasthai*) significan mirar atentamente; mirar cuidadosamente; mirar de cerca, contemplar e inspeccionar. El acento está en la persona que está viendo. Observa e inspecciona. La idea es que Dios entró al banquete *con el propósito* de mirar e inspeccionar a los huéspedes. Quería estar seguro que todo estaba en orden para la gran celebración de su Hijo. No se admite que cualquier persona o cualquier cosa denigre a su Hijo por el hecho de estar inadecuadamente vestido. (*Véanse* notas y Estudio a fondo 2, ***Justicia***—Ro. 13:14; nota— 2 Co. 5:21. *Véase* Estudio a fondo 2, ***Justificación***—Ro. 4:22; 5:1.)

a. Los huéspedes no sabían que el hombre carecía de la ropa adecuada, pero el Rey sí. El hombre engañó a los otros huéspedes, pero el Rey sabía qué tipo de ropa había pedido que los huéspedes vistieran. Y observe: el hombre estaba mostrando falta de respeto y deshonra por no seguir el requerimiento del Rey de vestir adecuadamente.

b. El Rey, antes de comenzar la fiesta, formuló una sola pregunta, diciendo: «Amigo, ¿cómo entraste aquí, sin estar vestido de boda?» No podía permitir que tan penosa apariencia disminuya el gozo de a ocasión. Tenía que ocuparse de semejante detracción. El hombre había sido invitado y era responsable de vestir *ropa adecuada y limpia* (cp. Ef. 4:24ss; cp. Ef. 4:1; Fil. 1:27).

«Porque os digo que si vuestra justicia no fuere mayor que la de los escribas y fariseos, no entraréis en el reino de los cielos» (Mt. 5:20).

«Y vestíos del nuevo hombre, creado según Dios en la justicia y santidad de la verdad» (Ef. 4:24).

«Llenos de frutos de justicia que son por medio de Jesucristo, para gloria y alabanza de Dios» (Fil. 1:11).

«Y revestido del nuevo, el cual conforme a la imagen del que lo creó se va renovando hasta el conocimiento pleno» (Col. 3:10).

c. El hombre enmudeció (*ephimothe*). La palabra significa quedar sin habla, mudo, en silencio, con la lengua atada, boca cerrada. No tenía excusa. Era culpable de irrespetuosidad y deshonra por vestir ropa inadecuada, ropa que no era la correcta para una ocasión real. No era ropa limpia.

2. Dios juzgó al hombre que no estaba adecuadamente vestido. Note que Dios reunió a sus siervos. Estos siervos (*diakonois*) no eran los mismos que habían entregado las invitaciones. No eran los discípulos (vv. 3, 4) y predicadores (vv. 8, 10) del Señor. Eran los guardianes angelicales del cielo que ministran a la Deidad (cp. Mt. 13:41-43, 49-50). Se hicieron tres cosas.

a. El hombre fue atado de manos y pies. Normalmente las manos y los pies son las partes del cuerpo usadas por el hombre para pecar. Las manos son atadas para que no haya resistencia. Las pies son atados para que no pueda escapar. El día de la gran boda se cumple todo lo que el Rey dice. Nadie puede resistirse ni huir.

b. El hombre fue tomado y llevado de la presencia del Rey y de la presencia de su Hijo y de los otros huéspedes. No se le permitió compartir el gozo y la abundancia de la ocasión.

c. Fue echado a las tinieblas de afuera, muy, muy lejos de todos los demás. No solamente fue excluido del compañerismo de aquella ocasión, sino también de ver alguna vez la fiesta. Por mucho que fuere la luz y el resplandor de la boda, este hombre fue echado a las regiones de las tinieblas de *afuera* donde jamás llegaría un atisbo de luz.

3. Dios llama a muchos, pero pocos son escogidos. Esto lo había dicho antes Cristo (Mt. 20:16). En el contexto de esta parábola hubo muchos llamados de Dios a la gran boda de su Hijo.

a. Dios llamó a los judíos, pero pocos respondieron.

b. Dios llamó a los gentiles, pero pocos respondieron.

c. Dios llamó a todos los que entran, pero pocos visten la ropa de fiesta. Lo único que visten es la hipocresía y la profesión falsa.

Lo que Cristo está diciendo se aclara cuando miramos a la iglesia y consideramos a los que están en ella ...

- Están los que se preocupan más por las cosas y posesiones de este mundo que por Cristo.

«Vosotros, pues, no os preocupéis por lo que habéis de comer, ni por lo que habéis de beber, ni estéis en ansiosa inquietad. Porque todas estas cosas buscan las gentes del mundo; pero vuestro Padre sabe que tenéis necesidad de estas cosas» (Lc. 12:29-30).

«Porque nada hemos traído a este mundo y sin duda nada podremos sacar. Así que, teniendo sustento y abrigo, estemos contentos con esto. Porque los que quieren enriquecerse caen en tentación y lazo, y en muchas codicias necias y dañosas, que hunden a los hombres en destrucción y perdición; porque raíz de todos los males es el amor al dinero, el cual codiciando algunos, se extraviaron de la fe, y fueron traspasados de muchos dolores ... A los ricos de este siglo manda que no sean altivos, ni pongan la esperanza en las riquezas, las cuales son inciertas, sino en el Dios vivo, que nos da a todas las cosas en abundancia para que las disfrutemos. Que hagan bien, que sean ricos en buenas obras, dadivosos, generosos» (1 Ti. 6:7-10, 17-18).

- En la iglesia están los que no se niegan a sí mismos ni sacrifican todo lo que son y tienen para seguir a Cristo (*véase* Estudio a fondo 1—Lc. 9:23).

«Y decía a todos: si alguno quiere venir en pos de mí niéguese a sí mismo, tome su cruz cada día, y sígame» (Lc. 9:23).

- En la iglesia están los que todavía andan según el mundo.

«No os conforméis a este siglo, sino transformaos por medio de la renovación de vuestro entendimiento, para que comprobéis cuál sea la buena voluntad de Dios, agradable y perfecta» (Ro. 12:2).

- En la iglesia están los que son descuidados en su conversación.

«Ni palabras deshonestas, ni necedades, ni truhanerías, que no convienen, sino antes bien acciones de gracias» (Ef. 5:4).

«Mas evita profanas y vanas palabrerías, porque conducirán más y más a la impiedad. Y su palabra carcomerá como gangrena; de los cuales son Himeneo y Fileto que se desviaron de la verdad, diciendo que la resurrección ya se efectuó, y trastornan la fe de algunos» (2 Ti. 2:16-18).

«Porque todos ofendemos muchas veces. Si alguno no ofende en palabra, éste es varón perfecto, capaz también de refrenar todo el cuerpo ... Así también la lengua es un miembro pequeño, pero se jacta de grandes cosas. He aquí, ¡cuán grande bosque enciende un pequeño fuego! Y la lengua es un fuego, un mundo de maldad. La lengua está puesta entre nuestros

miembros, y contamino todo el cuerpo, e inflama la rueda de la creación, y ella misma es inflamada por el infierno. Porque toda naturaleza de bestias, y de aves, y de serpientes, y de seres del mar, se doma y ha sido domada por la naturaleza humana; pero ningún hombre puede domar la lengua, que es un mal que no puede ser refrenado, llena de veneno mortal. Con ella bendecimos al Dios y Padre, y con ella maldecimos a los hombres, que están hechos a la semejanza de Dios» (Stg. 3:2, 5-9).

- En la iglesia están los que muestran espíritus diferentes al espíritu de amor.

  «Hijitos, aún estaré con vosotros un poco. Me buscaréis; pero como dije a los judíos, así os digo ahora a vosotros: A donde yo voy, vosotros no podéis ir. Un mandamiento nuevo os doy: Que os améis unos a otros; como yo os he amado, que también os améis unos a otros» (Jn. 13:34).

- En la iglesia están los que viven según la carne en vez de vivir para Cristo.

  «No améis al mundo, ni las cosas que están en el mundo. Si alguno ama al mundo, el amor del Padre no está en él. Porque todo lo que hay en el mundo, los deseos de la carne, los deseos de los ojos, y la vanagloria de la vida, no proviene del Padre, sino del mundo» (1 Jn. 2:15-16).

- En la iglesia están los que consistentemente no adoran a Dios, ni diariamente ni semanalmente.

  «No dejando de congregarnos, como algunos tienen por costumbre, sino exhortándonos; y tanto más cuanto véis que aquel día se acerca» (He. 10:25).

- En la iglesia están quienes profesan seguir a Cristo, pero viven vidas hipócritas.

  «Cuando, pues, des limosna, no hagas tocar trompeta delante de ti, como hacen los hipócritas en las sinagogas y en las calles, para ser alabados por los hombres; de cierto os digo que ya tienen su recompensa» (Mt. 6:2).

La advertencia de Cristo fue clara y debería motivarnos a pensar y a preocuparnos.

«Muchos son llamados, pero pocos escogidos» (Mt. 22:14; 20:16).

«Os digo que muchos procurarán entrar, y no podrán» (Lc. 13:24).

«Porque estrecha es la puerta, y angosto el camino que lleva a la vida, y pocos son los que la hallan» (Mt. 7: 14).

«No todo el que me dice: Señor, Señor, entrará en el reino de los cielos, sino el que hace la voluntad de mi Padre que está en los cielos» (Mt. 7:21).

Pensamiento 1. El Señor anda en medio de las iglesias. Sabe cuánto trabajamos, o no trabajamos, nos esforzamos, soportamos y amamos (Ap. 2:1-2).

Pensamiento 2. Note que Dios ve particularmente al hipócrita. El hipócrita se destaca como una llaga cancerosa a los ojos de Dios, y Dios se ve obligado a tratar al hipócrita como el médico principal trata a la llaga cancerosa.

Pensamiento 3. El gran día de fiesta es, en primer lugar, un día de gran inspección. Antes que Dios nos presenta a Cristo, echa fuera a todos los que no visten la ropa de justicia (*véanse* bosquejo y notas—1 Co. 3:10-17).

Pensamiento 4. La vestimenta de bodas que le faltaba al hombre era la justicia. El hombre no poseía la justicia de Cristo ni vivió en justicia (*véase* nota—Mt. 5:6).

1) El hombre no había confiado en la justicia de Cristo que lo hiciera aceptable para Dios. (Para mayor discusión *véase* nota, ***Justificación***—Ro. 5:1.)

   «Porque ignorando la justicia de Dios, y procurando establecer la suya propia, no se han sujetado a la justicia de Dios; porque el fin de la ley es Cristo, para justicia a todo aquel que cree» (Ro. 10:3-4).

   «Al que no conoció pecado, por nosotros lo hizo pecado, para que nosotros fuésemos hechos justicia de Dios en él» (2 Co. 5:21).

2) El hombre no había vivido una vida moral y de auto-negación (*véase* nota—Lc. 9:23). No era lo que había profesado ser.

   «Y decía a todos: si alguno quiere venir en pos de mí niéguese a sí mismo, tome su cruz cada día, y sígame» (Lc. 9:23).

ESTUDIO A FONDO 1

(22:13) ***Tinieblas de afuera:*** *véase* nota—Mt. 8:12, para la discusión.

ESTUDIO A FONDO 2

(22:13) ***Lloro:*** *véase* nota—Mt. 8:12, para la discusión.

ESTUDIO A FONDO 3

(22:13) ***Crujir de dientes:*** *véase* nota—Mt. 8:12 para la discusión.

H. La pregunta referida a Dios y el César: las dos ciudadanías, 22:15-22 (Mr.12:1317; Lc. 20:20-26)

15 Entonces se fueron los fariseos y consultaron cómo sorprenderle en alguna palabra.
16 Y le enviaron los discípulos de ellos con los herodianos, diciendo: Maestro, sabemos que eres amante de la verdad, y que enseñas con verdad el camino de Dios, y que no te cuidas de nadie, porque no miras la apariencia de los hombres.
17 Dinos, pues, qué te parece:¿Es lícito dar tributo a César, o no?
18 Pero Jesús, conociendo la malicia de ellos, les dijo:¿Porqué me tentáis, hipócritas?
19 Mostradme la moneda del tributo. Y ellos le presentaon un denario.
20 Entonces les dijo: ¿De quién es esta imagen, y la inscripción?
21 Le dijeron: De César. Y les dijo: Dad, pues, a César lo que es de César, y a Dios lo que es de Dios.
22 Oyendo esto, se maravillaron, y dejándole, se fueron.

1 Conceptos falsos de ciudadanía
a. La religión es suprema: los fariseos[EF1]
b. El estado es supremo: los herodianos[EF2]
2 Pecados comunes a los conceptos falsos de ciudadanía
a. Ambición egoísta: conduce al compromiso
b. Engaño: conduce a la adulación y destrucción
c. Mente estrecha e incredulidad obstinada[EF3]
3 Hay dos ciudadanías
a. Cristo percibe los conceptos falsos y motivaciones malas
b. Hay cosas que pertenecen a César: una ciudadanía terrenal
c. Hay cosas que pertenecen a Dios: una ciudadanía celestial

H. La pregunta referida a Dios y el César: las dos ciudadanías, 22:15-22

(22:15-22) ***Introducción:*** este es el segundo desafío o ataque conducido por los líderes contra Cristo. Las palabras « y consultaron» indican que el cuerpo gobernante de los judíos, el sanhedrin tuvo una reunión oficial. Consultaron entre sí de cómo tratar con este hombre que afirmaba ser el Mesías. Temían a Cristo, porque estaba reuniendo vigorosamente la fidelidad de la gente alrededor suyo.

El complot de ellos concistía en formularle una pregunta sobre la ciudadanía de una persona. La pregunta debía «sorprenderlo en alguna palabra» (v. 15); es decir, supuestamente debía ser imposible para Cristo responder sin desacreditarse a sí mismo delante del pueblo o delante de las autoridades romanas. Si quedaba desacreditado ante el pueblo, éste reaccionaría y lo abandonaría; si se desacreditaba ante los romanos, éstos lo arrestarían.

Cristo *es* el Mesías, el Hijo de Dios mismo; de manera que percibió el complot. Cristo usó la ocasión para enseñar sobre ciudadanía, una verdad que era al mismo tiempo asombrosa como profundamente poderosa para la gente de aquel tiempo; poderosa por que los judíos creían que la lealtad de un ciudadano pertenecía exclusivamente a Dios, en tanto que el resto del mundo creía que la lealtad le pertenecía al monarca de turno que reinaba sobre su territorio.

Cristo asombró al mundo de su día declarando que había una ciudadanía terrenal, física a la cual era preciso dar algunas cosas; y había una ciudadanía espiritual, celestial, a la cual era preciso dar algunas cosas.

1. Conceptos falsos de ciudadanía (vv. 15-16).
   a. La religión es suprema: los fariseos.
   b. El estado es supremo: los herodianos.
2. Pecados comunes a los conceptos falsos de ciudadanía (vv. 16-17).
   a. Ambición egoísta: conduce al compromiso.
   b. Engaño: conduce a adulación y destrucción.
   c. Mente estrecha e incredulidad obstinada: conduce al rechazo de la verdad y auto-condenación.
3. Verdad sobre la ciudadanía: dos ciudadanías (vv. 18-22).
   a. Cristo percibe los conceptos falsos y motivaciones malas.
   b. Hay cosas que pertenecen a César: una ciudadanía terrenal.
   c. Hay cosas que pertenecen a Dios: una ciudadanía celestial.

1 (22:15-16) ***Ciudadanía:*** estos dos conceptos falsos de ciudadanía se ven en los fariseos y en los herodianos. Sin embargo, hay que recordar que hasta esta experiencia el mundo no sabía que eran conceptos falsos.

1. El primer concepto falso es ver a la *religión como suprema.* Esto se nota en el concepto de los fariseos (*véase* Estudio a fondo 3—Hch. 23:8). Creían firmemente en el mundo celestial, a tal extremo que afirmaban que toda obediencia y lealtad debían ser solamente para Dios. En efecto, todas las cosas en la tierra se debían a Dios. El estado y todo otro poder y autoridad debían estar sujetos al gobierno de la religión. Por eso se oponían fuertemente al pago de impuestos a un rev extraniero. Lo consideraban una violación del derecho de Dios.

2. El segundo concepto falso es ver *al estado como supremo.* Este concepto se nota en los herodianos (para la discusión *véase* Estudio a fondo 2—Mt. 22: 16).

Imagine la escena y lo extraño de ella. Los fariseos afirmaban que la religión dominaba sobre el gobierno, y despreciaban las autoridades romanas y el cobro de impuestos. Los herodianos sostenían que el gobierno domina a la religión; consecuentemente concordaban con el pago de impuestos al César más que a Dios. Los herodianos y los fariseos eran enemigos empedernidos. Realmente era extraño verlos juntos, pero su odio hacia Jesús los unió para oponerse a Aquel a quien consideraban un enemigo común. (*Véanse* notas—Mr. 3:6; Estudio a fondo 3—Hch. 23:8.)

Pensamiento 1. El concepto que el mundo tiene de la ciudadanía es el mismo que tenía en tiempos de Cristo, a pesar de esta enseñanza. La vasta mayoría del mundo sería humanista y secularista, es decir, ciudadanos de mentalidad mundana y políticos incrédulos. Sostendrían que el estado es supremo. Por otra parte, habría algunos afirmando que la religión es suprema y que debe dominar sobre el estado. Sin embargo, la posición de la supremacía religiosa es de implementación muy difícil en una sociedad educada e industrializada. En gran parte solo es posible afirmarla en teoría.

«Porque toda carne es como hierba, y toda la gloria del hombre como flor de la hierba. La hierba se seca y la flor se cae» (1 P. 1:24).

«Porque cuando muera no llevará nada, ni descenderá tras él su gloria» (Sal. 49:17).

«Por eso ensanchó su interior el Seol, y sin medida extendió su boca; y allá descenderá la gloria de ella, y su multitud, y su fausto, el que

en él se regocijaba» (Is. 5:14).

«Oíd palabra de Jehová, vosotros los que tembláis a su palabra: Vuestros hermanos que os aborrecen, y os echan fuera por causa de mi nombre, dijeron: Jehová sea glorificado. Pero él se mostrará para alegría vuestra, y ellos serán confundidos» (Is. 66:5).

«Y tú, hijo de hombre, el día que yo arrebate a ellos su fortaleza, el gozo de su gloria, el deleite de sus ojos y el anhelo de sus almas, y también sus hijos y sus hijas» (Esd. 24:25).

«Conforme a su grandeza, así pecaron contra mí; también yo cambiaré su honra en afrenta» (Os. 4:7).

ESTUDIO A FONDO 1

(22:15) ***Fariseos:*** *véase* Estudio a fondo 3—Hch. 23:8.

ESTUDIO A FONDO 2

(22:16) ***Herodianos:*** los herodianos no eran un partido religioso, sino político de Herodes, el rey de Galilea. Apoyaban a Roma, comprometiendo todo lo que podían a efectos de preservar su propio poder e influencia. Lo habían hecho a tal extremo que llegaron a consentir en cierto grado los templos paganos. Desde el punto de vista religioso, eran principalmente saduceos cuya primordial lealtad era hacia el estado (*véase* Estudio a fondo 2—Hch. 23:8). Por lo tanto se oponían a toda afirmación mesiánica debido a los disturbios que tales afirmaciones causaban en el pueblo. Consentían que era preciso pagar impuestos a César más que a Dios.

2 (22:16-17) *Ciudadanía:* hay pecado que con frecuencia cometen quienes tienen falsos conceptos de la ciudadanía. Algunos de estos pecados se ven en el complot de los fariseos y herodianos en contra de Cristo.

1. Hay *ambición egoísta* que frecuentemente conduce al compromiso y a la intriga. Nada podía ser más sorprendente que ver a los fariseos y herodianos trabajando juntos. Estaban diametralmente opuestos unos a otros. Los fariseos consideraban a lo herodianos no mejores que los paganos condenados al infierno, sin embargo, se los vio trabajar con ellos en contra de Cristo. ¿Qué los unió? La ambición egoísta. Temían la pérdida de su posición, influencia, poder, riqueza y seguridad. (*Véanse* notas—Mt.12:1-8; nota y Estudio a fondo 1—12:10; nota—15:1-20; Estudio a fondo 2—15:6-9. Estas notas ayudarán considerablemente a entender por qué los gobernantes temían tanto a Cristo.) La persona que ama este mundo se casará prácticamente con quien sea para proteger su seguridad. Escasa importancia tendrá el grado o la apariencia extraña del compromiso.

Aquí también se ve la profundidad del pecado de ambición egoísta. Los principales conspiradores eran líderes religiosos; no solamente estaban dispuestos a complotarse para el mal, sino que procuraban que un hombre, Cristo mismo, fuese llevado a la muerte. En este pasaje se ve claramente el extremo mal del gobierno y de la religión en su ambición.

2. Hay *engaño,* que normalmente lleva a la adulación y destrucción. El engaño se ve en dos hechos.

a. Se ve el engaño en que no fueron los fariseos mismos quienes fueron a Cristo. Enviaron a «los discípulos de ellos con los herodianos». Los discípulos eran aprendices o estudiantes; en realidad éstos mismos buscarían la respuesta al asunto. Los herodianos darían la impresión de que aquellos discípulos les habían consultado primero a ellos, pero que no habían quedado satisfechos con su respuesta. Parecería que los fariseos querían conocer la respuesta de Cristo, de alguien que afirmaba ser el Mesías. De modo que Cristo pensaria que la pregunta era el legitimo interrogante de un estudiante, sin sospechar el complot para atraparlo.

b. Engaño, la clase más baja de engaño, se expresa en las palabras aduladoras que usaron al dirigirse a Cristo.

- «Maestro ...
- «sabemos que eres amante de la verdad ...
- «y que enseñas con verdad el camino de Dios ...
- «y que no te cuidas de nadie ...
- « ... porque no miras la apariencia de los hombres.»

Note que todo lo que dijeron de Cristo era cierto.

- Él era el Maestro: un Rabino, que enseñaba. Era aun más, el Maestro y Señor del universo.
- Era veraz o verdadero: un maestro de Dios. (Contraste la hipocresía de la estrategia de ellos con la sinceridad de Nicodemo, Jn. 3:2.)
- Enseñaba el camino de Dios: cómo debe vivir y conducirse un hombre para agradar a Dios.
- No le importaba lo que la gente decía de Él: no le afectaba, ni a su persona ni su obra.
- No se cuidaba de los hombres: no mostraba parcialidad o favoritismo.

El problema es que no eran sinceros en lo que decían, no lo decían de corazón. Lo que decían de Él provenía de motivaciones malas. Querían usarlo para asegurar sus propios propósitos egoístas. Al final tuvieron éxito; lograron el propósito para el que se habían complotado; lograron que fuese destruido. Como siempre, el engaño destruye aquello que es veraz, y fuerte y lleno de amor.

«Porque tu boca declaró tu iniquidad, pues has escogido el hablar de los astutos» (Job 15:5).

«Porque en la boca de ellos no hay sinceridad; sus entrañas son maldad, sepulcro abierto es su garganta, con su lengua hablan lisonjas» (Sal. 5:9).

«El hombre no se afirmará por medio de la impiedad; mas la raíz de los justos no será removida» (Pr. 12:3).

«El hombre que lisonjea a su prójimo, red tiende delante de sus pasos» (Pr. 29:5).

3. Hay una actitud de *mente cerrada e incredulidad obstinada* que conduce al rechazo de la verdad y a la autocondenación. La pregunta hecha a Cristo era sencilla: «¿Es lícito dar tributo a César, o no?»

- Los fariseos, judíos religiosos sinceros, exclamarían: «No».
- Los herodianos (y quienes aseguraban su posición y riqueza mediante el gobierno romano) dirían: «Sí».

Con esto, los que fueron a preguntar pensaban haber atrapado a Cristo. Si decía: «No. No hay que pagar los tributos al César», las autoridades lo arrestarían y lo quitarían de en medio. El pueblo sabría que su afirmación de ser el Mesías era falsa.

Si decía: «Sí, los impuestos deben ser pagados a César», estaría negando la soberanía de Dios; y el pueblo que se oponía vigorosamente al gobierno romano y al pago de impuestos, se levantaria contra Él. Tanto los fariseos como los herodianos eran de mente estrecha. No veían más allá de si mismos y de la amenaza a su posición y riqueza. Estaban hundidos en una obstinada incredulidad. Por eso rechazaron la verdad; y, como ocurre con todo rechazo de la verdad, se condenaron a sí mismos (cp. Jn. 3:18-21).

Pensamiento 1. La ambición egoista puede penetrar, y demasiadas veces penetra, el corazón mismo de quienes son llamados a servir. Los atrios del gobierno y la santidad de la religión no están exentos. Sin importar quien sea la persona, ésta puede dedicarse a acumular bienes siendo corrompida por su posición, influencia, poder, riqueza y seguridad.

Pensamiento 2. Demasiadas personas comprometerán

cualquier cosa con tal de aferrarse a sus posesiones terrenales.

Pensamiento 3. Toda persona que ama las cosas de este mundo se apartará de Jesús; toda persona que se siente amenazada por Jesús y sus afirmaciones reaccionará contra él (1 Jn. 2:15-16).

Pensamiento 4. Note el testimonio que Jesús tenía aun entre sus enemigos. Era veraz, enseñaba el camino de Dios, se negaba a sí mismo, tenía coraje, y era completamente imparcial hacia los otros. Conocer y profesar la verdad referida a Jesús no es suficiente. Los que se oponían a Cristo conocían la verdad acerca de Él. Simplemente no estaban dispuestos a rendirse a la verdad.

Pensamiento 5. La incredulidad obstinada, orgullo, y altanería nos llevarán a ser condenados por el Señor. (*Véase* Estudio a fondo 4—Mt.12:24; nota—12:31 para una discusión de la incredulidad obstinada de ellos.)

ESTUDIO A FONDO 3

(22:17) ***Tributo—impuesto:*** el tributo de referencia era el tributo de empadronamiento. Toda persona entre doce/catorce años y sesenta y cinco años tenía que pagarlo. En aquel tiempo equivalía al valor de un jornal (*véase* Estudio a fondo 1—Ro. 13:6).

3 (22:18-22) ***Ciudadanía:*** la verdad acerca de la ciudadanía. Una persona tiene dos ciudadanías. Es ciudadana de este mundo; lo cual es evidente. Por eso le debe a los poderes terrenales los que les pertenece. Pero la persona también es ciudadana del cielo, del mundo espiritual; por eso, debe darle a Dios lo que es de Él.

Note tres cosas.

1. Cristo percibió los conceptos falsos de estos hombres. El era el Hijo de Dios, de modo que por naturaleza conocía el concepto falso que ellos tenían de la ciudadanía. Además, como Hijo de Dios, también supo que eran impulsados por motivaciones malas.

Cristo fue específico y vigoroso: «¿Por qué me tentáis, hipócritas?» Conocía el corazón de ellos ...

- la ambición egoísta que los movía al compromiso y a la intriga.
- el engaño de sus adulaciones y la ponzoña destructora de sus lenguas.
- sus mentes cerradas y su obstinada incredulidad que los llevaba a rechazarlo y a condenarse ellos mismos.

Note las palabras «la malicia de ellos» e «hipócritas» (v. 18). Eran malvados y eran hipócritas. Simulaban algo que no era.

- Simulaban ser algo que no eran.
- Simulaban buscar la verdad cuando realmente no la buscaban.
- Simulaban honrarlo cuando realmente no lo honraban.

2. Hay algo que le pertenece a César, y es la ciudadanía terrenal. Cristo fue brillante y breve al tratar con los fariseos y su falso concepto de ciudadanía. «Mostradme la moneda del tributo ... ¿De quién es esta imagen, y la inscripción?» preguntó con sencillez.

Note dos cosas.

a. Obligó a los fariseos (con el concepto de que la religión es suprema) a admitir que algunas cosas pertenecen al poder terrenal. La imagen era de César; la inscripción era de César; y la moneda había sido hecha o acuñada por el gobierno de César. Por eso, la moneda era del César si él decía que era suya. El tema era claro: puesto que los religiosos, como ciudadanos, *usaban lo que pertenecía y era provisto por César,* ellos debían pagarle lo que era suyo. Cristo dijo enfáticamente: «Entonces den a César lo que es de César».

b. Reveló una verdad muy importante para los creyentes de todos los tiempos: los creyentes tienen una *doble ciudadanía.* Son ciudadanos del cielo, sí, pero también son ciudadanos de este mundo. Tienen una obligación con el gobierno bajo cuyo régimen viven. Reciben los beneficios del gobierno tal como lo hacen los de *mentalidad mundana:* por ejemplo, el beneficio de rutas, desagues, agua, protección etc. Por eso los creyentes tienen que pagar la parte que les corresponde. (*Véase* nota—Ro. 13: 1-7. Esta nota es una discusión completa del tema de la ciudadanía.)

«Sométase toda persona a las autoridades superiores; porque no hay autoridad sino de parte de Dios, y las que hay, por Dios han sido establecidas» (Ro. 13:1).

«Sin embargo, para no ofenderles, vé al mar, y echa el anzuelo, y el primer pez que saques, tómalo, y al abrirle la boca, hallarás un estatero; tómalo, y dáselo por mí y por ti» (Mt. 17:27).

«Recuérdales que se sujeten a los gobernantes y autoridades, que obedezcan, que estén dispuestos a toda buena obra» (Tit. 3:1).

«Por causa del Señor someteos a toda institución humana, ya sea al rey, como a superior, ya a los gobernadores, como por él enviados para castigo de los malhechores y alabanza de los que hacen bien. Porque esta es la voluntad de Dios: que haciendo bien, hagáis callar la ignorancia de los hombres insensatos» (1 P. 2:13-15).

«Honrad a todos. Amad a los hermanos. Temed a Dios. Honrad al rey» (1 P. 2:17).

«Y cualquiera que no cumpliere la ley de tu Dios, y la ley del rey, sea juzgado prontamente, sea a muerte, a destierro, a pena de multa, o prisión» (Esd. 7:26).

«Te aconsejo que guardes el mandamiento del rey y la palabra del juramento de Dios» (Ec. 8:2).

3. Hay algo que le pertenece a Dios, y es la ciudadanía celestial. Cristo fue igualmente brillante en su trato con los herodianos y su falso concepto de ciudadanía. Los herodianos no solamente sujetaban la religión al estado, sino que eran de mentalidad mundana y negaban mucho de lo sobrenatural, incluso negaban la vida después de la muerte, y la dimensión espiritual del ser.

Note dos cosas.

a. Cristo les dijo de manera inequívoca, que hay un mundo espiritual. Dios es real; Dios existe, y hay algunas cosas que le pertenecen a Dios. «Por eso ... Dad a Dios las cosas que son de Dios». Nuevamente, el tema es claro. Puesto que los herodianos (con el concepto de que el estado es supremo), como ciudadanos del mundo y de la vida misma usaban lo que pertenecía y era provisto por Dios, debían pagarle a Dios lo que era suyo.

b. Cristo reveló una verdad muy importante a todos los hombres. Los hombres son seres de Dios y seres de este mundo, son seres espirituales y al mismo tiempo físicos. Por eso son responsables de vivir como ciudadanos de Dios, y son igualmente responsables de vivir como ciudadanos del mundo. Todos los hombres han recibido mucho de Dios:

- la vida, que tuvo su origen con Dios en la eternidad; por eso, el hombre le debe la vida a Dios.
- un espíritu que puede «nacer de nuevo» y vivir una vida de auto negación, de amor, gozo y paz por amor a todos los hombres

en todas partes (Gá. 5:22-23).

- una mente y un cuerpo que tiene la capacidad de disfrutar la belleza de la tierra y aprender yrazonar y producir para la mejoría y el servicio de toda la humanidad.

Los hombres reciben estos beneficios y muchos otros de Dios. Por eso deben pagar a Dios lo que corresponde.

«Mas buscad primeramente el reino de Dios y su justicia, y todas estas cosas os serán añadidas» (Mt. 6:33).

«Y les dijo: Si alguno quiere venir en pos de mí, niéguese a sí mismo, tome su cruz cada día, y sígame» (Lc. 9:23).

«Así que, hermanos, os ruego por las misericordias de Dios, que presentéis vuestros cuerpos en sacrificio vivo, santo, agradable a Dios, que es vuestro culto racional. No os conforméis a este siglo, sino transformaos por medio de la renovación de vuestro entendimiento, para que comprobéis cuál sea la buena voluntad de Dios, agradable y perfecta» (Ro. 12:1-2).

«¿O ignoráis que vuestro cuerpo es templo del Espíritu Santo, el cual está en vosotros, el cual tenéis de Dios, y que no sois vuestros? Porque habéis sido comprados por precio; glorificad, pues, a Dios en vuestro cuerpo y en vuestro espíritu, los cuales son de Dios» (1 Co. 6:19-20).

«Mas a Jehová vuestro Dios serviréis, y él bendecirá tu pan y tus aguas; y yo quitaré toda enfermedad de en medio de ti» (Éx. 23:25).

«Sino acuérdate de Jehová tu Dios, porque él te da el poder para hacer las riquezas, a fin de confirmar su pacto que juró a tus padres, como en este día» (Dt. 8:18).

«Si obedeciereis cuidadosamente a mis mandamientos que yo os prescribo hoy, amando a Jehová vuestro Dios, y sirviéndole con todo vuestro corazón, y con toda vuestra alma, yo daré la lluvia de vuestra tierra a su tiempo, la temprana y la tardía; y recogerás tu grano, tu vino y tu aceite. Daré también hierba en tu campo para tus ganados; y comerás, y te saciarás» (Dt. 11:13-15).

Pensamiento 1. *Véanse* notas—Ro. 13:1-7; 13:8-10; 1 P. 2:13-17. Estas notas alcanzan para impulsar nuestros pensamientos a encontrar una aplicación.

Pensamiento 2. La verdad que Cristo cubre en este pasaje responde precisamente a lo que dice: existen dos ciudadanías: una terrenal y otra celestial. La persona tiene que ser buen ciudadano en ambos reinos.

«Temed a Dios. Honrad al rey» (1 P. 2:17).

1 Los saduceos intentaron desacreditar a Cristo
2 La resurrección era negada y ridiculizada
a. La ley de levirato o ley del cuñado
1) Dar continuación a la familia
2) Proteger la propiedad
b. La situación lógica: una viuda sin hijos se casa con siete hermanos
c. La pregunta lógica supuestamente muestra lo absurdo

I. La pregunta sobre la resurrección: resurrección negada, y sin embargo, demostrada, 22:23-33
(Mr. 12:18-27;
Lc. 20:27-38)

23 Aquel día vinieron a él
los saduceos, que dicen
que no hay resurrección, y
le preguntaron,
24 diciendo: Maestro,
Moisés dijo: Si alguno
muriere sin hijos, su
hermano se casará con su
mujer, y levantará descen-
dencia a su hermano.
25 Hubo, pues, entre
nosotros siete hermanos; el
primero se casó, y murió;
y no teniendo descen-
dencia, dejó su mujer a su
hermano.
26 De la misma manera
también el segundo, y el
tercero, hasta el séptimo.
27 Y después de todos
murió también la mujer.
28 En la resurrección,
pues, ¿de cuál de los siete
será ella mujer, ya que
todos la tuvieron?
29 Entonces respondiendo
Jesús, les dijo: Erráis,
ignorando las Escrituras y
el poder de Dios.
30 Porque en la resurrec-
ción ni se casarán ni se
darán en casamiento, sino
serán como los ángeles de
Dios en el cielo.
31 Pero respecto de la
resurrección de los
muertos, ¿no habéis leído
lo que os fue dicho por
Dios, cuando dijo:
32 Yo soy el Dios de
Abraham, el Dios de Isaac
y el Dios de Jacob? Dios no
es Dios de muertos, sino de
vivos.
33 Oyendo esto la gente,
se admiraba de su doctrina.

de la resurrección; ¿esposa de quién será en la eternidad?

3 La resurrección negada
a. Descon. de la Escritura
b. Desconocimiento del poder de Dios
4 La resurección excede las relaciones terrenales
a. Excede las relaciones matrimoniales
b. Semejanza con ángeles y Dios
5 La resurrección cuenta con cuatro pruebas fundamentales
a. Dios habló y reveló la resurrec. en su Palabra
b. Dios es; Dios existe
c. Dios es el Dios de Abraham, Isaac, Jacob
d. Dios no es Dios de muertos, sino de vivos
6 La resurrección causa asombro

I. La pregunta sobre la resurrección: resurrección negada, y sin embargo, demostrada, 22:23-33

(22:23-33) ***Introducción:*** todavía era el martes de la última semana del Señor. (Note la afirmación: «Aquel día».) Durante este día los desafíos a su autoridad habían presionado como nunca sobre Él.

Primero, los principales sacerdotes y líderes civiles (ancianos) habían desafiado su autoridad (*véanse* bosquejo y notas—Mt. 21:23-27). Cristo les había dado en la cabeza a los que lo desafiaban y los había sacado del camino. La ocasión fue propicia para concentrarse en su propia muerte y el rechazo de Israel. El solo pensar que Israel, en quien Dios había depositado tanta confianza, estaba fallando a Dios al llevar a la muerte a su Hijo tenía que perturbar el corazón de Cristo (*véanse* bosquejo y notas—Mt. 21:33-46; 22:1-14).

Segundo, los fariseos y herodianos (partido político de Herodes) procuraron desacreditar a Cristo poniendólo o bien contra el gobierno o bien contra el pueblo (*véanse* bosquejo y notas—Mt. 22:15-22). Nuevamente Cristo rebatió a quienes lo desafiaban; pero nuevamente, la lucha había sido agotadora y tensa, dura y pesada.

Ahora, por tercera vez, el Señor fue confrontado y desafiado; y nuevamente, fue un grupo diferente el que intentaba desdecir y desacreditar a Cristo. Quienes lo desafiaban ahora eran los saduceos, los liberales religiosos y políticos de aquel tiempo. Como señaló Mateo, «[Ellos] dicen que no hay resurrección» (v. 23). Lucas agrega «Los saduceos dicen que no hay resurrección, ni ángel, ni espíritu» (*véase* Estudio a fondo 3—Mt. 16:12; Estudio a fondo 2—Hch. 23:8). La posición liberal de ellos causó dos cosas.

1. Los hizo tropezar en lo espiritual y sobrenatural. Ridiculizaban y se burlaban de ambas cosas. En la mente de ellos las enseñanzas de Cristo carecían de análisis filosófico y de pruebas naturales o científicas; por lo tanto, eran las enseñanzas de un hombre carente de pensamientos y lógica.

2. La posición liberal de ellos los hacía sentirse amenazados y los impulsaba a oponerse a Cristo. La gente acudía a Cristo y absorbía sus enseñanzas. Esto significaba que los saduceos estaban perdiendo el control sobre la gente; la posición y las riquezas de ellos estaban en peligro. Por eso se sintieron compelidos a atacar ydesacreditar a Cristo delante del pueblo.

1. Trasfondo: los. saduceos intentaron desacreditar a Cristo (v. 23).
2. La resurrección era negada y ridiculizada (vv. 23-28).
3. La resurrección era negada por dos motivos (v. 29).
4. La resurrección excede las relaciones terrenales (v. 30).
5. La resurrección cuenta con cuatro pruebas fundamentales (vv. 31-32).
6. La resurrección causa asombro (v. 33).

1 (22:23) ***Saduceos:*** esta secta ya había sido vista en otras dos ocasiones. Ya se habían opuesto a Juan el Bautista (Mt. 3:7ss) y a Cristo (Mt. 16:1-12. *Véanse* Estudio a fondo 3—Mt. 16:12; Estudio a fondo 2—Hch. 23:8).

2 (22:23-28) ***Resurrección—saduceos:*** los saduceos negaban y ridiculizaban la resurrección. A lo largo de los siglos muchos hombres de mentalidad liberal han seguido en sus pasos (cp. 1 Co. 15:12-58; 2 P. 3:3-18). Note el argumento de los saduceos.

1. Usaron la ley de Moisés, la ley del levirato, como base de su argumento (Dt. 25:5-6). Cuando moría un esposo sin dejar hijo, esta ley imponía al hermano a casarse con la viuda y tener un hijo. Por ley ese hijo era considerado primogénito del esposo fallecido. Esto aseguraba dos cosas: (a) que continuara el nombre de la familia, y (b) que se conservaran las propiedades de la familia. Era una ley para ayudar a preservar y engrandecer la nación de Israel (cp. Rt. 4:5).

2. A continuación los saduceos sugirieron la situación lógica que podía presentarse. Note las palabras: «Hubo, pues, *entre nosotros* siete hermanos». El primero se casó, pero murió antes de tener hijos. Cada uno de los otros hermanos obedeció la ley, pero cada uno murió antes de tener un hijo. Finalmente la mujer también murió.

3. Ahora siguió la pregunta lógica, la pregunta que en el

pensamiento de los saduceos mostraba lo absurdo de la resurrección. Ellos preguntaron: «¿De cuál de los siete será ella mujer en la eternidad?» Note tres cosas al leer varias veces desde el versículo 23 al 28.

a. Era una situación lógica; pero el espíritu de la pregunta era frío y rudo, egocéntrico e incrédulo, despreciable y repulsivo. El espíritu del incrédulo con frecuencia se auto incrimina y se auto condena.

b. Los saduceos creí an que el argumento era irrefutable. Creían que destacaba lo necio para una persona pensante la idea de otro mundo.

c. Los saduceos pensaban que el mundo espiritual sería semejante al mundo físico, que no sería más que u na prolongación de este mundo, tanto en su *naturaleza como en sus relaciones.*

Al finalizar este punto se ve claramente una imagen de lo que las Escrituras dicen acerca del hombre natural.

«Pero el hombre natural no percibe las cosas que son del Espíritu de Dios, porque para él son locura, y no las puede entender, porque se han de discernir espiritualmente» (1 Co. 2:14).

Pensamiento 1. Cada generación ha tenido sus saduceos, aquellos de mentalidad liberal que ridiculizan la idea de la resurrección y del mundo espiritual. Dios lo sabe. Siempre supo que muchos se burlarían y ridiculizarían la fe, de modo que les respondió en por lo menos dos pasajes extensos de las Escrituras (1 Co. 15:12-58; 2 P. 3:3-18).

«Pero si se predica de Cristo que resucitó de los muertos, ¿cómo dicen algunos entre vosotros que no hay resurrección de muertos?» (1 Co. 15:12).

«Sabiendo primero esto, que en los postreros días vendrán burladores, andando según sus propias concupiscencias, y diciendo: ¿Dónde está la promesa de su advenimiento? Porque desde el día en que los padres durmieron, todas las cosas permanecen así como desde el principio de la creación» (2 P. 3:3-4).

Pensamiento 2. Los argumentos actuales contra la existencia de un mundo espiritual y de la resurrección surgen de ...

- pensamientos lógicos y racionales.
- posiciones filosóficas.
- una hipótesis natural y científica.
- de creencias humanistas.
- de la falta de disposición a cambiar un estilo de vida.
- del temor a ser rechazado y ridiculizado por los compañeros.
- de rehusarse a admitir que la posición anterior de uno estaba equivocada.

Pensamiento 3. En su mayor parte la incredulidad en un mundo espiritual surge de una posición intelectual, pero de una posición mundana. Son pocos los que estudian cabalmente la posición natural y la espiritual. La mavoría sencillamente ama el mundo v las cosas del mundo con tanta intensidad que quiere rechazar las imitaciones que le impone a uno el mundo espiritual.

3 (22:29) ***Resurrección—mundo espiritual—escrituras—Dios, poder de:*** Cristo le dijo de manera muy específica a los saduceos y a todos los que seguían su posición liberal: «Están equivocados. Por dos motivos niegan la resurrección».

1. «Ustedes no conocen las Escrituras». Las Escrituras son directas y claras. No dejan duda en cuanto a la existencia del mundo espiritual, de que habrá una resurrección para entrar al mundo o a la dimensión espiritual del ser.

«Yo sé que mi Redentor vive, y al fin se levantará sobre el polvo; y después de deshecha está mi piel, en mi carne he de ver a Dios; al cual veré por mí mismo, y mis ojos lo verán, y no otro, aunque mi corazón desfallece dentro de mí» (Job 19:15-27).

«Tus muertos vivirán; sus cadáveres resucitarán. ¡Despertad y cantad, moradores del polvo! porque tu rocío es cual rocío de hortalizas, y la tierra dará sus muertos» (Is. 26:19).

«Y muchos de los que duermen en el polvo de la tierra serán despertados, unos para vida eterna, y otros para verguenza y confusión perpetua» (Dn. 12:2).

«De cierto, de cierto os digo: El que oye mi palabra, y cree al que me envió, tiene vida eterna; y no vendrá a condenación, mas ha pasado de muerte a vida» (Jn. 5:25).

«No os maravilléis de esto; porque vendrá hora cuando todos los que están en los sepulcros oirán su voz; y los que hicieron lo bueno, saldrán a resurrección de vida; mas los que hicieron lo malo, a resurrección de condenación» (Jn. 5:28-29).

«Y esta es la voluntad del que me ha enviado: Que todo aquel que ve al Hijo, y cree en él, tenga vida eterna; y yo le resucitaré en el día postrero» (Jn. 6:40).

«Le dijo Jesús: Yo soy la resurrección y la vida; el que cree en mí aunque esté muerto, vivirá» (Jn. 11:25).

«Teniendo esperanza en Dios , la cu al ellos también abrigan, de que ha de haber resurrección de los muertos, así de justos como de injustos» (Hch. 24:15).

«Y si el Espíritu de aquel que levantó de los muertos a Jesús mora en vosotros, el que levantó de los muertos a Cristo Jesús vivificará también vuestros cuerpos mortales por su Espíritu que mora en vosotros» (Ro. 8:11).

«Porque así como en Adán todos mueren, también en Cristo todos serán vivificados» (1 Co. 15:22).

«Sabiendo que el que resucitó al Señor Jesús, a nosotros también nos resucitará con Jesús, y nos presentará juntamente con vosotros» (2 Co. 4:14).

«Porque el Señor mismo con voz de mando, con voz de arcángel, y con trompeta de Dios, descenderá del cielo; y los muertos en Cristo resucitarán primero» (1 Ts. 4:16).

«De la mano del Seol los redimiré, los libraré de la muerte. Oh muerte, yo seré tu muerte; y seré tu destrucción, oh Seol; la compasión será escondida de mi vista» (Os. 13:14).

Pensamiento 1. Hay tres razones por las que una persona puede no conocer las Escrituras.

1) Sencillamente no ha *estudiado* las Escrituras, lo que se llama *estudiar.*
2) No cree en las Escrituras. Las rechaza como Palabra de Dios.
3) No toma lo que dicen las Escrituras, por lo que dice. Espiritualiza o alegoriza lo que dicen.

2. «Ustedes no conocen el poder de Dios». Hay tres razones por las que una persona puede no conocer el poder de Dios.

a. Es ignorante en cuanto a Dios. No sabe nada acerca de Dios y pocas veces, si es que alguna vez, piensa en Dios y en su poder.

b. No cree en Dios o en su poder. Se niega a reconocer el poder eterno de Dios y a ver la Deidad en la creación; se ocupa en *crear* dioses de su propia imaginación (imágenes tanto mentales como físicas; cp. Ro. 1:20-32.) Se niega a reconocer el cuadro de la naturaleza que claramente ilustra la resurrección:

«Necio, lo que tú siembras no se vivifica, si no muere antes. Y lo que siembras no es el cuerpo que ha de salir, sino el grano desnudo, ya sea de trigo o de otro grano; pero Dios le da el cuerpo como él quiso, y a cada semilla su propio cuerpo» (1 Co. 15:36-38).

c. Cree, pero su fe en Dios y en su poder es débil. No se puede imaginar que ocurra mucho más allá del mundo físico y del poder de las leyes naturales.

Pensamiento 1. La idea del mundo espiritual deja perplejo al hombre natural. ¡Imagine! Mientras estamos sentados aquí rodeados por todo lo que vemos...

- Hay otro mundo, un mundo espiritual, una dimensión invisible, espiritual, que es una realidad.
- Hay un espíritu, la verdadera vida en nuestros cuerpos, destinada a existir para siempre.
- Habrá una resurrección de todos los cuerpos muertos que han estado esparcidos, descomponiéndose en las tumbas, durante años y años. Dios *llamará* a toda las partes en descomposición para unirse nuevamente, no importa donde estén, y estos cuerpos serán perfeccionados y glorificados para vivir y trabajar nuevamente.¿Cómo podrá hacer algo semejante? Por la Palabra de su poder *como Dios.*

Pensamiento 2. Cuando realmente pensamos en los hechos de la resurrección, hay dos confesiones que debe hacer todo hombre, creyente e incrédulo.

1) El hombre natural, esto es el hombre en sí mismo y en su mundo, *nunca puede conocer* el mundo espiritual. Está limitado por el mundo físico y material del cual es una parte. Solo puede pensar y suponer y hacer teorías en cuanto a la existencia de un mundo espiritual, y especular en canto a los detalles tales como una resurrección. El hombre no puede, mientras vive en ese mundo, penetrar el mundo espiritual con su cuerpo para probar científicamente la existencia del mundo espiritual.

2) Solamente Dios puede revelar la realidad de la dimensión espiritual y el hecho de que tendrá lugar una resurrección. Ello solo puede ser conocido y experimentado por el poder de Dios. No hay humano con el poder de lograr esto. Si va a tener lugar una resurrección tendrá que ser operada por el poder de Dios.

Pensamiento 3. Por su propia naturaleza de permanencia, el mundo espiritual supera y llega a ser mucho más importante que el moribundo mundo físico. Por eso el mundo espiritual demanda que el hombre le dé prioridad. Es contra estas demandas que el hombre se rebela. Por eso ...

- una sociedad científica duda de lo que no puede probar.
- una sociedad materialista duda de lo que no puede usar para satisfacer sus deseos de tener más.
- una sociedad inmoral duda de lo que teme que puede corregir su conducta.
- una sociedad mundana duda de lo que teme que puede restringir sus placeres.
- una sociedad de poder duda de lo que teme que puede aflojar su control y menguar su autoridad.

4 (22:30) ***Resurrección—dimensión espiritual:*** Cristo dijo que la resurrección excedía las relaciones terrenales. Los saduceos no conocían las Escrituras ni el poder de Dios. Cuando pensaban en ser resucitados a otro mundo, imaginaban que la vida sencillamente sería una continuación de esta. Se imaginaban al cielo como una simple continuación de este mundo. Sencillamente no podían creer que serán cambiadas las cualidades de la vida y que el hombre recibirá un ambiente totalmente nuevo en el cual vivir.

Cristo dijo dos cosas.

1. La vida y las relaciones futuras excederán a las relaciones terrenales, incluidas las relaciones matrimoniales. La fuerte unión y el lazo del matrimonio no será menor, será mayor y más fuerte.

2. La vida y las relaciones futuras serán similares a las que experimentan los ángeles y Dios. Esto significa al menos dos cosas. (Note: Cristo acababa de admitir la existencia de ángeles, refutando la incredulidad al respecto de los saduceos de mente liberal.)

a. La vida celestial y las relaciones en el cielo serán perfectas. En el cielo no dejarán de existir nuestras relaciones. Serán cambiadas en el sentido de que nuestro egoísmo y pecado ya no afectarán nuestro amor y nuestras vidas. Nuestro amor será perfeccionado; amaremos a cada uno de manera perfecta. En el cielo una esposa no será amada como fue amada en esta tierra: de manera imperfecta. Será amada más y será amada de manera perfecta. Cada uno amará a cada uno de los otros de manera perfecta. Dios cambiará todas las relaciones haciéndolas perfectas, así como las relaciones entre los ángeles y Dios son perfectas.

b. La vida y las relaciones celestiales serán eternas. No habrá fin para ellas. Un hombre y una mujer se tendrán el uno al otro para amarse siempre. Uno no dejará de ser (morir) antes que el otro (como ocurre ahora). Cada uno tendrá siempre al otro para amarlo. Dios cambiará el breve tiempo que ahora tenemos el uno con el otro en una relación eterna. Los unos gozarán eternamente la presencia de los otros, así como la relación entre los ángeles y Dios es gozada eternamente.

Pensamiento 1. Hay dos advertencias que siempre deben ser expresadas cuando pensamos en el cielo y en la vida eterna.

1) Uno puede *materializar* al cielo y *humanizar* la vida eterna; es decir, podemos concebir al cielo como nada más que un mundo *glorificado y* a la vida eterna como nada más que la vida física más algo más. Este fue el error de los saduceos y con frecuencia es el concepto expresado por pensadores liberales cuando oven de la resurrección.

2) Uno puede *idealizar* al cielo y *alegorizar* la vida eterna. Podemos pensar que el cielo no es nada más que un país ideal que debemos procurar y hacia el cual debemos dirigir nuestras vidas. Y podemos pensar que la vida eterna es algo así como un estado utópico de existencia, un sueño utópico de una cualidad indefinida, o de un flotar por el aire libres de problemas y pruebas.

Siempre es preciso tener en mente la enseñanza de las Escrituras o de la revelación de Dios cuando pensamos en el cielo y en la vida eterna. Las Escrituras enseñan que la naturaleza misma de las cosas será transformada.

1. El cielo es referido como una dimensión espiritual, un mundo de existencia real, y las Escrituras declaran que un día serán transformados los cielos y la tierra en una dimensión espiritual de existencia. Habrá nuevos cielos y tierra, un cielo y una tierra eternos y perfectos (2 P. 3:3-13; Ap. 21:1, 5).

2. La vida eterna es descrita como vida que existirá para siempre en la dimensión espiritual del ser. Las Escrituras dicen:

> **«Así también es la resurrección de los muertos. Se siembra en corrupción, resucitará en incorrupción. Se siembra en deshonra, resucitará en gloria; se siembra en debilidad, resucitará en poder. Se siembra cuerpo animal, resucitará cuerpo espiritual. Hay cuerpo animal, y hay cuerpo espiritual» (1 Co. 15:42-44.; cp. 1 Ts. 5:13-18).**
>
> **«Y así como hemos traído la imagen del terrenal, traeremos también la imagen del celestial. Pero esto digo, hermanos: que la carne y la sangre no pueden heredar el reino de Dios, ni la corrupción hereda incorrupción. He aquí os digo un misterio: No todos dormiremos; pero todos seremos transformados, en un momento, en un abrir y cerrar de ojos, a la final trompeta; porque se tocará la trompeta, y los muertos serán resucitados incorruptibles, y nosotros seremos transformados. Porque es necesario que esto corruptible se vista de incorrupción, y esto mortal se**

vista de inmortalidad. Y cuando esto corruptible se haya vestido de incorrupción, y esto mortal se haya vestido de inmortalidad, entonces se cumplirá la palabra que está escrita: sorbida es la muerte en victoria» (1 Co. 15:49-54).

(*Véanse* notas y Estudio a fondo 1—Mt. 19:28; Estudio a fondo 1—Jn. 17:2-3; Estudio a fondo 1—2 Ti. 4:18. Cp. Jn. 1:14.)

5 (22:31-32) ***Resurrección:*** Jesús dijo que la resurrección contaba con cuatro pruebas fundamentales.

1. Dios habló y reveló la verdad de la resurrección en su Palabra (cp. Job 19:26; Esd. 37:1ss; Dn. 12:2). Los saduceos aceptaban solamente los primeros cinco libros de Moisés como palabra de Dios, es decir, desde Génesis hasta Deuteronomio (*véase* Estudio a fondo 2—Hch. 23:8). Por eso Cristo usó estas Escrituras para probar la Resurrección.

Note tres hechos acerca de lo dicho por Cristo: «¿No habéis *leído* lo que os fue dicho por Dios» (v. 31).

a. Cristo dijo que Dios había hablado al hombre; en la Escritura Dios había revelado la verdad al hombre.
b. Cristo dijo que la Escritura *es* la Palabra de Dios.
c. Cristo preguntó por qué no habían leído lo que Dios dijo. «No habéis leído» indica que no tenían excusa. Debían haber leído y entendido; por lo tanto debían haber sabido la verdad de la resurrección (y todas las otras verdades) tal como Dios las había revelado.

2. Dios es; Dios existe. El hecho de que *Dios es* prueba la resurrección. El griego (*ego eimi*) significa auto existencia, el Eterno (*véase* Estudio a fondo 1—Jn. 6:20; 18:4-6).

«Yo soy el Dios ... » (Mt. 22:32).

«Es necesario que el que se acerca a Dios crea que le hay» (He. 11:6).

Puesto que Dios es, Él posee poder omnipotente: poder perfecto y eterno. Dios puede hacer cualquier cosa y la puede hacer perfecta y eternamente. Puede llamar que vuelvan los elementos ya descompuestos de un cuerpo y levantarlo para que viva en el mundo espiritual en forma perfecta y eterna.

Note cuidadosamente: el argumento de que *Dios es* (viviente) es irrefutable. Note cuidadosamente el gran pasaje en Efesios que trata con las bendiciones espirituales que son nuestras en Cristo: «En él asimismo tuvimos herencia . . . a fin de que seamos» (Ef. 1:11-12).

La resurrección es un hecho. Será experimentada por todos los hombres de todas las edades, porque *Dios es.* Dios ha querido darnos una herencia, la de *ser,* es decir, de vivir eternamente con Él. Vamos a experimentar una transformación de naturaleza, una transformación de perfeccionamiento y permanencia. Por eso tenemos que prestar cuidadosa atención a lo que dice la Escritura: «Pero sin fe es imposible agradar a Dios; porque es necesario que el que se acerca a Dios crea que le hay [Dios], y que es galardonador de los que le buscan» (He. 11:6).

Tenemos que creer que Dios es y que es galardonador de aquellos que le buscan con diligencia; es decir, recompensa a todos los que buscan vivir eternamente con Él.

«Si en alguna manera llegase a la resurrección de los muertos» (Fil. 3:11).

3. Dios es el Dios de Abraham. Isaac, y Jacob. Aquí Cristo quiso decir al menos dos cosas.

a. Las relaciones de Dios son activas, no pasivas. Dios dice: «Yo soy el Dios de ...,» no «Yo fui el Dios de ...» Sus relaciones con su pueblo son continuas. Se mantienen activas. Dios es eterno; por eso crea y mantiene relaciones eternas, activas. El pueblo de Dios entra al reino espiritual de su presencia y se relaciona activamente con él. La resurrección es un hecho.
b. Las relaciones con Dios son buenas, recompensadoras. Los patriarcas de antaño recibieron la promesa de recompensas, recompensas personales (cp. He. 11:13-16). Es necesario que haya una resurrección si nuestra relación con Dios es buena y recompensadora. Morir y ser abandonado como un cadáver en descomposición no es bueno ni recompensador. Abraham, Isaac, y Jacob tienen una relación buena y recompensadora con Dios. Viven, viven más que cuando estaban en la tierra, porque ahora son perfectos y eternos. Están con Dios mismo. Y así ocurrirá con nosotros. La resurrección es un hecho.

4. Dios no es Dios de muertos, sino Dios de vivos. Dios es el Dios de Abraham, Isaac, y Jacob, no el Dios de cadáveres muertos, descompuestos. Cuando Moisés escribió estas palabras, los tres patriarcas habían estado muertos por muchos años. Si estuvieran muertos, Dios no sería el Dios de ellos. Puesto que sí era el Dios de ellos, ellos estaban vivos, viviendo en la presencia de Dios y viviendo en relación con él, perfecta y eternamente. Habrá resurrección.

«Porque ninguno de nosotros vive para sí, y ninguno muere para sí. Pues si vivimos, para el Señor vivimos; y si morimos, para el Señor morimos. Así pues, sea que vivamos, o que muramos, del Señor somos. Porque Cristo para esto murió y resucitó, y volvió a vivir, para ser Señor así de los muertos como de los que viven» (Ro. 14:7-9).

Cristo señala una verdad, y lo hace muy claramente: *puesto que Dios es,* Dios no es el Dios de muertos, sino de vivos.

«¡Qué! ¿Se juzga entre vosotros cosa increíble que Dios resucite a los muertos?» (Hch. 26:8).

«De que ha de haber resurrección de los muertos, así de justos como de injustos» (Hch. 24:15).

Note lo que las Escrituras dicen acerca de la resurrección (*véanse* notas—Mt. 17:23; Hch. 2:29-31; Col. 3:1-4).

1. Note las afirmaciones enfáticas de Cristo:

«[Todos los que están en los sepulcros] oirán su voz; y los que hicieron lo bueno, saldrán a resurrección de vida; mas los que hicieron lo malo, a resurrección de condenación» (Jn. 5:29).

«Y esta es la voluntad del Padre, el que me envió: Que todo lo que me diere, no pierda yo nada, sino que lo resucite en el día postrero. Y esta es la voluntad del que me ha enviado: Que todo aquel que ve al Hijo, y cree en él, tenga vida eterna; y yo le resucitaré en el día postrero ... Ninguno puede venir a mí, si el Padre que me envió no le trajere; y yo le resucitaré en el día postrero ... El que come mi carne y bebe mi sangre, tiene vida eterna; y yo le resucitaré en el día postrero» (Jn. 6:39-40, 44, 54).

«Le dijo Jesús: Yo soy la resurrección y la vida; el que cree en mí aunque esté muerto, vivirá. Y todo aquel que vive y cree en mí, no morirá eternamente. ¿Crees esto?» (Jn. 11:25-26).

2. Note el testimonio personal de Pablo.

«Entonces Pablo, notando que una parte era de saduceos y otra de fariseos, alzó la voz en el concilio: Varones hermanos, yo soy fariseo, hijo de fariseo; acerca de la esperanza y de la resurrección de los muertos se me juzga» (Hch. 23:6).

«Pero esto de confieso, que según el Camino que ellos llaman herejía, así sirvo al Dios de mis padres, creyendo todas las cosas que en e la ley y en los profetas están escritas; teniendo esperanza en Dios, la cual ellos también abrigan, de que ha de haber resurrección de los muertos, así de justos como de injustos ... Acerca de la resurrección de los muertos soy juzgado hoy por vosotros» (Hch. 24:14-15, 21).

3. Note la enseñanza incuestionable de las Escrituras.

«Porque si fuimos plantados juntamente con él en la semejanza de su muerte, así también lo seremos en la de su resurrección» (Ro. 6:5).

«Y si el Espíritu de aquel que levantó de los muertos a Jesús mora en vosotros, el que levantó de los muertos a Cristo Jesús vivificará también vuestros cuerpos mortales por su Espíritu que mora en vosotros» (Ro. 8:11).

«Y Dios, que levantó al Señor, también a nosotros nos levantará con su poder» (1 Co. 6:14).

«Pero si se predica de Cristo que resucitó de los

muertos, ¿cómo dicen algunos entre vosotros que no hay resurrección de muertos? Porque si no hay resurrección de muertos, tampoco Cristo resucitó. Y si Cristo no resucitó, vana es entonces nuestra predicación, vana es también vuestra fe» (1 Co. 14:12-14; cp. 1 Co. 15:12-58).

«Sabiendo aue el que resucitó al Señor Jesús, a nosotros también nos resucitará con Jesús, y nos presentará juntamente con vosotros» (2 Co. 4:14).

«Si en alguna manera llegase a la resurrección de los muertos» (Fil. 3:11).

«Porque el Señor mismo con voz de mando, con voz de arcángel, y con trompeta de Dios, descenderá del cielo; y los muertos en Cristo resucitarán primero. Luego nosotros los que vivimos, los que hayamos quedado, seremos arrebatados juntamente con ellos en las nubes para recibir al Señor en el aire, y así estaremos siempre con el Señor. Por tanto, alentaos los unos a los otros con estas palabras» (1 Ts. 4:16-18).

«Mas otros fueron atormentados, no aceptando el rescate, a fin de obtener mejor resurrección» (He. 11:35).

«... Esta es la primera resurrección. Bienaventurado y santo el que tiene parte en la primera resurrección; la segunda muerte no tiene potestad sobre éstos, sino que serán sacerdotes de Dios y de Cristo, y reinarán con él mil años» (Ap. 20:5-6).

4. Note las reacciones de los hombres a la resurrección (cp. 2 P. 3:3-18).

«Hablando ellos al pueblo, vinieron sobre ellos los sacerdotes con el jefe de la guardia del templo, y los saduceos, resentidos de que enseñasen al pueblo, y anunciasen en Jesús la resurrección de los muertos» (Hch. 4:1-2).

«Y algunos filósofos de los epicúreos y de los estoicos disputaban con él; y unos decían: ¿Qué querrá decir este nuevo palabrero? Y otros: Parece que es predicador de nuevos dioses; porque les predicaba el evangelio de Jesús, y de la resurrección» (Hch. 17:18).

«Pero si se predica de Cristo que resucitó de los muertos, ¿cómo dicen algunos entre vosotros que no hay resurrección de muertos?» (1 Co. 15:12).

«Pero cuantas cosas eran para mí ganancia, las he estimado como pérdida por amor de Cristo. Si en alguna manera llegase a la resurrección de los muertos» (Fil. 3:7-11).

[6] (22:33) ***Resurrección:*** la gloriosa esperanza de la resurrección no solamente causó asombro en el día de Cristo, causa asombro en la actualidad.

1. El creyente se asombra de que Dios lo ame tanto.
2. El incrédulo se asombra ante una idea como es la resurrección; le asobra que alguien pudiera creer en semejante cosa.

	J. La pregunta sobre el gran mandamiento: un estudio del amor, 22:34-40 (Mr. 12: 28-34; cp. Lc. 10:25-37)	36 Maestro, ¿cuál es el gran mandamiento en la ley?	c. La pregunta: ¿Cuál es el gran mandamiento?[EF2]
		37 Jesús le dijo: Amarás al Señor tu Dios con todo tu corazón, y con toda tu alma, y con toda tu mente.	**2 Ama a Dios**[EF3] a. Como *a tu Dios* b. *Con todo tu ser*[EF4, 5, 6]
1 Los fariseos se complotaron a. Se juntaron	34 Entonces los fariseos, oyendo que había hecho callar a los saduceos, se juntaron a una.	38 Este es el primero y grande mandamiento.	c. Amor es el principal deber del hombre
		39 Y el segundo es semejante: Amarás a tu prójimo como a ti mismo.	**3 Ama a tu prójimo**[EF7] a. Amarse uno mismo b. Al prójimo como a sí
b. Designaron a un brillante intérprete desafiar a Cristo[EF1]	35 Y uno de ellos, intérprete de la ley, preguntó por tentarle, diciendo:	40 De estos dos mandamientos depende toda la ley y los profetas.	**4 El amor incluye y abarca a todos los mandamientos**

J. La pregunta sobre el gran mandamiento: un estudio del amor, 22:34-40

(22:34-40) ***Introducción—Jesucristo, desafiado:*** Jesús acababa de encontrarse con su tercer grupo de desafiantes oponentes, los saduceos. Los había *silenciado* y eliminado. Los fariseos, religiosos estrictos de aquel día, oyeron del nuevo triunfo de Cristo sobre sus adversarios y en la mente de ellos había aumentado la amenaza a la seguridad de ellos. Los tres intentos por desacreditar a Cristo habían fallado. Estaban convencidos quede alguna manera tenían que desacreditarlo ante el pueblo a efectos de romper el control que tenía sobre el mismo. Había una posibilidad muy real de que el pueblo siguiera proclamándolo como Mesías y que se sublevase contra las autoridades romanas. Por supuesto, la responsabilidad de semejante acción caería sobre ellos como líderes judíos; en consecuencia serían reemplazados como cuerpo gobernante del sanhedrín, perdiendo su posición, autoridad, estima, y sustento.

Entonces se reunieron para planear un nuevo complot. Esta vez lo hicieron con un enfoque diferente. En las últimas horas habían desafiado a Cristo acercándose como cuerpo de interlocutores; ahora escogieron de entre ellos a uno por ser el más brillante y versado en la ley, un intérprete o escriba.

Sin embargo, había algo respecto de este brillante intérpreta de la ley que los otros desconocían. Aparentemente su corazón había sido tocado por Cristo. Hay dos indicios que permiten suponer esto. Primero, Marcos nos dice que este hombre había presenciado la «disputa» de Cristo con los saduceos (Mr. 12:28), y había percibido que Cristo «les había respondido bien». Segundo, al término de su propia discusión con Cristo, Cristo le dijo: «no estás lejos del reino de Dios» (Mr. 12:34). Esto indica que el intérprete de la ley había estado pensando profundamente en Cristo y que estaba bajo convicción.

Hubo algo en Cristo que tocó una cuerda en el interior de este hombre. Su corazón fue tocado y profundamente motivado. Es cierto, fue designado por el cuerpo oficial para desafiar a Cristo; pero el espíritu, la sabiduría, conciencia de sí mismo, autoridad, o alguna otra cosa en Cristo, lo había tocado personalmente cuando Cristo contestaba a los saduceos, algo había motivado su corazón para preguntar y querer escudriñar más de Él.

Cristo usó la ocasión para enseñar al hombre la *mayor provisión* y el mayor *deber* de la vida humana. El amor proveerá para toda necesidad que tenga el hombre; por eso el amor es el principal deber del hombre.

1. Los fariseos se complotaron (vv. 34-36).
2. Primero: ama a Dios (vv. 37-38).
3. Segundo: ama a tu prójimo (v. 39).
4. Conclusión: el amor incluye y abarca a todos los mandamientos (v. 40).

1 (22:34-36) ***Religiosos:*** los fariseos se complotaron contra Jesús. La palabra *«ellos»* parece indicar que los fariseos y saduceos se reunieron cuando los fariseos oyeron que aquellos habían sido *silenciados* o eliminados por Cristo. Se reunieron en el concilio (sanhedrín) para determinar el siguiente paso (*véase* nota—Mr. 22:34-40).

ESTUDIO A FONDO 1

(22:35) ***Intérprete de la ley*** (*nomikos*)*:* una profesión de laicos vinculada al estudio, enseñanza, interpretacón y aplicación de las cuestiones prácticas de la ley judía. Eran un grupo especial dentro de la profesión comúnmente ejercida por los escribas (cp. Mr. 12:28). Ambos funcionaban en la corte y en las sinagogas (cp. Lc. 7:30; 10:25; 11:45, 46, 52; 14:3; Tit. 3:13). Aparentemente se ocupaban más del estudio y la interpretación de la ley.

ESTUDIO A FONDO 2

(22:36) ***Mandamiento:*** Note la pregunta: «¿Cuál es el gran mandamiento de la ley?» A lo largo de los años los maestros judíos habían establecido seiscientos mandamientos. Ninguna persona podía guardarlos a todos, de modo que frecuentemente se preguntaban y discutían sobre qué mandamiento o mandamientos debían cumplirse absolutamente. ¿Cuáles eran importantes, y cuáles no? ¿Es posible,o no, condonar la desobediencia de algunos?¿Cuáles son los mandamientos de peso, y cuáles son más superficiales? Si una persona guarda el más grande de los preceptos, puede ser excusada por fallar con los otros (cp. Mt. 19:16ss).

Note dos cosas acerca de la tendencia de considerar importantes algunas leyes de Dios y otras no.

1. Este era el pecado que atacó Santiago.

   «Porque cualquiera que guardare toda la ley, pero ofendiere en un punto, se hace culpable de todos» (Stg. 2:10).

2. Cristo enseñó que algunas leyes incluían todo y eran más amplias que otras.

   «¡Ay de vosotros, escribas y fariseos, hipócritas! porque diezmáis la menta, y el eneldo y el comino, y dejáis *lo más importante* de la ley: la justicia, la misericordia y la fe. Esto era necesario hacer, sin dejar de hacer aquello» (Mt. 23:23).

Los fariseos trataban de poner al pueblo en contra de Jesús. El pueblo tenía diferentes opiniones en cuanto al mandamiento más grande. Algunos creían que tenía que ver con lacircunci sión, otros con sacrificios, y otros con el día de reposo. Los fariseos esperaban que Cristo, al expresar su opinión, perturbara a aquella gente que era de opinión diferente a la suya. De esa manera perdería seguidores. Existía la posibilidad cierta de que una persona, al expresar su opinión aparentemente reducirìa el peso de otros mandamientos muy importantes.

Pensamiento 1. Todos los mandamientos de Dios son importantes, igualmente importantes. Uno es primero y de *mayor peso solo* porque incluye y abarca a los otros. Esto significa varias cosas.

1) Podemos pensar en términos de mandamientos supremos, y de mandamientos menores, que si guardamos los supremos no tenemos que prestar tanta atención a los menores. Podemos pensar que si quebrantamos los mandamientos menores podemos ser excusados, pero estos son pensamientos equivocados.

«Porque cualquiera que guardare toda la ley, pero ofendiere en un punto, se hace culpable de todos» (Stg. 2:10).

2) El simple hecho de negar importancia a algunos mandamientos no significa que no sean importantes. Nuestra incredulidad y negación no invalida la ley, ni una sola. Ellas aun nos condenan. Cada ley nos condena con toda la fuerza de su sentencia nuestra eventual violación. Nos condena sin importar el escaso valor que le asignemos.

Este es un engaño común del hombre: que la incredulidad inválide algo y lo hace ineficaz. Una persona piensa: «Si niego algo, si lo ignoro, si me rehuso a aceptarlo, si lo quito de mi mente, ya no existirá más, ya no ocurrirá». Muchas personas tratan de esta manera la Palabra de Dios y algunos mandamientos, especialmente si desean algún placer sensual o estimulante. Demasiadas personas conforman su religión y sus principios, sus creencias y las leyes que obedecen, a su conducta. Quieren tener el derecho de hacer lo que les place, de manera que ajustan todas las cosas a sus deseos, incluyendo sus principios. Solamente siguen los mandamientos que les permiten satisfacer sus deseos, y por el hecho de obedecer algunas normas, se sienten aceptables y seguros.

Pensamiento 2. Este es un pasaje provechoso para abogados y otros profesionales, especialmente si son abiertos y honestos como parece haber sido este hombre. Dicho al pasar, será interesante ver en el día del juicio si este intérprete era uno de los convertidos mencionados en Hechos 6:9.

2 (22:37-38) ***Mandamiento:*** primero: amar a Dios. ¿Cuál es el gran mandamiento de la ley? (cp. Dt. 6:5). La respuesta de Cristo fue poderosa; le abre los ojos a las personas que viven en una religión hecha por hombres.

1. Amar a Dios: «Amarás al Señor *tu* Dios». Ama a Dios como tu propio Dios. La palabra tu indica una relación personal, no una relación distante. Dios no es impersonal, a lo lejos en algún sitio del espacio, distante y alejado. Dios es personal, tan cercano, y nosotros debemos estar personalmente involucrados con él, sobre la base de una relación personal. Note otro hecho: el mandamiento indica «amarás al Señor tu Dios». *Amar* a Dios es un acto vivo y activo, no muerto e inactivo. Por eso debemos mantener una relación personal con Dios, una relación vlva y actlva.

2. Amar a Dios con todo el ser. Cristo nos descompone en tres partes: el corazón, el alma, y la mente (*véanse* Estudios a fondo 4, 5, 6—Mt. 22:37).

3. Amar es el principal deber del hombre. El hombre tiene la responsabilidad de mantener una relación de amor con Dios. De manera muy práctica, amar a Dios involucra los mismos factores que amar a una persona (*véanse* bosquejo y notas—Ef. 5:22-33).

a. Una relación de amor involucra *entrega y lealtad.* El verdadero amor no admite un comportamiento licencioso con otros. Verdadero amor no codicia; la definición carnal del amor que admite actos carnales y relaciones sensuales con otros no le interesan.

El verdadero amor es entrega y lealtad mutuos. Esto es muy significativo. El primer mandamiento trata de *entrega y lealtad.* Dios desafía la médula misma del comportamiento carnal y sensual del hombre, en su tendencia a definir el amor en términos que le permitan satisfacer sus deseos. Dios dice de manera irrevocable, «No tendrás otros dioses» (Ex. 20:3). Dios demanda nuestra entrega y lealtad total.

b. Una relación de amor involucra *confianza y respeto* hacia la persona amada. Es amar a la persona por lo que es. Así es cuando amamos a Dios. Amamos a Dios por lo que es, por quien es. Lo amamos porque...
   - es el Creador y Sustentador de la vida.
   - es el Salvador y Redentor de nuestras almas.
   - es el Señor y Dueño de nuestras vidas.

c. Una relación de amor implica *darse y rendirse* uno mismo. El impulso es darse uno mismo, rendirse uno mismo al otro, no tomar y conquistar. Debemos amar a Dios de tal manera de entregarnos y rendirnos a Él.

d. Una relación de amor implica *conocer y compartir.* El deseo es de conocer y compartir, aprender, crecer, trabajar, y servir juntos en forma tan estrecha. Debemos conocer y compartir con Dios, aprender, crecer, trabajar y servir ligados estrechamente a Él.

Pensamiento 1. No se puede sobreestimar la importancia de una relación personal con Dios. 1) Es el mayor, la suma y sustancia, de todos los mandamientos. 2) Dios demanda ser amado. Es su primer mandamiento, y el amar es tanto personal como activo. 3) El mandamiento de amar a Dios es dado por Cristo, el Hijo de Dios mismo.

Pensamiento 2. Una relación personal solo puede ser mantenida por medio de la comunicación. Es preciso que hablemos a Dios y permitamos que Dios nos hable por medio de la oración, su Palabra, y la presencia de su Espíritu.

Pensamiento 3. El corazón, alma y mente de una persona están concentrados en algo; en sí mismos, posesiones, el mundo, la carne, poder, fama, una persona. Dios demanda que enfoquemos todo nuestro ser en Él.

ESTUDIO A FONDO 3

(22-37) ***Amor:*** cp. Dt. 6:5. *Véase* nota—Jn. 21:15-17.

ESTUDIO A FONDO 4

(22:37) ***Corazón:*** es el *asiento* de los afectos y de la voluntad (devoción). El corazón se apega y concentra en nuestra voluntad y devoción. El corazón nos impulsa a dar cosas buenas o malas. El corazón nos lleva a dedicarnos a cosas buenas o malas. Por eso, dice Cristo que debemos amar a Dios «con todo el corazón». Debemos concentrar nuestro corazón, nuestros afectos y nuestra voluntad (devoción) en Dios. Debemos amar a Dios de manera suprema.

«Porque donde esté vuestro tesoro, allí estará también vuestro corazón» (Mt. 6:21).

«... Porque de la abundancia del corazón habla la boca. El hombre bueno, del buen tesoro del corazón saca buenas cosas; y el hombre malo, del mal tesoro saca malas cosas» (Mt. 12:34-35; cp. Mt. 15:18-19).

ESTUDIO A FONDO 5

(22:37) ***Alma:*** (*psuche*): es el asiento del aliento y de la vida del hombre o de su conciencia. El alma es la vida del hombre, su conciencia, su aliento, la esencia, el ser del hombre. El alma es la *vida animal* del hombre. El alma es el aliento y la conciencia que distingue al hombre y otros animales de la vegetación. El mundo vegetal vive y el hombre y los animales viven, pero hay una diferencia en su vivir. El hombre y los animales son seres que *respiran* y son *conscientes*. La esencia de su vida es el aliento y la conciencia. Son almas vivientes. Esto se expresa claramente en el lenguaje hebreo de Gn. 1:20: «Produzcan las aguas seres vivientes [*nephesh*—literalmente *almas vivientes*]». Las «almas vivientes» que Dios creó eran diferentes a la vegetación que acababa de crear. Las «almas vivientes» eran criaturas (peces) que respiraban y poseían una conciencia.

Cristo dijo que debemos amar a Dios «con toda nuestra alma», es decir, con toda nuestra vida, o aliento, o conciencia. Debemos amar a Dios con todo el aliento y conciencia, con toda la vida y conciencia que tengamos.

ESTUDIO A FONDO 6

(22:37) ***Mente:*** el asiento del razonamiento y entendimiento. Dios le ha dado al hombre poderes intelectuales. El hombre piensa, razona, y entiende. Cristo dice que nuestros pensamientos tienen que estar centrados en Dios «con toda nuestra mente».

«No os conforméis a este siglo, sino transformaos por medio de la renovación de vuestro entendimiento, para que comprobéis cuál sea la buena voluntad de Dios, agradable y perfecta» (Ro. 12:2).

«Y vestíos del nuevo hombre, creado según Dios en la justicia y santidad de la verdad» (Ef. 4:24).

«Por lo demás, hermanos, todo lo que es verdadero, todo lo honesto, todo lo justo, todo lo puro, todo lo amable, todo lo que es de buen nombre; si hay virtud alguna, si algo digno de alabanza, en esto pensad» (Fil. 4:8).

«Y revestido del nuevo, el cual conforme a la imagen del que lo creó se va renovando hasta el conocimiento pleno» (Col. 3:10).

«Derribando argumentos y toda altivez que se levanta contra el conocimiento de Dios, y llevando cautivo todo pensamiento a la obediencia a Cristo» (2 Co. 10:5).

[3] (22:39) ***Amor—hermandad—prójimo:*** Cristo dio un segundo mandamiento: «Amarás a tu prójimo como a ti mismo». (Cp. Lv. 19:18.) El intérprete no había preguntado por el segundo mandamiento, pero el primer mandamiento es abstracto; no puede ser visto o entendido en sí mismo. Es preciso que haya una *demostración, un acto, algo hecho* para que el amor sea visto y entendido. Una profesión de amor sin demostración es vana. Son meras palabras. El amor no es conocido sin demostración.

Varias cosas importantes tienen que ser dichas aquí sobre el amor.

1. El amor es una experiencia activa, no inactiva y dormida. Eso es lo que Cristo señala. El amor a Dios *actúa*. El amor actúa mostrándose y demostrándose a sí mismo. Es incorrecto y necio decir: «amo a Dios», para luego permanecer inactivo y dormido, no haciendo nada por Dios. Si realmente ama a Dios, *hará cosas* por Dios. Cualquier persona que ama hace cosas por el ser que ama.

2. *Lo* primordial que Dios quiere de nosotros es que amemos a nuestro prójimo, no el hacer *cosas religiosas*. El hacer *cosas religiosas* es bueno, pero no es lo primordial que Dios quiere. Dios quiere que hagamos del amar a nuestro prójimo el primer deber de nuestras vidas. El hacer *cosas religiosas* es tratar solamente con cosas tales como rituales, observancias, ordenanzas y leyes. Tales cosas son inertes, insensibles, sin respuesta. Son inmateriales. No se les ayuda con lo que hacemos por ellas; solo nosotros somos ayudados. Nos hacen sentir bien, nos dan una sensación religiosa que es beneficiosa a nuestro crecimiento, pero las *cosas religiosas* no son lo que demuestra nuestro amor a Dios. El amor a nuestro prójimo es lo que prueba nuestro amor a Dios. Una persona puede decir que ama a Dios, pero si aborrece a su prójimo y actúa sin amabilidad y despectivamente hacia él, todos saben que su religión son meras palabras.

«Un mandamiento nuevo os doy: Que os améis unos a otros; como yo os he amado, que también os améis unos a otros. En esto conocerán todos que sois mis discípulos, si tuviereis amor los unos con los otros» (Jn. 13:34-35).

«Si alguno dice: yo amo a Dios, y aborrece a su hermano, es mentiroso. Pues el que no ama a su hermano a quien ha visto, ¿cómo puede amar a Dios a quien no ha visto? Y nosotros tenemos este mandamiento de él: El que ama a Dios, ame también a su hermano» (1 Jn. 4:20-21).

3. El gran mandamiento de amar a Dios desemboca en otro gran mandamiento y es el de amar a nuestro prójimo como a nosotros mismos. El hecho es ineludible.

«Mas Dios muestra su amor para con nosotros, en que siendo aún pecadores, Cristo murió por nosotros» (Ro. 5:8).

Cuando una persona realmente ve el amor que Dios le tiene, no puede sino amar a Dios y compartir el amor de Dios con su prójimo. Es el amor de Cristo por nosotros, su muerte y sacrificio, lo que nos impulsa a ir y amar a todas las personas en todas partes.

«Nosotros le amamos a él, porque él nos amó primero ... Y nosotros tenemos este mandamiento de él: El que ama a Dios ame también a su hermano» (1 Jn. 4:19, 21).

«Porque el amor de Dios nos constriñe, pensando esto: que si uno murió por todos, luego todos murieron; y por todos murió, para que los que viven, ya no vivan para sí, sino para aquel que murió y resucitó por ellos» (2 Co. 5:14-15).

4. Debemos amarnos a nosotros mismos.
   a. Existe un amor propio corrompido, que cree que el mundo tiene que girar alrededor de uno. Este amor propio...
      - quiere que toda la atención se centre en uno.
      - empuja al ego hacia adelante.
      - insiste en su propio camino.
      - demanda y se regodea en el reconocimiento.
      - muestra presunción e ignora a otros.
   b. Sin embargo, existe un amor propio que es piadoso, natural y agradable a Dios. Es el amor que promueve una fuerte imagen propia, confianza, y seguridad. Es un amor que incluso ayuda a prevenir algunas enfermedades tales como úlceras, tensión, alta presión sanguínea. El amor propio piadoso proviene de saber tres cosas.
      - Que uno realmente es creación de Dios, la más alta creación posible.
      - Que uno realmente es objeto del amor de Dios; el más alto amor posible.
      - Que uno realmente es administrador de los dones de Dios; los mayores dones posibles.
   c. El amor propio que proviene de Dios tiene tres rasgos claramente visibles.
      - Estima a otros más que a sí mismo. Se estima a sí mismo como gloriosa creación de Dios, pero más estima a los otros.

        «Nada hagáis por contienda o por vanagloria; antes bien con humildad, estimando cada uno a los demás como superiores a él mismo» (Fil. 2:3).
      - Se preocupa por las cosas de otros. Atiende las propias cosas y se considera mayordomo de los dones de Dios, pero también atiende las cosas de los otros.

        «No mirando cada uno por lo suyo propio, sino cada cual también por lo de los otros» (Fil. 2: 4).

- Anda humildemente ante otros.

«El que es el mayor de vosotros, sea vuestro siervo. Porque el que se enaltece será humillado, y el que se humilla será enaltecido» (Mt. 23:11-12).

« ... estad todos, sumisos unos a otros, revestíos de humildad; porque Dios resiste a los soberbios, y da gracia a los humildes» (1 P. 5:5).

5. Debemos amar a nuestro prójimo como a nosotros mismos. Note tres cosas muy específicas acerca de este segundo mandamiento.

a. El amar a nuestro prójimo es un mandamiento, no una opción. Si el mandamiento no es obedecido, Dios se disgusta y nosotros somos culpables de quebrantar la ley de Dios.

b. Amar a nuestro prójimo plantea la pregunta, ¿Quién es nuestro prójimo? Cristo mismo responde la pregunta en la parábola del buen samaritano.

- Un buen prójimo es *el que muestra misericordia a cualquiera que necesita misericordia, aun* cuando la persona necesitada sea alguien socialmente despreciado (Lc. 10:25-37, esp. 36-37).

Por eso, nuestro prójimo es todo aquel, en cualquier parte del mundo, que, sin importar su estado, su condición o circunstancias. Toda persona debe ser tenida en tanta estima y ayudada no importa quién sea. Nadie debe ser herido, y a nadie hay que hacer daño. Todos deben ser estimados más de lo que uno se estima a sí mismo (Fil. 2:3).

c. Amar a nuestro prójimo es un mandamiento muy práctico. Implica varios actos muy prácticos que son expresados en las Escrituras.

- El amor es sufrido (soporta mucho, es paciente).
- El amor es benigno.
- El amor no tiene envidia.
- El amor no es jactancioso (no se agranda, no se jacta).
- El amor no se envanece (no tiene vanagloria, ni es arrogante, orgulloso).
- El amor no hace nada indebido (inconveniente, rudo, indecente, de mala conducta).
- El amor no busca lo suyo (no es egoísta, ni centrado en sí mismo; no insiste en su propio derecho ni en y su manera de ser).
- El amor no se irrita (no es susceptible, enojado, rencoroso, resentido).
- El amor no piensa mal (no guarda ni planea pensamientos malos; no lleva cuenta de la ofensa sufrida).
- El amor no se goza en la injusticia (el mal, pecado, maldad, injusticia), sino en la verdad (justicia y rectitud).
- El amor todo lo sufre.
- El amor todo lo cree (ejercita la fe en todo; está dispuesto a creer lo mejor de cada uno).
- El amor espera todo (mantiene la esperanza en todo, en todas las circunstancias).
- El amor soporta todo (sin debilitarse; da poder para soportar).

Pensamiento 1. Las *cosas religiosas* pueden esclavizar a una persona. La persona puede estar tan absorbida por la religión, edificios, rituales, ceremonias, reglas y reglamentos que sea negligente e ignore a las personas, particularmente a los pobres y abatidos.

Pensamiento 2. La iglesia y las *cosas religiosas* son la imagen de la religión entre los hombres. Por eso la persona se siente *bien y religiosa* cuando asiste a la iglesia y hace *cosas religiosas.*

Pensamiento 3. La persona ama a Dios cuando ama a su prójimo. En efecto, la persona solo ama a Dios cuando ama verdaderamente a su semejante (1 Jn. 4:2-21; cp. Jn. 13:34-35).

ESTUDIO A FONDO 7

(22:39) ***Amor:*** cp. Lv. 19:18. *Véase* nota—1 Co. 13:4-7.

[4] (22:40) ***Amor:*** Cristo dice que el amor incluye y abarca a todos los mandamientos. En efecto la expresión «la ley y los profetas» con frecuencia se usa para referirse a todas las Escrituras. Lo que Cristo está diciendo realmente es que toda las Escrituras dependen del amor a Dios y del amor al prójimo. Cristo pinta la ilustración usando literalmente la palabra «colgar». Dice que el amor de Dios *es gancho, y* que el amor al prójimo *es gancho.* De estos dos ganchos cuelga todo lo que Dios ha dicho, sean mandamientos o revelación de verdad, o práctica de ceremonias y rituales. La suma y la sustancia de todo lo que Dios ha dicho y hecho es amor. Y la suma y sustancia de todo lo que Dios quiere del hombre es amor: amor a Dios y amor al prójimo.

«El cumplimiento de la ley es el amor» (Ro. 13:10).

«Pues el propósito de este mandamiento es el amor nacido de corazón limpio» (1 Ti. 1:5).

«Así que todas las cosas que queráis que los hombres hagan con vosotros, así también haced vosotros con ellos; porque esto es la ley y los profetas» (Mt. 7:12).

1 **Jesús interrogó a los hombres** 2 **¿Qué piensan ustedes del Mesías?** 3 **Es el hijo de un hombre, David**	**K. Las preguntas formuladas por Jesús: ¿Qué piensan ustedes del Mesías? 22:41-46** (Mr.12: 35-37; Lc. 20:39-44) 41 Y estando juntos los fariseos, Jesús les preguntó, 42 diciendo: ¿Qué pensáis del Cristo? ¿De quién es hijo? Le dijeron: de David. 43 El les dijo: ¿Pues cómo	David en el Espíritu le llama Señor, diciendo: 44 Dijo el Señor a mi Señor: Siéntate a mi derecha, hasta que ponga a tus enemigos por estrado de tus pies? 45 Pues si David le llama Señor, ¿cómo es su hijo? 46 Y nadie le podía responder palabra; ni osó alguno desde aquel día preguntarle más.	4 **Afirmación de la Escritura: el Mesías es Señor, Señor de David**[EF1] a. David lo llamó: Señor 1) Exaltado con Dios 2) Sus enemigos le serán sujetados b. Pregunta: ¿Cómo puede ser el Señor de David y también su hijo? 5 **Conclusión: la pregunta silenció las críticas contra Jesús**

K. Las preguntas formuladas por Jesús: ¿Qué piensan ustedes del Mesías? 22:41-46

(22:41-46) ***Introducción:*** todavía era martes de la última semana del Señor en la tierra. Acababa de ser desafiado cuatro veces por cuatro grupos diferentes de oponentes. A cada grupo e interlocutor había contestado de manera singular. Había contestado las preguntas y las había invertido para enseñar una verdad muy necesaria (cp. 21:23ss; 22:l5ss; 22:23ss; 22:34ss). Cristo había silenciado a los que se oponían a su afirmación de ser el Mesías.

Ahora era su turno; ahora interrogaba Él a sus oponentes. Pero Cristo no se presentó como oponente en contra de ellos. Cristo les preguntó como a hombres que estaban equivocados y necesitaban ver la verdad. Se estaba extendiendo a ellos en esperanza. Esperaba que algunos recibieran la verdad de que Él era Mesías y lo aceptaran como Hijo de Dios. El espíritu del interrogante se ve en la discusión que tuvo con ellos. Note la pregunta que hizo: Es la pregunta de suprema importancia que Él dirige a toda persona: «¿Qué pensáis del Cristo?»

1. Jesús interrogó a los hombres (v. 41).
2. La pregunta crucial: ¿Qué piensan ustedes del Mesías? (vv. 41-42).
3. La idea del hombre: Es el hijo de un hombre: David (v. 42).
4. Afirmación de la Escritura: El Mesías es Señor, el Señor de David (vv. 43-45).
5. Conclusión: La pregunta silenció las críticas contra Jesús (v. 46).

1 (22:41) ***Jesucristo, preguntas:*** Jesús hacía preguntas y preguntas a los hombres y tenía motivos para ello. Esto se ve claramente en su trato con estos hombres.

1. Cristo es paciente y tierno. Estos hombres habían desafiado una y otra vez a Cristo tratando de desacreditarlo y ridiculizarlo ante la multitud, sin embargo, ni una sola vez reaccionó mal. Respondía a las preguntas de ellos con honestidad y de manera de abrir nuevas verdades que ellos debían conocer con urgencia. Les hizo estas preguntas porque era paciente y sufrido. Quería mostrarles nuevas verdades. Anhelaba que reoonocieran su carácter mesiánico y se rindieran a él.

2. Cristo hizo pregunta tras pregunta para alcanzar a la gente *con* la verdad. En el caso de estos hombres, Cristo estaba haciendo un último gran esfuerzo, apelando por última vez a ellos. Ellos lo habían rechazado una y otra vez hasta que ya quedaba poca esperanza. Pero Cristo todavía la tenía, todavía se extendía a ellos. Les hizo las preguntas para guiarlos a ver que Él es el Mesías, el Señor, el Hijo de Dios mismo.

Al considerar las preguntas del Señor, hay otro hecho a tener en cuenta, un hecho crucial. Hay un fin a sus preguntas, un momento cuando Él sabe que ya no hay esperanza ni oportunidad para que el hombre se arrepienta y crea. Hay un momento en que comienza a pronunciar juicio. Esta pregunta de Cristo fue su última pregunta; después de ella pronunciaría juicio. Una y otra vez Cristo discutió con estos hombres y les hizo preguntas, pero después de que ellos rechazaran y rechazaran y se endurecieran en su incredulidad, Cristo dejó la discusión y comenzó a pronunciar juicio (cp. Mt. 23:1-39).

> ***Pensamiento 1.*** La mayoría de las personas, en un momento u otro, piensan y se preguntan quién es Cristo. Dios usa cosas tales como la predicación, enseñanza, acontecimientos, circunstancias, situaciones y tragedias para hacernos pensar en Cristo, y en quién Él es. El procura movernos a razonar con Él para que seamos motivados a creer.
>
> ***Pensamiento 2.*** El hombre se puede volver obstinado en su incredulidad, rechazar y rechazar hasta endurecerse tanto que ya no creerá. Estos hombres, (líderes) demostraron esa clase de incredulidad obstinada (cp. Gn. 6:3; Pr. 29:1).

2 (22:41-42) ***Mesías:*** Jesús les hizo la pregunta crucial. «¿Qué pensáis del Cristo?» Es la pregunta crucial para todos los hombres. Note dos cosas acerca de la pregunta.

1. El griego usa el artículo definido «el Mesías» (*tou Christou*). Jesús estaba tratando de motivar a estos hombres a pensar en el Mesías. No les preguntó qué pensaban acerca de Él, sino lo que pensaban acerca *del Mesías.* El destino de la persona es determinado por lo que piensa del Mesías.

2. Jesús hizo una pregunta específica acerca del Mesías: «¿De quién es hijo?» Piense en el Mesías. ¿Cuál es su origen? ¿De quién debe nacer? En términos prácticos, cotidianos, Cristo les estaba preguntando tres cosas.

   a. ¿De dónde viene nuestra liberación? El Mesías va a librar al hombre de todo el mal y de toda esclavitud del mundo. ¿De dónde vendrá tal Libertador?
   b. ¿De dónde proviene el Señor de ustedes, la persona a la que deben seguir? El Mesías será el Señor que va a regir y reinar y gobernar sus vidas, ejecutando perfecta justicia y cuidado. ¿De dónde vendrá; de padres terrenales o de Dios?
   c. ¿De dónde proviene la utopía de ustedes, la persona que inaugurará el mundo perfecto y todo lo bueno y beneficioso? ¿De dónde vendrá Aquel que inaugurará la utopía, el reino de Dios en la tierra? ¿Vendrá de la tierra o del cielo?

> ***Pensamiento 1.*** No es suficiente con plantear la pregunta: «¿Qué pensáis del Mesías?» Ciertamente debe ser planteada, pero ella sola no llevará al hombre a la verdad. Esto se ve claramente en la experiencia deestos religiosos. Cristo les hizo la pregunta crucial, sin embargo, ellos no vinieron a la verdad. Antes deresponder la pregunta hay dos requisitos.
> 1) El hombre debe pensar. Tiene que estar dispuestos a estudiar y pensar exhaustivamente en la pregunta sobre el Mesías.
> 2) El hombre tiene que ser honesto. Tiene que librarse de

prejuicios y presuposiciones. Tiene que enfocar el tema del Mesías con una disposición para ver y confesar la verdad.

Pensamiento 2. Hay tres preguntas cruciales que cada uno de nosotros tiene que hacerse.

1) ¿De dónde viene mi liberación? ¿Del hijo de un simple humano como yo mismo, o de Dios?
2) ¿De dónde viene mi Señor, la persona a la que estoy dispuesto a seguir mientras viva? ¿Del hijo de un simple humano como yo mismo, o de Dios?
3) ¿De dónde proviene mi utopía, la persona que establecerá el mundo perfecto y todo lo bueno y beneficioso? ¿De un hombre como yo mismo, o de Dios?

Pensamiento 3. Honestamente, ¿existen padres que puedan dar a luz un hijo que ...

- pueda librarnos?
- pueda ser un verdadero Señor para nosotros?
- pueda instalar un mundo que sea solamente bueno y beneficioso?

3 (22:42) ***Mesías:*** los fariseos respondieron a la pregunta de Jesús con la idea común que el hombre tiene del Mesías: que es un hombre, el hijo de David. Note dos hechos referidos a la respuesta de ellos.

1. El título común para el Mesías era «el Hijo de David». El Antiguo Testamento afirmaba concretamente que el Mesías vendría del linaje de David. Era de esos pasajes que el Mesías era conocido como «Hijo de David». (En cuanto a la promesa de David y su cumplimiento, *véase* nota—Lc. 3:24-31.)

«Una vez he jurado por mi santidad, y no mentiré a David. Su descendencia será para siempre, y su trono como el sol delante de mí» (Sal. 89:35-36).

«Porque un niño nos es nacido, hijo nos es dado, y el principado sobre su hombro; y se llamará su nombre Admirable, Consejero, Dios fuerte, Padre eterno, Príncipe de paz. Lo dilatado de su imperio y la paz no tendrán límite, sobre el trono de David y sobre su reino, disponiéndolo y confirmándolo en juicio y en justicia desde ahora y para siempre. El celo de Jehová de los ejércitos hará esto» (Is. 9:6-7).

«Saldrá una vara del tronco de Isaí, y un vástago retoñará de sus raíces. Y reposará sobre él el Espíritu de Jehová; espíritu de sabiduría y de inteligencia, espíritu de consejo y de poder, espíritu de conocimiento y de temor de Jehová. Y le hará entender diligente en el temor de Jehová. No juzgará según la vista de sus ojos, ni arguirá por lo que oigan sus oídos; sino que juzgará con justicia a los pobres, y arguirá con equidad por los mansos de la tierra; y herirá la tierra con la vara de su boca, y con el espíritu de sus labios matará al impío. Y será la justicia cinto de sus lomos, y la fidelidad ceñidor de su cintura» (Is. 11:1-5).

El Mesías haría cuatro cosas específicas. (*Véanse* notas—Mt. 1:1; Estudio a fondo 2—1:18; Estudio a fondo 3—3:11; notas—11:1-6; 11:2-3; Estudio a fondo 1—11:5; Estudio a fondo 2—11:6; Estudio a fondo 1—12:16; notas—22:42; Lc. 7:21-23. Estas notas son importantes para captar el concepto completo de Mesías.)

a. Debía librar a Israel de toda esclavitud. La esclavitud debía ser abolida y todos los hombres puestos en libertad bajo el dominio de Dios.
b. Debía dar victoria sobre todos los enemigos, e Israel sería establecido como el asiento de su reino. Esto, por supuesto, significaba que Israel sería la nación líder del mundo.
c. Debía traer paz a la tierra.Todos los pueblos debían servir a Dios bajo el gobierno establecido por el Mesías.
d. Debía proveer abundantemente para todos. El Mesías debía ocuparse de que todos los hombres tuviesen los beneficios del gobierno de la protección de Dios.

2. La idea común del origen del Mesías era que sería un humano, nacido de un humano. La idea de que podría ser de origen divino, de Dios mismo, era sencillamente inaceptable para los hombres.

Pensamiento. Note dos puntos vitales acerca del concepto común que el hombre tenía del Mesías.

1) Al pensar en liberación y abundancia el hombre piensa en términos de poder.
   - poder nacional
   - poder político
   - poder militar
   - poder institucional
   - poder personal
   - poder monetario
2) El hombre piensa que la liberación y la abundancia vienen de la habilidad y fama, de...
   - un líder nacional
   - un líder político
   - un líder militar
   - un líder institucional
   - un líder en los negocios

4 (22:43-45) ***Mesías:*** entonces Jesús destacó la afirmación de las Escrituras, de que el Mesías es Señor, el David. Las Escrituras dicen que el Mesías es hijo de David, pero también dice que es el *Señor* de David. La Escritura es fuerte en su afirmación.

1. David llamó al Mesías Señor *en el Espíritu;* es decir, las palabras de David fueron pronunciadas bajo la inspiración del Espíritu Santo. Dios lo estaba dirigiendo (cp. 2 P. 1:21 y 1 Co. 12:3).
2. David dijo que «el Señor [Jehová] dijo a mi Señor [el Mesías]». Incuestionablemente David llamó «mi *Señor*» al Mesías.
3. David dijo que *mi* Señor está sentado a la diestra de Dios. El Mesías es *Señor,* porque es *exaltado* por Dios.

«La cual operó en Cristo, resucitándole de los muertos y sentándole a su diestra en los lugares celestiales» (Ef. 1:20).

«Por lo cual Dios también le exaltó hasta lo sumo, y le dio un nombre que es sobre todo nombre» (Fil. 2:9).

«Ahora bien, el punto principal de lo que venimos diciendo es que tenemos tal sumo sacerdote, el cual se sentó a la diestra del trono de la Majestad en los cielos» (He. 8:1).

4. David dijo que «los enemigos de mi Señor serán puestos como estrado de sus pies». El Mesías es Señor porque todos sus enemigos serán sujetos a Él.

«Para que en el nombre de Jesús se doble toda rodilla de los que están en los cielos, y en la tierra, y debajo de la tierra; y toda lengua confiese que Jesucristo es el Señor, para gloria de Dios Padre» (Fil. 2:10-11).

Después de citar las Escrituras Cristo hizo la pregunta específica: ¿Cómo puede el Mesías ser al mismo tiempo Señor e Hijo de David?

En esta pregunta Jesús está haciendo al menos dos cosas.

1. Jesús estaba diciendo que el concepto humano del Mesías como ser meramente humano, es inadecuado, totalmente inadecuado. No es suficiente pensar en términos de poder terrenal, de liderazgo nacional y político, militar e institucional. No hay forma de que un simple humano pueda traer liberación *perfecta,* liderazgo y utopía a esta tierra. El Mesías no solo es hombre, es el Señor proveniente del cielo.
2. Jesús estaba afirmando ser el Hijo de Dios mismo. El concepto humano tiene que ir *más allá* de lo meramente físico y humano. La idea del hombre tiene que *extenderse hacia arriba* al propio corazón de Dios. Dios ama a su tierra; por eso Dios envió a su Hijo a la tierra, sacrificándolo a efectos de salvar la tierra y todo lo que en ella hay (Jn. 3:16).

«Porque de tal manera amó Dios al mundo, que ha dado a su Hijo unigénito, para que todo aquel que en él cree, no se pierda, mas tenga vida eterna» (Jn. 3:16).

«Respondiendo Simón Pedro, dijo: Tú eres el Cristo, el Hijo del Dios viviente» (Mt. 16:16).

«Le dijo la mujer: Sé que ha de venir el Mesías, llamado el Cristo; cuando él venga nos declarará todas las cosas. Jesús le dijo: Yo soy, el que habla contigo» (Jn. 4:25-26).

«Dijo entonces Jesús a los doce: ¿Queréis acaso iros también vosotros? Le respondió Simón Pedro: Señor, ¿a quién iremos? Tú tienes palabras de vida eterna. Y nosotros hemos creído y conocemos que tú eres el Cristo, el Hijo del Dios viviente» (Jn. 6:67-69).

«Por eso os dije que moriréis en vuestros pecados; porque si no creéis que yo soy, en vuestros pecados moriréis» (Jn. 8:24).

«Les dijo, pues, Jesús: Cuando hayáis levantado al Hijo del Hombre, entonces conoceréis que yo soy, y que nada hago por mí mismo, sino que según me enseñó el Padre, así hablo» (Jn. 8:28).

«Le dijo Jesús: Yo soy la resurrección y la vida; el que cree en mí aunque esté muerto, vivirá. Y todo aquel que vive y cree en mí, no morirá eternamente. ¿Crees esto? Le dijo: Sí, Señor; yo he creído que tú eres el Cristo, el hijo de Dios, que has venido al mundo» (Jn. 11:25-27).

«Y Pablo, como acostumbraba, fue a ellos, y por tres días de reposo discutió con ellos, declarando y exponiendo por medio de las Escrituras, que era necesario que el Cristo padeciese, y resucitase de los muertos; y que Jesús, a quien yo os anuncio, decía él, es el Cristo» (Hch. 17:2-3).

«Todo aquel que cree que Jesús es el Cristo, es nacido de Dios; y todo aquel que ama al que le engendró, ama también al que ha sido engendrado por él» (1 Jn. 5:1).

Pensamiento 1. Era muy importante el énfasis de Cristo en la inspiración de las Escrituras. Estaba declarando inequivocadamente la autoridad del Antiguo Testamento. Debemos notar la atención y reverencia que Cristo dio a las Escrituras, una lección importantísima para nosotros.

Pensamiento 2. El Mesías es el Hijo de David. Es hombre, pero es más que hombre; es el Hijo de Dios, el Señor del cielo, y también es hombre.

Pensamiento 3. El concepto humano de un libertador o Mesías terrenal es necio. No hay forma de instalar la paz y una perfecta utopía en un mundo corruptible, *si no es por medio de Dios. Si* alguna vez se oye de la permanencia de algo, ello tendrá que provenir de Aquel que es permanente. (*Véanse* notas—Jn. 8:21-22; Ro.10:6-7. Estas notas discuten las necesidades prácticas y espirituales que el hombre tiene de un Mesias y/o utopia.)

ESTUDIO A FONDO 1

(22:43) ***Referencia del Antiguo Testamento:*** cp. Sal. 110:1.

5 (22:46) ***Jesucristo, respuesta a:*** la pregunta de Jesús silenció a sus críticos. Un corazón que es realmente honesto y una mente dispuesta a estudiar y pensar tiene que confesar la verdad. Si algo de ello falta, sea el corazón honesto o la mente que piensa, el hombre tiene que apartarse de Cristo y callar. En la fe guardará silencio, y en la incredulidad actuará.

1 Jesús habló a las multitudes y a los discípulos
2 La religión falsa pretende «sentarse» en la cátedra de Moisés
3 La religión falsa es hipocresía
a. Obedecer su predicación
b. No seguir sus prácticas
4 La religión falsa lleva pesadas cargas
a. Los líderes imponían pesadas cargas
b. Los líderes no se las imponían a sí
5 La religión falsa se muestra y ostenta
a. Una religión de

CAPÍTULO 23

L. Advertencia contra la falsa religión, 23:1-12 (Mr. 12:38-40; Lc. 20:45-47)

Entonces habló Jesús a la
gente y a sus discípulos,
diciendo:
2 En la cátedra de Moisés
se sientan los escribas y los
fariseos.
3 Así que, todo lo que os
digan que guardéis, guardadlo
y hacedlo; mas no
hagáis conforme a sus obras,
porque dicen, y no hacen.
4 Porque atan cargas
pesadas y difíciles de llevar,
y las ponen sobre los
hombros de los hombres;
pero ellos ni con un dedo
quieren moverlas.
5 Antes, hacen todas sus
obras para ser vistos por los
hombres. Pues ensanchan
sus filacterías, y extienden
los flecos de sus mantos;
6 y aman los primeros
asientos en las cenas, y las
primeras sillas en las
sinagogas,
7 y las salutaciones en las
plazas, y que los hombres
los llamen: Rabí, Rabí.
8 Pero vosotros no queráis
que os llamen Rabí; porque
uno es vuestro Maestro, el
Cristo, y todos vosotros sois
hermanos.
9 Y no llaméis padre vuestro
a nadie en la tierra; porque
uno es vuestro Padre, el que
está en los cielos.
10 Ni seáis llamados maestros;
porque uno es vuestro
Maestro, el Cristo.
11 El que es el mayor de
vosotros, sea vuestro siervo.
12 Porque el que se enaltece
será humillado, y el que se
humilla será enaltecido.

apariencias
b. Una religión de posiciones que honran y exaltan al hombre
c. Una religión de títulos que honran y exaltan al hombre
6 La religión falsa es una religión de la que hay que cuidarse
a. Porque las posiciones y relaciones ya están establecidas
1) Dios es vuestro Padre
2) Cristo es Maestro
3) Vosotros sois hermanos
b. Porque la grandeza es medida por el servicio
c. Porque el juicio viene

L. Advertencia contra la falsa religión, 23:1-12

(23:1-12) ***Introducción:*** a efectos de entender lo que ocurre en este pasaje es bueno recordar los acontecimientos que le preceden. Todavía era el martes de la última semana de la vida de Jesús en la tierra. El domingo, apenas dos días antes, había sido escoltado en su entrada a la ciudad y miles y miles lo habían proclamado Mesías. El lunes había echado a los cambistas y negociantes del interior del templo. Siguiendo a estos dos acontecimientos dramáticos, había asumido el derecho de enseñar y sanar en el templo. Naturalmente los líderes que gobernaban, tanto religiosos como civiles, estaban fuera de sí y enojados por lo que estaba ocurriendo. Más específicamente, los líderes se sentían amenazados por Cristo, temiendo que el pueblo se volviera masivamente a Él como Mesías produciendo un levantamiento contra los romanos. Por supuesto, semejante levantamiento haría que los romanos marcharan contra Jerusalén y culparan al liderazgo judío de no mantener el orden. Después de aplastar la insurrección, Roma alejaría el liderazgo judío actual. En la mente de los líderes Cristo era una amenaza a la posición de ellos, a su poder, riquezas y seguridad (*véanse* Estudio a fondo 1—Mt. 12:1-8; 12:10; 15:1-20; Estudio a fondo 2—15:6-9; Estudio a fondo: 3—16: 12). Estaban obligados a desacreditar a Jesús ante el pueblo.

Enviaron un grupo tras otro para desafiar a Cristo, tratando de hacerlo caer. Cada vez sus respuestas habían sido brillantes, enseñando lecciones muy necesarias, no solamente a los que estaban alrededor, sino a los hombres de todas las generaciones. Finalmente los líderes quedaron boquiabiertos y silenciados. Pero Cristo no abandonaba el intento de alcanzarlos. Una vez más se extendía hacia ellos, tratando de conducirlos a la verdad de que el Mesías no es solamente Hombre, sino también Señor, el Hijo de Dios mismo (cp. Mt. 22:41-46). ¿El resultado? Nuevamente, los líderes se rehusaron a abrir sus mentes y sus corazones. Se mantuvieron cerrados a la verdad, obstinadamente. Rechazaron a Cristo y se alejaron. Comenzaron el complot final, ya no para desafiar otra vez a Cristo con argumentos, sino para matarlo.

Al estudiar este pasaje es útil recordar el principal motivo por el que los líderes se oponían a Jesús en forma tan violenta; temían la pérdida de todo lo que apreciaban y poseían en este mundo: posición, poder, un sustento, riqueza y seguridad. Pensaban que mientras Cristo viviera sería una amenaza a su nación (*véanse* notas—12: 1-8; Estudio a fondo 1—12:10).

La gran tragedia era que supuestamente ellos eran los maestros y líderes piadosos, los propios representantes y mensajeros de Dios ante el pueblo. Sin embargo, estaban tan apartados de Dios que eran incapaces de reconocer al propio Hijo de Dios. A pesar de súplica tras súplica, de prueba tras prueba dadas por Cristo, aun se rehusaban a creerle y seguirle. Deliberadamente decidieron ser obstinados en su incredulidad escogiendo seguir el camino del mundo y complotarse para matarlo.

Este es el fondo que subyace al presente pasaje: el ataque más severo que Cristo haya pronunciado contra la gente. La verdadera naturaleza de estos religiosos, escribas y fariseos, queda evidenciada cuando Cristo revela punto por punto la hipocresía de sus vidas y de su religión. En este pasaje particular Cristo advirtió contra la religión de ellos: una religión que es símbolo de las religiones falsas del mundo. (*Véanse* también bosquejo, notas y Estudio a fondo 1—Ro. 2:17-29.)

1. Jesús habló a las multitudes y a los discípulos (v. 1).
2. La religión falsa pretende «sentarse» en la verdad, en la cátedra de Moisés (v. 2).
3. La religión falsa es hipocresía (v. 3).
4. La religión falsa son pesadas cargas (v. 4).
5. La religión falsa es para mostrar y ostentar (vv. 5-7).
6. La religión falsa es una religión de la que hay que cuidarse (vv. 8-12).

1 (23:1) ***Religión, falsa—escritura:*** en este pasaje particular Jesús se dirigió a la multitud y a los discípulos, no a los religiosos, no a los fariseos y escribas. Hay al menos cuatro motivos por los que Cristo advirtió aquí a las multitudes y a los discípulos. Los mismos motivos hacen que el pasaje sea de extrema actualidad para cada generación.

1. Cada persona necesita saber qué es verdad y qué es mentira

en la religión. La religión hecha por hombres siempre contiene algo de verdad y algo de error. Y desafortunadamente aun la religión auténtica, la religión revelada por Dios, a veces es aumentada o menguada por parte de los hombres. Esto es lo que había ocurrido a los fariseos y saduceos, a los religiosos del tiempo de Jesús. Eran firmes seguidores de la Palabra de Dios, las Escrituras del Antiguo Testamento, pero habían hecho agregados a la Escritura. Por eso era necesario que Cristo enseñe lo que era verdad y lo que era mentira en la religión de ellos (cp. vv. 2-3).

2. Toda persona necesita que se le exponga la hipocresía y el pecado de la religión. Cuando los hombres agregan o quitan de la verdad revelada por Dios, crean y causan hipocresía y pecado en el interior de la religión. Cuando los hombres *agregan* reglas y reglamentos a las Escrituras, se requiere auto disciplina y ello resulta e una super-espiritualidad. Cuando los hombres niegan o *quitan* ciertas partes de las Escrituras crean y causan la exaltación del hombre y de su racionalidad; resultando en *dioses* hechos del hombre y de su habilidad. Nuevamente resultan el orgullo y la vanagloria.

3. Toda persona necesita ser advertida en cuanto a seguir el error de la religión. No alcanza con ser religiosos (cp. Mt. 5:20). La persona tiene que seguir la verdad. Si una persona sigue la falsa religión, es condenada (vv. 8-12).

4. Toda persona necesita que se le corrijan sus ideas falsas acerca del Cristo. La falsa enseñanza y los ataques de los religiosos tenían su influencia sobre el pueblo. La incredulidad y las ideas falsas acerca del Mesías circulaban impunemente. Era preciso que Cristo declarara la verdad (vv. 7-10).

> ***Pensamiento.*** La advertencia referida a la religión falsa fue dirigida primordialmente al público y a los discípulos porque ellos siempre tenían más esperanza. Para un líder que enseña el error siempre es difícil arrepentirse y cambiar.
> 1) Teme ser avergonzado al admitir que ha sostenido y enseñado el error.
> 2) Teme ser ridiculizado y rechazado por sus compañeros.
> 3) Teme la pérdida de posición, poder y seguridad.

2 (23:2) ***Religión, falsa—ministerio—enseñanza:*** la religión falsa afirma estar «sentada» en la verdad, es decir en la cátedra de Moisés. Moisés fue el gran maestro e intérprete de la ley y Palabra de Dios. Cristo dijo que los escribas y fariseos «se sientan en la cátedra de Moisés». Eran responsables de enseñar e interpretar la Palabra de Dios tal como lo había sido Moisés. La aplicación es clara, todas las religiones, falsas y verdaderas, «se sientan en la cátedra de Moisés»; todas las religiones son responsables de enseñar la verdad de la Palabra de Dios. Como se verá, todos los maestros serán responsables por la forma de «sentarse en la cátedra de Moisés», por cómo *ocupan* sus puestos como maestros e intérpretes de la Palabra de Dios.

> **«¿Por qué me llamáis, Señor, Señor, y no hacéis lo que yo digo?» (Lc. 6:46).**
>
> **«Por lo cual eres inexcusable, oh hombre, quienquiera que seas tú que juzgas; pues en lo que juzgas a otro, te condenas a ti mismo; porque tú que juzgas haces lo mismo» (Ro. 2:1).**
>
> **«Tú que te jactas de la ley, ¿con infracción de la ley deshonras a Dios? Porque como está escrito, el nombre de Dios es blasfemado entre los gentiles por causa de vosotros» (Ro. 2:23-24).**
>
> ***Pensamiento 1.*** El lugar de la religión en el mundo ha sido *establecido y ordenado* por Dios. El mero hecho de que hombres malos puedan ocupar lugares de liderazgo no significa que toda religión sea mala ni que toda religión sea invalidada o ignorada. El hecho que existan hipócritas en la iglesia, aun en posiciones de liderazgo, no significa que la iglesia sea mala y que se la pueda pasar por alto o evitar. Debemos *reconocer los espiritus,* distinguir entre lo verdadero y lo falso, y debemos seguir adorando a Dios y edificando a aquellos que siguen la verdad.
>
> ***Pensamiento 2.*** Es algo terrible «ocupar la cátedra de Moisés». El más severo de los juicios espera a quienes enseñan el error (cp. Mt. 23:12; 23:13-36; esp. 14, 15, 33).
>
> **«¡Serpientes, generación de víboras! ¿Cómo escaparéis de la condenación del infierno?» (Mt. 23:33).**

3 (23:3) ***Religión, falsa:*** la religión falsa es una religión hipócrita (v. 3). Sin embargo, hay un hecho que debe ser destacado, no toda religión es falsa, aun cuando es enseñada por maestros falsos. Cristo dice: «todo lo que os digan que guardéis, guardadlo y hacedlo; mas no hagáis conforme a sus obras» (v. 2). Note varias cosas.

1. Cristo está condenando la religión y los maestros falsos, pero no la verdad. Los maestros falsos pueden hacer y enseñar alguna verdad. La verdad debe ser obedecida, sin importar quien la enseñe. La verdad y nuestro deber de obedecerla no son invalidados simplemente porque las enseña un hipócrita.

2. Jesús dice que enseñar la verdad no significa que la persona sea aceptable a Dios. Ser aceptable a Dios depende de una sola cosa, y solo de ella: vivir la verdad. Una persona puede enseñar la verdad y sin embargo, ser inaceptable a Dios. Es inaceptable porque es un hipócrita y no obedece al Señor. Sencillamente no vive la verdad. Una persona no es aceptable por el mero hecho de proclamar y profesar la verdad, aunque sea un maestro. Es aceptable de andar día tras día en la verdad.

> **«Tú, pues, que enseñas a otro, ¿no te enseñas a ti mismo? Tú que predicas que no se ha de hurtar, ¿hurtas? Tú que dices que no se ha de adulterar, ¿adulteras? Tú que abominas de los ídolos, ¿cometes sacrilegio? Tú que te jactas de la ley, ¿con infracción de la ley deshonras a Dios?» (Ro. 2:21-23).**

3. Tenemos que separar el oficio de quien lo ejecuta, el ministro del ministerio, la iglesia de la gente, la verdad de la enseñanza, la doctrina de la práctica. Los espíritus deben ser probados.

> **«Amados, no creáis a todo espíritu, sino probad los espíritus si son de Dios; porque muchos falsos profetas han salido por el mundo» (1 Jn. 4:1).**

4. Jesús está diciendo que no se debe permitir que las afirmaciones religiosas de los hombres nos controlen. La doctrina, moral y disciplina de la religión y de los hombres pueden ser loables; por otra parte, tanto religión como hombres pueden ser falsos.

> **«Profesan conocer a Dios, pero con los hechos lo niegan, siendo abominables y rebeldes, reprobados en cuanto a toda buena obra» (Tit. 1:16).**
>
> **«Hijitos míos, no amemos de palabra ni de lengua, sino de hecho y en verdad» (1 Jn. 3:18).**
>
> ***Pensamiento.*** Siempre es necesario separar la predicación de la práctica. Siempre hay alguna diferencia. Toda persona es humana, y toda persona tiene defectos, pero la Palabra de Dios es perfecta.

4 (23:4) ***Religión, falsa:*** la religión falsa es una religión de pesadas cargas. Jesús dijo que la religión y los maestros falsos imponían pesadas cargas a los hombres.

Hay cuatro formas en que pesadas cargas son puestas en los hombros de la gente.

1. La Palabra de Dios y la ley puede ser impuesta a los hombres de manera tan estricta y severa que ello carezca de toda misericordia.

2. La religión y los hombres pueden hacer agregados a la Palabra de Dios mediante reglas, reglamentos, rituales, observancias, y tradiciones. Estas tienden a ser más importantes que la verdad.

3. La religión y los hombres pueden negar y quitar de la Palabra de Dios, dejando que los hombres tropiecen buscando la verdad en ellos mismos y en otros hombres imperfectos y frágiles.

4. La religión y los hombres pueden ejercer una autoridad indebida, enseñoreándose de la gente, insistiendo en que la tradición y el ritual y otras cargas hechas por los hombres sean cumplidos.

En cuanto a las reglas y reglamentos, muchas personas están

dispuestas a imponer reglas a otros, pero no a sí mismas. Hay dos errores particulares en semejante hipocresía.

1. Algunos maestros y laicos no levantan un dedo para practicar las cargas ellos mismos. Son estrictos en imponer las cargas a otros, pero condescendientes en cuanto a llevar ellos mismos el peso. Ellos mismos no serán atados por tales reglas, al menos no de manera estricta, pero predicarán y enseñarán las reglas a otros y los obligarán a cumplirlas. Los hombros de otros son aplastados por el peso, pero ellos no levantarán un dedo propio para soportar el peso de la regla o restricción.

2. Algunos maestros y laicos no levantan un dedo para aliviar la carga a los débiles y a los sobrecargados. Esta es otra interpretación posible de lo que Cristo está diciendo. Algunos sencillamente no tendrán misericordia; no ayudarán a aquellos que necesitan ayuda en el cumplimiento de la carga. Algunos maestros son tan estrictos y severos que poco conocen del amor y misericordia de Dios. Poco conocen de la libertad cristiana (cp. Hch. 15:28. *Véanse* bosquejo y notas—Ro. 14:1-23).

«Mas ahora, conociendo a Dios, o más bien, siendo conocidos por Dios, ¿cómo es que os volvéis de nuevo a los débiles y pobres rudimentos, a los cuales os queréis volver a esclavizar?» (Gá. 4:9).

«Estad, pues, firmes en la libertad con que Cristo nos hizo libres, y no estéis otra vez sujetos al yugo de esclavitud» (Gá. 5:1).

«Pues si habéis muerto con Cristo en cuanto a los rudimentos del mundo, ¿por qué, como si vivieseis en el mundo, os sometéis a preceptos?» (Col. 2:20).

Pensamiento. Existe la posibilidad de un terrible orgullo en imponer cargas sobre otros. El derecho de imponer cargas establece a la persona como *señor* sobre los otros. Por supuesto, hay un lugar para la autoridad en la proclamación y el cumplimiento de la Palabra de Dios, pero no para imponer reglas humanas (observaciones legalistas) y racionalizaciones humanas (liberalismo). Ambas aplastan terriblemente al hombre. Ambas obligan al hombre a con seguir la aprobación de Dios mediante el cumplimiento de reglas en la propia fuerza de la persona. Ambos saben poco, si es que saben algo, de la misericordia y disciplina del Espíritu de Dios. La Palabra de Dios es plenamente adecuada, tanto para la fe como para la práctica. La Palabra de Dios es todo lo que el hombre necesita para gobernar su vida. No necesitamos agregar o quitar de la palabra de Dios.

5 (23:5-7) ***Religión, falsa—orgullo:*** la religión falsa es una religión para hacerse ver y para la ostentación. Cristo destaca tres cosas que estos hombres hacían para ser vistos por los hombres.

1. Cambiaban su apariencia, vestimenta, y ropa para atraer la atención sobre sí mismos.

a. Usaban filacterias. Eran pequeñas caj as de cuero que contenían un trozo de pergamino escrito con cuatro pasajes de la Escritura. Las Escrituras eran Éx. 13:1-10; 13:11-16; Dt. 6:4-9; y Dt. 11:13-21. El uso de las filacterias aparentemente surgió de una traducción literal de Éx. 13:9 y Pr. 7:3. El verdadero sentido de estos dos pasajes pareciera ser que debemos tener la Palabra de Dios en nuestras mentes con tanta claridad como si las tuviéramos ante nuestros ojos. El gran error de los religiosos era interpretar estos pasajes literalmente, por eso agrandaban las cajitas de cuero para atraer la atención sobre sí mismos como personas religiosas.

También alargaban los bordes de sus vestimentas; es decir, usaban borlas en sus ropas. Dios habían instruido a los judíos a hacer borlas en los ruedos de su ropa exterior. Al verlas una persona debía recordar el cumplimiento de los mandamientos de Dios. Nuevamente, el error fue que los religiosos diferenciaban su apariencia de la de otros; alargaban sus borlas atrayendo la atención al hecho de ser más religiosos que ellos.

Pensamiento. La persona puede usar ropa que exhiba el cuerpo, que en efecto atraiga la atención sobre ciertas partes del cuerpo. La persona puede usar ropa demasiado ajustada, demasiado corta, demasiado elevada, demasiado delgada. La persona puede usar demasiado poca ropa, y ropa que no alcanza cubrir suficientemente el cuerpo.

Jesús indicó evitar la ropa que llamara la atención. Los religiosos lo hacían para dar la impresión de ser justos, otros lo hacen para dar la impresión de ser mundanos (apelando a los sentidos).

«Ni tampoco presentéis vuestros miembros al pecado como instrumentos de iniquidad, sino presentaos vosotros mismos a Dios como vivos de entre los muertos, y vuestros miembros a Dios como instrumentos de justicia» (Ro. 6:13).

«Asimismo que las mujeres se atavíen de *ropa decorosa,* con pudor y modestia; no con peinado ostentoso, ni oro, ni perlas, ni vestidos costosos, sino con buenas obras, como corresponde a mujeres que profesan piedad» (1 Ti. 2:9-10).

«Vuestro atavío no sea el externo de peinados ostentosos, de adornos de oro o de vestidos lujosos, sino el interno, el del corazón, en el incorruptible ornato de un espíritu afable y apacible, que es de gran estima delante de Dios. Porque también así se ataviaban en otro tiempo aquellas mujeres que esperaban en Dios, estando sujetas a sus maridos» (1 P. 3:3-5).

2. Amaban los lugares de honor, asientos especiales, y lugares de reconocimiento. Existen quienes aman los vecindarios y clubes restringidos y las listas preferidas. Aman la prominencia (3 Jn. 9). Note lo que se condena; no el hecho de estar en estas posiciones y lugares, sino el *amor* a ellos. Alguien tiene que ocupar los puestos superiores y los lugares de mayor responsabilidad. Es el *amor* a ellos, el amor y el sentimiento de orgullo causado por el lugar y el puesto, lo que está mal.

«¿Cómo podéis vosotros creer, pues recibís la gloria los unos de los otros, y no buscáis la gloria que viene del Dios único?» (Jn. 5:44).

«Mas el hombre no permanecerá en honra; es semejante a las bestias que perecen» (Sal. 49:12).

3. Amaban los títulos que honraban y exaltaban al hombre. El título era simplemente «Rabí» que significaba maestro o señor. Implicaba la idea moderna de *Doctor o «Mi Señor».* Era el título de una persona que supuestamente era mensajero de Dios y decía: «Aquí está; éste es». Honraba al hombre y no al Señor.

«Porque el que se enaltece será humillado, y el que se humilla será enaltecido» (Mt. 23:12).

«Porque cuando muera no llevará nada, ni descenderá tras él su gloria» (Sal. 49:17).

Pensamiento 1. Demasiadas veces la gente se cambia de ropa y busca los puestos superiores, posiciones, y títulos para atraer la atención sobre sí mismos y sus habilidades. La honra es para ellos y no para el Señor (cp. Mt.6:1-7, 16-18).

Pensamiento 2. No hay nada malo en vivir vidas santas y piadosas, con ser religiosos. Pero está mal llamar la atención sobre uno mismo en vez de llamarla sobre el Señor. No debemos *exaltar o remarcar* nuestro ser exterior (apariencia, posición, título para atraer la atención sobre nosotros mismos. Siempre debemos andar humildemente entre los hombres, andar como uno de ellos, andar señalando con nuestras vidas hacia Cristo.

Pensamiento 3. Dios no tiene favoritos entre los hombres.

¿Por qué vamos a procurar la apariencia de favoritos? ¿Por qué vamos a buscar *apariencia, posición, y honor* que nos señale como especiales?

Pensamiento 4. Si hay alguien que debe andar humildemente ante los hombres y señalarles el camino a Dios, es el hombre que profesa servir a Dios. Él, de entre todos los hombres, no debe amar la apariencia ni las posiciones y títulos ni honra que lo señalen a él, en vez de señalar a Dios.

6 (23:8-12) ***Religión, falsa:*** es necesario cuidarse de la falsa religión. Existen tres motivos fuertes por los cuales cuidarse de la falsa religión.

1. En el reino de Dios ya están establecidas todas las posiciones y relaciones. No queda posición o relación vacante. Todas han sido determinadas.

   a. Dios es el Padre de nuestra fe, de la verdadera religión. el Padre no es in fundador o maestro terrenal. Por eso ningún hombre debe ser reconocido como tal. Solamente Dios debe ser proclamado como *Padre.*

   «Un Dios y Padre de todos, el cual es sobre todos, y por todos, y en todos» (Ef. 4:6).

   «Toda buena dádiva y todo don perfecto desciende de lo alto, del Padre de las luces, en el cual no hay mudanza, ni sombra ni variación» (Stg. 1:17).

   b. Cristo es nuestro Señor. Uno solo es Señor, y es Cristo. No debemos ser llamados señor (*kathegetes*, líderes, guías, v. 10; cp. Ro. 2:19-20.) Somos siervos del Señor; note que Jesús está afirmando ser el Mesías.

   c. Los creyentes son hermanos. Uno no está por encima de otro ni es más exaltado. Todos son iguales delante de Dios y entre ellos mismos. Cada uno debe servir y ayudar al otro.

2. La grandeza es medida por el servicio, no por el poder y honor terrenal. (*Véanse* bosquejo y notas—Mt. 20:20-28. Esta es una buena discusión sobre «El precio de la grandeza».) Cuando la religión es concebida por el hombre, o recibe la influencia del hombre, ella se centra en el ritual, la ceremonia, en reglas y reglamentos, en honor, reconocimiento, posición e influencia.

«Mas entre vosotros no será así, sino que el que quiera hacerse grande entre vosotros, será vuestro servidor, y el que quiera ser el primero entre vosotros será vuestro siervo» (Mt. 20:26-27).

«Mas no así vosotros, sino sea el mayor entre vosotros como el más joven, y el que dirige, como el que sirve» (Lc. 22:26).

«Digo, pues, por la gracia que me es dada, a cada cual que está entre vosotros, que no tenga más alto concepto de sí que el que debe tener, sino que piense de sí con cordura, conforme a la medida de fe que Dios repartió a cada uno» (Ro. 12:3).

«Igualmente, jóvenes, estad sujetos a los ancianos; y todos, sumisos unos a otros, revestíos de humildad; porque: Dios resiste a los soberbios, y da gracia a los humildes» (1 P. 5:5).

3. El juicio viene. Lo que la persona misma hace es lo que determina su destino; o bien se exalta o bien se humilla. Nuevamente, alguien tiene que ocupar los puestos de liderazgo; pero si la persona hace fuerza por conseguir el honor de la posición y no para servir, esa persona será juzgada por Dios. La regla es: todos somos llamados a servir, no a gobernar.

«De manera que cualquiera que quebrante uno de estos mandamientos muy pequeños, y así enseña a los hombres, muy pequeño será llamado en el reino de los cielos; mas cualquiera que los haga y los enseñe, éste será llamado grande en el reino de los cielos» (Mt. 5:19).

«Quitó de los tronos a los poderosos, y exaltó a los humildes» (Lc. 1:52).

«Mira a todo soberbio, y humíllalo, y quebranta a los impíos en su sitio» (Job 40:12).

«Los que confían en sus bienes, y de la muchedumbre de sus riquezas se jactan, Ninguno de ellos podrá en manera alguna redimir al hermano, ni dar a Dios su rescate» (Sal. 49:6-7).

«La soberbia del hombre le abate; pero el humilde de espíritu sustenta la honra» (Pr. 29:23).

«Porque día de Jehová de los ejércitos vendrá sobre todo soberbio y altivo, sobre todo enaltecido, y será abatido» (Is. 2:12).

«Porque he aquí, viene el día ardiente como un horno, y todos los soberbios y todos los que hacen maldad serán estopa; aquel día que vendrá los abrazará, ha dicho Jehová de los ejércitos, y no les dejará ni raíz ni rama» (Mal. 4:1).

Pensamiento. Una cosa que se puede decir de la fe cristiana es esta: la fe cristiana es de total unidad (Ef. 4:1-6; esp. 4-6; 1 Co. 12:4-13). No hay lugar para el orgullo o espíritu divisor, ni para el amor a las posiciones, honra o títulos.

M. Las nueve acusaciones contra los falsos religiosos, 23:13-36
(Lc. 11:39-50)

1 Los falsos religiosos cierran el cielo a[EF1,2,3] **quienes buscan entrar**
- a. Ellos mismos no entran
- b. No dejan entrar a otros que quieren

2 Los religiosos falsos usan la religión como disfraz de codicia, esp. para robar a las viudas
- a. Usar religión y oración
- b. La condenación: será mayor para ellos

3 Los falsos religiosos son misioneros que duplican la corrupción de los nuevos convertidos[EF4]

4 Los falsos religiosos son guías ciegos en cuanto a juramentos y promesas[EF5]
- a. La ceguera (dos ejemplos)
  - 1) Realzan el oro del templo por sobre el templo
  - 2) Realzan la ofrenda por sobre el altar
- b. La necedad de ellos: intentan evadir el compromiso y la res ponsabilidad, vv. 17,19
- c. La realidad de los hechos
  - 1) Dios oye todos las promesas y juramentos
  - 2) Todas las promesas y juramentos son de cumplimiento obligatorio a Dios

13 Mas ¡ay de vosotros,
escribas y fariseos, hipó-
critas! porque cerráis el
reino de los cielos delante
de los hombres; pues ni
entráis vosotros, ni dejáis
entrar a los que están
entrando.
14 ¡Ay de vosotros,
escribas y fariseos, hipó-
critas! porque devoráis las
casas de las viudas, y como
pretexto hacéis largas
oraciones; por eso reci-
biréis mayor condenación.
15 ¡Ay de vosotros, escribas
y fariseos, hipócritas!
porque recorréis mar y tierra
para hacer prosélitos, y una
vez hecho, le hacéis dos
veces más hijo del infierno
que vosotros.
16 ¡Ay de vosotros, guías
de ciegos! que decís: Si
alguno jura por el templo,
no es nada; pero si alguno
jura por el oro del templo,
es deudor.
17 ¡Insensatos y ciegos!
porque ¿cuál es mayor, el
oro, o el templo que
santifica al oro?
18 También decís: Si
alguno jura por el altar, no
es nada; pero si alguno jura
por la of renda que está
sobre él, es deudor.
19 ¡Necios y ciegos! por-
que ¿cuál es mayor, la
ofrenda, o el altar que
santifica la ofrenda?
20 Pues el que jura por el
altar, jura por él, y por todo
lo que está sobre él;
21 y el que jura por el
templo, jura por él, y por
el que lo habita;
22 y el que jura por el
cielo, jura por el trono de
Dios, y por aquel que está
sentado en él.

23 ¡Ay de vosotros,
escribas y fariseos, hipó-
critas! porque diezmáis la
menta y el eneldo y el
comino, y dejáis lo más
importante de la ley: la
justicia, la misericordia y la
fe. Esto era necesario
hacer, sin dejar de hacer
aquello.
24 ¡Guías ciegos, que
coláis el mosquito, y
tragáis el camello!
25 ¡Ay de vosotros,
escribas y fariseos, hipó-
critas! porque limpiáis lo
de fuera del vaso y del
plato, pero por dentro estáis
llenos de robo y de
injusticia.
26 ¡Fariseo ciego! Limpia
primero lo de dentro del
vaso y del plato, para que
también lo de fuera sea
limpio.
27 ¡Ay de vosotros,
escribas y fariseos, hipó-
critas! porque sois seme-
jantes a sepulcros blan-
queados, que por fuera, a la
verdad, se muestran
hermosos, mas por dentro
están llenos de huesos de
muertos y de toda
inmundicia.
28 Así también vosotros
por fuera, a la verdad, os
mostráis justos a los
hombres, pero por dentro
estáis llenos de hipocresía
e iniquidad.
29 ¡Ay de vosotros,
escribas y fariseos, hipó-
critas! porque edificáis los
sepulcros de los profetas, y
adornáis los monumentos
de los justos,
30 y decís: Si hubiésemos
vivido en los días de
nuestros padres, no hubié-
ramos sido sus cómplices
en la sangre de los profetas.
31 Así que días testimonio
contra vosotros mismos, de
que sois hijos de aquellos
que mataron a los profetas.

5 Los religiosos falsos acentúan los mandamientos menores y omiten los mayores[EF6]
- a. Acentúan las tareas más livianas y *omiten* las más pesadas
- b. Evitan los pecados menores y cometen los mayores

6 Los falsos religiosos son ciegos a la verdadera limpieza
- a. Su exterior parece limpio
- b. Su interior está lleno de codicia y excesos
- c. Su necesidad: limpiar primero el interior; entonces será limpio el exterior

7 Los falsos religiosos disfrazan la descomposición interior
- a. Ilustración: como tumbas blanqueadas
  - 1) Exterior: parece limpio y hermoso
  - 2) Interior: lleno de muerte e impureza
- b. Su error
  - 1) Por fuera parecen justos
  - 2) Por dentro están llenos de hipocresía e iniquidad

8 Los falsos religiosos se jactan de una herencia piadosa
- a. Honran las reliquias del pasado
- b. Denuncian los abusos del pasado
- c. Se jactan deno haber cometido esos pecados
- d. Testimonio contra ellos mismos (al rechazar a Cristo)
  - 1) Demuestran ser hijos

de homicidas 2) Completan la copa de los homicidios de sus padres e. Se convirtieron en serpientes y víboras **9 Los falsos religiosos rechazan y abusan de muchos mensajeros de Dios** a. Su abuso: perseguir	32 ¡Vosotros también llenad la medida de vuestros padres! 33 ¡Serpientes, generación de víboras! ¿Cómo escaparéis de la condenación del infierno? 34 Por tanto, he aquí yo os envío profetas y sabios y escribas; y de ellos a unos mataréis y crucificaréis, y a otros azotaréis en vuestras sinagogas, y perseguiréis de	ciudad en ciudad; 35 para que venga sobre vosotros toda la sangre justa que se ha derramado sobre la tierra, desde la sangre de Abel el justo hasta la sangre de Zacarías hijo de Berequías a quien matasteis entre el templo y el altar. 36 De cierto os digo que todo esto vendrá sobre esta generación.	y matar b. Su juicio 1) Les será imputada toda la sangre justa derramada en la historia[EF 10, 11] 2) Todas estas cosas vendrán sobre esta generación[EF 12]

M. Las nueve acusaciones contra los falsos religiosos, 23:13-36

(23:13-36) ***Introducción—religión, falsa:*** probablemente esta sea la denuncia más severa y consistente hecha en toda la historia. Sin duda es la más trágica porque implica las almas de los hombres, y es pronunciada por el Juez de toda la tierra, el Señor mismo. Pero fue merecida, y queda como advertencia dramática a todos los hombres, particularmente a los religiosos de toda las generaciones.

Es preciso ver cuatro cosas antes de estudiar este pasaje.

1. El pecado de estos religiosos (fariseos) fue grande: fue hipocresía.
    a. Profesaban la religión, pero realmente no seguían a Dios. Ellos mismos nunca entraron al cielo y con sus vidas y enseñanzas descarriaron a otros y les impidieron entrar al cielo.
    b. Usaron la religión para sus propios propósitos, avanzar ellos mismos, profesional y materialmente (cp. vv. 14-15).
2. Cristo estaba enojado, y también apenado. Fue duro y condenatorio, pero también tuvo el corazón quebrantado y lleno de piedad. Esto lo muestran dos hechos.
    a. La palabra griega *ay* incluye tanto ira como piedad (*véase* Estudio a fondo 1—Mt. 23:13).
    b. Cristo lloró intensamente sobre Jerusalén (vv. 37-39).
3. Cristo estaba atacando y denunciando a los religiosos, pero también los estaba advirtiendo. El pecado de ellos era grande y terrible, pero no era imperdonable. No todo carecía de esperanza, todavía no. Los que *quieren* escuchar esta advertencia pueden responder con temor y temblor, bajo su denuncia, y pueden arrepentirse y volver a Dios con un corazón lleno de fe.
4. Algunos escribas y fariseos se arrepintieron y aceptaron a Cristo y comenzaron a seguirle (cp. Lc. 13:31; Hch. 6:7; 15:5; 18:8, 17).

Cristo dirigió su denuncia contra los religiosos de sus días. Trató franca y abiertamente con ellos. Expuso la verdad del corazón humano de ellos mostrando que estaba lleno de hipocresía. En adelante ya no habría nada oculto; todo quedó expuesto. Tuvieron que mirarse ellos mismos y ver la corrupción en sus corazones; tenían que arrepentirse, creer y seguir a Cristo, o de lo contrario ser condenados a la «condenación del infierno» (v. 33).

En forma franca y abierta Cristo dirigió nueve acusaciones contra los religiosos.

1. Los falsos religiosos cierran el cielo contra quienes buscan entrar (v. 13).
2. Los religiosos falsos usan la religión como disfráz de codicia, especialmente para robar a las viudas (v. 14).
3. Los falsos religiosos son misioneros que duplican la corrupción de los nuevos convertidos (v. 15).
4. Los falsos religiosos extravían a otros: son guías ciegos en cuanto a juramentos y promesas (vv. 16-22).
5. Los religiosos falsos acentúan los mandamientos menores y omiten los mayores (vv. 23-24).
6. Los falsos religiosos son ciegos a la verdadera limpieza (vv. 25-26).
7. Los falsos religiosos disfrazan la descomposición interior (vv. 27-28).
8. Los falsos religiosos se jactan de una herencia piadosa (vv. 29-33).
9. Los falsos religiosos rechazan y abusan de muchos mensajeros de Dios (vv. 34-36).

1 (23:13) ***Religiosos—maestros falsos:*** los falsos religiosos cierran el cielo contra quienes buscan entrar. La palabra »contra» (*emprosthen*) significa *ante los ojos de*. El cuadro es el de hombres parados frente a la puerta misma necesitando desesperadamente entrar, pero los religiosos falsos le cierran la puerta del cielo ante sus *ojos*.

Cristo dijo dos cosas aquí.

1. Los religiosos falsos no entran al cielo. Hay tres motivos por los que no entran. (Las mismas son expuestas en las Escrituras precedentes.)
    a. Rechazaron a Cristo como Mesías, como Señor del cielo, el Hijo de Dios mismo (cp. Mt. 22:41-45; Jn. 10:31-39).
    b. Prefirieron sus propias ideas sobre la religión que las ideas de Dios. Prefirieron una religión que honraba la habilidad del hombre para hacer cosas religiosas en vez de honrar la misericordia de Dios para el hombre (*véanse* bosquejo y notas—Mt. 23:1-12).
    c. Escogieron el mundo y no el requerimiento de Dios de negarse ellos mismos. Escogieron las cosas del mundo tales como posición, honra, reconocimiento, estima, riqueza, poder, autoridad, y seguridad (*véanse* notas—Mt. 12:1-8; nota y Estudio a fondo 1—12:10).
2. Los religiosos falsos no solo no entraron ellos mismos; tampoco dejaron que los *buscadores* entraran. Cerraron la puerta extraviando a la gente, condenándola a una eternidad sin Dios.
    a. Intentaron desacreditar a Jesucristo, negando que era el Hijo de Dios encarnado en carne humana (Mt. 21: 23—22:46).
    b. Torcieron las Escrituras, interpretándolas con falsía (cp. Mt. 22:41-46).

> **«Entonces respondiendo Jesús, les dijo: Erráis, ignorando las Escrituras y el poder de Dios» (Mt. 22:29).**
>
> **«Pues no somo s como muchos, que medran falsificando la palabra de Dios, sino que con sinceridad, como de parte de Dios, y delante de Dios, hablamos en Cristo» (2 Co. 2:17).**
>
> **«Antes bien renunciamos a lo oculto y vergonzoso, no andando con astucia, ni adulterando la palabra de Dios, sino por la manifestación de la verdad recomendándonos a toda conciencia humana delante de Dios» (2 Co. 4:2).**
>
> **«Casi en todas las epístolas, hablando [Pablo] en ellas de estas cosas; entre las cuales**

hay algunas difíciles de entender, las cuales los indoctos e inconstantes tuercen, como también las otras Escrituras, para su propia perdición» (2 P. 3:16).

c. Ridiculizaban y amenazaban a todo aquel que confesaba a Cristo (Jn. 9:22, 34).

«¡Ay de vosotros, intérpretes de la ley! porque habéis quitado la llave de la la ciencia; vosotros mismos no entrasteis, y a los que entraban se lo impedisteis» (Lc. 11:52).

«Porque los labios del sacerdote han de guardar la sabiduría, y de su boca el pueblo buscará la ley: porque mensajero es de Jehová de los ejércitos. Mas vosotros os habéis apartado del camino; habéis hecho tropezar a muchos en la ley; habéis corrompido el pacto de Leví, dice Jehová de los ejércitos» (Mal. 2:7-8).

Pensamiento 1. Los campos están blancos para la siega. Muchos desean entrar al cielo, pero con frecuencia la puerta es cerrada ante sus ojos. ¿Por quién? Por los falsos religiosos.

1) Los religiosos falsos niegan a Cristo; no enseñan ni predican que Jesús es el verdadero Salvador de los hombres, el Hijo de Dios. Por eso el que busca nunca alcanza a conocer la salvación de Cristo. Nunca llega a saber que Cristo murió por sus pecados y que tiene que confiar en Cristo y dar a Cristo todo lo que es y tiene.

«Pero hubo también falsos profetas entre el pueblo, como habrá entre vosotros falsos maestros, que introducirán encubiertamente herejías destructoras, y aun negarán al Señor que los rescató, atrayendo sobre sí mismos destrucción repentina» (2 P. 2:1).

«¿Quién es el mentiroso, sino el que niega que Jesús es el Cristo? Este es anticristo, el que niega al Padre y al Hijo» (1 Jn. 2:22).

2) Los religiosos falsos tienen sus propios pensamientos acerca de la religión y de cómo estar bien con Dios. Enseñan sus propios pensamientos sobre religión y justicia. Por eso, el que busca a Dios nunca llega a conocer la verdadera justicia y religión de Dios.

«Porque os digo que si vuestra justicia no fuere mayor que la de los escribas y fariseos, no entraréis en el reino de los cielos» (Mt. 5:20).

«Ya que por las obras de la ley ningún ser humano será justificado delante de él; porque por medio de la ley es el conocimiento del pecado» (Ro. 3:20).

«Porque ignorando la justicia de Dios, y procurando establecer la suya propia, no se han sujetado a la justicia de Dios; porque el fin de la ley es Cristo, para justicia de todo aquel que cree» (Ro. 10:3-4).

3) Los religiosos falsos con frecuencia escogen el mundo antes que negarse a sí mismos. Escogen sitios, posiciones, honra y seguridad antes que sacrificio y verdadero servicio.

«Sabiendo que fuisteis rescatados de vuestra vana manera de vivir, la cual recibisteis de vuestros padres, no con cosas corruptibles, como oro o plata, sino con la sangre preciosa de Cristo, como de un cordero sin mancha y sin contaminación» (1 P. 1:18-19).

Pensamiento 2. Muchos religiosos extravían a la gente. Prefieren sus propias ideas sobre la religión en lugar de las ideas de Dios. Prefieren sus propias ideas que exaltan el ego y honran las propias habilidades.

Pensamiento 3. La persona tiene que cuidarse de sus propias ideas y prejuicios. Las ideas personales y prejuicios no deben reemplazar lo que Dios ha revelado como verdad. Las ideas personales y los prejuicios cierran la puerta del cielo a todo aquel que los acepta y cree.

ESTUDIO A FONDO 1

(23:13) *Ay* (*ouai*): significa tanto ira como dolor, enojo y pena. No hay una palabra en nuestro idioma que exprese totalmente su significado. Es una penosa denuncia; ira dolorosa; ira piadosa. Una amenaza piadosa.

ESTUDIO A FONDO 2

(23:13) ***Hipócritas:*** alguien que hace un papel, que representa algo, que actúa ser algo que no es. Al principio la palabra simplemente significaba alguien que respondía o contestaba. Luego vino a significar la actuación teatral, al actor que ejecuta las líneas de una escena. Finalmente la palabra fue usada en el peor sentido: actuar como, simular algo; alguien que llevaba una máscara para ocultar su verdadera identidad; alguien que actuaba de una forma, pero que en realidad es de otra; alguien que representaba una escena.

Los religiosos, escribas y fariseos eran hipócritas.

- Actuaban como si creyeran y amaran a Dios, sin embargo no aceptaban al Hijo de Dios.
- Simulaban buscar a Dios; pero realmente buscaban una profesión, estima, reconocimiento, honra, posición, poder y seguridad (*véanse* notas—Mt. 12:1-8; nota y Estudio a fondo 1—12:10).
- Mostraban interés por las cosas de Dios, pero realmente estaban interesados en las cosas de este mundo.
- Simulaban ser humildes y dispuestos a ayudar; pero en realidad eran orgullosos, envidiosos, posesivos, egoístas y codiciosos.
- Afirmaban ser ministros de la religión de Dios; pero realmente eran ministros de una religión hecha por hombres, una religión que honraba la habilidad del hombre para *ser bueno* y hacer lo suficiente para ser aceptable a Dios.
- Profesaban seguir la Palabra de Dios, pero agregaban y quitaban a esa Palabra.

Lo que Cristo tuvo para decir de los hipócritas es muy grave. Sus palabras son una advertencia a todo aquel que simula y engaña.

- Los hipócritas recibirán mayor condenación (v. 14).
- Los hipócritas son hijos del infierno (v. 15).
- Los hipócritas son necios y ciegos (vv. 17, 19).
- Los hipócritas son guías ciegos (v. 24).
- Los hipócritas están llenos de violencia y excesos (v. 25).
- Los hipócritas están llenos de impureza (v. 27).
- Los hipócritas son serpientes, generación de víboras (v. 33).
- Los hipócritas no escaparán de la condenación (v. 33).(23:13)

ESTUDIO A FONDO 3

Reino de los cielos: *véase* Estudio a fondo 3—Mt. 19:23-24.

[2] (23:14) ***Viudas—religiosos:*** los religiosos falsos usan el disfraz de la religión para su avaricia y codicia; especialmente para robarle a las viudas. Es un pecado grosero y es muy común. Hay algunas personas —predicadores, líderes e hipócritas— que profesan ser religiosos, que cortejan la atención y el favor de la gente, especialmente de las viudas, a efectos de obtener el dinero de ellas.

Procuran grandes donativos, dotes, capitales, inversiones y dádivas *para promoverse ellos mismos y su institución. Y* la gran tragedia es esta: esos corazones tan falsos e hipócritas usan el disfraz de la religión para promoverse ellos mismos y sus falsas ideas. Apelan a la gente en favor de la *religión institucional,* no para honrar a Dios. Por supuesto, personas llenas de vanidad son susceptibles a tales apelaciones, pero las viudas están particularmente expuestas a quienes parecen estar tan entregados a Dios.

Note que Cristo dijo que la condenación de los tales será mayor. Hay algunos pecados que son más horribles que otros. Usar la religión para propósitos egoístas es uno de ellos. Este pecado recibirá mayor condenación. Otro hecho hay que notar aquí, y es que las viudas tienen un lugar especial en el corazón de Dios. Siempre ha mandado a su pueblo a cuidar de manera especial de las viudas.

«Que hace justicia al huérfano y a la viuda; que ama también al extranjero dándole pan y vestido» (Dt. 10:18).

«Maldito el que pervirtiere el derecho del extranjero, del huérfano y de la viuda» (Dt. 27:19).

«Padre de huérfanos y defensor de viudas es Dios en su santa morada» (Sal. 68:5).

«Aprended a hacer el bien; buscad el juicio, restituid al agraviado, haced justicia al huérfano, amparad a la viuda» (Is. 1:17).

«Había también en aquella ciudad una viuda, la cual venía a él, diciendo: Hazme justicia de mi adversario. Y él no quiso por algún tiempo; pero después de esto dijo dentro de sí: Aunque ni temo a Dios, ni tengo respeto a hombre, sin embargo, porque esta viuda me es molesta, le haré justicia, no sea que viniendo de continuo, me agote la paciencia. Y dijo el Señor: Oíd lo que dijo el juez injusto. ¿Y acaso Dios no hará justicia a sus escogidos, que claman a él de día y de noche? ¿Se tardará en responderles?» (Lc. 18:3-7).

Pensamiento 1. Robar a las viudas (y viudos) es uno de los pecados más graves que se puede cometer. Recibirá «mayor condenación», sin embargo, es cometido todos los días, aun por personas religiosas. Ocurre de la siguiente manera: una persona codicia algo, por ejemplo, que sus ideas sean difundidas por los medios de comunicación, o que su institución sea fortalecida y engrandecida, o que sus bolsillos sean llenados. Entonces la persona comienza a cortejar a los que tienen dinero, especialmente a las viudas. Busca donativos e inversiones o convertirse en administrador de las propiedades de ellas. El pecado es doble.

1) El dinero que se busca no es para honrar a Dios, sino para la promoción de uno mismo y de las instituciones de uno.
2) El disfraz de la religión —puesto que se trata de una persona, organización o institución religiosa— es usado para conseguir dinero.

Pensamiento 2. Hay una pregunta que toda persona, y en cada generación, tiene que hacerse con un corazón abierto: ¿Pueden provenir del mismo Dios las *preocupaciones piadosas* por las multitudes perdidas y hambrientas del mundo, y los grandes y ornamentados templos, y hogares, y las cuentas bancarias de los cristianos?

El tema es este: las motivaciones de la persona tienen que ser puras. Debe buscar solamente la honra de Dios y la salvación y el fortalecimiento de la gente. Dos cosas específicas se deben hacer.

1) Todo dinero que uno busca, especialmente de las viudas, debe ser usado cuidadosamente para Dios y para la gente necesitada, no para uno mismo ni para la religión institucional.
2) *Cada creyente individual* tiene que negarse totalmente a sí mismo. Tiene que dar y dar, y debe trabajar a efectos de tener lo suficiente para dar a otros (Ef. 4:28). Siempre debe estar en estado y en condiciones de sacrificarse. Nunca debe acumular. El acumular solamente puede dar un beneficio: ser llamado *rico* y sentirse *materialmente seguro.* La falacia de esto es que la verdadera seguridad solo puede venir de Dios (Mt. 6:25-34; 1 Jn. 5:11-15).

3 (23:15) ***Evangelismo—prosélitos:*** los religiosos falsos son misioneros que duplican la corrupción de los nuevos seguidores. Note que Cristo dijo dos cosas significativas.

1. Los religiosos falsos buscan nuevos convertidos.
2. Los religiosos falsos son muy celosos en el evangelismo; recorren todo el mundo para hacer un solo convertido nuevo.

Pero había problemas con el celo de estos falsos religiosos, y eran problemas graves.

1. Eran misioneros de una religión falsa. No estaban alcanzando a la gente para Dios, sino para una religión hecha por hombres (*véase* Estudio a fondo 2—Mt. 23:13). No estaban llevando a la gente a una relación personal con Dios, sino a sus propias ideas y religión.
2. Estaban duplicando la condenación de estos conversos. Primordialmente buscaban a los temerosos de Dios y a la gente devota que ya había mostrado interés en la religión judía. Algunas de estas personas estaban tan complacidas con lo que el judaísmo les ofrecía que cuando una de ellos se convertía se volvía extremadamente celosa en favor del judaísmo. Era adoctrinada de tal modo que se convertía en un fanático, más devoto que muchos judíos. De tal manera los falsos maestros hacían que estos convertidos amontonaran condenación sobre sí mismos.

Pensamiento 1. Una de las lecciones más fuertes para aprender de los escribas y fariseos es su celo en el evangelismo.

1) Estaban dispuestos a ir. Ellos, que profesaban una falsa religión, estaban absolutamente dispuestos a salir. ¿Por qué nosotros, que conocemos la verdad, somos tan reticentes para salir? ¿Dónde está nuestro celo para alcanzar a la gente?
2) Estaban dispuestos a ir a cualquier parte. Recorrían todo el mundo para hacer un convertido. ¿Dónde está nuestra disposición para salir como misioneros? ¿Como testigos? ¿Dónde está nuestra disposición a ir a la vuelta de la esquina?

«Porque el Hijo del hombre vino a buscar y a salvar lo que se había perdido» (Lc. 19:10).

«Entonces Jesús les dijo otra vez: Paz a vosotros. Como me envió el Padre, así también os envío» (Jn. 20:21).

«Pero recibiréis poder, cuando haya venido sobre vosotros el Espíritu Santo, y me seréis testigos en Jerusalén, en toda Judea, en Samaria, y hasta lo último de la tierra» (Hch. 1:8).

«Y les dijo: Id por todo el mundo y predicad el evangelio a toda criatura» (Mr. 16:15).

Pensamiento 2. Los fariseos también deben impulsarnos a escudriñar y evaluar nuestros corazones y nuestra religión. ¿Estamos enseñando la verdad? ¿Estamos agregando o quitando de la revelación de Dios, es decir, de su Palabra? ¿Realmente estamos haciendo lo que Dios nos ha llamado hacer: a vivir y trabajar como siervos de Dios y no como señores de la religión y salvadores del mundo?

ESTUDIO A FONDO 4

(23:15) ***Prosélito*** (*proselutos*)***:*** un extraño, un viajero (Éx. 12:48-49; 22:21; 23:9; Dt. 10:19). Es la persona que ha enfocado y se ha acercado a la religión, es decir, ha adoptado las creencias de la religión.

Había muchos prosélitos del judaísmo. Dos cosas en particular atraía a los gentiles.

1. El concepto de un solo Dios (monoteísmo). La idea de muchos Dioses era común en todo el mundo. Una persona pensante frecuentemente tenía dificultades con la idea de una multitud de dioses (politeísmo). La adoración corrupta y las divergentes demandas en que se insistía por causa de tantos dioses no tenían sentido. El alma del hombre quedaba vacía.

El judaísmo adoraba un solo Dios el cual era proclamado como moral en sentido absoluto. Los mandamientos de Dios eran consistentes con lo que reclamaba clamorosamente el alma del hombre; por eso, muchos se volvieron al judaísmo.

2. El concepto de moral. En el mundo antiguo la injusticia y la inmoralidad eran comúnes; se practicaba todo tipo de perversiones sexuales. Las mujeres y los hombres débiles eran usados a voluntad por los fuertes. La idea judía de pureza y justicia apelaba a muchos. Asistían a las sinagogas en todo el mundo dondequiera que los judíos se reunieran. Sin embargo, no eran circuncidados ni participaban de todas las ceremonias y observaciones. Eran conocidos como convertidos *devotos y temerosos de Dios* o como prosélitos (Hch. 10:2; 17:4).

4 (23:16-22) ***Religiosos, falsos:*** estos religiosos falsos guiaban al error a otros; eran guías ciegos en juramentos y promesas. Note que Cristo dijo que eran guías ciegos; extraviaban a la gente. ¿Cómo? Acentuaban lo secundario sobre lo principal. Tomaban lo menos importante y lo hacían más importante que lo realmente esencial. Cristo dio dos ejemplos.

1. Acentuaban el oro del templo por sobre el templo mismo. Cualquiera que juraba por el templo no estaba obligado a cumplir su juramento ni se lo tenía por responsable de su juramento. Pero si juraba por el oro del templo, se lo tenía por responsable y estaba obligado a cumplir su promesa.

2. Acentuaban la ofrenda por sobre el altar donde era depositada. Hacer una promesa o jurar por el altar no requería cumplimiento, mientras que una promesa o juramento hecho por la ofrenda debía ser cumplido.

Cristo usó aquí palabras fuertes contra los religiosos. Eran «necios y ciegos». Con estas palabras Cristo quiso decir dos cosas.

1. Lo que estaban haciendo y diciendo era absurdo e irracional. El sentido común le diría a cualquier persona que el templo es mayor que lo que está en él, y el altar es mayor que la ofrenda depositada sobre él.

2. Lo que estaban haciendo y diciendo era una total necedad y pecado. Meramente trataban de evadir la promesa y la responsabilidad de sus juramentos. Querían tener el derecho de hacer promesas y juramentos, pero también querían el derecho de romper sus promesas si ello los beneficiaba posteriormente.

Cristo destacó los hechos brutos en cuanto a promesas y juramentos.

1. Todas las promesas y juramentos son oídos por Dios. No hay evasión en cuanto a las promesas hechas o juramentos hechos.
- Dios es aquel a quien se hacen los sacrificios sobre el altar (implícito) (v. 20).
- Dios mora en el templo (v. 21).
- Dios está sentado en su trono en el cielo (v. 22).

2. Todas las promesas y juramentos son de cumplimiento obligatorio ante Dios.

> **«Además habéis oído que fue dicho a los antiguos: No perjurarás, sino cumplirás al Señor tus juramentos. Pero yo os digo: No juréis en ninguna manera; ni por el cielo, porque es el trono de Dios; ni por la tierra, porque es el estrado de sus pies; ni por Jerusalén, porque es la ciudad del gran Rey. Ni por tu cabeza jurarás, porque no puedes hacer blanco o negro un solo cabello. Pero sea vuestro hablar: sí, sí; no, no; porque lo que es más de esto, de mal procede» (Mt. 5:33-37).**

Pensamiento 1. Se ven al menos cuatro pecados en lo que los religiosos decían y hacían.

1) El pecado de acentuar lo secundario sobre lo primordial.
2) El pecado de evadir sus promesas.
3) El pecado de la codicia. Al acentuar el oro por sobre el templo, estaban dirigiendo la mente de las gentes hacia el oro, la riqueza, y las ofrendas en vez de dirigirla hacia Dios que moraba en el templo.
4) El pecado de auto justificarse. Al acentuar la ofrenda del hombre por sobre el altar estaban diciendo esencialmente que la ofrenda del hombre era más importante que el altar de Dios que santificaba la ofrenda. La ofrenda honraba al altar y no el altar a la ofrenda. Por supuesto, era algo ridículo; porque simbólicamente Dios estaba detrás del altar. Y ninguna ofrenda puede ser mayor que Dios.

Pensamiento 2. Idénticos pecados se cometen en la actualidad.

1) Con frecuencia se acentúan más los rituales, ceremonias, programas que a Dios; y se hacen promesas a prácticamente cada faceta de la vida de la iglesia y no a Dios. Incluso se dice que el compromiso con las diversas facetas de la vida de la iglesia es un compromiso con Dios.
2) Se acentúa más la ofrenda que el altar. Una promesa de dar y hacer un sacrificio con frecuencia tiene más importancia que el altar (el compromiso con Dios). Incluso se dice que para Dios la mayordomía (la ofrenda y el oro) equivale a la mayordomía de la vida.
3) La motivación muchas veces es fortalecer la institución en vez de fortalecer a la gente centrando las vidas de ellas en Dios.

ESTUDIO A FONDO 5

(23:16-22) ***Juramento, jurar—blasfemar:*** la discusión referida a juramentos puede ser extendida incluyendo las promesas y los juramentos negativos o lo que normalmente se llama *blasfemar.* Esta ampliación se basa en la definición. El juramento es una apelación de que algo sea maldecido o juramentado. (Para una mayor discusión *véanse* también bosquejos y notas—Mt. 5:33-37.)

- A veces se apela a Dios para que haga algo (que maldiga algo); a veces la apelación (maldición) es simplemente declarada por la persona.
- A veces una persona hace promesa con juramento a Dios (toma un compromiso); a veces hace un juramento contra algo (blasfema).
- A veces una persona blasfema usando palabras que son de mal gusto u ordinarias; a veces escoge palabras que se consideran de mayor aceptación social tales como *maldición, vete al infierno que se vaya al diablo,* etc.

Hay al menos tres cosas que está mal con las promesas, los juramentos y las blasfemias.

1. Las promesa revelan un carácter débil y falta de confiabilidad. El motivo por el que se requiere de una promesa es porque la palabra y el carácter de la persona son un tanto sospechosos y cuestionables. Por eso la persona siente la necesidad de fortalecer su palabra mediante una promesa. Una persona digna de confianza solamente tiene que decir «sí» o «no». Ella misma respalda su palabra (Mt. 5:37).

2. Todas las promesas, juramentos y blasfemias provienen del mismo tipo de emociones y sentimientos. El hecho de que algunas palabras sean más aceptables en la sociedad no significa que sean más aceptables a Dios. Es el corazón, la emoción y los sentimientos lo que hace decir las palabras a la boca. Dios juzga el corazón, no la suavidad o dureza de la palabras o el buen gusto o mal gusto de ellas. Es lo que está adentro lo que Dios condena,

es decir la falta de veracidad, la falta de confiabilidad o la disposición a blasfemar debido a un deseo egocéntrico de *encajar* socialmente.

3. Todo juramento o blasfemia hace de la persona su *propio* dios. Lo pone a uno mismo en el lugar de Dios. Afirma tener el *derecho,* la prerrogativa de actuar y maldecir algo. Nadie tiene ese derecho en sí mismo. Solamente Dios tiene el derecho y poder de hablar y actuar contra una persona y maldecirla y condenarla.

5 (23:23-24) ***Religiosos, falsos:*** los religiosos falsos acentúan los mandamientos más livianos y omiten los más pesados. Cristo dijo dos cosas.

1. Los religiosos acentúan las obligaciones más fáciles y omiten las más difíciles. Eligen y están dispuestos a hacer lo que quieren, omitiendo el resto. Acentúan las obligaciones *externas* tales como diezmar, observar reglas, rituales, ceremonias y obras; pero minimizan el cambio y las obligaciones *interiores* del corazón. Cristo mencionó tres obligaciones del corazón humano que son omitidas.

a. La justicia: el tratar a nuestro prójimo como debemos, no haciendo ni diciendo nada que pudiera herir a la otra persona; honrando y respetando a todos los hombres; nunca hacernos culpables de injusticia.
b. La misericordia: mostrar preocupación, interés, bondad y ternura a todos los que son débiles, malos, y necesitados; no siendo duros, distantes imponiendo demandas o crueldades.
c. La fe: creer en Dios y confiar en que cumplirá sus promesas.

Cristo dijo que los asuntos más difíciles de la ley son estos: justicia y misericordia y fe. Pero los falsos religiosos minimizan y omiten estos asuntos. Hablan de las cuestiones exteriores, menos importantes de la religión y las acentúan, tales como diezmar. Los asuntos exteriores tales como la observación de reglas, rituales y obras no tienen el peso que tienen las cosas interiores del corazón. ¿Por qué? Porque si el corazón está bien, el comportamiento exterior le seguirá. Todo el comportamiento exterior será cambiado y no solamente algún aspecto escogido para mostrar que una persona es religiosa. Note lo que dice Cristo: acentúen los asuntos de mayor peso y no dejen de hacer las otras. Hagan las de menor peso, sí, pero pongan el mayor esfuerzo en los asuntos más importantes.

2. Los religiosos evitan los pecados menores, pero cometen los más graves. Cuelan el mosquito y se tragan el camello. Este era un proverbio jocoso en días de Cristo. El vino era cuidadosamente colado a través de un lienzo, a efectos de eliminar mosquitos y otras impurezas antes de ser bebido. Ello se hacía para no violar la ley de la pureza (Lv. 11:20-23; 17:10-14).

Los falsos religiosos se esforzaban por cumplir los requisitos menores de la religión, pero no cumplían con los mayores. Su pecado no era acentuar el cumplimiento de los requisitos menores; su pecado era omitir los requisitos mayores.

«Así habló Jehová de los ejércitos, diciendo, Juzgad conforme a la verdad, y haced misericordia y piedad cada cual con sus hermano; no oprimáis a la viuda, al huérfano, al extranjero ni al pobre; ni ninguno piense mal en su corazón contra su hermano» (Zac. 7:9-10).

«Jesús le dijo: Si quieres ser perfecto, anda, vende lo que tienes, y dalo a los pobres, y tendrás tesoro en el cielo; y ven y sígueme» (Mt. 19:21).

«Y el segundo es semejante: Amarás a tu prójimo como a ti mismo» (Mt. 22:39).

«El amor sea sin fingimiento [hipocresía]. Aborreced lo malo, seguid lo bueno» (Ro. 12:9).

«No debáis a nadie nada, sino el amaros unos a otros; porque el que ama a su prójimo, ha cumplido la ley» (Ro. 13:8).

Pensamiento 1. Muchas personas tienen una forma de religión pero sin prestar mucha atención a los asuntos más importantes de la piedad. ¿Cuántos asisten regularmente a la iglesia, dan de su dinero, oran y participan en los asuntos de la iglesia; sin embargo...

- no son honestos con las horas diarias del trabajo de un empleado (justicia)?
- no se humillan a sí mismas para mostrar misericordia a los débiles y menos disciplinados?
- no hacen sacrificios teniendo misericordia de los necesitados y menos afortunados?
- no obran responsablemente y con amor hacia los otros, ni siquiera hacia los de la propia familia (justicia y misericordia)?

«Que tendrá apariencia de piedad, pero negarán la eficacia de ella; a éstos evita» (2 Ti. 3:5).

Pensamiento 2. Piénselo. Cuán fácil es guardar una apariencia exterior de religión, pero qué difícil es ser piadoso por dentro. Sin embargo, piedad interior es lo que Cristo demanda. Debemos tratar a todas las personas con justicia pura y misericordia y en todas las cosas creer en Dios.

Pensamiento 3. Una de las grandes faltas de los falsos religiosos es esta: acentúan y enfatizan los asuntos equivocados. Acentúan los temas de menor peso y omiten los asuntos más importantes. Lo que acentúan es importante y debe ser hecho, pero esos no son los asuntos que más importan.

Pensamiento 4. Los religiosos falsos pecan en ambas puntas. Pecan por omisión y comisión. *Omite* las obligaciones mayores, y *cometen* los pecados más graves.

Pensamiento 5. Cristo tildó de «guías ciegos» a los religiosos. Note tres cosas.

1) Algunos son ciegos a lo que Cristo estaba diciendo. *No saben* que acentúan los asuntos menores. No han conocido ni les han enseñado sino los asuntos menores. Por eso están inmersos en ellos, conociendo escasamente los asuntos de mayor peso en la religión.
2) Algunos *saben* que acentúan los asuntos menores; y deliberadamente siguen en su error, se rehusan a cambiar para no ser ridiculizados, perder su posición, seguridad y todo lo que aprecian en este mundo.
3) Los religiosos son guías, que enseñan los asuntos menores de la religión omitiendo los mayores.

ESTUDIO A FONDO 6

(23:23) ***Diezmo—menta—eneldo—comino:*** para la religión judía el diezmo siempre fue importante. Se lo usaba para mantener el templo y proveer para los sacerdotes que servían a Dios y al pueblo.

«Indefectiblemeate diezmarás todo el producto del grano que rindiere tu campo cada año. Y comerás delante de Jehová tu Dios en el lugar que él escogiere para poner allí su nombre, el diezmo de tu grano, de tu vino y de tu aceite, y las primicias de tus manadas y de tus ganados, para que aprendas a temer a Jehová tu Dios todos los días» (Dt. 14:22-23).

«Y el diezmo de la tierra, así de la simiente de la tierra como del fruto de los árboles, de Jehová es; es cosa dedicada a Dios» (Lv. 27:30).

Note que el diezmo sería grano, vino y aceite. Los fariseos expandieron el diezmo para incluir todas las cosechas, incluyendo las plantas en maceta y las de jardín, tales como la menta, el eneldo y el comino. Esas plantas eran cultivadas en pequeños espacios para el uso familiar, nunca en grandes cantidades. Las tres se usaban para cocinar. El eneldo y el comino también eran usados como medicinas. Los religiosos también incluían en sus diezmos las hojas y tallos de las plantas. Imagine la severidad para diezmar cierta cantidad de hojas y un trozo de tallo. Pero note algo: Cristo afirma que en nuestras vidas ese espíritu estricto para diezmar debe ser auténtico. Nunca debemos dejar de diezmar (*véase* nota—Mt. 23:23-24).

6 (23:25-26) ***Religiosos, falso—corazón—pureza:*** los religiosos falsos son ciegos a la verdadera limpieza. Cristo usó una ilustración para mostrar cuán ciegos pueden ser los religiosos. Son como copas y platos que han sido lavados por fuera pero cuyo interior quedó sucio.

Con la ilustración Cristo señaló tres verdades.

1. El exterior de la copa y plato de los religiosos se ve limpio. Lo que les importaba era el exterior, porque eso se veía. De manera que lavaban y limpiaban el exterior. El punto es claro. Se cuidaban de cometer pecados escandalosos, pecados que pudieran dañar su imagen y reputación entre vecinos y el público. En público caminaban erguidos, tal como el público lo esperaba de ellos. Su preocupación era lo que pensaba la gente, no lo que pensaba Dios.

2. El interior de la copa y plato de los religiosos estaba sucio. El interior no era visto por los hombres, de modo que le prestaban poca atención. Tomaban lo que querían y vivían como deseaban. Estaban llenos de violencia y de excesos, es decir, de codicia, egoísmo, hurtos e indulgencias, codiciaban y consumían, tomando y rara vez compartiendo, recibiendo y rara vez dando. Ese es el interior de los religiosos. Codician y procuran seguidores, seguridad, posición, influencia, atención, reconocimiento y aprecio. Los religiosos nunca cometerían pecados groseros, visibles, pero albergaban una codicia egoísta y un excesivo deseo interior, viviendo vidas indulgentes y centradas en sí mismos.

3. Los religiosos tenían que limpiar el interior de sus vidas y corazones. Una vez limpio el interior, automáticamente quedaría limpio el exterior. Si el espíritu de ellos era limpio, su comportamiento exterior sería limpio. Un corazón limpio conduce a una vida limpia. Cristo enseña que es el interior de un hombre lo que determina su conducta. Es el corazón lo que determina las obras del hombre.

> **«Sobre toda cosa guardada, guarda tu corazón; porque de él mana la vida» (Pr. 4:23).**
>
> **«El hombre bueno, del buen tesoro del corazón saca buenas cosas; y el hombre malo, del mal tesoro saca malas cosas» (Mt. 12:35).**
>
> **«Porque del corazón salen los malos pensamientos, los homicidios, los adulterios, las fornicaciones, los hurtos, los falsos testimonios, las blasfemias. Estas cosas son las que contaminan al hombre; pero el comer con las manos sin lavar no contamina al hombre» (Mt. 15:19-20).**

Note que Cristo llamó *ciegos* a los falsos religiosos. El falso religioso no sabe que el interior del hombre puede ser purificado. No sabe que es un corazón limpio lo que cambia la conducta.

> ***Pensamiento 1.*** El enfoque global del hombre y de la sociedad es cambiar el exterior del hombre a efectos de cambiar su interior. Cambiar su medio ambiente, situación, circunstancias, educación, vivienda, alimento, trabajo, creencias, filosofía, y la imagen de sí mismo para que sea *bueno.*
>
> Lo que dice Cristo es que todo lo anterior es determinado por el corazón del hombre. El medio ambiente malo se debe al mal en el interior de los hombres. Una educación pobre se debe a los fracasos interiores de los hombres. Un hombre puede tener el mejor medio ambiente y la mejor educación y todavía ser malo. No es el medio ambiente ni la educación lo que cambia el mal en el interior de los hombres. Es Dios. Cuando el hombre permite que Dios le cambie el corazón el hombre será limpio por dentro y por fuera. Vivirá una vida de justicia y misericordia hacia todos los hombres, haciendo cuanto puede para establecer un medio ambiente justo y oportunidades educacionales para todos los hombres.

7 (23:27-28) ***Religiosos, falsos—muerte espiritual:*** los falsos religiosos disfrazan la descomposición interior. Nuevamente Cristo usó una ilustración para aclarar esto. Dijo que los religiosos son como sepulcros que han sido blanqueados y recién limpiados. De afuera se ven limpios y blancos, pero por dentro están llenos de huesos de hombres muertos.

La ilustración de los sepulcros recién lavados proviene de los campos alrededor de la ciudad en días de Jesús. Era común ver sepulcros a la orilla del camino y en los campos. La ley judía decía que todo aquel que tocase un cuerpo muerto quedaba impuro (Nm. 19:16). Por eso los sepulcros tenían que ser marcados claramente y mantenidos, no solo por respeto a los deudos y a los fallecidos, sino para evitar la contaminación *religiosa* de los viajeros.

Había una época particular durante el año cuando el peligro de tocar un sepulcro se convertía en grave amenaza. Era durante la época de la pascua cuando miles y miles de peregrinos cubrían las rutas y los campos que conducían a Jerusalén. Uno de los preparativos para la fiesta era la limpieza y lavado de los sepulcros para que quedasen claramente visibles. Probablemente eran estos sepulcros recién blanqueados, relucientes a la luz del sol, que se veían como puntos blancos sobre el campo, a lo que Jesús se refería.

El gran error del falso religioso es este: por fuera parece justo; pero interiormente está lleno de hipocresía e iniquidad.

El contraste trazado por el Señor entre la apariencia externa y la verdad interior motiva a pensar.

- Exteriormente quizá asistamos con regularidad a la iglesia, pero ¿cuál es la verdad interior durante la semana?
- Exteriormente quizá profesemos ser religiosos, pero ¿cuál es la verdad interior en el mercado?
- Exteriormente quizá demos gracias en las comidas familiares, pero ¿cuál es la verdad interior respecto de los hambrientos del mundo?
- Exteriormente quizá estemos de acuerdo con la justicia y misericordia, pero ¿cuál es la verdad interior en nuestro manejo del dinero?
- Exteriormente quizá inclinemos nuestra cabeza para dar gracias en oración, pero ¿cuál es la verdad interior en nuestra actitud hacia los pecadores?
- Exteriormente quizá andemos con humildad ante nuestros compañeros, pero ¿cuál es la verdad interior hacia los abandonados, caídos, y los que están afuera?

Con frecuencia se olvida algo. Cristo predicó contra los pecados pasionales exteriores, que la sociedad frecuentemente considera pecados groseros, pero condenó con mucha mayor fuerza los pecados interiores del espiritu, tales como el orgullo y la codicia. Los pecadores y las rameras entran con mucha mayor facilidad al cielo que los *religiosos* que no rinden sus vidas a Jesucristo. Esto es exactamente lo que Cristo dijo (Mt. 21:31-33). El concepto del mundo es que una persona es aceptable a Dios si no comete pecado grosero. Poco importa lo que sea en el interior de su corazón y lo que haya detrás del escenario. Es un miembro aceptable de la comunidad si ...

- es respetable.
- si tiene buena apariencia.
- exitoso.
- si es famoso.
- rico.
- perspicáz con el dinero.
- poderoso.
- bien empleado.

Note: Cristo dijo que el falso religioso estaba interiormente «lleno de huesos de muertos». Lo más probable es que esto se refiera a la muerte espiritual. El falso religioso va por la vida *viviendo aceptablemente* ante los ojos de los hombres, pero espiritualmente está muerto para Dios. Sus acciones son la de una moral y religión hecha por el hombre, no las acciones de la verdadera moral y religión tal como fue revelada por Dios en Cristo.

> **«Así también vosotros por fuera, a la verdad, os**

mostráis justos a los hombres, pero por dentro estáis llenos de hipocresía e iniquidad» (Mt. 23:28).

«¡Ay de vosotros, escribas y fariseos, hipócritas! que sois como sepulcros que no se ven, y los hombres que andan encima no lo saben» (Lc. 11:44).

«En esto, juntándose por millares la multitud, tanto que unos a otros se atropellaban, comenzó a decir a sus discípulos, primeramente: Guardaos de la levadura de los fariseos, que es la hipocresía. Porque nada hay encubierto, que no haya de descubrirse; ni oculto, que no haya de saberse» (Lc. 12:1-2).

«Porque vergonzoso es aun hablar de lo que ellos hacen en secreto» (Ef. 5:12).

«Pero el Espíritu dice claramente que en los postreros tiempos algunos apostatarán de la fe, escuchando a espíritus engañadores y a doctrinas de demonios; por la hipocresía de mentirosos que, teniendo cauterizada la conciencia» (1 Ti. 4:1-2).

«Profesan conocer a Dios, pero con los hechos lo niegan, siendo abominables y rebeldes, reprobados en cuanto a toda buena obra» (Tit. 1:16).

Pensamiento 1. La falsa religión es la más hermosa y la más mortal de las tumbas entre los hombres. Conduce a la muerte eterna del espíritu del hombre. Lo hace insensible al peligro de la muerte eterna promoviendo un sentido de ...

- confianza en el hecho de ser religiosos.
- seguridad por ser religioso.
- de creerse aceptado por ser religioso.
- de orgullo religioso.
- de sentirse justo por ser religioso.

Pensamiento 2. Tal vez los otros no conozcan la verdad —la verdad de las puertas cerradas y de la oscuridad— los secretos pecaminosos del corazón. Podemos parecer respetables ante los hombres. El corazón puede estar lleno de secretos y lleno de pecados; la vida puede parecer libre de culpa. Pero Dios conoce todos los secretos de los hombres, y Dios conoce lo que llena el corazón.

El punto es claro: Dios juzgará los secretos de los hombres. Entonces el corazón pecaminoso estará en el infierno, y no lo consolará el recordar que en apariencia fue respetable ante los hombres (Ro. 2:16; Lc. 16:23).

8 (23:29-33) ***Religiosos, falsos—herencia—raíces:*** los religiosos falsos se jactan de una herencia piadosa. Cristo dijo cuatro cosas significativas al respecto.

1. Los religiosos falsos honran las reliquias del pasado. Muestran gran respeto por los profetas del pasado. Construyen, renuevan, adornan y cuidan las tumbas de los grandes hombres. Pero note: Cristo dijo que ellos honraban las tumbas y la memoria de ellos, no sus enseñanzas y vidas piadosas.
2. Los religiosos falsos denuncian abusos del pasado. Sus antepasados habían rechazado, abusado y muerto a muchos profetas. Los falsos religiosos denunciaban ese mal comportamiento. Predicaban y enseñaban contra el crimen.
3. Los religiosos falsos son orgullosos, afirmando ser mejores que la gente religiosa del pasado. Sienten estar más allá de semejantes pecados y nunca permitirían que los profetas de Dios fuesen rechazados o violentados. Creen que habrían escuchado gustosamente a los predicadores del pasado y que hubieran hecho exactamente lo que ellos decían.
4. Los falsos religiosos testifican contra sí mismos. Tributan reverencia a los profetas del pasado pero rechazan los profetas vivos. Reverencian a Abraham, Moisés, Jeremías y Zacarías; pero rechazan al propio Hijo de Dios. Rechazándolo demuestran ser como sus padres, homicidas. Son hijos de sus padres, siguiendo en los mismos pasos de ellos, rechazando a los mensajeros de Dios. Como el padre, así los hijos.

Note lo que dijo Cristo: Estaban completando la medida o copa de los homicidios comenzados por sus padres. Probablemente Cristo estaba diciendo que su propia muerte sería la gota final. La copa estaba por ser *llenada* hasta el borde; la copa no soportaría una gota más. No habría oportunidad de volver a Dios después de matar al *Profeta,* a Cristo mismo (*véanse* bosquejo y notas—Mt. 22:1-12).

«Pero por tu dureza y por tu corazón no arrepentido, *atesoras* para ti mismo ira para el día de la ira y de la revelación del justo juicio de Dios, el cual pagará a cada uno conforme a sus obras» (Ro. 2:5-6).

«Y vi a los muertos, grandes y pequeños, de pie ante Dios; y los libros fueron abiertos, y otro libro fue abierto, el cual es el libro de la vida; y fueron juzgados los muertos por las cosas que estaban escritas en los libros, según sus obras» (Ap. 20:12; cp. Ap. 22:12).

«Y tuya, oh Señor, es la misericordia; porque tú pagas a cada uno conforme a su obra» (Sal. 62:12).

«Porque si dijeres: Ciertamente no lo supimos, ¿acaso no lo entenderá el que pesa los corazones? El que mira por tu alma, el lo conocerá, y dará al hombres según sus obras» (Pr. 24:12).

«Yo Jehová, que escudriño la mente, que pruebo el corazón, para dar a cada uno según su camino, según el fruto de sus obras» (Jer. 17:10).

Pensamiento 1. Es fácil honrar a los grandes hombres del pasado. No están presentes para hablar la verdad y demandar que la sigamos. Un muerto no puede perturbarnos con sus advertencias.

Pensamiento 2. Cada generación vive bajo *este* engaño: puesto que son más educados y tecnológicamente más avanzados, se creen mejores y más fuertes que las generaciones anteriores. Creen que ...

- si tuvieron la oportunidades del pasado, las habrían aprovechado mejor.
- si hubieran encarado las tentaciones del pasado, las habrían resistido mejor.

9 (23:34-36) ***Religiosos, falsos:*** los falsos religiosos rechazan y abusan de muchos profetas de Dios en la actualidad. Cristo dijo que enviaría mensajeros con el mensaje de Dios, pero que los falsos religiosos los golpearían (azotes) los perseguirían y los matarían. Serían insistentes en su persecución siguiendo a los mensajeros de Dios de ciudad en ciudad.

Note que Cristo dijo algo más, algo de terribles consecuencias para los falsos religiosos. Todo el abuso y toda la sangre justa derramada durante la historia sería adjudicada a los falsos religiosos. ¿Por qué? Porque de entre toda la gente, ellos tuvieron la mayor oportunidad.

«Que son israelitas, de los cuales son la adopción, la gloria, el pacto, la promulgación de la ley, el culto y las promesas» (Ro. 9:4).

Pensamiento 1. Hay una pregunta que toda persona tiene que responder: ¿Cuando me haya ido, cuál será el veredicto? ¿Qué tipo de legado dejaré? ¿He ayudado o impedido a Dios?

«Y vi a los muertos, grandes y pequeños, de pie ante Dios; y los libros fueron abiertos, y otro libro fue abierto, el cual es el libro de la vida; y fueron juzgados los muertos por las cosas que estaban escritas en los libros, según sus obras» (Ap. 20:12)

ESTUDIO A FONDO 7

(23:34) ***Profetas:*** *véanse* Estudio a fondo 1—1 Co. 14:3; nota—Ef. 4:11.

ESTUDIO A FONDO 8

(23:34) ***Hombres sabios:*** son los siervos de Dios, sabios, especialmente dotados por el Espíritu Santo con sabiduría divina.

ESTUDIO A FONDO 9

(23:34) ***Escribas:*** no los escribas judíos, sino hombres dotados por el Espíritu Santo para enseñar el Nuevo Testamento, el gran pacto de Cristo mismo, el propio Hijo de Dios.

ESTUDIO A FONDO 10

(23:35) ***Abel:*** cp. Gn. 4:8-10; He. 12:24.

ESTUDIO A FONDO 11

(23:35) ***Zacarías:*** existen algunas dudas en cuanto a la identidad de éste. Probablemente no es Zacarías el profeta, sino el Zacarías que fue apedreado y muerto en el atrio de la casa del Señor (2 Cr. 24:20-21). Su padre, llamado Joiada en el Antiguo Testamento y Berequías en el Nuevo, probablemente era conocido por ambos nombres. Para los judíos era común tener dos nombres. El mayor apoyo para esta explicación proviene de la Biblia judía. Los libros de la Biblia judía están ordenados de manera diferente a los de la Biblia cristiana. Segundo de Crónicas es el *último libro* de la Biblia judía. Jesús sencillamente está diciendo (refiriéndose al ordenamiento judío de las Escrituras) que los religiosos falsos son culpables de toda la sangre justa derramado durante la historia, desde el primer crimen, de Abel, hasta el último, de Zacarías.

ESTUDIO A FONDO 12

(23:36) ***Generación, esta:*** «Todas estas cosas» vendrán en un terrible juicio sobre la generación de los tiempos de Cristo. Ellos son especialmente culpables porque tuvieron una oportunidad tan singular; tuvieron la presencia misma del Hijo de Dios en forma visible entre ellos (Jn. 20:29).

Sin embargo, ¿significa que soportarán un juicio especial en la eternidad por causa de sus privilegios especiales (Ro. 9:1-5)? ¿O es referencia a la destrucción de Jerusalén y de la nación bajo Tito en 70 d.C? Diversos comentaristas apoyan ambas

	N. El gran lamento de Jesús: el amor de Jesús rechazado, 23:37-39 (Lc. 13:34-35)
1 Persiguió a los mensajeros de Dios **2 El gran amor de Cristo por Jerusalén**EF1 a. Paciencia b. Prodigó cuidado **3 El gran pecado de Jer.: rechazó al Mesías**	37 ¡Jerusalén, Jerusalén, que matas a los profetas, y apedreas a los que te son enviados! ¡Cuántas veces quise juntar a tus hijos, como la gallina junta sus polluelos debajo de las alas, y no quisiste!
4 El juicio aterrador sobre Jerusalén a. Desertada y desolada EF2	38 He aquí vuestra casa os es dejada desierta.
b. Enceguecido para el Mesías **5 Predicción gloriosa**	39 Porque os digo que desde ahora no me veréis, hasta que digáis: Bendito el que viene en el nombre del Señor.

N. El gran lamento de Jesús: el amor de Jesús rechazado, 23:37-39

(23:37-39) ***Introducción—Jerusalén—Israel:*** en este pasaje se ve el gran amor de Dios por Jerusalén e Israel. Este es el gran lamento de Cristo sobre Jerusalén, la ciudad de Dios, y sobre Israel el pueblo de Dios. El amor de Dios perfectamente demostrado al dar a su único Hijo, fue rechazado. Cristo sollozó y lloró desde los más profundo de su corazón. Con intensos gemidos exclamó:

> **«¡Jerusalén, Jerusalén ... ¡Cuántas veces quise juntar a tus hijos, como la gallina junta sus polluelos debajo de las alas» (v. 37).**

Nunca se conocerá la profundidad de la emoción y del quebranto de corazón del Señor. ¿Por qué? Porque Cristo sabía que el llamado de amor de Dios había sido en vano. El pueblo que había sido escogido para ser testigo de Dios sobre la tierra, es decir, Jerusalén, «había cometido pecado» (Lm. 1:8). Había rechazado al único Hijo de Dios, a su propio Mesías y Salvador.

Sin embargo, el gran amor de Dios por Jerusalén no es todo lo que se ve en las palabras del Señor. Se ve el anuncio del juicio de Dios sobre Jerusalén.

> **«Matas a los profetas, y apedreas a los que te son enviados ... He aquí vuestra casa os es dejada desierta ... Porque os digo que desde ahora no me veréis» (vv. 37-39).**

La profundidad del pecado de la ciudad, acumulado a lo largo de los siglos, nunca pudo ser conocida por el hombre (Ro. 2:5). La medida de la copa había sido llenada. Ahora había llegado el tiempo ...

> **«El cual [Dios] pagará a cada uno conforme a sus obras ... a los que son contenciosos y no obedecen a la verdad, sino que obedecen a la injusticia; tribulación y angustia sobre todo ser humano que hace lo malo, el judío primeramente y *también* el griego» (Ro. 2:6-9).**

En este pasaje se ve el lugar de Jerusalén en el corazón de Dios; pero también se ve el juicio aterrador del corazón de Dios. Serán juzgados y condenados todos los que rechazan al Hijo Dios, sin importar quienes son, tanto judíos como gentiles. El pasaje es aplicable a todos nosotros. (Para mayor discusión agregue los vv. 10 y 11 a Ro. 2:6-9 citados arriba y *véanse* el bosquejo y notas—Ro. 11:11-16; 11:17-24.)

1. El pecado pasado de Jerusalén: persiguió a los mensajeros de Dios (v. 37).
2. El gran amor de Cristo por Jerusalén (v. 37).
3. El gran pecado de Jerusalén: rechazó al Mesías (v. 37).
4. El juicio aterrador sobre Jerusalén (vv. 38-39).
5. Predicción gloriosa: Jerusalén e Israel proclamarán el Mesías (v. 39).

1 (23:37) ***Judíos, pecados de los:*** el gran pecado de Jerusalén es que persiguió a los mensajeros de Dios. Ridiculizó, persiguió y mató a los mensajeros de Dios. Cristo, por supuesto, estaba hablando a todos los israelitas incrédulos; pero especificó a Jerusalén porque ella era la capital, el lugar del sanhedrín (el cuerpo gobernante de los judíos). Algunos ejemplos de Israel rechazando y abusando de los mensajeros de Dios serían ...

- la reacción contra Hanani y su encarcelamiento (2 Cr. 16:7-10. esp. 10).
- el apedreamiento de Zacarías (2 Cr. 24:20-21; Mt. 23:35).
- el odio contra Micaías y su encarcelamiento (1 R. 22:7-27, esp. 27).
- el arrojar a Jeremías en el pozo (Jer. 38:6).
- el intento de silenciar a Am. (Am. 7:11-13).

Algunos ejemplos de la persecución librada por el Sanhedrín después de Cristo sería ...

- la garantía de arresto para los primeros creyentes (Hch. 9:2).
- las órdenes de rodear a los creyentes y perseguirlos (Hch. 8:1).
- el apedreamiento de Esteban (Hch. 7:57-60).

La ridiculización y persecución de los mensajeros de Dios fue algo tan común a lo largo de los siglos que Cristo dijo en otra ocasión: «No es posible que un profeta muera fuera de Jerusalén» (Lc. 13:33).

Dios tiene a sus mensajeros muy cerca de su corazón y es extremadamente protector hacia ellos. Ridiculizar y ofender a uno de sus siervos es una ofensa muy grave. Jerusalén y el pueblo de Israel eran culpables de muchos pecados, pero es este pecado el que *más condena.* En conjunción con este pensamiento está el siguiente hecho, fueron primordialmente las murmuraciones de Israel contra Dios en el desierto lo que hizo que Dios juzgara tan severamente esa generación.

Las Escrituras dicen:

> **«¿Tú quién eres, que juzgas al criado ajeno? Para su propio señor está en pie, o cae; pero estará firme, porque poderoso es el Señor para hacerle estar firme» (Ro. 14:4).**
>
> ***Pensamiento.*** Con frecuencia es ridiculizado el verdadero mensajero de Dios. Dos hechos deben ser destacados al respecto.

1) El motivo de su persecución: el propósito de Dios es corregir un mundo injusto; cambiar un corazón que se auto justifica; la purificación de la mente licenciosa;el sacrificio de la vida egoísta. Los hombres resisten la corrección de Dios y su demanda de un cambio y de pureza. Resisten el sacrificio de uno mismo, por naturaleza resisten semejante restricción. Por eso, con frecuencia los hombres se oponen a los mensajeros que proclaman en *verdad* la Palabra de Dios.

Muchas veces los líderes de la persecución son falsos religiosos prisioneros del mundo y de sus religiones institucionales. Se sienten amenazados por el mensaje que proclama la existencia de la *verdad* más allá del hombre mismo. Un mensaje positivo de esa clase pone en peligro sus propias creencias humanistas y los amenaza con la pérdida de su seguridad, sustento, prestigio, y todo lo que el mundo les ofrece.

[2] (23:37) ***Jesucristo, amor:*** en este pasaje se destaca fuertemente el gran amor de Cristo (*véanse* notas—Mt. 23:37-39). Tanto su paciencia como su inmenso deseo de cuidar y proteger a su pueblo.

1. Su paciencia está expresada en las palabras «¡Cuántas veces quise ...!» Hubiera salvado personalmente al pueblo. Los hubiera salvado muchas veces. Anhelaba la salvación de ellos, no su condenación (cp. Jn. 3:17). Jerusalén se había abusado de sus mensajeros e incluso había matado a muchos de ellos, sin embargo, Dios no se había apartado de ellos. Siguió enviando mensajeros, y finalmente envió a su propio Hijo. Una y otra vez se extendió al pueblo por medio de hombres de Dios; y cada vez Jerusalén había rechazado, abusado, y algunas veces muerto a sus siervos. La paciencia de Dios soportó y soportó el pecado del hombre sabiendo que algunos serían salvados (*véase* bosquejo—Ro. 9:22-24; cp. 2 P. 3:8-9).

2. Su cuidado y protección se expresan en la palabra «juntar». El cuadro de una gallina juntando a los polluelos bajo sus alas es un cuadro de cuidado y protección. El preciso propósito de Cristo es reunir y cuidar a la persona de andar alrededor encarando a solas los peligros del mundo.

> **«Con sus plumas te cubrirá, y debajo de sus alas estarás seguro; escudo y adarga es su verdad» (Sal. 91:4).**

Pensamiento. Cristo anhela reunirnos alrededor suyo *muchas veces.* Cada vez que oímos el evangelio y sentimos un impulso interior de acercarnos a Él, Él se está extendiendo hacia nosotros para reunirnos consigo.

> **«Y yo si fuere levantado de la tierra, a todos atraeré a mí mismo» (Jn. 12:32).**
>
> **«Pero acerca de Israel dice: todo el día extendí mis manos a un pueblo rebelde y contradictor» (Ro. 10:21).**
>
> **«Así que, somos embajadores en nombre de Cristo, como si Dios rogase por medio de nosotros; os rogamos en nombre de Cristo: reconciliaos con Dios» (2 Co. 5:20).**
>
> **«He aquí, yo estoy a la puerta y llamo; si alguno oye mi voz y abre la puerta, entraré a él, y cenaré con él, y él conmigo» (Ap. 3:20).**
>
> **«Jehová se manifestó a mí hace ya mucho tiempo, diciendo: con amor eterno te he amado; por tanto te prolongué mi misericordia» (Jer. 31:3).**

ESTUDIO A FONDO 1

(23:37) ***Jesucristo, deidad:*** las palabras: «¡Cuántas veces *quise juntar* a tus hijos» señalan retrospectivamente a toda la historia de Israel. Cristo estaba diciendo que Él era uno con Dios. Fue Él quien miraba sobre Israel a lo largo de su historia, el que quería juntar a Israel bajo su cuidado y protección.

[3] (23:37) ***Judíos, los pecados:*** el *gran* pecado de Jerusalén fue Éste, rechazar al único Hijo de Dios. Note las palabras «no quisiste». El los hubiera salvado, pero ellos no querían ser salvados. Escucharon a Cristo; vieron a Cristo; incluso pudieron tocar a Cristo (1 Jn. 1:1), pero lo rechazaron. Y su rechazo fue *deliberado.*

- Rechazaron el amor de Dios que les fue demostrado en Cristo. Dios demostró su amor entregando a su único Hijo.
- Rechazaron los términos de las demandas de Dios. Dios demanda que viviesen para Él. ¿Cómo? Creyendo en el Hijo de Dios y viviendo, día tras día, vidas sanas. Luego irían a proclamar el mensaje de salvación en el Hijo de Dios.
- Rechazaron la justicia de Dios (fe en Cristo) confiando en su propia justicia (*véase* Estudio a fondo 2—Ro. 4:22).

Pensamiento. Por los mismos motivos los hombres rechazan a Cristo.

1) Rechazan la revelación de Dios para el hombre.

> **«Porque de tal manera amó Dios al mundo, que ha dado a su Hijo unigénito, para que todo aquel que en él cree, no se pierda, mas tenga vida eterna» (Jn. 3:16).**
>
> **«Mas Dios muestra su amor con para con nosotros, en que siendo aún pecadores, Cristo murió por nosotros» (Ro. 5:8).**

2) Rechazan la afirmación de Cristo de ser la revelación de Dios, de ser el Hijo de Dios.

> **«Oyó Jesús que le habían expulsado; y hallándole, le dijo: ¿Crees tú en el Hijo de Dios? Respondió él y dijo: ¿Quién es, Señor, para que crea en él? Le dijo Jesús: Pues le has visto, y el que habla contigo, él es» (Jn. 9:35-37).**
>
> **«Le respondieron los judíos diciendo: Por buena obra no te apedreamos, sino por la blasfemia; porque tú, siendo hombre, te haces Dios» (Jn. 10:33).**
>
> **«¿Al que el Padre santificó y envió al mundo, vosotros decís: Tú blasfemas, porque dije: Hijo de Dios soy?» (Jn. 10:36).**
>
> **«Jesús clamó y dijo: el que cree en mí, no cree en mí, sino en el que me envió; y el que me ve, ve al que me envió» (Jn. 12:44-45).**
>
> **«Jesús le dijo: ¿Tanto tiempo hace que estoy con vosotros, y no me has conocido Felipe? El que me ha visto a mí, ha visto al Padre; ¿cómo, pues, dices tú: Muéstranos el Padre?» (Jn. 14:9).**

3) Rechazan la justicia de Dios y confían en su propia justicia.

> **«Porque ignorando la justicia de Dios, y procurando establecer la suya propia, no se han sujetado a la justicia de Dios; porque el fin de la ley es Cristo, para justicia a todo aquel que cree» (Ro. 10:3-4).**
>
> **«Hay generación limpia en su propio corazón, si bien no se ha limpiado de su inmundicia» (Pr. 30:12).**

[4] (23:38-39) ***Juicio—Jesús—juicio de:*** el aterrador juicio sobre Jerusalén fue triple.

1. La casa de ellos sería abandonada por Dios, «dejada en sus propias manos». La palabra «casa» se refiere al templo de ellos, a su nación y sus vidas. Ellos querían el control de todo; hacer como les placía con sus vidas y posesiones. Cristo dijo que les concedería su deseo. La presencia de Dios se apartaría del templo, de su nación y de sus vidas; e iba a dejar todo en las manos de ellos (*véase* Estudio a fondo 2—Mt. 23:38).

2. La casa de ellos sería desolada. Sería destruida. Esto podría ser referencia tanto al juicio terrenal (ausencia de Dios) cuando Jerusalén fuera destruida por Tito en el año 70 d.C. como al juicio eterno (He. 9:27). Sin embargo, se debe notar que muchos

manuscritos antiguos no contienen la palabra «desolada» en su texto.

3. Después ya no podrían ver a Cristo. Esto significaba dos cosas.

a. No lo verían pronto. Estaba partiendo del mundo, muriendo, y ascendiendo a la presencia de Dios. No volverían a verlo hasta su retorno.
b. Seguirían ciegos y obstinados en su incredulidad. No se someterían a Cristo como el Mesías el Hijo mismo de Dios. Por eso serían enceguecidos como parte del juicio de Dios (Ro. 11:7-10, 25).

Pensamiento. Los mismos tres juicios son aplicables a cada persona y nación que anda en obstinada incredulidad.

1) Dios los abandonará.

«Por lo cual también Dios los entregó a la inmundicia, en las concupiscencias de sus corazones, de modo que deshonraron entre sí sus propios cuerpos» (Ro. 1:24).

«Por esto Dios los entregó a pasiones vergonzosas; pues aun sus mujeres cambiaron el uso natural por el que es contra naturaleza, y de igual modo también los hombres, dejando el uso natural de la mujer, se encendieron en su lascivia unos con otros, cometiendo hechos vergonzosos hombres con hombres, y recibiendo en sí mismos la retribución debida a su extravío. Y como ellos no aprobaron tener en cuenta a Dios, Dios los entregó a una mente reprobada, para hacer cosas que no convienen» (Ro. 1: 26-28).

2) Dios los destruirá.

«Y ya también el hacha está puesta a la raíz de los árboles; por tanto, todo árbol que no da buen fruto se corta y se echa en el fuego» (Lc. 3:9).

«Y a vosotros que sois atribulados, daros reposo con nosotros, cuando se manifieste el Señor Jesús desde el cielo con los ángeles de su poder, en llama de fuego, para dar retribución a los que no conocieron a Dios, ni obedecen al evangelio de nuestro Señor Jesucristo; los cuales sufrirán pena de eterna perdición, excluidos de la presencia del Señor, y de la gloria de su poder» (2 Ts. 1:7-9).

«Sabe el Señor librar de tentación a los piadosos, y reservar a los injustos para ser castigados en el día del juicio» (2 P. 2:9).

«Pero los cielos y la tierra que existen ahora, están reservados por la misma palabra, guardados para el fuego en el día del juicio y de la perdición de los hombres impíos» (2 P. 3:7).

«De éstos también profetizó Enoc, séptimo desde Adán, diciendo: He aquí, vino el Señor con sus santas decenas de millares, para hacer juicio contra todos, y dejar convictos a todos los impíos de todas sus obras impías que han hecho impíamente, y de todas las cosas duras que los pecadores impíos han hablado contra Él» (Jud. 14-15).

3) No podrán ver a Cristo.

«Entonces dirá también a los de la izquierda: *apartaos* de mí, malditos, al fuego eterno preparado para el diablo y sus ángeles» (Mt. 25:41).

«Pero os dirá: Os digo que no sé de dónde sois; *apartaos* de mí todos vosotros, hacedores de maldad» (Lc. 13:27).

«Porque la paga del pecado es muerte [separación], mas la dádiva de Dios es vida eterna en Cristo Jesús Señor nuestro» (Ro. 6:23).

«Y de la manera que está establecido para los hombres que mueran una sola vez, y después de esto el juicio [separación de Dios]» (He. 9:27).

ESTUDIO A FONDO 2

(23:38) ***Desierta*** *(eremos)*: dejar desierto, convertir en páramos; desertar. Sin la presencia de Dios tanto el lugar como la persona son como un desierto, desolados y abandonados. Abandonados a su desintegración.

5 (23:39) ***Judíos, restauración:*** Jesús comparte la gloriosa predicción de que Jerusalén e Israel proclamarán al Mesías. Israel no quedará por siempre enceguecido ante Jesús como el verdadero Mesías; Israel profesará y proclamará que Jesús es el Mesías.

Note dos cosas.

1. Las palabras «hasta que digáis» miran al futuro. Israel no quedaría ciego para siempre. Israel profesará que Jesús es el Mesías. Ese día viene.

2. Las palabras «bendito *el que viene*» miran al retorno de Jesús. Israel va a proclamar que Jesús es el Mesías cuando retorne en gran gloria «en el nombre del Señor» (Jehová) (cp. Fil. 2:9-11). (*Véanse* bosquejos y notas—Ro. 11:25-36. Cp. bosquejo y notas—Ro. 9:1—11:36.)

«Porque no quiero, hermanos, que ignoréis este misterio, para que no seáis arrogantes en cuanto a vosotros mismos: que ha acontecido a Israel endurecimiento en parte, hasta que haya entrado la plenitud de los gentiles; y luego todo Israel será salvo, como está escrito: Vendrá a Sion el Libertador, que apartará de Jacob la impiedad. Y este será mi pacto con ellos, cuando yo quite sus pecados» (Ro. 11:25-27).

«Porque muchos días estarán los hijos de Israel sin rey, sin príncipe, sin sacrificio, sin estatua, sin efod y sin terafines. Después volverán los hijos de Israel, y buscarán a Jehová su Dios, y a David su rey; y temerán a Jehová y a su bondad en el fin de los días» (Os. 3:4-5).

«Y derramaré sobre la casa de David, y sobre los moradores de Jerusalén, espíritu de gracia y de oración; y mirarán a mí, a quien traspasaron, y llorarán como se llora por hijo unigénito, afligiéndose por él como quien se aflige por el primogénito» (Zac. 12:10).

Pensamiento. Uno de los momentos más gloriosos de la vida es cuando una persona se vuelve a Cristo y proclama que es el Mesías. Es un *volverse* que toda persona debería experimentar. Algún día Israel lo experimentará.

1 Eventos que desembocaron en las grandes profecías
a. Los discípulos admiraron el templo
b. Jesús usó la ocasión para despertar interés en la profecía: predijo la completa destrucción del templo[EF4]
c. Los discípulos formularon dos preguntas:
1) ¿La dest. del templo?
2) ¿Las señales del retorno de Cristo y el fin del mundo
d. Jesús advirtió: hay que guardar contra la decepción
2 Señal 1: falsos mesías

CAPÍTULO 24

XV. LA PROFECÍA DEL MESÍAS SOBRE SU RETORNO Y EL FIN DEL MUNDO: EL DISCURSO DEL MONTE DE LOS OLIVOS[EF1, 2] 24:1—25:46

A. Las señales de los últimos días,[EF3] 24:1-14 (Mr. 13:1-13; Lc. 21:5-11)

Cuando Jesús salió del
templo y se iba, se acecaron
sus discípulos para mostrarle los edificios del
templo.
2 Respondiendo él, les
dijo: ¿Veis todo esto? De
cierto os digo, que no
quedará aquí piedra sobre
piedra, que no sea derribada.
3 Y estando él sentado en
el monte de los Olivos, los
discípulos se le acercaron
aparte, diciendo: Dinos,
¿cuándo serán estas cosas,
y qué señal habrá de tu
venida, y del fin del siglo?
4 Respondiendo Jesús, les
dijo: Mirad que nadie os
engañe.
5 Porque vendrán muchos
en mi nombre, diciendo: Yo
soy el Cristo; y a muchos
engañarán.
6 Y oiréis de guerras y
rumores de guerras; mirad
que no os turbéis, porque es
necesario que todo esto
acontezca; pero aún no es
el fin.
7 Porque se levantará
nación contra nación, y
reino contrareino; yhabrá
pestes, y hambres, y
terremotos en diferentes
lugares.
8 Y todo esto será
principio de dolores.
9 Entonces os entregarán a
tribulación, y os matarán, y
seréis aborrecidos de todas
las gentes por causa de mi
nombre.
10 Muchos tropezarán
entonces, y se entregarán
unos a otros, y unos a otros
se aborrecerán.
11Y muchos falsos profetas se levantarán, y
engañarán a muchos;
12 y por haberse multiplicado la maldad, el amor
de muchos se enfriará.
13 Mas el que persevere
hasta el fin, éste será salvo.
14 Y será predicado este
evangelio del reino en todo
el mundo, para testimonio
a todas las naciones; y
entonces vendrá el fin.

3 Señal 2: violencia en el mundo

4 Señal 3: desastres naturales (Note que las señales son el comienzo de dolores)[EF5]

5 Señal 4: severa persecución religiosa

6 Señal 5: terrible apostasía, traición y división

7 Señal 6: aparición de muchos líderes falsos ofreciendo esperanza

8 Señal 7: gran apostasía;[EF6, 7]

9 Señal 8: algunos perseveran y son salvos

10 Señal 9: evangelismo mundial

XV. LA PROFECÍA DEL MESÍAS SOBRE SU RETORNO Y EL FIN DEL MUNDO: EL DISCURSO DEL MONTE DE LOS OLIVOS 24:1—25:46

A. Las señales de los últimos días, 24:1-14

(24:1-25:46) ***Postreros tiempos:*** estos dos capítulos, Mt. 24—25, tratan grandes temas. Los tres temas discutidos por Cristo pertenecían al futuro.

1. La destrucción de Jerusalén (v. 3; cp. v. 2).
2. El retorno del Señor (v. 3).
3. El fin del mundo (v. 3).

Una rápida mirada a los primeros cuatro versículos mostrarán los eventos que llevaron a Jesús a tratar estas grandes profecías que constituyen los dos capítulos.

1. Los discípulos admiraron la magnificencia del templo y llamaron la atención de Jesús a su belleza (v. 1). El templo era magnífico. Estaba asentado sobre la cumbre del monte Sion. Estaba construido de mármol blanco con enchapado de oro. Era una estructura masiva que podía albergar mil personas (cp. Hch. 4:4 donde cinco mil personas fueron salvadas de una multitud que contaba muchos miles más). El templo tenía diversos pórticos como la puerta de Salomón y la puerta real. Cada pórtico era sostenido por dos altas columnas, de diámetro tan grande que se requerían entre tres o cuatro personas para rodearla con los brazos abiertos. Era una vista impresionante, una de las maravillas edilicias del mundo. Aparentemente los discípulos estaban en algún sitio donde la visión del templo los llenaba de asombro al mostrarse en la totalidad de su magnífica belleza; querían que Cristo viera el hermoso cuadro.

2. Jesús aprovechó la ocasión para despertar el interés de los discípulos en los acontecimientos venideros. Predijo la total destrucción del templo (v. 2).

3. Los discípulos quedaron impactados. Por supuesto, formularon dos preguntas al Señor: ¿Cuándo será destruido el templo y cuáles serían la señales del retorno de Cristo y del fin del mundo (v. 3) (*véase* nota—Lc. 21:5-8)?

4. Cristo advirtió a los discípulos de cuidarse de ser engañados (v. 4). Esto puede significar una o dos cosas. Una persona puede ser fácilmente engañada cuando se trata de profecías sobre el postrer tiempo; también es posible engañarla fácilmente cuando encara esos tiempos. Puede ser engañada de modo de pensar que ciertos

cataclismos son señales infalibles de que el fin está cerca (v. 6, 14). Con frecuencia ello resulta en ...

- especulaciones descontroladas referidas al tiempo final.
- en predicciones universales.
- en el engaño de otros.
- en el desaliento de la fe cuando el fin no llega.

ESTUDIO A FONDO 1

(24:1-31) ***El tiempo del fin:*** tomar nota de las palabras exactas de Cristo ayudará a entender este pasaje. Los discípulos habían preguntado: «¿Cuándo serán estas cosas? y ¿cuáles serán las señales del fin del mundo?» (v. 3). Jesús respondió a estas preguntas comenzando a predecir las señales de los últimos tiempos. Note ahora las palabras exactas que dijo.

1. Cristo dijo: «Y todo esto será principio de dolores» (v. 8). Las palabras «principio de dolores» indican que Cristo se refería al comienzo de un terrible período de prueba para el creyente («os», v. 9). No se refería simplemente a las pruebas normales que ocurren en la tierra, ni a las persecuciones regulares que se lanzan contra los creyentes a lo largo de los siglos (*véase* Estudio a fondo 2—Mt. 24:1-31). Problemas mundiales y persecución del pueblo de Dios han existido siempre desde el comienzo del tiempo. Los dolores que menciona aquí se refieren a algún terrible período que es tan terrible que se lo puede llamar *«principio* de dolores» o *ayes*. Será un tiempo que debe ser diferenciado de todos los otros problemas que el mundo y los creyentes han sufrido a lo largo de la historia.

2. Cristo dijo: «Por tanto, cuando veáis en el lugar santo ... entonces huyan ... huyan ... porque habrá entonces gran tribulación, cual no la ha habido desde el principio del mundo hasta ahora, ni la habrá» (vv. 15-16, 21). No hay duda en cuanto a esta señal. Con ella comienza el peor período de tribulación que el mundo haya visto. Esta señal destaca definidamente un período específico en la historia humana. En cuanto a cómo llamar a este período, probablemente lo mejor es usar las palabras de Cristo y titularlo «gran tribulación» (v. 21).

3. Note lo que Cristo dijo en los versículos arriba mencionados.

> **«Todo esto será principio de dolores» (v. 8).**
> **«Por tanto, cuando veáis la abominación desoladora en el lugar santo ... entonces huyan ... huyan ... porque *habrá entonces gran tribulación*, cual no la ha habido desde el principio del mundo hasta ahora, ni la habrá» (vv. 15-16, 21).**

Cristo estaba dando una lista de señales, *una de las cuales* era «la abominación desoladora». En los vv. 5-14 mencionó nueve señales, siendo la novena el evangelismo mundial (v. 14). Cerró esta novena señal con las palabras «entonces vendrá el fin» (v. 14). Pero note como en el versículo 15 retoma las señales, mencionando lo que parece ser la más visible y terrible señal para tener en cuenta. Note sus palabras, leyendo juntos los versículos 14, 15, y 21.

> **« ... y entonces vendrá el fin. Por tanto, cuando veáis en el lugar santo ... entonces huyan ... huyan ... porque habrá entonces gran tribulación, *cual no la ha habido desde el principio del mundo»* (vv. 14-16, 21).**

Cristo estaba diciendo que habría una diferencia entre las señales que preceden «la abominación» y las pruebas, sin paralelo, que seguirían. Cuando «la abominación desoladora» está en el lugar santo, las pruebas que sigan *mucho, mucho peores,* serán sin paralelo en la historia humana.

«La abominación desoladora» es la señal que inicia las peores tribulaciones que el mundo haya conocido. Cristo no indicó el momento preciso en que aparecerá esta abominación, pero su aparición es una de las diez señales mencionadas por Cristo; y su aparición señalará la peor devastación jamás conocida en el mundo.

Un diagrama de las propias palabras de Cristo quizá ayude a entender lo que Él dice.

1. Sus palabras son: «Todo esto [estas señales] será principio de dolores» (v. 8).
2. «Por tanto, cuando veáis la abominación desoladora en el lugar santo ... habrá entonces gran tribulación» (vv. 15, 21).

EL FIN DEL MUNDO

Ver la señal de la abominación desoladora *en medio del tiempo o de los años* (v. 15)

Señales que son «el principio de dolores» (v. 8)	Pruebas sin igual de la «gran tribulación» (v. 21)

Ver al Hijo del Hombre viniendo (vv. 29-30)

«Sus ángeles ... reuniendo a los escogidos» (v. 31)

Otra forma de expresar lo que Cristo está diciendo es estos capítulos es la siguiente.

1. Los discípulos hicieron dos preguntas a Cristo: ¿Cuándo sería destruido el templo, y cuáles serían las señales de su venida y del fin del mundo?
2. Cristo respondió mencionando nueve señales (vv. 5-14). Cuando mencionó la novena señal, el evangelismo mundial, dijo: «Entonces vendrá el fin» (v. 14).
3. Entonces, en esencia Cristo dijo: «Pero hay una décima señal a la que deben estar atentos». Y esta décima señal la discutió en mayor medida. Dijo: «Por tanto cuando veáis en el lugar santo la abominación desoladora ...» (vv. 15-28).
   a. Ella iniciará la peor de las tribulaciones que el mundo haya visto (vv. 15-22).
   b. Causará una frenética búsqueda de! Mesías y falsos profetas, es decir, de un gran libertador (vv. 23-26).
   c. Pero sepan esto: el retorno de Cristo no será en un lugar aislado o en secreto (v. 26). Su retorno será como un relámpago; será rápido, recorriendo de manera visible todo el cielo (vv. 27-28).
4. Luego Cristo dijo:«Inmediatamente después de la tribulación de aquellos días» Él retornaría (vv. 29-31).

Muchos eruditos de la Biblia destacan grandes similitudes entre lo que Cristo dijo acerca del tiempo del fin y partes de Apocalipsis (Mt. 24; Mr. 13; Lc. 21). (*Véanse* notas—Ap. 6:1-7:17; 7:1-8; 8:1-5; 11:15; 16:1-21.)

1. Aparentemente hay una similitud entre la estructura de lo que Cristo dijo y el libro de Apocalipsis al referirse al tiempo del fin (*véanse* notas de los párrafos anteriores).

- El principio de dolores: dolores preliminares, problemas y males en la sociedad y en la naturaleza; pero el evangelismo mundial continúa (Mt. 24:5-14) ... corresponde a ... los siete sellos (Ap. 6:1-17).

- La «gran tribulación»: sufrimientos sin igual (Mt. 24:15-28) ... corresponde a ... las siete trompetas, las copas, y bestias (Ap. 8:1—18-24).

• «El Hijo del Hombre viene» ... corresponde a ...El triunfo final de Cristo (Ap. 19:1—22:21).

2. Aparentemente hay similitud entre el «principio de dolores» (Mt. 24:5-14) y los sellos de Apocalipsis (Ap. 6:1-17). El fin del mundo *no vendrá de una sola vez*. El futuro estará lleno de guerras, desastres naturales, persecuciones y las afirmaciones de falsos libertadores (mesías). Y al final mismo habrá un incremento e intensificación de las señales. Pero eso no es todo. Habrá una señal terrible: la aparición del jinete sobre el caballo blanco (*véase* nota-Ap. 6:2), «la abominación desoladora» (RV), «el sacrilegio desolador» (RSV), «el hombre de iniquidad» (2 Ts. 2:3), el «pequeño cuerno» (Dn. 7), el anticristo. Esta persona afligirá al pueblo de Dios más allá de todo lo imaginable. (*Véase* Estudio a fondo 1—Ap. 11:7.)

3. Aparentemente hay una similitud entre «la gran tribulación» mencionada por Cristo y las siete trompetas, las siete copas del juicio, y la bestia mencionados en Apocalipsis.

4. Otros señalan una gran similitud ente «la bestia» (anticristo) presentada una y otra vez en Apocalipsis y la «abominación desoladora» mencionada por Cristo (*véanse* Estudio a fondo 2—Mt. 24:1-31; Estudio a fondo 1—Ap. 11:7).

ESTUDIO A FONDO 2

(24:1-31) ***Postrer tiempo:*** otras tres cosas ayudarán a entender lo que Cristo estaba haciendo en este pasaje.

1. Ayudará el recordar que Cristo estaba preparando a sus discípulos para la propia muerte y partida de este mundo v aue también los preparaba para continuar cuando se hubiese ido. Sus discípulos inmediatos pasarían por tiempos terribles, abarcando todo el espectro desde las pruebas personales causadas por su testimonio en favor de Cristo hasta las pruebas nacionales que implican la destrucción total de su nación. Tardaría generaciones abarcando siglos hasta su retorno. En aquel momento nadie sino él lo sabía. También tenía que preparar a sus discípulos futuros. Ellos también iban a encarar todo tipo de pruebas; y siempre existía el peligro de que sus discípulos pudieran cansarse esperando el retorno. Verían y experimentarían tantos problemas en el mundo que podrían desfallecer. Ellos, juntamente con muchos otros en el mundo podrían comenzar a preguntar:

> **«¿Dónde está la promesa de su advenimiento? Porque desde el día en que los padres durmieron, todas las cosas permanecen así como desde el principio de la creación» (2 P. 3:4).**

Lo que Cristo hizo fue usar la ocasión para revelar algunos de los eventos que tendrían lugar sobre la tierra durante «estos postreros días», los días de la iglesia (Hch. 2:16-17; 1 Jn. 2:18). Al conocer algunos de los eventos, sus discípulos estarían mejor preparados para mantener viva su esperanza en el retorno de Cristo.

- Sabrían que Dios no iba a ser sorprendido indefenso. Dios todavía seguía en el trono y aun mantenía el control de los eventos.
- Ellos mismos no serían sorprendidos indefensos. Sabrían a qué atenerse en este mundo corruptible y pecador. Cuando los eventos ocurrieran no sería tan probable que se desalentaran.
- Se sentirían desafiados a *permanecer* tan cerca de Dios que tuvieran toda la fuerza posible al encarar las pruebas venideras sobre la tierra.
- Serían alentados en su esperanza en Dios y en el nuevo cielo y la nueva tierra, y no en este mundo corruptible.
- Esperarían esa «esperanza bienaventurada y la manifestación gloriosa de nuestro gran Dios y Salvador Jesucristo» (Tit. 2:3).

2. El recordar que Jesús estaba respondiendo a dos preguntas también ayudará a entender lo que Jesús decía. Estaba respondiendo a las preguntas: ¿Cuándo será destruido el templo y cuáles serán las señales del retorno de Cristo y del fin del mundo?

Note algo: Cristo estaba hablando del fin del templo y del fin del mundo; la destrucción del templo y la destrucción del mundo. Estaba enumerando las señales y eventos que causarían el juicio del templo y del mundo. ¿Cuál es el punto central? Simplemente éste: las Escrituras enseñan que las mismas señales y eventos causan el juicio sobre cualquier cosa. Es decir, los eventos (pecados) que traen el juicio sobre una cosa, son al mismo tiempo los mismos eventos que traerán el juicio sobre todo lo demás. Por eso, lo que Cristo estaba diciendo tiene un doble significado y doble aplicación (*véase* Estudio a fondo 3—Mt. 24:1-14; 24: 15-28. Ambas notas ayudarán a ver la doble aplicación.)

Las palabras del Señor se aplicaban tanto a los discípulos de su día como a todos los discípulos que le iban a seguir en las sucesivas generaciones. Mientras la tierra permanezca, los discípulos de los «postreros días» (o edades) encararán muchas de las mismas señales que experimentaron aquellos que vieron la destrucción de Jerusalén. Pero habrá una diferencia: en el fin del mundo las aumentará la intensidad de las señales. Al aproximarse el fin del mundo las señales serán tan terribles que bien pueden ser llamadas «principio de dolores» (Mt. 24:8), y «gran tribulación» (Mt. 24:21). (*Véanse* Estudios a fondo 1, 2—Mt. 24:1-31; nota—24:15-28.)

3. Un rápido repaso de los pasajes referidos a las señales también ayuda a entender estos capítulos.

a. Las nueve señales de los últimos días (es decir, los últimos días antes de la destrucción de Jerusalén y del fin del mundo) (Mt. 24:1-4).

b. La décima y más terrible de las señales: «la abominación desoladora» y la gran tribulación (Mt. 24:15-28).

c. La venida del Hijo del Hombre (Mt. 24:29-31). El resto de lo mencionado por Cristo tiene que ver con el tiempo del retorno del Señor (Mt. 24:32-41) y la obligación del creyente de velar y estar preparado (Mt. 24:42-25:46).

ESTUDIO A FONDO 3

(24:1-14) ***Tiempo del fin:*** en Mt. 24:1-31, Cristo mencionó al menos diez señales referidas a los postreros días. El estudio de este pasaje requiere tener en cuenta varias cosas.

1. Cristo estaba respondiendo a dos preguntas específicas. ¿Cuándo sería destruido el templo? ¿Cuáles serían las señales del retorno de Cristo y del fin del mundo?

2. En cierta medida las señales mencionadas por Cristo están presentes en cada generación. Esto lo muestra un rápido repaso de la historia universal. En vista de ello es preciso formular una pregunta: ¿Por qué entonces, estaba mencionando Cristo acontecimientos cotidianos como señales de los últimos días? El punto que sigue, punto tres, responde esta pregunta.

3. Habría una intensificación de las señales inmediatamente antes de la caída de Jerusalén e inmediatamente antes del fin del mundo. La intensificación de las señales se ve claramente en lo que sigue.

a. El énfasis en la posibilidad de ser engañados.

> **«Mirad que nadie os engañe» (v. 4).**
> **«Vendrán muchos ... y a muchos engañarán» (v. 5).**

«Falsos profetas ... engañarán a muchos» (v. 11).

b. Una y otra vez Cristo usó la palabra y la idea de «mucho», indicando un incremento en lo que se había visto (la palabra se usa en vv. 5, 10, 11, 12; y la idea se trasmite en vv. 6, 7, 9).

c. Cristo hizo tres declaraciones importantes que señalan concretamente al hecho de una intensificación de las señales.

«Y todo esto será principio de dolores» (v. 8).

«Mas el que persevere hasta el fin, éste será salvo» (v. 13).

«Y será predicado este evangelio del reino en todo el mundo, para testimonio a todas las naciones; y entonces vendrá el fin» (v. 14).

d. Otras Escrituras afirman que en los postreros días habrá una intensificación del mal.

«También debes saber esto: que en los postreros días vendrán tiempos peligrosos» (2 Ti. 3:1).

«Sabiendo primero esto, que en los postreros días vendrán burladores, andando según sus propias concupiscencias» (2 P. 3:3).

«Los que os decían: en el postrer tiempo habrá burladores, que andarán según sus malvados deseos» (Jud. 18).

4. El presente siglo es considerado por Dios como *el siglo de los postreros días o el tiempo postrero.* Conforme al calendario de Dios la historia de la iglesia y su presencia en la tierra tiene lugar en *los días postreros* o durante *los tiempos postreros.*

«Mas esto es lo dicho por el profeta Joel: Y en los *postreros días*, dice Dios, derramaré de mi Espíritu sobre toda carne, y vuestros hijos y vuestras hijas profetizarán; vuestros hijos verán visiones, y vuestros ancianos soñarán sueños» (Hch. 2:16-17).

«En estos *postreros días* nos ha hablado por el Hijo, a quien constituyó heredero de todo, y por quien asimismo hizo el universo» (He. 1:2).

«Hijitos, ya es el *último tiempo*» (1 Jn. 2:18).

5. Cristo mencionó estas señales con un propósito muy específico. Estaba preparando a sus discípulos a soportar y mantener viva su esperanza en el retorno de Cristo. Estaba fortaleciendo la fe de ellos en Dios y en el mundo venidero, en los nuevos cielos y la nueva tierra (*véase* nota—pt. 1—Mt. 24: 1-31, las tres cosas que ayudan a entender este pasaje).

(24:1-14) ***Introducción:*** para entender este pasaje debemos ser cuidadosos de no introducirle, mediante nuestra lectura, más de lo que Cristo estaba diciendo, ni desoír lo que estaba diciendo. Estos dos errores fueron cometidos por los religiosos en cuanto a la primera venida de Cristo (Mt. 2:4-6).

Un hecho mayor que debe ser recordado es este: los discípulos *pensaban* que los tres eventos ocurrirían todos en un mismo momento, es decir, la destrucción de Jerusalén, el retorno del Señor y el fin del mundo. Pensaban en términos del reino mesiánico de Dios (Hch. 1:6 comparado con el concepto judío del Mesías lo demuestra). (*Véanse* notas—Mt.1:1; Estudio a fondo 2—1:18; Estudio a fondo 3—3:11; notas—11:1-6; 11:2-3; Estudio a fondo 1—11:5; Estudio a fondo 2—11:6; Estudio a fondo 1—12:16; notas— 22:42; Lc. 7:21-23.) Cuando Cristo dijo que el templo sería destruido, ellos pensaron que ocurriría al mismo tiempo de su retorno y del fin del mundo, restaurando con ello el reino de Israel.

Sin embargo, Cristo no dio una agenda. No dijo cuándo ocurrirían los tres acontecimientos. Lo que hizo fue mencionar señales que ocurrirían o apuntarían a su retorno y al fin de Jerusalén y al fin del mundo.

Es importante recordar que la mayoría de las señales ocurren a lo largo de toda la historia. Pero con esta diferencia: Las señales aumentan y se intensifican inmediatamente antes del fin de Jerusalén y del mundo. Habrá un período conocido como «principio de dolores» (v. 8), y un período inaugurado por «la abominación desoladora» conocido como la «gran tribulación, cual no la ha habido desde el principio del mundo» (v. 21).

1. Eventos que desembocaron en las grandes profecías (vv. 1-4).
2. Señal 1: falsos mesías (v. 5).
3. Señal 2: violencia en el mundo (v. 6).
4. Señal 3: desastres naturales (vv. 7-8).
5. Señal 4: severa persecución religiosa (v. 9).
6. Señal 5: terrible apostasía—traición y división (v. 10).
7. Señal 6: aparición de muchos líderes falsos ofreciendo esperanza (v. 11).
8. Señal 7: gran apostasía: crecimiento del pecado y enfriamiento del amor (v. 12).
9. Señal 8: algunos perseveran son salvos (v. 13).
10. Señal 9: evangelismo mundial (v. 14).

(24:1-14) ***Otro bosquejo:*** en estos catorce versículos Cristo mencionó al menos nueve señales. Pero las dividió en tres secciones.

1. Las señales del principio: principio de señales (vv. 5-8). El versículo 8 hace esta división: «Y todo esto [las señales recién mencionadas] será principio de dolores».

2. Las señales que siguen: amenazas y dolores personales (vv. 9-12). Note la palabra «entonces» del versículo 9. Después del principio de dolores «entonces» ocurrirán estos otros dolores. En este sitio Lucas dice: «Pero antes de todas estas cosas [las señales recién mencionadas] os .. .perseguirán ... » (Lc. 21:12). La palabra «antes» (probablemente debe ser entendida en el sentido de *más importante.* Entonces, lo que Lucas dice es: «Pero antes [más importante que] todas estas ... » (*véase* nota—Lc. 21:12).

3. Las señales de promesa. El resultado de la fidelidad (vv. 13-14). La palabra «pero» en el versículo 13 apunta a dos señales que ofrecen toda la promesa y esperanza que un creyente podría anhelar. En efecto, su salvación y testimonio son aquello por lo que vive, y el cumplimiento de ambas es prometido en los postreros días.

1 (24:1-4) ***Profecía:*** acontecimientos que desembocaron en las grandes profecías (para la discusión *véase* nota de arriba—Mt. 24: 1—25:46).

Pensamiento 1. No es la forma exterior que le hace aceptable un objeto; es lo que hay adentro. El templo ilustró que este principio aun aplica a edificios. La gloria de un edificio puede deslustarse por lo que pasa adentro. La corrupción de los sacerdotes dentro del templo trágicamente manchó su gloria.

Pensamiento 2. Hay que mantener correcta la perspectiva del hombre. Será de tremenda ayuda quedarse uno honesto y recordar dos cosas.

a) Toda la gloria y magnificencia de edificios quedarán como polvo en pocos años. Si no son destruidos por guerra o catástofe, se van a deteriorar y desvanecer.

b) Dentro de muy poco tiempo, el cuerpo sí mismo, aun le estructura más bella, estará decaído y no será más que tierra.

Pensamiento 3. Note las palabras de Cristo: «De cierto os digo» (v. 2). Lo que Cristo dice se cumple (véase Estudio a fondo 3—Mt. 24:2). Por eso, la totalidad de las nueve señales tiene que cumplirse inexorablemente. Pero note un asunto crucial: las señales no ocurren porque Dios las destine a ocurrir, sino porque el hombre peca. Ocurren debido a la pasión y el mal en el interior del hombre.

Pensamiento 4. Mientras tanto el mundo debería saber lo que sabía Jesús. El camino de Dios es el único camino para el hombre. Toda nación que anda en su propio camino sin Dios es condenada (Sal. 9:17; Pr. 14:34), y todo político y hombre que anda en su propio camino sin Dios también es condenado (Ro. 6:23; He. 9:27).

Pensamiento 5. Debemos ser muy, muy cuidadosos cuando miramos las cosas secretas de Dios, es decir, cuando nos introducimos a las profecías de los tiempos postreros. Cristo nos hace una advertencia especial: «Mirad que *nadie* os engañe» (v. 4). Note 2 Ts. 2:3: «Nadie os engañe de ninguna manera» (cp. Mt. 24:11).

ESTUDIO A FONDO 4

(24:2) ***Templo:*** la profecía de Jesús fue cumplida literalmente. Apenas unos pocos años después de las palabras de Jesús, Roma se cansó del espíritu duro y rebelde de los judíos que se rehusaban a someterse al gobierno romano. En el año 70 d.C. Roma envió a Tito a marchar contra Jerusalén. La ciudad y el templo fueron totalmente destruidos, a tal extremo que Josefo, el gran historiador judío de aquel tiempo, dijo que un viajero no sabría que alguna vez el lugar había sido habitado. No fue dejada una piedra sobre la otra.

2 (24:5) ***Mesías falsos:*** la primera señal de los postreros días son los falsos Mesías.

1. «Muchos vendrán». No habrá unos pocos sino *muchos* Mesías falsos.
2. Los falsos Mesías afirman: «Yo soy Cristo, el Mesías.» Estos no son los falsos profetas y maestros que se mencionan después. Son personas que afirman ser *el Mesías,* el mensajero de Dios enviado al mundo. Afirmarán tener sabiduría y saber cómo hacer las cosas para salvar al mundo y ofrecer la utopía a los hombres. Serán pseudo *Cristos o anticristos.*
3. Los falsos Mesías «engañarán a muchos.» No unos pocos, sino muchos, creerán y seguirán a los falsos mesías, creyendo que ellos son el camino, la verdad, y la vida (cp. Jn. 14:6).

Inmediatamente después de la muerte de Jesús se levantaron diversos hombres afirmando ser el Mesías. Josefo, el historiador judío, dijo que muchas personas fueron extraviadas por ellos. Las Escrituras también mencionan a dos que aparentemente afirmaban ser el Mesías o al menos el libertador de los judíos. Uno fue Teudas y el otro Judas de Galilea (Hch. 5:36-37). Simón el mago afirmaba ser el «gran poder de Dios» (Hch. 8:9-10). Cada generación tiene sus falsos Mesías, cada uno afirmando ser el mensajero especial de Dios y el libertador de la raza humana. Pero en el postrer tiempo la situación será diferente: No habrá solo unos pocos afirmando ser el gran libertador de los hombres; habrá muchos.

Pensamiento. Los hombres buscan la utopía, paz interior y seguridad exterior. Desafortunadamente, demasiadas iglesias y creyentes no muestran suficiente confianza en Cristo para mostrar que esa paz y seguridad se encuentran solamente en él. Por eso se vuelven a los otros Mesías.

3 (24:6-7) ***Violencia mundial—guerra:*** la segunda señal del tiempo del fin es la violencia mundial. Note varias cosas.

1. Los creyentes «*oirán*» de tanta violencia que les parecerá que el mundo se va a desintegrar. Los creyentes pueden llegar a preocuparse en extremo por esas noticias.
2. Cristo dijo: «no os turbéis» (*me throeisthe*), perturbar, atemorizar, confundir. No sean confundidos o conmovidos. La violencia mundial puede confundir y atemorizar. Puede causarnos confusión y conmoción. Pero Cristo dice que este no será el caso de sus discípulos. Nuestros corazones estarán puestos en Dios, confiando en su presencia, cuidado, y seguridad por la eternidad (Mt. 10:28; Lc. 12:4).
3. La violencia mundial «tiene que ocurrir». No ocurre porque Dios quiere o destine que así sea, sino porque hay pasiones y mal en el corazón de los hombres (Mt. 18:7; cp. Stg. 4:1-3).
4. La violencia mundial puede dominar de tal manera las noticias que los hombres crean que el fin está cerca. Pero Cristo advirtió: «Aún no es el fin.» Acababa de decir: «Mirad que nadie os engañe» (v. 4).

Note el siguiente hecho: toda la violencia mencionada hasta aquí trata con la violencia de la que los hombres oyen. La violencia en sí la menciona el v. 7: «Porque se levantará nación contra nación, y reino contra reino».

Un cuadro descriptivo de la violencia que cautivó al mundo inmediatamente después del Señor, lo da Tácito, el historiador romano (¿55? - 117 d.C). En las oraciones introductorias de su *Historias* del imperio romano, el historiador dice:

> **«Entro a una obra fértil en vicisitudes, manchada por la sangre de las batallas, ribeteada de disensiones, horrible aun en los intervalos de paz. Cuatro príncipes abatidos por la espada; tres guerras civiles, más guerras con enemigos extraños, y a veces ambas guerras simultáneamente; prosperidad en el este; desastres en el oeste; Ilírico perturbado, los galos listos para la revuelta; bretones conquistados y nuevamente perdidos; sarmacianos y suevianos conspirando contra nosotros; los dacios renombrados por derrotas infligidas y sostenidas; los partos casi se alzan en armas por un Nero falso. Italia afligida por calamidades jamás oídas, o recurrentes solo después de largos intervalos; ciudades avasalladas o tragadas por la fértil región de Campania; Roma misma destruida por el fuego, los templos más antiguos destruidos, la capital misma quemada por sus propios ciudadanos, etc.» (*Histories* 1.2.).**

Sin embargo, recuerde, que a pesar de la violencia que arrasa a cada generación, las palabras del Señor señalan una intensificación de la violencia al aproximarse el fin del mundo.

Pensamiento 1. Note un punto crucial: No es Dios quien causa la violencia. Es la pasión y el mal de los hombres lo que la causa.

Pensamiento 2. La esperanza del creyente no es en este mundo; ni está su verdadera ciudadanía basada en este mundo. Su esperanza y su ciudadanía están en Dios y en el cielo (Fil. 3:21). Por eso no debemos temer a los hombres y a los eventos mundiales. Los hombres y los eventos mundiales solamente pueden tomar nuestra vidas, no nuestra alma. Nuestras vidas están en las manos de Dios, hasta el fin del mundo (Mt. 28:20; He. 13:5).

4 (24:7) ***Naturaleza—hambre—terremoto—pestilencia:*** la tercera señal de los postreros días son desastres naturales. Se mencionan particularmente tres desastres en la naturaleza.

1. Hambre. Las Escrituras hablan de una «gran hambre» en todo el mundo «la cual sucedió en el tiempo de Claudio» (Hch. 11:28-39). Josefo describe el hambre como tan terrible que cuando se traía harina «al templo ... ninguno de los sacerdotes era tan duro de comer una pizca de ella ... habiendo tanta angustia en la tierra» (Flavio Josefo, *Complete Works of Josephus,* traducido por William Whiston. Grand Rapids, MI: Kregel, 1960, *Ant.* 3.15:3). En otro sitio dijo: «Los oprimió una hambruna [a Jerusalén] ... y muchas personas murieron por no tener lo necesario para conseguir comida» (Ant. 20.2:5).

En los últimos días, antes de la caída de Jerusalén Josefo mencionó otra terrible hambruna:

> **«Esto era ahora una situación terrible, un cuadro que llenaba de lágrimas nuestros ojos, viendo el caso de los hombres con su comida, mientras los más poderosos tenían más que suficiente, los más débiles se lamentaban (por falta de ella)» (Josefo, *Guerras.* 5.10:3).**
>
> **«Luego la hambruna fue ampliando su progreso, devoraba a la gente, casas y familias completas; los aposentos altos estaban atestados de mujeres y niños que morían de hambre; y las calles de la ciudad estaban llenas de los cuerpos muertos de los ancianos; los niños también y los jóvenes caminaban por el mercado como sombras, hinchados por el hambre, y caían dondequiera que su miseria se apoderaba de ellos» (Josefo, *Guerras.* 5.12:3).**

Evidentemente habrá terrible hambre en los últimos días. El caballo negro de los jinetes del apocalipsis indica una hambruna terrible (*véase* nota—Ap. 6:5-6). El dolor insoportable y el mal que puede causar el hambre se describe gráficamente en las Escrituras.

«Más dichosos fueron los muertos a espada que los muertos por el hambre; porque éstos murieron poco a poco por falta de los frutos de la tierra. Las manos de mujeres piadosos cocieron a sus hijos; sus propios hijos les sirvieron de comida en el día del quebantamiento de la hija de mi pueblo» (Lm. 4:9-10).

2. Pestilencia. Mientras que los ricos pueden escapar al hambre comprando comida a cualquier precio, son indefensos contra la pestilencia o las plagas. La muerte por enfermedad u otras causas naturales no muestra parcialidad.

El registro de Josefo de una gran pestilencia que sobrevino durante los días de Herodes es evidencia de ello.

«Cuando [Herodes] estaba de camino, sobrevino una pestilencia y se llevó la mayor parte de la multitud, y de sus mejores y más estimados amigos [los ricos]» (Josefo, *Ant.* 15:7:7).

La pestilencia también será uno de los terribles sufrimientos del tiempo final. Parte del sufrimiento causado por el caballo amarillo de los cuatro jinetes del Apocalipsis incluye pestilencias.

«Le fue dada potestad [a la muerte y al Hades] sobre la cuarta parte de la tierra, para matar con espada [guerra], con hambre [hambruna], con mortandad [pestilencia que resulta de la guerra y del hambre]» (*véase* nota—Ap. 6:8).

3. Terremotos. A veces los terremotos causan increíble destrucción y muerte. Nuevamente Josefo registró el cumplimiento de la profecía de Jesús. Incluso indicó que los desastres naturales eran una señal de la destrucción venidera.

«... en la noche se levantó una prodigiosa tempestad, de la más extrema violencia, vientos muy fuertes, y con las mayores lluvias y constantes relámpagos, terribles truenos y asombroso agitar y corcovear de la tierra, lo que era un terremoto. Estas cosas eran una indicación manifiesta que alguna destrucción venía sobre los hombres cuando el sistema del mundo fue desordenado de tal manera; y cualquiera suponía que estas maravillas presagiaban alguna gran calamidad que venía» (Josefo, *Guerras.* 4.4:5).

En los postreros tiempos habrá terremotos en muchas partes de la tierra.

ESTUDIO A FONDO 5

(24:8) ***Dolores*** (*odinon*): dolores de parto, angustia intolerable. Dolores vivos yagudos, dolores violentos de parto.

5 (24:9) ***Persecución:*** la cuarta señal del tiempo postrero es la cruel persecución religiosa. Cristo dice tres cosas.

1. Lo que será la persecución:
   a. Aflicción (Hch. 4:3; 8:1; 12:4; 13:50; 14:19; 2 Co. 1:23-25).
   b. Homicidio (Hch. 7:59; 12:2).
   c. Odio por todas las naciones.

   «Porque de esta secta nos es notorio que en todas partes se habla contra ella» (Hch. 28:22). (*Véanse* bosquejo y notas—Mt. 10:16-23. Cp. Jn. 15:20; 16:2).

2. Por qué son perseguidos los creyentes: «Por causa de mi nombre» (cp. Mt. 10:22). *Por causa de mi nombre* significa al menos tres cosas, o, para decirlo de otra manera, hay al menos tres razones por las que el mundo intenta frecuentemente silenciar y eliminar al creyente.
   a. El mundo resiste la norma cristiana de auténtica piedad. El creyente presenta ante el mundo una norma diferente. Ni el mundo ni sus normas son piadosas. Por eso toda persona que vive para el mundo y no quiere cambiar su conducta se opone a los creyentes. Por su propia naturaleza se opone a los creyentes (1 Jn. 2:14-15).
   b. El mundo se opone a la vida de pureza y justicia del creyente. El creyente genuino controla su mente, se viste con modestia, conversa respetuosamente y se conduce con justicia. El mundo vive para satisfacer los deseos de la carne y para hacer lo que quiere. Por eso el creyente encuentra oposición de parte de toda persona que no vive una vida pura y justa (Gá. 5: 19-21).
   c. El mundo se opone al mensaje de arrepentimiento y negación de sí mismo del creyente. El creyente genuino proclama el mensaje de Cristo, el mensaje de arrepentimiento y negación propia. Pocas personas están dispuestas a cambiar (arrepentirse) al punto de negar totalmente el ego. La mayoría, incluso de los religiosos, resisten la idea de entregar todo lo que uno es y tiene, aun cuando ello significa salvar un mundo hambriento y moribundo. (*Véanse* bosquejo y notas—Mt. 19:21-22; 19:23-26.)

Note las palabras «aborrecidos de todos». Ellas señalan de manera concisa la persecución mundial. Otra vez Cristo estaba mirando mucho más allá de los últimos días previos a la caída de Jerusalén. Estaba mirando la persecución que sería lanzada contra sus seguidores a lo largo de los siglos, y que será intensificada en el postrer tiempo. Ya antes había predicho esa persecución.

«Y guardaos de los hombres, porque os entregarán a los concilios, y en sus sinagogas os azotarán; y aun ante gobernadores y reyes seréis llevados por causa de mí, para testimonio a ellos y a los gentiles» (Mt. 10:17-18).

6 (24:10) ***Apostasía:*** la quinta señal es una terrible apostasía—traición y división. Cristo dijo tres cosas acerca de la apostasía.

1. «Muchos tropezarán [se apartarán]». La persecución causará impulsos de no seguir profesando a Cristo. No conocerán a Cristo; no en realidad, no personalmente, no interiormente. Solamente lo confesarán con sus labios. No confiarán de corazón en Él. No se negarán a sí mismos ni vivirán sacrificialmente. No darán para satisfacer las necesidades de un mundo carenciado y moribundo. Solamente conocerán los beneficios que otorga el hecho de estar en la iglesia y de asociarse con creyentes genuinos. Nada sabrán del llamado de Dios a compartir los sufrimientos de Cristo (Fil. 1:29; 2 Co. 4:11).

Consecuentemente, cuando viene la prueba de fuego, no tendrán idea de lo que es *negarse a sí mismo y morir diariamente* por Cristo. No tendrán deseo ni fuerza interior, no tendrán un motivo real para permanecer firmes. Tropezarán; por eso se apartarán (cp. Mt. 13:21).

Note que toda generación tiene algo de apostasía. Algunos que han confesado a Cristo se apartan (2 Ti. 4:10; 1 Jn. 2:18-19). Lo que Cristo está diciendo es esto: la apostasía va a crecer, se intensificará al acercarse el fin. Muchos tropezarán por la persecución que vendrá y se apartarán.

2. Muchos «se entregarán unos a otros». Nuevamente, el informar de otros y traicionarlos se intensificará en el postrer tiempo. El vecino se volverá contra su vecino, amigo contra amigo, familia contra familia.

Una lectura de *Las guerras de los judíos* de Josefo ilustra cuán inhumano puede volverse el hombre cuando es amenazada su supervivencia. Y. por supuesto, los evangelios muestran de manera más bien gráfica como la codicia y el poder y el egoísmo puede impulsar a los hombres a maltratar, abusar, amenazar, complotarse y matar a otros (*véanse* notas—Mt. 12:1-8; nota y Estudio a fondo 1—12:10).

«En los últimos días de Jerusalén, cuando Tito sitiaba a la ciudad se manifestaron tanto la supervivencia como el egoísmo. Los ricos se ocupaban de las propias necesidades e ignoraban a los pobres, y los poderosos tomaban lo que querían. Al proseguir el sitio comenzó el hambre y las pestilencias. Los fuertes despojaban a los débiles y los

débiles informaban de las provisiones escondidas del vecino, sin importar que fuese poco, a efectos de recibir un mendrugo de los fuertes. En el interior de los muros de la ciudad la traición y el crimen eran comunes con el fin de sobrevivir. Otros traicionaban directamente a su nación pasándose al lado de los romanos con tal de salvar sus vidas.»

«La gente mostró una gran inclinación a desertar y pasarse a los romanos ... las principales causas por las que estaban tan dispuestos a desertar eran éstas: que entonces serían librados de las miserias que habían soportado en aquella ciudad ... los ladrones venían corriendo, entraban e inspeccionaban las casas privadas; y si no hallaban nada [de comida] los torturaban peor, suponiendo que los habían escondido mejor. La indicación que les servía para saber si tenían algo o no, la tomaban de los cuerpos de estos miserables despojos; si los encontraban en buen estado, suponían que no tenían necesidad de comida; pero si estaban consumidos se iban sin seguir buscando ... los niños le sacaban de la misma boca, los mendrugos que sus padres comían, y lo que era aun más digno de piedad es que las madres hacían lo mismo con sus hijos; y cuando sus seres más queridos morían bajo sus manos, no se avergonzaban de sacar de ellos las últimas gotas que pudieran servir para preservar las propias vidas ... En todas partes caían de inmediato los sediciosos y les arrebataban lo que habían obtenido de otros; porque cuando veían que alguna casa estaba cerrada, les era una señal de que sus moradores habían conseguido algo de comida; entonces forzando las puertas, y corriendo tomaban los bocados que estaban comiendo, sacándoselos prácticamente a la fuerza de sus gargantas; los ancianos que se aferraban a su comida, eran golpeados; y si las mujeres escondían lo que tenían en sus manos, les arrancaban los pelos por ello; no había conmiseración ni para ancianos ni para niños; levantaban a los niños del suelo que se aferraban a los mendrugos conseguidos y los sacudían contra el piso; eran aun más bárbaramente crueles hacia los que habían querido impedir su entrada, tragándose literalmente lo que iban a obtener, como si hubieran sido defraudados injustamente de su derecho. También inventaron terribles métodos de tormento para descubrir donde había algo de comida» (Josefo, *Guerras* 5.10:1).

Tácito, el gran historiador romano resume la traición de algunos en la iglesia primitiva.

«Primero eran tomados los que confesaban ser cristianos; y luego, en base a la información de ellos, era convicta una gran multitud» (Tácito, Anales.15:44).

Cristo ya había advertido a sus seguidores de la terrible perse- cusión y la traición de sus propias familias (véanse bosquejo y Estudio a fondo 2—Mt. 10:21). La diferencia ahora queda en el énfasis sobre el último tiempo. La persecución y traición aumentarán e intensificarán en el último tiempo.

«También debes saber esto: que en los postreros días vendrán tiempos peligrosos. Porque habrá hombres amadores de sí mismos ... traidores» (2 Ti. 3:1-2, 4).

Varias cosas llevan a una persona a traicionar a otros. Probablemente todas ellas estarán involucradas en el postrer tiempo, tal como ocurrió en los últimos días de Jerusalén. Algunas de las razones serían:

- escapar a la persecución.
- salvar la vida.
- conseguir algún favor.
- conseguir lo que uno quiere.
- tomar venganza de alguien.
- escapar al ridículo.
- escapar al temor.
- preservar egoístamente el honor.

3. «Unos a otros se aborrecerán». Será tanto, que quedarán muy pocos bondadosos, tiernos y llenos de amor. En los postreros día prevalecerá la disención y división. La mayoría de las personas objetará lo que otro tiene o hace o no hace. Así ha sido a lo largo de los siglos. Demasiadas veces la iglesia ha tenido la experiencia de que a una persona le de sagrada otra o una persona se opone a otra. Envidia, codicia, preocupación por la propia seguridad y reconocimiento —y todos los pecados del egoísmo— han hecho que muchas personas se opongan a la posición, las creencias, habilidades y liderazgo de otras. Desafortunadamente las críticas, juicios, disenciones y divisiones entre los creyentes han sido algunas de las características más visibles de la iglesia, tanto en la iglesia local como en la iglesia universal. Cristo dice que ese odio aumentará y se intensificará en los postreros tiempos.

Pensamiento 1. ¿Por qué a veces los que se dicen cristianos *tropiezan* en Cristo? Algunos de los motivos serían ...

- temor al ridículo.
- temor al abuso.
- temor a ser ignorado.
- temor a no encaiar en el medio.
- temor a la persecución.
- temor a no tener.
- temor a perder la posición.

Todas éstas, y muchas otras razones, cobrarán su precio en los postreros días.

Pensamiento 2. Las dos cosas que Dios desea más que todas las otra del creyente son amor y unidad.

1) El amor es fundamental.

«Y este es su mandamiento: Que creamos en el nombre de su Hijo Jesucristo, y nos amemos unos a otros como nos lo ha mandado» (1 Jn. 3:23).

«Un mandamiento nuevo os doy: Que os améis unos a otros; como yo os he amado, que también os améis unos a otros. En esto conocerán todos que sois mis discípulos, si tuviereis amor los unos con los otros» (Jn. 13:34-35).

«Este es mi mandamiento: Que os améis unos a otros, como yo os he amado» (Jn. 15:12).

«Esto os mando: Que os améis unos a otros» (Jn. 15:17).

2) La unidad es fundamental.

«Y ya no estoy en el mundo; mas éstos están en el mundo, y yo voy a ti. Padre santo, a los que me has dado, guárdalos en tu nombre, para que sean uno, así como nosotros» (Jn. 17:11).

«Mas no ruego solamente por éstos, sino también por los que han de creer en mí por la palabra de ellos, para que todos sean uno; como tú, oh Padre, en mí, y yo en ti, que también ellos sean uno en nosotros; para que el mundo crea que tú me enviaste. La gloria que me diste, yo les he dado para que sean uno, así como nosotros somos uno. Yo en ellos, y tú en mí, para que sean perfectos en unidad, para que el mundo conozca que tú me enviaste, y que los he amado a ellos como también a mí me has amado» (Jn. 17: 20-23).

7 (24:11) ***Líderes, falsos—maestros, falsos:*** la sexta señal es la aparición de líderes falsos ofreciendo falsa esperanza. Cristo señaló dos cosas.

1. «Muchos falsos profetas se levantarán». Serán profetas; es decir, querrán predicar y enseñar el mensaje de Dios. Jerusalén, ante la crisis de sus últimos días, experimentó la aparición de un gran número de falsos profetas. Cada uno tenía su propio mensaje en cuanto a cómo podía salvarse la gente.

«Ahora, había entonces un gran número de falsos profetas sobornados por los tiranos para hablar a la gente que les denunciaba esto, para que eseren liberación de Dios; y esto era para evitar que desertaran, para que fuesen sostenidos por tales esperanzas sobre el temor y la preocupación. Ahora, un hombre en adversidad se aferra

fácilmente a tales promesas; porque cuando un seductor le hace creer que será librado de aquellas miserias que lo oprimen, el hombre se llena de esperanzas en cuanto a esa liberación» (Josefo, Guerras. 6.5:2).

Un falso maestro es aquel que desarrolla su propio camino, verdad y vida para que lo siga la gente en vez de seguir a Jesús como el camino, la verdad y la vida. La iglesia siempre ha tenido sus falsos maestros: maestros que presentaron lo que ellos querían y no lo que Cristo dijo; maestros que enseñaron sus propias ideas en vez de la verdad de Cristo; maestros que buscaba que la gente los siguiera a ellos en vez de seguir a Cristo.

2. «Muchos serán engañados». Hay muchos motivos por los que una persona es engañada.

- La frenética esperanza de la persona de ser librada la lleva a buscar un salvador y a seguir prácticamente cualquiera que aparezca sobre el escenario.
- El deseo humanista de mejorarse a sí mismo e imponer y controlar el propio destino lleva a la persona a buscar líderes que ofrezcan esperanza y un mundo mejor.
- La evidencia de señales, prodigios, poder, razonabilidad, lógica, conocimiento y ayuda llevan a la persona a seguir a líderes que demuestran habilidades inusuales.

Los falsos maestros están tanto dentro como fuera de la iglesia, y aumentarán al acercarse los postreros días del mundo (cp. 2 Co. 11:13; 2 Ts. 2:1ss; 1 Ti. 6:3).

> **«Hijitos, ya es el último tiempo; y según vosotros oísteis que el anticristo viene, así ahora han surgido muchos anticristos; por esto conocemos que es el último tiempo. Salieron de nosotros, pero no eran de nosotros; porque si hubieran sido de nosotros, habrían permanecido con nosotros; pero salieron para que se manifestase que no todos son de nosotros» (1 Jn. 2:18-19).**
>
> **«Amados, no creáis a todo espíritu, sino probad los espíritus si son de Dios; porque muchos falsos profetas han salido por el mundo. En esto conoced el Espíritu de Dios: Todo espíritu que confiesa que Jesucristo ha venido en carne, es de Dios; y todo espíritu que no confiesa que Jesucristo ha venido en carne, no es de Dios; y este es el espíritu del anticristo, el cual vosotros habéis oído que viene, y que ahora ya está en el mundo» (1 Jn. 4:1-3).**

Pensamiento 1. El auténtico creyente sabe cómo orar y tener comunión con Dios. Sabe cómo recibir fuerza de Dios para triunfar y vivir por encima de las circunstancias más difíciles (Fil. 4:4; 6-7, 11-14, 19; cp. 1 Co. 10:13; Hch. 16: 25ss).

Pensamiento 2. El desaliento es algo terrible, derrota la vida. Sin embargo, hay una forma segura de vivir por encima del desaliento: aprender a vivir y andar en una comunión ininterrumpida con Dios todos los días. Estudiar su palabra y orar sin cesar, aprender a reclamar sus promesas (Is. 26:3; Fil. 4:6-9).

8 (24:12) ***Apostasías:*** la séptima señal es una gran apostasía. El pecado aumentará y el amor se enfriará.

1. Se habrá «multiplicado la maldad». La maldad (pecado e impiedad) siempre están presentes, pero hay tiempos cuando parece multiplicarse y desbordar (*véase* nota, ***Iniquidad***—24:12). Como lo muestran claramente los registros de Josefo el pecado y la impiedad eran comunes en los últimos días de Jerusalén. En los últimos días de la historia del mundo también se saldrán de todo control (2 Ti. 3:1-5; 2 Ts. 2:1-12).

2. «El amor de muchos se enfriará.» Hay al menos cinco cosas que pueden atenuar el amor de una persona hacia Dios. Cada una de ellas se intensificará en gran manera al aproximarse el fin del mundo.

a. El egoísmo y la mundanalidad. Los hombres buscan lo que ellos quieren y lo que el mundo ofrece en vez de sacrificarse y servir. Sencillamente escogen satisfacer sus propios deseos y sus impulsos mundanos en vez de buscar diligentemente a Dios.

b. Disención y división. Ambos producen desaliento, desánimo y confusión y un deseo de huir. Muchos sencillamente se enfrían y se apartan, no queriendo tener parte en n ada que cause división. Aun la verdad cuando es atacada impulsa a algunos a apartarse en vez de defenderla.

c. Persecución. A menos que una persona realmente crea y confíe en Cristo, su simpatía es rápidamente atenuada cuando es cuestionada y resistida. Solamente la *verdadera fe y convicción* resistirá el ridículo y la amenaza de muerte.

d. Ignorancia y poca fe. El espíritu y la simpatía de algunos son atenuados porque sencillamente no pueden entender por qué Dios permite que ocurran semejantes pruebas. No hay un verdadero entendimiento del pecado del hombre y de la muerte, de la corrupción del mundo y de su destino; de la justicia de Dios y de la promesa de vida. Por eso hay poco contenido en el interior para despertar un amor ferviente por Dios cuando las cosas van de mal en peor el mundo parece sucumbir.

e. Impiedad e inmoralidad. El estar en una multitud de personas que viven liberal e inmoralmente causa a muchos a perder su amor por Cristo y a apartarse.

Cristo hizo una advertencia a los que permiten que se enfríe su amor.

> **«Pero por cuanto eres tibio, y no frío ni caliente, te vomitaré de tu boca» (Ap. 3:16).**

ESTUDIO A FONDO 6

(24:12) ***Iniquidad*** *(anomian):* impiedad, maldad, injusticia, transgresión de la ley. Es indulgente en cuanto a la ley, la justicia, la moral y la disciplina.

ESTUDIO A FONDO 7

(14:12) ***Abundar*** *(plethunthenai):* aumentar, multiplicar, abundar.

9 (24:13) ***Perseverancia—salvación:*** la octava señal es la de verdaderos creyentes que perseveran y son salvos. Hay que recordar que Cristo está hablando a sus discípulos. Su promesa de *ser salvados* tiene que significar la salvación del alma en los postreros días. No podía significar la seguridad de la vida humana. Ya había dicho que algunos serí an muertos (v. 9). De modo que el creyente que persevera con firmeza en la persecución y el odio, la traición y división, las falsas enseñanzas y el engaño la impiedad e inmoralidad, y mantiene un ferviente amor, será salvo.

> **«No temas en nada lo que vas a padecer. He aquí, el diablo echará a algunos de vosotros en la cárcel, para que seáis probados, y tendréis tribulación por diez días. Sé fiel hasta la muerte, y yo te daré la corona de la vida» (Ap. 2:10).**
>
> **«Vida eterna a los que, perseverando en bien hacer, buscan gloria y honra e inmortalidad .... Pero ira y enojo a los que son contenciosos y no obedecen a la verdad, sino que obedecen a la injusticia; tribulación y angustia» (Ro. 2:7-9).**

Pensamiento. El creyente puede encontrar gran aliento para perseverar en pasajes como los que siguen. (Repase rápidamente algunos de los pasajes que tratan mayormente con el sufrimiento, tales como 1 Pedro.)

> **«Porque a vosotros os es concedido a causa de Cristo, no sólo que creáis en él, sino también que padezcáis por él» (Fil. 1:29).**

«Considerad a aquel que sufrió tal contradicción de pecadores contra sí mismo, para que vuestro ánimo no se canse hasta desmayar» (He. 12:3).

«Si alguno habla, hable conforme a las palabras de Dios; si alguno ministra, ministre conforme al poder que Dios da, para que en todo sea Dios glorificado por Jesucristo, a quien pertenecen la gloria y el imperio por los siglos de los siglos. Manteniendo buena vuestra manera de vivir entre los gentiles; para que en lo que murmuran de vosotros como de malhechores, glorifiquen a Dios en el día de la visitación, al considerar vuestras buenas obras» (1 P. 2:11-12).

10 (24:14) ***Evangelismo—testimonio:*** la novena señal es evangelismo mundial. Cristo dice cinco cosas muy significativas.

1. Su evangelio es del reino. ¿De qué reino? Del reino espiritual y eterno de Dios (*véanse* Estudio a fondo 3—Mt. 19:23-24; nota—Ef. 1:3; cp. 2 Co. 5:19).

2. Su evangelio no puede ser detenido. «*Será* predicado este evangelio del reino». No hay suficientes problemas y fracasos que puedan detener la predicación del evangelio; no hay persecución tan severa (v. 9), ni apostasía tan terrible (v. 10), ni suficientes maestros falsos (v. 11), ni multiplicación de la impiedad (v. 12), ni enfriamiento del amor de muchos (v. 12), para detenerlo. La gloriosa Palabra de la gracia de Dios se abrirá paso en tierra y mar, sin importar la fuerza de las tormentas y de los cuerpos que se le opongan.

3. Su evangelio será triunfante: «Será predicado este evangelio del reino en todo el mundo». Asombrosamente, en un lapso breve de tiempo del primer siglo, el evangelio fue llevado evidentemente a todas partes del mundo conocido.

«Pero digo: ¿No han oído? Antes bien, por toda la tierra ha salido la voz de ellos, y hasta los fines de la tierra sus palabras» (Ro. 10:18).

«[El evangelio] que ha llegado a vosotros, así como a *todo* el mundo» (Col. 1:6).

«Del evangelio que habéis oído, el cual se predica en toda la creación que está debajo del cielo» (Col. 1:23).

El mismo tono de las palabras de Cristo apunta a la misma señal del evangelismo mundial al aproximarse el fin del mundo. Los extremos de la tierra oirán el evangelio antes de la aparición final de Cristo. (Hch. 1:8; cp. Mt. 28:19-20; cp. Mt. 24:3, 14 con Mt. 28:19 notando la palabra «siglo». Luego *véase* Hch. 8:12; 29:23, 28, 30-31 para ejemplos de la predicación del reino.)

4. Su evangelio es un testimonio: «Y será predicado este evangelio del reino en todo el mundo, para testimonio a todas las naciones». El evangelio como *testimonio* significa al menos dos cosas.

a. El evangelio es un testimonio, proclamando la verdad y voluntad de Dios para el hombre. Revela la verdad en cuanto al hombre y su mundo. Le dice al hombre cuál es su origen, por qué está aquí, y cual es su destino. Le dice al hombre lo que ha hecho, qué está haciendo y qué debe hacer. Le dice al hombre por qué es como es, por qué hace lo que hace, y por qué debería hacer lo que Dios dice.

b. El evangelio es un testimonio que habla, o bien a favor o bien en contra del hombre.

- El evangelio es llamado *testimonio.*

  «Y este es el testimonio: que Dios nos ha dado vida eterna; y esta vida está en su Hijo. El que tiene al Hijo, tiene la vida; el que no tiene al Hijo de Dios no tiene la vida» (1 Jn. 5:11-12).

- El evangelio testifica a favor del hombre, por creer y ser salvado; o testifica contra el hombre, por no creer y ser condenado.

  «El que creyere y fuere bautizado, será salvo; mas el que no creyere, será condenado» (Mr. 16:16).

5. El fin vendrá cuando el evangelio haya sido predicado en todo el mundo, y solamente entonces. La expresión «el fin» se refiere tanto al fin de Jerusalén como al fin del mundo. Como dicen las Escrituras, el evangelio había sido predicado a todo el mundo conocido inmediatamente antes de la caída de Jerusalén (Ro. 10:18; Col. 1:6; 23), y será predicado en los lugares más extremos de la tierra antes del fin del tiempo (Hch. 1:8; cp. Mt. 28:19-20).

Sin embargo, es preciso notar algo que a veces se pasa por alto. Cristo no dice que el evangelio *convertirá* al mundo, sino que el evangelio será *predicado* al mundo antes que venga el fin. No todo el mundo responderá al evangelio, pero todo el mundo lo oirá. Sin embargo, Cristo da algunas indicaciones de los resultados que se pueden esperar de la predicación del evangelio.

«Muchos son llamados, mas pocos escogidos» (Mt. 20:16; 22:14).

«Esforzaos a entrar por la puerta angosta; porque os digo que muchos procurarán entrar, y no podrán» (Lc. 13:24).

«Os digo que pronto les hará justicia. Pero cuando venga el Hijo del Hombre, ¿Hallará fe en la tierra?» (Lc. 18:8).

	B. La más terrible de las señales: la abominación desoladora y la gran tribulación, 24:15-28 (Mr. 13:14-27; Lc. 21:20-28)	22 Y si aquellos días no fuesen acortados, nadie sería salvo; mas por causa de los escogidos, aquellos días serán acortados.	**4 La promesa: aquellos días serán acortados por amor a los escogidos**
1 La abominación desoladora[EF1] a. Se verá b. Profetizada por Daniel c. Está en el lugar santo d. Leer y entender	15 Por tanto, cuando veáis en el lugar santo la abominación desoladora de que habló el profeta Daniel (el que lee, entienda),	23 Entonces, si alguno os dijere: Mirad, aquí esta el Cristo, o mirad, allí está, no le creáis. 24 Porque se levantarán falsos Cristos, y falsos profetas, y harán grandes señales y prodigios, de tal manera que engañarán, si fuere posible, aun a los escogidos. 25 Ya os lo he dicho antes.	**5 Frenética búsqueda de un libertador, de un Mesías terrenal (falso)** a. Aparecerán b. Harán grandes señales y prodigios c. Serán convincentes, amenazando con engañar también a los escogidos
2 La advertencia de huir inmediatamente a. Olvidar toda comodidad del hogar[EF2] b. Olvidar todas las posesiones personales c. Angustiarse por los que no pueden huir rápidamente d. Orar por buenas condiciones en la huida	16 entonces los que estén en Judea, huyan a los montes. 17 El que está en la azotea, no descienda para tomar algo de su casa; 18 y el que esté en el campo, no vuelve a trás para tomar su capa. 19 Mas ¿ay de las que estén encintas, y de las que críen en aquellos días! 20 Orad, pues, que vuestra huida no sea en invierno ni en día de reposo;	26 Así que, si os dijeren: Mirad, está en el desierto, no salgáis; o mirad, está en los aposentos, no lo creáis. 27 Porque como el relámpago que sale del oriente y se muestra hasta el occidente, así será también la venida del Hijo del Hombre. 28 Porque dondequiera que estuviere el cuerpo muerto, allí se juntarán las águilas.	**6 La verdad acerca de la venida del Mesías** a. No viene del desierto b. No viene en secreto, invisible, en silencio c. Viene como relámpago 1) Del cielo 2) Repentinamente, por sorpresa 3) Visiblemente; será visto de este a oeste d. Viene para juzgar
3 La gran tribulación: sin precedentes en la historia	21 porque habrá entonces gran tribulación, cual no la ha habido desde el principio del mundo hasta ahora, ni la habrá.		

B. La más terrible de las señales: la abominación desoladora y la gran tribulación, 24:15-28

(24:15-28) ***Introducción—postrer tiempo—la gran tribulación:*** los discípulos habían hecho dos preguntas. Primero, cuándo sería destruida Jerusalén; y segundo, cuáles serían las señales del retorno de Cristo y del fin del mundo (Mt. 24:3). Evidentemente el pasaje tiene un doble significado. Se refiere a ambas destrucciones, la de Jerusalén a manos de Tito en el año 70 d.C. y al postrer tiempo cuando vuelva Cristo. Hay que violentar mucho el pasaje para que se refiera solamente a uno de estos eventos. Hay que recordar que durante esos días Cristo estaba experimentando las más severas emociones. La muerte lo esperaba a solamente unas horas, y Él era el único que los sabía. Acababa de realizar su entrada triunfal (Mt. 21), de purificar el templo (Mt. 21), de soportar ataques salvajes de los religiosos (Mt. 21—22), de hacer una grave acusación contra los religiosos (Mt. 23), y de llorar sobre Jerusalén (Mt. 23). Ninguna persona común podría de manera alguna soportar tantas presiones y emociones diversas en tan poco tiempo. Jesús amaba a Jerusalén; acababa de llorar, y de llorar amargamente, por la ciudad. Sus habitantes eran pecadores y estaban por cometer el más horrendo de los pecados de la historia humana: el de matar al Mesías, al Hijo de Dios mismo. Por su pecaminoso rechazo experimentarían dos juicios. Serían juzgados inmediatamente, en el año 70 d.C. Y luego serían juzgados definitivamente, en el fin del mundo, juntamente con el resto del mundo.

Dicho en forma sencilla, esta era la situación: Jesús, embargado por una diversidad tan grande de emociones, comenzó a responder a las dos preguntas que los discípulos habían hecho. Mencionó las señales de la futura destrucción de Jerusalén y del fin del mundo. Esencialmente dijo que la caída de Jerusalén era juicio sobre el pecado, y que la caída del mundo también sería juicio sobre el pecado. Las preguntas formuladas se referían a condiciones similares que motivan el juicio. De modo que las señales de ambos eventos, la caída de Jerusalén y el fin del mundo, también son similares. (*Véanse* notas y Estudio a fondo 3—Mt.24: 1-14; nota y Estudio a fondo 1—Mr. 13:14; nota—Lc. 21:5-38.)

Cuando uno estudia este pasaje, dos cosas deben ser recordadas.

1. El bosquejo general de la *respuesta de Cristo, sus* palabras literales (*véanse* Estudios a fondo 1, 2—Mt. 24:1-31).
2. El hecho que Cristo *estaba respondiendo* a dos preguntas referidas al fin de Jerusalén y al fin del mundo, y que el fin de ambos se debía al juicio sobre el pecado. Así las señales que apuntan al fin de Jerusalén y al fin del mundo tienen que ser similares; tanto Jerusalén como el mundo llegan a su fin porque son juzgados por su pecado. La única diferencia es que en cuanto al fin del mundo habrá un incremento e intensificación de las señales. (*Véanse* Estudios a fondo 1, 2—Mt. 24:1-31.)

Una rápida mirada al bosquejo general de Mateo 24—25 nos mostrará lo siguiente:

1. Las nueve señales de los postreros días, Mt. 24:1-14.
2. La décima y más terrible de las señales: la abominación desoladora y la gran tribulación, Mt. 24:15-28.
3. La venida del hijo del hombre, Mt. 24:29-31.
4. El tiempo del regreso del Señor, Mt. 24:32-41.
5. El regreso del Señor y el deber del creyente de velar: velar —estar preparado— ser fiel y sabio, Mt. 24:42-51.
6. La advertencia de velar y ser sabio, no necio, Mt. 25:1-13.

7. El deber del creyente de trabajar para anticipar el retorno del Señor, Mt. 25:14-30.
8. El juicio final de las naciones, Mt. 25:31-46.

Note las palabras del Señor: «La *abominación desoladora»* y «*gran tribulación* cual no la ha habido desde el principio del mundo». Es por eso que el título dado a su décima señal es: «la señal más terrible: Abominación desoladora y grantribulación».

1. Hay la aparición de la abominación desoladora (v. 15).
2. Hay la advertencia de huir inmediatamente (vv. 16-20).
3. Hay la gran tribulación: sin precedentes en la historia (v. 21).
4. Hay la promesa: aquellos días serán acortados por amor a los escogidos (v. 22).
5. Hay la frenética búsqueda de un libertador, de un Mesías terrenal (falso) (vv. 23-24).
6. Hay la verdad acerca de la liberación, acerca de la venida del Mesías (vv. 25-28).

1 (24:15) ***Abominación desoladora—anticristo—postreros tiempos:*** hay la aparición de la abominación desoladora. Cristo dijo cuatro cosas acerca de esta señal.

1. (Él) será visto. Los creyentes lo pueden ver ocupar el lugar y hacer los preparativos para las terribles pruebas que seguirán (*véase* Estudio a fondo 2—Mt. 24:1-31).
2. También ha sido profetizado por Daniel (*véase* Estudio a fondo 1—Mt. 14:15).
3. Estará en el lugar santo. La señal ocurrirá y será vista en el templo. Algunos afirman que la señal será repetida en el postrer tiempo y cumplida literalmente en el interior del templo, tal como fue cumplida literalmente en el pasado cuando Antíoco y Tito estuvieron en el templo. Otros sostienen que las palabras «el templo» son representativas de toda religión. Creen que la abominación será la desolación de toda religión, particularmente del cristianismo genuino.
4. Todo aquel que lea acerca de la señal, como fue revelada por Cristo, debe entenderla. Daniel había dicho: «Sabe, pues, y entiende» (Dn. 9:25; cp. Dn. 12:10). Los creyentes deben estudiar la señal y entenderla, para que estén mejor preparados para perseverar hasta el fin y estar salvos (*véase* Mt. 24:13). Hay la idea de que las personas deban conocer y entender los *tiempos,* que velen y observen los acontecimientos de los tiempos en que viven.

> ***Pensamiento 1.*** La terrible desolación que tuvo lugar en Jerusalén y que tendrá lugar en el fin del mundo se debe al pecado. Jerusalén *cortó al Mesías,* es decir, lo mató. Cometieron el más horrendo de los pecados; durante siglos rechazaron a Dios y eventualmente mataron al propio Hijo de Dios. De modo que Jerusalén fue desolada. Hay una advertencia crucial para los creyentes: el pecado causa desolación.
>
> ***Pensamiento 2.*** Note dos hechos significativos.
> 1) Cristo predijo la terrible desolación de Jerusalén. Sus palabras fueron dichas alrededor del año 30 d.C. La desolación ocurrió exactamente cuarenta años después en el año 70 d.C.
> 2) Cristo predijo la «abominación desoladora» al fin del mundo (cp. las preguntas de los discípulos, vv. 3 y 15). La señal *ocurrirá* al tiempo señalado.
>
> ***Pensamiento 3.*** Hay algo que es de crucial importancia.
> 1) Si interpretamos a la «abominación desoladora» como únicamente histórica, y Cristo le dio significado tanto futuro como histórico, es muy probable que no reconozcamos la señal.
> 2) Si interpretamos la señal como únicamente futura, y Cristo le dio significado tanto histórico como futuro, ya habremos perdido una parte significativa de la señal; ya no miraremos al pasado buscando ayuda para entender el futuro.
>
> Es importante estar seguros de entender adecuadamente la señal. Ella implica las palabras del Señor, el pueblo del Señor, y el testimonio de su pueblo. Tal vez haya diferentes interpretaciones, pero cada uno tiene que alcanzar su entendimiento postrado en oración delante del Señor.
>
> ***Pensamiento 4.*** La Palabra de Dios no es secreta; es una revelación. Debe ser escudriñada y entendida.

ESTUDIO A FONDO 1

(24:15) ***Postreros tiempos—anticristo—abominación desoladora:*** (*To Bdelugma tes eremoseos*) la abominación que causa desolación. Note las palabras de Cristo, «la abominación desoladora *de que habló el profeta Daniel»*. Hay tres pasajes en Daniel que hablan de la «abominación desoladora».

> **«Setenta semanas están determinadas sobre tu pueblo y sobre tu santa ciudad, para terminar la prevaricación, y poner fin al pecado, y expiar la iniquidad, para traer la justicia perdurable, y sellar la visión y la profecía, y ungir al Santo de los santos. Sabe, pues, y entiende, que desde la salida de la orden para restaurar y edificar a Jerusalén hasta el Mesías Príncipe, habrá siete semanas, y sesenta y dos semanas; se volverá a edificar la plaza y el muro en tiempos angustiosos. Después de las sesenta y dos semanas se quitará la vida al Mesías, mas no por sí; y el pueblo de un príncipe que ha de venir destruirá la ciudad y el santuario; y su fin será con inundación, y hasta el fin de la guerra durarán las devastaciones. Y por otra semana confirmará el pacto con muchos; a la mitad de la semana se hará cesar el sacrificio y la ofrenda. Después con la muchedumbre de las abominaciones vendrá el desolador, hasta que venga la consumación, y lo que está determinado se derrame sobre el desolador» (Dn. 9:24-27).**
>
> **«Y se levantarán de su parte tropas que profanarán el santuario y la fortaleza, y quitarán el continuo sacrificio y pondrán la abominación desoladora» (Dn. 11:31).**
>
> **«Y desde el tiempo que sea quitado el continuo sacrificio hasta la abominación desoladora, habrá mil doscientos noventa días» (Dn. 12:11).**

En Daniel 9:27 las palabras son *Bdelugma ton eremoseon.* El hebreo dice: «Sobre el ala [o pináculo] de abominaciones [vendrá] el desolador» o «sobre alas como un desolador [vendrá] abominación».

En Daniel 11:31 el hebreo dice: «Ellos pondrán [situarán] la abominación que desola».

En Daniel 12:11 el hebreo dice: «y desde el tiempo del [sacrificio] diario será quitado, y establecida la abominación que causa desolación, [será] ... »

Es necesario discutir varios temas acerca de la «abominación desoladora» mencionada por Cristo al citar a Daniel.

1. ¿Cuándo fue cumplida la profecía de Daniel?
   a. Hubo un cumplimiento pasado; es decir, hubo un cumplimiento antes del tiempo de Cristo, alrededor del año 170 a.C. Esto está claro, Antíoco Epífanes, el rey de Siria, conquistó a Jerusalén e intentó imponer la cultura griega sobre los judíos. Quería qúe los judíos se convirtieran en griegos plenos tanto en costumbres como en religión. Sabía que para lograrlo tenía que destruir la religión judía. Por eso hizo tres de las cosas más horribles que se podían hacer conforme al pensamiento del pueblo judío. Profanó el templo (1) tomando el gran altar de la ofrenda quemada para usarlo como altar para el Dios griego del Olimpo, Zeus; (2) sacrificando carne de

cerdo sobre él; y (3) instalando un tráfico de prostitución en las cámaras del templo (cp. 1 Macabeos 1:20-62; cp. también Josefo, *Ant.* 12.5:3-4; *Guerras* 1.1:2).

b. Cristo dijo que hay un cumplimiento futuro: «cuando veais en el lugar santo la abominación desoladora de que habló el profeta Daniel ....» Existen principalmente cuatro conceptos referidos al cumplimiento futuro de la profecía de Daniel.
   - Uno afirma que no hay cumplimiento futuro; todas las señales fueron cumplidas con la destrucción de Jerusalén en el año 70 d.C. a manos de Tito.
   - Otros afirman que Cristo se refiere a la era de la iglesia y a las pruebas que la iglesia tiene que atravesar antes del retorno de Cristo.
   - Y otros ven a la profecía como referida exclusivamente al postrer tiempo, sin tener nada que ver con la destrucción de Jerusalén en 70 d.C.
   - Otros creen que Cristo está respondiendo a las mismas preguntas que los discípulos habían hecho.Que predice tanto la destrucción de Jerusalén como el fin del mundo.

Al considerar lo que Cristo está diciendo, lo mejor es que Él hable por sí mismo sin *agregar ni quitar* nada de sus palabras.

Cristo está diciendo lo siguiente: lo mismo que ocurrió bajo Antíoco Epífanes volverá a ocurrir en el Lugar Santo. En efecto, Cristo estaba diciendo que el templo sería destruido de tal manera que no quedase piedra sobre piedra. Esta destrucción ocurrió: lo que Cristo dijo ocurrió en el sentido más literal bajo Tito en el año 70 d.C. (*Véanse* bosquejo y nota—Mt. 24:1-14, especialmente las notas que citan a Josefo, el historiador judío. La lectura del registro de Josefo de la desolación de Jerusalén revela la forma terrible en que fueron devastados el templo, la ciudad y la gente.)

Sin embargo, tal como se discutió en notas anteriores, Cristo no solamente estaba respondiendo la pregunta de los discípulos en cuanto a la fecha de la destrucción de Jerusalén, *también estaba respond¿endo* a su pregunta referida al retorno de Cristo y al fin del mundo. La profecía de Daniel y la elaboración que el Señor hizo de ella, tienen que tener un doble cumplimiento. Las señales que apuntaban a alguien que había pecado tan terriblemente (Jerusalén) son muy similares a las señales que apuntan a otro culpable de pecado (el mundo en el postrer tiempo). El pecado de Jerusalén fue el más horrendo que pudo haberse cometido: matar al propio Hijo de Dios. Y el pecado del mundo, al final del tiempo, será igualmente terrible al seguir a la «abominación desoladora». Por eso, el mundo experimentará un incremento, una intensificación de las señales en el postrer tiempo. Como resultado habrá *grandes pruebas* tales como el mundo nunca ha visto (v. 21). (Nuevamente, *véanse* bosquejo y notas—Mt. 24:1ss)

2. Un segundo tema que requiere discusión en cuanto a la «abominación desoladora» es la división del tiempo que aparentemente of recen Cristo y Daniel. Cristo dice que la abominación desoladora inaugura la peor tribulación que el mundo haya conocido (Mt. 24:15, 21). En sus propias palabras, las señales que ocurren hasta la abominación desoladora son llamadas «principio de dolores» (Mt. 24:8); y las pruebas que tienen lugar después de la abominación desoladora son llamadas «gran tribulación». Son tribulaciones tan grandes que no tienen precedente en la historia (Mt. 24:21). Daniel también ofrece una división del tiempo tal como Cristo.

«Y [el Príncipe] por *otra semana* confirmará el pacto con muchos; *a la mitad de la semana* se hará ... y lo que está determinado se derrame sobre el desolador» (Dn. 9:27).

«A la mitad de la semana» (semana setenta de Daniel) apunta decididamente a un período de tiempo (una semana) que es dividida en dos partes. Ahora note estos factores.

a. Daniel estaba hablando de la «semana setenta», el *fin* de esta profecía. Dos hechos nos dicen que Daniel también estaba hablando de *tiempo del fin* como lo hizo Cristo: (1) Cristo estaba hablando del fin de Jerusalén y del fin del mundo, y (2) Cristo dijo que se estaba refiriendo a la profecía de Daniel.

b. Daniel dijo que el comienzo de la segunda mitad de su semana setenta es «la abominación desoladora» o el príncipe que causa «ídolos abominables» (H. C. Leupold. *Exposition of Daniel.* Grand Rapids, MI: Baker, 1969, p. 434).

Las palabras de Cristo merecen cuidadosa atención: «Por tanto, cuando veáis en el lugar santo la abominación desoladora de que habló el profeta Daniel ....» (Mt. 24:15). Cristo estaba por explicar más detalladamente lo que había profetizado Daniel. De esa manera Cristo explicó que la primera mitad de la semana de Daniel consistiría de señales que marcarían el «principio de dolores» (Mt. 24:8; cp. Mt. 24:5-14), y la última mitad de la semana de David que traería pruebas sin precedentes de «gran tribulación». La segunda mitad de la semana sería iniciada con «la abominación desoladora en el lugar santo» (Mt. 24:15, 21).

3. Una tercera cuestión que necesita ser considerada es el marco del tiempo final (semana setenta) tal como fue predicho por Cristo y Daniel.

Las Escrituras se refieren a la duración de este período (*véanse* notas—Ap.11:2; 12:6).

«Tiempo, y tiempos, y medio tiempo» (Dn. 7:25; 12:7).
«1.260 días» (Ap. 12:6).
«42 meses» (Ap. 22:2; 13:5-6).

En base a los días y meses mencionados en *Apocalipsis*, si el tiempo de Daniel equivale un año, entonces sus palabras «tiempo [1 año], tiempos [2 años], y medio tiempo [1/2 año]» equivalen a 3 1/2 años. Daniel afirma que la abominación desoladora tiene lugar en «el medio de la semana», es decir, después de tres años y medio. Se asume que las palabras de Cristo «principio de dolores» (es decir, la primera mitad de la semana) también son tres años y medio. Entonces, combinando a los dos períodos de tiempo (3 1/2 años cada uno) la duración de los días del fin o el postrer tiempo serán literalmente siete años. En base a las palabras de Apocalipsis la profecía de Cristo puede ser graficada de la siguiente manera.

EL FIN DEL MUNDO

Ver la señal de la
abominación desoladora a
la mitad de los tiempos o años
(v. 15)

3 años y medio Señales que marcan el«principio de dolores» (v. 8)	3 años y medio Pruebas sin paralelo de «la gran tribulación» (v. 21)

Ver al
Hijo del Hombre
que viene
(vv. 29-30)

«Sus ángeles...
reuniendo a los
elegidos» (v. 31)

Sin embargo, hay que notar que muchos eruditos de la Biblia afirman que la palabras «tiempos» en Daniel y «días» y «meses» de Apocalipsis (y de hecho en toda la Escritura), con frecuencia se usan para indicar bloques de tiempo, es decir, a períodos más prolongados o a períodos indefinidos de tiempo.

4. Un cuarto asunto que debe ser considerado es este: ¿Qué o quién es designado con «abominación desoladora»? Como ya se indicó antes muchos excelentes comentaristas afirman que la profecía se refiere a la destrucción de Jerusalén a manos de Antíoco Epífanes (170 a.C.) y a manos de Tito (70 d.C.). Existen fuertes evidencias históricas, como también el hecho de que Cristo estaba contestando una pregunta específica de los discípulos (Mt. 24:3), para apoyar el cumplimiento pasado de la profecía. ¿Pero qué del cumplimiento futuro? ¿Qué o quién es designado con «abominación desoladora» en el fin del mundo? (*Véanse* Estudio a fondo 1—Ap. 11:7; cp. 2 Ts. 2:3-4; Ap. 13:1; 13:3; 13:5-6.)

a. Quizá alguna indicación la of rezca la frase misma. En el Antiguo Testamento la palabra *abominación* es relacionada con la idolatría o el sacrilegio. *De desolación* significa lo mismo que *lo que causa desolación*. En este caso es la *abominación* la que causa *desolación*. Es decir, la abominación actúa sobre el lugar santo y causa personalmente la desolación. Esto, por supuesto señala que una persona cumple la profecía en el futuro así como fueron dos personas concretas las que la cumplieron en el pasado, Antíoco y Tito.

b. Marcos 13:14 en realidad usa el participio *masculino* para indicar vigorosamente que la abominación desoladora es una persona.

c. Daniel 9:27 menciona a un príncipe que causa la desolación. Un gran teólogo luterano, traduce príncipe como *el destructor*. (Leupold, *Exposition of Daniel*, p. 433.)

d Segunda Tesalonicenes y Apocalipsis identifican al *anticristo* que se va a levantar en los postreros días causando daño sin precedentes al mundo y al pueblo de Dios.

«Nadie os engañe de ninguna manera; porque no vendrá sin que antes venga la apostasía, y se manifieste el hombre de pecado, el hijo de perdición el cual se opone y se levanta contra todo lo que se llama Dios o es objeto de culto; tanto que se sienta en el templo de Dios como Dios, haciéndose pasar por Dios. ¿No os acordáis que cuando yo estaba todavía con vosotros, os decía esto?» (2 Ts. 2:3-5). *(Véanse notas y Estudio a fondo 1—Mr. 13:14; notas—2 Ts. 2:4-9; Ap. 6:2-7; Estudio a fondo 1—11:7; notas—13:1-10; 13:11-18; 17:7-14. Cp. Dn. 9:20-27; 11:31; 12:11.)*

[2] (24:16-20) ***Anticristo—abominación desoladora:*** la advertencia de huir inmediatamente de la «abominación desoladora.» Ningún creyente podrá resistir a la abominación, ni siquiera los más fuertes. Con cuatro afirmaciones Cristo acentúa el inminente peligro y la urgencia.

1. La persona debe olvidar toda comodidad hogareña: ilustrado por el que se levanta de la azotea y huye inmediatamente (*véase* Estudio a fondo 2—Mt. 24:17).

2. La persona debe olvidar todas las posesiones personales: no debe volver del trabajo para recoger sus ropas (o posesiones).

3. La persona debe lamentarse de aquellos que no pueden huir rápidamente: ilustrado por mujeres embarazadas responsables de niños pequeños.

4. La persona debe orar por buenas condiciones en la huida: ilustrado mediante la mención del invierno y el de día reposo. Este establecía ciertas obligaciones religiosas que impedirían la huída (viajar) para los religiosos fieles.

«Al ver él que muchos de los fariseos y de los saduceos venían a su bautismo, les decía: ¡Generación de víboras! ¿Quién os enseñó a huir de la ira venidera? Haced, pues, frutos dignos de arrepentimiento» (Mt. 3:7-8).

Pensamiento 1. El peligro es tan grande que Cristo dijo: «Acordaos de la mujer de Lot» (Lc. 17:32).

Pensamiento 2. Hay aquí un fuerte acento sobre esto: cuando la vida está en peligro la mente debe concentrarse en hacer lo que sea posible para salvaros. Al vivir día tras día lo que realmente debería movernos a gratitud es nuestra vida, y no cosas.

Pensamiento 3. Note a quienes le dice Cristo que olviden posesiones del mundo y el hogar: a sus discípulos y seguidores. ¿Estaría pensando en tantas comodidades materialistas que caracterizan a tantos seguidores suyos?

ESTUDIO A FONDO 2

(24:17) ***Casa—azotea:*** en la antigüedad los techos de las casas eran planos; se los usaba para descansar, meditar y para las visitas de vecinos. La mayoría de las casas tenían escaleras, tanto exteriores como interiores para llegar al techo. Cuando se ve la abominación el peligro es tan grande que la persona debe huir inmediatamente usando la escalera exterior.

[3] (24:21) ***Gran tribulacion:*** la gran tribulación que no tiene paralelo en la historia.

1. En los años 66-70 d.C. Jerusalén experimentó uno de los sitios más terribles de toda la historia. En 66 d.C. Los judíos hicieron un a revuelta y el ejército romano estuvo pronto para atacar. Pero por dos motivos principales era difícil tomar la ciudad. Estaba situada sobre la cima de un monte, bien protegida por el terreno mismo, y los líderes de la revuelta eran fanáticos religiosos. Un millón de personas fácilmente habían huido a la ciudad para buscar refugio detrás de sus muros protectores.

A medida que proseguía el sitio las predicciones de Cristo fueron cumplidas literalmente. Del lado exterior de los muros estaba el ejército romano y todo el mutilamiento y muerte de la guerra. Del lado interior de los muros vecino tras vecino comenzó a sufrir hambre, pestilencia, falsos libertadores (Mesías), traición, muerte, revuelta, rebelión y odio. Todo cobraba sus impuestos. Josefo dice que más de un millón murieron y 97.000 fueron tomados cautivos. Los horrores del sitio fueron claramente descritos por él (*véanse* notas—Mt. 24:7; 24: 10; 24:11; Josefo, *Guerras*. 5.12:3; 6.3:4; 6.8:5; también *Josefo: obras esenciales*, pp. 375-377 [Editorial Portavoz]).

«Me parece que los infortunios de todos los hombres, desde el comienzo del mundo, si fuesen comparados con los de estos judíos, no fueron tan considerables como éstos» (Josefo, *Guerras. Prefacio 4).*

2. En los postreros tiempos el mundo experimentará gran tribulación tal como no la ha habido en la historia. Note que Cristo no describe las grandes pruebas más allá de lo que ya ha dicho en vv. 5-12. Una rápida mirada a la gran tribulación mencionada por Apocalipsis nos da alguna idea de las pruebas (*véanse* bosquejo y notas de todo lo que sigue; cp. Dn. 12:1-2.)

- Truenos, relámpagos y terremotos (Ap. 8:5; cp. Ap.

8:1-5).
- Catástrofes naturales (Ap. 8:6-12).
- Langostas semejantes a demonios o plagas (Ap. 8:13—9:11).
- Ejércitos semejantes a demonios (Ap. 9:12-21).
- Naciones enojadas que destruyen la tierra (Ap. 11:18; cp. Ap. 11:14-19).
- Un gobernante político y malo (Ap. 13:1-10).
- Un gobernante religioso falso y malo (Ap. 13:11-18).
- Terrible destrucción y sufrimiento, tanto sobre la naturaleza como sobre los hombres (Ap. 16:1-21).
- Un poder mundial malo engañoso (Ap. 17:1—18:24).

4 (24:22) ***Días del fin—gran tribulación:*** promesa de que aquellos días serán acortados por amor a los escogidos. Note que Cristo dijo dos cosas.

1. Los días de «gran tribulación» serán acortados. ¿Qué quiere decir que serán acortados?
   - Serán más cortos de lo que normalmente Dios permitiría para tanta pecaminosidad.
   - Más cortos de lo que el enemigo esperaría.
   - Más cortos de lo que otros esperarían de los gobernantes al resi stir una revuelta tan fanática.

En su trato con Jerusalén Dios usó en su poder para acortar los días por amor a Israel. En medio del juicio Dios era misericordioso: Israel no fue aniquilado totalmente. El sitio duró menos de lo esperado. Muchos han registrado las *causas naturales* que tuvieron por consecuencia un sitio más breve.

- Divisiones y partidismos. Los líderes judíos estaban divididos desde el comienzo. Nunca pudieron formar una política de unidad.
- Un incendio desastroso. El fuego destruyó demasiados escudos y provisiones para que la ciudad pudiera seguir luchando.
- Bandas de saqueadores. Estos buscaban salvarse por sus propios medios: robando, asaltando y matando. Quedaron bien documentados por Josefo.
- Traición y entrega. Algunos incluso entregaron sus fortificaciones sin luchar.
- El rápido ataque por parte de Roma. Roma envió el ejército mucho más rápido de lo esperado.
- Debilidad de las fortificaciones. Herodes Agripa siempre tuvo la intención de fortalecer los muros de Jerusalén, pero nunca lo hizo.

Por supuesto, el creyente ve la mano de Dios es estas causas naturales. Dios *obró para bien en todas las cosas* a efectos de acortar los días y cumplir su Palabra. A pesar de la *terrible tribulación* algunas vidas fueron salvadas; salvadas gracias a la compasión de Dios (2 P. 3:9).

Al tratarse del tiempo del fin, las tribulaciones sobre la tierra y sobre sus habitantes también serán abreviadas.

«¡Ay de los moradores de la tierra y del mar! porque el diablo ha descendido a vosotros con gran ira, ... [pero note esto]... sabiendo que tiene poco tiempo» (Ap. 12:12).

«Y cuando venga [el anticristo], *es necesario que dure* [pero note] breve tiempo» (Ap. 17:10).

«Y entonces se manifestará aquel inicuo, a quien el Señor matará con el espíritu de su boca, y destruirá con el resplandor de su venida» (2 Ts. 2:8).

2. Dios acortará los días de la gran tribulación por amor a los escogidos. Desde una perspectiva histórica, algunos de los cristianos recordaron la advertencia del Señor y huyeron de Jerusalén antes del ataque, alrededor del año 66 d.C. Huyeron a una ciudad menor llamada Pella en el distrito de Decápolis. Estos creyentes oraron por sus hermanos y por su amada ciudad, y Dios escuchó sus intercesiones. Acortó los días de las terribles pruebas; los acortó por las oraciones de los escogidos.

En las Escrituras se ilustra claramente la misericordia de Dios por los perdidos —incluyendo civilizaciones y ciudades— y su disposición de salvarlos en respuesta a la oración intercesora de los creyentes. La oración de Abraham por Sodoma y Gomorra es un ejemplo. Si se encontraban solamente diez justos las ciudades habrían sido salvadas a pesar de su terrible pecado (Gn. 18:23ss). La oración de Lot por Zoar es otro ejemplo (Gn. 19:20-22).

«Confesaos vuestras ofensas unos a otros, y orad unos por otros, para que seáis sanados. La oración eficaz del justo puede mucho» (Stg. 5:16).

«Recorred las calles de Jerusalén, y mirad ahora e informaos; buscad en sus plazas a ver si halláis hombre, si hay alguno que haga justicia, que busque verdad; y yo la perdonaré» (Jer. 5:1).

«Porque esta noche ha estado conmigo el ángel del Dios de quien soy a quien sirvo, diciendo: Pablo no temas; es necesario que comparezcas ante César; y he aquí, Dios te ha concedido todos los que navegan contigo .... Y éramos todas las personas en la nave doscientas setenta y seis ... Pero el centurión, queriendo salvar a Pablo, les impidió este intento, y mandó que los que pudiesen nadar se echasen los primeros, y saliesen a tierra: y los demás, parte en tablas, parte en cosas de la nave. Y así aconteció que todos se salvaron saliendo a tierra» (Hch. 27:23-24; 37; 43-44).

Pensamiento 1. Dios honrará las oraciones de sus *auténticos seguidores,* aun al punto de triunfar sobre desastres naturales. ¿Cuánto cambio podría operarse tanto en el mal del mundo, natural y humano, si el pueblo de Dios realmente creyese en la oración intercesora y se convirtieran en verdaderos intercesores en favor de este mundo corrupto?

Pensamiento 2. Demasiados de nosotros somos protestones en vez de ser intercesores. Demasiados de nosotros nos quejamos de la aflicción o de lo prolongada que es nuestra aflicción. Cómo es posible que Dios haya permitido semejante sufrimiento es algo que trasciende nuestro entendimiento. Pero hay necesidad de tres cosas.

1) Tenemos que comprender que Dios no causa el mal ni el sufrimiento. Dios no aflige; Él libera.
2) Tenemos que comprender que nunca sufrimos tanto como merecemos. Somos tan pecadores y hemos contaminado tanto la tierra con el mal que merecemos lo peor.
3) Debemos comprender que Dios es misericordioso. Lo que hace falta no son las quejas, sino oración: oración intercesora. Es preciso que oremos dando gracias a Dios porque el mal no es peor. Luego, en incesante oración, tenemos que pedirle que corrija y acorte el mal.

5 (24:23-24) ***Falsos mesías—postreros tiempos:*** la desesperada búsqueda de un libertador, de un Mesías terrenal. Cristo dice tres cosas.

1. Se levantarán falsos Mesías y profetas. Cuando la gente es oprimida, cuando presencia escena tras escena de muerte por hambre, pestilencia, homicidio, y guerra, la gente clama por liberación. Entonces la gente está tan abierta a un *libertador* que aparezca sobre la escena, y siempre hay algunos que están dispuestos a asumir el poder y el liderazgo que la gente pide. Durante el sitio de Jerusalén aparecieron tales hombres (libertadores) prometiendo liberación tanto de los romanos como de los desastres naturales. Aparentemente había circulado la creencia y los rumores de que el Mesías había vuelto, y que estaba o bien afuera en el desierto o en alguna habitación secreta de la ciudad. Solo estaba esperando el momento oportuno para dar el golpe. La escena de Jerusalén era un tanto semejante a la que se vivió en tiempos de Jeremías.

«Y yo dije: ¡Ah! ¡Señor Jehová! He aquí que los profetas dicen: No veréis espada, ni habrá hambre entre vosotros, sino que en este lugar os daré paz verdadera. Me

dijo entonces Jehová: Falsamente profetizan los profetas en mi nombre: no los envié, ni les mandé, ni les hablé: visión mentirosa, adivinación, vanidad y engaño de su corazón os profetizan» (Jer. 14:13-14).

El mismo tipo de escena se repetirá en los días del fin. El anti-Cristo, el falso libertador de la tierra, se levantará para engañar a toda la tierra (*véanse* bosquejo y notas—Ap. 13:1-8 y pasajes relacionados). Note que Cristo simplemente dice: «No lo creáis», ni a los rumores ni a los falsos libertadores.

2. Los falsos libertadores mostrarán grandes señales y prodigios. Los libertadores, locales y nacionales, siempre afirman ser destinados. Apuntan a señales y prodigios. Siempre ha sido así —y siempre será— a lo largo de todos los tiempos. El tiempo del fin presenciará un aumento e intensificación de señales y prodigios que se esparcirán por todo el mundo.

«Y entonces se manifestará aquel inicuo, a quien el Señor matará con el espíritu de su boca, y destruirá con el resplandor de su venida; inicuo cuyo advenimiento es por obra de Satanás, con gran poder y señales y prodigios mentirosos .... y con todo engaño» (2 Ts. 2:8-10).

«Y también hace grandes señales, de tal manera que aun hace descender fuego del cielo a la tierra delante de los hombres. Y enseña a los moradores de la tierra con las señales que se le ha permitido hacer en presencia de la bestia, mandando a los moradores de la tierra que le hagan imagen a la bestia que tiene la herida de espada, y vivió» (Ap. 13:13-14).

3. Los falsos libertadores serán tan convincentes que aun serán una amenaza para los escogidos. Los escogidos por supuesto son creyentes genuinos que siguen a Cristo a pesar de las tentaciones, pruebas, amenazas y peligros. Un excelente pasaje que describe en mucho el mismo cuadro se encuentra en 2 Ts. 2:1-17. La forma en que los escogidos pueden resistir es enunciada claramente.

«Así que hermanos, estad firmes, y retened la doctrina que habéis aprendido, sea por palabra, o por carta nuestra. Y el mismo Jesucristo, Señor nuestro, y Dios nuestro padre, el cual nos amó y nos dio consolación eterna y buena esperanza por gracia, conforte vuestros corazones, y os confirme en toda buena palabra y obra» (2 Ts. 2:15-17).

6 (24:25-28) *Jesucristo, retorno:* la verdad referida a la liberación y a la venida del Mesías. Cristo dijo cuatro cosas acerca de su retorno.

1. No vendrá del desierto, es decir, desde algún sitio desconocido y remoto. Cuando la gente proclame que el gran libertador ha aparecido en determinado lugar, el mensaje o rumor no debe ser creído: «No salgáis».
2. No vendrá de alguna habitación secreta, es decir, en secreto, invisible, en silencio. Nuevamente, cuando tal mensaje o rumor sea proclamado: «No lo creáis».
3. Vendrá como un «relámpago».
   a. Saldrá del cielo (procedente del mundo y de la dimensión espiritual): semejante a un relámpago.
   b. Su venida será repentina y sorpresiva: como lo es un relámpago.
   c. Su venida será visible a todos, desde oriente a occidente: como un relámpago (cp. Ap. 1:7).

«Entonces aparecerá la señal del Hijo del hombre en el cielo; y entonces lamentarán *todas las tribus* de la tierra, y verán al Hijo del Hombre viniendo sobre las nubes del cielo, con poder y gran gloria» (Mt. 24:30).

«Y habiendo dicho estas cosas, viéndolo ellos, fue alzado, y le recibió una nube que le ocultó de sus ojos. Y estando ellos con los ojos puestos en el cielo, entre tanto que él se iba, he aquí se pusieron junto a ellos dos varones con vestiduras blancas, los cuales también les dijeron: Varones galileos, ¿por qué estáis mirando al cielo? Este mismo Jesús, que ha sido tomado de vosotros al cielo, así vendrá como le habéis visto ir al cielo» (Hch. 1:9-11).

«Porque el Señor mismo con voz de mando, con voz de arcángel, y con trompeta de Dios, descenderá del cielo; y los muertos en Cristo resucitarán primero. Luego nosotros los que vivimos, los que hayamos quedado, seremos arrebatados juntamente con ellos en las nubes para recibir al Señor en el aire, y así estaremos siempre con el Señor. Por tanto, alentaos los unos a los otros con estas palabras» (1 Ts. 4:16-18).

«He aquí que viene con las nubes, y todo ojo le verá, y los que le traspasaron; y todo los linajes de la tierra harán lamentación por él. Sí, amén» (Ap. 1:7; cp. Ap. 19:11-19).

4. Vendrá a ejecutar el juicio (v. 28; cp. Is. 30:30; Ap. 19:20-21). Las águilas, aves de rapiña, siempre se reúnen donde está e cuerpo muerto. Este versículo tiene al menos dos significados.
   a. El cuerpo muerto es el pueblo de Israel, y las águilas los ejércitos romanos bajo Tito que se reunieron alrededor de Jerusalén para devorar la presa.
   b. El cuerpo muerto es el mundo, los que están espiritualmente muertos, y las águilas son Cristo y sus ángeles y sus santos. Vienen para reunirse alrededor del mundo muerto y ejecutar el juicio.

   El punto esencial de este pasaje es que la venida de Cristo será para ejecutar el juicio universal. Vendrá por el cuerpo muerto, por todos los que están espiritualmente muertos para ejecutar el juicio sobre ellos. Cristo ejecutará el juicio sobre el mundo entero.

«Y vi un ángel que estaba en pie en el sol, y clamó a gran voz, diciendo a todas las aves que vuelan en medio del cielo: Venid, y congregaos a la gran cena de Dios, para que comáis carnes de reyes y de capitanes, y carnes de fuertes, carnes de caballos y de sus jinetes, y carnes de todos, libres y esclavos, pequeños y grandes» (Ap. 19:17-18).

«Cuando el Hijo del Hombre venga en su gloria, y todos los santos ángeles con él, entonces se sentará en su trono de gloria, y serán reunidas delante de él todas las naciones; y apartará los unos de los otros, como aparta el pastor las ovejas de los cabritos» (Mt. 25:31-32).

«Y de la manera que está establecido para los hombres que mueran una sola vez, y después de esto el juicio» (He. 9:27).

«Sabe el Señor librar de tentación a los piadosos, y reservar a los injustos para ser castigados en el día del juicio» (2 P. 2:9).

«Pero los cielos y la tierra que existen ahora, están reservados por la misma palabra, guardados para el fuego en el día del juicio y de la perdición de los hombres impíos» (2 P. 3:7).

«De éstos también profetizó Enoc, séptimo desde Adán, diciendo: He aquí, vino el Señor con sus santas decenas de millares, para hacer juicio contra todos, y dejar convictos a todos los impíos de todas sus obras impías que han hecho impíamente, y de todas las cosas duras que los pecadores impíos han hablado contra él» (Jud. 14-15).

	C. La venida del Hijo del Hombre: cinco acontecimientos, 24:29-31
1 Inmediatamente después de la tribulación 2 Evento 1: habrá acontecimientos astronómicos	29 E inmediatamente después de la tribulación de aquellos días, el sol se oscurecerá, la luna no dará su resplandor, y las estrellas caerán del cielo, y las potencias de los cielos serán removidas.
3 Evento 2: aparecerá la señal de Cristo 4 Evento 3: todas las tribus verán a Cristo viniendo en las nubes 5 Evento 4: todas las tribus de la tierra lamentarán	30 Entonces aparecerá la señal del Hijo del Hombre en el cielo; y entonces lamentarán todas las tribus de la tierra, y verán al Hijo del Hombre viniendo sobre las nubes del cielo, con poder y gran gloria.
6 Evento 5: los ángeles serán enviados a juntar a los escogidos	31 Y enviará sus ángeles con gran voz de trompeta, y juntarán a sus escogidos, de los cuatro vientos, desde un extremo del cielo hasta el otro.

C. La venida del Hijo del Hombre: cinco acontecimientos, 24:29-31

(24:29-31) ***Jesucristo, retorno—tribulación—Israel:*** Cristo reveló exactamente cuándo iba a volver: «Inmediatamente después de la tribulación de aquellos días». Tiene lugar la gran tribulación, luego retorna nuestro Señor, «inmediatamente» (*véanse* bosquejo y nota—Mt. 24:1-28 referido al trasfondo de este pasaje).

1. Ahora no que Cristo no retornó inmediatamente después de la caída de Jerusalén; por eso ¿qué quiso decir? Lucas lo explica:

> **«Mas ¡ay de las que estén encintas, y de las que críen en aquellos días! porque habrá gran calamidad sobre este pueblo. Y caerán a filo de espada, y serán llevados a todas las naciones; y Jerusalén será hollada por los gentiles, hasta que los tiempos de los gentiles se cumplan» (Lc. 21:23-24).**

Cristo dijo de manera muy simple que la caída de Jerusalén solamente era el principio de la tribulación de los judíos. La tribulación de ellos continúa hasta que «los tiempos de los gentiles se cumplan». La exactitud de las palabras del Señor se ve claramente con solo dividir el versículo de Lucas y recordar la historia mundial desde Cristo.

- Todavía hay «gran angustia en la tierra» de Israel.
- Todavía hay «gran ira sobre este pueblo».
- Todavía muchos judíos «caen por la espada».
- Muchos siguen siendo «cautivos [dispersos] en todas las naciones».
- Jerusalén todavía es «hollada por los gentiles».

Ningún pueblo ha pasado por tantas tribulaciones como los judíos. Todavía están sufriendo a mano de los gentiles (por ejemplo, en la Segunda Guerra Mundial fueron masacrados cinco millones en menos de ocho años); y aun sufrirán gran tribulación «hasta que los tiempos de los gentiles se cumplan». Es *inmediatamente después de la gran tribulación de los judíos y* después *de la gran tribulación* que viene al fin del mundo que tendrá lugar el retorno de Cristo.

Note un hecho muy significativo. La profecía de Lucas señala definidamente a la doble interpretación de las palabras de Cristo. Desde la *gran tribulación* de los judíos en el año 70 d.C. (cp. v. 20), los judíos han seguido sufriendo *gran tribulación* hasta el presente siglo, y seguirán sufriendo y pasarán por la gran tribulación que ocurrirá en el fin del mundo.

2. Note también que es inmediatamente después de la «*gran tribulación*» del mundo (v. 21) que regresa Cristo (*véanse* notas—Mt. 24: Estudios a fondo 1, 2—1:31; 24:1-14; 24:15-28).

1. Inmediatamente después de la tribulación (v. 29).
2. Evento 1: habrá acontecimientos astronómicos (v. 29).
3. Evento 2: aparecerá la señal de Cristo (v. 30).
4. Evento 3: todas las tribus verán a Cristo viniendo en las nubes (v. 30).
5. Evento 4: todas las tribus de la tierra lamentarán (v. 30).
6. Evento 5: los ángeles serán enviados a juntar a los escogidos (v. 31).

1 (24:29) ***Jesucristo, retorno—tribulación:*** la escena se produce inmediatamente después de la tribulación (para la discusión *véase* nota—Mt. 24:29-31).

> ***Pensamiento.*** Hay varias lecciones en las palabras «después de la tribulación», lecciones para nosotros como para aquéllos que seguirán a Cristo a través de la tribulación.

1) Dios tiene el control. Él puede dar fin a las pruebas, y lo hace y lo hará. Note la palabra «después de la tribulación».Habrá un fin a todas las pruebas y tribulaciones.
2) El pueblo de Dios debe mirar hacia Él y esperar en Él. Viene el fin de todas las pruebas.
3) El pueblo de Dios debe estar velando siempre en espera del retorno del Señor.

2 (24:29) ***Jesucristo, retorno—postreros tiempos—cuerpos celestiales—espacio exterior:*** el primero de los acontecimientos que se producirán cuando vuelva Cristo en gloria será de naturaleza as tronómica. Los cuerpos celestiales —el sol, luna, estrellas y «poderes del cielo»— serán afectados.

Note las palabras exactas referidas a los acontecimientos astronómicos.

- «El sol se oscurecerá».
- «La luna no dará su resplandor».
- «Las estrellas caerán del cielo».
- «Las potencias de los cielos serán conmovidas».

De manera muy práctica, esos mismos acontecimientos están ocurriendo ahora. La tierra está un tanto oscurecida por el polvo de la tierra, catástrofes tales como erupciones volcánicas, tormentas de viento, humo de grandes incendios. Por su puesto, todo aquello que oscurezca al sol también esconde la luz de la luna. Las estrellas o meteoritos de diversos tamaños caen con frecuencia desde el espacio. «Los poderes de los cielos» que serán conmovidos pueden ser cuerpos celestiales fuera de nuestro sistema solar y que la Biblia llama «las huestes celestiales» (Dt. 4:19).

¿Es esto lo que Cristo quiso decir? No hay forma de saberlo con seguridad; sin embargo, es probable que éste sea su significado. *Pero note lo siguiente: Su* venida va a desencadenar acontecimientos astronómicos a escala mundial y universal. Todo el universo va a ser afectado, o para decirlo de otra manera: todo el universo se va a abrir para recibir al Señor, incluyendo los cuerpos celestiales; y toda persona sabrá, sin lugar a la menor duda, que el Señor está viniendo en todo el poder y la gloria de Dios mismo. Cristo dice que viene con «poder y gran gloria». Viene para que «se doble toda rodilla de los que están en los cielos, y en la tierra, y debajo de la tierra; y toda lengua confiese que Jesucristo es el Señor, para gloria de Dios Padre» (Fil. 2:10-11).

El Señor viene y «y entonces [sabrán y] lamentarán todas las tribus de la tierra, y verán al Hijo del Hombre viniendo sobre las nubes del cielo, con poder y gran gloria». Las palabras «poder y gran gloria» trasmiten la idea de que viene para sujetar a todos los hombres, para gobernar y reinar sobre todas las tribus o naciones de la tierra.

Las Escrituras revelan de manera definida que la venida del Señor será precedida y acompañada por conmociones astronómicas.

> **«Por lo cual las estrellas de los cielos y sus luceros no darán su luz; y el sol se oscurecerá al nacer, la luna no dará su resplandor. Y castigaré al mundo por su maldad, y a los impíos por su iniquidad; y haré que cese la arrogancia de los soberbios, y abatiré la altivez de los fuertes. Haré más precioso que el oro fino al varón, y más que el oro de Ofir al hombre. Porque haré estremecer los cielos, y la tierra se moverá de su lugar, en la indignación de Jehová de los ejércitos, y en el día del ardor de su ira» (Is. 13:10-13).**
>
> **«Terror, foso y red sobre ti, oh morador de la tierra. Y acontecerá que el que huyere de la voz del trueno caerá en el foso; y el que saliere de en medio del foso será preso en la red; porque de lo alto se abrirán ventanas, y temblarán los cimientos de la tierra. Será quebrantada toda la tierra, enteramente desmenuzada será la tierra, en gran manera será la tierra conmovida. Temblará la tierra como un ebrio, y será removida como una choza; y se agravará sobre ella su pecado, y caerá, y nunca más se levantará. Acontecerá en aquel día, que Jehová castigará al ejército de los cielos en lo alto, y a los reyes de la tierra sobre la tierra. Y serán amontonados como se amontona a los encarcelados en mazmorra, y en prisión quedarán encerrados, y serán castigados después de muchos días» (Is. 24:17-22).**
>
> **«Y daré prodigios en el cielo y en la tierra, sangre, y fuego, y columnas de humo. El sol se convertirá en tinieblas, y la luna en sangre, antes que venga el día grande y espantoso de Jehová» (Joel 2:30-31).**
>
> **«El sol y la luna se oscurecerán, y las estrellas retraerán su resplandor. Y Jehová rugirá desde desde Sion, y dará su voz desde Jerusalén, y temblarán los cielos y la tierra; pero Jehová será la esperanza de su pueblo, y la fortaleza de los hijo s de Israel» (Jl. 3:15-16).**
>
> **«Pero en aquellos días, después de aquella tribulación, el sol se oscurecerá, y la luna no dará su resplandor, y las estrellas caerán del cielo, y las potencias que están en los cielos serán conmovidas» (Mr. 13:24-25).**
>
> **«Mas el día en que Lot salió de Sodoma, llovió del cielo fuego y azufre, y los destruyó a todos. Así será el día en que el Hijo del hombre se manifieste» (Lc. 17:29-30).**
>
> **«Entonces habrá señales en el sol, en la luna, y en las estrellas, y en la tierra angustia de las gentes, confundidas a causa del bramido del mar y de las olas; desfalleciendo los hombres por el temor y la expectación de las cosas que sobrevendrán en la tierra; porque las potencias de los cielos serán conmovidas» (Lc. 21:25-26).**
>
> **«Y daré prodigios arriba en el cielo, y señales abajo en la tierra, sangre y fuego y vapor de humo; el sol se convertirá en tinieblas, y la luna en sangre, antes que venga el día del Señor, grande y manifiesto» (Hch. 2:19-20).**
>
> **«Miré cuando abrió el sexto sello, y he aquí hubo un gran terremoto; y el sol se puso negro, como tela de cilicio, y la luna se volvió toda como sangre; y las estrellas del cielo cayeron sobre la tierra, como la higuera deja caer sus higos cuando es sacudida por un fuerte viento. Y el cielo se desvaneció como un pergamino que se enrolla; y todo monte y toda isla se removió de su lugar. Y los reyes de la tierra y los grandes, los ricos, los capitanes, los poderosos y todo siervo y todo libre, se escondieron en las cuevas y entre las peñas de los montes; y decían a los montes y a las peñas: Caed sobre nosotros, y escondednos del rostro de aquel que está senado sobre el trono, y de la ira del Cordero; porque el gran día de su ira ha llegado; ¿y quién podrá sostenerse en pie?» (Ap. 6:12-17).**

Note las palabras exactas de los versículos arriba mencionados del Apocalipsis porque se refieren al mismo acontecimiento que Cristo mencionó (v. 30; cp. Ap. 6:17). Cristo desencadena un gran terremoto sobre la tierra y acontecimientos astronómicos arriba en los cielos (vv. 12-14). Los hombres, pequeños y grandes, aterrorizados se ocultan (v. 15) y claman por una muerte inmediata para no tener que encontrarse cara a cara con Cristo (v. 16). Porque hay algo que ellos saben: «El gran día de su ira ha llegado; ¿y quién podrá sostenerse en pie?» (v. 17).

Los discípulos habían preguntado: «¿Cuándo serán estas cosas, y qué señal habrá de tu venida, y del fin del siglo?» Y Cristo les está contestando. Aterradores acontecimientos astronómicos serán una señal.

> ***Pensamiento.*** Los acontecimientos en la naturaleza deben volver nuestra atención a Dios. Ellos nos recuerdan los *angustiosos* acontecimientos que ocurrirán en el postrer tiempo. Como dijo Cristo: «Cuando estas cosas comienzan a suceder, erguíos y levantad vuestra cabeza, porque vuestra redención está cerca» (Lc. 21:28). Si levantamos la mirada y confiamos en Él *ahora,* las catástrofes y circunstancias podrán ser soportadas mucho mejor. Su presencia con nosotros nos asegura fuerza y paciencia y victoria (He. 12:3; cp. 1 Co. 10:13; Mt. 28:20; cp. He. 13:5-6).

3 (24:30) ***Jesucristo, retorno—postreros tiempos:*** con la venida de Cristo habrá un segundo acontecimiento que será la aparición de la señal de Cristo en el cielo. ¿Qué señal? Cristo no lo dice específicamente. Hay cuatro pensamientos diferentes al respecto.

- Algunos afirman que será una estrella, muy similar a la estrella que proclamó su nacimiento.
- Otros dicen que será la Shekiná, su gloria, resplandeciendo en todo el esplendor y la claridad de Dios mismo. Por supuesto, su gloria resplandecerá como se dijo; Pero, Cristo no dice específicamente que ésta será la señal.
- Algunos, incluyendo a muchos de los Padres de la Iglesia, creen que es la cruz de Cristo. No hay duda que la aparición de la cruz en el cielo atraería la atención universal e indicaría que algo fuera de lo normal ocurre. La cruz es el símbolo del cristianismo y apunta más que cualquier otra cosa al propósito de Dios en el mundo.
- Muchos creen que la señal es simplemente la aparición del Hijo del Hombre mismo (Mt. 26:64; Dn. 7:13-14).

Note cuatro puntos.

1. Cuando aparezca la señal «lamentarán todas las tribus de la tierra». Saben exactamente el significado de la señal: el juicio, y gobierno, y reinado de Cristo. Las tribus (pueblos) no tienen que suponer ni interpretar lo que significa.

2. Cuando aparezca la señal «lamentarán todas las tribus de la tierra ... y verán al Hijo del Hombre viniendo sobre las nubes del cielo».

3. El Señor dice que su venida será como el relámpago, rápida, y repentina (v. 27). ¿Acaso habrá tiempo para una señal diferente a su aparición personal?

4. Los discípulos habían preguntado por la *señal:* «¿Qué señal habrá de tu venida ... ?» (v. 3). Cristo les da una serie de señales. Quizá esté simplemente diciendo: «Entonces aparecerá la señal del Hijo del Hombre [mismo] .... » Lo cual, por supuesto, sería el cumplimiento de la bien conocida señal de Daniel referida a la veni da del Hijo del Hombre (Dn. 7:13-14).

Cualquiera sea la señal, hay una cosa importante que destacar: todo el mundo sabe exactamente qué significa. El Hijo de Dios está viniendo para juzgar y gobernar y reinar sobre la tierra.

> **«Cuando el Hijo del Hombre venga en su gloria, y todos los santos ángeles con él, entonces se sentará en su trono de gloria, y serán reunidas delante de él todas las naciones; y apartará los unos de los otros, como aparta el pastor las ovejas de los cabritos» (Mt. 25:31-32).**
>
> **«Sabe el Señor librar de tentación a los piadosos, y reservar a los injustos para ser castigados en el día del juicio» (2 P. 2:9).**
>
> **«Pero los cielos y la tierra que existen ahora, están reservados por la misma palabra, guardados para el fuego en el día del juicio y de la perdición de los hombres impíos» (2 P. 3:7).**
>
> **«De éstos también profetizó Enoc, séptimo desde Adán, diciendo: He aquí, vino el Señor con sus santas decenas de millares, para hacer juicio contra todos, y dejar convictos a todos los impíos de todas sus obras impías que han hecho impíamente, y de todas las cosas duras que los pecadores impíos han hablado contra él» (Jud. 14-15).**
>
> **«Y vi un gran trono blanco y al que estaba sentado en él, de delante del cual huyeron la tierra y el cielo, y ningún lugar se encontró para ellos. Y vi a los muertos, grandes y pequeños, de pie ante Dios; y los libros fueron abiertos, y otro libro fue abierto, el cual es el libro de la vida; y fueron juzgados los muertos por las cosas que estaban escritas en los libros, según sus obras. Y el mar entregó sus muertos que había en él; y la muerte y el Hades entregaron los muertos que había en ellos; y fueron juzgados cada uno según sus obras. Y la muerte y el Hades fueron lanzados al lago de fuego. Esta es la segunda muerte. Y el que no se halló inscrito en el libro de la vida fue lanzado al lago de fuego» (Ap. 20:11-15).**

Pensamiento 1. Habrá una señal a la que seguirá la venida del Hijo del Hombre. Cualquiera sea la señal, cuatro cosas son ciertas.

1) *Ahora* las estrellas apuntan al eterno poder y a la deidad y amor de Dios en una creación hermosa. *Después* las estrellas apuntarán a la ira de Dios.
2) *Ahora* la gloria Shekiná, la gloria de Dios, resplandece ante los hombres llamándolos a la justicia. *Después* la gloria Shekiná resplandecerá ante los hombres y los consumirá por sus injusticias.
3) *Ahora* la cruz está ante el mundo atrayendo el mundo a Dios. *Después* estará ante el mundo para condenarlo.
4) *Ahora* Cristo está ante el mundo como Salvador. *Después* estará ante el mundo como Juez.

Pensamiento 2. *Ahora hay* señal(es) de la presencia de Cristo. También hay señales indicando que su retorno está muy cerca. Es mucho mejor *lamentar* ahora y arrepentirse y no ser dejado sin nada por qué *lamentar* después. Viene el día cuando será demasiado tarde para volverse a Cristo.

Pensamiento 3. Hoy nadie está sin excusa. Hay señal(es) y evidencia(s) de que Él es el Salvador del mundo, el propio Hijo de Dios. Es mucho mejor que el Hijo del Hombre aparezca ahora, en el corazón y la vida de una persona por medio de la fe, y no que aparezca en los cielos como Juez de esa persona (He. 9:27; cp. Jn. 3:18).

4 (24:30) ***Jesucristo, retorno:*** el tercer acontecimiento referido al retorno del Señor es que será visible a todos; todas las tribus de la tierra verán a Cristo viniendo en las nubes con poder y gran gloria. Cuatro cosas se dicen en esta breve profecía.

1. Es el Hijo de Dios quien vendrá. Cristo afirma que es el Hijo del Hombre, el propio Hijo de Dios, el Hombre ideal, el Hombre perfecto, el Hijo de Dios encarnado en cuerpo humano (*véase* Estudio a fondo 3—Mt. 8:20). En aquel día no habrá duda en cuanto a quién es Él (cp. Mr. 14:61-62). Actualmente solo es reconocido por los creyentes, pero entonces será reconocido por todos los hombres. Será, de manera inconfundible: Él es el Hijo del Hombre.

2. Todas las tribus de la tierra lo verán venir visiblemente. ¿Cómo es que lo verán todos al mismo tiempo en la tierra, un planeta esférico? No tiene sentido especular sobre cómo *obra* (efectúa) el poder de Dios un milagro. Lo que Cristo está señalando es que su retorno será visible y que lo verá toda persona en la tierra y lo reconocerá como el Hijo del Hombre (cp. Ap. 1:7). (Note que la luz —el gran esplendor y brillo— de la gloria del Señor puede ser manifestado fácilmente en todo el universo y alrededor de la tierra cuando él retorne.)

3. Cristo vendrá en las nubes del cielo. Con frecuencia las Escrituras asocian las nubes con Dios.

> **«Cabalgó sobre un querubín, y voló; voló sobre las alas del viento. Puso tinieblas por su escondedero, por cortina suya alrededor de sí; oscuridad de aguas, nubes de los cielos. Por el resplandor de su presencia, sus nubes pasaron; granizo y carbones ardientes» (Sal. 18:10-12).**
>
> **«El que pone las nubes por su carroza» (Sal. 104:3).**
>
> **«He aquí, Jehová monta sobre una ligera nube» (Is. 19:1).**
>
> **«Miraba yo en la visión de la noche, y he aquí con las nubes del cielo venía uno como hijo de hombre, que vino hasta el anciano de días, y le hicieron acercarse delante de él» (Dn. 7:13).**

Cuando Jesús partió de esta tierra después de su resurrección, lo hizo en una nube y fue predicho que volvería en una nube (Hch. 1:9-11). Cristo dice claramente que retornará en una nube y que todo ojo le verá venir en las nubes del cielo. Hay una vigorosa afirmación aquí, la afirmación de ser el Dios de las nubes.

4. Cristo vendrá con poder y gran gloria. Hay al menos dos cosas para subrayar en este hecho.

a. Cristo vendrá en la plena dignidad de su persona. No vendrá como bebé en un pesebre que experimenta las etapas de la vida para asegurar la salvación del hombre. Vendrá con poder y gran gloria. Vendrá en toda la omnipotencia y gloria de Dios, revelando claramente quién Él es.

b. Cristo vendrá como Juez para ejecutar justicia en la tierra. Vendrá para gobernar y reinar en su legítima posición como Soberano Señor sobre la tierra.

Pensamiento. Toda persona reconocerá que Cristo es el Hijo del Hombre. No habrá excepción alguna.

- Ahora, el reconocimiento es *voluntario;* después, el reconocimiento será *involuntario.*
- Ahora, hay *disposición* para confesar; después, la confesión será *forzada.*
- Ahora, hay un llamado con *amor;* después, habrá juicio *condenatorio.*

Por cuanto ha establecido un día en el cual juzgará al mundo con justicia, por aquel varón a quien designó, dando fe a todos con haberle levantado de los muertos» (Hch. 17:31).

«En el día en que Dios juzgará por Jesucristo los secretos de los hombres, conforme a mi evangelio» (Ro. 2:16).

«Por lo cual Dios también le exaltó a lo sumo, y le dio un nombre que es sobre todo nombre, para que en el nombre de Jesús se doble toda rodilla de los que están en los cielos, y en la tierra, y debajo de la tierra; y toda lengua confiese que Jesucristo es el Señor, para gloria de Dios Padre» (Fil. 2:9-11).

«Y si invocáis por Padre a aquel que sin acepción de personas juzga según la obra de cada uno, conducíos en temor todo el tiempo de vuestra peregrinación» (1 P. 1:17).

5 (24:30) ***Jesucristo, retorno:*** el cuarto acontecimiento es que todas las tribus de la tierra lamentarán cuando Cristo retorne con poder y gran gloria. ¿Por qué? Porque verán de manera incuestionable que Cristo es el Hijo del Hombre. Comprenderán que lo habían ignorado, pasado por alto, rechazado, abusado de Él y blasfemado contra Él. Sabrán que han perdido la salvación de Dios y que ahora serán juzgados. En Apocalipsis hay un cuadro de este gran lamento donde «todos los linajes de la tierra harán lamentación por él» (Ap. 1:7). Lamentan y lloran por el terrible juicio que será ejecutado sobre ellos.

Es que sencillamente Cristo va a retornar y todo ojo le va a ver y saber, más allá de toda duda, que Él es el Hijo del Hombre. Los mundanos lamentarán porque vendrá como Juez; los escogidos se regocijarán porque serán reunidos con Él.

Pensamiento. Toda persona tiene una elección. Lamenta ahora o lamentará cuando Cristo vuelva. La persona experimenta una tristeza divina que conduce al arrepentimiento *ahora,* o experimentará una trisíeza mundana que conduce a tristeza eterna cuando Cristo retorne (*véase* Estudio a fondo 1—2 Co. 7:10).

«Pedro les dijo: Arrepentíos, y bautícese cada uno de vosotros en el nombre de Jesucristo para perdón de los pecados; recibiréis el don del Espíritu Santo» (Hch. 2:38).

«Así que, arrepentíos y convertíos, para que sean borrados vuestros pecados; para que vengan de la presencia del Señor tiempos de refrigerio» (Hch. 3:19).

«Arrepiéntete, pues, de esta tu maldad, y ruega a Dios, si quizá te sea perdonado el pensamiento de tu corazón» (Hch. 8:22).

«Porque la tristeza que es según Dios produce arrepentimiento para salvación, de que no hay que arrepentirse; pero la tristeza del mundo produce muerte» (2 Co. 7:10).

«Echad de vosotros todas vuestras transgresiones con que habéis pecado, y haceos un corazón nuevo y un espíritu nuevo. ¿Por qué moriréis, casa de Israel?» (Ez. 18:31).

6 (24:31) ***Jesucristo, retorno:*** el quinto acontecimiento en el retorno del Señor es que los ángeles serán enviados a reunir a los escogidos. Hay cuatro puntos que destacar en este versículo.

1. Cristo enviará a *sus* ángeles. Él es Dios, el Señor de los ángeles. Ellos son suyos; Él está encima de ellos. Ellos están a su orden y servicio para ejecutar su soberana voluntad. Esto también es una afirmación de deidad.

2. Cristo enviará a sus ángeles con «gran sonido de trompeta». La trompeta era usada para reunir, llamar y juntar a la gente. Probablemente éste sea el significado aquí (cp. 1 Co. 15:52; 1 Ts. 4: 16).

3. Los ángeles reunirán a los escogidos. En esta ocasión serán reunidos solamente los escogidos. Los escogidos pueden parecer pocos en comparación a la masa de la humanidad. Pero habrá un remanente de creyentes genuinos esparcidos sobre toda la tierra, un remanente que habrá perseverado hasta el fin. Ellos serán salvos (v. 13; cp. Mt. 20:16; 22:14).

Como dijo Cristo:

«Os digo que en aquella noche, estarán dos en una cama; el uno será tomado y el otro será dejado. Dos mujeres estarán moliendo; la una será tomada, y la otra, dejada. Dos estarán en el campo; el uno será tomado, y el otro dejado» (Lc. 17:34-36; cp. Mt. 20:16; 22:14).

4. Los escogidos serán reunidos de los cuatro vientos, desde un extremo del cielo hasta el otro. El significado es este: los escogidos estarán esparcidos sobre todo el mundo; estarán en todas partes, en todas las naciones del mundo (cp. Dt. 4:32; Ap. 7:9). Como Cristo acaba de decir:

«Y será predicado este evangelio del reino en todo el mundo, para testimonio a todas las naciones; y entonces vendrá el fin» (Mt. 24:14).

Pensamiento 1. Hay una esperanza gloriosa para todo creyente, cualquiera sea su generación y sus pruebas:

«Aguardando la esperanza bienaventurada y la manifestación gloriosa de nuestro gran Dios y Salvador Jesucristo, quien se dio a sí mismo por nosotros para redimirnos de toda iniquidad y purificar para sí un pueblo propio, celoso de buenas obras» (Tit. 2:13-14).

Pensamiento 2. Los ángeles están sujetos a Cristo; también nosotros debemos estar sujetos a Él. Los ángeles cumplen su soberana voluntad; nosotros también debemos hacer su soberana voluntad. Si administramos su voluntad ahora, en aquel glorioso día estaremos en esa compañía selecta.

Pensamiento 3. Ni un solo creyente será dejado cuando Jesús retorne. No importa dónde estemos o cuán aislados y solitarios y olvidados nos sintamos, Cristo viene por nosotros.

1 En términos generales el tiempo puede ser discernido a. Sus eventos son comparados a una higuera[EF1] b. Sus eventos serán presenciados por una generación específica c. Sus eventos son seguros **2 El día y la hora sólo son conocidos por Dios**	**D. El tiempo del regreso del Señor, 24:32-41** (Mr. 13:28-34; Lc. 21:29-35) 32 De la higuera aprended la parábola: Cuando ya su rama está tierna, y brotan las hojas, sabéis que el verano está cerca. 33 Así también vosotros, cuando veáis todas estas cosas, conoced que está cerca, a las puertas. 34 De cierto os digo, que no pasará esta generación hasta que todo esto acontezca. 35 El cielo y la tierra pasarán, pero mis palabras no pasarán. 36 Pero el día y la hora nadie sabe, ni aun los ángeles de los cielos, sino	sólo mi Padre. 37 Mas como en los días de Noé, así será la venida del Hijo del Hombre. 38 Porque como en los días antes del diluvio estaban comiendo y bebiendo, casándose y dando en casamiento, hasta el día en que Noé entró en el arca, 39 y no entendieron hasta que vino el diluvio y se llevó a todos, así será también la venida del Hijo del Hombre. 40 Entonces estarán dos en el campo; el uno será tomado, y el otro será dejado. 41 Dos mujeres estarán moliendo en un molino; la una será tomada, y la otra será dejada.	**3 El día vendrá repentina e inesperadamente**[EF2] a. Su contraparte es el día de Noé; sensualidad y negativa de atender el mensaje del inminente juicio[EF3, 4] b. Su impacto: eran incrédulos, de mente cerrada, ignorantes c. Su seguridad: «así será ... » **4 El día será tiempo de separación y juicio**

D. El tiempo del regreso del Señor, 24:32-41

(24:32-41) ***Introducción—postrer tiempo:*** los discípulos habían preguntado: «¿Cuándo serán estas cosas?» En este punto de su discusión Cristo dijo: «De la higuera aprended la parábola: Cuando .... » Note la palabra *cuando.* Estaba comenzando a discutir el tiempo final y su retorno. Debe notarse que la primera parte de su discusión puede ser aplicada a la caída de Jerusalén en el año 70 d.C. Como también al tiempo final (vv. 32-35). Sin embargo, Cristo dijo definidamante que este pasaje tiene que ver únicamente con el tiempo del fin, con la venida del Hijo del Hombre (vv. 37, 39). ¿Cuándo retornará Cristo? Jesús reveló cuatro puntos significativos.

1. En términos generales el tiempo puede ser discernido (vv. 32-35).
2. El día y la hora sólo son conocidos a Dios (v. 36).
3. El día vendrá repentinamente —inesperadamente— sacudiendo el mundo de incrédulos (vv. 37-39).
4. El día será tiempo de separación y juicio (vv. 40-41).

1 (24:32-35) ***Jesucristo, retorno:*** Cristo dijo que en términos generales se pueden discernir los tiempos de su venida.

1. Los acontecimientos (señales) que apuntan al tiempo de su retorno son comparados con una higuera. Cuando la higuera comienza a mostrar sus brotes, se sabe que el verano está cerca. Así, cuando veamos «todas estas cosas», las señales mencionadas por Jesús, «conoced que está cerca [viniendo], *aun* a las puertas». Su venida está en el umbral mismo; está por entrar nuevamente al mundo (cp. Stg. 5:9).

Note lo que dijo Cristo:

a. Cuando comienzan a verse las hojas de la higuera, todavía no es verano; pero *sabemos* que el verano está cerca, a la mano.
b. «Así también vosotros, *cuando veáis* todas las cosas, *conoced* que está cerca [su venida], a las puertas». Dice concretamente que podemos «conocer que está cerca».

2. Los acontecimientos (señales) serán presenciados por una generación. Los discípulos habían hecho dos preguntas: una sobre la destrucción de Jerusalén y otra sobre el fin del mundo. Respondiendo a sus preguntas Cristo no trazó una línea definida entre las dos. Las señales y eventos que preceden una caída precederán también la otra. La implicancia es clara: así como las señales y la destrucción de Jerusalén tuvieron lugar en una generación específica, así las señales y la destrucción del mundo también ocurrirá en una generación específica. (*Véase* Estudio a fondo 2, pt. 2—Mt. 24:1-31.)

3. Los eventos (señales) son seguros. Fue concreto respecto de lo que había dicho: «El cielo y la tierra *pasarán,* pero mis palabras no pasarán».

Note dos cosas.

a. Cielos y tierra pasarán. Cristo estaba diciendo que serán literalmente deshechos (2 P. 3:10-11).
b. Todo lo que había digno de la gran tribulación y de su retorno sucederá. La gran tribulación y su retorno son más seguros que los cielos y la tierra.

Pensamiento 1. *Expectativa* es una palabra clara cuando se trata del retorno del Señor. Cuando vemos a la higuera mostrando sus brotes, *esperamos* la cercanía del verano. «Así también» debemos esperar dos cosas.

1) Debemos esperar las señales, «todas estas cosas» que Cristo ha estado mencionando (v. 33*a*).
2) Debemos esperar y «conocer que [su venida] está cerca» (v. 33*b*).

Pensamiento 2. A los ojos de los hombres ha pasado mucho tiempo desde que Cristo dijo estas palabras, y una lista de innumerables acontecimientos han ocurrido. Por eso los hombres asumen que la segunda venida es una fábula, el invento de una imaginación esperanzada. Dios sabía que esto ocurriría.

> **«Sabiendo primero esto, que en los postreros días vendrán burladores, andando según sus propias concupiscencias, y diciendo: ¿Dónde está la promesa de su advenimiento? Porque desde el día en que los padres durmieron, todas las cosas permanecen así como desde el principio de la creación .... Mas, oh amados, no ignoréis esto: que para con el Señor un día es como mil años, y mil años como un día. El Señor no retarda su promesa, según algunos la tienen por tardanza, sino que es paciente para con nosotros, no**

queriendo que ninguno perezca, sino que todos procedan al arrepentimiento. Pero el día del Señor vendrá como ladrón en la noche; en el cual los cielos pasarán con grande estruendo, y los elementos ardiendo serán deshechos, y la tierra y las obras que en ella hay serán quemadas. Puesto que todas estas cosas han de ser deshechas, ¡cómo no debéis vosotros andar en santa y piadosa manera de vivir, esperando y apresurándoos para la venida del día de Dios, en el cual los cielos, encendiéndose, serán deshechos, y los elementos, siendo quemados, se fundirán! Pero nosotros esperamos, según sus promesas, cielos nuevos y tierra nueva, en los cuales mora la justicia» (2 P. 3:8-13).

Pensamiento 3. Hay tres acontecimientos que con toda seguridad ocurrirán en la historia humana: «el principio de dolores» (v. 8); «la gran tribulación, cual no la ha habido desde el principio del mundo» (v. 21); y el «Hijo del Hombre viniendo en las nubes con poder y gran gloria» (v. 30). Los cielos y la tierra pasarán pero no las palabras dichas por Cristo, no lo que dijo que acontecería. Lo que dijo que va a acontecer, va a acontecer. Estos tres acontecimientos son seguros.

ESTUDIO A FONDO 1

(24:33-34) ***Jesucristo, retorno:*** Note el tiempo de los verbos de estos dos versículos, concuerdan. «Cuando veáis todas estas cosas está cerca» (v. 33). Ocurrirá en «esta generación» (v. 34).

[2] (24:36) ***Postreros tiempos:*** el día y la hora en que Cristo vuelva son conocidos únicamente por Dios. Note dos cosas.

1. El retorno de Cristo es un hecho real que todavía debe ocurrir. Existe ese «día y hora». Está *determinado un día y determinada una hora* para el retorno de Cristo. Es un acontecimiento real.

2. El retorno de Cristo es secreto. «Nadie sabe, sino sólo mi Padre». Algunos pensaban saber, pero Cristo fue explícito: «nadie sabe, ni aun los ángeles de los cielos, sino *sólo* mi Padre». (*Véase* nota—2 Ts. 2:1-2.)

«Y ninguno, ni en el cielo ni en la tierra ni debajo de la tierra, podía abrir el libro, ni aun mirarlo» (Ap. 5:3).

«Las cosas secretas pertenecen a Jehová nuestro Dios; mas las reveladas son para nosotros y para nuestros hijos para siempre, para que cumplamos todas las palabras de esta ley» (Dt. 29:29).

Pensamiento. Algunas cosas deben ser dejadas totalmente en las manos de Dios. El día y la hora exactos del retorno del Señor son una de estas cosas. Los creyentes que *velan* serán sensibles a las estaciones (higuera, vv. 32-33) y conocerán la generación (v. 34), pero la hora exacta y el día están ocultos a los hombres, aun a los más sabios y espirituales. *Solamente* Dios mismo sabe cuándo volverá Cristo. Si una persona afirma conocer la hora y el día, de esa persona debemos huir. La palabra del hombre choca con la Palabra del Señor.

[3] (24:37-39) ***Jesucristo, retorno:*** la venida del Señor será repentina, inesperada, sacudiendo al mundo de los incrédulos. Cristo dice tres cosas.

1. ¿Cuándo retornará Cristo? Su venida halla contraparte en el día de Noé. Vendrá cuando el mundo esté viviendo tal como vivía en días de Noé:

- Viviendo con sensualidad, comiendo, bebiendo, casándose, divorciándose, casándose de nuevo, una y otra vez (*véanse* Estudios a fondo 2, 3—Mt. 24:38; cp. Lc. 17:26-30).
- Negándose a atender el mensaje de justicia y del inminente juicio de Noé (2 P. 2:5).

a. Note que comer, beber (agua) y casarse son todas cosas necesarias para mantener la vida. Es el exceso la codicia por más y más, la extravagancia, lo que es pecaminoso. Es centrar la mente en los placeres de la carne y del mundo y queriendo más y más de ello (*véanse* notas—Stg. 4:1; Estudio a fondo 1—4:1-3; nota—4:2; cp. Ro. 1:24).

b. Note otro punto: ¿Qué dice Cristo en cuanto a la característica del siglo? No es robar y matar ni la inmoralidad, sino comer y beber y casarse una y otra vez. Cuando la tierra fue destruida por primera vez fue porque «se corrompió la tierra ... y estaba ... llena de violencia» (Gn. 6:11). Sin embargo, los pecados que conducen a la segunda destrucción de la tierra parecen ser el comer y beber y el casarse una y otra vez. Estos son los pecados acentuados por Cristo.

c. Note las palabras «*hasta el día* en que Noé entró en el arca». Mientras Noé construía el arca predicaba la justicia de Dios y el inminente juicio. La gente tenía el testimonio de la vida de Noé y de su fe en la Palabra de Dios como advertencia; era la advertencia de que el hombre es responsable de vivir en justicia y que venía el juicio. Veían a Noé construyendo el arca. Veían al arca asentada allí, pero rechazaron el mensaje y testimonio de Noé. Siguieron viviendo en mundanalidad, comiendo y bebiendo y prosiguiendo en sus deseos sensuales, y lo hicieron hasta el día mismo en que «Noé entró al arca». Luego, repentinamente, inesperadamente, su mundo fue conmovido.

2. ¿Cuándo vendrá Cristo? Vendrá así como vino en días de Noé; en un momento chocante. En el momento preciso en que «no entendieron» que el fin venía; así también vendrá otra vez cuando el mundo *no entienda.*

a. «No entendieron» significa esto: no esperaban que el inminente juicio. *No creyeron* el hecho, la palabra, el mensaje. Tenían la *mente cerrada;* no se preocupaban demasiado en escuchar y estudiar el asunto. Por eso *eran ignorantes* respecto de la verdad. No conocían la Palabra de Dios.

b. «No entendieron» significa esto: estaban seguros de sí mismos en su mundo. Como la Escritura dice en otro sitio:

«Que cuando digan: Paz y seguridad, entonces vendrá sobre ellos destrucción repentina, como los dolores de la mujer encinta, y no escaparán» (1 Ts. 5:3).

c. «No entendieron» significa esto: vivían vidas mundanas y materialistas, comiendo y bebiendo cuando debían haber estado atentos, sensibles y con la mente clara, escuchando y volviéndose a Dios.

d. «No entendieron» significa esto: su preocupación era «comamos y bebamos que mañana moriremos» (Is. 22: 13); cuando debían haber estado preocupados por la *justicia* (2 Co. 5:21).

3. ¿Cuándo vendrá Cristo? Vendrá cuando la gente viva tal como vivía en los días de Noé: «Mas como en los días de Noé, así será la venida del Hijo del Hombre» (vv. 37, 39). Su venida es cierta y asegurada.

«Porque como en los días antes del diluvio estaban comiendo y bebiendo, casánose y dando en casamiento, hasta el día en que Noé entró en el arca y no entendieron hasta que vino el diluvio y se llevó a todos, así será también la venida del Hijo del Hombre» (Mt. 24:38-39).

«Mirad también por vosotros mismos, que vuestros corazones no se carguen de glotonería y embriaguez y de los afanes de esta vida, y venga de repente sobre vosotros aquel día» (Lc. 21:34).

«Enseñándonos que, renunciando a la impiedad y a los deseos mundanos, vivamos en este siglo sobria, justa y piadosamente, aguardando la esperanza bienaventurada y la manifestación gloriosa de nuestro gran Dios y Salvador Jesucristo» (Tit. 2:12-13).

«¡Oh almas adúlteras! ¿No sabéis que la amistad del mundo es enemistad contra Dios? Cualquiera, pues, que quiera ser amigo del mundo, se constituye enemigo de Dios» (Stg. 4:4).

«No améis al mundo, ni las cosas que están en el mundo. Si alguno ama al mundo, el amor del Padre no está en él. Porque todo lo que hay en el mundo, los deseos de la carne, los deseos de los ojos, y la vanagloria de la vida, no proviene del Padre, sino del mundo» (1 Jn. 2:15-16).

Pensamiento 1. Note las palabras «no entendieron». No *entendieron* porque estaban centrados en vivir sensualmente. La persona puede comer y beber, y ser inmoral hasta ser tomada y esclavizada (*véanse* notas—Ro. 1:24; Stg. 4: 1-6).

- La *conciencia* se vuelve indolente, dura, e insensible a lo correcto.
- La *voluntad* se vuelve más caprichosa.
- La *esperanza* se vuelve más materialista.
- La *muerte* se hace más definitiva.

Pensamiento 2. El retorno de Cristo va a sacudir el mundo de la persona ...

- que come y come.
- que bebe y bebe.
- que se casa y se casa.
- que «no entiende».
- que no cree.
- que tiene la mente cerrada.
- que es ignorante.

Pensamiento 3. Hay muchos creyentes genuinos en el mundo. El testimonio de la justicia debe estar en frente mismo de la gente tal como estuvo ante la gente en días de Noé. No tenemos excusa. Debemos estar preparados para su venida. Su venida *repentina* no debe tomarnos por sorpresa; no debe influir ni sacudir nuestro mundo.

Pensamiento 4. La persona no debe permitirse quedar inmersa en la mundanalidad de manera de olvidar la eternidad (1 Jn. 2:15-16; Ro. 12:1-2; 2 Co. 6:17-18).

ESTUDIO A FONDO 2

24:37) ***Jesucristo, retorno:*** es preciso recordar que los justos, es decir, los únicos creyentes del tiempo de Noé, fueron Noé mismo y su familia. No fueron sorprendidos. Fue para los incrédulos que el día vino inesperadamente y con conmocionante rapidez. Esto es comprensible: el verdadero creyente siempre está «Aguardando la esperanza bienaventurada y la manifestación gloriosa de nuestro gran Dios y Salvador Jesucristo» (Tit. 2:13). Cuando aquel día comience a acercarse los creyentes verán y discernirán los tiempos mediante el poder del Espíritu Santo. El Espíritu Santo estará preparando el corazón de los creyentes para ese día. Pero el mundo incrédulo se burlará de lo que considera una creencia necia. Continuará por su camino de alegría y desenfreno, sin prestar atención a un acontecimiento que considera necio (cp. Dn. 12:10).

ESTUDIO A FONDO 3

(24:38) ***Comiendo*** (*trogontes*): masticar; mascar. Tiene la idea de asir y masticar ansiosamente semejante a un perro hambriento. En este caso significa la práctica habitual de comer con apetito glotón, comer en exceso.

ESTUDIO A FONDO 4

(24:38) ***Bebiendo*** (*pinontes*): beber, participar en el espíritu festivo de la bebida; participar en la abominación del beber. La idea es la de una práctica habitual, beber en exceso (cp. Gá.5:21; Ef. 5:18).

«Mirad también por vosotros mismos, que vuestros corazones no se carguen de glotonería y embriaguez y de los afanes de esta vida, y venga de repente sobre vosotros aquel día» (Lc. 21:34).

«Ni los ladrones, ni los avaros, ni los borrachos, ni los maldicientes, ni los estafadores, heredarán el reino de Dios» (1 Co. 6:10).

«¡Ay del que da de beber a su prójimo! ¡Ay de ti, que le acercas tu hiel, y le embriagas para mirar su desnudez!» (Hab. 2:15).

4 (24:40-41) ***Jesucristo, retorno:*** la venida del Señor será un tiempo de separación y juicio. Varias cosas se ven en estos dos versículos.

1. El día de la venida de Jesús nadie sospechara nada, ni siquiera los creyentes. Todos van a atender sus asuntos y su ocupación normal.
2. El día de la venida de Jesús, la gente irá a atender sus cosas, y en forma totalmente repentina uno será tomado y otro será dejado.
3. El día de la venida de Jesús, habrá separación de los más allegados, de los que están junto a nosotros. El creyente será reunido con el Señor; el incrédulo será dejado a hacer frente al juicio (vv. 30-31, 50-51; cp. 2 Ts. 1:7-10).

«Dejad crecer juntamente lo uno con lo otro hasta la siega; y al tiempo de la siega yo diré a los segadores: Recoged primero la cizaña, y atadla en manojos para quemarla; pero recoged el trigo en mi granero» (Mt. 13:30).

«Así será el fin del siglo: saldrán los ángeles, y apartarán a los malos de entre los justos» (Mt. 13:49).

«Y serán reunidas delante de él todas las naciones; y apartará los unos de los otros, como aparta el pastor las ovejas de los cabritos» (Mt. 25:32).

«E irán estos al castigo eterno, y los justos a la vida eterna» (Mt. 25:46).

«Además de todo esto, una gran sima está puesta entre nosotros y vosotros, de manera que los que quisieren pasar de aquí a vosotros, no pueden, ni de allá pasar acá» (Lc. 16:26).

«Os digo que en aquella noche, estarán dos en una cama; el uno será tomado y el otro será dejado» (Lc. 17:34).

Pensamiento. La base para la separación y el juicio es la fe. En tiempos de Noé nadie creyó el mensaje de justicia. Solamente la persona que cree el mensaje de justicia y los practica será tomado (2 Co. 5:21; cp. Jn. 3:16; Mt. 24:13).

E. El regreso del Señor y el deber del creyente de velar: velar ... estar preparado ... ser fiel y sabio, 24:42-51
(Mr. 13:35-37; Lc. 21:36)

1 Velad
a. El Señor vuelve
b. Su tiempo desconocido
2 Parábola 1: El propietario de una casa
a. Tenía una casa que cuidar
b. Vivía descuidadamente
c. Sufrió desastre
d. La enseñanza: es esencial estar preparado, porque Cristo viene inesperadamente
3 Parábola 3: siervo fiel y sabio (un creyente genuino)
a. Su responsabilidad: supervisar y alimentar
b. Su responsabilidad: ser fiel
c. Su recompensa: es hecho gobernador
4 Parábola 3: Siervo malo
a. Su actitud: tengo mucho tiempo
b. Su conducta: injusta y mundanal
c. Su juicio: es condenado
1) El Señor lo toma inesperadamente
2) El Señor lo condena la muerte; con los hipócritas

42 Velad, pues, porque no
sabéis a qué hora ha de
venir vuestro Señor.
43 Pero sabed esto, que si
el padre de familia supiese
a qué hora el ladrón habría
de venir, velaría, y no
dejaría minar su casa.
44 Por tanto, también
vosotros estad preparados;
porque el Hijo del Hombre
vendrá a la hora que no
pensáis.
45 ¿Quién es, pues, el
siervo fiel y prudente, al
cual puso su señor sobre su
casa para que les dé el
alimento a tiempo?
46 Bienaventurado aquel
siervo al cual, cuando su
señor venga, le halle
haciendo así.
47 De cierto os digo que
sobre todos sus bienes le
pondrá.
48 Pero si aquel siervo
malo dijere en su corazón:
Mi señor tarda en venir;
49 y comenzare a golpear
a sus consiervos, y aun a
comer y beber con los
borrachos,
50 vendrá el señor de aquel
siervo en día que éste no
espera, y a la hora que no
sabe,
51 y lo castigará dura-
mente, y pondrá su parte
con los hipócritas; allí será
el lloro y el crujir de
dientes.

E. El regreso del Señor y el deber del creyente de velar: velar ... estar preparado ... ser fiel y sabio, 24:42-51

(24:42-51) ***Introducción:*** es de suprema importancia recordar que esta era la última semana de Cristo en la tierra. Esta era su última oportunidad de enseñar a sus discípulos. Todo lo que dijo era de crucial importancia, y necesariamente tenía que ser claro y preciso. Había inducido a sus discípulos a plantear dos preguntas intrigantes: «¿cuándo serán estas cosas, y qué señal habrá de tu venida, y del fin del siglo?» (v. 3). (*Véase* nota—Mt. 24:1—25:46.)

Cristo acaba de responder a las preguntas de los discípulos. Ahora llegaba al punto de máxima importancia, referido a la aplicación. Puesto que Él iba a retornar a la tierra pero Dios quería mantener en secreto la hora, ¿qué debía hacer el creyente? ¿Cómo habría de vivir el creyente? Cristo respondió a estas preguntas con una palabra vigorosa: «¡Velad!» Luego contó tres parábolas para explicar lo que quería decir con la vigorosa exhortación: «Velad».

1. Velad (v. 42).
2. Parábola 1: el propietario de una casa (alguien que profesa ser creyente) (vv. 43-44).
3. Parábola 2: siervo fiel y sabio (un creyente genuino) (vv. 45-47).
4. Parábola 3: un siervo malo (vv. 48-51).

1 (24:42) ***Velad*** (*gregore*): permanecer despierto; seguir alerta; velar y no dormir; estar vigilante. También incluye la idea de estar motivado, de mantener la atención (mente) en una cosa. Velar también tiene la idea de estar alerta al *momento justo.* Es en la noche cuando la persona realmente tiene que permanecer despierta y velar por causa del ladrón (cp. 1 Ts. 5:4-9).

El Señor dijo: «Velad». ¿Qué significa para el creyente *velar?* (Mt. 26:41; Mr. 13:33, 34, 36; 14:38; cp. 1 Co. 16:13; 1 Ts. 5:6; 2 Ti. 4:5; 1 P. 4:7).

1. El creyente *vela y* se mantiene *listo* para el retorno del Señor. No sabe la hora exacta del retorno del Señor; por eso, debe velar y estar preparado a toda hora (vv. 42-44). Debe estar tan preparado que sus ojos permanezcan abiertos mirando si aparecen las señales del retorno de Cristo.
2. El creyente *vela* sobre su ministerio y su servicio a Dios. Se preocupa de servir fielmente y con sabiduría (v. 45).
3. El creyente *vela* sobre su *actitud y conducta* (vv. 48-49). Mantiene su mente abierta al retorno del Señor, y anda sobria y piadosamente entre los demás.

> **«Pues aunque andamos en la carne, no militamos según la carne; porque las armas de nuestra milicia no son carnales, sino poderosas en Dios para la destrucción de fortalezas, derribando argumentos y toda altivez que se levanta contra el conocimiento de Dios, y llevando cautivo todo pensamiento a la obediencia a Cristo» (2 Co. 10:3-5).**
>
> **«Enseñándonos que, renunciando a la impiedad y a los deseos mundanos, vivamos en este siglo sobria, justa y piadosamente, aguardando la esperanza bienaventurada y la manifestación gloriosa de nuestro gran Dios y Salvador Jesucristo» (Tit. 2:12-13).**

4. El creyente *vela* estando dispuesto a morir a encontrar al Señor por medio de la muerte (He. 9:27). Cristo no menciona este punto, pero su verdad es tan clara para el creyente que madura.

2 (24:43-44) ***Jesucristo, retorno:*** la primera parábola que contó Cristo es referida al propietario de una casa. Representa a la persona que profesa ser creyente. Cristo dijo cuatro cosas.

1. El propietario tenía que cuidar la casa. Había sido bendecido porque poseía una casa, y la casa estaba llena de cosas. Las cosas que poseía eran suficientemente valiosas para atraer al ladrón.
2. El propietario vivía sin preocuparse.
   a. El propietario sabía que el ladrón vendría, y que vendría de noche. Simplemente ignoraba en qué vigilia vendría. (Cada vigilia era dividida en tres horas, por ejemplo, 12-3 de la mañana y 3-6.)
   b. El propietario comenzó a velar. Trató de proteger su casa; había trabado las puertas y cerrado las ventanas. Estaba levantado atendiendo a cada ruido, dispuesto a tratar de proteger su casa. El propietario falló en su intento de proteger la casa, falló en lo menos esperado. Sencillamente no veló *lo suficiente.* A medida que

pasaban las horas cayó más y más presa del sueño; finalmente se durmió. El propietario simplemente falló ...

- en permanecer más tiempo despierto.
- en mantener más tiempo su mente alerta.
- en atender por más tiempo los ruidos (señales).
- en mantenerse más tiempo activo.
- en vigilar durante más tiempo.

3. El propietario sufrió un desastre. El ladrón vino mientras dormía. El propietario dejó de velar y entonces entró el ladrón a casa y tomó las cosas que el propietario más apreciaba.

4. El punto que Cristo señala es claro: la preparación es esencial. *Con preparación* Cristo significaba diligencia. Debemos vivir diligentemente una vida de justicia esperando su retorno.

«Puesto que todas estas cosas han de ser deshechas, ¡cómo no debéis vosotros andar en santa y piadosa manera de vivir .... Pero nosotros esperamos, según sus promesas, cielos nuevos y tierra nueva, en los cuales mora la justicia» (2 P. 3:11, 13).

Cristo mencionó dos motivos por los que debemos estar preparados: (a) Él realmente viene, y (b) viene a una hora en que el negligente no lo espera (vv. 44, 50).

«Pero sabed esto, que si supiese el padre de familia a qué hora el ladrón había de venir, velaría ciertamente, y no dejaría minar su casa» (Lc. 12:39).

«En la casa de mi Padre muchas moradas hay; si así no fuera, yo os lo hubiera dicho; voy, pues, a preparar lugar para vosotros. Y si me fuere y os preparare lugar, vendré otra vez, y os tomaré a mí mismo, para que donde yo estoy, vosotros también estéis» (Jn. 14:2-3).

«Porque vosotros sabéis perfectamente que el día del Señor vendrá así como ladrón en la noche....Mas vosotros, hermanos, no estáis en tinieblas, para que aquel día os sorprenda como ladrón» (1 Ts. 5:2, 4).

«Pero el día del Señor vendrá como ladrón en la noche; en el cual los cielos pasarán con grande estruendo, y los elementos ardiendo serán deshechos, y la tierra y las obras que en ella hay serán quemadas» (2 P. 3:10).

«Acuérdate, pues, de lo que has recibido y oído; y guárdalo, y arrepiéntete. Pues si no velas, vendré sobre ti como ladrón, y no sabrás a qué hora vendré sobre ti» (Ap. 3:3).

«Y oí al ángel de la aguas que decía Justo eres tú, oh Señor, el que eres y que eras, el Santo, porque has juzgado estas cosas» (Ap. 16:5).

Pensamiento 1. El retorno de Cristo es inminente. Ese es el punto. ¡Debemos permanecer alerta y esperar con diligencia su retorno hoy!

Pensamiento 2. La casa del propietario puede representar la vida de la persona. Cada persona es responsable de cuidar de su vida. Cristo dice que cuidamos nuestra casa (vida) «velando» y estando preparados para su retorno, puesto que él puede retornar en cualquier momento.

[3] (24:45-47) ***Jesucristo, retorno:*** la segunda parábola relatada por Jesús está referida al sirvo fiel y sabio. Representa al creyente genuino, a una persona que no solamente profesa ser cristiano, sino que vive por Cristo. El creyente genuino puede ser un ministro, un maestro, o un joven aprendiz de Cristo. Pero note: lo esencial no es la posición del creyente, sino el hecho de ser fiel y sabio. El más humilde de los creyentes debe ser fiel y sabio, no importa de quién se trate ni cual sea su llamamiento.

Cristo pone esta parábola en signos de pregunta: «¿Quién, es pues el siervo fiel y prudente?» Lo hace para impulsar más el pensamiento referido a este tema y a forzar mucho más una aplicación. Cristo se refiere a tres aspectos referidos al siervo fiel y prudente.

1. Su responsabilidad es doble. Debe *supervisar* la casa de su Señor y debe *alimentar* a las familias de su Señor.

a. Debe supervisar la casa de su Señor. Note que es el Señor quien lo pone sobre su casa. El siervo no se designa a sí mismo, ni es designado por otros siervos (o iglesias) de la casa. Solamente el Señor lo establece sobre su familia.

Tiene la responsabilidad de gobernar, supervisar, y cuidar de la casa y familia del Señor. Pero está sometido a su Señor y debe supervisar mayormente con el ejemplo.

«Apacentad la grey de Dios que está entre vosotros, cuidando de ella no por fuerza, sino voluntariamente; no por ganancia deshonesta, sino con ánimo pronto; no como teniendo señorío sobre los que están a vuestro cuidado, sino siendo ejemplos de la grey» (1 P. 5:2-3).

«Obedeced a vuestros pastores, y sujetaos a ellos; porque ellos velan por vuestras almas, como quienes han de dar cuenta; para que lo hagan con alegría, y no quejándose, porque esto no es provechoso» (He. 13:17).

b. Debe proveer el alimenta para la familia de su Señor, y debe hacerlo a su debido tiempo. Su familia tiene que ser alimentada. Es tarea del siervo proveer el alimenta para ellos. Note que él da; su deber es dar, no tomar (cp. Ez. 34:8; Hch. 20:35). Da la comida para el alimento y la da cuando corresponde, a su debido tiempo.

«Apacentad la grey de Dios que está entre vosotros» (1 P. 5:2-3).

«Apacienta mis corderos ... mis ovejas» (Jn. 21:15-17).

2. Su responsabilidad está claramente establecida. El Señor viene, y cuando venga, juzgará lo que el siervo fiel está haciendo. El siervo será estudiado y observado para ver si administra *fiel* y *prudentemente* la casa y da el alimento a la familia.

«Bienaventurado aquel siervo al cual, cuando su señor venga, le halle haciendo así» (Mt. 24:46).

«Ahora bien, se requiere de los administradores que cada uno sea hallado fiel» (1 Co. 4:2).

«Cada uno según el don que ha recibido, minístrelo a otros, como buenos administradores de la multiforme gracia de Dios» (1 P. 4:10).

«Así que, hermanos míos amados, estad firmes y constantes, creciendo en la obra del Señor siempre, sabiendo que vuestro trabajo en el Señor no es en vano» (1 Co. 15:58).

«Ten cuidado de ti mismo y de la doctrina; persiste en ello, pues haciendo esto, te salvarás a ti mismo y a los que te oyeren» (1 Ti. 4:16).

3. Su recompensa será increíble. El Señor pondrá al siervo fiel como gobernador sobre todos sus bienes. La idea es que primero es asignado a su lugar, luego supervisado, amado, y considerado primero como si fuese el único. Había administrado, cuidando solo una pequeña parte de la propiedad del Señor. Ahora recibirá una responsabilidad más grande de supervisar para su Señor.

«El que es fiel en lo muy poco, también en lo más es fiel; y el que en lo muy poco es injusto, también en lo más es injusto» (Lc. 16:10).

«El que no escatimó ni a su propio Hijo, sino que lo entregó por todos nosotros, ¿cómo no nos dará también con él todas las cosas?» (Ro. 8:32).

«Antes bien como está escrito: Cosas que ojo no vio, ni oído oyó, ni han subido en corazón de hombre, son las que Dios ha preparado para los que le aman» (1 Co. 2:9; cp. Ap. 2:26; 3:21).

Pensamiento 1. ¿Quién es fiel y sabio? El creyente que es hallado «haciendo así». Ello significa que persevera (v. 13) y cuida la tarea que el Señor le ha dado (v. 42). (*Véase* nota—Mt. 24:42.)

Pensamiento 2. Este es un pensamiento precioso: imaginar que Cristo da en concesión los cielos de arriba y luego retorna, y saber que su primer interés es ver cómo trabajamos para él. Que el Señor nos conceda esto: que a su retorno su primera mirada sea para vernos trabajando para Él. Bienaventurado aquel siervo «al cual, cuando su señor venga, le halle *haciendo* así». Note que la palabra «haciendo» denota acción continua.

Es terrible el pensamiento de imaginarnos a Cristo volviendo y que lo primero que ve de nosotros es ...

- dormir hasta tarde.
- trabajar a desgano.
- maltratar a alguno.
- discutir.
- participar en un acto inmoral.
- comer en exceso.

4 (24:48-51) ***Siervo, infiel—malo—indigno:*** la tercera parábola que Cristo relató trata del siervo malo. Representa a la persona que profesa ser creyente. Algunos incluso dicen que profesa ser un ministro. Si es así, no es un creyente genuino, a pesar de profesarlo y a pesar de su posición ministerial. Es *infiel y* es *indigno (*1 Ti. 1:12). Su vida es trágica. Cristo se refiere a su actitud, a su conducta, y a su fin y juicio.

1. Su actitud. Note la palabra *corazón.* La actitud de su corazón es: «Mi Señor se demora, hay mucho tiempo». Varias cosas pueden ser la causa de tal actitud.
   - Dudar de la Palabra del Señor, dudar de que Él venga.
   - Interpretar equivocadamente la venida del Señor, como que es solamente simbólica en vez de aceptarla como literal; como que simboliza alguna verdad espiritual, por ejemplo el encuentro del Señor con la persona cuando ésta muere.
   - Ignorar la venida del Señor para poder vivir como uno quiere.
   - Pensar que la venida del Señor es algo tan distante que carece de significado para hoy.

2. Su conducta. Note que es después de haber dicho que hay mucho tiempo, que el sirvo comienza a vivir como quiere. Su *actitud (su* corazón) *determina su conducta.*
   a. Actúa injustamente. Comienza a «golpear a sus consiervos». Materialmente busca más y más, tanto poder como cosas. Golpea y maltrata a cualquiera que se pone en su camino. Procura obtener «ganancia deshonesta» (aceptación, estima, lucro, propiedad, dinero) y procura *gobernar sobre la gente* (1 P. 5:2-3).
   b. Vive carnalmente. Comienza a «comer y a beber con el mundo [los borrachos]». Anda con ellos, se sienta con ellos, miente con ellos. Es compañero de ellos en el pecado. Es indulgente, viviendo para complacer la carne.

3. Su fin y su juicio son seguros. No hay salida.
   a. El Señor apresará inesperadamente al siervo malo. Algunos niegan que el Señor venga para juzgarlos; otros ignoran su venida; y otros quitan el pensamiento de sus mentes. Pero nada detendrá al Señor de venir: «Vendrá el Señor de aquel siervo [malo]». Y vendrá cuando el siervo malo no lo espera. Para la persona mala, la venida del Señor será la experiencia más terrible de la historia humana (cp. vv. 21-22; Ap. 6:15-17).

      Hablando de encontrar al Señor, es preciso recordar que toda persona encuentra al Señor en el momento de morir: «Y de la manera que está establecido para los hombres que mueran una sola vez, y después de esto el juicio» (He. 9:27). Lo que Cristo señala es que la persona mala encara condenación eterna cuando viene el fin del mundo. Tal como lo señalan otras Escrituras, el gran trono blanco del juicio tendrá lugar en el fin del mundo.
   b. El Señor condenará a muerte al siervo malo con los hipócritas. Será cortado, cortado de entre los vivientes y de entre los creyentes; y lo que es más trágico, será cortado de la presencia de Dios. Su posición y su lugar será con los hipócritas. ¿Dónde están los hipócritas? Cristo dice, [donde] «será el lloro y el crujir de dientes» (*véase* nota—Mt. 8:12).

El pecado de un mal siervo, de una persona que profesa con falsía ser creyente, obra varias cosas terribles.

1. Se engaña a sí mismo y a otros. Engaña a otros haciéndolos pensar que no tendrán que encarar el juicio del retorno del Señor, y si tienen que encararlo, será mínimo.
2. Minimiza la verdad de la eternidad, del cielo, de la vida con Dios, y del juicio que cada persona tiene que encarar.
3. Le quita contenido y efectividad al mensaje del evangelio.
4. Impide que la gente se acerque a la verdad. Les impide velar y prepararse, de protegerse y guardarse, de vivir y andar con los ojos puestos en la venida del Señor.

«Cuando estas cosas comiencen a suceder, erguíos y levantad vuestra cabeza, porque vuestra redención está cerca» (Lc. 21:28).

«En la casa de mi Padre muchas moradas hay; si así no fuera, yo os lo hubiera dicho; voy, pues, a preparar lugar para vosotros. Y si me fuere y os preparare lugar, vendré otra vez, y os tomaré a mí mismo, para que donde yo estoy, vosotros también estéis» (Jn. 14:2-3).

Pensamiento 1. Note que Cristo todavía habla de un siervo. Hay una sola diferencia: éste es un siervo malo. Puede ser un ministro, maestro, o un laico. Cristo dice que es un siervo malo e identifica lo que lo hace malo.

Pensamiento 2. El peor de todos los hombres es el que profesa ser creyente, y mientras profesa, vive en pecado. Como dice Cristo: «su parte [es] con los *hipócritas»* (v. 15). Su única esperanza es confesar su mal y arrepentirse, volviendo a Dios, confiando siempre en su maravillosa misericordia y gracia.

«Si confesamos nuestros pecados, él es fiel y justo para perdonar nuestros pecados, y limpiarnos de toda maldad» (1 Jn. 1:9).

Pensamiento 3. El hombre que anda ignorando, torciendo, interpretando mal o negando el retorno del Señor, anda conforme a sus sentidos, conforme a lo que conoce del universo físico. Anda conforme a lo que *siente,* no conforme a lo que Dios ha revelado.

1 Descripción del reino de los cielos
2 Hay vírgenes creyentes y necias que asisten a una boda
a. Cinco son prudentes; cinco son insensatas
b. Las insensatas no llevan aceite para sus lámparas
c. Las prudentes llevan aceite para sus lámparas
3 Se espera llegar el esposo [EF3, 4]
4 Un gran llamado
a. A medianoche
b. Un clamor a recibirle

CAPÍTULO 25

F. La parábola de las diez vírgenes: la advertencia de velar,[EF1, 2] 25:1-13 (cp. Lc. 3:35-37)

Entonces el reino de los
cielos será semejante a diez
vírgenes que tomando sus
lámparas, salieron a recibir
al esposo.
2 Cinco de ellas eran
prudentes y cinco insen-
satas.
3 Las insensatas, tomando
sus lámparas, no tomaron
consigo aceite;
4 mas las prudentes
tomaron aceite en sus
vasijas, juntamente con sus
lámparas.
5 Y tardándose el esposo,
cabecearon todas y se
durmieron.
6 Y a la medianoche se oyó
un clamor: ¡Ay viene el
esposo; salid a recibirle!
7 Entonces todas aquellas
vírgenes se levantaron, y
arreglaron sus lámparas.
8 Y las insensatas dijeron a
las prudentes: Dadnos de
vuestro aceite; porque
nuestras lámparas se apagan.
9 Mas las prudentes res-
pondieron diciendo: Para
que no nos falte a nosotras
y a vosotras, id más bien a
los que venden, y comprad
para vosotras mismas.
10 Pero mientrasellasiban
a comprar, vino el esposo;
y las que estaban preparadas
entraron con él a las bodas;
y se cerró la puerta.
11 Después vinieron
también las otras vírgenes,
diciendo: ¡Señor, señor,
ábrenos!
12 Mas él,respondiendo,
dijo: De cierto os digo que
no os conozco.
13 Velad, pues, porque no
sabéis el día ni la hora en
que el Hijo del Hombre ha
de venir.

c. Todas se levantan y preparan sus lámparas[EF3]
d. Las insensatas descubren que sus lámparas se apagaron; desesperadas piden aceite
e. Las prudentes apenas tienen para ellas mismas
5 El retorno del esposo
6 La puerta está cerrada para las insensatas
a. La puerta está cerrada
b. Las insensatas llaman para entrar
c. Las insensatas son rechazadas
7 Tenemos que velar y esperar el retorno del Señor en cualquier momento

F. La parábola de las diez vírgenes: la advertencia de velar, 25:1-13

(25:1-13) ***Introducción:*** el creyente tiene que *velar* por el retorno del Señor; tiene que ser prudente y no necio en su espera (***véase*** nota—Mt. 24:42). Esta es la enseñanza de la parábola de Jesús en este pasaje (v. 13), la parábola de las diez doncellas de las que cinco eran necias y cinco prudentes.

- El *esposo,* por supuesto, es Cristo mismo.
- Las *doncellas* son los creyentes, todas las personas que profesan ser religiosas.
- Las *cinco doncellas prudentes* son creyentes genuinos; las cinco doncellas *necias* son creyentes falsos, las que profesan con falsía ser creyentes.
- Las *lámparas* representan las vidas, es decir, el testimonio, la conducta, el corazón y la profesión de ser creyentes de las doncellas (creyentes que profesan ser tales).
- El *aceite* es la provisión de justicia, el Espíritu Santo que debe llenar las lámparas (vidas) de los creyentes.

La parábola es un cuadro dramático de lo que va a ocurrir a todos los creyentes que profesan ser tales, tanto a los prudentes como a los necios, cuando retorne el Señor.

1. Descripción del reino de los cielos (v. 1).
2. Hay vírgenes (creyentes) prudentes y necios que asisten a una boda (vv. 1-4).
3. Hay una larga espera hasta que llega el esposo: todas cabecean y se duermen (v. 5).
4. Un gran llamado al llegar el esposo (vv. 6-9).
5. El retorno del esposo y su reunión con las prudentes (v. 10).
6. La puerta está cerrada para las insensatas (vv. 10-12).
7. La enseñanza: tenemos que velar y esperar el retorno del Señor en cualquier momento (v. 13).

ESTUDIO A FONDO 1

(25:1-13) ***Boda, judía:*** este acontecimiento, a diferencia de lo que ocurre en la mayoría de los países, era una costumbre corriente entre los judíos. Las festividades matrimoniales, que duraban toda una semana, estaban centradas en el hogar donde viviría la pareja. El esposo podía presentarse en cualquier momento para entrar a la casa; pero una vez escogido el momento siempre enviaba a un hombre delante suyo para clamar: «He aquí, viene el esposo». Esto permitía que todos se preparasen para su llegada. La novia siempre tenía diez doncellas consigo que eran preparadas para salir al encuentro del esposo. En caso de que el esposo viniera de noche, ellas debían tener listas sus lámparas para salir y alumbrar el camino del esposo a lo largo de las calles. Este fue el cuadro que Cristo pintó de su retorno.

ESTUDIO A FONDO 2

(25:1-13) ***Jesucristo, esposo—gran fiesta de bodas:*** en todas las Escrituras el simbolismo que subyace a esta parábola implica tres cuadros.

1. Cristo es presentado como el esposo.

«Pues como el joven se desposa con la virgen, se desposarán contigo tus hijos; y como el gozo del esposo con la esposa, así se gozará contigo el Dios tuyo» (Is. 62:5).

«Jesús les dijo: ¿Acaso pueden los que están de

bodas tener luto entre tanto que el esposo está con ellos? Pero vendrán días cuando el esposo les será quitado, y entonces ayunarán» (Mt. 9:15).

«El que tiene la esposa, es el esposo; mas el amigo del esposo, que está a su lado y le oye, se goza grandemente de la voz del esposo; así pues, este mi gozo está cumplido» (Jn. 3:29).

«Sino que en los días de la voz del séptimo ángel, cuando él comience a tocar la trompeta, el misterio de Dios se consumará, como él lo anunció a sus siervos los profetas .... Y fui al ángel diciéndole que me diese el librito. Y él me dijo: toma, y cómelo; y te amargará el vientre, pero en tu boca será dulce como la miel» (Ap. 10:7, 9).

«Y yo Juan vi la santa ciudad, la nueva Jerusalén, descender del cielo, de Dios, dispuesta como una esposa ataviada para su marido» (Ap. 21:2).

2. Los creyentes y la iglesia son presentados como la esposa de Cristo.

«Pues como el joven se desposa con la virgen, se desposarán contigo tus hijos; y como el gozo del esposo con la esposa, así se gozará contigo el Dios tuyo» (Is. 62:5).

«Y te desposaré conmigo para siempre; te desposaré conmigo en justicia, juicio, benignidad y misericordia» (Os. 2:19).

«Así también vosotros, hermanos míos, habéis muerto a la ley mediante el cuerpo de Cristo, para que seáis de otro, del que resucitó de los muertos, a fin de que llevemos fruto para Dios» (Ro. 7:4).

«Porque somos miembros de su cuerpo, de su carne y de sus huesos» (Ef. 5:30).

«Porque os celo con celo de Dios; pues os he desposado con un solo esposo, para presentaros como una virgen pura a Cristo» (2 Co. 11:2).

«Gocémonos y alegrémonos y démosle gloria; porque han llegado las bodas del Cordero, y su esposa se ha preparado» (Ap. 19:7).

«Y yo Juan vi la santa ciudad, la nueva Jerusalén, descender del cielo, de Dios, dispuesta como una esposa ataviada para su marido» (Ap. 21:2).

«Y el Espíritu y la Esposa dicen: Ven. Y el que oye, diga: Ven. Y el que tiene sed venga: y el que quiera tome del agua de la vida gratuitamente» (Ap. 22: 17).

3. El retorno del Señor es presentado como una gran fiesta nupcial.

«Sino que en los días de la voz del séptimo ángel, cuando él comience a tocar la trompeta, el misteriode Dios se consumará, como él lo anunció a sus siervos los profetas ...Y fui al ángel diciéndole que me diese el librito. Y él me dijo: toma, y cómelo; y te amargará el vientre, pero en tu boca será dulce como la miel» (Ap. 10:7, 9).

«Vino entonces a mí uno de los siete ángeles que tenían las siete copas llenas de las siete plagas postreras, y habló conmigo, diciendo: Ven acá, yo te mostraré la desposada, la esposa del Cordero» (Ap. 21:9; *véanse* bosquejo y notas—Mt. 22:1-14).

1 (25:1) ***Reino de los cielos—Jesucristo, retorno:*** la palabra *entonces* vuelve a referirse al retorno de Cristo discutido en el capítulo 24. Jesús estaba diciendo: «Entonces [cuando retorne el Señor] el reino de los cielos será semejante a diez vírgenes [creyentes]». Cinco son insensatas y cinco son prudentes, y habrá una separación entre unas y otras. Note que *el reino de los cielos* no se refiere solamente al estado perfecto de la existencia en el futuro; también se refiere al estado imperfecto de la religión en la iglesia (*véase* Estudio a fondo 3—Mt. 19:23-24; cp. Mt. 13:1-58).

Cuando retorne Cristo una cosa se verá con claridad: los insensatos en el reino, los que han hecho una profesión falsa dentro de la iglesia y en la religión, serán separados de los prudentes. «Velad, pues» (v. 13).

2 (25:1-4) ***Parábola:*** hay doncellas, o creyentes, prudentes e insensatas, que asisten a la boda. Cristo dice tres cosas acerca de ellos.

1. Las diez doncellas (todas personas que profesan ser creyentes) toman sus lámparas (vida y testimonio) y salen al encuentro del esposo. Todos los creyentes toman sus vidas y salen profesando y testificando que viven por Cristo y esperan a Cristo. Todos los que profesan ser creyentes (genuinos o simplemente religiosos y gente de la iglesia) salen al encuentro del Señor. Pero, al salir, algunas (cinco) son prudentes, y algunas (cinco) son insensatas.

2. Las doncellas (creyentes) *insensatas* no llevan aceite *excepto el que ya tienen en sus lámparas (vidas). No* tienen *provisión de justicia* fuera de ellas mismas, fuera de su propia justicia. No tienen provisión del Espíritu Santo.

«Respondiendo él, les dijo: Hipócritas, bien profetizó de vosotros Isaías, como está escrito: Este pueblo de labios me honra, mas su corazón está lejos de mí» (Mr. 7:6).

«Porque de dentro del corazón de los hombres salen los malos pensamientos, los adulterios, las fornicaciones, los homicidios» (Mr. 7:21).

«Como está escrito: No hay justo, ni aun uno» (Ro. 3: 10).

3. Las doncellas (creyentes) *prudentes* llevan aceite; no dependen de lo que tienen en sus lámparas (vidas). Al salir a la vida para encontrar al esposo (Cristo), se suplen de aceite adicional, la provisión de justicia, la provisión del Espíritu de Dios.

«Al que no conoció pecado, por nosotros lo hizo pecado, para que nosotros fuésemos hechos justicia de Dios en él» (2 Co. 5:21).

«Porque os celo con celo de Dios; pues os he desposado con un solo esposo, para presentaros como una virgen pura a Cristo» (2 Co. 11:2).

«Estos son lo que no se contaminaron con mujeres, pues son vírgenes. Estos son los que siguen al Cordero por dondequiera que va. Estos fueron redimidos de entre los hombres como primicias para Dios y para el Cordero» (Ap. 14:4).

Pensamiento 1. El principal deber de las doncellas (creyentes) es salir al encuentro y alumbrar la senda del esposo.

Pensamiento 2. Note que no había una diferencia visible entre las vírgenes. Todas tenían lámparas y todas fueron llamadas a participar de la boda. La falta de provisión, por parte de las insensatas no se pudo ver hasta la llegada misma del esposo.

Pensamiento 3. ¡Qué insensatez! Depender solamente del aceite de la propia lámpara o vida. Nadie tiene suficiente aceite, suficiente justicia, para ser perfecto, es decir, para ser aceptable a Dios.

Pensamiento 4. Cuando Cristo venga tiene que encontrar justicia en una persona para que esa persona sea admitida en la presencia de Dios. La persona tiene que ser un «partícipe de la naturaleza divina» mediante la fe (2 P. 1:4). (*Véase* Estudio a fondo 2, ***Justificación***—Ro. 4:22; 5:1.)

3 (25:5) ***Jesucristo, retorno:*** Cristo dijo algo interesante. Hubo una larga espera antes de llegar el esposo y *todas* las doncellas cabecearon y se durmieron, no solamente las insensatas, sino *todas* las doncellas se durmieron.

1. La idea es que el esposo demoró mucho más de lo esperado. Las vírgenes habían encendido sus lámparas esperando que llegara en cualquier momento, pero no fue así. Esperaron y esperaron y la noche avanzó más y más. A los ojos de muchos, el retorno del Señor *ha* demorado más y más, mucho más de lo que muchos pensaron y enseñaron (cp. 2 P. 3:3-4, 9-10).

2. Todas las vírgenes cabecearon y se durmieron. No solamente las insensatas, sino también las prudentes (*véanse* Estudios a fondo 3, 4—Mt. 25:5). A lo largo de toda la vida eso es una realidad. Aun los sabios se cansan y les resulta difícil permanecer despiertos y alerta, y rendir al máximo a toda hora. Ningún creyente, quien quiera que sea, anda tan cerca de Dios como debería. El mundo es demasiado oscuro, y la oscuridad demasiado espesa para que el creyente vea suficiente luz para poder ser siempre victorioso ante el peso del sueño.

- Su cuerpo es demasiado débil para *trabajar siempre.*
- Su mente está demasiado subdesarrollada para estar *siempre concentrada.*
- Su energía es demasiado limitada *para conducir siempre.*
- Su espíritu es demasiado joven *para sacrificarse siempre.*
- Sus motivos son demasiado egocéntricos *para ser siempre desprendido.*

«Velad, pues, porque no sabéis cuándo vendrá el señor de la casa; si al anochecer, o a la medianoche, o al canto del gallo, o a la mañana; para que cuando venga de repente, no os halle durmiendo. Y lo que a vosotros digo, a todos digo: Velad» (Mr. 13:35-37).

«No decís vosotros: Aún faltan cuatro meses para que llegue la siega? He aquí os digo: Alzad vuestros ojos y mirad los campos, porque ya están blancos para la siega» (Jn. 4:35).

«Y esto, conociendo el tiempo, que es ya hora de levantarnos del sueño; porque ahora está más cerca de nosotros nuestra salvación que cuando creíamos» (Ro. 13:11).

«Así que, hermanos míos amados, estad firmes y constantes, creciendo en la obra del Señor siempre, sabiendo que vuestro trabajo en el Señor no es en vano» (1 Co. 15:58).

«Y todo lo que hagáis, hacedlo de corazón, como para el Señor y no para los hombres» (Col. 3:23).

«Por tanto, no durmamos como los demás, sino velemos y seamos sobrios» (1 Ts. 5:6).

"Por lo cual te aconsejo que avives el fuego del don de Dios que está en ti por la imposición de mis manos» (2 Ti. 1:6).

«Todo lo que te viniere a la mano para hacer, hazlo según tus fuerzas; porque en el Seol, adonde vas, no hay obra, ni trabajo, ni ciencia, ni sabiduría» (Ec. 9:10).

Pensamiento 1. Cristo ha demorado su venida más de lo que muchos pensaban. ¿Por qué? Solo Dios lo sabe realmente, pero las Escrituras nos dan algunos indicios.

1) Los propósitos de Dios tienen que ser cumplidos totalmente.
2) «El tiempo de los gentiles» tiene que ser completado.
3) El amor de Dios tiene que ser demostrado totalmente, aparentemente a determinado número de personas. Aparentemente tiene que salvarse un determinado número de personas antes que retorne Cristo.
4) Primero tiene que ser predicado el evangelio del reino «en *todo* el mundo, para testimonio a *todas* las naciones» (Mt. 24:14).
5) La siega tiene que estar *madura y* ser *juntada totalmente.*
6) Los sufrimientos de Cristo tienen que ser completados (*véase* nota—Col. 1:24).
7) Dios es paciente, no queriendo que ninguno se pierda (2 P. 3:9).

Pensamiento 2. Una pregunta puntual que requiere respuesta. ¿Recuerda el celo ferviente que teníamos cuando recién fuimos salvos? ¿Por qué se apaga con el paso del tiempo?

- No hemos perdido todo el amor por Cristo, pero hemos dejado nuestro primer amor (Ap. 2:4).
- No hemos dejado de adorar a Dios, pero la adoración ya no es nuestro primer deber.
- No hemos dejado de testificar por Cristo, pero nuestra primera pasión se ha enfriado.
- No nos hemos apartado de toda justicia, pero nuestra primera atención ha sido distraída.

Pensamiento 3. Note que las vírgenes primero cabecearon, luego cayeron dormidas. Debemos cuidarnos de cabecear, de enfriarnos. Un poco de sueño y un poco de enfriamiento en el fervor, por un breve lapso, no nos parece demasiado grave; pero el primer paso, por muy pequeño que parezca, conduce al sueño pesado.

ESTUDIO A FONDO 3

(25:5) ***Cabecearon*** (enustazan)*:* dormitar; tomar un sueñito.

ESTUDIO A FONDO 4

(25:5) ***Durmieron—dormir*** (*katheudo*)*:* ir a dormir. Es el sueño nocturno natural de una persona.

4 (25:6-9) ***Jesucristo, retorno:*** habrá un gran llamado. Cristo dijo varias cosas.

1. El llamado será una gran sorpresa, totalmente inesperado. Vendrá en un momento sorpresivo, a medianoche, a la hora más sorprendente, la hora en que más se aprecia el sueño y cuando es menos probable que sea perturbado. Es una hora en que todos duermen. Cristo viene como ladrón en la noche.

2. El llamado será un clamor, un grito: «¡Salid a recibirle!» (cp. Mt. 24:31; 1 Ts. 4:16). La palabra «viene» no está en los manuscritos griegos más antiguos y mejores. El clamor simplemente es: «¡Aquí, el esposo!» Lo que le da mucho más vigor al llamado. Note dos cosas:

a. El contenido del clamor: «Salid a recibirle».
b. El efecto del clamor: despierta, impacta, perturba. Es totalmente inesperado. El clamor despierta a los dormidos, y demanda: «Salid a recibirle».

3. Todas se levantan y preparan sus lámparas. Todas las vírgenes (personas que profesan ser creyentes) se levantan, porque el clamor rasga el aire y sacude a las vírgenes, demandando que se levanten de inmediato. *Nadie sigue durmiendo.* Cada uno se levanta de un salto. La voz demanda obediencia, porque el esposo viene. Y todas comienzan inmediatamente a preparar sus lámparas (*véase* Estudio a fondo 5—Mt. 25:7).

4. Las insensatas descubren algo terrible: sus lámparas se han agotado. El esposo no había venido mientras sus lámparas ardían, y ahora todo el aceite que tenían se ha consumido. Se desesperaron, porque vieron que no estaban preparadas. No tenían el aceite (justicia) necesario para encender sus lámparas (vidas) para la venida del esposo.

«Mirad también por vosotros mismos, que vuestros corazones no se carguen de glotonería yembriaguez y de los afanes de esta vida, y venga de repente sobre vosotros aquel día. Porque como un lazo vendrá sobre los que habitan sobre la faz de toda la tierra» (Lc. 21:34-35).

«Porque ignorando la justicia de Dios, y procurando establecer la suya propia, no se han sujetado a la justicia de Dios» (Ro. 10:3).

«Teniendo el entendimiento entenebrecido, ajenos de la vida de Dios por la ignorancia que en ellos hay, por la dureza de su corazón» (Ef. 4:18).

«Mas ellos no conocieron los pensamientos de Jehová, ni entendieron su consejo; por lo cual los juntó como gavillas en la era» (Mi. 4:12).

5. Las insensatas apenas tienen lo suficiente para ellas mismas. Note dos cosas.

- Se habían preparado. Tenían el aceite (justicia) necesario para encender sus lámparas (vidas) para la venida del esposo.
- Apenas tenían lo suficiente, solamente lo suficiente, para sus propias lámparas. No estaban en condiciones de dar de su propio aceite a quienes no tenían ninguno.

«Estén ceñidos vuestros lomos, y vuestras lámparas encendidas; y vosotros sed semejantes a hombres que aguardan a que su señor regrese de las bodas, para que cuando llegue, llame, le abran en seguida» (Lc. 12:35-36).

«Velad debidamente, y no pequéis; porque algunos no conocen a Dios; para verguenza vuestra lo digo» (1 Co. 15:34).

«Por lo cual dice: Despiértate tú que duermes, y levántate de los muertos, y te alumbrará Cristo» (Ef. 5:14).

«Porque todos vosotros sois hijos de luz e hijos del día; no somos de la noche ni de las tinieblas. Por tanto, no durmamos como los demás, sino velemos y seamos sobrios» (1 Ts. 5:5-6).

«He aquí, yo vengo como ladrón. Bienaventurado el que vela, y guarda sus ropas, para que no ande desnudo, y vean su verguenza» (Ap. 16:15).

«Gocémonos y alegrémonos y démosle gloria; porque han llegado las bodas del Cordero, y su esposa se ha preparado» (Ap. 19:7).

Pensamiento 1. Normalmente la muerte es una sorpresa, sin embargo, nos llega a todos. Lo mismo ocurre con el retorno del Señor. Su retorno es tan cierto como la muerte, y será tan sorpresivo como lo son la mayoría de las muertes.

Pensamiento 2. Cuando se escuche el clamor, todos se levantarán. No quedará persona alguna, ni en el sepulcro, ni en el mar, ni esparcida en el mundo. Llamativamente, sorprendentemente todos se levantarán cuando resuene el clamor. Tanto muertos como vivos recibirán al Señor en el aire (1 Ts. 4:14ss).

Pensamiento 3. Cuando Cristo vino por primera vez a la tierra, no hubo un anuncio al mundo. Solamente unos pocos supieron de su venida como bebé en Belén. Pero cuando vuelve, todo el mundo —todos los hombres— lo sabrán. Un clamor universal, la voz del arcángel, llamará a todos a levantarse y prepararse para la venida del Esposo.

Pensamiento 4. *La justicia de Cristo* es el único aceite que enciende la lámpara de la vida. *La justicia de Cristo* es el único aceite aceptable a Dios. La persona que depende solamente del aceite en su lámpara o vida, que no se provee de aceite adicional, es insensata —tan insensata como las doncellas insensatas— porque el Esposo vendrá. Será a la medianoche, sí, y la medianoche se acerca. En efecto, nuestros relojes indican que ahora es casi la medianoche.

Pensamiento 5. *Prudente* es la palabra correcta que describe al hombre que se asegura aceite adicional (justicia), porque así se prepara para lo inevitable.

Pensamiento 6. Algunas cosas no pueden ser prestadas. Justificación es una de ellas (2 Co. 5:21; Ef. 4:24).

ESTUDIO A FONDO 5

(25:7) ***Lámparas:*** arreglar una lámpara simplemente significa cortar la parte quemada del extremo de la mecha, el extremo carbonizado tenía que ser cortado o limpiado. Por su puesto, la lámpara tenía que ser rellenada con el aceite de la provisión adicional.

5 (25:10) ***Jesucristo, retorno:*** el Señor retorna y reúne a los sensatos. Cristo dijo dos cosas principales.

1. «Vino el esposo» son tres simples palabras, pero poderosas. Así vendrá Cristo. El día vendrá cuando se diga:

«El esposo, Cristo mismo, vino».

«Cuando el Hijo del Hombre venga en su gloria, y todos los santos ángeles con él, entonces se sentará en su trono de gloria» (Mt. 25:31).

«Porque el Señor mismo con voz de mando, con voz de arcángel, y con trompeta de Dios, descenderá del cielo; y los muertos en Cristo resucitarán primero» (1 Ts. 4:16).

2. Solamente quienes estaban *preparadas* entraron con el esposo a las bodas. Este era su propósito, el motivo por el cual estaban preparadas. Habían esperado su venida; por eso estaban preparadas. Cuando se oyó el clamor, pudieron participar del cortejo nupcial del esposo y de entrar a la gran fiesta de bodas. Tuvieron el gozo del matrimonio (Jn. 17:24). (*Véase* Estudio a fondo, ***Gran fiesta de bodas***—Mt. 25:1-13.)

«Y enviará sus ángeles con gran voz de trompeta, y juntarán a sus escogidos, de los cuatro vientos, desde un extremo del cielo hasta el otro» (Mt. 24:31).

Pensamiento 1. «La plenitud del tiempo» vuelve a tener lugar; el tiempo para la gran fiesta de bodas del Cordero y su iglesia.

Pensamiento 2. Los «preparados» entrarán a la fiesta. Solamente los que *están preparados* podrán entrar. Es Dios quien nos tiene preparados (2 Co. 5:5).

6 (25:10-12) ***Jesucristo, retorno:*** a los insensatos la puerta sería cerrada.

1. La puerta estaba cerrada. Esto era costumbre en el oriente. Habiendo llegado todos los huéspedes, las puertas eran cerradas. Eran cerradas a efectos de *garantizar* la fiesta nupcial y *excluir* a los intrusos. Solo eran aceptados los huéspedes; los demás debían quedar fuera. Cuando venga Cristo las puertas del cielo serán cerradas. Solamente *los preparados, los* huéspedes genuinos participarán con *seguridad* del gozo de la fiesta nupcial. Los que no estaban preparados hallarán las puertas cerradas para que *permanezcan fuera.*

2. Las insensatas claman para poder entrar. En forma muy sencilla, las insensatas llegaron *demasiado tarde.* Llegaron demasiado tarde para participar del cortejo y demasiado tarde para entrar por la puerta. Note el énfasis del Señor en la desesperación de ellas. Clamaron: «*¡Señor. señor!*» Ahora sabían algo a lo que habían dado poca atención antes: *la preparación es esencial.* Ahora la puerta está cerrada, y ellas afuera. Están excluidas de la gran fiesta nupcial del esposo. Para ellas es demasiado tarde.

3. Las insensatas serán rechazadas. El motivo es simple: el esposo no las conoce. No estaban preparadas a su llegada, ni participaron en el cortejo; por eso no las reconoce. Tiene que decirles: «No os conozco». No le queda ninguna otra cosa que decir, porque ...

- no se habían *preparado;* no estaban listas cuando Él vino.
- no habían *participado* en su camino a la fiesta; no las reconocía; no las conocía.

Cristo enseñó una y otra vez que vendrá el día cuando las puertas serán cerradas (cp. Jn. 10:9).

«No todo el que me dice: Señor, Señor, entrará en el reino de los cielos, sino el que hace la voluntad de mi Padre que está en los cielos. Muchos me dirán en aquel día: Señor, Señor, ¿no profetizamos en tu nombre, y en tu nombre echamos fuera demonios, y en tu nombre hicimos muchos milagros? Y entonces les declararé: Nunca os conocí; apartaos de mí, hacedores de maldad» (Mt. 7:21-23).

«Después que el padre de familia se haya levantado y cerrado la puerta, y estando fuera empecéis a llamar a la puerta, diciendo: Señor, Señor, ábrenos, él respondiendo os dirá: No sé de dónde sois. Entonces comenzaréis a decir: Delante de ti hemos comido y bebido, y en nuestras plazas enseñaste. Pero os dirá: Os digo que no sé de dónde sois;

apartaos de mí todos vosotros, hacedores de maldad» (Lc. 13:25-27).

Note las palabras: «No os conozco». La importancia de que Cristo nos *conozca* es acentuada una y otra vez en las Escrituras. Por supuesto, la forma en que Cristo nos llega a conocer es por nuestra participación en su camino, simplemente caminando día a día con Él.

«Nunca os *conocí;* apartaos de mí, hacedores de maldad» (Mt. 7:23).

«Yo soy el buen pastor; y *conozco* a mis ovejas, y las mías me conocen» (Jn. 10:14).

«Mas ahora, conociendo a Dios, o más bien, siendo *conocidos* por Dios» (Gá. 4:9).

«Yo lo conozco» (Gn. 18:19. Está implícito en lo que Dios dijo de Abraham).

«Yo te he conocido por tu nombre» (Éx. 33:12. Palabras de Dios a Moisés).

«Yo te redimí; te puse nombre, mío eres tú» (Is. 43:1).

Pensamiento 1. Es doble la idea de la puerta cerrada.

1) *Asegurar* a los prudentes (creyentes). La persona prudente es traída y recibida en la gran fiesta del Señor, y participa en todo el gozo de la ocasión festiva. Cuanto ocurra en el interior de la sala del banquete es para que lo disfrute. Otras Escrituras señalan que el amor, gozo, y paz serán perfectos y que serán una experiencia ininterrumpida del creyente. Nunca más tendrá que salir a un mundo sin gozo, desdichado, corrupto y penoso.

   «Al que venciere yo le haré columna en el templo de mi Dios, y nunca más saldrá de allí» (Ap. 3:12).

2) Para *excluir* a los insensatos (que son de palabra solamente). Ha habido tiempo suficiente, y señales suficientes y advertencias para prepararse, pero los insensatos se han rehusado a prepararse para el retorno del Señor (*véase* bosquejo—Ro. 1:18-23; 2:11-15).

Pensamiento 2. El creyente insensato fracasa en dos cosas.

1) Preparación: no se provee de aceite alguno (justicia) para su lámpara, *excepto* el aceite que ya estaba en ella. No ve la necesidad de aceite adicional o justicia. Por eso no se prepara.
2) Participación: no puede unirse al esposo en su trayecto hacia la gran fiesta de bodas. No tiene aceite adicional (justicia), de modo que su lámpara (vida) no tiene valor para el esposo. Su lámpara (vida) no puede alumbrar al esposo.

7 (25:13) ***Velad—Jesucristo, retorno:*** la enseñanza es que tenemos que *velar* y esperar el retorno del Señor en cualquier momento.

1. La exhortación es fuerte: «Velad, pues». El creyente se debe preparar y participar en la travesía hacia la gran fiesta de bodas. Tiene que andar con el Señor, el esposo. (*Véase* nota, ***Velar***—Mt. 24:42.)

2. El motivo para velar es fuerte: «No sabéis el día ni la hora en que el Hijo del Hombre ha de venir». Una preparación ininterrumpida es esencial, porque el esposo puede venir en cualquier momento.

«Velad, pues, porque no sabéis el día ni la hora en que el Hijo del Hombre ha de venir» (Mt. 25:13).

«Bienaventurados aquellos siervos a los cuales su señor, cuando venga, halle velando; de cierto os digo que se ceñirá, y hará que se sienten a la mesa, y vendrá a servirles» (Lc. 12:37).

«Porque todos vosotros sois hijos de luz e hijos del día; no somos de la noche ni de las tinieblas. Por tanto, no durmamos como los demás, sino velemos y seamos sobrios» (1 Ts. 5:5-6).

«He aquí, yo vengo pronto; retén lo que tienes, para que ninguno tome tu corona» (Ap. 3:11).

«He aquí, yo vengo como ladrón. Bienaventurado el que vela, y guarda sus ropas, para que no ande desnudo, y vean su verguenza» (Ap. 16:15).

1 El Señor fue afuera
2 El Señor confió sus bienes a sus siervos[EF2]
a. Llamó a sus propios siervos
b. A cada uno le dio una porción diferente
c. A cada siervo le dio según su capacidad

3 Los siervos trataron de los bienes del Señor
a. Dos siervos los trabajaron inmediatamente
1) Fueron fieles
2) Tuvieron éxito
b. Uno fue irresponsable: no hizo esfuerzo

4 Vino el día de rendir cuentas
a. Pasó mucho tiempo
b. El Señor volvió

5 La recompensa por el trabajo bien hecho: más trabajo para hacer
a. El primer siervo
1) Reconoció el don y la gracia de Dios
2) Ganó 100%
3) Fue felicitado y recompensado grandemente: gobierno y gozo
b. El segundo siervo
1) Reconoció los dones y la gracia de Dios
2) Ganó el 100% para el Señor
3) Fue felicitado y recompensado grandemente: gobierno y gozo

6 El castigo por trabajo no hecho
a. Los motivos del siervo para no trabajar
1) Interpretó mal a Dios; pensó que Dios demandaba demasiado
2) Temió sufrir pérdida
b. Motivo de Dios para condenar al siervo
1) Fue malvado
2) Fue inconsistente
3) Fracasó en usar su don
c. El juicio
1) Fue despojado de los talentos que tenía[EF3]
2) Fue arrojado a las tinieblas de afuera[EF4]

G. La parábola de los talentos: el deber del creyente de trabajar,[EF1] **25:14-30**

14 Porque el reino de los cielos es como un hombre que yéndose lejos, llamó a sus siervos y les entregó sus bienes.
15 A uno dio cinco talentos, y a otro dos, y a otro uno, a cada uno conforme a su capacidad; y luego se fue lejos.
16 Y el que había recibido cinco talentos fue y negoció con ellos, y ganó otros cinco talentos.
17 Asimismo el que había recibido dos, ganó también otros dos.
18 Pero el que había recibido uno fue y cayó en la tierra, y escondió el dinero de su señor.
19 Después de mucho tiempo vino el señor de aquellos siervos, y arregló cuentas con ellos.
20 Y llegando el que había recibido cinco talentos, trajo otros cinco talentos, diciendo: Señor, cinco talentos me entregaste; aquí tienes, he ganado otros cinco talentos sobre ellos.
21 Y su señor le dijo: bien, buen siervo y fiel; sobre poco has sido fiel, sobre mucho te pondré; entra en el gozo de tu señor.
22 Llegando también el que había recibido dos talentos, dijo: Señor, dos talentos me entregaste; aquí tienes, he ganado otros dos talentos sobre ellos.
23 Su señor le dijo: Bien, buen siervo y fiel; sobre poco has sido fiel, sobre mucho te pondré; entra en el gozo de tu señor.
24 Llegando también el que había recibido un talento, dijo: Señor, te conocía que eres hombre duro, que siegas donde no sembraste y recoges donde no esparciste;
25 por lo cual tuve miedo, y fui y escondí tu talento en la tierra; aquí tiene los que es tuyo.
26 Respondiendo su señor, le dijo: Siervo malo y negligente, sabías que siego donde no sembré, y que recojo donde no esparcí.
27 Por tanto, debías haber dado mi dinero a los banqueros, y al venir yo, hubiera recibido lo que es mío con los intereses.
28 Quitadle, pues, el talento, y dadlo al que tiene diez talentos.
29 Porque al que tiene, le será dado, y tendrá más; y al que no tiene, aun lo que tiene le será quitado.
30 Y al siervo inútil echadle en las tinieblas de afuera; allí será el lloro y el crujir de dientes.

G. La parábola de los talentos: el deber del creyente de trabajar, 25:14-30

(25:14-30) ***Introducción:*** Jesús dijo que la enseñanza de esta parábola era doble.

Primero, mientras Jesús está ausente, el creyente tiene que hacer algo: tiene que trabajar con fidelidad y liligencia.

Segundo, mientras Jesús está ausente, el creyente tiene que saber esto: su trabajo será grandemente recompensado severamente juzgado.

Nuevamente Cristo estaba hablando de su retorno. Fue «lejos» (v. 14), y «Después de mucho tiempo vino el Señor» (v. 19). Cristo estaba enseñando una lección muy necesaria: debemos ser fieles y diligentes. Si no lo somos abrá severo juicio a su retorno. (*Véanse* bosquejo y notas—Ef. 4:7-16; 1 Co. 12:1—14:40.)

1. El Señor fue a un país lejano (v. 14).
2. El Señor confió sus bienes a sus siervos (vv. 14-15).
3. Los siervos trataron de diferente forma los bienes del Señor (vv. 16-18).
4. Vino el día de rendir cuentas (v. 19).
5. La recompensa por el trabajo bien hecho: más trabajo para hacer (vv. 20-23).
6. El castigo por trabajo no hecho: ser despojado y separado (vv. 24-30).

ESTUDIO A FONDO 1

(25:14-30) ***Talentos—dones:*** el talento mencionado aquí es un peso, no una moneda. El valor del talento variaba de acuerdo a su material, oro, plata, o cobre. Cristo probablemente usa el dinero para describir lo que está diciendo porque el dinero es una de las comodidades más entendidas en cualquier parte de la tierra.

Cristo estaba enseñando que sus seguidores tienen que ser fieles y diligentes en todo lo que les da, sea un don, una habilidad, responsabilidad o bendición.

1 (25:14) ***Jesucristo—ascensión—exaltación:*** Cristo estaba diciendo que era como un hombre que viajaba a un país lejano. Lo que predijo ocurrió. Se fue de la tierra y ascendió al cielo para cumplir un propósito específico: estar sentado a la diestra de Dios. Allí debe estar hasta que sus siervos completen el trabajo que les fue encomendado. Cuando Él retorne será el momento para la recompensa y el juicio.

> **«En la casa de mi Padre muchas moradas hay; si así no fuera, yo os lo hubiera dicho; voy, pues, a preparar lugar para vosotros. Y si me fuere y os preparare lugar, vendré otra vez, y os tomaré a mí mismo, para que donde yo estoy, vosotros también estéis» (Jn. 14:2-3).**
>
> **«Así que, exaltado por la diestra de Dios .... Dijo el Señor a mi señor: Siéntate a mi diestra, hasta que ponga a tus enemigos por estrado de tus pies» (Hch. 2:33-35).**
>
> **«A éste, Dios ha exaltado con su diestra por Príncipe y Salvador, para dar a Israel arrepentimiento y perdón de pecados» (Hch. 5:31).**
>
> **«Por lo cual Dios también le exaltó a los sumo, y le dio un nombre que es sobre todo nombre, para que en el nombre de Jesús se doble toda rodilla de los que están en los cielos, y en la tierra, y debajo de la tierra; y toda lengua confiese que Jesucristo es el Señor, para gloria de Dios Padre» (Fil. 2:9-11).**

2 (25:14-15) ***Dones:*** el Señor ha confiados sus *bienes* (dones, habilidades, responsabilidades) a sus siervos. Hay un versículo que lo dice todo: «Por lo cual dice: Subiendo a lo alto, llevó cautiva la cautividad [una hueste de enemigos conquistados], y dio dones a los hombres» (Ef. 4:8).

En este sitio particular Cristo dice tres cosas.

1. El Señor llamó a sus *propios* siervos. La palabra para *siervo* es esclavo. Llamó a aquellos que supuestamente eran suyos (un pensamiento precioso) y que *supuestamente* eran fieles y responsables en su servicio. Los había comprado. Ellos debían ser suyos propios y debían servirle (*véase* nota—Ro. 1:1). Note por qué los llamó. Para poner sus *bienes* (dones) en manos de ellos mientras estuviera ausente. Su propiedad debía ser cuidada e incrementada y mejorada mientras Él estaba lejos. La propiedad del Señor significa el mundo y las almas de los hombres. Los siervos han recibido la misma misión y tarea que tenía Cristo: ministrar a las almas de los hombres y a un mundo desesperado.

2. A cada uno de los siervos el Señor le dio una porción diferente de sus bienes dejándolos al cuidado de ellos. La enseñanza es que cada persona recibió un talento especial (don o responsabilidad). Nadie quedó fuera (Ef. 4:7). Por eso de cada siervo se esperaba que trabajara y sirviera.

3. A cada siervo el Señor le dio conforme a su capacidad. Aquí hay cuatro factores importantes.

a. No hay dos siervos que tengan la misma habilidad, medio, oportunidad, génes, herencia, entrenamiento, mente, corazón, disciplina, iniciativa. Cada uno es diferente.

> **«A uno dio cinco talentos, y a otro dos, y a otro uno, a cada uno conforme a su capacidad; y luego se fue lejos» (Mt. 25:15).**
>
> **«Porque ¿quién te distingue? ¿o qué tienes que no hayas recibido? Y si lo recibiste, ¿por qué te glorías como si no lo hubieras recibido?» (1 Co. 4:7).**

b. Dios otorga sus *bienes* (dones) como Él quiere, conociendo perfectamente a cada siervo.

> **«Pero todas estas cosas las hace uno y el mismo Espíritu, repartiendo a cada uno en particular como él quiere» (1 Co. 12:11).**

c. Cada siervo recibe todos los dones que necesita y puede usar.

> **«Porque de la manera que en un cuerpo tenemos muchos miembros, pero no todos los miembros tienen la misma función. Así nosotros, siendo muchos, somos un cuerpo en Cristo, y todos miembros los unos de los otros. De manera que, teniendo diferentes dones, según la gracia que nos es dada, si el de profecía, úsese conforme a la medida de la fe; o si deservicio, en servir; o el que enseña, en la enseñanza; el que exhorta, en la exhortación; elque reparte, con liberalidad; el que preside, con solicitud; el que hace misericordia, con alegría» (Ro. 12:4-8).**
>
> **«Ahora bien, hay diversidad de dones, pero el Espíritu es el mismo. Y hay diversidad de ministerios, pero el Señor es el mismo. Y hay diversidad de operaciones, pero Dios, que hace todas las cosas en todos es el mismo. Pero a cada uno le es dada la manifestación del Espíritu para provecho» (1 Co. 12:4-7).**

d. Cada siervo tiene la misma oportunidad de ser fiel en el uso de lo que Dios le ha dado. Seremos juzgados por nuestra fidelidad, no por el número de dones o el tamaño de la obra asignada (cp. v. 21 y v. 23).

> **«Porque el Hijo del Hombre vendrá en la gloria de su Padre con sus ángeles, y entonces pagará a cada uno conforme a sus obras» (Mt. 16:27).**
>
> **«Y si invocáis por Padre a aquel que sin acepción de personas juzga según la obra de cada uno, conducíos en temor todo el tiempo de vuestra peregrinación» (1 P. 1:17).**

Pensamiento 1. Aquí hay tres hechos preciosos y maravillosos.

1) Somos «suyos propios». Somos posesión de Dios (Ef. 1:14). Note que Dios también dice: «Y soy su posesión».

> **«Y habrá para ellos heredad; yo seré su heredad, pero no les daréis posesión en Israel; yo soy su posesión» (Ez. 44:28).**
>
> **«Yo te redimí; te puse nombre, mío eres tú» (Is. 43:1).**

2) Somos protegidos por Cristo. Cada uno recibe «sus bienes», dones muy especiales, habilidades y responsabilidades que deben ser atendidas para Dios. Dios nos da exactamente lo que necesitamos para cumplir con nuestras vidas y darnos propósito, significado, y sentido para conformarnos a la imagen de Cristo mismo.

> **«Mas buscad primeramente el reino de Dios y su justicia, y todas estas cosas os serán añadidas» (Mt. 6:33).**
>
> **«Pues si vosotros, siendo malos, sabéis dar buenas dádivas a vuestros hijos, ¿cuánto más vuestro Padre celestial dará el Espíritu Santo a los que se lo pidan?» (Lc. 11:13).**
>
> **«El ladrón no viene sino para hurtar y matar y destruir; yo he venido para que tengan vida: y para que la tengan en abundancia» (Jn. 10:10).**
>
> **«Y yo les doy vida eterna; y no perecerán jamás, ni nadie las arrebatará de mi mano» (Jn. 10:28).**
>
> **«Y les daré corazón para que me conozcan que yo soy Jehová; y me serán por pueblo, y yo les seré a ellos por Dios; porque se volverán a mí de todo corazón» (Jer. 24:7).**

3) La iglesia es protegida por Cristo. El ha previsto todo

lo necesario para cuidar y avanzar la iglesia mientras dure su ausencia.

«Y el mismo constituyó a unos, apóstoles; a otros, profetas; a otros, evangelistas; a otros, pastores y maestros, a fin de perfeccionar a los santos para la obra del ministerio, para la edificación del cuerpo de Cristo, hasta que todos lleguemos a la unidad de la fe y del conocimiento del Hijo de Dios, a un varón perfecto, a la medida de la estatura de la plenitud de Cristo» (Ef. 4: 11-13).

Pensamiento 2. Note que cada creyente tiene al menos un don.

ESTUDIO A FONDO 2

(25:14-15) ***Dones:*** los *bienes* del Señor son los dones, talentos y responsabilidades, que él da a los hombres. El Señor otorga sus dones según le agrada a él (1 Co. 12:11). Cada siervo recibe todos los dones que necesita y puede usar (Ro. 12:4-9; 1 Cor. 12:4-30). Note que los dones son del Señor; son meramente otorgados a sus siervos. Diferentes personas tienen diferentes habilidades para diferentes ministerios (v. 15).

3 (25:16-18) ***Dones—fidelidad—infidelidad:*** los siervos trataron de diferente manera los *bienes* del Señor.

1. Dos siervos fueron responsables, muy responsables. *Inmediatamente* salieron a trabajar. *No perdieron tiempo y rápidamente* comenzaron a servir.

   a. Fueron fieles y diligentes. Usaron de inmediato sus habilidades y energía. Se dedicaron ellos mismos, pusieron su energía y esfuerzo para usar lo que el Señor les había dado.

   Note que el menos dotado de los dos primeros siervos trabajó y se esforzó tanto como el más dotado. No tenía tantos dones, pero puso la misma iniciativa, energía, y esfuerzo (cp. Lc. 12:48).

   Nuevamente, el cuadro es el de una transacción comercial, pero la enseñanza es que los dos siervos usaron lo que el Señor les había dado; y lo usaron con fidelidad y diligencia.

   b. Tuvieron éxito. Cada uno ganó y duplicó lo que el Señor le había dado. Los dones de cada siervo dieron fruto *en proporción* a sus dones. El que recibió más (cinco talentos) produjo más (diez talentos). El que recibió menos (dos talentos) produjo menos (cuatro talentos). Pero ambos tuvieron el *mismo éxito, duplicando* lo que el Señor les había dado.

   «En lo que requiere diligencia, no perezosos; fervientes en espíritu, sirviendo al Señor» (Ro. 12:11).

   «Ahora bien, se requiere de los administradores que cada uno sea hallado fiel» (1 Co. 4:2).

   «Así que, hermanos míos amados, estad firmes y constantes, creciendo en la obra del Señor siempre, sabiendo que vuestro trabajo en el Señor no es en vano» (1 Co. 15:58).

   «Cada uno según el don que ha recibido, minístrelo a los otros, como buenos administradores de la multiforme gracia de Dios» (1 P. 4:10).

   «Por lo cual, oh amados, estando en espera de estas cosas, procurad con diligencia ser hallados por él sin mancha e irreprensibles, en paz» (2 P. 3:14).

2. Un siervo fue irresponsable. Simplemente no usó el don del Señor. Pero note: en cierta manera fue activo. Dedicó tiempo y energía para ir y enterrar el don del Señor: lo ocultó. Sus días, su tiempo, y su energía debían ser del Señor; pero tomó su vida y sus días en manos propias. ¿Qué estaba haciendo? No se nos dice, pero sus esfuerzos no fueron para la causa del Señor. Solamente se servía a sí mismo. Era mundano, deseaba la carne y las posesiones de este mundo. Se servía a sí mismo en vez de servir a Dios.

«Pero cualquiera que me oye estas palabras y no las hace, le compararé a un hombre insensato, que edificó su casa sobre la arena; y descendió lluvia, y vinieron ríos, y soplaron vientos, y dieron con ímpetu contra aquella casa; y cayó, y fue grande su ruina» (Mt. 7:26-27).

«La que cayó entre espinos, éstos son los que oyen, pero yéndose, son ahogados por los afanes y las riquezas y los *placeres* de la vida, y no llevan fruto» (Lc. 8:14).

«Dijo también esta parábola: Tenía un hombre una higuera plantada en su viña, y vino a buscar fruto en ella, y no lo halló» (Lc. 13:6).

«Mirad también por vosotros mismos, que vuestros corazones no se carguen de glotonería y embriaguez y de los afanes de esta vida, y venga de repente sobre vosotros aquel día. Porque como un lazo vendrá sobre los que habitan sobre la faz de toda la tierra» (Lc. 21:34-35).

«Y al que sabe hacer lo bueno, y no lo hace, le es pecado» (Stg. 4:17).

«Habéis vivido en deleites sobre la tierra, y sido disolutos; habéis engordado vuestros corazones como en día de matanza» (Stg. 5:5).

«Recibiendo el galardón de su injusticia, ya que tienen por delicia el gozar de deleites cada día. Estos son inmundicias y manchas, quienes aun mientras comen con vosotros, se recrean en sus errores» (2 P. 2:13).

«Habéis arado impiedad, y segasteis iniquidad; comeréis fruto de mentira, porque confiaste en tu camino y en la multitud de tus valientes» (Os. 10:13).

Pensamiento 1: Note cuatro lecciones.

1) Se espera trabajo inmediato —acción inmediata— el uso inmediato de los dones de Dios. Cada vacilación, cada hora, cada día que no recibe la máxima dedicación de energía y esfuerzo es una oportunidad perdida. Toda oportunidad perdida equivale a infidelidad y pereza. ¡Qué ejemplo vigoroso son los dos siervos fieles!
2) Los esfuerzos de quienes fueron fieles y diligentes recibirán intereses (fruto). El siervo que usa fiel y diligentemente sus dones, verá aumentar en gran manera los *bienes* del Señor.
3) Un asunto significante: la persona con un talento es tan responsable de usar ése talento como la persona con muchos talentos.
4) Demasiadas veces la persona escasamente dotada siente que su servicio es de poca importancia, que realmente no vale la pena el tiempo y esfuerzo que requiere. Esta actitud olvida algo, y es que el don no es nuestro; el don es del Señor. Debe ser usado con dedicación de toda la energía y esfuerzo. El uso de un solo don debe ocupar todos los días y horas que tengamos en la tierra. Debemos ser fieles, aun con un solo don, siempre fieles y siempre usando para el Señor lo que tenemos, aun cuando sea un solo don.

4 (25:19) ***Jesucristo, retorno:*** Vino el día de rendir cuentas, aunque fue «después de mucho tiempo». Cuando Cristo retorne, los hombres pensarán que ha pasado mucho tiempo. Sin embargo, para Cristo solo habrá sido un breve tiempo. «He aquí, yo vengo pronto» (Ap. 3:11; cp. 2 P. 3:3-4, 8-11).

Note un segundo hecho: Cristo dijo que el Señor volvió, y volvió para hacer cuentas con sus siervos, no con el mundo. En este pasaje Cristo está hablando de sus siervos, de personas que profesan ser creyentes y de miembros de la iglesia; de algunos creyentes genuinos y de algunos que profesan ser creyentes, pero cuya profesión es falsa (v. 30).

«Por lo cual el reino de los cielos es semejante a un rey que quiso hacer cuentas con sus siervos» (Mt. 18:23).

«Y cuando se acercó el tiempo de los frutos, envió a sus siervos a los labradores, para que recibiesen sus frutos» (Mt. 21:34).

«Después de mucho tiempo vino el señor de aquellos siervos, y arregló cuentas con ellos» (Mt. 25:19).

«Aconteció que vuelto él, después de recibir el reino, mandó llamar ante él a aquellos siervos a los cuales había dado el dinero, para saber lo que había negociado cada uno» (Lc. 19:15).

«De manera que cada uno de nosotros dará a Dios cuenta de sí» (Ro. 14:12).

«Y de la manera que está establecido para los hombres que mueran una sola vez, y después de esto el juicio» (He. 9:27).

«A éstos les parece cosa extraña que vosotros no corráis con ellos en el mismo desenfreno de disolución, y os ultrajan» (1 P. 4:4).

Pensamiento. Siempre tenemos que recordar esto: el Señor no retarda su promesa. Está *listo* para juzgar a los vivos y a los muertos (1 P. 4:5). Está listo ahora, pero es *paciente* queriendo que más y más personas vengan al arrepentimiento (2 P. 3:9).

5 (25:20-23) ***Recompensa:*** la recompensa por el trabajo bien hecho es más trabajo para hacer. Note que la experiencia fue la misma, tanto para el primero como para el segundo siervo.

1. Ambos reconocieron los dones y la gracia de Dios: «Señor, tú me libraste». Todo lo que el siervo tenía se lo había dado Cristo. Se expresa un sentido de *aprecio, gratitud, privilegio, y* un sentido de responsabilidad. Los dos siervos consideraron un privilegio servir a su Señor. Les había dado propósito y un sentido en la vida, y el mayor privilegio en el mundo, el privilegio de servir al Señor mismo. Fueron apreciativos y agradecidos.
2. Por eso fueron osados al presentarse ante el Señor: «Aquí tienes, he ganado». Su osadía no era de espíritu jactancioso, sino consciente de haber sido fiel al trabajo recibido del Señor.

«En esto se ha perfeccionado el amor en nosotros, para que tengamos confianza en el día del juicio» (1 Jn. 4:17).

3. El Señor felicitó a ambos siervos y les dio grandes recompensas; les dio una posición de gobernadores y gozo, el gozo del Señor. El Señor los felicitó por ser *buenos* hombres (bondadosos, llenos de gracia, morales, disciplinados) y fieles con la concesión (dones) que les había hecho. Habían trabajo y duro. Habían sido el tipo de personas que él esperaba que fuesen, y habían hecho el trabajo que él quería que hiciesen. Ambos eran siervos *buenos y fieles.* La enseñanza es esta: los dos primeros siervos trabajaron a pleno, poniendo el 100% de energía y esfuerzo. Ambos aumentaron los bienes del Señor en un 100%. Note la recompensa: ambos recibieron responsabilidades sobre muchas cosas en el reino de los cielos.

El Señor recompensó grandemente a ambos. Les dio una doble recompensa.

Primero, les dio cargos de gobernadores; la responsabilidad de gobernar sobre muchas cosas en el reino de los cielos *después del retorno del Señor* (*véanse* notas y Estudio a fondo 1—Mt. 19:28; 19:29; Lc.19:15-23).

Segundo, se les dio entrada al gozo del Señor. Los siervos serían introducidos al reino eterno de nuestro Señor y Salvador Jesucristo, donde no hay nada sino gozo. El gozo es el gozo «del Señor» mismo; un gozo que él mismo tiene en su propio ser. Gozo es el estado de ser del Señor porque él es perfecto; su perfección produce *una plenitud de gozo.* Los creyentes también experimentan este gozo por causa del cielo, porque el cielo es perfecto; y donde hay perfección, no hay lágrimas, ni pena ni dolor. Solamente hay gozo.

«Su señor le dijo: Bien, buen siervo y fiel; sobre poco has sido fiel, sobre mucho te pondré; entra en el gozo de tu señor» (Mt. 25:23).

«Entonces el Rey dirá a los de su derecha: Venid, benditos de mi Padre, heredad el reino preparado para vosotros desde la fundación del mundo» (Mt. 25:34).

«Amad, pues, a vuestros enemigos, y haced bien, y prestad, no esperando de ello nada; y será vuestro galardón *grande,* y seréis hijos del Altísimo; porque él es benigno para con los ingratos y malos» (Lc. 6:35).

«Pero vosotros sois los que habéis permanecido conmigo en mis pruebas. Yo, pues, os asigno un reino, como mi Padre me lo asignó a mí» (Lc. 22:28-29).

«Pues si por la transgresión de uno solo reinó la muerte, mucho más *reinarán* en vida por uno solo, Jesucristo, los que reciben la abundancia de la gracia y del don de la justicia» (Ro. 5:17).

«¿O no sabéis que los santos han de juzgar [reinar, tener autoridad sobre] al mundo? Y si el mundo ha de ser juzgado por vosotros, ¿sois indignos de juzgar cosas muy pequeñas? ¿O no sabéis que hemos de juzgar a los ángeles? ¿Cuánto más las cosas de esta vida?» (1 Co. 6:2-3).

«Si sufrimos, también reinaremos con él; si le negáremos, él también nos negará» (2 Ti. 2:12).

«Y de Jesucristo el testigo fiel, el primogénito de los muertos, y el soberano de los reyes de la tierra. Al que nos amó, y nos lavó de nuestros pecados con su sangre, y nos hizo reyes y sacerdotes para Dios, su Padre; a él sea gloria e imperio por los siglos de los siglos. Amén» (Ap. 1:5-6).

«Al que venciere y guardare mis obras hasta el fin, yo le daré autoridad sobre las naciones» (Ap. 2:26).

«Al que venciere, le daré que se siente conmigo en mi trono, así como yo he vencido, y me he sentado con mi Padre en su trono» (Ap. 3:21).

«No habrá allí más noche; y no tienen necesidad de luz de lámpara, ni de luz de sol, porque Dios el Señor los iluminará; y reinarán por los siglos de los siglos» (Ap. 22:5)

Pensamiento 1. Hay dos cosas de gran valor entre los siervos de Dios:

1) Reconocer que sus dones son de Dios.
2) Ser tan fieles y diligentes que puedan presentarse osadamente en el día del juicio.

Pensamiento 2. Se ve lo *sabios* que somos en el trabajo que hacemos para el Señor y en cómo usamos nuestros dones.

«¿Quién es sabio y entendido entre vosotros? Muestre por la buena conducta sus obras en sabia mansedumbre» (Stg. 3:13).

Nuestras *obras* nos seguirán.

«Oí una voz que desde el cielo me decía: Escribe: Bienaventurados de aquí en adelante los muertos que mueren en el Señor. Sí, dice el Espíritu, descansarán de sus trabajos, porque sus obras con ellos siguen» (Ap. 14:13).

Pensamiento 3. Una verdad preciosa, muy preciosa: Dios aceptará ambas cosas, nuestra persona («buen siervo») y nuestro trabajo (« ... y fiel»). ¡Amén!

6 (25:24-30) ***Ministro—siervo:*** el castigo por el trabajo mal hecho es ser despojado y separado. Cristo habla de tres temas al referirse a este siervo inútil. Habla de una persona que profesa ser creyente y está en la iglesia (ver nota, Reino del cielo—Mt. 25:1).

1. Note los motivos del siervo para no usar los dones que el Señor confió a su cuidado.
   a. Malinterpretó a Dios. El siervo inútil dijo que el Señor era demasiado exigente, exacto, severo, y carente de simpatía. Era un Señor que exigía demasiado y demasiado estricto. No le concedía al hombre el derecho de disfrutar suficientemente este mundo y sus placeres. El siervo creía que si dedicaba su tiempo al servicio del Señor, se perdería la vida. Las exigencias del Señor en cuanto a su tiempo y asuntos sencillamente eran demasiado pesadas. El siervo estaba demasiado involucrado en el mundo y sus negocios para dedicar tiempo y esfuerzo al trabajo para el Señor y concentrarse en sus demandas.

b. Agregó que tenía miedo; miedo de usar y poner su talento a trabajar para el Señor. Por eso enterró el talento del Señor y no lo usó para hacer crecer el reino del Señor.

2. Note los motivos de Dios para condenar al siervo; note la inmensa diferencia entre lo que dijo el Señor y lo que el siervo tenía para decir.

a. El siervo inútil era malvado y perezoso. Era *malvado* porque salió a hacer exactamente lo que quería, gastar su tiempo y energía en sus propias cosas. Transgredió el mandamiento y la voluntad de Dios. Fue *perezoso* porque no hizo nada con el don de Dios. Lo enterró y lo ocultó.

b. El siervo inútil no fue consistente; o, para decirlo tal vez mejor, engañoso, de doble intención, contradiciéndose a sí mismo. Si realmente creía que el Señor era duro y severo, habría trabajado y se habría esforzado hasta pelarse los dedos. El siervo o bien mentía o bien estaba terriblemente engañado, contradiciéndose sí mismo, y todo en un intento de justificar su conducta.

c. El siervo inútil fracasó en el uso de su don. Cristo fue claro: el siervo debía haber usado el don y debía haber servido (v. 27). No tenía excusa.

3. Note el juicio al siervo inútil (vv. 28-30). Cristo pronunció un doble juicio sobre él.

a. El siervo inútil fue despojado de lo que tenía. Le fue quitado todo lo que tenía. Ya no tendría la responsabilidad *—el glorioso privilegio—* de trabajar para el Señor y servirle. *Ya no tendría nada que ver con el Señor.* Le fue quitada su *responsabilidad;* ésta fue entregada al que demostró ser el más útil.

b. El siervo inútil fue echado a las tinieblas de afuera. Fue echado de la presencia del Señor, separado para siempre. Y allí no había gozo, nada sino la tiniebla exterior y el lloro y crujir de dientes (para la discusión y otros versículos *véanse* notas—Mt. 18:12; Estudio a fondo 4—25:30).

Pensamiento 1. Hay dos graves errores en el pensamiento del mundo.

1) Muchas personas piensan que Dios es duro, severo, exigente y carente de simpatía. No están dispuestos a seguir un camino tan duro y estrecho. De modo que entierran, esconden, los dones recibidos de Dios para transitar el camino fácil y ancho.

2) Otros creen que lo que tienen es propio, y que pueden usarlo y vivir como quieren. Creen que lo que hacen es asunto exclusivo de ellos mismos, ni siquiera de Dios.

Pensamiento 2. Son pocas la personas que se sienten de alguna manera responsables ante Dios por lo que tienen, y son menos aun los que sienten la necesidad de servir a Dios con fidelidad y diligencia.

Pensamiento 3. La indolencia, el no hacer nada para Dios, es uno de los grandes pecados de quienes profesan ser cristianos (Ro. 12:11; 2 Ts. 3: 11; He. 6:12; Pr. 18:9; cp. 1 Co. 15:58).

Pensamiento 4. Los pecados de omisión son tan graves como los de comisión. Ser perezoso e indolente, complaciente y holgazán, inactivo y satisfecho consigo mismo, son pecados que condenan: pecados que mandan a la persona a las tinieblas de afuera donde habrá lloro y crujir de dientes.

Pensamiento 5. Los hombres se engañan a sí mismos. Racionalizan su comodidad, bienestar e indolencia, minimizando su don. Creen que serán excusados por el hecho de *minimizar* o negar su don.

- Justicia inactiva es tan condenable como la maldad activa.
- Un servicio perezoso condena tanto como el pecado activo.
- Una preocupación dormida condena tanto como la estimulación de la carne.
- Ser indulgente con la comodidad condena tanto como asaltar y robar.
- Ser *inútil* condena tanto como ser malo (cp. Mt. 25:42-46).

ESTUDIO A FONDO 3

(25:28-29) ***Juicio:*** *véase* nota—Lc. 8:18 para la discusión.

ESTUDIO A FONDO 4

Tinieblas de afuera: una tiniebla fuera de algún reino o espacio de luz. Las recompensas tienen que ver con la asignación de responsabilidades. Por eso, es probablemente correcto decir que el juicio es una tiniebla fuera del gozo (luz) de la presencia del Señor y fuera del gozo de la responsabilidad. ¡Qué tiniebla! Ser echado a la tiniebla de afuera, lejos de la presencia del Señor y ser despojado de responsabilidad; no tener ninguna responsabilidad en toda la eternidad.

«Mas los hijos del reino serán echados afuera; allí será el lloro y el crujir de dientes» (Mt. 8:12).

«Y los echarán en el horno de fuego; allí será el lloro y el crujir de dientes» (Mt. 13:42).

«Entonces el rey dijo a los que servían: Atadle de pies y manos, y echadle en las tinieblas de afuera; allí será el lloro y el crujir de dientes» (Mt. 22:13).

«Y lo castigará duramente, y pondrá su parte con los hipócritas; allí será el lloro y el crujir de dientes» (Mt. 24:51).

«Y al siervo inútil echadle en las tinieblas de afuera; allí será el lloro y el crujir de dientes» (Mt. 25:30).

«Estas son fuentes sin agua, y nubes empujadas por la tormenta; para los cuales la más densa oscuridad está reservada para siempre» (2 P. 2:17).

«Y a los ángeles que no guardaron su dignidad, sino que abandonaron su propia morada, los ha guardado bajo oscuridad, en prisiones eternas, para el juicio del gran día» (Jud. 6).

«Ciertamente la luz de los impíos será apagada, y no resplandecerá la centella de su fuego» (Job 18:5).

«Lo verá el impío y se irritará; crujirá los dientes y se consumirá. El deseo de los impíos perecerá» (Sal. 112:10).

«Al que maldice a su padre o a su madre, se le apagará su lámpara en oscuridad tenebrosa» (Pr. 20:20).

H. La parábola de las ovejas y las cabras: el juicio final de las naciones, 25:31-46

1 El Hijo del Hombre viene para juzgar
a. Viene en gloria
b. Viene con ángeles[EF1]
c. Viene para ser entronado
d. Viene para reunir a todas las naciones
e. Viene para separar las ovejas de las cabras
1) Ovejas: lugar de privilegio
2) Cabras lugar de desgracia

2 El juicio de las ovejas tendrá lugar
a. El Juez: el Rey
b. La invitación: venid
c. La recompensa: el reino
d. La base para el juicio: ministrar a Cristo
e. El ministerio definido
1) Un ministerio humilde, instintivo; sin pensar en recompensas; pensando solo en ayudar a gente necesitada
2) Un ministerio a los «hermanos» del Señor[EF2]

3 El juicio de los cabritos tendrá lugar
a. El juicio
1) Separación de Dios
2) Fuego eterno[EF3]
b. La base del jucio
1) Fracaso en ministrar
2) Vida egoísta
3) Ceguera espiritual

4 El juicio es para la eternidad

31 Cuando el Hijo del
Hombre venga en su gloria,
y todos los santos ángeles
con él, entonces se sentará
en su trono de gloria,
32 y serán reunidas delante
de él todas las naciones; y
apartará los unos de los
otros, como aparta el pastor
las ovejas de los cabritos.
33 Y pondrá las ovejas a su
derecha, y los cabritos a su
izquierda.
34 Entonces el Rey dirá a
los de su derecha: Venid,
benditos de mi Padre,
heredad el reino preparado
para vosotros desde la
fundación del mundo.
35 Porque tuve hambre, y
me disteis de comer; tuve
sed, y me disteis de beber;
fui forastero, y me recogisteis;
36 estuve desnudo, y me
cubristeis; enfermo, y me
visitasteis; en la cárcel, y
vinisteis a mí.
37 Entonces los justos le
responderán diciendo:
Señor, ¿Cuándo te vimos
hambriento, y te sustentamos,
o sediento, y te
dimos de beber?
38 ¿Y cuándo te vimos
forastero, y te recogimos,
o desnudo, y te cubrimos?
39 ¿O cuándo te vimos
enfermo, o en la cárcel, y
vinimos a ti?
40 Y respondiendo el Rey,
les dirá: De cierto os digo
que en cuanto lo hicisteis a
uno de estos mis hermanos
más pequeños, a mi lo
hicisteis.
41 Entonces dirá también
a los de la izquierda:
Apartaos de mí malditos,
el fuego eterno preparado
para el diablo y sus
ángeles.
42 Porque tuve hambre, y
no me disteis de comer;
tuve sed, y no me disteis
de beber;
43 fui forastero y no me
recogisteis; estuve desnudo,
y no me cubristeis;
enfermo, y en la la cárcel,
y no me visitasteis.
44 Entonces también
ellos le responderán
diciendo: Señor, ¿cuándo
te vimos hambriento,
sediento forastero, desnudo,
enfermo, o en la
cárcel, y no te servimos?
45 Entonces les responderá
diciendo: De cierto
os digo que en cuanto no
lo hicisteis a uno de estos
más pequeños, tampoco a
mí lo hicisteis.
46 Eirán éstos al castigo
eterno, y los justos a la
vida eterna.

H. La parábola de las ovejas y las cabras: el juicio final de las naciones, 25:31-46

(25:31-46) ***Introducción—el juicio final:*** uno tiene que cuidarse de confundir el juicio de las obras de las naciones con el juicio de los individuos (ovejas y cabras). El juzgar a las naciones en realidad es juzgar a los individuos que viven en ellas. Cristo estaba presentando un cuadro del juicio final de todos los hombres. El juicio final incluirá a *todas las naciones* de los hombres; será el juicio sobre *todo el mundo.*

Es importante ver que Jesús estaba juzgando a dos tipos de personas, ovejas y cabras, no el mismo tipo de seres, de los que unos se comportaron de una manera y otros, de otra. Note que las ovejas (creyentes realmente nacido de nuevo) sirven con el amor del corazón de Cristo *por el hecho de ser ovejas.* El ministerio que hicieron les nació de adentro. Era un ministerio natural el que hicieron las ovejas. Provenía de una naturaleza desprendida, centrada en Dios. La cabras *por el hecho de ser cabras* no sirven con el corazón de amor de Cristo. Los actos de bondad identificaron a las ovejas como ovejas. La negligencia de las cabras las identificó como cabras. Las ovejas actuaron como ovejas, es decir, sirvieron, por el hecho de ser ovejas. Y las cabras actuaron como cabras por el hecho de ser cabras. Esta es, precisamente la enseñanza del cuadro. Cuando Cristo los separó a uno y otro lado ya eran ovejas y cabras. Las cabras son juzgadas por no servir a Cristo; a las ovejas se otorga bendición porque sirvieron a Cristo. Las Escrituras dicen:

«Muéstrame tu fe sin tus obras, y yo te mostraré mi fe por mis obras» (Stg. 2:18). La única fe que Dios conoce y acepta es la fe que sirve a Cristo ministrando a la gente. La persona que dice tener fe y no ministra a la gente *solo tiene fe de labios* en Cristo. El auténtico creyente es « ... hechura suya, creados en Cristo Jesús para [hacer] buenas obras, las cuales Dios preparó de antemano para que anduviésemos en ellas« (Ef. 2:10). Dios no conoce la fe separada de buenas obras, es decir, sin ministrar a las necesidades de la gente.

1. El Hijo del Hombre viene para juzgar (vv. 31-33).
2. El juicio de las ovejas tendrá lugar (vv. 34-40).
3. El juicio de los cabritos tendrá lugar (vv. 41-45).
4. El juicio es para la eternidad (v. 46).

1 (25:31-33) ***Jesucristo, retorno:*** el Hijo del Hombre viene para juzgar. En estos versículos Cristo dijo cinco cosas acerca de su venida.

1. En su venida, viene en gloria. Esto significa al menos dos cosas. Primero, viene con su cuerpo glorificado, es decir, transfigurado (Mt. 17:2); con un cuerpo lleno de luz y esplendor; con un cuerpo resplandeciente como el sol, con todo el resplandor de la gloria de Dios. Segundo, no viene en la humillación que sufrió como hombre, en cambio, viene como el Hijo del Hombre y como el Rey del universo.

2. En su venida viene con sus santos ángeles. Una multitud innumerable de seres gloriosos le acompañarán, demostrando la gloria y el honor de su persona como Dios. Los santos ángeles serán los siervos y ministros de su justicia.

3. En su venida viene para ser entronizado. Cuando se sienta en «el trono de su gloria», se sienta para juzgar. Él será ante quien se doble toda rodilla (Fil. 2:9-11). Él será el Juez de todo el universo, el Juez que es exaltado sobre todos (Ap. 20:11).

4. En su venida vienen para reunir a todas las naciones. Todos los hombres serán traídos por los ángeles y traídos ante la presencia de él. La palabra *naciones* subraya que cada país, lugar, nacionalidad, raza, credo, color, lengua, cada ciudadano viviente será traído a juicio ante su presencia.

5. En su venida, viene para separar a las naciones.
   a. A lo largo de la historia, ha habido una mezcla de ovejas y cabras, del bien y del mal. Las cizañas y el trigo crecieron juntos. El pecador y el piadoso vivieron juntos ...
      - en el mismo mundo.
      - en los mismos empleos.
      - en las mismas naciones.
      - en las mismas ciudades.
      - en las mismas iglesias.
      - en las mismas familias.

      Pero cuando venga Cristo habrá una separación, una separación entre el bien y el mal, de las ovejas y las cabras (cp. Mt. 13:49; Ez. 34:17).
   b. Las ovejas serán puestas a su mano derecha, y las cabras a su mano izquierda. Las ovejas representan a los creyentes genuinos. Son ...
      - los que creen en «el unigénito Hijo» de Dios (Jn. 3:16).
      - los que realmente «nacieron de nuevo» (Jn. 3:3, 7).
      - los siervos «buenos y fieles» (Mt. 25:21, 23).
      - los «justos» (Mt. 25:37).
      - los que son «pacientes» y «perseveran en bien hacer» (Ro.2:7).
      - los que «buscan gloria y honra inmortalidad» (Ro. 2:7).
      - los que «obran el bien» (Ro. 2:10).

      Note que Dios pone a las ovejas a su mano derecha, el lugar de honor, gloria, aceptación y favor.

      Las cabras representan a *todos* los incrédulos, los que nunca profesaron a Cristo y los que profesaron a Cristo pero nunca fueron creyentes genuinos. Ellos son ...
      - los «siervos inútiles» (Mt. 25:30).
      - los siervos «malos y negligentes» (Mt. 25:26).
      - los «malditos» (Mt. 25:41).
      - los «contenciosos» (Ro. 2:8).
      - los que no«obedecen a la verdad» (Ro. 2:8).
      - los que «obedecen a la injusticia» (Ro. 2:8).
      - los que «hacen el mal» (Ro. 2:9).

Pensamiento 1. El juicio viene. Es inevitable; no puede ser evitado ni evadido. Nadie puede escapar al inminente juicio de Dios. Dios va a juzgar al mundo mediante su Hijo, el Señor Jesucristo. «Porque el Padre a nadie juzga, sino que todo el juicio dio al Hijo» (Jn. 5:22).

> **«Y nos mandó que predicásemos al pueblo, y testificásemos que él es el que Dios ha puesto por Juez de vivos y muertos» (Hch. 10:42).**
>
> **«Por cuanto ha establecido un día en el cual juzgará al mundo con justicia, por aquel varón a quien designó, dando fe a todos con haberle levantado de los muertos» (Hch. 17:31).**
>
> **«En el día en que Dios juzgará por Jesucristo los secretos de los hombres, conforme a mi evangelio» (Ro. 2:16).**
>
> **«De manera que cada uno de nosotros dará a Dios cuenta de sí» (Ro. 14:12).**
>
> **«Te encarezco delante de Dios y del Señor Jesucristo, que juzgará a los vivos y a los muertos en su manifestación y en su reino» (2 Ti. 4:1).**
>
> **«Y vi a los muertos, grandes y pequeños, de pie ante Dios; y los libros fueron abiertos, y otro libro fue abierto, el cual es el libro de la vida; y fueron juzgados los muertos por las cosas que estaban escritas en los libros, según sus obras» (Ap. 20:12).**

Pensamiento2. Dicho de manera muy simple, viene el día cuando todo ciudadano de cada nación y tribu sobre la tierra esté ante Cristo; estará, o bien, bajo *su favor, o* bien, bajo su *ira.*

Pensamiento 3. Note las dos afirmaciones que Cristo hace de su deidad.

1) Se llama a sí mismo «el Hijo del Hombre»; Él es el Hombre Ideal, Él juzgará a los hijos de los hombres.
2) El dice que «el Hijo del Hombre se sentará en el trono de su gloria». Esto lo dijo tres días antes de ser muerto.

Pensamiento 4. Note un hecho significativo: *Ahora* Cristo está sentado en el trono a la diestra de Dios. Hay una diferencia entre el tono de gracia y el trono de juicio mencionado en este pasaje. Ahora podemos acercarnos al trono de la gracia (He. 4:16). Pero cuando Cristo retorne en gloria, será demasiado tarde para recibir ayuda. Su trono será un *trono de juicio* al que no habrá acercamiento aparte del juicio.

ESTUDIO A FONDO 1

(25:31) ***Angeles—Jesucristo, retorno:*** Cuando Cristo retorne será acompañado por ángeles que le servirán como ministros en el juicio.

- Ellos juntarán las cizañas, los hijos del malvado (Mt. 13:38-40).
- Ellos juntarán a los escogidos (Mt. 24:31).
- Ellos presenciarán la gloria de los creyentes (Lc. 12:8).
- Ellos reunirán a los creyentes para encontrar al Señor en el aire (Mt. 24:31; 1 Ts. 4:16).
- Ellos presenciarán el tormento de los malvados (Ap. 14:10).

2 (25:34-40) ***Juicio:*** tendrá lugar el juicio de las ovejas.

1. El Juez es el Rey. Cristo está sentado en su *trono de gloria y* reina como «Rey de reyes, y Señor de señores» (Ap. 19:16).

2. La invitación es «Venid, benditos de mi Padre». Las ovejas son los benditos, los amados de Dios (*véase* nota—Ef. 1:3). La palabra *venid* es el cuadro de la entrada a la presencia misma de Dios y del privilegio de permanecer para siempre allí.

3. La recompensa es una herencia: la herencia del Reino de Dios.

a. *Una herencia* es un don. Es dada porque quien la da se preocupa lo suficiente para darla, y llega a ser la posesión propia de uno, así como fue la posesión de su propietario anterior.

b. La herencia es un *reino.* Es un lugar de responsabilidades y deberes, de gobernar y reinar, de honrar y gozar, de riqueza y gloria.

c. La herencia o reino había sido *preparada* para las ovejas (cp. Jn. 14:2-3). Fue edificado para ellas y designado como habitación de ellas. Todas las cosas fueron preparadas por amor a ellas.

d. El reino ha sido preparado desde *la fundación del mundo.* Estaba en el plan eterno y en la voluntad de Dios (Ef. 1:4-5, 11-12).

4. La base del juicio —el motivo por el cual las ovejas reciben el reino— es porque ellas ministraron a Cristo. Hay varios hechos importantes que deben ser destacados.

a. Las ovejas ministraron *a Cristo;* es decir, lo que hicieron, lo hicieron por «amor a Cristo». Ministraron «como creyentes» en Él.

b. Las ovejas ministraron porque amaban a sus hermanos (*véase* Estudio a fondo 2—Mt. 25:40; cp. 1 Jn. 4:7-8, 12, 20-21).

c. Cristo no está descartando o minimizando la parte de la fe en la salvación. Seremos juzgados por ambas cosas, por nuestra confesión de fe y por nuestras obras (Mt.10:32: Lc. 12:8; Ro. 10:9-10; 2 Co. 5:10).

d. Note que las obras, son obras simples, obras que cualquier persona puede hacer. Son expresiones de preocupación y amor que *pueden* servir como base para el juicio, como la base para juzgar a cualquier persona.

5. El ministerio es definido por Cristo; expresa claramente lo que quiere decir con ministrar. Note que son los justos quienes le preguntan lo que quiere decir.

a. El ministerio es un servicio humilde, instintivo. Sin pensar en recompensa, pensando solamente en ayudar al necesitado. El verdadero creyente sirve a Cristo porque Cristo ha hecho tanto por él. Es el «amor por Cristo» lo que lo constriñe (2 Co. 5:14). *Mientras está sirviendo, aun el siervo humilde sabe una cosa ...*

- No es digno ni de servir.
- Siempre será tan poco lo que ha hecho, hace y hará.
- No merece nada.

Simplemente sirve porque ama a Jesús y a la gente de la tierra. Todo lo que sabe y lo que quiere es conocer a Jesús. Le nace de adentro servir a Jesús y ayudar a todos aquellos por quienes Jesús murió.

b. El ministerio es un ministerio a los hermanos del Señor (*véase* Estudio a fondo 2—Mt. 25:40). Este pensamiento es de crucial importancia. Determina el destino del hombre.

Cristo se ha *identificado* tanto con los hombres en sus dolores y sufrimientos que los considera como idénticos a sí mismo. Cristo dijo claramente que si ministramos a los hombres, le estamos ministrando personalmente a Él. Él es identificado como uno con su pueblo (Mt. 8:17; cp. Is. 53:4). Acusó a Saulo de estarlo persiguiendo a Él mismo cuando Saulo amenazaba y mataba a los cristianos (Hch. 9:4).

«Y cualquiera que dé a uno de estos pequeñitos un vaso de agua fría solamente, por cuanto es discípulo, de cierto os digo que no perderá su recompensa» (Mt. 10:42).

«Pero no será así entre vosotros, sino que el que quiera hacerse grande entre vosotros será vuestro servidor, y el que de vosotros quiera ser el primero, será siervo de todos» (Mr. 10:43-44).

«¿Quién, pues, de estos tres te parece que fue el prójimo del que cayó en manos de los ladrones? El dijo: El que usó de misericordia con él. Entonces Jesús le dijo: Vé, y haz tú lo mismo» (Lc. 10:36-37).

«Pues si yo, el Señor y el Maestro, he lavado vuestros pies, vosotros también debéis lavaros los pies los unos a los otros» (Jn. 13:14).

«Volvió a decirle la segunda vez: Simón, Hijo de Jonás, ¿me amas? Pedro le respondió: Si, Señor; tú sabes que te amo. Le dijo: Pastorea mis ovejas» (Jn. 21:16).

«Sobrellevad los unos las cargas de los otros, y cumplid así la ley de Cristo .... Así que, según tengamos oportunidad, hagamos bien a todos, y mayormente a los de la familia de la fe» (Gá. 6:2, 10).

«Sirviendo de buena voluntad, como al Señor y no a los hombres» (Ef. 6:7).

Pensamiento 1. Hay varios puntos claramente marcados en estos versículos.

1) La legítima posición de Cristo ante el mundo: Cristo es el Rey.
2) La gloriosa herencia del creyente.
3) La importancia inicial del ministerio.

Pensamiento 2. Piense en cuántas personas *solitarias* de este mundo se vuelven a Él. ¿Cuántos hambrientos, sedientos, extranjeros, desnudos, enfermos, y prisioneros se vuelven a Él? (Cp. Mt. 1:26-27.)

Pensamiento 3. Ningún ministerio ni ningún sufrimiento sobre esta tierra es tan insignificante que no sea digno de la gloria que será manifestada en nosotros (Ro. 8:18).

Pensamiento 4. Existen personas que darán grandes cantidades y ayudarán enormemente si pueden ser reconocidas. Pero esa actitud tiene sus raíces en el egoísmo; es para alimentar el ego y el deseo de reconocimiento y estima.

ESTUDIO A FONDO 2

(25:40) ***Hermanos:*** Cristo es consecuente, no hace excepciones en su uso de la palabra «hermanos». Sus hermanos son sus discípulos (cp. Mt. 23:8;12:46-50; 28:10; Mr. 3:31-35; Lc. 8:21; Jn. 20:17-18). Jesús está diciendo que las naciones (los líderes y ciudadanos de las naciones) serán juzgados por sus acciones hacia sus seguidores y el mensaje de ellos. Si recibieron al pueblo de Dios y su mensaje con brazos abiertos y con actitud justa y fraternal, habrán demostrado decididamente que lo recibieron a Él.

3 (25:41-45) ***Juicio:*** el juicio de las cabras tendrá lugar.

1. Será un juicio doble.

a. Las cabras serán apartadas y separadas de Dios. Cristo dirá: «Apartaos de mí», palabras que implican un mundo de miseria, un mundo en las tinieblas de afuera, un mundo de lloro y crujir de dientes, un mundo de castigo eterno, un mundo sin Dios y sin esperanza (cp. Mt. 25:30, 46). Las cabras rechazaron a Cristo y se rehusaron a ser identificadas con Él mientras estaba en la tierra. Al estar ante su presencia, nunca habrán estado asociadas a Él. Por eso, entonces tampoco se les permitirá asociarse con Él.

Note a quienes Cristo denomina cabras: los

«malditos». Los que prefirieron no ser llamados «hermanos» (v. 40), los que no quisieron heredar el reino. Por eso serán llamados «malditos»; y heredarán la maldición (Gá. 3:10). Como dice la Escritura: «Horrenda cosa es caer en manos del Dios vivo» (He. 10:31).

b. Las cabras serán confinadas al «fuego eterno» (*véanse* Estudio a fondo 2—Mt. 5:22; Estudio a fondo 4—Lc. 16:24; nota—Ap. 9:2; cp. Ap. 20:2).

Note tres cosas. Es un lugar de angustia, tormenta y castigo (cp. Mt. 25:30, 46 con las notas que anteceden). Es eterno, no tiene fin. Está preparado para el diablo y sus ángeles, no para el hombre.

2. La base del juicio y el motivo por el que las cabras serán separadas de Dios nos revelan algo.

a . Las cabras fracasaron en ministrar. Sencillamente, las cabras son personas que fracas an en ayudar a los hambrientos, sedientos, extranjeros, desnudos, enfermos y prisioneros. Son personas que no se *involucran* en acciones para satisfacer las necesidades de la gente. Son personas que no se dedican a satisfacer las desesperantes necesidades de un mundo corrupto (cp. Mt. 20:28; cp. Jn. 20:21; Lc. 9:23).

b. Las cabras vivieron vidas egoístas. Son personas que viven una vida de confort y comodidad, una vida sin preocupaciones ni cuidados, una vida de materialismo y de cosas, de placer e indulgencia, una vida de dinero y abundancia. Viven egoístamente mientras el mundo alrededor de ellas está sufriendo hambre, enfermedad y muerte.

c. Las cabras eran espiritualmente ciegas. Son personas que se rehusan a ver la verdad de Cristo, de que Él *se identifica* con las multitudes que sufren, con el dolor y las necesidades de los individuos. Las cabras se rehusan a abrir sus ojos para ver los que yacen en todas partes alrededor, los que tienen necesidades desesperantes: los que están hambrientos y sedientos, que son extranjeros, están desnudos, los enfermos, los prisioneros. Se rehusan a ver el *sello* de Dios, su glorioso amor por cada hombre. Se rehusan a ver que están fracasando en ayudar a Cristo cuando fracasan en ayudar a los necesitados.

«Jesús le dijo: Si quieres ser perfecto, anda, vende lo que tienes, y dalo a los pobres, y tendrás tesoro en el cielo; y ven y sígueme» (Mt. 19:21).

«Fui forastero y no me recogisteis; estuve desnudo, y no me cubristeis; enfermo, y en la cárcel, y no me visitasteis» (Mt. 25:43).

«Pero los afanes de este siglo, y el engaño de las riquezas, y las codicias de otras cosas, entran y ahogan la palabra, y ser hace infructuosa» (Mr. 4:19).

«Había también un mendigo llamado Lázaro, que estaba echado a la puerta de aquél, lleno de llagas, y ansiaba saciarse de las migajas que caían de la mesa del rico; y aun los perros venían y le lamían las llagas» (Lc. 16:20-21).

«Porque los que quieren enriquecerse caen en tentación y lazo, y en muchas codicias necias y dañosas, que hunden a los hombres en destrucción y perdición» (1 Ti. 6:9).

«La religión pura y sin mácula delante de Dios el Padre es esta: Visitar a los huérfanos y a las viudas en sus tribulaciones, y guardarse sin mancha del mundo» (Stg. 1:27).

«Y al que sabe hacer lo bueno, y no lo hace, le es pecado» (Stg. 4:17).

«Pero el que tiene bienes de este mundo y ve a su hermano tener necesidad, y cierra contra él su corazón, ¿cómo mora el amor de Dios en él?» (1 Jn. 3:17).

«Cuando haya en medio de ti menesteroso de alguno de tus hermanos en alguna de tus ciudades, en la tierra que Jehová tu Dios te da, no endurecerás tu corazón, ni cerrarás tu mano contra tu hermano pobre» (Dt. 15:7).

«[Ay de ellos que] duermen en camas de marfil, y reposan sobre sus lechos; y comen los corderos del rebaño, y los novillos de en medio del engordadero» (Am. 6:4).

Pensamiento 1. Cristo dice a las cabras: «Apartaos de mí». ¿A dónde son enviadas las cabras?

- No es un sitio de confort y placer. Es un sitio de lloro y crujir de dientes.

«Y al siervo inútil echadle en las tinieblas de afuera; allí será el lloro y el crujir de dientes» (Mt. 25:30).

- No es un sitio de luz o justicia. Es la oscuridad exterior.

«Entonces el rey dijo a los que servían: Atadle de pies y manos, y echadle en las tinieblas de afuera; allí será el lloro y el crujir de dientes» (Mt. 22:13; cp. Mt. 25:30).

- No es un sitio de breve estadía. Su estadía será eterna.

«Entonces dirá también a los de la izquierda: Apartaos de mí malditos, el fuego eterno preparado para el diablo y sus ángeles» (Mt. 25:41).

- No es un sitio de buenas amistades y compañerismo. Es la compañía del diablo.

«Y el diablo que los engañaba fue lanzado en el lago de fuego y azufre, donde estaban la bestia y el falso profeta; y serán atormentados día y noche por los siglos de los siglos. Y vi un gran trono blanco y al que estaba sentado en él, de delante del cual huyeron la tierra y el cielo, y ningún lugar ser encontró para ellos. Y vi a los muertos, grandes y pequeños, de pie ante Dios; y los libros fueron abiertos, y otro libro fue abierto, el cual es el libro de la vida; y fueron juzgados los muertos por las cosas que estaban escritas en los libros, según sus obras. Y el mar entregó sus muertos que había en él; y la muerte y el Hades entregaron los muertos que había en ellos; y fueron juzgados cada uno según sus obras. Y la muerte y el Hades fueron lanzados al lago de fuego. Esta es la segunda muerte. Y el que no ser halló inscrito en el libro de la vida fue lanzado al lago de fuego» (Ap. 20:10-15; cp. Mt. 25:41).

Pensamiento 2. Note la diferencia poderosa entre ovejas y cabras.

- Las ovejas oyeron «venid»; las cabras oyeron «apartaos».
- Las ovejas son llamadas «benditos»; las cabras son llamadas «malditos».
- Las ovejas sin invitadas a «heredar», las cabras son «malditas».
- Las ovejas reciben un reino; las cabras reciben «fuego eterno».
- Las ovejas moran en un *lugar preparado* para el pueblo de Dios; las cabras moran en un lugar preparado para el diablo y sus ángeles.
- Las ovejas pasan la eternidad con Dios y con sus hermanos cristianos; las cabras pasan la eternidad con el diablo y sus ángeles.

Pensamiento 3. Note un punto crucial. Las cabras no son condenadas por lo que hicieron sino por lo que no hicieron. El pecado de ellas fue pecado de omisión, no de comisión. Pero note qué terrible es su pecado, cuánta gente desprovista fue dejada en su sufrimiento durante toda su vida porque las cabras no les ayudaron.

Pensamiento 4. Egoísmo, indulgencia, extravagancia, acumulación de bienes —todo señala y conduce a la negligencia de otros— sin duda condenará al hombre que está ante Cristo. (Para un claro estudio de este punto *véanse* el bosquejo y notas—Mt. 19:16-22; 19:23-26; 19:27-30.)

Pensamiento 5. Note que los siervos inútiles pecan de la misma manera que las cabras; su pecado es de negligencia y omisión. Cada cual fue negligente en hacer lo que debía haber hecho. (*Véanse* bosquejo y notas—Mt. 25:14-30.)

ESTUDIO A FONDO 3

(25:41) ***Fuego eterno*** (*to pur to aionion*): Literalmente significa «fuego que dura para siempre». Es un fuego que perdura, que arde y arde. Note que el fuego no está preparado para los hombres, sino para el diablo y sus ángeles. Dios nunca quiso que los hombres pasen la eternidad en fuego eterno. Las personas que escogen seguir al diablo en sus malos caminos están escogiendo estar con el diablo donde el diablo está. (Para mayor discusión *véase* Estudio a fondo 2, ***Infierno***—Mt. 5:22.)

4 (25:46) ***Juicio:*** es de crucial importancia notar las palabras de Cristo: «E irán éstos al *castigo* eterno». El juicio es para la eternidad. No hay una segunda oportunidad; el juicio es inapelable.

«Los justos [irán] a la vida *eterna*». La vida eterna también es permanente e inalterable. Note que es *vida* lo que es eterno, no es una existencia somnolienta, inconsciente o semiconsciente. Las ovejas vivirán, y su vida será eterna, sin fin.

1 La muerte de Jesús fue explicada a los discípulos	**CAPÍTULO 26** **XVI. EL ARRESTO, JUICIO Y CRUCIFIXIÓN DEL MESÍAS, 26:1—27:66** **A. La muerte del Mesías, explicada y tramada, 26:1-5** (Mr. 14:1-2; Lc. 22:1-2) Cuando hubo acabado Jesús todas estas palabras, dijo a sus discípulos;	2 Sabéis que dentro de dos días ser celebra la pascua, y el Hijo del Hombre será entregado para ser crucificado.	a. Se ligaba a la pascua[EF1] b. Moría el Hijo del Hombre c. Causada por traición d. Ejecutada por crucifixión
		3 Entonces los principales sacerdotes, los escribas, y los ancianos del pueblo ser reunieron en el patio del sumo sacerdote Caifás,	**2 La muerte de Jesús[EF2]** a. Fue planificada por todos los líderes
		4 y tuvieron consejo para prender con engaño a Jesús, y matarle.	b. Debía ser por engaño 1) En base a falsas acusaciones
		5 Pero decían: No durante la fiesta para que no ser haga alboroto en el pueblo.	2) Cuando todo estuviera tranquilo

XVI. EL ARRESTO, JUICIO Y CRUCIFIXIÓN DEL MESÍAS, 26:1—27:66

A. La muerte del Mesías, explicada y tramada, 26:1-5

(26:1-5) ***Introducción:*** aparentemente era el miércoles de la última semana de Jesús (*véanse* notas—Mt. 21:1-11; 21:12-16; 21:17-22; 21:23-27). Sería muerto el viernes, a solamente dos días. En estos pocos versículos Mateo ofrece una fugaz mirada al drama que está creciendo rápidamente. Se muestran dos escenas: Jesús preparando intensamente a los discípulos para la propia muerte del Maestro, y los religiosos tramando, tras puertas cerradas, y en actitud demoníaca la muerte de Jesús.

Lo que Jesús explicó acerca de su propia muerte es explícito: sería traicionado y crucificado. Lo que tramaban los religiosos, era explícito: iban a matar a Jesús.

1. La muerte de Jesús fue explicada a los discípulos (vv. 1-2).
   a. Estaba ligada a la pascua.
   b. Era el Hijo del Hombre muriendo.
   c. Causada por traición.
   d. Ejecutada por crucifixión.
2. La muerte de Jesús fue planificada por los religiosos.
   a. Fue planificada por todos los líderes.
   b. Debía ser por engaño.
      1) Arrestar y matar a Jesús en base a falsas acusaciones.
      2) Arrestar a Jesús cuando todo estuviera tranquilo, después que los peregrinos dejaran la fiesta.

1 (26:1-2) ***Jesucristo, muerte:*** la muerte de Jesús fue explicada a los discípulos. En solamente dos días sería crucificado. Los discípulos tenían que ser fortalecidos para la hora de la prueba para que sus sueños no se despedazaran sobre las rocas de la desesperación y para que no perdieran la fe. Recuerde, sus pensamientos estaban centrados en el Mesías, esperando que restaurase el reino de David a Israel. Creían que Él, el Mesías, libraría a Israel de las cadenas romanas. El Mesías libraría a la nación y la establecería como la mayor nación de la tierra bajo el gobierno de Dios mismo (*véanse* notas—Mt. 1:1; Estudio a fondo 2—1:18; Estudio a fondo 3—3:11: notas—11:1-6; 11:2-3; Estudio a fondo 1—11:5; Estudio a fondo 2—11:6; Estudio a fondo 1—12:16; notas—22:42; Lc. 7:21-23). Existía una posibilidad muy cierta de que los apóstoles perdieran la fe al verlo morir bajo las manos de meros hombres. Podría parecer que que Dios lo hubiera abandonado. Cristo tenía que hacer cuanto estuviera a su alcance para prepararlos. Había cuatro hechos básicos referidos a su muerte que ayudarían, y en gran manera.

1. La muerte de Cristo estaba ligada a la pascua (*véanse* Estudio a fondo 1—Mt. 26:2; Estudio a fondo 1—Lc. 22:7; Estudio a fondo 2—22:19-20). Estaba prediciendo a los discípulos el día exacto que sería muerto, y sería el mismo día del sacrificio pascual. Y note que estaba ligando su propia muerte al sacrificio del cordero. Tal como lo había proclamado anteriormente Juan el bautista: «He aquí, el Cordero de Dios que quita el pecado del mundo» (Jn. 1:29, 36).

«El que come mi carne y bebe mi sangre, tiene vida eterna; y yo le resucitaré en el día postrero. Porque mi carne es verdadera comida, y mi sangre es verdadera bebida. El que come mi carne y bebe mi sangre, en mí permanece, y yo en él. Como me envió el Padre viviente, y yo vivo por el Padre, asimismo el que me come, él también vivirá por mí. Este es el pan que descendió del cielo; no como vuestros padres comieron el maná, y murieron; el que come de este pan, vivirá eternamente» (Jn. 6:54-58).

«En quien tenemos redención por su sangre, el perdón de pecados según las riquezas de su gracia» (Ef. 1:7).

«Sino con la sangre preciosa de Cristo, como de un cordero sin mancha y sin contaminación» (1 P. 1:19).

«Pero si andamos en luz, como él está en luz, tenemos comunión unos con otros, y la sangre de Jesucristo su Hijo nos limpia de todo pecado» (1 Jn. 1:7).

«Hijitos míos, estas cosas os escribo para que no pequéis; y si alguno hubiere pecado, abogado tenemos para con el Padre, a Jesucristo el justo. Y él es la propiciación por nuestros pecados; y no solamente por los nuestros, sino también por los de todo el mundo» (1 Jn. 2:1-2).

2. La muerte de Cristo el propio Hijo del Hombre muriendo (*véase* Estudio a fondo 3—Mt. 8:20). «Hijo del Hombre» significa que Él se identificó perfectamente con el hombre en carne humana. Pero significa más: significa que él es el hombre ideal, el Hombre que vivió una vida perfecta y sin pecado. Al vivir sin pecado se ha convertido en el Hombre ideal y perfecto, el Hombre modelo para todos los hombres. Es el Hijo del Hombre que conoce nuestras pruebas y heridas, nuestro dolor y sufrimiento. Fue el Hijo del Hombre quien vivió una vida y adquirió una justicia perfecta: el Hijo del Hombre quien murió por nosotros. Y por el hecho de morir, su justicia ideal y su muerte *están* en lugar de nuestra justicia y muerte.

«Yo soy el buen pastor; el buen pastor su vida da por las ovejas» (Jn. 10:11).

«Porque Cristo, cuando aún éramos débiles, a su tiempo murió por los impíos» (Ro. 5:6).

«Porque primeramente os he enseñado lo que asimismo recibí: Que Cristo murió por nuestros pecados, conforme a las Escrituras» (1 Co. 15:3).

«El cual se dio a sí mismo por nuestros pecados para librarnos del presente siglo malo, conforme a la voluntad de nuestro Dios y Padre» (Gá. 1:4).

«Y andad en amor, como también Cristo nos amó, y se entregó a sí mismo por nosotros, ofrenda y sacrificio a

Dios en olor fragante» (Ef. 5:2).

«Quien se dio a sí mismo por nosotros para redimirnos de toda iniquidad y purificar para sí un pueblo propio, celoso de buenas obras» (Tit. 2:14).

«Así también Cristo fue ofrecido una sola vez para llevar los pecados de muchos; y aparecerá por segunda vez, sin relación con el pecado, para salvar a los que le esperan» (He. 9:28).

«Respondió Jesús: De cierto, de cierto te digo, que el que no naciere de agua y del Espíritu, no puede entrar al reino de Dios» (1 Jn. 3:5).

«En esto hemos conocido el amor, en que él puso su vida por nosotros; también nosotros debemos poner nuestras vidas por los hermanos» (1 Jn. 3:16).

«Y cantaban un nuevo cántico, diciendo: digno eres de tomar el libro y de abrir sus sellos; porque tú fuiste inmolado, y con tu sangre nos has redimido para Dios, de todo linaje y lengua y pueblo y nación» (Ap. 5:9).

Él es nuestra justicia ideal y vida. Cuando buscamos un Salvador, es Él a quien debemos buscar. Fue el Hijo del Hombre mismo quien había de morir, el único Hombre que podía morir como el Hombre ideal; y por el hecho de ser el Hombre ideal, su muerte puede cubrir a todos los hombres. Su muerte es la muerte ideal, la muerte Modelo que cubre a cualquier hombre que le invoque.

«Mas Dios muestra su amor para con nosotros, en que siendo aún pecadores, Cristo murió por nosotros» (Ro. 5:8).

«Quien llevó él mismo nuestros pecados en su cuerpo sobre el madero, para que nosotros, estando muertos a los pecados, vivamos a la justicia; y por cuya herida fuisteis sanados» (1 P. 2:24).

«Porque también Cristo padeció una sola vez por los pecados, el justo por los injustos, para llevarnos a Dios, siendo a la verdad muerto en la carne, pero vivificado en espíritu» (1 P. 3:18).

3. La muerte de Cristo fue causada por traición. Uno de los discípulos lo traicionaría (*véanse* notas—Mt. 26:20-25; 27:3-5; Mr. 14:10-11; Lc.22:4-6; nota y Estudio a fondo 1—Jn. 13:18; nota—13:21-26). Note que Cristo habló en tiempo presente: «es traicionado». Ciertamente, la traición sería inmediata, como un golpe asestado directamente en el rostro.

4. La muerte de Cristo sería por crucifixión. (La muerte por crucifixión es descrita gráficamente en el bosquejo, notas y Estudio a fondo 1—Mt. 27:26-44; Mr. 15:16-41; Lc. 23:26-49; Jn. 19:16-37.)

«Quien lleó él mismo nuestros pecados en su cuerpo sobre el madero, para que nosotros, estando muertos a los pecados, vivamos a la justicia; y por cuya herida fuisteis sanados» (1 P. 2:24).

«Cristo nos redimió de la maldición de la ley, hecho por nosotros maldición (porque está escrito: Maldito todo el que es colgado de un madero» (Gá. 3:13).

«Mas Dios muestra su amor para con nosotros, en que siendo aún pecadores, Cristo murió por nosotros. Pues mucho más, estando ya justificados en su sangre, por él seremos salvos de la ira. Porque si siendo enemigos, fuimos reconciliados con Dios por la muerte de su Hijo, mucho más, estando reconciliados, seremos salvos por su vida» (Ro. 5:8-10).

Pensamiento 1. La pascua muestra claramente la *gloriosa preparación* de Dios para la salvación, para quitar los pecados del mundo. El cordero pascual fue dado por Dios como una ilustración de cómo daría a su Hijo para los pecados del mundo.

Pensamiento 2. Jesús murió por nosotros. Él ha quitado los pecados del mundo.

«Quien llevó él mismo nuestros pecados en su cuerpo sobre el madero, para que nosotros, estando muertos a los pecados, vivamos a la justicia; y por cuya herida fuisteis sanados» (1 P. 2:24).

«Porque también Cristo padeció una sola vez por los pecados, el justo por los injustos, para llevarnos a Dios, siendo a la verdad muerto en la carne, pero vivificado en espíritu» (1 P. 3:18. *Véanse* nota—Mt. 17:22-23; nota y Estudio a fondo 1—20:18.)

Pensamiento 3. Jesús hizo todo lo que pudo para preparar a sus discípulos para la gran prueba que atravesarían al presenciar su muerte. Hace todo lo que puede para prepararnos a nosotros para todo lo que nos espera. Piense solamente en las cosas que nos ha dicho y que están en nuestro futuro. Qué bien nos ha preparado para que no seamos sorprendidos indefensos (*véanse* bosquejos y notas—Mt. 24:1—25:46).

Pensamiento 4. La muerte de Jesús no solamente nos salva, sino que nos alienta a soportar las pruebas de la vida.

«Considerad a aquel que sufrió tal contradicción de pecadores contra sí mismo, para que vuestro ánimo no se canse hasta desmayar» (He. 12:3).

ESTUDIO A FONDO 1

(26:2) ***Pascua—Jesucristo, muerte:*** note las palabras de Jesús «Sabéis». Los discípulos sabían ambas cosas. La pascua estaba a solamente dos días y Jesús les había estado diciendo a lo largo de los meses que sería muerto. ¿Por qué, entonces, estaba señalando hechos que los discípulos ya sabían? Lo que Jesús estaba haciendo era *revelar* a los discípulos que su muerte estaba ligada a la pascua (*véanse* bosquejos y notas—Mt. 26:17-19). A lo largo de la historia la pascua había señalado hacia la muerte de Cristo.

1. Históricamente la pascua se refiere al pasado cuando Dios libró a Israel de la esclavitud egipcia (Éx. 11:1ss). Dios había pronunciado juicio, la muerte de los primogénitos, sobre el pueblo de Egipto por causa de sus injusticias. Al prepararse Dios para finalmente ejecutar el juicio, aquellos que creían en Dios fueron instruidos a sacrificar un cordero sin mancha y rociar su sangre en los postes de sus puertas. La sangre del cordero inocente serviría entonces como una señal de que el inminente juicio ya había sido ejecutado. Al ver la sangre, Dios *pasaría por alto* aquella casa.

2. Simbólicamente, la pascua ilustraba la venida de Jesucristo como Salvador. El «cordero sin mancha» ilustraba su vida sin pecado (cp. Jn. 1:29), y la sangre «rociada en los postes de la puerta» ilustraban la sangre de Cristo vertida en favor del creyente. Era una señal de que la vida y la sangre del inocente cordero habían sustituido al primogénito. El «comer el cordero» ilustraba la necesidad del alimento espiritual, alimento que el creyente obtiene al nutrirse de Cristo, el Pan de vida. El pan sin levadura (pan sin leudar) ilustraba la necesidad de quitar el mal de nuestras vidas y casas (*véase* Estudio a fondo 1, ***Fiesta de los panes sin levadura***—Mt. 26:17).

[2] (26:3-5) ***Religiosos, traman la muerte de Jesús:*** la muerte de Jesús fue tramada por los religiosos. Mateo pintó un cuadro dramático. Mientras Cristo estaba en un extremo de la ciudad preparando a los discípulos para ver morir al Maestro, los religiosos estaban del otro extremo tramando dicha muerte. Y note que estaban en la casa del sumo sacerdote, tras puertas cerradas.

1. La muerte de Cristo fue tramada por todos los líderes; los principales sacerdotes, los escribas, y los ancianos (*véanse* Estudio a fondo 1—Mt. 16:21; Estudio a fondo 2—26:3).

   a. Note cuán engañoso el lugar de su reunión. Se reunieron en la casa (palacio) del sumo sacerdote, no en la corte oficial. Era un complot secreto, que debía mantenerse en silencio hasta el momento preciso del arresto y asesinato.

   b. Note quién guiaba el complot: Caifás, el sumo sacerdote mismo, la misma persona que se suponía debía ser el líder espiritual del pueblo.

2. La muerte de Cristo sería ejecutada por engaños y mentiras.

a. Debía ser arrestado y muerto en base a acusaciones falsas (*véanse* bosquejo y notas—Mt. 26:60-66).
b. Debía ser arrestado en toda quietud, después que hubiesen partido y regresado a sus hogares los peregrinos. El *día de fiesta* se refiere a los ocho días de la fiesta. El peligro de un levantamiento no habría pasado antes que todos hubiesen dejado la ciudad. Por supuesto, la amenaza de un levantamiento quedó eliminada por la disposición de Judas de traicionar a Cristo. En medio de las masas multitudinarias de aproximadamente dos millones de personas que llenaban la ciudad, Judas podría mostrarles dónde encontrar a Cristo y cómo identificarlo con toda tranquilidad. Podría mostrarles cómo prender a Cristo sin alboroto, en la oscuridad de la noche (cp. Mt. 26:47-50).

«Sepulcro abierto es su garganta; con su lengua engañan. Veneno de áspides hay debajo de sus labios» (Ro. 3:13).

«¿No sabéis que los injustos no heredarán el reino de Dios? No erréis; ni los fornicarios, ni los idólatras, ni los adúlteros, ni los afeminados, ni los que se echan con varones» (1 Co. 6:9).

«No os engañéis; Dios no puede ser burlado: pues todo lo que el hombre sembrare, eso también segará» (Gá. 6:7).

«Nadie os engañe con palabras vanas, porque por estas cosas viene la ira de Dios sobre los hijos de desobediencia» (Ef. 5:6).

«Hijitos, nadie os engañe; el que hace justicia es justo, como él es justo» (1 Jn. 3:7).

«El que practica el pecado es del diablo; porque el diablo peca desde el principio. Para esto apareció el Hijo de Dios, para deshacer las obras del diablo» (1 Jn. 3:8).

«Pero sed hacedores de la Palabra, y no tan solamente oidores, engañándoos a vosotros mismos» (Stg. 1:22).

«Se lisonjea, por tanto, en sus propios ojos, de que su iniquidad no será hallada y aborrecida» (Sal. 36:2).

«Hay generación limpia en su propio corazón, si bien no se ha limpiado de su inmundicia» (Pr. 30:12).

«Muchos hombres proclaman cada uno su propia bondad, pero hombre de verdad, ¿quién lo hallará?» (Pr. 20:6).

«Y cada uno engaña a su compañero,y ninguno habla verdad; acostumbraron a su lengua a hablar mentira, se ocupan de actuar perversamente» (Jer. 9:5).

«Engañoso es el corazón más que todas las cosas, y perverso; ¿quién lo conocerá?» (Jer. 17:9).

Pensamiento. Note cómo aun los más religiosos pueden ser presa del temor de perder sus puestos, su poder, reconocimiento, estima, y seguridad (véanse notas—Mt. 12:1-8; nota y Estudio a fondo 1—12:10; nota—15:1-20; Estudio a fondo 2—15:6-9; Estudio a fondo 3—16:12). ¡Cuán mundanales, cuán apegados a las cosas del mundo pueden llegar a estar aun los más religiosos!

ESTUDIO A FONDO 2

(26:3) ***Sumo Sacerdote—principales sacerdotes—Caifás:*** el oficio del sumo sacerdote comenzó con Aarón y sus hijos (Éx. 28:1). El puesto era hereditario y vitalicio, pero cuando los romanos conquistaron a Palestina, transformaron el puesto en político. Escogieron a su propio hombre, un hombre que cooperaría con el gobierno romano. A veces era difícil encontrar un hombre con esas características. Por ejemplo, entre el año 37 a.C. y 67 d.C., hubo al menos veintiocho sumos sacerdotes. Estos hombres eran respetados en gran manera y honrados a lo largo de toda la vida, y aun cuando eran removidos del poder por los romanos seguían siendo consultados por otros líderes judíos. El sumo sacerdote, Anás, era un ejemplo sobresaliente. Aun ejercía un poder extraordinario (cp. Jn. 18:13; Hch. 4:6). Y los otros que habían servido como sumos sacerdotes o bien habían estado en elevados puestos de liderazgo, también eran llamados *principales sacerdotes.*

El tiempo que un sumo sacerdote permanecía en su puesto era determinado exclusivamente por los romanos. Los romanos lo dejaban reinar mientras era del agrado de ellos. Los veintiocho se mantuvieron en un promedio de aproximadamente tres años cada uno, excepto en el caso de Caifás. Caifás fue sumo sacerdote durante aproximadamente dieciocho años (18 d.C. hasta 36 d.C.). Aparentemente era un maestro de la intriga y de los acuerdos. Esto arroja mucha luz sobre su temor de un levantamiento, y de su deseo de esperar hasta que hubiera terminado la fiesta para arrestar a Jesús (Mt. 26:5). Había peligro de que la gente se uniera en apoyo a Jesús si los veía siendo arrestado; eran tantos los que veían en él un gran profeta que la posibilidad de un gran levantamiento era real. Caifás sabía que los romanos lo harían responsable a él y lo removerían de su puesto. Perdería todo lo que tenía. En la estrategia di spuesta se vio la astucia del hombre. Arrestarían a Jesús, en todo silencio, después que las multitudes hubieran dejado la fiesta.

ESTUDIO A FONDO 3

(26:5) ***Pascua:*** durante la fiesta de la pascua la atmósfera en Jerusalén siempre era explosiva. La ciudad estaba totalmente repleta de peregrinos. Josefo, el notable historiador judío, dice que por ley cada sacrificio tenía que representar por lo menos a diez personas. Afirma que más de un cuarto millón de corderos eran sacrificados; por eso estima que dos millones de peregrinos o más celebraban en Jerusalén esta fiesta en particular (Josefo, ***Guerras.*** 6.9:3; *Josefo: Las obras esenciales* [Editorial Portavoz], pp. 376-377.) (*Véanse* notas—Mt. 26:3-5.)

	B. El Mesías ungido para la muerte: un cuadro de amor y fe sacrificial, 26:6-13 (Mr. 14:3-9; Jn. 12:1-8)	haberse dado a los pobres. 10 Y entendiéndolo Jesús, les dijo: ¿Por qué molestáis a esta mujer? pues ha hecho conmigo una buena obra.	**4 El ungimiento fue el uso de una oportunidad**
1 En Betania en casa de Simón el leproso, una mujer ungió a Jesús[EF1]	6 Y estando Jesús en Betania, en casa de Simón el leproso,	11 Porque siempre tendréis pobres con vosotros, pero a mí no siempre me tendréis.	
2 La acción fue un acto de amor y fe en el Señor Jesús[EF2]	7 vino a él una mujer, con un vaso de alabastro de perfume de gran precio, y lo derramó sobre la cabeza de él, estando sentado a la mesa.	12 Porque al derramar este perfume sobre mi cuerpo, lo ha hecho a fin de prepararme para la sepultura.	**5 El ungimiento señalaba hacia la sepultura de Jesús, hacia su muerte**
3 El ungimiento fue un don sacrificial, una consagración más allá del sentido común	8 Al ver esto los discípulos se enojaron, diciendo: ¿Para qué este desperdicio? 9 Porque esto podía haberse vendido a gran precio, y	13 De cierto, os digo que dondequiera que se predique este evangelio, en todo el mundo, también se contará lo que ésta ha hecho, para memoria de ella.	**6 El ungimiento fue un recordatorio eterno**

B. El Mesías ungido para la muerte: un cuadro de amor y fe sacrificial, 26:6-13

(26:6-13) ***Introducción—Jesucristo, ungido—Jesucristo, muerte—amor—adoración:*** Marcos y Juan también registran este ungimiento. Juan dice que en realidad ocurrió seis días antes de la pascua (Jn. 12:1). Mateo, como se ha señalado, organiza los acontecimientos por temas. Está discutiendo la muerte de Cristo, de manera que coloca aquí este acontecimiento. Juan también identifica a la mujer como María, la hermana de Lázaro y Marta. Mateo dice que estaban en la casa de Simón el leproso, y Juan afirma que Marta servía (Jn. 12:2). Aparentemente, Simón el leproso era el esposo de Marta (aunque otros creen que podía haber sido su padre o suegro) (Mt. 26:6; cp. Jn. 12:2).

Esto es lo que ocurrió. La multitud estaba confluyendo sobre la ciudad para la pascua, el entusiasmo de la fiesta llenaba el aire. Había una sensación de que algo importante iba a ocurrir. Por supuesto, María no tenía idea de los eventos que tendrían lugar en la última seman a de la vida de Jesús, eventos que comenzarí an a la mañana siguiente con la entrada triunfal. Pero María, al igual que todos los demás, creía que el tiempo de establecer el reino estaba cerca. María, que siempre estuvo a los pies de Jesús, volvió a sentarse allí mirando a los ojos de Jesús. Mirando así ella sintió dos cosas. Sintió la necesidad de arrepentirse de su reciente crítica hecha a Jesús (cp. Jn. 12:3; *véase* nota—Jn. 12:3), y percibió un anticipo de los problemas que rodeaban al Señor. En sus ojos vio un peso tan grande que se sintió *atraída* a expresarle su más profunda fe y lo mucho que lo apreciaba. Tomó lo más precioso que poseía, un valioso alabastro de perfume, y ungió al Mesías, el Ungido de su propia vida.

La acción de María fue una de la mayores, o *la* mayor y más preciosa acción de amor demostrada a Jesús. Fue un acto de supremo amor y adoración. Esto lo muestra el comentario que Jesús hizo al respecto (vv. 10-13). Se puede percibir cuánto amor hubo en aquel acto cuando uno percibe todo lo que estaba ocurriendo en la ciudad en ese momento y todo lo que iba a ocurrir: el complot, la intriga, la hostilidad, los ataques, la trama del asesinato, las multitudes inundando la ciudad de a miles; multitudes que creaban una atmósfera mundana, un aire de carnaval. Incluso la propia casa de Simón albergaba con la presencia de todos los discípulos una multitud. Imagine solamente el ruido de la conversación. Sin embargo, allí estaba María, a los pies de Jesús, absorbiendo una vez más todo lo que Él decía; sentía amor y adoración por Él. Jesús había hecho tanto por la familia de María. Simón el leproso era aparentemente cuñado de María (esposo de Marta). Probablemente había sido sanado por el Señor. Su hermano, Lázaro, había sido levantado de la muerte. Todos ellos habían sido salvados por Él. ¡Cuánto le amaba! ¡Cómo anhelaba expresarle su amor y adoración! Jesús se veía tan cansado, tan agotado, tan expectante; había algo en sus ojos que expresaba atención y preocupación cuando ella lo miraba. Quería ayudarle y alentarlo; mostrarle que se preocupaba por Él y que lo amaba, de modo que se levantó para buscar el objeto más preciosos que tenía a efectos de obsequiárselo. Y se lo dio de la manera más preciosos posible; ungió a su Señor, así como David y todos los reyes de Israel habían sido ungidos en el pasado. Ella lo ungió, no desde alguna posición oficial, sino desde su corazón. Es por eso que ella vive en la memoria de todos. En medio de toda la gente, ella ungió al Señor, al que experimentaría la muerte por todos nosotros. En medio de toda la gente ella lo ungió como Señor y Salvador, el verdadero Mesías de todos los corazones y de todas las vidas que adorasen y sirviesen a Jesús como Ungido de Dios.

1. En Betania en casa de Simón el leproso, una mujer ungió a Jesús (v. 6).
2. La acción fue un acto de amor y fe en el Señor Jesús (v. 7).
3. El ungimiento fue un don sacrificial, una consagración más allá del sentido común (vv. 8-9).
4. El ungimiento en presencia de todos los discípulos fue el uso de una oportunidad (vv. 10-11).
5. El ungimiento señalaba hacia la sepultura de Jesús, hacia su muerte (v. 12).
6. El ungimiento fue un recordatorio eterno (v. 13).

[1] (26:6) ***Betania:*** *véase* nota—Mt. 21:17.

ESTUDIO A FONDO 1

(26:6) ***Simón el leproso:*** Jesús estaba en casa de Simón el leproso. Es poco lo que se sabe de Simón. Probablemente era un leproso que había sido sanado por Jesús. La tradición dice que era esposo de Marta. La Escritura también pareciera indicar esto. Mateo dice que Jesús estaba cenando en casa de Simón el leproso, y Juan afirma que Marta servía. Esto indicaría una relación estrecha. Probablemente Marta era esposa de Simón o una hermana mayor. Si era la esposa de Simón su hermano y su hermana, Lázaro y María, aparentemente vivían con ella y Simón. Note que la casa de Simón era suficientemente amplia para hospedar a Jesús y a sus discípulos, todos juntos. En una ocasión como ésta probablemente tendría siervos sirviendo bajo las órdenes de su esposa o hermana mayor. Sin embargo, si Marta era la hija mayor, entonces Simón también era padre de María y Lázaro. Era durante su estadía en casa de Simón el leproso que María se acercó a Jesús y lo ungió.

Pensamiento 1. Note un tema importante: La persona que recibe al Señor en su hogar, aprenderá mucho de Él. ¡Imagine solamente la experiencia de Simón el leproso al invitar a Jesús a comer! Lo importante para saber acerca de Simón el leproso es que recibió a Jesús en su hogar.

Pensamiento 2. Note la unidad de la familia. A lo largo de las Escrituras se los menciona juntos, particularmente Marí a, Marta y Lázaro. Cuando Cristo es un huésped constante en la casa de una familia, probablemente hay allí un lazo estrecho que de otra manera no existe.

Pensamiento 3. El amor de María hacia Jesús fue en extremo inusual. Su profundidad es claramente manifiesta en este maravilloso acto (*véase* nota—Mt. 26:6-13).

2 (26:7) ***Fe—amor:*** el ungimiento fue un acto de amor y fe en el Señor Jesús. Dicho de manera muy simple, María ungió a Jesús par mostrarle lo mucho que lo amaba y cuánto creía en Él como el verdadero Mesías, «el Ungido de Dios» (*véanse* notas—Mt. 26:6-13; cp. Mt. 1:18). Jesús era su Salvador, su Señor, y su Rey. Había hecho tanto por ella y su familia. Ella quería que supiese cuánto lo apreciaba, amaba y creía en Él.

Hay algo más que también tiene que ser destacado. María percibía que había algo en el interior de Jesús: una expectación, una mente preocupada, un corazón apesadumbrado, el peso de una tremenda presión. El corazón de ella se extendió hacia Él y quiso alentarlo y ayudarle. Siendo ella una mujer joven, en presencia de tantos hombres, no le estaba permitido expresar verbalmente tantos sentimientos. Tal privilegio no le era permitido a las mujeres de ese tiempo, de modo que hizo lo que pudo; actuó. Se levantó y buscó el objeto más precioso que podía imaginarse —un alabastro muy costoso de perfume. Y se lo obsequió, de tal manera que Él sabría que al menos una persona lo amaba realmente y creía en Él como Mesías. Ella esperaba que esa fe y ese amor le levantarían el espíritu.

Pensamiento 1. ¿Cómo mostramos nuestro amor y fe en Cristo? ¿Imagine lo difícil que fue para María hacer lo que hizo en presencia de tantas personas. Dejó de lado el orgullo y la timidez a efectos de demostrar su amor y fe en Él. ¿Hasta dónde estamos dispuestos a ir para demostrar nuestro amor y fe en Cristo?

Pensamiento 2. Note cómo mostró María su amor y fe.

1) Obsequió al Señor lo más precioso que tenía.

«Sino haceos tesoros en el cielo, donde ni la polilla ni el orín corrompen, y donde ladrones no minan ni hurtan» (Mt. 6:20).

«Vended lo que poseéis, y dad limosna; haceos bolsas que no se en vejezcan, tesoro en el cielo que no se agote, donde ladrón no llega, ni polilla destruye» (Lc. 12:33).

«Así, pues, cualquiera de vosotros que no renuncia a todo lo que posee, no puede ser mi discípulo» (Lc. 14:33).

«Y ciertamente. aun estimo todas las cosas como pérdida Dor la excelencia del conocimiento de Cristo Jesús, mi Señor, por amor del cual lo he perdido todo, y lo tengo por basura, para ganar a Cristo» (Fil. 3:8).

«Atesorando para sí buen fundamento para lo por venir, que echen mano de la vida eterna» (1 Ti. 6:19).

2) María dio público testimonio de su amor y fe en Cristo. Su amor y fe en Cristo fueron demostrados de tal modo que todos lo presenciaran.

ESTUDIO A FONDO 2

(26:7) ***Ungir:*** *véase* Estudio a fondo 1—Hch. 10:38.

3 (26:8-9) ***Entrega—sacrificio:*** el ungimiento es un don sacrificial, una entrega más allá del sentido común.

1. El ungimiento fue sacrificial. Su valor era de 300 denarios. El denario era una pequeña moneda de plata equivalente al pago de un jornal (Mt. 20:2). De modo que el valor del perfume era alto, equivalente aproximadamente al trabajo de todo un año (contando una semana laboral de seis días).

Hay otro hecho que destacar sobre el don sacrificial. Para las mujeres orientales el perfume era un artículo precioso. María estaba tomando un objeto sumamente preciado para obsequiarlo a su Señor.

2. El ungimiento fue una entrega más allá de todo sentido común. Imagine la escena. Un alabastro de perfume valuado en todo un año de trabajo. El alabastro es quebrado y vertido su contenido en la cabeza de Cristo. El sentido común le diría al cristiano genuino: «Véndelo. Usa el dinero para los pobres, los hambrientos y los desamparados». Es precisamente lo que hicieron los discípulos; en efecto, se indignaron y se enojaron. Cuestionaron el acto; lo consideraron un desperdicio. Después de todo, si ella quería ungir a Cristo, podía haber usado un perfume menos costoso. Pero los discípulos no lograban ver dos cosas.

a. María se sintió impulsada a expresar su fe en el Señor y su amor por Él de *manera personal.* La forma más significativa que tenía para hacerlo era ungiendo a Jesús como su Señor con el perfume más costoso que poseía.

b. La persona más significativa en la vida de María era el Señor. Él era el Mesías, el Salvador y Señor de su vida y familia. Ella quiso mostrarle que Él merecía todo lo que ella era y tenía.

El tema crucial es éste, los discípulos cuestionaron lo que hizo María, hicieron lo que sencillamente haría la mayoría. A los ojos del mundo estaban acertados. Se podía haber utilizado un perfume menos costoso, en tal caso se podría haber ayudado con tanto dinero, no solo a unos pocos, sino a una multitud de pobres. Pero lo que ellos y el mundo no alcanzaban a comprender es que el amor ha de ser expresado en forma personal. El amor nunca es conocido hasta que no es experimentado y compartido por el creyente.

«¿Y por qué miras la paja que está en el ojo de tu hermano, y no echas de ver la viga que está en tu propio ojo?» (Mt. 7:3; cp. vv. 1-5).

«¿Tú quién eres, que juzgas al criado ajeno? Para su propio señor está en pie, o cae; pero estará firme, porque poderoso es el Señor para hacerle estar firme» (Ro. 14:4).

«Así que, ya no nos juzguemos más los unos a los otros, sino más bien decidid no poner tropiezo u ocasión de caer al hermano» (Ro. 14:13).

«Porque no nos predicamos a nosotros mismos, sino a Jesucristo como Señor, y a nosotros como vuestros siervos por amor de Jesús» (1 Co. 4:5).

«Codiciáis, y no tenéis; matáis y ardéis de envidia, y no podéis alcanzar; combatís y lucháis, pero no tenéis lo que deseáis, porque no pedís» (Stg. 4:2).

Pensamiento 1. El verdadero amor se sacrifica, se da a sí mismo; da todo lo que uno es y todo lo que uno tiene. En realidad el amor no es demostrado mientras damos solamente lo que podemos dar. Realmente mostramos el amor cuando damos con sacrificio, cuando cavamos profundamente en nuestras vidas y en nuestro dinero y damos de nosotros mismos, todo lo que somos y tenemos. Cuanto más sacrificamos, más demostramos nuestro amor.

Pensamiento 2. Hay un poderoso mensaje en el acto de María; un poderoso mensaje sobre dar mucho y dar con sacrificio. Pero note: la ofrenda y el sacrificio salieron de un corazón de genuino amor y fe en Cristo. Esto es lo más importante para recordar acerca de la of renda de María: su corazón y su vida estaban totalmente centrados en Cristo.

Pensamiento 3. El sacrifico es algo de mayor importancia que el sentido común. A veces el sacrificio debe t e n e r predominio sobre el sentido común. A veces el sentido común tiene que volverse sacrificio. El sacrificio es lo que abre horizontes más grandes, crecimiento, desarrollo, avance, más y más de lo que estemos haciendo. En efecto, cuanto más sacrificamos bajo el cuidado de Dios, más crecimiento, desarrollo y avance vemos. Cualquiera sea el campo, cualquiera sea el área, cualquiera sea el trabajo, el principio es el mismo. Cuanto más sacrificamos nosotros (o la sociedad) bajo el cuidado de Dios, mayor el avance que presenciamos. Hay un lugar para el sentido común, pero hay mayor lugar para el sacrificio.

Sin embargo, existe un área que con frecuencia rehuimos e ignoramos, y donde no permitimos que opere el principio del sacrificio: es el área del dinero y de los diezmos. No queremos que nuestra *vida cómoda y* nuestra riqueza sean tocados. Por causa de corazones malos, los hombres han permitido que el dinero y el poder de adquisición se conviertan en objeto y juez de la vida. Con demasiada frecuencia la imagen de una persona, su estima, poder, influencia y derechos son determinados por lo mucho que tiene.

4 (26:10-11) ***Amor—obras—servicio:*** el ungimiento implicó aprovechar la oportunidad. Los discípulos censuraron a María y condenaron su acto, pero Cristo la defendió. Dio dos motivos para justificar a María.

1. El ungimiento por parte de María era una *buena obra,* una obra *derramada personalmente* sobre Él; es decir, fue una ofrenda *personal.* Por cierto, era una ofrenda extravagante, pero era dada a Cristo mismo. No era una ofrenda dada a una idea o a un programa suyo. Este hecho, de que fue una ofrenda personal a Él, marca la diferencia.

2. María no tendría siempre la oportunidad de demostrar su amor a Cristo. Pronto se habría ido Cristo, y ascendido al Padre. Ya no estaría corporalmente para que María le demostrase su amor. Los pobres siempre estarían presentes para que María pudiera ministrarles, pero Jesús no. Si en verdad ella iba a demostrar el amor y fe que sentía por Él, debía ser ahora. La oportunidad debía ser aprovechada ahora; pronto habría pasado.

> **«Jesús les dijo: Mi comida es que haga la voluntad del que me envió, y que acabe su obra» (Jn. 4:34).**
>
> **«Me es necesario hacer las obras del que me envió, entre tanto que el día dura; la noche viene, cuando nadie puede trabajar» (Jn. 9:4).**
>
> **«Aprovechando bien el tiempo, porque los días son malos» (Ef. 5:16).**
>
> **«Hermanos, yo mismo no pretendo haberlo ya alcanzado; pero una cosa hago: olvidando ciertamente lo que queda atrás, y extendiéndome a lo que está delante, prosigo a la meta, al premio del supremo llamamiento de Dios en Cristo Jesús» (Fil. 3:13-14).**
>
> **«Andad sabiamente para con los de afuera, redimiendo el tiempo» (Col. 4:5).**

Pensamiento. Note cuatro lecciones.

1) Las oportunidades pasan. En efecto, pasan tan rápidamente. Si no actuamos, y si no actuamos inmediatamente, perdemos la oportunidad para siempre. Se presenta la oportunidad del privilegio de testificar, ayudar, crecer, avanzar, mejorar y descubrir más y más; si fracasamos en actuar, las oportunidades pasan para siempre y no vuelven, y perdemos la posibilidad de extendernos y ayudar y mejorar.
2) La tragedia de la mayoría de las vidas puede ser resumida en tres simples palabras: perdieron la oportunidad.
3) Lo que piensan otros, incluso su condena y censura, nunca debe impedirnos mostrar nuestro amor y fe en el Señor Jesús. Nuestro testimonio por Cristo siempre debe ser fuerte, tan fuerte como el de María; fuerte en gracia y bondad, en coraje y desvergonzada decisión.
4) En primer lugar, nuestras obras y ofrendas deben ser dadas personalmente a Cristo. Nuestros pensamientos deben estar puestos en Él, concentrados en Él y no distraídos cuando servimos y damos. Nuestras ofrendas deben ser entregadas como si las pusiéramos a sus pies.

5 (26:12) ***Jesucristo, muerte:*** el ungimiento señalaba hacia la pultura de Jesús, es decir, hacia su muerte. Esto es exactamente lo dicho por Jesús: «Lo ha hecho a fin de prepararme para la sepultura». Algunos comentaristas afirman que María sabía lo que estaba haciendo, que entendía lo que Cristo había predicho, que comprendía su inminente muerte. Creen que María captó lo que pasaría mientras que los otros no. Pero esto es poco probable. La atmósfera que rodeaba a los seguidores de Jesús era de que el reino estaba por ser establecido. Sin embargo, si sabía o no lo que estaba haciendo, Cristo tomó su acción y la *aplicó* a la propia muerte. Dijo que su amor y fe, y el ungimiento de su cuerpo señalaban a su propia muerte. En términos simples, el amor y la fe de María, su ofrenda y ungimiento eran un *testimonio anticipado.* Ella estaba testificando de la muerte del Señor anticipándose a ella.

Actualmente, el amor y la fe del creyente, su ofrenda y ungimiento son un *testimonio de hechos.* El creyente debe testificar de la muerte del Señor, mirando al pasado. Es un hecho. Cristo murió por los pecados del mundo (cp. 1 Jn. 2:1-2).

> **«Mas Dios muestra su amor con para con nosotros, en que siendo aún pecadores, Cristo murió por nosotros» (Ro. 5:8).**
>
> **«Porque primeramente os he enseñado lo que asimismo recibí: Que Cristo murió por nuestros pecados, conforme a las Escrituras; y que fue sepultado, y que resucitó al tercer día, conforme a las Escrituras» (1 Co. 15:3-4).**
>
> **«Quien llevó él mismo nuestros pecados en su cuerpo sobre el madero, para que nosotros, estando muertos a los pecados, vivamos a la justicia; y por cuya herida fuisteis sanados» (1 P. 2:24).**
>
> **«Porque también Cristo padeció una sola vez por los pecados, el justo por los injustos, para llevarnos a Dios, siendo a la verdad muerto en la carne, pero vivificado en espíritu» (1 P. 3:18).**
>
> **«Hijitos míos, estas cosas os escribo para que no pequéis; y si alguno hubiere pecado, abogado tenemos para con el Padre, a Jesucristo el justo. Y él es la propiciación por nuestros pecados; y no solamente por los nuestros, sino también por los de todo el mundo» (1 Jn. 2:1-2).**

Pensamiento 1. Todo acto de amor y fe hacia Cristo es un testimonio de la muerte de Cristo, y cuanto más sacrificamos en dinero y trabajo, más fuerte será nuestro testimonio de su muerte. La profundidad y fuerza de nuestra fe en su muerte pueden ser medidos por la profundidad y fuerza de nuestro sacrificio. La muerte de Cristo se vería con mucha mayor claridad si demostrásemos mayor amor y fe en Él; o para decirlo de otra manera, si sacrificáramos más por Él.

Pensamiento 2. María testificó y señaló hacia la muerte del Señor honrando y ungiendo públicamente su cuerpo. Nosotros testificamos y señalamos hacia la muerte del Señor honrando y ungiendo (proclamando) el hecho de su muerte.

6 (26:13) ***Devoción:*** el ungimiento fue un recordatorio eterno. Cristo honró a María porque ella lo había honrado en gran manera a Él.

Varias cosas referidas a María se destacan como un ideal para todos: su profundo amor y fe por Cristo, su ofrenda sacrificial, su valor para proclamar el amor y la fe que tenía en Jesús ungiéndolo en una habitación llena de hombres. Semejante devoción y amor no debían desvanecerse de la historia. Cristo les dio carácter memorial. Él dará carácter memorial a la fe y amor de todo creyente que se sacrifique de esa manera por Él; lo hará eternamente.

«De cierto, os digo que dondequiera que se predique este evangelio, en todo el mundo, también se contará lo que ésta ha hecho, para memoria de ella» (Mt. 26:13).

«Trayendo a la memoria la fe no fingida que hay en ti, la cual habitó primeramente en tu abuela Loida, y en tu madre Eunice, y estoy seguro que en ti también» (2 Ti. 1:5).

«Por lo cual no resbalará jamás; en memoria eterna será el justo» (Sal. 112:6).

«La memoria del justo será bendita; mas el nombre de los impíos se pudrirá» (Pr. 10:7).

Pensamiento. María proclamó el evangelio, la muerte de Cristo, desde un corazón de amor y fe. Esto es lo que Cristo quiere: corazones que le aman y creen en él, y que proclamarán su muerte. De esa manera Cristo hizo que el acto de María viva eternamente.

	C. El Mesías traicionado por Judas: el cuadro de una vida arruinada, 16:14-16 (Mr. 14:10-11; Lc.22:3-6)
1 Cuadro 1: rechazo de un gran llamado	14 Entonces uno de los doce, que se llamaba Judas Iscariote, fue a los principales sacerdotes,
2 Cuadro 2: el pecado mordaz de la codicia y el amor al dinero	15 y les dijo: ¿Qué me queréis dar, y yo os lo entregaré? Y ellos se asignaron treinta piezas de plata.
3 Cuadro 3: engaño e intriga	16 Y desde entonces buscaba oportunidad para entregarle.

C. El Mesías traicionado por Judas: el cuadro de una vida arruinada, 16:14-16

(26:14-16) ***Introducción:*** Judas es una gran advertencia a cada persona incluyendo al más fuerte de los creyentes. Judas era uno de los doce apóstoles originales escogidos por Cristo. Era un hombre con tanto potencial que fue escogido para servir con el propio Hijo de Dios durante su peregrinación terrenal; pero fracasó y en gran manera. Los motivos de su fracaso requieren un cuidadoso estudio al que todos deben estar atentos.

1. Cuadro 1: rechazo de un gran llamado (v. 14).
2. Cuadro 2: el pecado mordaz de la codicia y el amor al dinero (v. 15).
3. Cuadro 3: engaño e intriga (v. 16).

1 (26:14) ***Judas:*** el primer cuadro es el del gran llamado dirigido a Judas. La gran tragedia de Judas fue su fracaso como integrante de los doce apóstoles. Solamente piense en ello. Judas había sido escogido personalmente por Cristo. Tenía un gran potencial, cualidades únicas que atrajeron al Señor. Por eso el Señor le dio a Judas la más honrosa oportunidad en todo el mundo, la de desarrollar sus habilidades: el privilegio de andar personalmente con Él.

- Judas conocía a Cristo cara a cara.
- Judas anduvo con Cristo día tras día.
- Judas escuchó la mayoría, si no todas las enseñanzas de Cristo.
- Judas vio la mayoría, si no todas las cosas que hizo Cristo.
- Judas fue entrenado por Cristo mismo para ser un apóstol.
- Judas sirvió como apóstol, participando incluso de viajes de testimonio, bajo las órdenes personales de Cristo (Mr. 6:7ss).
- Judas fue advertido por Cristo mismo de las consecuencias del pecado.

Sin embargo, a pesar de todas las oportunidades, la vida de Judas fue una terrible tragedia. Tuvo tantos dones y una oportunidad tan grande, y sin embargo, perdió todo. ¿Por qué? Simplemente porque dio la espalda al Señor Jesucristo. Fue a los «principales sacerdotes» de esta tierra poniendo su propio destino en manos de ellos en vez de poner su vida en manos de Cristo. Había permitido que su avaricia por tener más y más lo enceguecía en cuanto a la verdad de Cristo, de que Cristo era realmente el Hijo de Dios que demandaba lealtad, aun cuando el hombre no podía entender los eventos y acontecimientos que le rodeaban. (*Véase* nota—Mt. 26:15. La nota explicará todo lo que hay detrás de esta afirmación.) Judas simplemente no creyó que Cristo fuese verdaderamente el Hijo de Dios. Por eso no le dio su corazón y vida, no las entregó genuinamente a Cristo. Era un seguidor de Cristo; fue incluso uno de los primeros doce apóstoles, pero no era un creyente genuino que confiara su vida a Cristo.

> **«Mas entre vosotros no será así, sino que el que quiera hacerse grande entre vosotros, será vuestro servidor, y el que quiera ser el primero entre vosotros será vuestro siervo; como el Hijo del Hombre no vino para ser servido, sino para servir, y para dar su vida en rescate por muchos» (Mt. 20:26-28).**
>
> **«Porque el que se enaltece será humillado, y el que se humilla será enaltecido» (Mt. 23:12).**
>
> **«Y decía a todos: si alguno quiere venir en pos de mí niéguese a sí mismo, tome su cruz cada día, y sígame» (Lc. 9:23).**
>
> **«¿Cómo podéis vosotros creer, pues recibís la gloria los unos de los otros, y no buscáis la gloria que viene del Dios único?» (Jn. 5:44).**

> ***Pensamiento 1.*** Es tanto lo que nos enseña el gran potencial y la terrible tragedia de Judas.
> 1) No es habilidad, sino el estar disponible, lo que cuenta.
> 2) Los dones no aseguran un éxito permanente; solamente Cristo asegura éxito (permanente).
> 3) El andar entre gente piadosa no asegura la salvación; permitir que Cristo entre al corazón y a la vida de uno, es la única forma de asegurar la salvación.
> 4) Cristo ve el potencial y los dones de cada persona. Lo que falta es que el hombre vea su propia necesidad de Cristo al hacer uso de sus dones.

> ***Pensamiento 2.*** Piense en las personas que han oído la verdad de Cristo una y otra vez, sin embargo, todavía no han confiado en Él como el Hijo de Dios. Son traidores, que han dado sus espaldas a Dios; por eso son culpables de alta traición contra Dios.

2 (26:15) ***Judas Iscariote:*** el segundo cuadro es el pecado mordaz de Judas, de su codicia y amor al dinero. Diversos comentaristas ofrecen diferentes motivos por los que Judas traicionó a Cristo, pero la Escritura dice claramente que su motivo fue la codicia: «¿Qué me queréis dar, y os lo entregaré [traicionándolo]?»

La gran codicia de Judas era un pecado *creciente.* Esto se ve al mirar lo que la Escritura dice de él.

1. Judas fue escogido por Cristo como apóstol (Mt. 10:4); por eso sabemos que al comienzo era sincero. Había algo en Judas, cualidades que atrajeron a Cristo, cualidades que Cristo sabía podían significar mucho al reino de Dios.

2. Judas era un hombre con dones para los asuntos financieros, aparentemente mayores que los del mismo Mateo, el rico ex-cobrador de impuestos, y que los hombres de negocio entre los apóstoles tales como Pedro, Jacobo, y Juan. De entre todos ellos Judas fue designado amyordomo de los fondos del Señor y de las compras de lo que fuere necesario (Jn. 12:6; 13:29; cp. Lc. 8:2-3 con referencia a algunos que apoyaban el ministerio de Jesús). Su nombramiento de entre tantos seguramente se debió a las inusuales cualidades espirituales como a suinusual capacidad en la administración del dinero.

3. En algún momento desconocido, Judas comenzó a tomar de los fondos del Señor. Juan dice inequivocamente que Judas era ladrón (Jn. 12:6). Juan refiere este hecho al decir que Judas estuvo en gran manera perturbado por María, hermana de Marta. María había usado un perfume muy costoso para ungir a Cristo en vez de venderlo y obtener el importe para el tesoro del Señor. Juan dice que el motivo de la perturbación de Judas se debía a que Judas era ladrón y podía haber hurtado algo del dinero (Jn. 12:5-6).

4. Judas rehusó arrepentirse y endureció más y más su corazón en su pecado. Cristo sabía del hurto de Judas, y señaló al hecho dándole una tras otra oportunidad para arrepentirse.

> **«Pero hay algunos de vosotros que no creen. Porque Jesús sabía desde el principio quiénes eran los que no creían, y quién le había de entregar ... Jesús les respondió: ¿No os he escogido yo a vosotros los doce, y uno de vosotros es diablo? Hablaba de Judas Iscariote, hijo de Simón; porque éste era el que le iba a entregar, y era uno de los doce» (Jn. 6:64, 70-71).**

En esos momentos Judas tiene que haber sentido necesariamente las punzadas de su culpa, pero siguió engañándose a sí mismo pensando que Cristo realmente no lo sabía y que no tenía pruebas. Judas continuaba tomando lo que creía poder hurtar con seguridad, endureciendo más y más su corazón.

5. Aparentemente Judas seguía a Cristo motivado por un corazón codicioso y lleno de ambición mundana, y no por un corazón de amor y fe en Él como el Hijo de Dios. Esto, aparentemente lo indican dos hechos.

a. Percibía la riqueza, poder y posición que tendría cuando Cristo estableciera su reino. Los otros apóstoles sentían lo mismo, pero había una vasta diferencia. Ellos interpretaron mal el método del Mesías para salvar al mundo, no a su persona; mientras que Judas interpretó mal tanto el método del Señor como a su persona. No creía ni confiaba en que el Señor fuera el Hijo de Dios. Los otros sí.

b. Aparentemente estaba desilusionado con Cristo después de la entrada triunfal. Cristo no estableció inmediatamente su reino, y a medida que los días pasaban, era cada vez más evidente que no establecería su reino. Las autoridades se estaban mobilizando contra Cristo a efectos de matarlo y aparentemente tendrían éxito. Jesús mismo había enseñado que tendrían éxito. Sería muerto por ellos (cp. Mt. 26:1-2).

Judas comenzó a estar convencido que se había equivocado en cuanto a Cristo. Cristo no era realmente el Mesías. Era solamente otro Mesías falso auto proclamado. Estaba condenado, y no tenía salida. Judas sintió que sus sueños de riqueza, poder y posiciones con Cristo se despedazaban. Entonces, lo que trató de hacer fue sacar el mayor provecho posible de la situación. Quería tener buenas relaciones con el lado ganador, y sacar cuanto fuese posible.

6. Judas llenó su corazón con la codicia de tener más y más, en vez de llenarlo con Cristo. Permaneció demasiado tiempo sin arrepentirse y dejar que Cristo entrase en su vida, y entonces el diablo pudo llenar su ser. El diablo lo enceguecíó y tomó control de sus pensamientos (Lc. 22:3). En consecuencia Judas pudo justificar ante sí mismo su traición. Después de todo, estaba ayudando a los líderes religiosos de su día, y se estaba ayudando a sí mismo. Por eso traicionó a Jesús de Nazaret, quien, en la mente de Judas, no era sino otro Mesías falso auto-proclamado.

Considerando la bicoca por la que Judas acordó traicionar a Cristo, treinta piezas de plata, el precio parecía poco por traicionar a alguien de la estatura del Señor. Equivalía a solamente 4-5 meses de salario. Sin embargo, hay que recordar dos cosas.

1. Probablemente Judas esperaba recibir mucho más. Pero no fue él quien fijó los términos, esto lo hicieron los principales sacerdotes. De cualquier modo en pocos días más, tan pronto como los peregrinos hubieran dejado la ciudad, ellos arrestarían a Cristo; (Mt. 26:5). Lo único que Judas hizo fue adelantar en unos pocos días la agenda de ellos.

2. Judas creía que Cristo estaba condenado, sin esperanza de escapar. Se había convencido que Cristo no era el verdadero Mesías, sino solamente otro auto-proclamado falso Mesías. Existe la posibilidad de que Judas haya traicionado a Cristo por enojo al ser engañado y también decepcionado. Estaba dispuesto a obtener lo que fuera posible, sin importar lo reducido del monto.

> **«Y les dijo: Mirad, y guardaos de toda avaricia; porque la vida del hombre no consiste en la abundancia de los bienes que posee» (Lc. 12:15).**
>
> **«Porque raíz de todos los males el amor al dinero, el cual codiciando algunos, se extraviaron de la fe, y fueron traspasados de muchos dolores» (1 Ti. 6:10).**
>
> **«Vuestro oro y plata están enmohecidos; y su moho testificará contra vosotros, y devorará del todo vuestras carnes como fuego. Habéis acumulado tesoros para los días postreros» (Stg. 5:3).**
>
> **«Alborota su casa el codicioso; mas el que aborrece el soborno vivirá» (Pr. 15:27).**
>
> **«Y esos perros comilones son insaciables; y los pastores mismos no saben entender; todos ellos siguen sus propios caminos, cada uno busca su propio provecho, cada uno por su lado» (Is. 56:11).**

Pensamiento 1. La codicia es un pecado mordaz. Tiene que ser alimentado para crecer. El deseo de tener cosas es normal y natural. Es cuando alimentamos el deseo una y otra vez, y acumulamos más y más, que nuestro deseo se vuelve pecado y crece y crece. (*Véanse* notas—Stg. 4:1-6. Estas notas despertarán nuestros pensamientos en cuanto a aplicaciones prácticas al tratar con deseos y codicias.)

Pensamiento 2. La codicia es muy peligrosa. Es uno de los pecados más peligrosos.

- La codicia esclaviza rápidamente.
- La codicia puede conducir a todos los otros pecados.
- La codicia puede llevar a una persona a vender su patria, su cuerpo, sus amigos, a cualquier cosa o persona: todo por codicia.

Pensamiento 3. La codicia, el deseo de tener más y más, nos carcomerá como cáncer. Judas tenía lo que necesitaba, comida, ropa, techo, propósito, sentido y meta. No estaba desprovisto. ¿Qué buscaba? El pecado del placer, el placer de tener más y más—lo carcomía y lo llevó a meter su mano en la caja.

Pensamiento 4. No es el dinero lo pecaminoso. Es el amor al dinero (1 Ti. 6:10). El dinero es una *cosa;* es inanimado, inerte. No tiene sentimientos, ni deseos, ni voluntad de actuar. El delincuente es el hombre. Es el hombre que codicia más y más; por eso es el hombre quien peca, no una pieza de papel o metal.

Pensamiento 5. Muchos siguen a Cristo, motivados no por una profunda convicción y fe, sino por el deseo de obtener de Él lo que puedan. Son religiosos a efectos de *encajar* con la así llamada sociedad cristiana. Quieren promoverse a sí mismos, o su negocio en la comunidad. Profesar a Cristo y pertenecer a una iglesia es lo que corresponde hacer. Pero su profesión no les impide de modo alguno seguir sus deseos humanos. Viven, sencillamente como todo el mundo, prestando poca o ninguna atención a la verdadera moral y a las relaciones justas, conducta pura, trato honesto, vida limpia y trato justo.

Pensamiento 6. Judas permitió que su fuerza se convirtiera en debilidad. Es al go que nos ocurre con frecuencia.

- Los dones de administración pueden conducir a excesos.
- Los dones de amabilidad pueden conducir a la sensualidad.
- Los dones de humildad pueden conducir a no servir.
- Los dones de liderazgo pueden conducir a la auto satisfacción.
- Los dones de la palabra pueden conducir a uno a sentirse superespiritual.

3 (26:16) ***Judas:*** el tercer cuadro es el de Judas ejecutando una engañosa intriga contra Cristo. Note las palabras: «Buscaba oportunidad para entregarle». El cuadro es el de estar a la pesca, investigando, y buscando, mirando aquí y allá, esperando el momento adecuado. El corazón de Judas estaba decidido, lleno de intriga, tramando el mal y planificando su estrategia. No creía que Jesús fuese el Hijo de Dios, pero no se detuvo en la incredulidad. Quería hacerle daño, herirlo y destruirlo, y buscaba la oportunidad para ello. Se puede ver cuán engañoso era Judas al notar que inmediatamente después de su acuerdo con la autoridades, se sentó a comer con Jesús. Se sentó a la misma mesa en que fue instituida la Cena del Señor.

Pensamiento 1. Judas no solamente rechazó, sino trató de destruir a Jesús. Muchas personas rechazan a Cristo, pero no todos tratan de dañarlo o destruirlo. Algunos sí, pero no todos.

- Algunos lo maldicen, y consciente o inconscientemente deshonran su nombre.
- Algunos hablan y enseñan contra su naturaleza divina, objetando que sea el Hijo de Dios.
- Algunos hablan y enseñan contra la revelación escrita acerca de Él mismo, y de la verdad, es decir, de la Palabra.
- Algunos hablan y enseñan contra su presencia activa en la vida del creyente genuino.

«Guardaos de los falsos profetas, que vienen a vosotros con vestidos de ovejas, pero por dentro son lobos rapaces» (Mt. 7:15).

«Pero el Espíritu dice claramente que en los postreros tiempos algunos apostatarán de la fe, escuchando a espíritus engañadores y a doctrinas de demonios; por la hipocresía de mentirosos que, teniendo cauterizada la conciencia» (1 Ti. 4:1-2).

«También debes saber esto: que en los postreros días vendrán tiempos peligrosos. Porque habrá hombres amadores de sí mismos, avaros, vanagloriosos, soberbios, blasfemos, desobedientes a los padres, ingratos, impíos, sin afecto natural, implacables, calumniadores, intemperantes, crueles, aborrecedores de lo bueno, traidores, impetuosos, infatuados, amadores de los deleites más que de Dios, que tendrá apariencia de piedad, pero negarán la eficacia de ella; a estos evita» (2 Ti. 3:1-5).

Pensamiento 2. Note algo: aun después del acuerdo de Judas para entregar a Cristo, Cristo le dio oportunidad para arrepentirse.

1 La cena del Señor estaba basada en la pascua
a. Cristo unió la Cena del Señor a la fiesta de los panes sin levadura[EF1]
b. Cristo unió la Cena del Señor a su muerte: su «tiempo estaba cerca»
c. Cristo unió la Cena del Señor: «celebraré la pascua ... »

2 La Cena del Señor fue usada como llamado a un pecador
a. Cristo reveló la traición
1) El pecador era un discípulo
2) La revelación causó un revuelo
3) El pecador cometía un tremendo engaño
b. Le advirtió al pecador el terrible juicio
c. Identificó al pecador

3 La cena dada como ordenanza permanente
a. Cristo tomó el pan, dio gracias, y lo repartió: su cuerpo[EF2]
b. Cristo tomó la copa, dio gracias, y repartió: su sangre[EF3]
c. Cristo instituyó un nuevo pacto: perdón[EF4]
d. Cristo prometió celebrar en el futuro la cena con sus seguidores
e. Cristo y sus discípulos cantaron un himno y partieron

D. La última cena del Mesías: institución de la Cena del Señor, 26:17-30
(Mr. 14:12-26; Lc. 22:7-23; cp. Jn. 13:1-30)

17 El primer día de la fiesta de los panes sin levadura, vinieron los discípulos a Jesús, diciéndole: ¿Dónde quieres que preparemos para que comas la pascua?
18 Y él dijo: Id a la ciudad a cierto hombre, y decidle: El Maestro dice: Mi tiempo está cerca; en tu casa celebraré la pascua con mis discípulos.
19 Y los discípulos hicieron como Jehová les mandó, y prepararon la pascua.
20 Cuando llegó la noche, se sentó a la mesa con los doce.
21 Y mientras comían, dijo: De cierto os digo, que uno de vosotros me va a entregar.
22 Y entristecidos en gran manera, comenzó cada uno de ellos a decirle: ¿Soy yo, Señor?
23 Entonces él respondiendo, dijo: El que mete la mano conmigo en el plato, ése me va a entregar.
24 A la verdad el Hijo del Hombre va, según está escrito de él, mas ¡ay de aquel hombre por quien el Hijo del Hombre es entregado! Bueno le fuera a ese hombre no haber nacido.
25 Entonces Judas, el que le entregaba, dijo: ¿Soy yo, Maestro? Le dijo: Tú lo has dicho.
26 Y mientras comían, tomó Jesús el pan, y bendijo, y lo partió, y dio a sus discípulos, y dijo: Tomad, comed; esto es mi cuerpo.
27 Y tomando la copa, y habiendo dado gracias, les dio, diciendo: Bebed de ella todos;
28 porque esto es mi sangre del nuevo pacto, que por muchos es derramada para remisión de los pecados.
29 Y os digo que desde ahora no beberé más de este fruto de la vid, hasta aquel día en que lo beba nuevo con vosotros en el reino de mi Padre.
30 Y cuando hubieron cantado el himno, salieron al monte de los Olivos.

D. La última cena del Mesías: institución de la Cena del Señor, 26:17-30

(26:17-30) ***Introducción—Cena del Señor—la pascua:*** este es el pasaje donde Cristo instituye la Cena del Señor, una de las ordenanzas que mandó celebrar a los discípulos con regularidad (Mt. 26:2). En los versículos 26-30 instituyó la Cena del Señor. Note que los preparativos hechos en versículos 17-25 son los preparativos para la pascua. Los discípulos no sabían nada de las intenciones del Señor de instituir una ordenanza nueva en su nombre. Creían que Cristo se estaba preparando para celebrar la pascua judía. Esto es importante para nosotros, porque muestra que Cristo unió su muerte y la cena del Señor a la pascua. Con ello Cristo estaba diciendo dos cosas.

1. La tradición judía sostenía que el Mesías redimiría a Israel durante la pascua. En efecto, creían que los redimiría el mismo día en que Dios había librado a Israel de la esclavitud egipcia. Al unir su cena a la pascua, Cristo se estaba proclamando como el Mesías que Israel esperaba.

2. El cordero sacrificial de la pascua fue presentado como Cristo, el Cordero de Dios, sacrificándose a sí mismo por el hombre. Al instituir la cena del Señor en este día, Cristo no solo estaba uniendo su muerte a la pascua, también estaba proclamando dos cosas nuevas:

a. Se estaba proclamando a sí mi smo como el Cordero de Dios sacrificado por los pecados de los hombres.
b. Estaba proclamando la Cena del Señor como la nueva celebración que debía ser observada por sus seguidores. La Cena del Señor debía reemplazar a la pascua, la celebración con que el hombre recordaría su liberación de la esclavitud.

1. La Cena del Señor estaba basada en la pascua (vv. 17-19).
2. La Cena del Señor fue usada como llamado a un pecador (vv. 20-25).
3. La Cena del Señor fue dada como ordenanza permanente (vv. 26-30).

1 (26:17-19) ***La Cena del Señor—pascua:*** la Cena del Señor está basada y unida a la pascua.

1. La Cena del Señor está unida a la fiesta de los panes sin levadura, el primer día de la fiesta, el día de la preparación y del sacrificio del cordero (*véase* Estudio a fondo 1—Mt. 26:17).

a. Fue en el primer día de la fiesta que los discípulos vinieron a Cristo. Nuevamente, nada sabían de los planes de Cristo de instituir una nueva celebración. Simplemente asumían que celebraría la pascua como siempre. Al instituir la Cena del Señor ese día, Cristo unía decididamente la cena a la pascua (*véase* Estudio a fondo 1—Mt. 26:17).

b. Eran los discípulos quienes vinieron a Cristo. No fue necesario que Cristo fuera a ellos. Ellos sabían que era la práctica de Jesús observar la celebración.

c. Cristo tuvo *gran dificultad* para realizar esta celebración. No tenía hogar, no tenía lugar propio para celebrar la fiesta. Pero había un obstáculo mucho mayor en esta celebración particular: tenía enemigos en la ciudad que procuraban matarlo. Note su fidelidad en observar la celebración a pesar de este hecho.

2. La Cena del Señor está unida a la *muerte de Cristo.* Cristo dijo «Mi tiempo está cerca». «Mi tiempo» o «mi hora» es una expresión que Cristo usa constantemente para referirse a su muerte (*véase* nota, pt. 2—Jn. 2:3-5). Unió su muerte a la pascua diciendo, «Mi tiempo [muerte] está cerca; ... celebraré la pascua.» Y, por supuesto, lo que la Cena del Señor celebra es su muerte (vv. 26-28).

3. La Cena del Señor está unida a la *obediencia religiosa.* Cristo dijo: «celebraré la pascua». La tradición judía afirmaba que el Mesías redimiría a Israel en la pascua. En efecto, los judíos creían que el Mesías los redimiría el mismo día en que Dios había librado a Israel de la esclavitud egipcia. Obedeciendo esta celebración religiosa, la pascua, Cristo estaba haciendo tres cosas significativas.

a. Se estaba proclamando a sí mismo como el Mesías a quien Israel siempre había esperado.

b. Nuevamente, volvía a unir decididamente la Cena del Señor con la pascua.

c. Está acentuando la importancia de la *obediencia religiosa,* es decir, ser obediente en celebrar la Cena del Señor.

Pensamiento 1. Cristo guardó la pascua. La *obediencia religiosa* es importante para Dios; por eso debemos ser obedientes y fieles a las observaciones religiosas. Note que Cristo fue fiel en su observancia, aun en vista de la muerte. ¡Qué amonestación para nosotros que permitimos que la comodidad del hogar, el gozo de nuestra recreación, el agrado de nuestra carne nos mantenga apartados de la Cena del Señor y de otras observaciones religiosas!

«El que tiene mis mandamientos, y los guarda, ése es el que me ama; y el que me ama, será amado por mi Padre, y yo le amaré, y me manifestaré a él» (Jn. 14:21).

«Respondió Jesús le dijo: el que me ama, mi palabra guardará; y mi Padre le amará, y vendremos a él, y haremos morada con él» (Jn. 14:23).

«Si guardáreis mis mandamientos, permaneceréis en mi amor; así como yo he guardado los mandamientos de mi Padre, y permanezco en su amor» (Jn. 15:10).

«Vosotros sois mis amigos, si hacéis lo que yo os mando» (Jn. 15:14).

«Así, pues, todas las veces que comiereis este pan, y bebiereis esta copa, la muerte del Señor anunciáis hasta que él venga» (1 Co. 11:26).

«Y aunque era Hijo, por lo que padeció aprendió la obediencia» (He. 5:8).

Pensamiento 2. El tiempo del Señor «estaba cerca». Tenía que aprovechar la oportunidad mientras. Así debemos hacerlo nosotros. Pero viene el día cuando será demasiado tarde para celebrar la cena del Señor. Tenemos que celebrarla mientras podamos.

ESTUDIO A FONDO 1

(26:17) ***Fiesta de los panes sin levadura:*** esta fiesta es otro nombre para la fiesta de la pascua (Lc. 23:5-8; Lc. 22:1). Sin embargo, el primer día de la semana de pascua, la fiesta de los panes sin levadura tenía un significado especial. Era el día en que se hacían todos los preparativos para celebrar la pascua. (*véase* Estudio a fondo 1—Mt. 26:2; cp. Éx. 12:1-51, especialmente 11-28 en cuanto a trasfondo de la pascua). Los preparativos incluían la adquisición del cordero y el llevarlo al templo para su sacrificio. Los preparativos también incluían la adquisición de la comida y bebida, artículos necesarios para la pascua, y el arreglo de la sala para la fiesta. Pero había dos preparativos de los que la fiesta de los panes sin levadura había recibido su nombre.

1. El horneado de panes no leudados. La noche misma de la pascua, Dios le había dicho a Israel que hiciera preparativos finales para ser librado de la esclavitud egipcia. Pero los israelitas no tuvieron tiempo para hacer pan leudado. Tuvieron que hacer pan sin leudar debido al tiempo requerido para que la masa leudada se levante. La fiesta de los panes sin levadura era simplemente una de las ceremonias pascuales con que Israel recordaba la gloriosa liberación que Dios había dado a sus antepasados sacándolos de la esclavitud egipcia. (*Véase* Estudio a fondo 1—Mt. 26:2.)

2. Había una ceremonia por la cual toda levadura en la casa debía ser removida. Hay que recordar que la levadura era símbolo del mal para los judíos. Por eso, al remover toda levadura, estaban ilustrando la necesidad de remover el mal de sus vidas y de sus casas. Se hacía una verdadera búsqueda en las habitaciones de la casa para ver si no habían caído algunas migajas de levadura al piso, o entre los muebles. Toda levadura que se hallaba, no importaba cuán pequeña la cantidad, era removida de la casa. Al remover toda levadura de sus casas, los judíos estaban diciendo que querían ser incluidos entre los fieles de sus antepasados, los fieles que habían limpiado sus vidas y su casas para el viaje de la esclavitud a la libertad.

2 (26:20-25) ***Judas—Cena del Señor:*** la Cena del Señor fue usada como llamado a un pecador. Cristo aprovechó la ocasión de la Cena del Señor para llamar a Judas. Le dio a Judas una última oportunidad para arrepentirse de su pecado. Cristo dio tres pasos respecto de Judas.

1. Reveló el pecado y la traición de Judas. Fue un choque fuerte, puesto que el Señor dijo que el traidor sería un discípulo: «Uno de vosotros me va a entregar» (v. 21). Era una traición y un engaño. Judas había tratado de ocultar su pecado, y lo había hecho bien. Nadie sabía de su complot, ni siquiera los discípulos, sus allegados más cercanos. Pero Jesús lo sabía.

Los apóstoles, por supuesto, se sintieron perturbados: «entristecidos en gran manera» (v. 22). Se preocuparon tanto por estas noticias que comenzaron a dudar de la propia lealtad. «¿Soy yo?» comenzó a preguntar cada uno.

El pecador cometió un engaño monstruoso (v. 23). Era aquel que «mete la mano conmigo en el plato». Imagine el engaño; el pecador sentado con Cristo, participando de la Cena del Señor, tramaba y era culpable del pecado más terrible .

2. Cristo advirtió al pecador del terrible juicio (v.24). Jesús conocía el destino del pecador, el terrible destino que le esperaba. Para él habría sido mejor no haber nacido.

3. Cristo identificó al pecador (v. 25). Le respondió a Judas haciéndole saber que su pecado no estaba oculto. Cristo lo conocía. Note cómo Judas llamó a Cristo: «Maestro». Los otros discípulos lo habían llamado: «Señor» (v. 22)

«Aun el hombre de mi paz, en quien yo confiaba, el que de mi pan comía» (Sal. 41:9).

«Os digo: No; antes si no os arrepentís, todos pereceréis igualmente» (Lc. 13:3, 5)

«Así que, arrepentíos y convertíos, para que sean borrados vuestros pecados; para que vengan de la presencia del Señor tiempos de refrigerio» (Hch. 3:19).

«Arrepiéntete, pues, de esta tu maldad, y ruega a Dios, si quizá te sea perdonado el pensamiento de tu corazón» (Hch. 8:22).

Pensamiento 1. La Cena del Señor es una ocasión que les habla a los pecadores. Puede ser usada para destacar el pecado por el que Cristo murió, y advertir sobre las consecuencias del pecado si la persona no se arrepiente.

Pensamiento 2. Judas estaba sentado a la mesa de la última cena del Señor, y con engaño participó en ella teniendo su vida llena de pecado. Demasiados creyentes hacen lo mismo. Sus allegados más cercanos y compañeros en la fe pueden ser engañados, pero Dios no. Dios sabe todo acerca del pecado.

Pensamiento 3. Judas engañó a los discípulos. La gente puede engañar a otros, incluso a la familia y los amigos, y nunca ser descubierto, pero Dios conoce el corazón y el pecado.

Pensamiento 4. Los discípulos se examinaron a sí mismos. Se miraron a sí mismos para ver si ellos eran el pecador. Se exhorta a los creyentes a examinarse a sí mismos antes de participar de la cena (1 Co. 11:27-28). El auto examen es necesario. Ningún creyentes es sin pecado, ni exento de pecar. La exhortación es clara: «No te ensoberbezcas, sino teme» (Ro. 11:20).

Pensamiento 5. Cristo reveló que sería traicionado para fortalecer la fe de los discípulos (Jn.13:19). Reveló su omnisciencia; reveló ser verdaderamente Dios (cp. Jn. 14:29).

Pensamiento 6. Note cómo intentó Judas mantener el engaño. Aun cuando el Señor había revelado que el pecador estaba a la mesa con ellos, Judas se volvió al Señor y preguntó: «¿Soy yo?» ¡Cuántos hacen lo mismo! Siguen engañando y engañando, procurando siempre de satisfacer la codicia de su pecado.

Pensamiento 7. Judas ilustró un punto significativo: el motivo para continuar en el pecado. Ese motivo era su incredulidad en Jesús. Para Judas, Jesús no era *Señor.* Para Judas Jesús era meramente un hombre, un Mesías falso y auto-proclamado (*véanse* bosquejo y notas—Mt. 26:14-16).

3 (26:26-30) ***Cena del Señor:*** la Cena del Señor fue dada como una ordenanza permanente.

1. Fue mientras «ellos comían» la cena pascual que Cristo instituyó la Cena del Señor. Estaba reemplazando la pascua por la cena del Señor. La Cena del Señor es la nueva ordenanza de Dios para celebrar la libertad queÉl da al hombre de la esclavitud y cadena del pecado (*véase* Estudio a fondo 1—Mt. 26:2).

2. En el eterno plan de Dios el cordero sacrifical usado en la pascua siempre había sido un cuadro anticipado del Cristo, el verdadero Cordero de Dios que sería sacrificado por el hombre. Al instituir la Cena del Señor durante la cena pascual, Cristo no solamente estaba uniendo su cena a la pascua, también se estaba proclamando a sí mismo como el Cordero de Dios que sería inmolado por los pecados de los hombres (vv. 27-28; cp. 1 Co. 5:7; Ap. 13:8).

3. Cristo instituyó la Cena del Señor antes de morir, no después de su resurrección. Esto es muy significativo. Significa que su muerte era voluntaria. No tenía que morir. Podía haberse escabullido saliendo de la ciudad y escapando, pero escogió entregar voluntariamente su vida por los pecados de los hombres. Por eso la Cena del Señor es la gran celebración del sacrificio *voluntario* del Hijo de Dios por el hombre. El pan partido y el vino ilustraban la *disposición* del Hijo de Dios de entregar su vida por los pecados del hombre.

Cristo instituyó la cena del Señor mediante cinco cosas.

1. Cristo tomó el pan, su cuerpo, dio gracias, lo partió y lo entregó a los discípulos (v. 26).
   a. Al tomar el pan en sus manos, Cristo estaba indicando que su muerte era un acto voluntario. Su destino lo tenía en sus propias manos.

   > **«Así como el Padre me conoce, y yo conozco al Padre; y pongo mi vida por las ovejas» (Jn. 10:15).**

   > **«Por eso me ama el Padre, porque yo pongo mi vida, para volverla a tomar. Nadie me la quita, sino que yo de mí mismo la pongo. Tengo poder para ponerla, y tengo poder para volverla a tomar. Este mandamiento recibí de mi Padre» (Jn. 10:17-18).**

   b. Al dar gracias, Cristo estaba of reciendo alabanza por la libertad y por una vida plena de provisión, una provisión que venía de Dios mismo.
   c. Al partir el pan, Cristo estaba diciendo que su cuerpo sería roto y sacrificado, como víctima por la liberación del hombre (Is. 53:5). Este acto fue tan significativo que a veces la iglesia primitiva llamaba la Cena del Señor «partimiento del pan» (Hch. 2:42, 46; 1 Co. 10:16). Bajo el Antiguo Testamento el pan partido ilustraba los sufrimientos de los israelitas. Ahora, bajo el Nuevo Testamento, el pan es símbolo de cuerpo partido de Cristo (1 Co. 11:24).

   > **«Mas él herido fue por nuestras rebeliones, molido por nuestros pecados; el castigo de nuestra paz fue sobre él, y por su llaga fuimos nosotros curados» (Is. 53:5).**

   d. Al repartir el pan y decir: «Tomad, comed, esto es mi cuerpo» Cristo estaba diciendo que Él debe ser recibido en la vida del hombre. Y ese momento de redención debe ser recordado en esta ordenanza (*véase* nota—Mt. 26:26).

   > **«Este es el pan que desciende del cielo, para que el que de él come, no muera. Yo soy el pan vivo que descendió del cielo; si alguno comiere de este pan, vivirá para siempre; y el pan que yo daré es mi carne, la cual yo daré por la vida del mundo» (Jn. 6:50-51).**

2. Cristo tomó la copa, dio gracias, y la dio a los discípulos (v. 27).
   a. Al tomar la copa en sus propias manos, Cristo estaba enseñando otra vez que su muerte era voluntaria (cp. Jn. 10:11, 17-18).
   b. Al dar gracias, Cristo estaba expresando otra vez alabanza y aprecio por la liberación prometida mediante el sacrificio.
   c. Dando la copa y diciendo: «Bebed de ella todos», Cristo estaba diciendo otra vez que él tiene que llegar a ser parte de su mismo ser para ser librado. Note: la palabra «dio» (*edoken*) está en el tiempo griego aoristo lo que significa que Cristo dio la copa *de una vez para siempre.* Murió una vez, y solamente una vez; la per-

   > **«Sabiendo esto, que nuestro viejo fue crucificado juntamente con él, para que el cuerpo del pecado sea destruido, a fin de que no sirva más al pecado» (Ro. 6:6).**

   > **«Porque en cuantyo murió, al pecado una vez por todas; mas en cuanto vive, para Dios vive» (Ro. 6:10).**

3. Cristo instituyó un nuevo pacto: el pacto del perdón (v. 28). Note las palabras exactas del Señor.
   a. «Esto es mi sangre». Su sangre se convertiría en la señal y símbolo del nuevo pacto. Su sangre debía tomar el lugar del cordero sacrificial de la pascua.
   b. «Del nuevo pacto». Su sangre, el sacrificio de su vida, estableció un Nuevo Testamento, un nuevo pacto entre Dios y el hombre (cp. He. 9:11-15). La fe en su sangre y sacrificio es la forma en que el hombre debe acercarse a Dios. Antes, bajo el Antiguo Testamento, la persona que quería una relación correcta con Dios, se acercaba mediante el sacrificio de la sangre de un animal. El creyente del Antiguo Testamento creía que Dios le aceptaba en virtud del sacrificio del animal. Ahora, bajo el Nuevo Testamento, el creyente cree

que Dios le acepta en virtud del sacrificio de (Cristo. Esto es lo que Cristo dijo: «Esto es mi sangre del nuevo pacto, que por muchos es derramada para remisión de los pecados» (*véanse* Estudio a fondo 4—Mt. 26:28; cp. Ef. 1:7; 1 Jn. 2:1-2; He. 9:22). Los pecados del hombre son perdonados y entonces llega a ser aceptable a Dios creyendo que la sangre de Cristo fue derramada por él (1 Jn. 1:7. *Véase* Estudio a fondo 4, *Justificación*—Ro. 4:22; 5:1).

«En quien tenemos redención por su sangre, el perdón de pecados según las riquezas de su gracia» (Ef. 1:7).

«Pero si andamos en luz, como él está en luz, tenemos comunión unos con otros, y la sangre de Jesucristo su Hijo nos limpia de todo pecado» (1 Jn. 1:7).

«Hijitos míos, estas cosas os escribo para que no pequéis; y si alguno hubiere pecado, abogado tenemos para con el Padre, a Jesucristo el justo. Y él es la propiciación por nuestros pecados; y no solamente por los nuestros, sino también por los de todo el mundo» (1 Jn. 2:1-2).

«El que come mi carne y bebe mi sangre, tiene vida eterna; y yo le resucitaré en el día postrero. Porque mi carne es verdadera comida, y mi sangre es verdadera bebida. El que come mi carne y bebe mi sangre, en mí permanece, y yo en él. Como me envió el Padre viviente, y yo vivo por el Padre, asimismo el que me come, él también vivirá por mí. Este es el pan que descendió del cielo; no como vuestros padres comieron el maná, y murieron; el que come de este pan, vivirá eternamente» (Jn. 6:54-58).

c. Ahora note las palabras: «Bebed de ella todos». La persona tiene que recibir lo que Cristo ha hecho por él. Tiene que beber, absorber, asimilar la sangre de Cristo en su vida. Es decir, la persona tiene que creer y confiar en la muerte de Cristo para recibir el perdón de sus pecados. Tiene que permitir que la muerte de Cristo se convierta en su alimento, en la parte más íntima y en la energía y flujo de su vida (*véase* Estudio a fondo 3—Mt. 26:27-28).

4. Cristo prometió celebrar la cena con sus seguidores en el futuro (v. 29). Esta es la gloriosa promesa a los verdaderos creyentes: ellos se sentarán con Cristo en la gran boda del Cordero (*véanse* bosquejo y notas—Mt. 22:1-14). Es la promesa de perfección y de ser una parte de los nuevos cielos y tierra, sentados con Cristo en el reino de Dios que será establecido en el futuro (*véase* Estudio a fondo 3—Mt. 19:23-24). Note que Cristo volvió a predecir su muerte.

«El Espíritu mismo da testimonio a nuestro espíritu, de que somos hijos de Dios. Y si hijos, también herederos; herederos de Dios y coherederos con Cristo, si es que padecemos juntamente con él, para que juntamente con él seamos glorificados» (Ro. 8:16-17).

«Cuando Cristo, vuestra vida, se manifieste, entonces vosotros también seréis manifestados con él en gloria» (Col. 3:4).

«Porque esta leve tribulación momentánea produce en nosotros un cada vez más excelente y eterno peso de gloria» (2 Co. 4:17).

«Ruego a los ancianos que están entre vosotros, yo anciano también con ellos, y testigo de los padecimientos de Cristo, que soy también participante de la gloria que será revelada» (1 P. 5:1).

«Porque de esta manera os será otorgada amplia y generosa entrada en el reino eterno de nuestro Señor y SalvadorJesucristo» (2 P. 1:11).

5. Cristo y sus discípulos cantaron un himno y partieron. Cristo terminó la cena del Señor con un himno. En del gran dolor y la gran perplejidad, de la atmósfera cargada, Cristo guió a su gente a cantar un himno. Probablemente era el Hallel (Sal. 115-118).

«Estas cosas os he hablado, para que mi gozo esté en vosotros, y vuestro gozo sea cumplido» (Jn. 15:11).

«Como entristecidos, mas siempre gozosos; como pobres, mas enriqueciendo a muchos; como no teniendo nada, mas poseyéndolo todo» (2 Co. 6:10).

«Regocijaos en el Señor siempre. Otra vez digo: ¡Regocijaos!» (Fil. 4:4).

«La palabra de Cristo more en abundancia en vosotros, enseñándoos y exhortándoos unos a otros en toda sabiduría, cantando con gracia en vuestros corazones al Señor con salmos e himnos y cánticos espirituales» (Col. 3:16).

Pensamiento 1. ¿Cómo nos convertimos en hijos de Dios y recibimos la vida eterna? Cristo dijo (1) recibiéndole a Él (Jn. 1:12), y (2) nutriéndonos de Él (Jn. 6:53-54, 57-58).

Pensamiento 2. Bajo el Antiguo Testamento la sangre de Cristo era simbolizada por la sangre de animales. Bajo el Nuevo Testamento, la sangre de Cristo es simbolizada en el vino de la Cena del Señor.

Pensamiento 3. Note la gloriosa confianza y seguridad de Cristo. A poco de ser asesinado, prometió que se sentaría con sus seguidores en el reino venidero. La muerte de Cristo no era el fin; era el comienzo de la vida eterna para la persona que realmente creía en la muerte de Cristo.

ESTUDIO A FONDO 2

(26:26) ***Cena del Señor:*** las palabras: «Tomad, comed, esto es mi cuerpo» no indican canibalismo (*véanse* bosquejo y notas—Jn. 6:52-58). Las palabras simplemente significan que el hombre debe recibir a Cristo en su vida. La liberación de una persona del pecado y de la muerte es por *tomar o comer* el cuerpo de Cristo. Es decir, la persona tiene que recibir, participar, consumir, absorber y asimilar a Cristo en su vida. Tiene que permitir que Cristo se convierta en su alimento, en lo más íntimo de su energía, lo que consume su ser.

ESTUDIO A FONDO 3

(26:27-28 ***Cena del Señor:*** las palabras: «Bebed de ella todos» (de la sangre de Cristo) significan recibir la muerte de Cristo en lugar de la muerte propia. La liberación del hombre de su pecado y muerte es por recibir como propia la muerte de Cristo. La persona tiene que identificarse con la muerte de Cristo. Tiene que beber, participar, absorber, y asimilar la muerte del Señor. La muerte de Cristo tiene que convertirse en el alimento mismo, la parte más íntima de su ser. y el flujo mismo de su vida. (Cp. 1 Co. 2:2.)

ESTUDIO A FONDO 4

(26:28) ***Perdón*** (*aphesin*): mandar fuera, enviar lejos. El mal es eliminado, quitado, y enviado lejos de quien lo hizo. El pecado es separado del pecador.

Hay cuatro ideas principales en el concepto bíblico del perdón.

1. La idea del porqué el perdón es necesario. El perdón es necesario porque del obrar mal y de la culpa nace el castigo (cp. Ro. 3:23; 6:23; 8:1).

2. La idea de que el perdón es *una vez para siempre*, un perdón total. La persona es perdonada *una vez para siempre* cuando recibe a Jesucristo como su salvador. La fe en Jesucristo es la única condición para ser perdonado *una vez para siempre* (Ef. 1:7; Ro. 4:5-8).

3. La idea del perdón que mantiene el compañerismo. El compañerismo existe entre Dios como Padre y el creyente como hijo suyo. Cuando el hijo obra mal, el compañerismo es perturbado y quebrantado. La condición para restaurar el

compañerismo es confesión del pecado y renunciamiento a él (Sal. 66:18; Pr. 28:13; 1 Jn.1:7).

4. La idea de *levantar la culpa.* Esta es una de las diferencias entre el perdón del hombre con el hombre y el perdón de Dios perdonando al hombre. Una persona puede perdonar a otra el daño recibido, pero nunca puede remover la culpa que el amigo siente. Y con frecuencia no puede remover el resentimiento que siente hacia él en su propio corazón. Solamente Dios puede remover la culpa y asegurar la eliminación del resentimiento. Dios perdona y olvida la culpa, y asegura la eliminación del resentimiento; y es Dios quien hace ambas cosas. Dios perdona y borra la culpa y el resentimiento (Sal. 51:2, 7-12; 103:12; 1 Jn. 1:9).

	E. El Mesías anuncia el fracaso de los discípulos: tropezar y apartarse, 26:31-35 (Mr. 14:27-31; Lc. 22:31-34; Jn. 13:36-38)	resucitado, iré delante de vosotros a Galilea. 33 Respondiendo Pedro, le dijo: Aunque todos se escandalicen de ti, yo nunca me escandalizaré. 34 Jesús le dijo: De cierto te digo que esta noche, antes que el gallo cante, me negarás tres veces. 35 Pedro le dijo: Aunque me sea necesario morir contigo, no te negaré. Y todos los discípulos dijeron lo mismo.	resurrección del Señor **2 Excesiva confianza** a. Causada por compararse uno mismo con otros b. Causada por ser ciego a la cruz c. Causada por no conocerse uno mismo d. Causada por contradecir a Cristo
1 La predicción: todos se apartarán a. Se escandalizarán de Cristo b. Se escandalizarán porque Cristo es rechazado c. El remedio: La	31 Entonces Jesús les dijo: Todos vosotros os escandalizaréis de mí esta noche; porque escrito está: Heriré al pastor, y las ovejas del rebaño serán dispersadas. 32 Pero después que haya		

E. El Mesías anuncia el fracaso de los discípulos: tropezar y apartarse, 26:31-35

(26:31-35) ***Introducción:*** una de las grandes convicciones de los creyentes es que deben advertir al mundo del pecado y de sus consecuencias. Sin embargo, en medio de esta advertencia y de su fervor, con frecuencia se olvida algo: los creyentes también tienen que ser advertidos del pecado y de sus consecuencias. Los creyentes no están exentos de pecar; no están separados de la carne humana. Aunque hay algo que los hace ser diferentes: han recibido una naturaleza espiritual. Ahora viven *en el espíritu* tanto como *en la carne.* La carne todavía está con cada creyente. Por eso todo creyente debe ser advertido: en una ocasión u otra tropezará y caerá. Pero Cristo siempre espera para recibirlo y perdonarlo si cumple un solo requisito: confesar y arrepentirse sinceramente. Esa es la advertencia que Cristo les hace a sus discípulos en este pasaje de suprema significación.

1. La predicción: «Todos» se apartarán (vv. 31-32).
2. Afirmación de excesiva confianza (vv. 33-35).

(26:31-35) ***Otro bosquejo:*** la advertencia en cuanto a apartarse (Mt. 26:31-35).

1. Algunos se apartan porque son ofendidos «en» Cristo (v. 31).
2. Algunos se apartan porque Cristo es rechazado por la multitud (v. 31).
3. Algunos se apartan porque no alcanzan a ver y creer la resurrección de Cristo (v. 32).
4. Algunos se apartan porque se tienen excesiva confianza (v. 33).
5. Algunos se apartan porque son ciegos a la cruz (v. 34).
6. Algunos se apartan porque no se conocen ellos mismos, es decir, la carne (v. 35).

1 (26:31-32) ***Apartarse:*** la predicción: *todos* se apartarán. «Todos vosotros» es acentuado; ni uno solo permanecerá firme. Cada discípulo se apartará.

Cristo mencionó dos motivos por los que los discípulos se apartarían, dos motivos que son comunes a toda persona.

1. «Os escandalizaréis de mí» (*en emoi*, en mí*)*. Las personas preguntan quién es Cristo, se asombran ante él y a veces se apartan por causa de Él. La palabra ofender significa tropezar, caer (*véase* Estudio a fondo 1—Mt. 26:31). Al encontrarse con Cristo las personas tropiezan en tres cosas. (Para una discusión completa *véanse* Estudio a fondo 9, 10—Mt. 21:44; cp. nota—Lc. 20:17-18.)
   a. Los hombres tropiezan en la identidad de Cristo (Jn. 6:54-58, 60, 66).
   b. Los hombres tropiezan en la cruz de Cristo (1 Co.1:21-23, esp. 23).
   c. Los hombres tropiezan en la cruz que deben llevar respondiendo al llamado de Dios (*véase* Estudio a fondo 1—Lc. 9:23).

Es muy sencillo, cuando las personas miran a Jesucristo y su cruz, muchas reaccionan. Ellas ...

- dudan
- niegan
- ignoran
- cierran sus corazones
- espiritualizan
- rechazan
- cruz como algo irracional en el mundo moderno y científico

Cuando fue arrestado Cristo los apóstoles se preguntaron si realmente sería el Mesías. No se resistió al arresto, y no usó su inmenso poder. No estaba guiando a la gente a una sublevación contra los romanos, ni estaba librando a Israel, ni estableciendo a la nación como centro del reino de Dios. Los discípulos estaban desilusionados y perplejos; sencillamente no lo podían comprender. Sus esperanzas colgaban de una desesperada cruz. En este pasaje Cristo les estaba anunciando su apartamiento. Sabía que después de la resurrección, recordarían sus palabras y entonces podrían volver con mayor facilidad y comprender más plenamente. Recordar lo que les había predicho les ayudaría a volver y a ser más fuertes (cp. Jn. 14:29; 13:19).

2. Los discípulos se escadalizarían porque Cristo era rechazado. En cuanto a lo visible, era rechazado por la multitud. Pero detrás del escenario, en el mundo invisible, era Dios quien hería al Pastor; es decir, Dios llevó a Cristo a la muerte (cp. Zac. 13:7). Fue «por el determinado consejo y anticipado conocimiento de Dios» que Cristo debía morir (Hch. 2:23). Cristo debía dar su vida por el hombre si el hombre habría de ser salvo.

> **«Porque David dice de él: Veía al Señor siempre delante de mí; porque está a mi diestra no seré conmovido» (Hch. 2:25).**
>
> **«Mas Dios muestra su amor para con nosotros, en que siendo aún pecadores, Cristo murió por nosotros» (Ro. 5:8).**
>
> **«Quien llevó él mismo nuestros pecados en su cuerpo sobre el madero, para que nosotros, estando muertos a los pecados, vivamos a la justicia; y por cuya herida fuisteis sanados» (1 P. 2:24).**
>
> **«Porque también Cristo padeció una sola vez por los pecados, el justo por los injustos, para llevarnos a Dios, siendo a la verdad muerto en la carne, pero vivificado en espíritu» (1 P. 3:18).**

Cuando la multitud rechazó a Cristo, los discípulos se sintieron amenazados. Temían la multitud y les faltaba valor para pronunciarse a favor de él. Se apartaron, huyeron y abandonaron a Jesús. Pedro lo negó incluso verbalmente (Mt. 26:69-75).

Hay un remedio para no *apartarse:* la resurrección. Note las palabras del Señor: «Iré *delante de vosotros».* Cristo estaba diciendo dos cosas a los apóstoles:

1. Después de la resurrección ellos vendrían a Él (*véase* Estudio a fondo 2—Mt. 26:32). A pesar de su caída, Él aun los aceptaría. En efecto, los esperaría.

2. Serían *perdonados* por haberlo negado.

«Arrepiéntete, pues, de tu maldad, y ruega a Dios, si quizá te sea perdonado el pensamiento de tu corazón» (Hch. 8:22).

«Si confesamos nuestros pecados, él es fiel y justo para perdonar nuestros pecados, y limpiarnos de toda maldad» (1 Jn. 19).

«El que encubre sus pecados no prosperará; mas el que los confiesa y se aparta alcanzará misericordia» (Pr. 28:13).

Pensamiento 1. Con qué rapidez puede venir la *caída.* Imagine a los discípulos sentados en el aposento alto con Cristo mientras Él les hablaba. Sería esa misma noche que se apartarían —no la semana siguiente, no el mes siguiente, sino esa misma noche— la misma noche en que Él y ellos estaban compartiendo tanto, tan íntimamente (v. 34). (Cp. Jn. 14-16 para ver cuánto realmente estaba compartiendo Jesús con ellos y cuán preciosa e íntima era aquella ocasión.)

Pensamiento 2. Cristo sabía que sus discípulos tropezarían y caerían. Sabía que estarían extremadamente desalentados. Sabiéndolo, note lo que hizo.

1) No les rezongó, ni amonestó, ni les reprochó, ni los condenó.
2) Planificó encontrarse con ellos, perdonarlos y recibirlos, todo en el poder de su amor y resurrección.

Pensamiento 3. Cristo no conoce otra cosa que el amor para el creyente que tropieza y cae, aun si el creyente comete el más terrible pecado, el de negar a Cristo con sus labios. Sin embargo, hay un requisito esencial para el perdón: arrepentimiento.

ESTUDIO A FONDO 1

(26:31) ***Escandalizar*** (*skandalizo*): tropezar, causar tropiezo, caer.

ESTUDIO A FONDO 2

(26:32) ***Resurrección—Galilea:*** Galilea no sería el primer lugar donde aparecería Cristo después de su resurrección. Cristo hizo una serie de apariciones a lo largo de varios días a diferentes grupos de discípulos. Galilea sería el lugar oficial de encuentro, un lugar de reunión donde todos los discípulos estarían presentes y recibirían la renovación de su mandato (Mt. 28:16-20).

2 (26:33-35) ***Confianza en sí mismo—carne, debilidad:*** la afirmación de excesiva confianza por parte de Pedro. La excesiva confianza de Pedro fue causada por cuatro cosas.

1. Su excesiva confianza fue causada por compararse a sí mismo con otros. Pedro no podía creer lo que oía. Cristo dijo: «Todos se escandalizarán», inclusive Pedro. Pedro pensó, quizá otros lo hagan, pero yo no. No había forma, y Pedro quería que Cristo lo supiera. Note que Pedro se comparó con los otros, en efecto con «todos los otros»: »Aunque todos se escandalicen de ti, yo nunca me escandalizaré». Pedro veía las debilidades e imperfecciones de los otros. Tal vez ellos podían caer, pero él no; él nunca podría apartarse de Cristo. Otros pueden ser débiles, pero él no. Pedro cometió el terrible pecado de la humanidad: fue orgullosos (1 Co. 10:12). Pedro se creía más fuerte que otros, espiritualmente por encima y más allá de ellos.

2. La excesiva confianza de Pedro fue causada por ser ciego a la cruz (v. 34). Pedro sencillamente no veía la cruz. Era Cristo, colgado de la cruz, lo que llevaría a Pedro a negar a Cristo. Cristo le había dicho todo acerca de la cruz, pero éste se había rehusado a creer (*véanse* notas—Mt. 17:22; 18:1-2). El hecho de que la carne humana fuese tan pecaminosa, tan depravada, que Dios tuvo que crucificarla, era sencillamente demasiado para ser captado (*véanse* bosquejo, notas y Estudio a fondo 1—Lc. 9:23; Ro. 6:1-10; 6:10-13; Gá. 2:19-21; 5:24; 6:14-17; cp. Ro. 6:2; Col. 3:3).

3. La excesiva confianza de Pedro fue causada por no conocerse a sí mismo, sus debilidades personales, las debilidades de la carne humana. La imagen propia de Pedro era fuerte. Se veía a sí mismo por encima de un pecado y un fracaso *grave.* Con toda la confianza del mundo afirmó que moriría por Cristo antes de negarlo. Note varias cosas.

a. Pedro era un creyente fuerte, uno de los más fuertes.
b. Pedro realmente fracasó en comprenderse a sí mismo y a su carne. El pecado que un creyente nunca debería cometer es el de negar a Cristo. Morir por Cristo antes que negarlo es lo que se espera del creyente genuino.
c. Pedro creía, y creía fuertemente que él y su carne, estaban encima del pecado grave (cp. Ro. 3:9ss; 7:8, 14-18; Gá. 5:19ss).
d. Pedro no fracasó una vez, sino tres veces, y las tres veces en la misma noche cuando Cristo estaba a su propio lado, siendo juzgado por su vida (Lc. 22:61).

4. La excesiva confianza de Pedro fue causada por el hecho de contradecir a Cristo en vez de escucharlo. Cristo estaba advirtiendo a los discípulos la naturaleza engañosa y la debilidad del corazón humano. Pedro y el resto, sencillamente se rehusaron a aceptar ese hecho. Negaron las debilidades personales.

Pensamiento 1. El hecho de que otros fracasen no es motivo para tener confianza en nosotros mismos, sino para estar aun más atentos.

Pensamiento 2. Todos los hombres fallan, tropiezan, y caen. Caer y tropezar es la naturaleza de la carne humana. Uno cae en determinada área; otro en un área diferente. La diferencia entre los hombres es que uno confiesa y se arrepiente en su corazón, el otro no. De hecho, muchos ni siquiera reconocen la necesidad de arrepentirse.

Pensamiento 3. La excesiva confianza en uno mismo es un peligroso pecado.

«Antes del quebrantamiento es la soberbia, y antes de la caída la altivez de espíritu» (Pr. 16: 18).

«Alábate el extraño, y no tu propia boca; el ajeno, y no los labios tuyos» (Pr. 27:2).

«El que confía en su propio corazón es necio; mas el que camina en sabiduría será librado» (Pr. 28:26).

«¡Ay de los sabios en sus propios ojos, y de los que son prudentes delante de sí mismos» (Is. 5:21).

«Estas dos cosas te vendrán de repente en un mismo día, orfandad y viudez; en toda su fuerza vendrán sobre ti, a pesar de la multitud de tus hechizos y de tus muchos encantamientos» (Is. 47:8-9).

«A unos que confiaban en sí mismos como justos, y menospreciaban a los otros» (Lc. 18:9).

«Y si alguno se imagina que sabe algo, aún no sabe nada como debe saberlo» (1 Co. 8:2).

«Así que, el que piense estar firme, mire que no caiga» (1 Co. 10:12).

«Porque el que se cree ser algo, no siendo nada, a sí mismo se engaña» (Gá. 6:3).

Pensamiento 4. No debemos compararnos a nosotros mismos con otros. Debemos «llevar los unos las cargas de los otros» (Gá. 6:2).

«Unánimes entre vosotros; no altivos, sino asociándoos con los humildes. No seáis sabios en vuestra propia opinión» (Ro. 12:16).

> **«Hermano, si alguno fuere sorprendido en alguna falta, vosotros que sois espirituales, restauradle con espíritu de mansedumbre, considerándote a ti mismo, no sea que tú también seas tentado. Sobrellevad los unos las cargas de los otros, y cumplid así la ley de Cristo. Porque el que se cree ser algo, no siendo nada, a sí mismo se engaña» (Gá. 6:1-3).**

Pensamiento 5. Pedro realmente creía estar por encima de un pecado grave. ¡Qué similar a la naturaleza humana! ¡Qué común a todos nosotros, qué lleno de justicia propia!

Pensamiento 6. Ningún creyente está por encima del pecado grave, y todo pecado es grave. Particularmente el pensamiento en sí de estar exento de un pecado grave *es* un pecado grave.

	F. La agonía del Mesías en el Getsemaní: confrontando la muerte y las aterradoras pruebas de la vida, 26:36-46 (Mr. 14:32-42; Lc. 22:39-46; Jn. 18:1; cp. He. 5:7-8; 12:3-4)	40 Vino luego a sus discípulos, y los halló durmiendo, y dijo a Pedro: ¿Así que no habéis podido velar conmigo una hora? 41 Velad y orad, para que no entréis en tentación; el espíritu a la verdad está dispuesto, pero la carne es débil.	**4 Estaba solo: abandonado por sus amigos más íntimos** a. Los halló durmiendo b. Les advirtió el peligro de la tentación c. Les advirtió de la carne y sus debilidades, vv. 43, 45
1 Cristo entró al huerto de Getsemaní[EF1] a. Con todo los discípulos b. Con el propósito de orar c. Se fue solo, con sola mente tres discípulos	36 Entonces llegó Jesús con ellos a un lugar que se llama Getsemaní, y dijo a sus discípulos: Sentaos aquí, entre tanto que voy allí y oro.	42 Otra vez fue, y oró por segunda vez, diciendo: Padre mío, si no puede pasar de mí esta copa sin que yo la beba, hágase tu voluntad. 43 Vino otra vez y los halló durmiendo, porque los ojos de ellos estaban cargados de sueño.	**5 Siguió orando, por ser librado** a. Por segunda vez pidió a su Padre que removiera la copa b. Por segunda vez halló durmiendo a los discípulos
2 Sufrió: agonizando con pena y dolor[EF2, 3] a. Sintió angustia b. Pidió compañerismo c. Advirtió: velad y orad por ustedes mismos	37 Y tomando a Pedro, y a los dos hijos de Zebedeo, comenzó a entristecerse y a angustiarse en gran manera. 38 Entonces Jesús les dijo: Mi alma está muy triste, hasta la muerte; quedaos aquí, y velad conmigo.	44 Y dejándolos, se fue de nuevo, y oró por tercera vez, diciendo las mismas palabras.	c. Por tercera vez oró las mismas palabras
3 Buscó a Dios: orando a. Se postró b. Oró: «Padre mío» c. Pidió a Dios que removiera la copa[EF4]	39 Yendo un poco adelante, se postró sobre su rostro, orando y diciendo: Padre mío, si es posible, pase de mí esta copa; pero no sea como yo quiero, sino como tú.	45 Entonces vino a sus discípulos y les dijo: Dormid ya, y descansad. He aquí ha llegado la hora, y el Hijo del Hombre es entregado en manos de pecadores. 46 Levantaos, vamos; ved, se acerca el que me entrega.	**6 Recibió alivio: gran paz y coraje** a. Las palabras de gran alivio b. Las palabras de gran coraje

F. La agonía del Mesías en el Getsemaní: confrontando la muerte y las aterradoras pruebas de la vida, 26:36-46

(26:36-46) ***Introducción—muerte—Jesucristo, sacrificio y muerte:*** para Jesucristo la muerte fue diferente que para todos los otros hombres. En la muerte Jesús tomó todos los pecados del mundo sobre sí mismo y estuvo ante Dios el Juez y ...

- aceptó el veredicto de *culpable* correspondiente a cada individuo.
- aceptó la pena y el castigo de muerte correspondiente a cada persona.

La diferencia está en la palabra *muerte.* La *muerte* no es lo que algunas personas creen: una forma de existir en semisoñoliencia; o algún tipo de existencia eufórica en otro mundo; o el fin (discontinuación) del cuerpo, quedando solamente el espíritu de la obra o vida de uno en la memoria de otros; y simplemente, aniquilación. La muerte significa separación de Dios (*véase* Estudio a fondo 1—Jer. 9:27), y es esto lo que hace que la muerte de Cristo sea diferente a la muerte de otras personas. No experimentó la muerte por *los pecados de un hombre; los* experimentó por *los pecados de cada hombre.* Al confrontar la muerte, Jesús experimentó una agonía y un dolor increíbles porque sería separado de su Padre; y si había algo que Cristo no quería experimentar era la separación de su Padre. Si había alguna otra forma de salvar al hombre, Él quería esa forma (según su naturaleza humana).

Esta es la lucha aterradora que Cristo padeció en el huerto de Getsemaní; una lucha tan terrible que habría sucumbido en ella si Dios no le hubiera enviado un ángel para fortalecerlo (Lc. 22:43). En su gran lucha y perseverante oración Cristo nos muestra cómo enfrentar la muerte y las aterradoras pruebas de la vida.

1. Cristo entró al huerto de Getsemaní (vv. 36-37).
2. Sufrió: agonizó en pena y dolor (vv. 37-38).
3. Buscó a Dios: orando (v. 39).
4. Estaba solo: abandonado por sus amigos más íntimos (vv. 40-41).
5. Siguió orando: agonizando por ser librado (vv. 42-44).
6. Recibió alivio: gran paz y coraje (vv. 45-46).

1 (26:36-*37) **Jesucristo, vida de oración—oración:*** *Cristo* entró al huerto de Getsemaní.

1. Entró con todos los discípulos excepto Judas que ya había comenzado su terrible traición. Los discípulos aun estaban todos con él. Conociendo la oscura hora y terrible tragedia que iba a soportar, Jesús estaba haciendo cuanto podía para mantenerlos cerca suyo. Que recordaran su gran dependencia de Dios. Teniendo fresca en sus mentes la experiencia del Getsemaní estarían mejor capacitados para encarar su desilusión, ceguera, incredulidad y abandono. Estarían mejor capacitados para vencer sus debilidades una vez que Él hubiera resucitado y los confrontara. De esa manera los mantenía juntos y tan cerca y por tanto tiempo como fuese posible.

2. Cristo entró al huerto para orar. Sus palabras sugerían que ellos también, debían comenzar a buscar a Dios en oración: «Quedaos aquí, y velad conmigo». Lucas en realidad dice que les mandó a todos orar: «Orad que no entréis en tentación» (Lc. 22:39-40).

3. Cristo se retiró a alguna distancia en el huerto llevando consigo a Pedro, Jacobo y Juan. ¿Por qué estos tres? La razón parecía ser clara. Cristo tenía una doble necesidad: la de estar a solas con Dios y la de un estrecho compañerismo y oración de parte de los que estaban más cercanos a Él. Esto resulta más evidente en la discusión del v. 38).

«Buscad a Jehová y su poder; buscad su rostro continuamente» (1 Cr. 16:11).

«Pedid, y se os dará; buscad y hallaréis; llamad, y se os abrirá» (Mt. 7:7).

«También les refirió Jesús una parábola sobre la necesidad de orar siempre, y no desmayar» (Lc. 18:1).

«¿Está alguno entre vosotros afligido? Haga oración. ¿Está alguno alegre? Cante alabanza» (Stg. 5:13).

Pensamiento 1. En tiempos de gran prueba la persona necesita un huerto, un lugar privado donde pueda estar totalmente a solas con Dios.

Pensamiento 2. Hay dos cosas esenciales cuando encaramos una hora de desesperante necesidad.

1) Retirarnos, estar totalmente a solas en un sitio privado.
2) Orar y compartir nuestra necesidad con Dios.

Pensamiento 3. Note algo de suprema importancia: ¿Cómo afecta nuestra hora de desesperación a nuestros seres queridos? Cristo estaba pensando tanto en la necesidad de sus discípulos como en la propia. Los mantenía juntos y los alentaba a orar por sí mismos y por Él.

ESTUDIO A FONDO 1

(26:36) ***Getsemaní:*** la palabra «*Getsemaní*» significa *prensa de aceite o prensa de olivo*. El Getsemaní era un huerto en el monte de los Olivos. Probablemente era un jardín de olivos, situados con hermosura en las laderas de la montaña y con vista sobre toda la zona alrededor incluyendo la ciudad de Jerusalén. Los jardines privados y públicos en las montañas circundantes eran comunes debido a la belleza de las montañas y a la falta de espacio en la ciudad. Fue a uno de esos jardines que Cristo se retiró en la hora de su desesperante necesidad.

2 (26:37-38) ***Jesucristo—muerte:*** al confrontar la muerte, Cristo sufrió agonías de angustia y dolor (*véase* Estudio a fondo 3—Mt. 26:37). Note tres cosas.

1. Cristo sufrió tanta tristeza y pena, tanto dolor interior que casi sucumbe bajo su peso. Note las palabras: «Mi alma está muy triste, hasta la muerte». El dolor y la agonía eran tan intensos que su sudor eran grandes gotas de sangre.

Dios el Padre tuvo que enviar un ángel para fortalecerlo (Lc. 22:43-44; cp. la referencia a su experiencia de He. 12:3-4, esp. 4). Aparentemente pasó ante la mente de Cristo todo lo que había soportado y todo lo que aun soportaría. Ahora todo su ser estaba centrado en el sufrimiento que debía experimentar como aquel que lleva los pecados del mundo. La visión mental le oprimió literalmente su cuerpo físico, casi al punto del quebranto. (*Véase* Estudio a fondo 2—Mt. 26:37-38.)

2. Cristo estaba sufriendo tanta angustia y dolor que pidió la presencia de sus amigos íntimos. Necesitaba que ellos *oraran* por Él y le fueran un *consuelo.* Esto lo de muestran sus palabras «velad *conmigo*». Cristo necesitaba estar a solas con Dios, pero también necesitaba la presencia de amigos íntimos que oraran por Él. El solo hecho de saber que estaban cerca orando por Él y sintiendo con Él le sería un vigoroso aliento.

3. Cristo les advirtió: Velen y oren también por ustedes mismos. Los discípulos estaban a punto de soportar la mayor prueba de sus vidas, y no lo sabían. En apenas unas pocas horas se apartarían. Necesitaban desesperadamente orar para «no entrar en tentación» (v. 14); para que la profundidad del pecado no los desalentase al extremo de sentirse demasiado indignos para el arrepentimiento.

Pensamiento 1. La mayor enseñanza del Getsemaní tal vez sea ésta: debemos luchar a cualquier precio contra el pecado. Es una lección que la escritura proclama claramente:

«Considerad a aquel que sufrió tal contradicción [hostilidad] de pecadores contra sí mismo, para que vuestro ánimo no se canse hasta desmayar» (He. 12:3).

Cristo luchó contra el pecado, contra la tentación de salvar al mundo de alguna otra forma que no fuese la cruz (que significaba ser separado de su Padre). Luchó y luchó contra la tentación, experimentando una tensión tan fuerte que su sudor fue como «*grandes* gotas de sangre» (Lc. 22:44). ¡Imagine solamente luchar contra el pecado hasta ese extremo! (*Véase* nota—Mt. 27:26-44.)

Pensamiento 2. Hay un tema en el que hay que meditar de vez en cuando: es la gran agonía que Cristo sufrió por nosotros. Nada ilustra mejor su gran agonía que el huerto de Getsemaní.

Pensamiento 3. Piense en el enorme amor del Señor por nosotros. Anticipó todo lo que sufriría por nosotros. Todo había sido abierto ante su mente, no obstante, estuvo dispuesto a rendirse a sí mismo y soportarlo todo (para una rápida visión de todo lo que iba a soportar, mire brevemente la nota, pt. 1—Mt. 26:37-38).

Pensamiento 4. La presencia, oración y consuelo de amigos íntimos puede ser una tremenda fuente de ayuda cuando estamos ante desesperantes necesidades.

ESTUDIO A FONDO 2

(26:37-38)***Jesucristo, sufrimiento—muerte:*** las palabras jamás podrían expresar lo que Cristo experimentó. Las palabras son sencillamente inadecuadas, totalmente inadecuadas. Usar todas las palabras descriptivas del mundo sería tan inadecuado para describir los sufrimientos de Cristo como usar una jeringa para secar el océano.

1. La *agonía mental y emocional.* El peso, la presión, angustia, pena, y extrema angustia como ningún hombre la había experimentado. Él era el Hijo de Dios, Hacedor del cielo y de la tierra, y, sin embargo, las imágenes mentales y los pensamientos están pesando tan agudamente sobre su espíritu, las imágenes y pensamientos de...

- la *incredulidad* de todos los hombres.
- el *rechazo* de su propio pueblo, los judíos.
- la *malicia* de los líderes del mundo, tanto judíos como gentiles, religiosos como civiles.
- la *traición* de uno de sus propios hombres, Judas.
- el *ser abandonado* de todos sus hombres.
- la *negación* del líder de sus propios hombres, Pedro.
- la *injusticia y condena* en su juicio.
- la *verguenza y el dolor* de ser azotado, escupido, golpeado, maldecido, burlado, coronado con espinas, y ser clavado a la cruz y muerto.

2. La *experiencia física de la muerte siendo* Él *el Hijo de Dios.* ¿Qué se siente como Hijo de Dios al morir como mueren los hombres? Si solamente se considerase el aspecto físico de la muerte de Cristo, todavía sería diferente a la de todos los otros hombres.

a. Cristo, como Hijo de Dios, poseía la propia semilla, la cualidad, ingrediente y energía de la vida en su propio ser (*véase* Estudio a fondo 1—Jn. 17:2-3).

b. Cristo, como Hijo de Dios, no tenía en sí ninguna simiente, cualidad o ingrediente de la muerte (Jn. 14:6; 1 Ti. 6:16; 1 Jn. 1:1-2; cp. Jn. 1:4); en cambio el hombre sí. El hombre tiene en sí mismo la simiente de corrupción y muerte. La naturaleza pecadora del hombre no conoce nada y no espera nada sino la muerte, en cambio la naturaleza inmaculada de Cristo no sabe nada de pecado y muerte. Su naturaleza inmaculada y la agonía de la muerte tenían que ser necesariamente tan diferentes a la muerte del hombre como el blanco es diferente al negro.

También hay otro punto que considerar. El hombre es humillado en la muerte. No importa cuanto luche el hombre por vivir, su cuerpo envejece más y más, hasta que es llevado al sepulcro y se convierte en polvo de la tierra. Pero Cristo no; Cristo fue sin pecado y perfecto aun en su naturaleza humana. Su naturaleza humana nada sabía de la muerte. ¡Imagine qué humillación; el Hijo de Dios, el Hombre perfecto, el perfecto Dios, teniendo que morir en esta tierra! ¡No es de asombrarse entonces que «comenzó a entristecerse y a angustiarse en *gran manera!*» No es de asombrarse que dijera: «Mi alma está muy triste, *hasta la muerte*». De alguna forma misteriosa Dios hizo que Cristo fuese pecado por nosotros (2 Co. 5:21).

3. La experiencia *espiritual de la muerte* siendo Él el Hijo de Dios (*véanse* nota—Mt.5:17-18; Estudio a fondo 3—8:20; nota—Ro. 8:2-4). Hay aquí un gran contenido, sin embargo, es tan poco lo que se puede conocer.

a. Primero ¿cómo es ser sin pecado? Cristo, hecho a la imagen del hombre y siendo plenamente hombre, fue sin pecado. Vivió como viven todos los hombres encarando todas las pruebas y tentaciones que los hombre encaran, sin embargo, nunca pecó. Era sin pecado. Se convirtió en el hombre perfecto en el Hombre ideal; en todo lo que Dios quiere que el hombre sea. Llegó a ser el Modelo para todos los hombres.

«Porque no tenemos un sumo sacerdote que no pueda compadecerse de nuestras debilidades, sino uno que fue tentado en todo según nuestra semejanza, *pero sin pecado*» (He. 4:15; cp. 2 Co. 5:21; 1 P. 2:22; 1 Jn. 3:5).

«Y aunque era Hijo, por lo que padeció aprendió la obediencia; y habiendo sido perfeccionado, vino a ser autor de eterna salvación para todos los que le obedecen» (He. 5:8-9).

b. Segundo, ¿Qué se siente al llevar todos los pecados del mundo? Qué se siente al ser perfecto y sin pecado y de pronto llevar la carga de todos los pecados del mundo? De alguna manera misteriosa Dios tomó todos los pecados del mundo y los cargó sobre el *cuerpo de pecado* sobre Cristo. De alguna manera misteriosa Dios hizo que Cristo fuese pecado por nosotros (2 Co. 5:21). Cristo, como el Hombre ideal, llegó a ser el Portador ideal del pecado. Él cargó todos los pecados y todo lo que causa pecado. Toda ...

- oscuridad
- suciedad
- peso
- lucha
- conflicto
- salvajismo
- culpa
- enemistad
- guerra
- consumación
- contaminación
- impureza
- preocupación
- presión
- ansiedad
- tortura
- turbulencia
- ponzoña
- corrupción
- perturbación

«Todos nosotros nos descarriamos como ovejas, cada cual se apartó por su camino; mas Jehová cargó en él el pecado de todos nosotros» (Is. 53:6).

«Porque Cristo, cuando aún éramos débiles, a su tiempo murió por los impíos» (Ro. 5:6).

«Cristo murió por nuestros pecados, conforme a las Escrituras» (1 Co. 15:3).

«Al que no conoció pecado, por nosotros lo hizo pecado, para que nosotros fuésemos hechos justicia de Dios en él» (2 Co. 5:21).

«Así también Cristo fue ofrecido una sola vez para llevar los pecados de muchos; y aparecerá por segunda vez, sin relación con el pecado, para salvar a los que le esperan» (He. 9:28).

«Quien llevó él mismo nuestros pecados en su cuerpo sobre el madero, para que nosotros, estando muertos a los pecados, vivamos a la justicia; y por cuya herida fuisteis sanados» (1 P. 2:24).

c. ¿Qué se siente llevando todo el juicio y toda la condena por el pecado de todos los hombres? ¿Qué se siente ser juzgado y condenado por todos los pecados que se hayan cometido? Cristo sufrió por los pecados de todo el mundo, sufrió la *separación* de Dios. El misterio aterrador de su experiencia infernal se evidencia en su clamor desde la cruz: «Dios mío, Dios mío, ¿por qué me has desamparado?» (*véanse* nota y Estudio a fondo 1—Mt.27:26-44; nota—27:46-49; nota y Estudio a fondo 1—1 P. 2:21-25).

«Mas él herido fue por nuestras rebeliones, molido por nuestros pecados; el castigo de nuestra paz fue sobre él, y por su llaga fuimos nosotros curados» (Is. 53:5).

«Cristo nos redimió de la maldición de la ley, hecho por nosotros maldición (porque está escrito: Maldito todo el que es colgado de un madero)» (Gá. 3:13).

«Pero vemos a aquel que fue hecho un poco menor que los ángeles, a Jesús, coronado de gloria y de honra, a causa del padecimiento de la muerte, para que por la gracia de Dios gustase la muerte por todos» (He. 2:9).

«Porque también Cristo padeció una sola vez por los pecados, el justo por los injustos, para llevarnos a Dios, siendo a la verdad muerto en la carne, pero vivificado en espíritu» (1 P. 3:18).

ESTUDIO A FONDO 3

(26:37) ***Entristecerse** (lupheistai—angustiarse mucho) (ademonein): entristecido* significa apenado, apesadumbrado, dolorido. Significa ser consumido por el intenso dolor del corazón. *Muy angustiado* significa estar preocupado, desmayado, perturbado. Significa ser *presa* de intensa pesadumbre del alma. *Muy angustiado* ilustra problemas y desmayo causados por una *calamidad inesperada*. Es consternación, preocupación que impulsa al hombre a estar solo, porque es inc apaz de estar en compañía. Tiene desesperada necesidad de quieud, necesita unos pocos compañeros que entiendan y puedan ayudar a llevar el problema.

[3] (26:39) ***Jesucristo, muerte:*** al confrontar la muerte, Cristo se volvió a Dios, orando con fuerte clamor y lágrimas (cp. He. 5:7). Cuatro cosas se ven en este versículo.

1. Cristo se fue para estar totalmente a solas, y se postró ante Dios. Lucas dice que se apartó a la distancia de un «tiro de piedra» desde donde estaban los tres discípulos. Note dos puntos significativos: (a) Necesitaba estar a solas con Dios; estaba desesperado. (b) Cayó sobre su rostro; la presión y el peso eran insoportables.

2. Cristo oró: «Padre mío [*pater mou*]». Note que Cristo llamaba a Dios: «Padre mío». Como un pequeño que llama a su padre todos los días. Es el destinatario del amor de un niño, de la dependencia y confianza del niño. El niño sabe que su padre oirá y se volverá a Él cuando le dice: *Padre.* Pero note también la exclamación implícita en «Padre mío [Oh mi Padre]». Cristo estaba quebrantado,

aplastado, caído, postrado al suelo. En su desesperación clamó tal como clama un niño, así clamó a su Padre en infantil quebrantamiento y dependencia. Sabía que su Padre le oiría y se volvería a Él para ayudarle.

3. Cristo pidió que hiciera pasar la copa de Él. (*Véase* Estudio a fondo 4, ***Copa***—Mt. 26:39. *Véase* también Estudio a fondo 1—Mt. 27:26-44; cp. Mt. 20:19.) Aquí se ven claramente la naturaleza y voluntad de Cristo. Él era tan humano como cualquier humano. De modo que imploró a Dios que escoja, si fuere posible, otro camino que el de la copa (cruz). La experiencia de ser separado en la cruz de su Padre era demasiado.

4. También se ven claramente la naturaleza y voluntad divinas de Cristo. Note las palabras del Señor: «Pase de mí esta copa, pero .... » El primer acto e impulso, la primera lucha y movimiento de su voluntad provenía de su carne: escapar de la copa de ser separado de Dios. Pero el segundo acto e impulso, la segunda lucha y movimiento de su voluntad provenía de su naturaleza divina: no hacer como Él quería, sino lo que Dios quería.

El sometimiento de Cristo a la perfecta voluntad de Dios era esencial.

- Por someterse es que fue hecho perfecto para estar delante de Dios como el Hombre perfecto e ideal.
- Por someterse y ser el Hombre ideal y perfecto es que su justicia todavía puede ser levantada en favor de cada persona.
- Por someterse a ser el Hombre perfecto e ideal es que Cristo pudo soportar la copa de la ira de Dios contra el pecado *por todo hombre.*
- Por someterse a ser el Hombre ideal y perfecto es que su sacrificio y sufrimiento todavía tienen valor para levantarse en favor de cada persona.

«Pero vemos a aquel que fue hecho un poco menor que los ángeles, a Jesús, coronado de gloria y de honra, a causa del padecimiento de la muerte, para que por la gracia de Dios gustase la muerte por todos. Porque convenía a aquel por cuya causa son todas las cosas, y por quien todas las cosas subsisten, que habiendo de llevar muchos hijos a la gloria, perfeccionase por aflicciones al autor de la salvación de ellos» (He. 2:9-10).

«Y aunque era Hijo, por lo que padeció aprendió la obediencia; y habiendo sido perfeccionado, vino a ser autor de eterna salvación para todos los que le obedecen» (He. 5:8-9).

«Al que no conoció pecado, por nosotros lo hizo pecado, para que nosotros fuésemos hechos justicia de Dios en él» (2 Co. 5:21).

Pensamiento 1. Aquí hay tres cuadros vivos que deben hablar a nuestros corazones.

1) El cuadro de la dependencia y confianza de Cristo en su Padre, semejante a la de un niño.
2) El cuadro de Cristo sorbiendo la espantosa copa de la ira de Dios *en nuestro lugar.*
3) El cuadro de la enorme obligación que tenemos hacia Cristo; la obligación de apreciar y expresar nuestro aprecio en amor, adoración, culto y servicio.

Pensamiento 2. Note tanto la voluntad humana como la voluntad divina de Cristo. El primer impulso, el de la voluntad humana, es obtener y poseer lo que uno desea; pero el segundo impulso, el de la voluntad divina es hacer lo que Dios quiere. Los creyentes genuinos son partícipes «de la naturaleza divina» (1 P. 1:4). Por eso poseen las dos clases de voluntad. Note que esta es una buena manera de describir la tentación. El primer impulso de hacer lo que uno quiere proviene de la voluntad humana, pero el segundo impulso, el de hacer lo que Dios quiere, proviene de la voluntad divina. Lo que tenemos que aprender es rendirnos a la voluntad divina, al impulso divino, tal como lo hizo Cristo.

«Pero vemos a aquel que fue hecho un poco menor que los ángeles, a Jesús, coronado de gloria y de honra, a causa del padecimiento de la muerte, para que por la gracia de Dios gustase la muerte por todos. Porque convenía a aquel por cuya causa son todas las cosas, y por quien todas las cosas subsisten, que habiendo de llevar muchos hijos a la gloria, perfeccionase por aflicciones al autor de la salvación de ellos» (He. 2:9-10).

«Y aunque era Hijo, por lo que padeció aprendió la obediencia; y habiendo sido perfeccionado, vino a ser autor de eterna salvación para todos los que le obedecen» (He. 5:8-9).

«Al que no conoció pecado, por nosotros lo hizo pecado, para que nosotros fuésemos hechos justicia de Dios en él» (2 Co. 5:21).

ESTUDIO A FONDO 4

(26:39) ***Copa:*** Jesucristo no temía ni rehuía a la muerte misma. Ello se evidencia en Jn. 10:17-18. Morir por una causa no es un precio tan alto. Muchos hombres han muerto de esa manera, sin temor, dispuestos, algunos tal vez murieron una muerte más cruel que Cristo mismo. Lo que le ocurría a Cristo no era el temor a la traición, a los azotes, la humillación y la muerte, y todo ello incrementado por saberlo anticipadamente. Ya se dijo, algunos hombres han encarado valientemente persecuciiones semejantes, al punto incluso de buscar el martirio por una causa. Desde el comienzo mismo el Señor sabía que debía morir, y habia estado preparando a sus discípulos para ello (cp. Mt. 26:1-2). No era simplemente sufrimiento humano o fisico lo que aterraba a Cristo. Semejante explicación de la experiencia en el Getsemaní sería totalmente inadecuada. La gran copa de prueba que Jesús estaba encarando era la separación de Dios (*véase* Estudio a fondo 2—Mt. 26:37-38). Jesús sería el «Cordero sacrificial de Dios» que quita los pecados del mundo (Jn. 1:29). Él debía cargar el juicio y la ira de Dios por los pecados del mundo (*véase* nota—Mt. 27:46-49); cp. Is. 53: 10). Jesús mismo ya había hablado de la *copa* al referirse a su muerte sacrificial (*véanse* Estudio a fondo 2—Mt. 20:22-23; nota—Mr.14:35-36; Estudio a fondo 2—Jn. 18:11).

1. La Escritura dice diversas cosas de la copa.

«Despierta, despierta, levántate , oh Jerusalén, que bebiste de la mano de Jehová el cáliz de su ira; porque el cáliz de aturdimiento bebiste hasta los sedimentos» (Is. 51:17).

2. La copa es asociada al sufrimiento y a la ira de Dios.

«Sobre los malos hará llover calamidades; fuego, azufre, y viento abrasador será la porción del cáliz de ellos» (Sal. 11:6).

«Diciendo: Padre, si quieres, pasa de mí esta copa; pero no se haga mi voluntad, sino la tuya» (Lc. 22:42).

3. La copa también es asociada con la salvación. Puesto que Cristo bebió por nosotros la copa del sufrimiento y de la ira de Dios, nosotros podemos tomar «la copa de la salvación, e invocaré el nombre de Jehová» (Sal. 116:13). Cristo soporta el juicio de Dios por los pecados del mundo.

«Con todo eso, Jehová quiso quebrantarlo, sujetándolo a padecimiento. Cuando haya puesto su vida en expiación por el pecado, verá linaje, vivirá por largos días, y la voluntad de Jehová será en su mano prosperada» (Is. 53:10).

[4] (26:40-41) ***Jesucristo, muerte:*** al confrontar la muerte Cristo estaba solo, ignorado por sus amigos más íntimos.

1. Se levantó de la oración y fue hacia los tres que supuestamente estaban orando por Él. Pero dormían. El compañerismo, el espíritu de oración y el consuelo anhelado, no estaban allí. Todos dormían. Jesús había quedado solo para luchar a solas con Dios.

2. Cristo les advirtió el peligro de la tentación. Los discípulos habían fracasado en orar por Él, pero no deben fracasar en orar por sí mismos. Cristo dijo: «velad y orad.» Ambas cosas eran importantes. *Velar* significa ver y *orar* significa prepararse. Debían velar para ver venir la tentación, y debían orar para estar preparados a recibir el ataque de la tentación.

3. Cristo les advirtió sobre la carne y sus debilidades. Ellos dormían debido a la tensión emocional y a la angustia de la noche. Como dice Lucas, dormían porque estaban *tristes,* es decir, a causa de la tristeza (Lc. 22:45). La noche había causado su impacto y cobrado su precio. Estaban cansados, fatigados, y preocupados. Es difícil concentrarse en oración. Probablemente lucharon para permanecer despiertos y orar por su Señor. Pero la importancia de la oración y la dependencia espiritual de Dios para encarar las pruebas no había sido captada aun. Estaban cometiendo dos errores que son comunes entre los creyentes.

a. Los discípulos estaban dependiendo de su propia sabiduría y fuerza en vez de depender del Espíritu de Dios para luchar las batallas que pudieran esperarlos.

b. Los discípulos daban por concedida la liberación de Dios, en vez de asegurarse su liberación por medio del testimonio y la oración. Creían que Cristo era el Mesías; por eso creían que Dios lo iba a librar de los romanos cualquiera fuese la circunstancia. Como hombres carnales, físicos, los discípulos probablemente pensaron que la oración poco importaba. Suponían, sencillamente, que Dios obraría, dando por sentado que lo libraría. Lo que Cristo les dijo era: «Velad y orad, porque solo velando y orando pueden evitar el apartamiento cuando venga la prueba». Velar y orar son acciones que *testifican* de Dios.

Este punto tiene que ser destacado: velar y orar son acciones que *testifican* de Dios. Cuando los hombres velan y oran, demuestran que su dependencia y confianza en Dios está bien fundamentada. Cuando Dios responde las oraciones de los hombres, demuestra que ama y cuida y libra a los que realmente esperan en Él. Sin velar y orar, Dios permite que los hombres caigan, a efectos de enseñarles que la dependencia y confianza en Él son absolutamente esenciales.

4. Estaban fallando en permanecer despiertos y orar, de velar y velar en oración. Sus espíritus no estaban suficientemente vivos ni suficientemente alertos para vencer la carne. La somnolencia y el cansancio de la carne eran más fuertes que el espíritu (*véase* nota, pt. 2—Mt. 26:42-44; cp. Ef. 6:18).

«Bienaventurados aquellos siervos a los cuales su Señor, cuando venga, halle velando; de cierto os digo que se ceñirá, y hará que se sienten a la mesa, y vendrá a servirles» (Lc. 12:37).

«Porque todos vosotros sois hijos de luz e hijos del día; no somos de la noche ni de las tinieblas. Por tanto, no durmamos como los demás, sino velemos y seamos sobrios» (1 Ts. 5:5-6).

«Sed sobrios, y velad; porque vuestro adversario el diablo, como león rugiente, anda alrededor buscando a quien devorar» (1 P. 5:8).

«Conozco, oh Jehová, que el hombre no es Señor de su camino, ni del hombre que camina es el ordenar sus pasos» (Jer. 10:23).

Pensamiento 1. Ningún creyente nunca está solo. Aun cuando sus amigos más íntimos descuiden el espíritu de oración y consuelo, Dios está con ellos.

Pensamiento 2. Hay muchas pruebas que surgen inmediata e inesperadamente. Saltan sobre nosotros. Solamente la oración incesante nos prepara para la crisis (cp. Ef. 6:18).

Pensamiento 3. La carne lucha contra el espíritu (Gá. 5:17).

[5] (26:42-44) ***Jesucristo, muerte:*** al confrontar a la muerte, Cristo siguió orando, agonizando por ser librado.

1. Por segunda vez pidió que el Padre hiciera pasar la copa de Él. Mateo es el único escritor que nos da las palabras de Cristo en esta segunda oración. Marcos solamente registra que dijo «las mismas palabras» (Mr. 14:39). Hay dos conceptos en cuanto a lo que Jesús estaba diciendo.

a. Algunos comentaristas afirman que Jesús estaba aceptando la copa y el hecho de tener que beberla: «Si no puede pasar de mí esta copa sin que yo la beba, hágase tu voluntad». Al leer de esta manera el versículo, la batalla parece estar ganada. Aparentemente Cristo ya ha aceptado el hecho de que no había otro camino que beber la copa. Su naturaleza humana ya parecía estar sujeta a la naturaleza divina.

b. Otros comentaristas entienden el versículo como diciendo lo que dice Marcos: «Otra vez fue y oró, *diciendo las mismas palabras*» (Mr. 14:39). Cristo seguía orando y agonizando para ser librado de la copa. Por supuesto, estaba dispuesto a beberla, pero su alma clamaba con grandes lágrimas por otro camino. Siempre es preciso recordar dos hechos.

Primero, Cristo no estaba rehusándose a morir; lo que rehusaba era beber la copa de la separación de Dios.

Segundo, la presión de soportar el sufrimiento de todo el mundo, siendo Él el Hijo del Hombre, era insoportable. Se sentía morir, y la Escritura parece indicar esto mencionando que un ángel fue enviado para fortalecerlo ante semejante presión.

2. Nuevamente, Cristo halló durmiendo a los discípulos. Note que «los ojos de ellos estaban cargados de sueño». Esto indica que lucharon contra el sueño, pero fueron vencidos. No podían sacudirse su ...

- somnolencia física.
- ceguera espiritual (al no aceptar las profecías anteriores de Cristo referidas a su propia muerte).
- la seguridad carnal (asumiendo que Dios obraría).

3. Cristo oró por tercera vez, diciendo las mismas palabras (v. 44). La presión era insoportable. Necesitaba alivio. Note: esta era la tercera vez que Cristo oraba, y note la afirmación: «las mismas palabras» (*ton auton logon*). Esto parece estar diciendo que luchaba con el mismo *espíritu agonizante,* batallando por *ser librado* de la presión que amenazaba su vida. Tres *veces* vino a Dios derramando su alma, con grandes lágrimas, pidiendo *liberación.* Con ello demostró para siempre la necesidad de perseverar en la oración a efectos de obtener liberación de la agonizante presión. Dios contesta la oración perseverante.

«Pedid, y se os dará; buscad y hallaréis; llamad, y se os abrirá» (Mt. 7:7).

«Perseverando en la oración, velando en ella con acción de gracias» (Col. 4:2).

«Someteos, pues, a Dios; resistid al diablo, y huirá de vosotros. Acercaos a Dios, y él se acercará a vosotros. Pecadores, limpiad las manos; y vosotros los de doble ánimo, purificad vuestros corazones» (Stg. 4:7-8).

Pensamiento 1. La gran enseñanza del Getsemaní es la oración perseverante, y el mismo Señor nos da el mayor ejemplo de perseverar en oración. Al encarar la presión y el terror de las pruebas de la vida, Cristo nos enseña, mediante su ejemplo, a buscar alivio viniendo a Dios en oración. Y nos enseña a permanecer delante de Dios —pidiendo y pidiendo, orando y orando— continuando y perseverando hasta tener respuesta de Dios. (*Véanse* bosquejos y notas— Mt. 7:7; cp. Ef. 6:18; Lc. 18:1-18.)

Pensamiento 2. Hay tres enemigos que constantemente se oponen a la oración perseverante, que deben ser combatidos y rechazados (*véase* nota, pt. 2—Mt. 26:42-44).

1) La somnolencia física.
2) La ceguera espiritual de no creer las palabras del Señor y querer entender e interpretarlo como nosotros pensamos en vez de dejar que él hable por nosotros.
3) Seguridad carnal; dando por sentada la obra Dios y presumiendo de ello.

6 (26:45-46) ***Jesucristo, muerte:*** al confrontar a la muerte Cristo recibió gran ayuda, gran paz y gran valor.

1. Las palabras de él mismo dan evidencia de gran alivio: «Dormid ya, y *descansad*». La agonía de Cristo, su desesperada necesidad de amigos que «velen» con Él, había pasado ahora. Dios había dado gran alivio a su alma. El tono mismo de sus palabras a los discípulos revela un espíritu calmo, paz mental, un alivio de la tensión física y emocional que estaba a punto de matarlo. Dios suplió su necesidad de una manera por demás maravillosa.

«El día que clamé, me respondiste; me fortaleciste con vigor en mi alma» (Sal. 138:3).

«Y se le apareció un ángel del cielo para fortalecerle» (Lc. 22:43).

«Y Cristo, en los días de su carne, ofreciendo ruegos y súplicas con gran clamor y lágrimas al que le podia librar de la muerte, fue oído a causa de su temor reverente» (He. 5:7; cp. He. 5:7-9).

2. Las palabras de Jesús son evidencia de gran valor: «He aquí ha llegado la hora, y el Hijo del Hombre es entregado en manos de pecadores». Note dos cosas:

a. Ahora no rehuía a nada, no había agonía ni desesperación. Cristo recibió alivio y fue fortalecido; estaba listo para encarar los sufrimientos necesarios para obtener la salvación del hombre.

b. Cristo decia que era «entregado en manos de pecadores». Todos los que participaron en su muerte eran *pecadores. Su* muerte fue el crimen más horrendo de la historia. Él, el Hijo del Hombre, el Hombre ideal y perfecto, fue muerto por hombres. Sin embargo, aquí dice aun más: Cristo murió por los pecados del mundo. Fueron los pecados de cada individuo los que lo llevaron a la crucifixión. Cada pecado es un acto de rebelión, de simplemente decir: «¡No!» a Dios (Ro. 3:23). Por eso, cada persona es culpable de llevar a Cristo a la muerte. En cierto sentido cada pecado y cada acto de rebelión crucifica «de nuevo para sí mismos al Hijo de Dios y exponiéndolo a vituperio» (He. 6:6).

Pensamiento. Note un punto esencial: Dios no le dio a Cristo lo que Cristo pidió; es decir, Dios no quitó la copa. Cristo tuvo que beber la copa; sin embargo, Dios contestó su oración. Dios quitó la agonía y lo fortaleció para soportar la copa. Dios lo guardó del fracaso. La enseñanza es clara: A veces Dios contesta con «No» nuestras oraciones. Pero nos fortalece y nos da algo mucho mejor.

«El hacer tu voluntad, Dios mio, me ha agradado, y tu ley está en medio de mi corazón» (Sal. 40:8).

«No puedo yo hacer nada por mí mismo; según oigo, así juzgo; y mi juicio es justo, porque no busco mi voluntad, sino la voluntad del que me envió, la del Padre» (Jn. 5:30).

«El cual se dio a sí mismo por nuestros pecados para librarnos del presente siglo malo, conforme a la voluntad de nuestro Dios y Padre» (Gá. 1:4).

«Y andad en amor, como también Cristo nos amó, y se entregó a símismo por nosotros, ofrenda y sacrificio a Dios en olor fragante» (Ef. 5:2).

«Entonces dije: He aqui que vengo, oh Dios, para hacer tu voluntad, como en el rollo del libro está escrito de mi. Diciendo primero: Sacrificio y ofrenda y holocausto y expiaciones por el pecado no quisiste, ni te agradaron (las cuales cosas se ofrecen según la ley), y diciendo luego: He aqui que vengo, oh Dios, para hacer tu voluntad; quita lo primero, para establecer esto último. En esa voluntad somos santificados mediante la ofrenda del cuerpo de Jesucristo hecha una vez para siempre .... Pero Cristo, habiendo ofrecido una vez para siempre un solo sacrificio por los pecados, se ha sentado a la diestra de Dios» (He. 10:7-10, 12).

1 **Jesús es traicionado**
a. Era un apóstol
b. Tenía una multitud
c. Todos armados
d. Enviados por los religiosos
2 **Cuadro 1: traición de Judas**
a. El engañador hizo sus planes
b. El engañador ejecutó sus planes
c. El engañador fue consultado incisivamente: ¿A qué has venido?
3 **Cuadro 2: militancia carnal de Pedro**

G. El Mesías, traicionado, arrestado y abandonado: cuatro cuadros de la entrega, 26:47-56 (Mr. 14:43-52; Lc. 22:47-53; Jn. 18:3-11)

47 Mientras todavía
hablaba, vino Judas, uno de
los doce, y con él mucha
gente con espadas y palos,
de parte de los principales
sacerdotes y de los ancianos
del pueblo.
48 Y el que le entregaba les
había dado señal, diciendo:
Al que yo besare, ése es:
prendedle.
49 Y en seguida se acercó
a Jesús y dijo: ¡Salve, Mae-
stro! Y le besó.
50 Y Jesús le dijo: Amigo,
¿a qué vienes? Entonces se
acercaron y echaron mano
a Jesús, y le prendieron.
51 Pero uno de los que
estaban con Jesús, exten-
diendo su mano, sacó su
espada, e hiriendo a un
siervo del sumo sacerdote,
le quitó la oreja.
52 Entonces Jesús le dijo:
Vuelve tu espada a su lu-
gar; porque todos los que
tomen espada, a espada
perecerán.
53 ¿Acaso piensas que no
puedo ahora orar a mi Pa-
dre, y que él no me daría
más de doce legiones de
ángeles?
54 ¿Pero cómo entonces
se cumplirían las Escri-
turas, de que es necesario
que así se haga?
55 En aquella hora dijo
Jesús a la gente: ¿Como
contra un ladrón habéis
salido con espadas y con
palos para prenderme? Cada
día me sentaba con vosotros
enseñando en el templo, y
no me prendisteis.
56 Mas todo esto sucede,
para que se cumplan las
Escrituras de los profetas.
Entonces todos los discí-
pulos, dejándole, huyeron.

a. Interpretó mal el reino de Jesús y «combatió en la carne»
b. Jesús amonestó el compromiso carnal; amonestó el «combate en la carne»
4 **Cuadro 3: Disposición de Jesús a morir por el hombre**
a. Podía haberse salvado
b. Su propósito era cumplir las Escrituras y morir (cp. v. 56)
5 **Cuadro 4: dos compromisos trágicos**
a. Compromiso que se opone a Jesús; respuesta del mundo
b. Compromiso que abandona a Jesús; huida de los discípulos

G. El Mesías, traicionado, arrestado y abandonado: cuatro cuadros de la entrega, 26:47-56

(26:47-56) ***Introducción:*** humanamente hablando, esta es una escena trágica. En unos pocos minutos Jesús es traicionado, arrestado y abandonado. Imagine solamente, encarar los tres eventos en un lapso de tiempo tan breve; ser traicionado por uno de sus propio discípulos; ser falsamente arrestado por una banda decidida a matarlo; y ser abandonado por sus amigos más íntimos, los apóstoles mismos. Jesús estaba solo. No *tenía* que ser así. Ni una sola mano o palabra abusiva o trato indigno *tenía* que ser soportado. Pero Él escogió estar allí. Estaba dispuesto a sufrir todo abuso y trato indigno para poder salvar al mundo.

Se puede aprender mucho de lo ocurrido en este acontecimiento. Hay aquí cuatro eventos separados o cuadros para ver.

1. Jesús es traicionado (v. 47).
2. Cuadro 1: compromiso engañoso—traición de Judas (vv. 48-50).
3. Cuadro 2: compromiso carnal—militancia carnal de Pedro (vv. 51-52).
4. Cuadro 3: compromiso con sentido—disposición de Jesús a morir por el hombre (vv. 53-54).
5. Cuadro 4: dos compromisos trágicos (vv. 55-56).
   a. Compromiso que se opone a Jesús: respuesta del mundo
   b. Compromiso que abandona a Jesús: huida de los discípulos.

1 (26:47) ***Judas—Jesucristo, traicionado:*** Judas traicionó a Jesús. Se lo ve a Judas guiando una multitud para arrestar a Jesús. Note los cuatro hechos mencionados.

1. Judas era uno de los doce apóstoles, alguien que profesaba ser seguidor del Señor. Hacía apenas unas horas, en la víspera, que había estado sentado a la mesa del Señor comiendo pan con Él. Ahora se lo ve ya apartado y tomando literalmente la iniciativa en la traición del Señor (cp. Hch.1:16).

> ***Pensamiento.*** Hay demasiadas personas en la iglesia que son como Judas. Profesan seguir a Cristo, pero con tanta rapidez se apartan. Algunos guían a otros en su oposición a Cristo (o justicia).

2. Judas guió a una multitud para arrestar a Jesús (*véase* nota—Lc. 22:47-48).
3. Judas se aseguró que estuvieran armados. Temía a Jesús («prendedle» había dicho, v. 48). Judas había presenciado el poder de Jesús y cómo había escapado de la multitud en ocasiones anteriores (cp. Lc. 4:30; Jn. 8:59).
4. Judas fue enviado oficialmente por los religiosos: por los principales sacerdotes y líderes (Mt. 26: 3-5, 14-16). La gente misma que debía haberlo recibido, lo rechazó. Sus enemigos más duros eran los que profesaban creer en Dios y daban dirección al pueblo en la religión.

> ***Pensamiento.*** Si Jesús volviera hoy a la tierra, ¿cuántos religiosos lo rechazarían y se opondrían a Él? De hecho ¿cuántos religiosos ya lo están rechazando? ¿Cuantos lo rechazan al ser revelado por quienes le siguen? ¿Cuántos proceden a formular una imagen de Cristo, conforme a su propia voluntad, conforme a sus propios deseos?

2 (26:48-50) ***Compromiso engañoso—traición—Judas:*** el primer cuadro presenta un compromiso engañoso, el de la traición de Judas.

1. Judas, el engañador había hecho sus planes. Sería en la oscuridad. ¿Cómo reconocería la guardia del templo a Jesús en medio de la oscuridad para evitar un escape? Judas pensó y pensó, y

concluyó con un plan. Identificaría a Jesús yendo directamente hacia Él para saludarlo con un beso. El beso era una señal de amistad y compromiso entre los orientales, particularmente entre amigos. Judas pensó que podía engañar los discípulos; nunca sospecharían de su pecado.

Pensamiento 1. El punto aquí es la planificación y el complot para el mal mientras profesaba seguir a Cristo. Cuántos profesan creer en Cristo y sin embargo planean robar, mentir, pasar chismes, pecar? ¿Cuántos profesan ser leales a Cristo y sin embargo planean su lealtad hacia alguien más? ¿Cuántos de nosotros profesamos creer en Cristo, y como Judas, planeamos servir a nuestros propios intereses?

Pensamiento 2. Cuando planeamos y nos complotamos para pecar, hacemos el rol del engañador.

2. Judas, el engañador, ejecutó su plan. Hizo lo que había planeado: «Se acercó a Jesús y dijo: ¡Salve, Maestro! Y le besó». Las palabras «le besó» (*katephilese*) son fuertes. Significan besar con fuerza, vigorosamente, apasionadamente, fervorosamente, repetidamente. O bien Judas había planeado esforzarse para ocultar su pecado o bien estaba nervioso y eso le llevó a actuar apasionadamente. El pecado era suficientemente malo en sí, pero el engaño era peor.

Pensamiento 1. Con frecuencia hacemos lo que planeamos, malo o bueno.

Pensamiento 2. Profesar fe en Cristo y vivir en pecado nos convierte en dos cosas: en traidor y en engañador. Traicionamos a Cristo y engañamos a otros.

3. Jesús hizo una pregunta penetrante: «Amigo, ¿a qué vienes?» Note que Jesús no amonestó ni reprendió a Judas. Le hizo una pregunta, una pregunta que forzó a Judas a escudriñar su engañoso corazón. Cristo aun quería alcanzar a Judas, si fuera posible. Le preguntó: «¿A qué vienes Judas? Me has saludado como fiel amigo. ¿Has venido comprometido y leal a mí?» La pregunta necesariamente tenía que penetrar y producir una aguda convicción dentro de un corazón engañoso. El engaño y el pecado fueron consumados. Cristo fue arrestado (v. 50).

«Y cada uno engaña a su compañero, y ninguno habla verdad; acostumbraron a su lengua a hablar mentira, se ocupan de actuar perversamente» (Jer. 9:5).

«Engañoso es el corazón más que todas las cosas, y perverso; ¿quién lo conocerá?» (Jer. 17:9).

«Para que ya no seamos niños fluctuantes, llevados por doquiera de todo viento de doctrina, por estratagema de hombres que para engañar emplean con astucia las artimañas del error» (Ef. 4:14).

«Mas los malos hombres y los engañadores irán de mal en peor, engañando y siendo engañados» (2 Ti. 3:13).

«Porque hay aún muchos contumaces, habladores de vanidades» (Tit. 1:10).

«Mirad, hermanos, que no haya en ninguno de vosotros corazón malo de incredulidad para apartarse del Dios vivo» (He. 3:12).

«Recibiendo el galardón de su injusticia, ya que tienen por delicia el gozar de deleites cada día. Estos son inmundicias y manchas, quienes aun mientras comen con vosotros, se recrean en sus errores. Tienen los ojos llenos de adulterio, no se sacian de pecar, seducen a las almas inconstantes, tienen el corazón habituado a la codicia, y son hijos de maldición» (2 P. 2:13-14).

«Porque muchos engañadores han salido por el mundo, que no confiesan que Jesucristo ha venido en carne. Quien esto hace es el engañador y el anticristo» (2 Jn. 7).

Pensamiento 1. Note que la gloriosa paciencia de Dios hacia nosotros fue demostrada por Cristo (cp. 2 P. 3:9).

1) Cristo se sometió a la profesión hipócrita de Judas y al maltrato de la bárbara multitud.
2) Cristo trató nuevamente de alcanzar a Judas, tal como lo había hecho antes, una y otra vez.

Pensamiento 2. Cristo nos pregunta a cada uno de nosotros: «¿Amigo, a qué vienes? ¿Por qué has venido a mí, y a la iglesia?»

1) ¿Porque estás realmente comprometido y decidido a ser leal?
2) ¿Porque buscas ganancia; posición social, negocios, un salario, seguridad, influencia, posición, reconocimiento religioso?
3) ¿Porque buscas aceptación en la comunidad?
4) ¿Porque quieres tranquilizar la conciencia; tener la suficiente religión para mantenerte sin sentimientos de culpa?
5) ¿Porque quieres complacer a familiares y amigos?
6) ¿Porque te enseñaron a venir?
7) ¿Porque todos tus amigo vienen?

Pensamiento 3. La pregunta de Cristo debe penetrar los corazones de cada uno de nosotros y despertar una profunda convicción.

3 (26:51-52) ***Carnal—Pedro:*** el segundo cuadro es el de un compromiso carnal; el de la militancia carnal de Pedro.

1. Pedro interpretó mal el reino de Jesús y «combatió en la carne». El discípulo fue Pedro, y el siervo cuya oreja fue cortada, Malco (Jn. 18:10). Jesús restauró la oreja; la sanó milagrosamente (Lc. 22:51).

Pedro pensó que la hora del Mesías había llegado. Ahora Cristo estaría listo para librar a Israel y establecer el trono de David como nación dominante en el mundo (*véanse* notas—Mt. 1:1; Estudio a fondo 2—1:18; Estudio a fondo 3—3:11; Estudio a fondo 2—11:1-6; 11:2-3; Estudio a fondo 1—11:5; notas—11:6; Estudio a fondo 1—12: 16; notas—22:42; Lc. 7:21-23). Pedro desenvainó su espada (note que llevaba espada) y atacó cortando la oreja de Malco.

2. Cristo reprendió a Pedro y su compromiso carnal, el hecho de combatir en la carne.

a. Le dijo a Pedro que volviera a colocar la espada en su lugar.
b. Sanó la oreja de Malco (Lc. 22:51).
c. Le dijo a Pedro que «los que tomen espada, a espada perecerán».

El cuadro presentado por Pedro es el del compromiso carnal, de actuar y combatir en la carne. Pedro tomó su lugar por Cristo *en la carne;* por eso fracasó. Eventualmente negaría a Cristo. Actuar en la carne siempre resulta en fracaso y abandono de Cristo. El compromiso carnal de Pedro se ve en cuatro errores. Cada uno de ellos aparece con demasiada frecuencia en las vidas de los creyentes.

1. Pedro interpretó mal la Palabra del Señor. Primero, Pedro pensó que Cristo estaba por establecer un reino terrenal. Pensaba en términos de lo terrenal, físico y material. Por eso fracasó en captar el reino espiritual y eterno (el mundo espiritual, la dimensión espiritual del ser) proclamada por Cristo. Segundo, Pedro nunca aceptó la palabra del Señor. Cristo había predicho su muerte y había advertido anticipadamente a los apóstoles; durante largos meses los había sometido a un intenso entrenamiento (*véanse* notas--Mt. 16:13-20; 16:21-28; 17:1-13; 17:22; 17:24-27). Sin embargo, Pedro se rehusó a renunciar a sus ideas preconcebidas y aceptar lo que Cristo estaba diciendo. Por eso, no alcanzaba a ver el mundo eterno del Espíritu, ni la eterna salvación que Cristo estaba adquiriendo.

2. Pedro no esperó las instrucciones de Cristo. Actuó por cuenta propia; tomó las cosas en sus propias manos. Los discípulos habían preguntado, «Señor, ¿atacaremos a espada?» Pero Jesús todavía no había contestado. Sin embargo, esto no detuvo a Pedro. Actuó por su cuenta. ¡Cuán similar a muchos de nosotros! Demasiadas veces actuamos sin esperar en el Señor.

3. Pedro no preguntó a Cristo qué hacer; no se lo preguntó una y otra vez. No persistió hasta tener respuesta de Cristo.

«Velad y orad, para que no entréis en tentación; el espíritu a la verdad está dispuesto, pero la carne es débil» (Mt. 26:41).

«Velad, pues, en todo tiempo rogando que seáis tenidos por dignos de escapar de todas estas cosas que vendrán, y de estar en pie delante del Hijo del Hombre» (Lc. 21:36).

«Buscad a Jehová y su poder; buscad su rostro continuamente» (1 Cr. 16:11).

4. Pedro no pensó con claridad, ni usó discreción, ni actuó sabiamente. Su acción pudo haber llevado al fracaso de la voluntad de Dios. Pudo haber llevado a la muerte de muchos. Esto es lo que Cristo dijo: «La violencia lleva a la violencia. Si sacas la espada los soldados te herirán.» Para el pueblo de Dios el lugar de la espada es la vaina; no será desenvainada ni dirigida contra la gente. El pueblo de Dios debe proclamar amor y paz, no guerra y violencia, no conducta carnal y natural.

«Entonces respondió y me habló diciendo: Esta es palabra de Jehová a Zorobabel, que dice: No con ejército, ni con fuerza, sino con mi Espíritu, ha dicho Jehová de los ejércitos» (Zac. 4:6).

«Yo reprendo y castigo a todos los que amo; sé, pues, celoso, y arrepiéntete» (Ap. 3:19).

«Sino santificad a Dios el Señor en vuestros corazones, y estad siempre preparados para presentar defensa con mansedumbre y reverencia ante todo el que os demande razón de la esperanza que hay en vosotros» (1 P. 3:15).

Pensamiento. Las armas de la guerra del creyente son espirituales, no físicas ni carnales (cp. 2 Co. 10:3-5; cp. Ro. 8:5-8; Gá. 5:17).

4 (26:53-54) ***Jesucristo, amor—obediencia:*** el tercer cuadro es el de un compromiso con sentido; el de la disposición de Jesús a morir por el hombre.

1. Jesús pudo haberse salvado a sí mismo. Pudo haber orado a su Padre y setenta y dos mil ángeles habrían salido en su defensa y aniquilado a sus enemigos. Jesús no necesita los débiles esfuerzos de los hombres para defenderlo. Él es Hijo de Dios, el único Hijo de Dios, y Dios va a defender a su Hijo como Él quiere.

2. Sin embargo, Jesús estaba determinado a cumplir la Escritura. Tenía que morir, y estaba dispuesto a morir por el hombre. Su vida no le fue quitada por los hombres. Él la estaba poniendo voluntariamente conforme al propósito de Dios.

«Mas él herido fue por nuestras rebeliones, molido por nuestros pecados; el castigo de nuestra paz fue sobre él, y por su llaga fuimos nosotros curados. Todos nosotros nos descarriamos como ovejas, cada cual se apartó por su camino; mas Jehová cargó en él el pecado de todos nosotros Angustiado él, y afligido, no abrió su boca; como cordero fue llevado al matadero; y como oveja delante de sus trasquiladores, enmudeció, y no abrió su boca» (Is. 53:5-7).

«Por eso me ama el Padre, porque yo pongo mi vida, para volverla a tomar. Nadie me la quita, sino que yo de mí mismo la pongo. Tengo poder para ponerla, y tengo poder para volverla a tomar. Este mandamiento recibí de mi Padre» (Jn. 10:17-18).

«A éste, entregado por el determinado consejo y anticipado conocimiento de Dios, prendisteis y matasteis por manos de inicuos, crucificándole» (Hch. 2:23).

Pensamiento 1. Cristo es el ejemplo perfecto de un compromiso con sentido. El compromiso que Dios quiere de nosotros es un compromiso con sentido: morir diariamente por Cristo y su causa (*véase* Estudio a fondo 1—Lc. 9:23).

Pensamiento 2. Propósito, sentido y significado son cosas que cada hombre desea y admira. Solo en Cristo se hallan. Solamente Él y su causa llenan el corazón del hombre con propósito, sentido y significado.

5 (26:55-56) ***Compromiso:*** el cuarto cuadro es el de dos compromisos trágicos.

1. Un compromiso de oposición a Jesús; la respuesta del mundo a Jesús

a. Note el trato que el mundo le dio a Jesús: lo trató como (1) ladrón, como al alguien que les robaría; (2) como un hombre peligroso que debe ser enfrentado con armas; y (3) como un hombre que debe ser tratado en la oscuridad y en secreto.

b. Note cómo el mundo se opuso a Jesús y le hirió el corazón. Las palabras de Jesús fueron dichas con sentimiento, dolor, y profunda tristeza.

«En aquella hora dijo Jesús a la gente: ¿Como contra un ladrón habéis salido con espadas y con palos para prenderme? Cada día me sentaba con vosotros enseñando en el templo, y no me prendisteis» (v. 55).

Cristo soportó ese trato indigno y vergonzoso, pero le lastimaba y quebrantaba el corazón. Después de todo, él era el Hijo de Dios.

«En el mundo estaba, y el mundo por él fue hecho; pero el mundo no le conoció. A lo suyo vino, y los suyos no le recibieron» (Jn. 1:10-11).

«Padre, glorifica tu nombre. Entonces vino una voz del cielo: Lo he glorificado, y lo glorificaré otra vez» (Jn. 12:28).

«Porque los habitantes de Jerusalén y sus gobernantes, no conociendo a Jesús, ni las palabras de los profetas que se leen todos los días de reposo, las cumplieron al condenarle» (Hch. 13:27).

2. Un compromiso que abandona a Jesús: huida de los discípulos. Tuvieron al menos dos motivos para huir.

a. Temían por sus propias vidas. Jesús no estaba usando su poder para librarse a sí mismo. No lo podían entender. Huyeron para salvarse.

b. Estaban desilusionados. No podían entender el comportamiento de Jesús, y por qué no aniquilaba a sus enemigos y se libraba a sí mismo. Hay un punto que debe ser destacado en cuanto a la desilusión de ellos: la culpa la tenían ellos mismo.

Primero, porque eran de mente tan cerrada; por eso eran débiles en la fe. Habían cerrado sus mentes a la totalidad de la misión y del propósito que Jesús les asignaba. Literalmente se habían *rehusado* aceptar su palabra acerca de la muerte y resurrección. Habían fracasado en captar la naturaleza espiritual y eterna de su reino. Habían simbolizado lo dicho por Jesús. Ahora que estaba ocurriendo no estaban preparados para aceptarlo. Su fe era demasiado débil.

Segundo, tenían una mentalidad mundana y materialista. Se habían aferrado a su concepto terrenal del Mesías: el Mesías vendría para inaugurar la utopía en este mundo material y físico. Por eso no estaban preparados para ver a su Maestro terrenal siendo atado y llevado prisionero por hombres de esta tierra. La fe de ellos carecía la fuerza para soportar semejante prueba.

«Así que vosotros, oh amados, sabiéndolo de antemano, guardaos, no sea que arrastrados por el error de los inicuos, caigáis de vuestra firmeza. Antes bien, creced en la gracia y el conocimiento de nuestro Señor y Salvador Jesucristo» (2 P. 3:17-18).

«Y Jesús le dijo: Ninguno que poniendo su mano en el arado mira hacia atrás, es apto para el reino de Dios» (Lc. 9:62).

«El hombre de doble ánimo es inconstante en todos sus caminos» (Stg. 1:8).

«Bienaventurado el varón que soporta la tentación; porque cuando haya resistido la prueba, recibirá la corona de vida, que Dios ha

prometido a los que le aman» (Stg. 1:12).

«Acercaos a Dios, y Él se acercará a vosotros. Pecadores, limpiad las manos; y vosotros los de doble ánimo, purificad vuestros corazones» (Stg. 4:8).

Pensamiento 1. El mundo se opone a Cristo.

1) Muchos lo tratan como ladrón. Creen que impide los placeres y evita que la gente realmente viva. Creen que sus mandamientos son causa de que la gente se pierda lo mejor de la vida.
2) Otros se oponen a Él como si fuese peligroso. En realidad blasfeman de Él y procuran borrar su nombre y su iglesia. Se oponen a Él y a su iglesia con todas las armas que pueden hallar.
3) Otros se oponen a Él complotando contra Él y pecando en la oscuridad y el secreto.

Pensamiento 2. Toda oposición y conducta vergonzosa: todo pecado lastima el corazón de Jesús. Fue por causa del pecado que Él murió (2 P. 2:24).

Pensamiento 3. Demasiados discípulos abandonan a Jesús por el mismo motivo: desilusión. Y demasiadas veces nuestra desilusión es causada por los mismos motivos; la de tener la mente cerrada o ser de mentalidad mundana y materialista.

H. El juicio del Mesías ante Caifás y el sanhedrín: lecciones en cuanto al juicio, 26:57-68
(Mr. 14:53-65;
Lc. 22:54, 63-71; cp.
Jn. 18:12-14, 19-24)

1 Jesús es llevado a juicio

2 La perturbada fe y lealtad de Pedro
a. No podía entender
b. Pero le amaba; volvió para ver el fin

3 La corte convocada apresuradamente: predeterminada en su rechazo y oposición[EF1]

4 La falsa acusación: un revolucionario
a. Muchos testigos falsos; acusaciones no convincentes
b. Dos testigos falsos; acusación convincente: es un revolucionario

57 Los que prendieron a
Jesús le llevaron al sumo
sacerdote Caifás, adonde
estaban reunidos los escribas y los ancianos.
58 Mas Pedro le seguía de
lejos hasta el patio del sumo
sacerdote; y entrando, se
sentó con los alguaciles,
para ver el fin.
59 Y los principales sacerdotes y los ancianos y todo
el concilio, buscaban falso
testimonio contra Jesús,
para entregarle a la muerte,
60 y no lo hallaron, aunque muchos testigos falsos
se presentaban. Pero al fin
vinieron dos testigos falsos,
61 que dijeron: Este dijo:
Puedo derribar el templo de
Dios, y en tres días reedificarlo.
62 Y levantándose el sumo
sacerdote, le dijo: ¿No
respondes nada? ¿Qué
testifican éstos contra ti?
63 Mas Jesús callaba.
Entonces el sumo sacerdote
le dijo: Te conjuro por el
Dios viviente, que nos digas
si eres tú el Cristo, el Hijo
de Dios.
64 Jesús le dijo: Tú lo has
dicho; y además os digo,
que desde ahora veréis al
Hijo del Hombre sentado a
la diestra del poder de Dios,
y viniendo en la nubes del
cielo.
65 Entonces el sumo
sacerdote rasgó sus vestiduras, diciendo: ¡Ha blasfemado! ¿Qué necesidad
tenemos de testigos? He
aquí, ahora mismo habéis
oído su blasfemia.
66 ¿Qué os parece? Y
respondiendo ellos dijeron:
¡Es reo de muerte!
67 Entonces le escupieron
en el rostro, y le dieron de
puñetazos, y otros le
abofeteaban,
68 diciendo: Profetízanos,
Cristo, quién es el que te
golpeó.

5 La imperturbable seguridad de Jesús

6 La afirmación de Jesús de ser el Mesías, el Hijo de Dios
a. Fue interrogado; puesto bajo juramento obligado a contestar
b. Afirmó ser el Mesías[EF2]
c. Dios dio pruebas
1) Su resurrección y exaltación[EF3]
2) Su segunda venida

7 El trágico veredicto
a. El crimen: blasfemia
b. La evidencia: su afirmación
c. La sentencia: muerte

8 Aplicación de abuso físico
a. Conducta de amargo odio
b. Burla hacia su afirmación de ser el Mesías

H. El juicio del Mesías ante Caifás y el sanhedrín: lecciones en cuanto al juicio, 26:57-68

(26:57-68) ***Introducción:*** A lo largo de todo su ministerio Cristo había sido rechazado y había sufrido oposición. Ahora era condenado oficialmente por la corte suprema de los judío, el sanhedrín. Cristo estaba parado delante de la corte y todos los sentimientos negativos de la humanidad contra Dios comenzaban a salir a la superficie: confusión, deslealtad, incredulidad, rechazo, desconsideración, oposición, amargura, enemistad, odio.

Una mirada a los principales puntos del pasaje da discernimiento a lo que realmente hay en el corazón del hombre respecto de Dios. Al estar Cristo tan magníficamente ante la corte, el creyente puede mirar y aprender lección tras lección para permanecer firme en las grandes pruebas de su propia vida.

1. Jesús es llevado a juicio (v. 57).
2. La perturbada fe y lealtad de Pedro (v. 58).
3. La corte convocada apresuradamente: predeterminada en su rechazo y oposición (v. 59).
4. La falsa acusación: un revolucionario (vv. 60-61).
5. La imperturbable seguridad de Jesús (v. 62).
6. La afirmación de Jesús: Él es el Mesías, el Hijo de Dios (vv. 63-64).
7. El trágico veredicto (vv. 65-66).
8. Aplicación de abuso físico (vv. 67-68).

[1] (26:57) ***Jesucristo, juicio:*** Jesús fue llevado a juicio. Había sido arrestado y ahora era llevado a juicio por su vida. En el lapso de apenas unas pocas horas fue juzgado al menos seis veces (*véase* Estudio a fondo 1—Lc. 22:66-71). El primer juicio fue de índole informal en presencia de Anás, el sumo sacerdote retirado, que era grandemente respetado por los líderes judíos (Jn. 18:13,19-24). El juicio en presencia de Caifás, relatado en este pasaje, fue el segundo juicio La corte (sanhedrín) ya estaba reunida. Estos eran los mismo hombres que habían arrestado a Jesús (Mt. 26:3-5). Los jueces eran el sumo sacerdote, los escribas y los ancianos, es decir, el sanhedrín, el concilio que gobernaba a los judíos en nombre de los romanos (v. 59). En una reunión convocada apresuradamente, el concilio estaba sentado esperando allí que los guardias trajeran a Jesús. Varios hechos revelan el mal de sus corazones (*véanse* nota y Estudio a fondo 1—Mt.12:10; nota—15:1-20; Estudio a fondo 2—15:6-9; nota—16:1-12; Estudio a fondo 3—16:12).

1. La corte se habían reunido apresuradamente *de noche.* Era ilegal tratar casos de noche. Todos los criminales debían ser juzgados de día.
2. La reunión fue en el palacio (hogar) de Caifás, no en la corte oficial. Esto también era ilegal. Todos los casos debían ser tratados en la corte.
3. Jesús era juzgado durante la semana de pascua. Durante esa semana no se debían realizar juicios.
4. No se habían reunido para juzgar a Jesús, sino para urdir secretamente cargos que lo condenasen a muerte.

> ***Pensamiento 1.*** Un corazón que quiere hacer el mal tuerce la verdad. Estos religiosos tuvieron que torcer la ley para poder condenar a Cristo.

Pensamiento 2. Con frecuencia es más fácil para una persona oponerse a Cristo dentro de un grupo que estando a solas. No todos los religiosos entre los reunidos sentían malicia hacia Cristo, pero la mayoría de ellos seguía la corriente de los otros. No se opusieron al trato malicioso e injusto dado a nuestro Señor. (Es dudoso que Nicodemo yJosé de Arimatea hayan sidoconvocados a la reunión ilegal, convocada apresuradamente. Sus sentimientos favorables a Cristo probablemente eran bien conocidos en el concilio. Sin embargo, esto es discutible, comp. Mt.27:57; Jn.3:1s.)

Pensamiento 3. La casa de Caifás, el líder religioso, debía haber sido un hogar ideal, con un fuerte testimonio en favor de Dios. Sin embargo, aquí se la ve como centro del mal.

Pensamiento 4. Es preciso observar y escudriñar dos cosas en nuestras vidas.

1) ¿Hasta qué punto pudo torcer la reilgión institucional las mentes de estos hombres? ¿También ha torcido nuestras mentes?

2) ¿Cuán preocupados estaban estos hombres por su seguridad personal, su posición, influencia (poder)? Cúan lejos de Dios estaban esos hombres, y ellos eran religiosos (*véanse* nota y Estudio a fondo 1—Mt. 12:10; nota—15:1-20; Estudio a fondo 2—16:9). ¿Cuánto hemos permitido que la seguridad, posición, e influencia nos aparte de Dios?

2 (26:58) ***Pedro:*** la perturbada fe y lealtad de Pedro. Pedro estaba confundido. Sencillamente no podía entender por qué Jesús no aniquilaba a sus enemigos, y por qué no establecía su reino terrenal (*véase* nota—Mt. 26:51-52). Cuando fue evidente que Jesús no iba a actuar, Pedro huyó para salvar su vida, pero no fue lejos. Su amor por Cristo lo detuvo, y ahora su amor lo estaba trayendo de vuelta para seguir a Cristo en el juicio en el palacio de Caifás. Quería ver el fin; saber qué le ocurriría a su Señor.

«Por lo cual te aconsejo que avives el fuego del don de Dios que está en ti por la imposición de mis manos. Porque no nos ha dado Dios, espíritu de cobardía, sino de poder, de amor y de dominio propio» (2 Ti. 1:6-7).

«En el amor no hay temor, sino que el perfecto amor echa fuera el temor; porque el temor lleva en sí castigo. De donde el que teme, no ha sido perfeccionado en el amor» (1 Jn. 4:18).

Pensamiento 1. Pedro estaba encerrado entre dos fuerzas: la lealtad a Cristo y el temor por sí mismo. Con frecuencia somos apresados entre las mismas fuerzas. Si nos pronunciamos en favor de Cristo, con frecuencia descubrimos que somos ridiculizados o sufrimos abusos o somos pasados por alto para alguna posición, o somos víctimas de una cantidad de otras persecuciones posibles.

Pensamiento 2. El fracaso de Pedro se debió al hecho de interpretar mal la verdad referida al Cristo (*véase* nota—Mt. 26:51-52). El hecho de no entender a Cristo nos hace fracasar ahora y nos condena al fracaso eterno.

3 (26:59) ***Religiosos:*** allí estaba la corte apresuradamente convocada, opuesta a Cristo; predeterminada en su rechazo y oposición. La corte no estaba considerando si Jesús era o no culpable. La corte estaba reunida para bu scar falsos testigos contra Cristo (cp. Sal. 35:11). Querían sentenciarlo a muerte. En sus corazones ya habían determinado rechazarlo y mantenerse opuestos a Él. Jesús era una amenaza, tanto a la nación de ellos como a su seguridad y posición personal. Temían la pérdida de ambas cosas, de modo que estaban dispuestos a darle muerte. (Para una discusión de los motivos para su oposición, *véanse* nota—Mt. 12:1-8; nota y Estudio a fondo 1—12:10; nota—15:1-20; 15:6-9; Estudio a fondo 3—16:12.)

Pensamiento. Los religiosos rechazaron a Cristo y se opusieron a É por dos principales, los dos motivos por los que la gente rechaza y se opone a Cristo hoy.

1) No estaban dispuestos a negarse a sí mismos, a rendir cuanto eran y tenían a Cristo. Temían la pérdida la pérdida de alguna seguridad, dinero, posición, placer. Amaban al mundo y se amaban a sí mismos más que a Dios.

«Por lo cual, salid de en medio de ellos, y apartaos, dice el Señor, y no toquéis lo inmundo; y yo os recibiré, y seré para vosotros por Padre, y vosotros me seréis hijos e hijas, dice el Señor todopoderoso» (2 Co. 6:17-18).

2) No estaban dispuestos a negar su religión institucional, sus rituales y ceremonias, y sus prácticas religiosas *hechas por hombres, concebidas por hombres,* destinadas a *honrar al hombre.*

«Y al que sabe hacer lo bueno, y no lo hace, le es pecado» (Stg. 4:17).

«Amado, no imites lo malo, sino lo bueno. El que hace lo bueno es de Dios; pero el que hace lo malo, no ha visto a Dios» (3 Jn. 11).

ESTUDIO A FONDO 1

(26:59) ***Sanhedrín:*** era el cuerpo gobernante de Israel, tanto el concilio gobernante como la suprema corte de los judíos. Estaba constituido por setenta y un miembros y era presidido por el sumo sacerdote. Sus miembros eran fariseos, saduceos, escribas o abogados, y los ancianos que eran líderes en el pueblo. El quorum para sesionar eran veintitrés. El poder legal de pasar sentencias de muerte había sido restringido unos veinte años antes del juicio a Jesús. Sin embargo, retenían el derecho de la excomunión (cp. Jn. 9:22). Para asegurarse de la muerte de Jesús la ley los obligaba a apelar a los romanos para obtener la sentencia de muerte.

4 (26:60-61) ***Jesucristo, acusaciones contra:*** la falsa acusación de revolucionario. Note las palabras «no lo hallaron». Los religiosos buscaban testigos falsos, pero no hallaron testigos cuyos cargos fuesen suficientemente fuertes. La ley requería dos testigos, que no tuviesen contacto entre sí, y cuyo testimonio presentara la misma evidencia. La corte debía examinarlos por separado. Aparentemente los religiosos empezaban a tener diversos problemas ...

- La evidencia de las falsas acusaciones sencillamente era demasiado débil para convencer a las autoridades romanas de la culpa de Jesús.
- En base a las acusaciones hechas no se podía formular un caso de peso.
- No podían encontrar dos testigos que estuvieran de acuerdo en una misma acusación.

Finalmente se presentaron dos testigos con una acusación que parecía ser suficientemente fuerte. Note las palabras: «Pero al fin». Por poco se derrumbaba y fracasaba el caso. ¡Imagine! Aun buscando testigos falsos no se podían establecer los cargos contra Jesús.

Note los siguientes hechos.

1. Los dos testigos que tenían un testimonio adecuado eran falsos.

2. Los dos eran hombres comunes y ordinarios. Ello se ve en la actitud sospechosa y en su animosidad pública: «Este» (*autos*) una forma irrespetuosa y maliciosa de dirigirse a una persona.

3. Los dos distorcionaron las palabras de Jesús. Jesús había dicho: «Destruid [*segunda persona plural*] este templo, y en tres días lo levantaré» (Jn. 2:19). Lo que Jesús había dicho era que los judíos serían los destructores. Pero los falsos testigos dijeron: «Este dijo: Puedo derribar [*primera persona singular*] el templo de Dios, y en tres días reedificarlo». Distorcionaron sus palabras, de modo que Él aparecía como destructor.

Además los falsos testigos interpretaron mal las palabras de Jesús. Jesús se refería a su cuerpo, el templo de su cuerpo y a la resurrección de su cuerpo. Aparentemente los judíos pensaron que se refería a destruir y reedificar, en tres días, el templo de Jerusalén. Fue esta acusación, la de ser un revolucionario, la que los religiosos consideraron que podía ser usada para convencer a los romanos a ejecutar a Jesús.

«Pero sus conciudadanos le aborrecieron, y enviaron tras él una embajada, diciendo: No queremos que éste reine sobre nosotros» (Lc. 19:14).

«No puede el mundo aborreceros a vosotros; mas a mí me aborrece, porque yo testifico de él, que sus obras son malas» (Jn. 7:7).

«Si el mundo os aborrece, sabed que a mí me ha aborrecido antes que a vosotros ... Pero esto es para que se cumpla la palabra que está escrita en su ley: Sin causa me aborrecieron» (Jn. 15:18, 25).

Pensamiento 1. Cuando los hombres están inclinados a hacer algo, con frecuencia van y lo hacen, sin importar el método.

1) Cuando una persona está inclinada a rechazar a Cristo, racionaliza y se justifica a sí misma y rechaza a Cristo.
2) Cuando una persona está inclinada a hacer algún mal, racionaliza y se justifica a sí misma y lo hace.

Pensamiento 2. Uno de los mayores errores que hacemos es distorcionar la Palabra de Cristo. Los dos testigos falsos distorcionaron y torcieron su Palabra. Cuando distorcionamos y torcemos lo que Él dijo, nos condenamos a nosotros mismos a la destrucción.

«Tened entendido que la paciencia de nuestro Señor es para salvación; como también nuestro amado hermano Pablo, según la sabiduría que le ha sido dada, os ha escrito, casi en todas las epístolas, hablando en ellas de estas cosas; entre las cuales hay algunas difíciles de entender, las cuales los indoctos e inconstantes tuercen, como también las otras Escrituras, para su propia perdición» (2 P. 3:15-16).

5 (26:62) ***Jesucristo, pruebas:*** la silenciosa seguridad de Jesús. Note estos hechos.

1. Los dos testigos que acusaron a Jesús de ser un revolucionario no se ponían de acuerdo (Mr. 14:59).

2. Jesús «mantuvo su calma». Guard silencio. No dijo nada para defenderse de los falsos cargos presentados en su contra.

3. El sumo sacerdote y la corte comenzó a perturbarse y a confundirse, tal vez ante el silencio de Jesús. Les era necesario que comenzara a hablar, esperaban que Él agregase evidencias al cargo incriminándose a sí mismo. El sumo sacerdote se volvió a Jesús con el propósito de presionarlo con arrogancia: «¿No respondes nada? ... »

«Mas Jesús callaba» (v. 63). Estaba calmo, seguro, con paz, confiado en medio de la tormenta. ¿Por qué no respondía nada?

1. Estaba en la voluntad de Dios. Había sido y era obediente a Dios. En el «determinado consejo de Dios» era voluntad de Dios que muriese (Hch. 2:23; cp. Is. 53:7; Sal. 38:13-14). Por lo tanto se sometía a las falsas acusaciones y criminales intenciones del concilio.

2. No dijo nada para no enredarse en un argumento inútil. Sería inútil responder, porque se estaría defendiendo contra una acusación falsa y contra un grupo de hombres que estaban decididos en su oposición y destrucción.

3. Solamente respondería al presentarse una oportunidad para proclamar la verdad del evangelio; para decir que Él era el Mesías y que Dios ama al mundo (Mt. 26:63-64; cp. Jn. 3:16).

«Porque el que quiere amar la vida y ver días buenos, refrene su lengua de mal, y sus labios no hablen engaño» (1 P. 3:10).

«El que guarda su bocaguarda su alma; masel que mucho abre sus labios tendrá calamidad» (Pr. 13:3).

«El que guarda su boca y su lengua, su alma guarda de angustias» (Pr. 21:23).

Pensamiento 1. Cristo enseñó que había ocasiones en las que el silencio era la mejor actitud.

1) Cuando las palabras nos van a enredar en *argumentos inútiles.*
2) Cuando los hombres están decididos a *oponerse y a destruirnos.*
3) Cuando los hombres nos *persiguen* (*véase* nota—Mt. 10:23).
4) Cuando los hombres *rechazan* nuestro mensaje (Mt. 10:12-14).

Pensamiento 2. Dios nos dará paz interior y calma y seguridad en la gran prueba (cp. Jn. 14:27; 16:33).

«No os ha sobrevenido ninguna tentación que no sea humana; pero fiel es Dios, que no os dejará ser tentados más de lo que podéis resistir, sino que dará también juntamente con la tentación la salida, para que podáis soportar» (1 Co. 10:13).

«Que sois guardados por el poder de Dios mediante la fe, para alcanzar la salvación que está preparada para ser manifestada en el tiempo postrero. En lo cual vosotros os alegráis, aunque ahora por un poco de tiempo, si es necesario, tengáis que ser afligidos en diversas pruebas, para que sometida a prueba vuestra fe, mucho más preciosa que el oro, el cual aunque perecedero se prueba con fuego, sea hallada en alabanza, gloria y honra cuando sea manifestado Jesucristo» (1 P. 1:5-7).

«Amados, no os sorprendáis del fuego de prueba que os ha sobrevenido, como si alguna cosa extraña aconteciese, sino gozaos por cuanto sois participantes de los padecimientos de Cristo, para que también en la revelación de su gloria os gocéis con gran alegría» (1 P. 4:12-13).

Pensamiento 3. Jesucristo estuvo dispuesto a someterse a esas falsas acusaciones, de manera que ningún hombre «pudo acusar a los escogidos de Dios» (Ro. 8:33). Jesucristo fue falsamente acusado para que nosotros no seamos condenados (Ro. 8:34).

6 (26:63-64) ***Jesucristo, deidad:*** la afirmación de Jesús, de ser el Mesías, el Hijo de Dios. Aquí ocurrieron cuatro cosas.

1. El sumo sacerdote preguntó a Jesús y lo puso bajo juramento de contestar. Las palabras: «Te conjuro por el Dios viviente» era un juramento oficial que demandaba una respuesta. El sumo sacerdote usó su oficio como representante de Dios para demandar una respuesta: «*Por el Dios viviente,* responde. ¿Afirmas tú ser el Mesías, el Hijo de Dios?» fue la pregunta que dirigió a Jesús.

2. Jesús afirmó ser el Mesías, el Hijo de Dios (*véase* nota—Mt. 1:18). Jesús respondió: «Tú lo has dicho». Era una afirmación fuerte. Todo lo que Caifás había dicho era verdad. Marcos agrega las fuertes palabras de deidad: «Yo soy» (*ego eimi*; Mr. 14:62; *véanse* Estudio a fondo 1—Jn. 6:20; nota—18:6).

Note que Cristo también se llamó a sí mismo «el Hijo del Hombre» (*véase* Estudio a fondo 3—Mt. 26:64).

Pensamiento 1. Jesús afirmó, sin ninguna duda, ser el Mesías prometido, el Hijo de Dios. Afirmaba ser el Dios de dioses, Señor de señores, uno con el Padre en todo sentido (*véanse* Estudio a fondo 1—Jn. 6:20; nota—18:4-6. *Véanse* bosquejos y notas—Fil. 2:5-11.)

Pensamiento 2. ¿Qué si Jesús hubiera dicho: «No. No soy el Mesías. No soy el Hijo de Dios». ¿Dónde estaríamos hoy? Honesta y objetivamente, ¿dónde estaría el mundo hoy? ¡Imagine solamente, un mundo sin la cruz de Cristo!

3. Jesús dio dos pruebas para fundamentar su afirmación. Su resurrección y exaltación y su segunda venida prueban ambas su persona y autoridad.

Pensamiento. El creyente espera en la resurrección y exaltación y la segunda venida de Cristo, pero el acento de Cristo al contestar a aquellos incrédulos está puesto en el juicio.

- Su resurrección lo declara ser Hijo de Dios (Ro. 1:4).

«Que fue declarado Hijo de Dios con poder, según el Espíritu de santidad, por la resurrección de entre los muertos» (Ro. 1:4).

- Su exaltación declara su posición y autoridad para gobernar y reinar sobre todos los hombres (Fil. 2:9-11).

«Por lo cual Dios también le exaltó a los sumo, y le dio un nombre que es sobre todo nombre, para que en el nombre de Jesús se doble toda rodilla de los que están en los cielos, y en la tierra, y debajo de la tierra; y toda lengua confiese que Jesucristo es el Señor, para gloria de Dios Padre» (Fil. 2:9-11).

- El retorno de Cristo declarará su ejecución de juicio y justicia (Mt. 24:30; Jn. 5:28).

«Entonces aparecerá la señal del Hijo del Hombre en el cielo; y entonces lamentarán todas las tribus de la tierra, y verán al Hijo del Hombre viniendo sobre las nubes del cielo, con poder y gran gloria» (Mt. 24:30).

«No os maravilléis de esto; porque vendrá hora cuando todos los que están en los sepulcros oirán su voz» (Jn. 5:28).

ESTUDIO A FONDO 1

(26:64) ***Cristo:*** *véase* Estudio a fondo 2—Mt. 1:18.

ESTUDIO A FONDO 2

(26:64) ***Hijo del Hombre:*** *véase* Estudio a fondo 3—Mt. 8:20.

7 (26:65-66) ***Jesucristo, condenado:*** el trágico veredicto. Note que Caifás rasgó sus vestiduras. Marcos dice que incluso rasgó su ropa interior (túnica). Esta era una costumbre entre los judíos cuando oían o veían que el nombre de Dios era deshonrado y puesto en desgracia (2 R. 18:37; 19:1; cp. Is. 36:22; 27:1; Hch. 14:14). Caifás había conseguido lo que buscaba. Cristo había dicho una blasfemia que entre los judíos podía ser castigada con la pena de muerte (Lv. 24: 16; cp. 7:58). No hacían falta más testigos. Rápidamente se pidió un *voto por aclamación:* «¿Qué os parece? Y respondiendo ellos dijeron: ¡Es reo de muerte!»

8 (26:67-68) ***Jesucristo, muerte:*** ***aplicación del abuso físico.*** Entonces se expresó la amarga enemistad y odio de los judíos. Los derechos y la expectativa de justicia fueron olvidados totalmente. El abuso tomó dos formas.

1. Amargo odio y conducta. Escupir en el rostro de una persona era signo de una monstruosa irrespetuosidad. Golpear con los puños y las palmas (*erra pisan*, barras) era expresión de la amargura que había en el interior del corazón de los religiosos hacia Cristo.

«Di mi cuerpo a los heridores, y mis mejillas a los que me mesaban la barba; no escondí mi rostro de injurias y de esputos» (Is. 50:6; cp. Is. 52:14).

«Con vara herirán en la mejilla al juez de Israel» (Mi. 5:1).

2. Ridiculizar su afirmación, burlarse de su poder sobrenatural y llamarlo sarcásticamente «Cristo».

Pensamiento. El rechazo y la oposición pueden causar amargura. Demasiadas personas encierran una amargura interior contra Dios y Cristo. Demasiadas personas han permitido que su rechazo y oposición y los acontecimientos que les ocurrieron se convirtieran en amargura. Entonces, cuando se presenta la oportunidad ventilan sus sentimientos y su hostilidad. Muchos creyentes, rechazando y oponiéndose a Cristo, permiten que la amargura invada sus corazones. Demasiados ventilan sus sentimientos y su amargura cuando tienen oportunidad de atacar a algún movimiento de Dios o a algún creyente genuino que sigue a Cristo fielmente, día tras día.

1 La negación[EF1] 2 Negar fingiendo a. Acusación: Pedro estuvo con Jesús b. Negación fingiendo no conocer a Jesús 3 Negación con juramento a. Acusación 1) Por una criada 2) Ante la multitud	**I. El Mesías negado por Pedro: una mirada a lo que es negar a Cristo, 26:69-75** (Mr. 14:66-72; Lc. 22:54-62; Jn. 18:15-18, 25-27) 69 Pedro estaba sentado fuera en el patio; y se le acercó una criada, diciendo: Tú también estabas con Jesús el galileo. 70 Mas él negó delante de todos, diciendo: No sé lo que dices. 71 Saliendo él a la puerta, le vio otra, y dijo a los que estaban allí: También éste estaba con Jesús nazareno. 72 Pedro negó otra vez	con juramento: No conozco al hombre. 73 Un poco después, acercándose los que por allí estaban, dijeron a Pedro: Verdaderamente también tú eres de ellos, porque aun tu manera de hablar te descubre. 74 Entonces él comenzó a maldecir, y a jurar: No conozco al hombre. Y enseguida cantó el gallo. 75 Entonces Pedro se acordó de las palabras de Jesús, que le había dicho: Antes que cante el gallo, me negarás tres veces. Y saliendo fuera, lloró amargamente.	b. Negación con juramento 4 Negación con maldición y blasfemia a. Acusación: Pedro es discípulo 1) Vino una multitud 2) Su acento lo traicionó b. Negación con maldición y blasfemia 5 Arrepentimiento[EF2] a. Recordando la Palabra del Señor b. Estando a solas c. Tristeza sincera: arrepentimiento

I. El Mesías negado por Pedro: una mirada a lo que es negar a Cristo, 26:69-75

(26:69-75) ***Introducción—apostasía—Jesucristo, negación:*** negar a Cristo es un pecado grave, muy grave. Es un pecado trágico y terrible, pero Cristo perdona aun a quien le niega. Le perdonó a Pedro, y al perdonar a Pedro demostró para siempre el increíble amor de Dios para el hombre; no importa cuan terrible sea el pecado del hombre. Por un momento imagínese el caso; Cristo le perdonó a un hombre que le había profesado eterna lealtad, pero que terminó negándolo tres veces al sentirse presionado y amenazado por la multitud. Es imposible encontrar un cuadro mayor del gran amor de Dios y de su maravillosa gracia.

Note también otro punto: Pedro quería que el mundo conociera el gran amor del Señor. El relato de su negación de Cristo lo hizo él mismo. No hubo otro discípulo allí para presenciarlo. El mismo relató la terrible experiencia y la maravillosa gracia de Dios para perdonarle. Marcos fue discípulo de Pedro, y Marcos es el autor del evangelio que más detalladamente relata la negación de Pedro.

La trágica experiencia de Pedro al negar a Cristo tiene mucho para decirles a los creyentes de todos los tiempos.

1. Causa de la negación: sentarse con la multitud (v. 69).
2. Negar fingiendo (vv. 69-70).
3. Negación con juramento (vv. 71 -72).
4. Negación con maldición y blasfemia (vv. 73-74).
5. Respuesta a la negación: arrepentimiento (v. 75).

[1] (26:69) ***Apostasía—negación:*** la causa de la negación de Pedro es que se «sentó fuera en el patio». Se sentó con la multitud, la multitud que representaba al mundo de los rechazadores. Con toda franqueza, Pedro le estaba fallando a Cristo, le estaba fallando miserablemente. Allí, entre la multitud, era el último lugar donde debía haber estado. Por supuesto, nunca debía haber abandonado a Cristo. Pero habiendo huido, ahora tenía que haber estado a solas orando a Dios, buscando respuestas y entendimiento de parte de Dios (*véanse* notas—Mt. 26:51-52, 55-56). O bien debía estar con los otros discípulos, guiándolos a buscar el rostro de Dios para entender y obtener dirección para sus vidas.

Hay al menos tres causas para la negación; tres cosas que pueden llevar a una persona a negar a Cristo. Las tres se ven en esta experiencia de Pedro (*véanse* también notas—Jn. 18:12-27).

1. Abandonar a Cristo: darle la espalda, huir de Él (cp. Mt. 26:56).
2. Seguir a Cristo «de lejos». No andar cerca de Él; no estar con Él, no ser identificado con Él (cp. Mt. 26:58).

«Porque no nos ha dado Dios, espíritu de cobardía, sino de poder, de amor y de dominio propio. Por tanto no te avergüences de dar testimonio de nuestro Señor, ni de mí, preso suyo, sino participa de las aflicciones por el evangelio según el poder de Dios» (2 Ti. 1:7-8).

3. Estar «sentado fuera» o sentarse con la multitud: no estar donde uno debería estar, con los discípulos del Señor.

«Por lo cual, salid de en medio de ellos, y apartaos, dice el Señor, y no toquéis lo inmundo; y yo osrecibiré, y seré para vosotros por Padre, y vosotros me seréis hijos e hijas, dice el Señor todopoderoso» (2 Co. 6:17-18).

«Pero os ordenamos, hermanos, en el nombre de nuestro Señor Jesucristo, que os apartéis de todo hermano que ande desordenadamente, y no según la enseñanza que recibisteis de nosotros» (2 Ts. 3:6).

ESTUDIO A FONDO 1

(26:69) ***Patio:*** Pedro no estaba en el palacio propiamente dicho, sino el patio. La primera negación tuvo lugar en el patio, la segunda junto a la puerta de la casa.

[2] (26:69-70) ***Apostasía—negación:*** negar fingiendo. Esta siempre es una negación que finge no tener nada que ver con Cristo.

El guardia en la puerta (una mujer) conocía a Juan y le permitió entrar (Jn. 18:15). Aparentemente Juan le pidió que también dejara entrar a Pedro. Note las palabras: «Tú *también* estabas con Jesús». Aparentemente estaba haciendo una simple afirmación a Pedro, tal vez a efectos de la identificación. Aparentemente no había amenaza o peligro para Pedro, sin embargo Pedro fingió no saber de Jesús. Nuevamente, note sus palabras exactas: «No sé lo que dices»; es decir, fingía no saber nada de lo que ella estaba diciendo, o de no saber nada de Jesús de Nazaret. En ambos casos, Pedro negaba y fingía no tener nada que ver con Jesús.

«Porque el que se avergonzare de mí y de mis palabras en esta generación adúltera y pecadora, el Hijo del Hombre se avergonzará también de él, cuando venga en la gloria de su Padre con los santos ángeles» (Mr. 8:38).

«El temor del hombre pondrá lazo; mas el que confía en Jehová será exaltado» (Pr. 29:25).

«Sino santificad a Dios el Señor en vuestros corazones, y estad siempre preparados para presentar defensa con mansedumbre y reverencia ante todo el que os demande razón de la esperanza que hay en vosotros» (1 P. 3:15).

Pensamiento 1. Fingir es uno de los constantes pecados de los hombres.

- Se nos pregunta si pensamos determinada cosa. Lo hacemos, pero lo negamos.
- Se nos pregunta si sentimos determinada cosa. La sentimos, pero lo negamos.
- Se nos pregunta si tememos determinada cosa. La tememos, pero lo negamos.
- Se nos pregunta si hicimos determinada cosa. La hicimos, pero lo negamos.

Pensamiento 2. Demasiados creyentes niegan a Cristo fingiendo. Sencillamente fingen no conocer a Cristo cuando están ...

- en su trabajo
- entre sus vecinos
- entre extraños
- en la escuela
- entre sus amigos
- en sus funciones sociales

Pensamiento 3. El fingir significa dos cosas.

1) Fingir significa hipocresía. Es fingir ser algo que no somos.
2) Fingir es negar a Cristo. Es rehuir o mentir acerca de la propia confesión de la fe en Cristo.

3 (26:71-72) ***Apostasía—negación:*** la negación con juramento. Es una negación fuerte y enfática, «juro por Dios que no conozco al hombre. No sé nada acerca de Él».

1. Esta acusación fue hecha por otra mujer o criada, y fue hecha en presencia de la multitud. Al hacerla públicamente, Pedro se sintió más amenazado. La acusación es la misma, «también éste estaba con Jesús el nazareno». Note que la acusación era real.

- Pedro había estado con Jesús. Era un apóstol; de hecho, supuestamente era el líder de los apóstoles.
- Pedro era el discípulo que había profesado que Jesús es el Cristo, el Hijo de Dios (Mt. 16:16).
- Pedro era el discípulo que había jurado lealtad a Cristo aun si ello le significara morir (Mt. 26:33-35).

2. La negación que usa un juramento degrada a Cristo. Note que Pedro llamó a Cristo «¡al hombre!» Por supuesto, Jesús era el Hombre; pero Pedro no lo dijo en este sentido. Pedro ignoró la verdadera identidad de Jesús y quitó de su mente la responsabilidad de confesar su fe en Cristo. La verguenza, el ridículo, abuso, persecución, y la amenaza de arresto y muerte intimidaron a Pedro; de modo que negó conocer a Cristo y lo hizo con un juramento: «Juro por Dios, no conocer al hombre».

«Y a cualquiera que me niegue delante de los hombres, yo también le negaré delante de mi Padre que está en los cielos» (Mt. 10:33).

«Por tanto no te averguences de dar testimonio de nuestro Señor, ni de mí, preso suyo, sino participa de las aflicciones por el evangelio según el poder de Dios» (2 Ti. 1:8).

«Esforzaos y cobrad ánimo; no temáis, ni tengáis miedo de ellos, porque Jehová tu Dios es el que va contigo; no te dejará ni te desamparará» (Dt. 31:6).

Pensamiento 1. Note algo importante. En la primera negación, Pedro fue acusado por una sola persona. Su negación fue una simple negación con fingimiento, una forma simple de terminar el asunto: «No sé lo que dices». Pero en la segunda negación, Pedro fue acusado ante los otros. Se sintió más amenazado; por eso su negación fue más fuerte, más enfática: usó un juramento. La enseñanza para nosotros es clara. Cuanto más estamos entre las multitudes del mundo, más amenazados estamos de ser ridiculizados, avergonzados, abusados, y perseguidos por nuestra profesión de fe en Cristo. Y cuanto más amenazados, mayor la posibilidad de negar a Cristo (cp. Ro. 12:1-2; 2 Co. 6:17-18; 1 Jn. 2:15-16).

Pensamiento 2. Para nosotros hay una vigorosa advertencia en las negaciones de Pedro.

- Pedro era un discípulo fuerte. Pedro conocía a Cristo y había confiado en Él como el Mesías, el Hijo de Dios. Pedro había hecho una fuerte profesión de lealtad a Cristo.
- Pedro acababa de participar de la cena del Señor; de hecho acababa de tener el privilegio de participar en la primera cena del Señor.
- Pedro había dejado todo para seguir a Cristo.
- Pedro había sido enseñado acerca de Dios, por Cristo mismo.
- Pedro había sido advertido de que la carne es débil y que fracasaría.

Pensamiento 3. Toda negación de Cristo (de hecho, toda negligencia) degrada al Señor. La negación (y negligencia) ignora la identidad de Cristo, el hecho de ser el Hijo de Dios que posee todo el poder y majestad y dominio. La negación demuestra que nuestro temor a los hombre es mayor que nuestra reverencia a Dios. La negligencia demuestra lo poco que tememos y reverenciamos a Dios. Siempre hay que tener en mente la exhortación bíblica: «Pues conocemos al que dijo: Mía es la venganza, yo daré el pago, dice el Señor. Y otra vez: El Señor juzgará a su pueblo. Horrenda cosa es caer en manos del Dios vivo» (He. 10:30-31).

Pensamiento 4. Pedro había olvidado la exhortación de Cristo: «No juréis en ninguna manera .... » (Mt. 5:34-37).

Pensamiento 5. Demasiados creyentes temen, y por el hecho de temer pierden su testimonio por Cristo y la oportunidad de testificar y ganar a otros para Cristo. Demasiados creyentes temen ...

- pasar verguenza.
- ridículo.
- abuso.
- manejo de negocios vecinos mundanos.
- amigos mundanos.
- pérdida de posición.
- pérdida de promoción.

4 (26:73-74) ***Apostasía—negación:*** la más fuerte y terrible de las negaciones, la negación con juramento y blasfemia.

1. Esta vez la acusación fue hecha por la multitud, una multitud que se dirigió literalmente a Pedro para acusarlo. Lucas dice que ocurrió aproximadamente una hora después de la segunda negación (Lc. 22:59). Y Juan dice que una de las personas de la multitud era un familiar de Malco, cuya oreja había sido cortada por Pedro en el huerto de Getsemaní (Jn. 18:26). Note que la tercera acusación difería de la dos anteriores: Ya no se acusaba a Pedro de haber estado con Jesús; ahora se lo acusaba de ser uno «de ellos», uno de los discípulos. Note también que fue su manera de hablar, su acento, lo que lo delató. Pedro era del norte de Galilea, y su acento norteño difería significativamente del acento de Judea y Jerusalén.

2. La negación con juramento y blasfemia es un pecado terrible. La persona que es sometida a presión para probarse a sí misma con frecuencia recurre a juramentos y blasfemias. Note tres cosas.

a. Pedro *comenzó* a maldecir. El maldecir fue algo continuo.
b. El fracaso de Pedro fue un fracaso que crecía. Su primera negación fue simplemente fingir que desconocía a Cristo, una simple evasión del tema. Su segunda negación fue más fuerte, usando un juramento aceptado por la sociedad (aunque incorrecto y pecaminoso). Su tercera negación desciende a la depravada actitud de maldecir, totalmente inaceptable para los corazones justos, las mentes puras y los labios limpios.
c. Cuando Pedro hubo maldecido y blasfemado, «en seguida cantó el gallo».

Pensamiento 1. Una multitud de incrédulos puede ejercer presión sobre cualquiera de nosotros. Pedro estaba donde no debía estar. Estaba dando vueltas en medio de gente mundana. Debía haber estado en uno de tres lugares: junto a Cristo, o a solas con Dios buscando respuestas y entendimiento, o con los otrosapóstoles, guiándolos en oración para buscar entendimiento y dirección.

«Y no participéis en las obras infructuosas de las tinieblas, sino más bien reprendedlas» (Ef. 5:11).

«Profesan conocer a Dios, pero con los hechos lo niegan, siendo abominables y rebeldes, reprobados en cuanto a toda buena obra» (Tit. 1:16).

«Así que vosotros, oh amados, sabiéndolo de antemano, guardaos, no sea que arrastrados por el error de los inicuos, caigáis de vuestra firmeza» (2 P. 3:17).

«No entres por la vereda de los impíos, ni vayas por el camino de los malos» (Pr. 4:14).

Pensamiento 2. Nuestra forma de hablar debe delatarnos. Nuestra forma de hablar debe ser amable, gentil, y aunque fuerte, sea fuerte para el Señor. Cualquier persona debe poder decir que somos creyentes por nuestra manera de hablar. Note que Pedro usó su forma de hablar y sus maldiciones para persuadir a la multitud a pensar que él era cualquier cosa menos un discípulo. Los discípulos del Señor no deben jurar ni maldecir. Jurar y maldecir son pecados terribles a los ojos del Señor (*véanse* bosquejo y notas—Mt. 5:33-37).

Pensamiento 3. El pecado hace que el hombre se deteriore: hace que se deterior más y más, a ir de mal en peor. Note lo que le ocurrió a Pedro.

1) La primera negación de Pedro: fingió ignorancia, simplemente pecó.
2) La segunda negación de Pedro: incurrió en apostasía, infidelidad.
3) La tercera negación de Pedro: cometió perjurio, blasfemia.

5 (26:75) ***Negación:*** respuesta a la negación: arrepentimiento. Hubo tres pasos involucrados en el arrepentimiento de Pedro.

1. Recuerdo de las palabras del Señor: aparentemente, al cantar el gallo, el Señor que estaba en el interior de la casa, se volvió, miró a Pedro y sus miradas se encontraron (Lc. 22:61). Y Pedro, ojo a ojo con el Señor, recordó las palabras que el Señor le había dicho:

«Dijo también el Señor: Simón, Simón, he aquí Satanás os ha pedido para zarandearos como a trigo; pero yo he rogado por ti, que tu fe no falte; y tú, una vez vuelto, confirma a tus hermanos» (Lc. 22:31-32).

En medio de todo el dolor y sufrimiento propios el Señor se tomó tiempo para mirar a Pedro. Su mirada le dijo a Pedro que el Señor no se había olvidado de él. El Señor aun lo amaba y se preocupaba por él, quería su lealtad y servicio. Cristo había orado por Pedro, y el poder de esa oración ahora movía el corazón y la vida de Pedro. Ahora Pedro recordaba la palabra de su Señor y esa palabra comenzaba a hacer su efecto.

2. Retiro: estar a solas. Pedro dejó la puerta o patio tan pronto y tan seguro como pudo. Apresuradamente pasó la puerta y se internó en la noche para estar a solas con Dios. Es taba quebrantado y lleno de angustia y dolor por haber falladoa su Señor; «lloró amargamente».

3. Arrepentimiento y experiencia de tristeza de parte de Dios. Pedro se arrepintió y expresó tristeza de parte de Dios (*véase* Estudio a fondo 3—2 Co. 7:10).

«Si confesamos nuestros pecados, él es fiel y justo para perdonar nuestros pecados, y limpiarnos de toda maldad» (1 Jn. 1:9).

«Arrepiéntete, pues, de tu maldad, y ruega a Dios, si quizá te sea perdonado el pensamiento de tu corazón» (Hch. 8:22).

«Ahora, pues, dad gloria a Jehová Dios de vuestros padres, y haced su voluntad, y apartaos de los pueblos de las tierras, y de las mujeres extranjeras» (Esd. 10:11).

«El que encubre sus pecados no prosperará; mas el que los confiesa y se aparta alcanzará misericordia» (Pr. 28:13).

«Reconoce, pues, tu maldad, porque contra Jehová tu Dios has prevaricado, y fornicaste con los extraños debajo de todo árbol frondoso, y no oíste mi voz, dice Jehová» (Jer. 3:13).

Pensamiento. Los mismos pasos dados por Pedro son los pasos que nosotros tenemos que dar al arrepentirnos de pecado.

ESTUDIO A FONDO 2

(26:75) ***Arrepentimiento:*** *véanse* nota y Estudio a fondo 1—Hch. 17:29-30.

CAPÍTULO 27

J. El traidor del Mesías, Judas y su fin: un cuadro de arrepentimiento y religión humanos y equivocados, 27:1-10
(cp. Hch. 1:16-19)

1 Jesús condenado por el sanhedrín
- a. Se reunieron para finalizar los cargos que convencieran a los romanos
- b. Ataron a Jesús
- c. Llevaron a Jesús a Pilato

2 El arrepentimiento equivocado de Judas
- a. Vio su propio pecado
- b. Ante los sacerdotes, no ante Dios
- c. Restituyó el dinero, pero demasiado tarde
- d. Confesó, pero a los sacerdotes, no a Dios
- e. No recibió ayuda fue abandonado a sí mismo
- f. Arrojó el dinero a los sacerdotes
- g. Se suicidió

3 La religión humana de los religiosos
- a. Fueron inconsistentes en su conducta y en sus reglas religiosas
- b. Fueron engañosos: quisieron ocultar su mal por un servicio público; compraron un cementerio
  - 1) Conocido como «campo de sangre»
  - 2) Para cumplimiento de las Escrituras[EFI]

Venida la mañana, todos
los principales sacerdotes y
los ancianos del pueblo
entraron en consejo contra
Jesús, para entregarle a
muerte.
2 Y le llevaron atado, y le
entregaron a Poncio Pilato,
el gobernador.
3 Entonces Judas, el que le
había entregado, viendo que
era condenado, devolvió
arrepentido las treinta
piezas de plata a los
principales sacerdotes y a
los ancianos,
4 diciendo: Yo he pecado
entregando sangre inocente.
Mas ellos dijeron:
¿Qué nos importa a
nosotros? ¡ Allá tú!
5 Y arrojando las piezas
de plata en el templo, salió,
y fue y se ahorcó.
6 Los principales sacer-
dotes, tomando la piezas
de plata, dijeron: No es
lícito echarlas en el tesoro
de las ofrendas, porque es
precio de sangre.
7 Y después de consultar,
compraron con ellas el
campo del alfarero, para
sepultura de los extran-
jeros.
8 Por lo cual aquel campo
se llama hasta el día de
hoy: Campo de sangre.
9 Así se cumplió lo dicho
por el profeta Jeremías,
cuando dijo: Y tomaron las
treinta piezas de plata,
precio del apreciado,
según precio puesto por los
hijos de Israel;
10 y las dieron para el
campo del alfarero, como
me ordenó el Señor.

J. El traidor del Mesías, Judas y su fin: un cuadro de arrepentimiento y religión humanos y equivocados, 27:1-10

(27:1-10) ***Introducción—Judas:*** en la muerte de Cristo estuvieron involucrados dos culpables cuyo camino era equivocado: Judas Iscariote y el sanhedrín, el cuerpo gobernante de los judíos. Judas fue la persona culpable que traicionó a Cristo; el cuerpo del sanhedrín fue el culpable de condenar a Cristo en un juicio secreto e injusto.

En este pasaje se registra algo que con frecuencia se pasa por alto: Judas se arrepintió (v. 3). Se apartó de su terrible pecado y trató de restituir el dinero. Sin embargo, el suyo fue un arrepentimiento equivocado. Lo que hizo distaba mucho de lo que debía haber hecho. De todos modos, trató de corregir su mal. Este es el cuadro, el cuadro del arrepentimiento equivocado, tema discutido en esta primer parte del pasaje.

La segunda parte del pasaje muestra la religión humana de los sacerdotes. Discute el trato que dieron al arrepentimiento del Judas y al ensangrentado dinero, es decir, al dinero que ellos mismos le habían pagado por traicionar a Cristo. El incidente muestra hasta qué extremo el hombre usa y distorciona la religión para adaptarla a sus propios anhelos y deseos.

1. Jesús condenado por el sanhedrín (vv. 1-2).
2. El arrepentimiento equivocado de Judas (vv. 3-5).
   - a. Vio su propio pecado: Jesús era condenado.
   - b. Se arrepintió, pero ante los sacerdotes, no ante Dios.
   - c. Restituyó el dinero, pero demasiado tarde.
   - d. Confesó, pero a los sacerdotes, no a Dios.
   - e. No recibió ayuda; fue abandonado a sí mismo.
   - f. Arrojó el dinero a los sacerdotes.
   - g. Cayó en desesperación total y se ahorcó.
3. La religión humana de los religiosos (vv. 6-10).
   - a. Fueron inconsistentes: en su conducta y en sus reglas religiosas.
   - b. Fueron engañosos: quisieron ocultar su mal mediante un servicio público, compraron un cementerio.

1 (27:1-2) ***Jesucristo, juicio—sanhedrín:*** Jesús fue condenado por el sanhedrín (*véanse* notas—Mt. 26:57-68). Se habían reunido en la víspera, en una reunión apresuradamente convocada, a efectos de juzgar a Cristo por su vida. Habían conseguido los testigos falsos y las acusaciones que buscaban. Ahora, en estos versículos se los ve reunidos para formular los cargos de tal manera que los romanos se vieran forzados a condenar a Cristo por revolucionario. Tan pronto pronunciaron los cargos, ataron a Cristo y lo llevaron con aire de haber triunfado.

Lo que hay que notar es que Judas aparentemente presenció los procedimientos injustos contra Cristo. «Viendo que era condenado» (v. 3), y fue este presenciar la condena injusta de Cristo lo que condujo a los dos eventos registrados en el presente pasaje.

2 (27:3-5) ***Judas—arrepentimiento:*** el arrepentimiento equivocado de Judas. Judas se arrepintió, pero con un arrepentimiento mundano, no con arrepentimiento hacia Dios. El pasaje dice siete cosas acerca de Judas.

1. Judas vio su pecado. Vio que Jesús era condenado. Note las palabras: «Viendo que era condenado». Fue el hecho de ver a Jesús condenado de manera tan injusta lo que impulsó a Judas a hacer lo que hizo. Conocía a Cristo; sabía lo bueno que era. No creía que Jesús fuese el Mesías, pero sabía que era un hombre tremendamente bueno, y sabía que era por culpa de su propio pecado que Jesús era condenado a muerte de la manera más injusta y salvaje (*véanse* notas—Mt. 6:57-68). Este hecho —agregado al hecho de que Jesús era Hijo de Dios y que Dios estaba causando un agudo sentimiento de culpa en el pecho de Judas— fue lo que le impulsó a

buscar alivio. Sentía hervir en su interior un intenso remordimiento y dolor, el sentirse total mente solo, incluso sin Dios, y en un sentido sin saber qué hacer. Todo ello era demasiado; más no podía soportar. Creía explotar si no iba a buscar alivio y alguna liberación para su alma.

Note: Judas sabía que los religiosos procuraban matar a Jesús. Aparentemente muchos sabían del complot (Jn. 5:18; 7:1, 19-20). Precisamente por eso Judas fue a las autoridades entregando a Cristo en sus manos. Algunos dicen que posiblemente pensó que nunca reunirían suficientes cargos contra Cristo. Pero ello no es probable y las Escrituras no dan ningún indicio de tal posibilidad. Jesús era un revolucionario. Los religiosos temían por su religión (judaísmo), su posición, y seguridad (*véanse* notas—Mt.12:1-8; nota y Estudio a fondo 1—12:10; nota—15:1-20; Estudio a fondo 2—15:6-9). Judas sabía que Cristo estaba obrando cambios, por eso, cuando las autoridades comenzaran a mover sus propias piezas, él quería sacar el mayor provecho de una situación desgraciada. Quiso asegurarse su propio bienestar (*véanse* bosquejo y notas—Mt. 26:14-16). La culpa y remordimiento que hervían en él parecen ser la explicación de su profunda convicción de pecado y arrepentimiento.

«Al oír esto, se compungieron de corazón, y dijeron a Pedro y a los otros apóstoles: Varones hermanos, ¿qué haremos?» (Hch. 2:37).

«Pero al disertar Pablo acerca de la justicia, del dominio propio y del juicio venidero, Félix se espantó, y dijo: Ahora vete; pero cuando tenga oportunidad te llamaré» (Hch. 24:25).

«Porque mis iniquidades se han agravado sobre mi cabeza; como carga pesada se han agravado sobre mí» (Sal. 38:4).

«Porque yo reconozco mis rebeliones, y mi pecado está siempre delante de mí» (Sal. 51:3).

Pensamiento. Los creyentes que Cristo es condenado prácticamente todos los días, es decir, maldecido, ridiculizado y abusado por diversas personas que están alrededor. Tal condenación debe producir convicción en nosotros. Nuestro propio silencio debe despertar vigorosamente nuestros corazones. Tenemos que hablar por él y tomar nuestra posición en favor del Senor. Demasiadas personas traicionan a nuestro Señor en csos momentos. Jesús es el Hijo de Dios y merece el mayor respeto de todos.

2. Judas se arrepintió. Sin embargo, se arrepintió ante los sacerdotes, no ante Dios. Note las palabras: «Judas ... arrepentido ... a los principales sacerdotes y a los ancianos». No hay ninguna mención de Dios. Este fue su error. Arrepentirse significa cambiar, volverse del pecado a Dios (*véanse* nota y Estudio a fondo 1—Hch. 17:29-30). Judas tenía que cambiar, volverse de su terrible pecado. Pero volverse a Dios, no a otros hombres.

«Arrepiéntete, pues, de tu maldad, y ruega a Dios, si quizá te sea perdonado el pensamiento de tu corazón» (Hch. 8:22).

«Deje el impío su camino, y el hombre inicuo sus pensamientos, y vuélvase a Jehová, el cual tendrá de él, misericordia, y al Dios nuestro, el cual será amplio en perdonar» (Is. 55:7).

«Mas el impío, si se apartare de todos sus pecados que hizo, y guardare todos mis estatutos e hiciere según el derecho y la justicia, de cierto vivirá; no morirá» (Ez. 18:21).

«Por eso pues, ahora, dice Jehová, convertíos a mí con todo vuestro corazón, con ayuno y lloro y lamento» (Jl. 2:12-13).

Pensamiento. El pecado debe conducir al arrepentimiento. Cuando sentimos *culpa* por un pecado real, debemos arrepentirnos y volvernos del pecado. *Pero a quién nos volvamos* es un factor esencial. Debemos volvernos a Dios. No es suficiente volvernos del pecado. No es suficiente cambiar y dar nuestras espaldas y apartarnos del pecado. Tenemos que volver nuestro rostro a Dios y andar con Él.

3. Judas hizo restitución. Judas hizo lo que Dios quiere que toda persona haga, es decir, hizo restitución. Pero fue demasiado tarde. Debía haberlo hecho mientras los acontecimientos podian ser cambiados. Debia haber mostrado arrepentimiento a Dios, y devuelto el dinero *antes que Cristo fuese condenado.* Ahora era demasiado tarde. Cristo ya estaba condenado y su destino estaba sellado.

Note que este fue el segundo error de Judas. Se arrepintió ante los sacerdotes, no ante Dios; y aqui hizo restitución, pero demasiado tarde.

Pensamiento 1. Debemos hacer restitución cuando hemos pecado; pero debemos actuar a tiempo para enmendar y cambiar los hechos. Debemos actuar a tiempo para salvar el caso. Por supuesto, el primer paso es arrepentirse ante Dios y luego hacer restitución. Pero note que hay una forma equivocada de hacer ambas cosas. Judas se arrepintió, pero de manera equivocada. Con remordimientos se volvió a los hombres en vez de volverse a Dios. Hizo restitución, pero fue demasiado tarde. Tenemos que *volvernos a Dios y hacer restitución,* seguros de corregir la situación a tiempo.

Pensamiento 2. El dinero y otras cosas adquiridas de mala manera consumirán la mente y el corazón de la persona.

«Vuestro oro y plata están enmohecidos; y su moho testificará contra vosotros, y devorará del todo vuestras carnes como fuego. Habéis acumulado tesoros para los días postreros» (Stg. 5:3).

4. Judas confesó, pero confesó a los sacerdotes y no a Dios. Note las palabras de Judas: «Yo he pecado» Pero le hablaba a los principales sacerdotes y ancianos, no a Dios. Note algo importante: Judas aceptó la responsabilidad personal de su pecado; no culpó a ningún otro. Dijo «Yo he pecado». Su problema fue ir a los hombres en vez de ir a Dios. Debia haber confesado su pecado a Dios; en cambio llevó su carga a los hombres. Debia haber ido a Dios buscando alivio y dejando su confesión, porque solamente Dios pudo haberlo salvado y aliviado.

Note que Judas fue presa de una tristeza mundana, no de tristeza de parte de Dios (*véase.*Estudio a fondo 1—2 Co. 7:10).

«Si confesamos nuestros pecados, él es fiel y justo para perdonar nuestros pecados, y limpiarnos de toda maldad» (1 Jn. 1:9).

«Ahora, pues, dad gloria a Jehová Dios de vuestros padres, y haced su voluntad, y apartaos de los pueblos de las tierras, y de las mujeres extranjeras» (Esd. 10:11).

«Reconoce, pues, tu maldad, porque contra Jehová tu Dios has prevaricado, y fornicaste con los extraños debajo de todo árbol frondoso, y no oiste mi voz, dice Jehová» (Jer. 3:13).

Pensamiento 1. La confesión es esencial si queremos ser perdonados, pero la confesión tiene que ser hecha a Dios y no a los hombres.

Pensamiento 2. Pecamos y somos responsables, personalmente, de nuestro propio pecado. Nadie más que nosotros es responsable de nuestro pecado. La culpa no puede ser dejada a los pies de ningún otro.

Pensamiento 3. Existe una confesión equivocada, una tristeza según el mundo; del mismo modo, existe una confesión correcta, una tristeza según Dios (*véase* Estudio a fondo 1—2 Co. 7:10).

5. Judas no fue ayudado; fue abandonado a sí mismo. Judas sentia su culpa, puesto que había traicionado a Cristo. Los religiosos no sentían culpa porque veían a Cristo como una amenaza a su religión y a su nación (Mt. 12:1-8; 12:10; 15:1-20; 15:6-9). Por eso, conforme a sus pensamientos, estaban sirviendo a la religión de ellos (Dios) y a su propia nación (pueblo escogido de Dios). Si a Judas tenía cargos de conciencia, era un necio. No tenían tiempo, ni mucho menos ahora atendiendo los *asuntos* del momento. No tenían tiempo

para ocuparse de un necio con cargos de conciencia, que no alcanzaba a ver *el bien* que habia hecho en ayudar a su nación y religión. Note las palabras que los religiosos dijeron a Judas, y recuerde que Judas era un hombre que clamaba desesperadamente por ayuda: «¿Qué nos importa a nosotros? ¡Allá tú! [no nos concierne a nosotros]».

Se ven cuatro cosas terribles en la acción y las palabras de los religiosos.

a. Dureza de corazón. Una dureza que impide al hombre ayudar a quienes están en necesidad, incluso a los que tienen una necesidad desesperada.
b. Entendimiento equivocado del ministerio: no entender el verdadero ministerio y el llamado de Dios que es de ayudar a la gente a cualquier precio. (Los religiosos eran sacerdotes de Dios, sin embargo, en vez de ayudar sencillamente abandonaron a Judas a sí mismo.)
c. Ceguera extrema: una ceguera mental causada por racionalizar y distorcionar la verdad. Eran capaces de justificar ante sus propios pensamiento su comportamiento, de modo que pudieron dejar a Judas y continuar en su pecado de dar muerte a Cristo.
d. Obstinada incredulidad: incredulidad que persiste, que prosigue conforme a su propia voluntad y camino. Rechazando una y otra vez la verdad (*véanse* Estudio a fondo 4—Mt.12:24; *nota*—12:31-32).

«Pero por tu dureza y por tu corazón no arrepentido, atesoras para ti mismo ira para el día de la ira y de la revelación del justo juicio de Dios» (Ro. 2:5).

«Antes exhortaos los unos a los otros cada día, entre tanto que se dice: Hoy; para que ninguno de vosotros se endurezca por el engaño del pecado» (He. 3:13).

«Bienaventurado el hombre que siempre teme a Dios; mas el que endurece su corazón caerá en el mal» (Pr. 28:14).

«El hombre que reprendido endurece la cerviz, de repente está quebrantado, y no habrá para él medicina» (Pr. 29:1).

Pensamiento 1. La mente puede distorcionar fácilmente la verdad y racionalizar. Con facilidad puede tomar una mala conducta y justificarla. Si deseamos hacer algo, la mente normalmente encontrará la forma de hacerlo, una forma que nos permita justificarnos a nosotros mismos. Pero, así como los sacerdotes fueron culpables de un terrible pecado, también nosotros lo somos. No importa cuanto racionalicemos y justifiquemos nuestra conducta, la verdad nos condena. La verdad de la justicia no puede ser cambiada.

Pensamiento 2. *La preocupación* impidió hasta cierto grado a los religiosos a ayudar a Judas. Demasiadas veces se afirma que estamos demasiado ocupados para ayudar. La mayor prioridad en el ministerio es ayudar a los que necesitan.

Pensamiento 3. Note las cuatro cosas terribles en la conducta de los religiosos. Son aplicables a muchas personas.

Pensamiento 4. ¿Qué hubiera pasado si Judas hubiera corrido a Cristo y le hubiera implorado perdón? ¿Qué si hubiera ido a los discípulos en busca de ayuda?

6. Judas arrojó el dinero a los pies de los sacerdotes. Fue un acto de frustración y enojo, un acto de desesperación e indefensión. ¿Qué podía hacer? Los religiosos no iban a cambiar su veredicto contra Cristo. Ni le iban a ayudar a Judas en su desesperante necesidad. En su propia opinión no había quien ayudase a Judas. Quedó abatido por la culpa, totalmente solo, sin una mano que le ayude. La desesperación e indefensión se instalaron en él. Enojado con los sacerdotes arrojó el precio de la sangre a los pies de los sacerdotes en la corte, y salio corriendo del templo a las calles de la ciudad. Dejó atrás la puerta de la ciudad y se internó en los campos, buscando escapar de su mordaz conciencia y de los penetrantes ojos humanos, y del rostro perseguidor de Aquel a quien había traicionado.

«Mi alma está abatida en mí ... » (Sal. 42:6).

«En cuanto a mí, casi se deslizaron mis pies; por poco resbalaron mis pasos» (Sal. 73:2).

«Guarda tus pies de andar descalzos, y tu garganta de la sed. Mas dijiste: No hay remedio en ninguna manera, porque a extraños he amado, y tras ellos he de ir» (Jer. 2:25).

Pensamiento. Hay un hecho que siempre debe ser recordado. Cuando estamos en necesidad espiritual, es Dios a quien nos debemos dirigir, no al hombre. La ayuda del hombre para proveer liberación espiritual es vana. El resultado final de la liberación del hombre siempre es frustración, indefensión y desesperación. El hombre no puede borrar la culpa ni librar al alma angustiada del hombre.

7. Judas cayó en total desesperación y se ahorcó a sí mismo. Fue presa de la culpa, angustia, desesperación e indefensión. Se vio perseguido y no vio esperanza. Abandonado a sus propios pensamientos, sintió que su pecado era demasiado terrible para ser perdonado. Sintió que Dios nunca podría perdonarle un pecado tan grande. Entonces tomó su cinto, y según parece indicarlo Pedro, lo ató a una saliente de la roca junto a un precipicio y se ahorcó a sí mismo. El cinto se cortó y Judas cayó de cabeza despedazándose su cuerpo (Hch. 1:18).

Note un hecho significativo: el pecado de Judas no era imperdonable. Pudo haber sido perdonado. A lo largo de la historia muchos crímenes han sido perdonados, pero Judas hizo un error común, un error que se vemás claramente cuando es denunciado de diversas maneras:

- Creyó que su pecado era demasiado grande para ser perdonado.
- Pensó que la misericordia de Dios era limitada, insuficiente para perdonar su pecado.
- Pensó que su pecado era mayor que la misericordia de Dios.
- Permitió que su pecado ensombreciera y borrara la misericordia de Dios.

«Está mi alma hastiada de mi vida; daré libre curso a mi queja, hablaré con amargura de mi alma» (Job 10:1).

«Estoy hundido en cieno profundo, donde no puedo hacer pie; he venido a abismos de aguas, y la corriente me ha anegado» (Sal. 69:2).

«Cuando pensé para saber esto, fue duro trabajo para mí» (Sal. 73:16).

«Pero Sion dijo: Me dejó Jehová, y el Señor se olvidó de mí» (Is. 49:14).

«En aquel tiempo estabais sin Cristo, alejados de la ciudadanía de Israel y ajenos a los pactos de la promesa, sin esperanza, y sin Dios en el mundo» (Ef. 2:12).

Pensamiento 1. No debemos abandonarnos nunca a la desesperación ni dejarnos sofocar por la angustia. Nunca debemos ser perseguidos por la indefensión y desesperación. Cristo nos libra y ayuda a cubrir perfectamente nuestra necesidad.

Pensamiento 2. La misericordia de Dios es tan grande y tan suficiente que cubrirá cualquier pecado. Simplemente tenemos que venir a Él, confesar y arrepentirnos, entonces Él nos perdonará y nos librará a vida eterna.

Pensamiento 3. Note la diferencia entre Judas y Pedro. Ambos pecaron contra el Señor y lamentaron su pecado, pero solamente Pedro se arrepintió. Se arrepintió y fue recibido por el Señor y nuevamente comisionado al servicio (Jn. 21:15-17). Pero Judas, totalmente desesperado, abandonó y se destruyó a sí mismo. Lamentar el pecado puede conducir al arrepentimiento o al remordimiento y destrucción.

3 (27:6-10) ***Religiosos:*** la religión humana de los religiosos. Estos versículos muestran cómo los principales sacerdotes tomaban su religión y la torcían conforme a sus propios deseos. Se ve claramente la corrupción de sus vidas y de su religión.

1. La corrupción se ve en la inconsistencia de ellos. Eran inconsistentes, tanto en su conducta como en sus reglas religiosas. Ostentaban la posición de servir a Dios, sin embargo, buscaron testigos falsos contra un hombre inocente y lo condenaron a muerte (Mt. 26:57-68). Afirmaban ser siervos de Dios, pero se negaban a ministrar a un hombre desesperadamente necesitado (Judas). Ni la conducta de ellos ni la religión de ellos concordaba con lo que decían.

También eran inconsistentes en sus reglas religiosas. Tomaban el dinero del tesoro del templo para pagar un soborno, pero no recibían el mismo dinero para ponerlo de vuelta en el tesoro. Eran cuidadosos en guardar las reglas religiosas que les convenían, pero con la verdadera justicia y misericordia eran descuidados.

La ley decía que el dinero ganado o usado en malos caminos no era aceptable al servicio de Dios (Dt. 23:28). Es esta regla la que pasaron por alto, esta regla que muestra cuán inconsistentes se habían vuelto en su conducta y religión. Habían tomado la religión dada por Dios y la habían torcido para acomodarla a sus voluntades y deseos. Habían desarrollado una religión hecha por hombres que les permitía hacer lo que quisieran.

2. La corrupción de ellos también se ve en su engaño. Intentaron ocultar su mal detrás de un servicio público. Tomaron el dinero ensangrentado de Judas y compraron un terreno para un cementerio público. El propósito de los religiosos parece ser claro. Esperaban que semejante servicio público les ayudara a silenciar cualquier murmullo referido a la muerte de Cristo. Pero note: el esquema les falló: el público, al descubrir por habladurías y rumores que el campo había sido comprado con el dinero de sangre del traidor de Jesús, comenzó a llamar el cementerio «campo de sangre».

«Así también vosotros por fuera, a la verdad, os mostráis justos a los hombres, pero por dentro estáis llenos de hipocresía e iniquidad» (Mt. 23:28).

«Y miró Dios la tierra, y he aquí que estaba corrompida; porque toda carne había corrompido su camino sobre la tierra» (Gn. 6:12).

«Pero también éstos erraron con el vino, y considera, fueron trastornados por el vino; se aturdieron con la sidra, erraron en la visión, tropezaron en el juicio. Porque toda mesa está llena de vómito y suciedad, hasta no haber lugar limpio» (Is. 28:7-8).

«Se engordaron y se pusieron lustrosos, y sobrepasaron los hechos del malo; no juzgaron la causa, la causa del huérfano; con todo, se hicieron prósperos, y la causa de los pobres no juzgaron» (Jer. 5:28).

ESTUDIO A FONDO 1

(27:9-10) ***Cita del Antiguo Testamento:*** esta cita es de Zac. 11: 12-13, no de Jeremías. Hay diversas explicaciones para asignar a Jeremías estas palabras. Dos de las explicaciones más razonables son las siguientes.

1. Algún escriba posterior agregó la palabra «Jeremías» a la Escritura mientras hacía una copia. La palabra se omite en la copia siríaca, pérsica y latina.

2. Muchos manuscritos hebreos mencionan a Jeremías como el primer libro profético. Mateo, incapaz de recordar exactamente el lugar de la profecía, usa el primer libro profético, Jeremías, en su rol representativo de todos los profetas. Jeremías, siendo el primer profeta, representa a todos los profetas.

	K. El trágico juicio del Mesías ante Pilato: la tragedia de un hombre indeciso,[EFI] **27:11-25** (Mr. 15:1-15; Lc. 23:1-25; Jn. 18:28-40)	19 Y estando él sentado en el tribunal, su mujer le mandó decir: No tengas nada que ver con ese justo; porque hoy he padecido mucho en sueños por causa de él.	**3 No prestó atención a una fuerte advertencia**
1 Rechazó la vigorosa confesión del Señor a. La afirmación vigorosa y directa de Jesús: Soy Rey b. Sometido a severas acusaciones guardó silencio y mantuvo su propósito c. Sometido a repetidos interrogantes permaneció firme d. Impacto de Jesús: Pilato quedó impresionado pero siguió indeciso.	11 Jesús, pues, estaba en pie delante del gobernador; y éste le preguntó, diciendo: ¿Eres tú el Rey de los judíos? Y Jesús le dijo: Tú lo dices. 12 Y siendo acusado por los principales sacerdotes y por los ancianos, nada respondió. 13 Pilato entonces le dijo: ¿No oyes cuántas cosas testifican contra ti? 14 Pero Jesús no le respondió ni una palabra; de tal manera que el gobernador se maravillaba mucho.	20 Pero los principales sacerdotes y los ancianos persuadieron a la multitud que pidiese a Barrabás, y que Jesús fuese muerto. 21 Y respondiendo el gobernador, les dijo: ¿A cuál de los dos queréis que os suelte? Y ellos dijeron: A Barrabás. 22 Pilato les dijo: ¿Qué, pues, haré de Jesús, llamado el el Cristo? Todos le dijeron: ¡Sea crucificado! 23 Y el gobernador les dijo: Pues, ¿qué mal ha hecho? Pero ellos gritaron aún más, diciendo: ¡Sea crucificado!	**4 Ignoró la influencia de hombres malos en el pueblo** **5 Sucumbió bajo las presiones del mundo**
2 Comprometió evidencias claras a. Una costumbre de buena voluntad de Roma hacia los judíos b. Barrabás, un criminal notorio c. Compromiso de Pilato: planificado ofrecer a Barrabás por Jesús d. Pilato sabía que Jesús era inocente	15 Ahora bien, en el día de la fiesta acostumbraba el gobernador soltar al pueblo un preso, el que quisiesen. 16 Y tenían entonces un preso famoso llamado Barrabás. 17 Reunidos, pues, ellos, les dijo Pilato: ¿A quién queréis que os suelte: a Barrabás, o a Jesús, llamado el Cristo? 18 Porque sabía que por envidia le habían entregado.	24 Viendo Pilato que nada adelantaba, sino que se hacía más alboroto, tomó agua y se lavó las manos delante del pueblo, diciendo: Inocente soy yo de la sangre de este justo; allá vosotros. 25 Y respondiendo todo el pueblo, dijo: Su sangre sea sobre nosotros, y sobre nuestros hijos.	**6 Intentó eludir la responsabilidad del mal** **7 Conclusión: la responsabilidad por la sangre de Jesús es asumida por los judíos**

K. El trágico juicio del Mesías ante Pilato: la tragedia de un hombre indeciso, 27:11-25

(27:11-25) ***Introducción:*** el trato que Pilato le dio a Jesús se entiende mejor a partir de la nota tres, que discute a Pilato mismo (*véase* Estudio a fondo 1—Mt. 27:11-25). A pesar de su enorme y probada habilidad como líder, estuvo indeciso al encontrarse ante Cristo. Sabía que Cristo era inocente, puesto que no vio mal en Él (cp. Lc. 23:22). Sin embargo, tenía cuidarse al tratar con las autoridades judías para no caer en desgracia con ellas, y que ellas informasen a Roma, y él perdiera su posición y riqueza.

En el comportamiento de Pilato se ve el cuadro y la tragedia de un hombre indeciso. (*Véanse* también bosquejo y notas y Estudio a fondo 1—Mr. 15:1-15; bosquejo y notas—Lc. 23:1-25; Jn. 18:28—19:15.)

1. Rechazó la vigorosa confesión del Señor (vv. 11-14).
2. Comprometió evidencias claras (vv. 15-18).
3. No prestó atención a una fuerte advertencia (v. 19).
4. Ignoró la influencia de hombres malos en el pueblo (v. 20).
5. Sucumbió bajo las presiones del mundo (vv. 21-23).
6. Intentó eludir la responsabilidad del mal (v. 24).
7. Conclusión: La responsabilidad por la sangre de Jesús es asumida por los judíos (v. 25).

(27:11-25) ***Otro bosquejo.***

1. Pilato maravillado, quedó impresionado por Jesús (vv. 11-14).
2. Pilato procuró una salida para Jesús (vv. 15-18).
3. Pilato recibió una advertencia de su perturbada esposa (vv. 19-21).
4. Pilato buscó el consejo de un populacho frenético (vv.

ESTUDIO A FONDO 1

(27:11-25) ***Pilato:*** el procurador de Judea. Era directamente responsable ante el emperador por la administración y el manejo financiero del país. Un hombre tenía que escalar rangos políticos y militares para llegar a procurador. Por eso, Pilato era un hombre capaz, experimentado en los asuntos políticos, de gobierno y militares. Hacía diez años que estaba en el puesto lo que demuestra la profunda confianza que le tenía el gobierno romano. Pero los judíos despreciaban a Pilato, y Pilato los despreciaba a ellos; despreciaba particularmente su intensa práctica de la religión. Cuando Pilato llegó a procurador de Judea hizo dos cosas que despertaron un odio amargo y duradero entre la gente hacia él. Primero, en sus visitas de estado a Jerusalén entraba cabalgando a la ciudad portando el estandarte romano, un águila posada en un palo. Todos los gobernadores anteriores habían eliminado el estandarte por la oposición de los judíos a los ídolos. Segundo, Pilato había comenzado la construcción de un nuevo acueducto para Jerusalén. Para financiar el proyecto, tomó el dinero del tesoro del templo. Los judíos nunca perdonaron ni olvidaron ese acto. Se opusieron a Pilato durante todo el tiempo de su reinado, y él los trataba con el mismo desprecio (*véase* nota—Mr. 15:9). En diversas ocasiones los líderes judíos amenazaron con ejercer su derecho de informar al emperador sobre Pilato. Esto por supuesto, perturbaba interminablemente a Pilato motivo que aumentaba su amargo desprecio de los judíos.

1 (27:11-14) ***Jesucristo, juicios:*** Pilato (el hombre indeciso) rechazó la clara confesión del Señor. Pablo se refiere a la vigorosa confesión de Jesús «que dio testimonio de la buena profesión delante de Poncio Pilato» (1 Ti. 6:13). Note la fuerza de esa confesión.

1. La afirmación fuerte y directa de Jesús: Soy Rey. Este era uno de los cargos presentados contra Cristo, el hecho de afirmar que era Rey (Lc. 23:2). Pilato, un tanto sorprendido, reaccionó en tono de burla, preguntando a Cristo: «¿Eres tú el Rey de los judíos?» Cristo afirmó vigorosamente ser el Rey: «Tú lo dices» (cp. Mt. 26:25, 64). (*Véase* esp. Jn.18:36-37.)

2. La conducta firme y controlada de Jesús. Sometido a severas acusaciones guardó silencio y mantuvo su propósito (cp. Is. 53:7). Los religiosos se levantaron y acusaron a Jesús, sin embargo, Él permaneció callado. Note el control y la nobleza de Jesús. (a) Sabía que no había necesidad para discutir con una persona de mente cerrada. Jesús no dignificaría la conducta de ellos dejándose arrastrar a una discusión con ellos. (b) Su propósito era hacer la voluntad de Dios muriendo por los pecados del mundo. Su hora de morir había llegado. No había necesidad de discutir, ni tratar de escapar de la muerte presentando argumentos. La profundidad de la depravación del hombre sería demostrada ahora. Jesús se mantendría noble, callado y firme en su propósito.

3. El propósito firme y perseverante de Jesús: se mantuvo firme cuando fue sometido a repetidos cuestionamientos. Aparentemente Pilato quería librar a Jesús (cp. v. 18). Sabía que Jesús era inocente, y librarlo sería una forma de librarse de estos despreciables religiosos. Por eso trataba de obtener respuestas de Jesús a los cargos. No entendía por qué no respondía Jesús, ni qué estaba haciendo. Jesús se limitaba a estar parado allí, callado, mostrando una imagen de fuerza, de un propósito duradero. Pero Pilato no podía captar su significado.

4. El impacto causado por Jesús: Pilato quedó impresionado, pero seguía indeciso. Se maravilló ante la afirmación de Jesús de ser Rey y de guardar silencio. Pero aun le faltaba el coraje para la decisión correcta. Aun vacilaba bajo la presión de los acusadores fracasando en librar a Jesús.

> **«Ninguno puede servir a dos señores; porque o aborrecerá al uno y amará al otro. No podéis servir a Dios y a las riquezas» (Mt. 6:24).**
>
> **«No podéis beber la copa del Señor, y la copa de los demonios; no podéis participar de la mesa del Señor, y de la mesa de los demonios» (1 Co. 10:21).**
>
> **«El hombre de doble ánimo es inconstante en todos sus caminos» (Stg. 1:8).**
>
> **«Y Elías volvió a decir al pueblo: Sólo yo he quedado profeta de Jehová; mas de los profetas de Baal hay cuatroscientos cincuenta hombres» (1 R. 18:21).**

Pensamiento 1. Cristo ha dado al hombre una vigorosa confesión.

1) Una afirmación vigorosa: Él es Rey (Jn. 18:36-37).
2) Un comportamiento fuerte y controlado: perfección (He. 5:8-9; cp. 2 Co. 5:21).
3) Un propósito fuerte y duradero: morir por los pecados del mundo (1 P. 2:24; 3:18).

Pensamiento 2. El hombre indeciso es como Pilato: rechaza la confesión clara de nuestro Señor.

Pensamiento 3. Cristo enseña aquí una lección acerca de discutir. Es en vano discutir con una persona de mente cerrada u orgullosa. Discutir no hace sino dignificar la conducta de esa persona.

Pensamiento 4. Cristo mantuvo firme su propósito, aun hasta la muerte. Igualmente firmes debemos seguir nosotros.

2 (27:15-18) ***Indecisión—compromiso—Pilato—Jesucristo—juicios:*** Pilato (el hombre indeciso) comprometióla clara evidencia. Pilato vio la evidencia. Jesús era inocente; los religiosos tenían envidia de Cristo y temían la amenaza que Él era para la seguridad de ellos (v. 18). Quería declarar inocente a Cristo, pero sentía que también debía satisfacer los reclamos de estos mundanos religiosos. De modo que ideó un compromiso. Era una antigua costumbre de Roma librar un prisionero a los judíos en la fiesta de la pascua. De esta manera Roma busca la buena voluntad y mayor cooperación de parte de los judíos. En la cárcel había un preso notorio, Barrabás. Pilato lo trajo ante la gente, junto a Cristo, y proclamó que la gente podía decidir a quien librar. En ese instante Pilato volvió al tribunal dejando que la multitud decida (v. 19).

Note dos cosas.

1. Pilato estaba buscando un compromiso. Trataba de declarar inocente a Cristo y complacer a los mundanos que lo acusaban. A pesar de la clara evidencia de la inocencia de Cristo, aun le faltaba el coraje y la decisión para tomar su lugar en favor de Cristo.

2. Pilato tenía la plena esperanza de que el pueblo escogería a Cristo. Pensó que su compromiso sería eficaz porque ¿quién no iba a escoger a un gran maestro y dejar a un criminal notorio?

> **«El que no es conmigo, contra mí es; y el que conmigo no recoge, desparrama» (Lc. 11:23).**
>
> **«Para que todos honren al Hijo como honran al Padre. El que no honra al Hijo, no honra al Padre que le envió. De cierto, de cierto os digo: el que oye mi palabra, y cree al que me envió, tiene vida eterna; y no vendrá a condenación, mas ha pasado de muerte a vida» (Jn. 5:23-24).**
>
> **«Y este es el testimonio: que Dios nos ha dado vida eterna; y esta vida está en su Hijo. El que tiene al Hijo, tiene la vida; el que no tiene al Hijo de Dios no tiene la vida» (1 Jn. 5:11-12).**
>
> **«Someteos, pues, a Dios; resistid al diablo, y huirá de vosotros. Acercaos a Dios, y él se acercará a vosotros. Pecadores, limpiad las manos; y vosotros los de doble ánimo, purificad vuestros corazones. Afligíos y lamentad, y llorad. Vuestra risa se convierta en lloro, y vuestro gozo en tristeza. Humillaos delante del Señor, y él os exaltará» (Stg. 4:7-10).**

Pensamiento 1. Es preciso destacar dos hechos acerca de la naturaleza de un hombre.

1) El compromiso con un hombre dispuesto a hacer el mal no resulta. El hombre va a proseguir con su mal sin importar el compromiso. Es la forma de ser de su naturaleza.
2) Entrar en compromisos cuando la evidencia es clara no funciona. Debilita el carácter y el principio de la posición.

Pensamiento 2. Tenemos que declarar que Cristo es inocente, declarar fuerte y claramente que él es el Hijo de Dios. El nuestro no es tiempo para indecisiones ni para compromter la verdad. Cristo es Rey, totalmente inocente de pecado y mal. Tenemos que ser decididos y tomar posición en favor de Cristo.

3 (27:19) ***Advertencias—Pilato:*** Pilato (el hombre indeciso) fracasó y no escuchó una firme advertencia. Mientras Pilato estaba sentado en el tribunal, esperando la decisión del pueblo, se le acercó su esposa. Había tenido un sueño con Cristo. Note tres cosas.

1. Declaró que Jesús era justo, recto. Estaba declarando que Cristo no solo era un hombre inocente, sino justo y bueno.
2. Advirtió que había algo muy inusual en cuanto a Jesús, algo que podía causar sufrimiento y dolor. Le advirtió a Pilato que declarara inocente a Jesús para no padecer tristeza luego.
3. Pilato escuchó la advertencia, pero aun así escogió el compromiso, aun le faltaba el coraje para declarar inocente a Cristo.

Pensamiento 1. El hombre indeciso es advertido: le esperan sufrimiento y tristeza. El juicio cae sobre toda persona que no toma su posición en favor de Cristo (Mt. 10:32; Lc. 12:8).

Pensamiento 2. Dios usa muchos medios en su intento por alcanzar a los hombres. Usó el sueño de una esposa para advertir a Pilato. También nos advierte a nosotros; debemos tener coraje, no ser indecisos. Hoy es el día de salvación.

«Porque dice: En tiempo aceptable te he oído, y en día de salvación te he socorrido. He aquí ahora el tiempo aceptable; he aquí ahora el día de salvación» (2 Co. 6:2).

«Antes exhortaos los unos a los otros cada día, entre tanto que se dice: Hoy; para que ninguno de vosotros se endurezca por el engaño del pecado» (He. 3:13).

«¡Vamos ahora! los que decís: Hoy y mañana iremos a tal ciudad, y estaremos allá un año, y traficaremos, y ganaremos» (Stg. 4:13).

4 (27:20) ***Mal, ignorar el—Pilato:*** Pilato (el hombre indeciso) ignoró la influencia de los hombres malos sobre el pueblo. Es un cuadro trágico. Los líderes religiosos o bien se movían entre la gente o bien mandaban sus emisarios para ejercer influencia sobre ella e inducirla a esta mala acción: la de dar muerte a Cristo. Mientras tanto, Pilato estaba sentado indeciso en su trono, ignorando la realidad de la situación.

«Porque como está escrito, el nombre de Dios es blasfemado entre los gentiles *por causa de vosotros*» (Ro. 2:24).

«Mas los *malos hombres y los engañadores* irán de mal en peor, engañando y siendo engañados» (2 Ti. 3:13).

«¿Quién es el mentiroso, sino el que niega que Jesús es el Cristo? Este es anticristo, el que niega al Padre y al Hijo. Todo aquel que niega al Hijo, tampoco tiene al Padre. El que confiesa al Hijo, también tiene al Padre .... Os he escrito esto sobre los que os engañan» (1 Jn. 2:22-23, 26).

Pensamiento 1. Hombres malos tratarán de influir sobre otros para salirse con la suya. Ignorar esta realidad es ocultar la cabeza como avestruz en la arena.

Pensamiento 2. La indecisión y los compromisos no son la forma de detener la influencia de los hombres malos. Los malos seguirán influyendo en la gente en tanto nosotros sigamos indecisos y buscando compromisos.

Pensamiento 3. Es preciso proclamar la perfecta inocencia y justicia de Cristo. La proclamación de su justicia es la única forma para detener la influencia de hombres malos en el mundo. No podemos ignorar el hecho.

5 (27:21-23) ***Pilato:*** Pilato (el hombre indeciso) cedió ante la presión del mundo. Nuevamente, la escena es trágica. Pilato volvió a la gente para saber su decisión. La gente lo dejó atónito al pedir la liberación de Barrabás y la crucifixión de Jesús.

Pilato se había arrinconado a sí mismo, se había creado el más terrible de los dilemas imaginables. Asombrado e atrapado respondió clamorosamente al pueblo: «Pues ¿qué mal ha hecho?» Pero era demasiado tarde. La gente, impulsada por los religiosos mundanos, respondió correspondientemente, gritando: «¡Sea crucificado!» Note varias cosas.

1. La gente prefirió a un hombre malo en perjuicio del Hombre Santo, prefirió a un hombre que había *quitado* la vida y rechazó al Príncipe que había *dado* la vida (cp. Hch. 3:14-15).
2. A lo largo de todo el episodio Pilato fue débil e indeciso, carente de coraje. No actuaría con decisión; no declararía con coraje lo que sabía de Cristo: que era inocente.
3. La gente pidió que Jesús fuese ejecutado de la manera más horrible y dolorosa: mediante la crucifixión. Esto fe precisamente lo predicho por Cristo (Mt. 20:19).

«No améis al mundo, ni las cosas que están en el mundo. Si alguno ama al mundo, el amor del Padre no está en él. Porque todo lo que hay en el mundo, los deseos de la carne, los deseos de los ojos, y la vanagloria de la vida, no proviene del Padre, sino del mundo» (I Jn. 2:15-16).

«No os conforméis a este siglo, sino transformaos por medio de la renovación de vuestro entendimiento, para que comprobéis cuál sea la buena voluntad de Dios, agradable y perfecta» (Ro. 12:2).

«Por la fe Moisés, hecho ya grande, rehusó llamarse hijo de la hija de Faraón, escogiendo antes ser maltratado con el pueblo de Dios, que gozar de los deleites temporales del pecado» (He. 11:24-25).

Pensamiento 1. La presión del mundo para que se haga el mal es grande. La indecisión y el compromiso no son la forma de encarar el mundo; dedicación decidida y separación, sí (Ro. 12:1-2; 2 Co. 6:17-18; 1 Jn. 2:15-16).

Pensamiento 2. La mayoría de la gente prefiere la compañía del mal, de hombres pecadores, y no la del Príncipe de vida. Note: aun los religiosos del mundo prefieren lo mundano más que al Príncipe de la vida.

Pensamiento 3. Note un tema crucial. Es cuando somos indecisos, o estamos dispuestos a cerrar compromisos que la presión del mundo a hacer el mal viene sobre nosotros. La vacilación e indecisión hace que cedamos a la presión y al pecado. Cuando somos indecisos normalmente escogemos tranzar con el pecado.

6 (27:24) ***Hombre, debilidad—Pilato:*** Pilato (el hombre indeciso) trató de eludir la responsabilidad del mal. El cuadro es dramático. Pilato se sintió desbordado por la elección del pueblo. Su propia opinión no sirvió de nada, no tuvo influencia alguna en cuanto a la muerte de Jesús. Entonces tomó una fuente con agua, la levantó en alto, se lavó las manos y se secó. Con ese acto Pilato simbolizaba dos cosas.

1. Declaraba la inocencia de Jesús.
2. Lavaba sus manos de todo aquel asunto, declarando que la gente sería culpable de la muerte de Jesús.

Pero Pilato no quedó libre de culpa. El era el gobernador; sabía que Cristo era inocente de los cargos presentados. La responsabilidad de declarar inocente Jesús era suya, aun ignorando a los acusadores. Pilato tenía la autoridad y responsabilidad de hacer lo correcto, de procurar que se hiciera justicia.

«A los cielos y la tierra llamo por testigos hoy contra vosotros, que os he puesto delante la vida y la muerte, la bendición y la maldición; escoge, pues, la vida, para que vivas tú y tu descendencia» (Dt. 30:19).

«Y Elías volvió a decir al pueblo: Sólo yo he quedado profeta de Jehová; mas de los profetas de Baal hay cuatrocientos cincuenta hombres» (1 R. 18:21).

Pensamiento 1. No podemos lavarnos las manos de culpa. Si actuamos irresponsablemente, somos culpables. Somos culpables cuando ...

- rechazamos la vigorosa confesión del Señor.

- hacemos compromisos.
- fracasamos en atender las serias advertencias.
- ignoramos la influencia de hombres malos.
- cedemos a la presión del mundo.
- tratamos de huir de nuestra responsabilidad por el mal.

Pensamiento 2. Cada uno es responsable de sus hechos. Hechos decisivos es lo que Dios espera, hechos decisivos que declaren que Cristo es inocente y justo (2 Co. 5:21).

7 (27:25) ***Judíos—Israel:*** la multitud clamó asumiendo la responsabilidad de la sangre de Jesús. Esta escena es trágica e increíble. La multitud clamó para que Dios los tuviera por responsables de la muerte de Cristo. La gente no sabía lo que decía, pero aun así estaban matando a Cristo y actuando en un espíritu injusto, pecador, salvaje. Debido a su espíritu malo hacia el Hijo de Dios, toda la evidencia de la historia señala que el pedido de ellos fue concedido.

- La nación y su capital, Jerusalén, fueron destruidos y enajenados.
- Su gente fue exiliada y esparcida durante siglos.
- Su nombre en sí con frecuencia es objeto de prejuicio y odio.
- Una y otra vez se ha intentado La aniquilación de su raza.

Asombrosamente, el pueblo judío sigue manteniendo su nacionalidad; pero durante siglos ha caído sobre ellos la venganza evocada. A pesar de su terrible pecado, los judíos tienen un lugar muy especial en el corazón y plan de Dios. Él seguirá manteniéndolos unidos como raza hasta que la plenitud de los gentiles sea cumplida (cp. Ro. 11:25ss).

«Por tanto os digo, que el reino de Dios será quitado de vosotros, y será dado a gente que produzca los frutos de él» (Mt. 21:43).

«Porque os digo que ninguno de aquellos hombres que fueron convidados, gustará mi cena» (Lc. 14:24).

«Vendrá y destruirá a estos labradores, y dará su viña a otros. Cuando ellos oyeron esto, dijeron: ¡Dios nos libre!» (Lc. 20:16).

«Pues si algunas de las ramas fueron desgajadas, y tú, siendo olivo silvestre, has sido injertado en lugar de ellas, y has sido hecho participante de la raíz y de la rica sabia del olivo» (Ro. 11:17).

«Mi Dios os desechará, porque ellos no lo oyeron; y andarán errantes entre las naciones» (Os. 9:17).

	L. Sufrimiento y crucifixión del Mesías: un cuadro de cómo el mundo trata al Hijo de Dios,[EFI] **27:26-44** (Mr. 15:16-32; Lc. 23:43; Jn. 19:16-24)
1 Juzgaron a Cristo **2 Escarnecieron y torturaron a Cristo** a. Los azotaron	26 Entonces les soltó a Barrabás; y habiendo azotado a Jesús, le entregó para ser crucificado.
b. Lo humillaron ante centenares o miles de soldados	27 Entonces los soldados del gobernador llevaron a Jesús al pretorio, y reunieron alrededor de él a toda la compañía;
c. Lo desnudaron y le pusieron un manto púrpura	28 Y desnudándole, le echaron encima un manto de escarlata,
d. Le pusieron una corona de espinas en la cabeza y una caña en la mano e. Se inclinaron ante él; ridiculizaron su afirmación de ser Rey	29 y pusieron sobre su cabeza una corona tejida de espinas, y una caña en su mano derecha; e hincando la rodilla delante de él, le escarnecían diciendo: ¡Salve, Rey de los judíos!
f. Le escupieron g. Le golpearon en la cabeza con la caña	30 Y escupiéndole, tomaban la caña y le golpeaban en la cabeza.
h. Lo ridiculizaron agravando sus heridas i. Lo obligaron a llevar la cruz hasta quedar exhausto	31 Después de haberle escarnecido, le quitaron el manto, le pusieron sus vestidos, y le llevaron para crucificarle.
j. Obligaron a un gentil a ayudar a llevar la cruz	32 Cuando salían, hallaron a un hombre de Cirene que se llamaba Simón; a éste obligaron a que llevase la cruz.
k. Lo escoltaron hasta el terrible lugar de ejecución	33 Y cuando llegaron a un lugar llamado Gólgata, que significa, Lugar de la Calavera,
l. Le dieron vinagre mezclado con hiel	34 le dieron a beber vinagre mezclado con hiel; pero después de haberlo probado, ni quiso beberlo.
m. Lo crucificaron n. Jugando a los dados se apropiaron de su ropa	35 Cuando le hubieron crucificado, repartieron entre sí sus vestidos, echando suertes, para que se cumpliese lo dicho por el profeta: Partieron entre sí mis vestidos, y sobre mi ropa echaron suertes.
o. Se sentaron a mirarlo	36 Y sentados le guardaban allí.
p. Nuevamente ridiculizaron su afirmación	37 Y pusieron sobre su cabeza su causa escrita: ESTE ES JESÚS, EL REY DE LOS JUDÍOS.
q. Lo crucificaron entre dos ladrones	38 Entonces crucificaron con él a dos ladrones, uno a la derecha, y otro a la izquierda.
3 Se burlaban y abusaban de Cristo a. Se burlaban de su poder para destruir y reconstruir el templo b. Se burlaban de ser el Hijo de Dios	39 Y los que pasaban le injuriaban, meneando la cabeza, 40 y diciendo: Tú que derribas el templo, y en tres días lo reedificas, sálvate a ti mismo; si eres Hijo de Dios, desciende de la cruz.
4 Los religiosos y los líderes se burlaban y escarnecían a Cristo a. Se burlaban de su afirmación de ser Salvador b. Se burlaban de su afirmación de ser el Rey de Israel c. Se burlaban de su fe perfecta en Dios d. Se burlaban de su afirmación de ser el Hijo de Dios	41 De esta manera también los principales sacerdotes, escarneciéndole con los escribas y los fariseos y los ancianos, decían: 42 A otros salvó, a sí mismo no se puede salvar; si es el Rey de Israel, descienda ahora de la cruz, y creeremos en él. 43 Confió en Dios; líbrele ahora si le quiere; porque ha dicho: Soy Hijo de Dios.
5 Los criminales se burlaron de Cristo	44 Lo mismo le injuriaban también los ladrones que estaban crucificados con él.

L. Sufrimiento y crucifixión del Mesías: un cuadro de cómo el mundo trata al Hijo de Dios, 27:26-44

(27:26-44) ***Introducción—Jesucristo, muerte:*** esta Escritura contiene los sufrimientos y la crucifixión de nuestro Señor. Mateo, siguiendo su manera organizada, presenta un cuadro del trato que el mundo da al Hijo de Dios. Mateo vio varias clases de personas, simbolizando al mundo, en presencia de Cristo. El trato que esta gente le dio fue increíble y horrendo. La gente del *mundo de Dios* no solo estaba rechazando al Hijo de Dios, lo estaban torturando y destruyendo.

1. Allí estaban los gobernantes: habían juzgado a Cristo: juzgaron que era una amenaza y debía ser destruido (v. 26).
2. Allí estaban los soldados: escarnecieron y torturaron a Cristo (vv. 26-38).
3. Allí estaban las personas en general, los que pasaban: se burlaban y abusaban de Cristo (vv. 39-40).
4. Allí estaban los religiosos y los líderes del gobierno: se burlaron y escarnecieron a Cristo (vv. 41-43).
5. Allí estaban los criminales: se burlaron de Cristo (v. 44).

(27:26-44) ***Otro bosquejo:*** la crucifixión.

1. Jesús es azotado (v. 26).
2. Los soldados lo humillaron y torturaron (vv. 27-31).
3. El trayecto hasta Gólgota: Simón de Cirene (vv. 32-33).
4. Intentaron drogarlo (v. 34).

5. La crucifixión (v. 35).
6. El juego por sus ropas (v. 35).
7. El título de su causa en la cruz (vv. 36-37).
8. Los dos ladrones (v. 38).
9. Los que pasaban le escarnecían y se burlaban (vv. 39-43).

ESTUDIO A FONDO 1

(27:26-44) ***Jesucristo, muerte:*** los sufrimientos y las torturas del Señor fueron marcadas por el dolor divino y la crueldad humana.

1. El dolor divino del Señor Jesús se basaba en que era totalmente consciente del juicio que soportaría por el hombre: el ser separado de Dios (*véase* nota—Mt. 27:46-49). La presión de esta experiencia infernal se ve en el Getsemaní. Sometido a una gran presión emocional, los minúsculos vasos capilares bajo la superficie de su piel se juntaron a las glándulas sudoríficas y aparentemente explotaron. Entonces Jesús sudó grandes gotas de sangre. Esa experiencia causó una marcada debilidad, en algunos casos podía causar un estado de shock. El misterio aterrador de esta experiencia infernal es vista en su clamor desde la cruz: «Dios mío, Dios mío, ¿Por qué me has desamparado?» En ese momento comenzó la gran separación de Dios (*véanse* notas—Mt. 27:46-49; Ef. 4:8-10; Estudio a fondo—1—P. 3:19-20).

2. La tortura física que padeció a manos de los hombres fue horrenda. En presencia del sumo sacerdote, un oficial golpeó a Jesús en el rostro (Jn. 18:22). Los guardias del templo le vendaron los ojos, se burlaron de Él, le escupieron y le abofetearon la cara; lo mantuvieron levantado toda la noche (Lc. 22:63-66).

Ante Pilato, el juicio romano: sus manos fueron atadas a un poste, encima de su cabeza, luego fue azotado (Jn. 19:1). El prisionero fue azotado hasta que el centurión a cargo consideraba que estaba a punto de morir (los juicios judíos solamente permitían 40 azotes). El látigo (*phagellow*) era hecho de tiras de cuero con dos bolillas prendidas en el extremo de cada tira. Las bolillas eran de plomo o de agudos huesos o aguijones, de manera que cortasen profundamente la carne. Por supuesto, la espalda de los criminales se transformaba en una irreconocible masa de carne desgarrada (cp. Is. 50:6).

Aun ante Pilato: los guardias reunieron a toda la compañía de soldados y comenzaron a escarnecer a Jesús como Rey de los judíos (Mr. 15:16). Le pusieron un manto y siguieron golpeándolo en el rostro. Tomaron el cetro de sus manos y lo usaron para golpearlo y clavarle más las espinas. Finalmente cesaron en este sádico trato y lo desnudaron. Esto le arrancó la sangre seca de las heridas. La consecuencia, un indecible dolor (cp. Mt. 27:28-31; Mr. 15:16-20; Jn. 10:1-5).

Llevando él mismo la cruz: era pesada, muy pesada. Tenía que llevarle calle arriba, calle abajo a través de la ciudad, siguiendo una tortuosa ruta. Los romanos hacían esto a modo de lección viviente de que el crimen no resultaba. Cristo sencillamente sucumbió bajo el peso; Simón de Cirene, fue obligado a llevar la cruz por Él (Mt. 27:32; Mr. 15:21; Lc. 23:26).

[1] (27:26) ***Sanhedrín—Pilato:*** los gobernantes juzgaron. Cristo era una amenaza; debía ser destruido. El sanhedrín, los líderes tanto religiosos como civiles (ancianos), y Pilato juzgaron a Cristo. Al entender de ellos Cristo era una amenaza. Incluso Pilato cedió, a pesar de sus dudas, para ejecutar a Cristo a efectos de preservar la paz de su gobierno y la seguridad de su posición (*véanse* bosquejo, notas y Estudio a fondo 1—Mt. 27:11-25).

Pensamiento 1. Posiciones, poder, riqueza, seguridad, envidia y muchas otras cosas impulsan a los poderosos de esta tierra a intentar la destrucción de Cristo y de su influencia.

[2] (27:26-38) ***Jesucristo, sufrimiento:*** los soldados escarnecieron y torturaron a Cristo. El trato de ellos incluyó al menos diecisiete abusos.

1. *Azotaron a* Cristo (v. 26). Fue azotado y golpeado con un látigo. Este era un castigo salvaje, de indecible dolor. El azote (*phagellow*) era hecho de tiras de cuero con dos bolillas prendidas en el extremo de cada tira. Las bolillas eran de plomo o de agudos huesos o aguijones, de manera que cortasen profundamente la carne. Sus manos fueron atadas a un poste, por encima de lacabeza, y fue azotado (Jn. 19:1). Era costumbre que el prisionero fuese azotado hasta que el centurión a cargo consideraba que estaba a punto de morir (los juicios judíos solamente permitían 40 azotes). Por supuesto, la espalda de los criminales terminaba siendo una irreconocible masa de carne desgarrada.

Pensamiento. Dos hechos importantes.

1) Cristo fue *castigado y torturado por nuestros pecados:*

«Mas él herido fue por nuestras rebeliones, molido por nuestros pecados; el castigo de nuestra paz fue sobre él, y por su llaga fuimos nosotros curados» (Is. 53:5).

2) Cristo sufrió *voluntariamente* el castigo por nuestros pecados:

«Di mi cuerpo a los heridores» (Is. 50:6).

2. Humillaron a Cristo ante centenares de soldados (v. 27). Note las palabras, «toda la compañía» (*speiran*). Una *compañía* de soldados normalmente significaba un escuadrón de seiscientos hombres. Sin embargo, «compañía» (*seiran*) a veces significaba pelotón. Cada escuadrón consistía de tres pelotones, de aproximadamente doscientos soldados. Se ignora a qué está referido aquí. La mayoría cree que el número de soldados era grande, ciertamente los que servían en el pelotón serían cerca de doscientos.

Pensamiento. Cristo fue humillado y convertido en espectáculo para salvarnos a nosotros. Nosotros debemos convertirnos en espectáculo para Cristo a efectos de alcanzar a algunos para Él.

«Porque según pienso, Dios nos ha exhibido a nosotros los apóstoles como postreros, como a sentenciados a muerte; pues hemos llegado a ser espectáculo al mundo, a los ángeles y a los hombres» (1 Co. 4:9).

«Sostuvisteis gran debate de padecimientos; por una palte ciertamente, con vituperios y tribulaciones fuisteis hechos espectáculo; y por otra, llegasteis a ser compañeros de los que estaban en una situación semejante» (He. 10:32-33).

3. Desnudaron a Cristo y le vistieron un manto púrpura (v. 28). Cristo fue despojado de su ropa *desnudado y a vergonzado;* fue *ridiculizado* cuando lo vistieron con un manto real.

Pensamiento 1. El pecado desnudó al hombre y tuvo verguenza (Gn. 3:7). Estamos desnudos ante Aquel que va a juzgar al mundo. Cristo fue desnudado y avergonzado a efectos de asegurar ropas blancas y puras para nosotros (es decir, justicia).

«Por tanto, yo te aconsejo que de mí compres oro refinado en fuego, para que sea rico, y vestiduras blancas para vestirte, y que no se descubra la verguenza de tu desnudez; y unge tus ojos con colirio, para que veas» (Ap. 3:18; cp. Ef. 4:23-24).

Pensamiento 2. Cristo *vistió (llevó)* el manto escarlata por nosotros. El manto escarlata simboliza que Él llevaría nuestros pecados.

1) Porque él llevó el manto escarlata por nuestros pecados, nuestros pecados pueden ser blancos como la nieve.

«Venid luego, dice Jehová, y estemos a cuenta: si vuestros pecados fueren como la grana, como la nieve serán emblanquecidos; si fueren

rojos como el carmesí, vendrán a ser como blanca lana» (Is. 1:18).

2) Porque Él llevó el manto escarlata por nuestros pecados, nosotros podemos lavar nuestras ropas en la sangre del Cordero.

«Yo le dije: Señor, tú lo sabes. Y el me dijo: Estos son los que han salido de la gran tribulación, y han lavado sus ropas, y las han emblanquecido en la sangre del Cordero» (Ap. 7:14).

4. Pusieron una corona de espinas en la cabeza de Cristo y una caña en sus manos (v. 29). Con las ramas de un arbusto espinoso hicieron un símil de corona y la presionaron sobre su cabeza. Las espinas hirieron su piel sobre la ceja y bajo su cabello. La sangre corrió por su cabeza y por su rostro. Un cetro de burla hecho de una débil caña fue puesto en su mano.

Pensamiento 1. Las espinas son un símbolo de la *maldición* de Dios sobre la tierra, un resultado del pecado (Gn. 3:18). Cristo estaba llevando el pecado que trajo la maldición. Fue hecho maldición por nosotros.

«Cristo nos redimió de la maldición de la ley, hecho por nosotros maldición (porque está escrito: Maldito todo el que es colgado de un madero)» (Gá. 3:13).

Pensamiento 2. Cristo sostuvo la débil caña, la caña que tan fácilmente es sacudida por el viento (Mt. 11:7), que se dobla, envejece y marchita. Sostuvo la caña que simboliza los débiles reinos del mundo, reinos que son tan fácilmente sacudidos y que se tambalean y marchitan. La sostuvo como parte de su sufrimiento a efectos de asegurarse un cetro eterno, un trono y un reino eterno.

«Mas del Hijo dice: Tu trono, oh Dios, por el siglo del siglo; cetro de equidad es el cetro de tu reino» (He. 1:8).

5. Se inclinaron ante Él para burlarse de su afirmación de ser rey (v. 29). Ridiculizaron su afirmación de ser rey *jugando* a hincar las rodillas y exclamando con burla «¡Salve, Rey de los judíos!» lo escarnecieron como simulacro de rey.

Pensamiento 1. Viene el día cuando el doblar la rodilla y confesar que Cristo es Señor no será juego. Ese día no habrá burla ni escarnecimiento.

«Por lo cual Dios también le exaltó a lo sumo, y le dio un nombre que es sobre todo nombre, para que en el nombre de Jesús se doble toda rodilla de los que están en los cielos, y en la tierra, y debajo de la tierra; y toda lengua confiese que Jesucristo es el Señor, para gloria de Dios Padre» (Fil. 2:9-11).

6. Le escupieron a Cristo (v. 30; cp. Is. 50:6). Era una costumbre que los súbditos besaran a sus gobernantes en señal de homenaje y lealtad. Los soldados se burlaron del Señor expresándole una lealtad fingida escupiéndole despectivamente en el rostro.

Pensamiento 1. Cristo soportó el desprecio, las escupidas, y el homenaje fingido a efectos de librar a los hombres de la muerte. Pero ahora es el día en que el Señor no debe ser escupido, sino besado. Debe recibir una lealtad genuina, no fingida.

«Honrad al Hijo, para que no se enoje, y perezcáis en el camino; pues se inflama de pronto su ira» (Sal. 2:12).

7. Con la caña golpearon a Cristo en la cabeza (v. 30). La palabra griega para «le golpeaban» (*etupton*, tiempo imperfecto) significa que *seguían golpeándolo*. Tomaron la caña, el pretendido cetro, y la usaron como arma golpeándolo, de manera continua en la cabeza. Probablemente se pasaron la caña de un soldado a otro, dando a muchos la oportunidad de expresar su burla y desprecio. Cristo estaba golpeado y ensangrentado, un aspecto horrible.

Pensamiento 1. Dos hechos importantes.

1) «Herido fue por nuestras rebeliones, molido por nuestros pecados» (Is. 53:5).
2) «Jehová quiso quebrantarlo» (Is. 53:10).

8. Despojaron a Cristo de la ropa real, y volvieron a ponerle la suya propia, agravando de esa manera sus heridas. Estaban listos para el próximo paso, la crucifixión. Al quitarle el manto real ocurrieron dos cosas.

a. La sangre seca adherida a la tela fue arrancada de las heridas. Con dolor indecible la sangre comenzó a correr nuevamente de ellas.
b. Al quitarle la túnica real, los soldados lo despojaban de la autoridad que le habían dado. No era más que autoridad y homenaje fingidos, pero ello había simbolizado la actitud del mundo al honrar al Hijo de Dios.

Pensamiento 1. Ningún ser humano determina la autoridad del Hijo de Dios. Él tiene autoridad porque es el Hijo de Dios, no porque el hombre se la asigne. Dios le ha dado toda autoridad y gobierno porque ha llevado los sufrimientos y la muerte de la cruz por causa del hombre.

«Y Jesús se acercó y les habló diciendo: Toda potestad me es dada en el cielo y en la tierra» (Mt. 28:18).

«Porque el Padre a nadie juzga, sino que todo el juicio dio al Hijo, para que todos honren al Hijo como honran al Padre. El que no honra al Hijo, no honra al Padre que le envió» (Jn. 5:22-23).

Pensamiento 2. «La sangre de Jesucristo su Hijo (de Dios) nos limpia de todo pecado» (1 Jn. 1:7).

9. Obligaron a Cristo a llevar su cruz hasta sucumbir exhausto (v. 32). La práctica común era que el criminal condenado llevara su propia cruz. Un centurión, montado en su cabalgadura, iba al frente. Le seguía un heraldo, proclamando los cargos criminales contra el condenado. Inmediatamente detrás del heraldo seguía el condenado llevando su cruz y un pequeño destacamento de soldados. El criminal tenía que atravesar la ciudad subiendo y bajando sus calles, a lo largo de un tortuoso camino. Los romanos lo hacían a modo de lección viviente a los ciudadanos, de que el crimen no resultaba.

Pensamiento. Note dos hechos importantes.

1) El hombre obligó a Cristo a llevar la cruz al Gólgota. Aquí hay un simbolismo espiritual. Espiritualmente, es el pecado del hombre lo que obligó a Cristo a llevar la cruz del hombre.

«Quien llevó él mismo nuestros pecados en su cuerpo sobre el madero, para que nosotros, estando muertos a los pecados, vivamos a la justicia; y por cuya herida fuisteis sanados» (1 P. 2:24).

2) Dios obligó a Cristo a llevar la cruz por el hombre.

«A éste, entregado por el determinado consejo y anticipado conocimiento de Dios, prendisteis y matasteis por manos de inicuos, crucificándole» (Hch. 2:23).

10. Obligaron a un hombre gentil a ayudar con la cruz de Cristo (v. 32). Cristo sucumbió bajo el peso de la cruz. Esto no sorprende teniendo en cuenta todo lo que acababa de sufrir ...

- la agonía en el huerto.
- la tensión y expectativa de los juicios.
- la burla y tortura de los soldados.

Había perdido demasiada sangre durante la salvaje tortura, y había pasado muchas horas sin comer ni dormir. Los soldados tenían legítima autoridad para tocar a cualquier espectador en la espalda y obligarlo a llevar la carga que fuese. En este caso, por supuesto, necesitaban a alguien que llevase la cruz por Cristo. Llamaron a Simón de Cirene, quien llevó la cruz por Cristo. Dios usó este evento para cambiar por siempre la vida de Simón (*véase* nota—Mr. 15:21).

Pensamiento. Cristo llevó la cruz por nosotros para poder alistarnos al servicio de Dios. Como Él llevó la cruz, ahora nosotros debemos llevar la cruz por Él. Simón la llevó literalmente, simbolizando que nosotros debemos llevar espiritualmente la cruz por Cristo (*véase* nota—Lc. 9:23).

«Y decía a todos: si alguno quiere venir en pos de mí niéguese a sí mismo, tome su cruz cada día, y sígame» (Lc. 9:23).

11. Escoltaron a Cristo hasta un lugar terrible para la crucifixión (v. 33). El lugar era llamado Gólgota, el lugar de la calavera. No se sabe por qué tenía ese nombre. Pero note que era conocido como lugar de muerte, de huesos de muertos. Era un lugar escarpado que despertaba pensamientos de muerte, de carne corruptible y decadente. Era un lugar terrible para morir.

Pensamiento 1. Aun el lugar donde fue crucificado Cristo simbolizaba muerte. Cada acción parecía señalar a su muerte por la liberación del hombre. Aquí, el Gólgota era un cuadro que hacía pensar en la muerte, y aquí en Gólgota debía morir para librar a todos los hombres de las cadenas de la muerte.

«Así que, por cuanto los hijos participaron de carne y sangre, él también participó de lo mismo, para destruir por medio de la muerte al que tenía el imperio de la muerte, esto es, al diablo, y librar a todos los que por el temor de la muerte estaban durante toda la vida sujetos a servidumbre» (He. 2:14-15).

Pensamiento 2. Cristo fue juzgado indigno de vivir entre la gente del mundo, de manera que fue llevado fuera de la ciudad y mediante la ejecución enviado fuera del mundo. Fue expulsado de la viña (Mt. 21:39). En el Antiguo Testamento el sacrificio de los animales tenía lugar fuera del campamento y la sangre era traída a la congregación. El Cordero de Dios fue llevado fuera de la puerta como la oveja que es llevada al matadero.

«Porque los cuerpos de aquellos animales cuya sangre a causa del pecado es introducida en el santuario por el sumo sacerdote, son quemados fuera del campamento. Por lo cual también Jesús, para santificar al pueblo mediante su propia sangre, padeció fuera de la puerta» (He. 13:11-12).

Pensamiento 3. Éllevó el reproche del pecado por nosotros. Por eso, nosotros debemos llevar el reproche de justicia por Él.

«Salzamos, pues, a él, fuera del campamento, llevando su vituperio» (He. 13:13).

12. Le dieron a Cristo vinagre mezclado con hiel (v. 34). Era la costumbre dar al criminal vino aderezado inmediatamente antes de ser levantado en la cruz. La mezcla era un licor de fuerte efecto estupefaciente y se usaba como bebida narcótica. La Escritura lo predijo (Sal. 69:21).

Pensamiento. Cristo vino para hacer la voluntad de Dios, a morir como sacrificio por el hombre. Se rehusó a hacer la voluntad de Dios de forma irresponsable, con sentidos adormecidos y la mente en estado de semi conciencia. Tenía una obra que hacer al sacrificar su vida por el hombre; debía gustar la muerte por todos los hombres, y la gustaría plenamente consciente y con la mente tan alerta como fuese posible.

«Pero vemos a aquel que fue hecho un poco menor que los ángeles, a Jesús, coronado de gloria y de honra, a causa del padecimiento de la muerte, para que por la gracia de Dios gustase la muerte por todos» (He. 2:9).

«Holocausto y expiaciones por el pecado no te agradaron. Entonces dije: He aquí que vengo, oh Dios, para hacer tu voluntad, como en el rollo del libro está escrito de mí .... En esa voluntad somos santificados mediante la ofrenda del cuerpo de Jesucristo hecha una vez para siempre» (He. 10:6-7, 10).

13. Crucificaron a Cristo (v. 35). La crucifixión en sí era la más horrenda de las muertes. El antiguo escritor, Tácito, la llamó «la muerte ruin». Cicerón la llamó «la más cruel y horripilante de las muertes». Simplemente dijo que era «imposible describirla». Tenía el dolor de los clavos que eran cl avados a través de la carne de las manos y los pies o tobillos. Tenía el peso de su cuerpo jalando y tirando contra los clavos cuando la cruz era levantada y afirmada en su lugar. El sol abrasador y la sed insaciable que consumía su boca y garganta. La sangre que manaba de su maltrecha espalda, la corona de espinas en su frente, sus pies y su cabeza golpeados con la caña. Además, imagine solamente el dolor incrementado por moscas, mosquitos y otros insectos. También soportó el corte de la lanza en su costado. Y más y más sufrimientos podrían ser descritos. Nunca hubo una forma más cruel de ejecución que la crucifixión en una cruz.

Pensamiento. En los términos más simples, Cristo fue crucificado por nuestros pecados a efectos de traernos a Dios.

«Quien llevó él mismo nuestros pecados en su cuerpo sobre el madero, para que nosotros, estando muertos a los pecados, vivamos a la justicia; y por cuya herida fuisteis sanados» (1 P. 2:24).

«Porque también Cristo padeció una sola vez por los pecados, el justo por los injustos, para llevarnos a Dios, siendo a la verdad muerto en la carne, pero vivificado en espíritu» (1 P. 3:18).

14. Jugaron para apropiarse de la ropa de Cristo (v. 35). Aparentemente era una costumbre de los soldados verdugos apropiarse de lo que querían de la ropa del criminal crucificado. Los soldados desnudaron a Cristo y repartieron sus ropas entre ellos. Su túnica era de valor. Era sin costura, de una sola pieza, tejida de la cabeza a los pies como la túnica o manto de los sumos sacerdotes. Por eso los soldados decidieron echar suertes por ella (Jn. 19:23-24). Este acontecimiento fue predicho por las Escrituras en Sal. 22:18.

Pensamiento. Note dos cosas.

1) Cristo fue desnudado por los soldados. Pero Él se despojó a sí mismo de su gloria para hacerse hombre y morir por nosotros.

«Así que, por cuanto los hijos participaron de carne y sangre, él también participó de lo mismo, para destruir por medio de la muerte al que tenía el imperio de la muerte, esto es, al diablo, y librar a todos los que por el temor de la muerte estaban durante toda la vida sujetos a servidumbre» (He. 2:14-15).

2) La túnica era un símbolo de Cristo, *el Mediador,* el Pontífice, que en latín significa, *el constructor de puente* entre Dios y el hombre.

«Porque hay un solo Dios, y un solo mediador entre Dios y los hombres, Jesucristo hombre, el cual se dio a sí mismo en rescate por todos, de lo cual se dio testimonio a su debido tiempo» (1 Ti. 2:5-6).

15. Se sentaron a mirar a Cristo (v. 36). La muerte por crucifixión normalmente era lenta, muy lenta. A veces demoraba días hasta que el ejecutado moría en su agonía. Por eso era preciso apostar soldados que vigilasen al ejecutado evitando que los amigos intentaran salvarlo de la muerte. Tratándose de Cristo ahora el juego y la crucifixión habían terminado. Ahora solo tenían que esperar. Se sentaron a mirarlo colgado allí. Podemos imaginarnoslo que veían al imaginarnos su aspecto después de toda la tortura sufrida y repasando sus siete palabras dichas desde la cruz. Colgado allí, desnudo, siendo mirado, toda la escena era un vergonzoso cuadro. La vergüenza de la exposición debe haber herido el corazón de Cristo en lo más profundo. La mirada de los soldados fue profetizada (Sal. 22:17).

Pensamiento 1. El pecado es la desnudez, la vergüenza del hombre. El pecado desnuda al hombre y lo presenta desnudo ante Dios. La cruz es la vergüenza de Cristo, sin embargo, llevó la vergüenza de la cruz por nosotros.

«Por tanto, yo te aconsejo que de mí compre ... vestiduras blancas para vestirte, y que no se descubra la verguenza de tu desnudez; y unge tus ojos con colirio, para que veas» (Ap. 3:18).

«Puestos los ojos en Jesús, el autor y consumador de la fe, el cual por el gozo puesto delante de él sufrió la cruz, menospreciando el oprobio, y se sentó a la diestra del trono de Dios» (He. 12:2).

Pensamiento 2. En su providencia Dios se ocupó de que hubiese guardas apostados alrededor de la cruz. ¿Por qué? Porque así nunca habría una duda legítima en cuanto a que su Hijo realmente murió.

Pensamiento 3. Lo que el soldado honesto y reflexivo vio era un hombre noble y justo que era muerto injustamente.

«Y el centurión que estaba frente a él viendo que después de clamar había expirado así, dijo: Verdade-ramente este hombre era Hijo de Dios» (Mr. 15:39).

16. Avergonzaron a Cristo y volvieron a reprochar su afirmación (v. 37). Era costumbre que los cargos contra el criminal crucificado fuesen escritos sobre una tabla y clavados en la cruz, sobre la cabeza del crucificado. Esto servía tanto como información y como advertencia pública. Por supuesto, agregaba vergüenza y vituperio al que sufría crucificado. En el caso de Cristo, los cargos fueron escritos en tres idiomas diferentes (Jn. 19:20). Note las palabras exactas: «Este es Jesús, el Rey de los judíos». Esta inscripción perturbó a los líderes religiosos. Fueron a Pilato y dijeron: «No escribas: Rey de los judíos; sino, que él dijo: Soy Rey de los judíos». Pilato sencillamente respondió: «Lo que he escrito, he escrito» (Jn. 19:21-22).

Pensamiento. Dios superó la vergüenza y el vituperio de nuestro Señor. Se ocupó de que los propios cargos contra él proclamasen su deidad y honor. Fue proclamado Rey en tres idiomas, idiomas que simbolizaban el mundo: arameo (judíos), latín (gentiles) y griegos (intelectuales, judíos y gentiles).

«Y estando en la condición de hombre, se humilló a sí mismo, haciéndose obediente hasta la muerte, y muerte de cruz. Por lo cual Dios también le exaltó hasta lo sumo, y le dio un nombre que es sobre todo nombre, para que en el nombre de Jesús se doble toda rodilla de los que están en los cielos, y en la tierra, y debajo de la tierra; y toda lengua confiese que Jesucristo es el Señor, para gloria de Dios Padre» (Fil. 2:8-11).

«Nuestro Señor Jesucristo ... a su tiempo mostrará el bienaventurado y solo Soberano, Rey de reyes, y Señor de señores, el único que tiene inmortalidad, que habita en la luz inaccesible; a quien ninguno de los hombres ha visto ni puede ver, al cual sea la honra y el imperio sempiterno» (1 Ti. 6:14-16).

17. Añadieron vergüenza y vituperio crucificando a Cristo entre dos ladrones (v. 38). Tal vez este era un día establecido para la ejecución. O tal vez los líderes judíos presionaron a Pilato a ejecutar a Jesús con otros criminales. Esto agregaría peso a la posición de ellos de que Jesús no era más que un hombre, un impostor que merecía morir igual que otros criminales. Cualquiera sea la razón, el hecho que el Hijo de Dios fuese ejecutado junto a otros criminales agregó más vergüenzay vituperio a lo que ya soportaba. Nuevamente, esto había sido profetizado (Is. 53:12).

Pensamiento. Cristo fue contado como pecador para poder llevar el pecado de muchos.

«Por tanto, yo le daré parte con los grandes, y con los fuertes repartirá despojos; por cuanto derramó su vida hasta la muerte, y fue contado con los pecadores, habiendo él llevado el pecado de muchos, y orado por los transgresores» (Is. 53:12).

«Palabra fiel y digna de ser recibida por todos: que Cristo Jesús vino al mundo para salvar a los pecadores, de los cuales yo soy el primero» (1 Ti. 1:15).

3 (27:39-40) ***Jesucristo, burlado:*** las personas en general y los que pasaban por allí escarnecían a Cristo y se abusaban de Él. Había una gran cantidad de transeúntes (Jn. 19:20). Gólgota estaba cerca de la ciudad, ubicado sobre una colina que probablemente estaba cerca a la ruta principal y de la gran puerta que conducía a la ciudad.

Primero, solo Cristo era escarnecido y abusado; los dos criminales no. De ellos no se abusó de ninguna manera. Quienes mataron al Señor no estaban satisfechos con su muerte; estaban llenos de enemistad y amargura y buscaba venganza y humillación. Por eso sembraron las semillas de la enemistad y de la burla entre los que pasaban, y éstos fueron presa de la emoción del pecado y de la verguenza y de la depravada multitud.

Segundo, los que pasan por allí veían a Cristo colgado creyendo que había afirmado ser un Rey. Incitados por sus acusadores lo blasfemaban. La palabra para blasfemar (*blasphemoun*) es fuerte, y significa blasfemas, profanar, injuriar. También meneaban sus cabezas al verle. Este era un gesto de aquel tiempo que expresaba insulto, desprecio y burla.

Los que pasaban escarnecían a Cristo por dos cosas: Su afirmación de tener el poder para destruir y reconstruir el templo (*véase* nota—Mt. 26:60-61), y su afirmación de ser el Hijo de Dios (Mt. 26:64). Note que la multitud usaba las mismas palabras usadas por el diablo cuando tentó a Jesús en el comienzo de su ministerio: «Si eres Hijo de Dios» (Mt. 4:6).

Pensamiento 1. Demasiadas personas maldicen y profanan a Cristo cuando oyen lo que espera de ellas como Mesías y como Hijo de Dios. La reacción de la mayoría de las personas fue predicha generaciones atrás.

«Todos los que me ven me escarnecen; estiran la boca, menean la cabeza, diciendo ... » (Sal. 22:7).

«Yo he sido para ellos objeto de oprobio; me miraban, y burlándose meneaban la cabeza» (Sal. 109:25).

Pensamiento 2. Cristo poseía toda la deidad y toda la dignidad, y las riquezas de Dios. Pero por amor a nosotros, se hizo débil y pobre por nosotros. Se sometió a las burlas y al abuso de los hombres para morir.

«Porque aunque fue crucificado en debilidad, vive por el poder de Dios. Pues también nosotros somos débiles en él, pero viviremos con él por el poder de Dios para con vosotros» (2 Co. 13:4).

«Porque ya conocéis la gracia de nuestro Señor Jesucristo, que por amor a vosotros se hizo pobre, siendo rico, para que vosotros con su pobreza fueseis enriquecidos» (2 Co. 8:9).

Pensamiento 3. La persona en general, los transeúntes, con frecuencia se burlan de Cristo y abusan de Él. ¿Cómo?

- Ridiculizando la afirmación de Cristo de ser el Hijo de Dios.
- Maldiciendo y blasfemando el nombre de Cristo.
- Desafiando a Cristo a mostrar su poder supliendo necesidades cuando uno no ha vivido para Cristo.
- Teniendo una actitud peor hacia Cristo y sus seguidores que hacia el resto de la sociedad, incluso hacia criminales.

4 (27:41-43) ***Jesucristo, escarnecido:*** los líderes religiosos y del gobierno (ancianos) se burlaban y escarnecían a Cristo. Los hombres de la religión y del gobierno deberían estar por encima de tal comportamiento. Sin embargo, siendo parte de una multitud incrédula, los hombres llenos de enemistad y amargura son impulsados a hacer cosas vergonzosas. Estos líderes ridiculizaron las cuatro principales afirmaciones de Cristo:

- de ser el Salvador.
- de ser el Rey.
- de ser el Hijo del Hombre que confió perfectamente en Dios.
- de ser realmente el Hijo de Dios.

El propósito de ellos era ventilar su enemistad y humillar a Cristo, esperando fortalecer en la mente de la multitud la idea de que Cristo era un impostor y engañador. Los religiosos malinterpretaron totalmente al Mesías de Dios, al Señor Jesucristo.

«Palabra fiel y digna de ser recibida por todos: que Cristo Jesús vino al mundo para salvar a los pecadores, de los cuales yo soy el primero» (1 Ti. 1:15).

«Porque hay un solo Dios, y un solo mediador entre Dios y los hombres, Jesucristo hombre, el cual se dio a sí mismo en rescate por todos, de lo cual se dio testimonio a su debido tiempo» (1 Ti. 2:6).

Pensamiento 1. Cristo fue todo lo que afirmó ser.

1) El Salvador.

«Porque el Hijo del Hombre vino a buscar y a salvar lo que se había perdido» (Lc. 19:10. *Véase* nota—Mt. 8:20).

2) El Rey.

«Jesús, pues, estaba en pie delante del gobernador; y éste le preguntó, diciendo: ¿Eres tú el Rey de los judíos? Y Jesús le dijo: Tú lo dices» (Mt. 27:11).

«Le dijo entonces Pilato: ¿Luego, eres tú rey? Respondió Jesús: Tú dices que yo soy rey. Yo para esto he nacido, y para esto he venido al mundo, para dar testimonio a la verdad. Todo aquel que es de la verdad, oye mi voz» (Jn. 18:37).

3) El Hijo del Hombre que confió perfectamente en Dios.

«Jesús les dijo: Mi comida es que haga la voluntad del que me envió, y que acabe su obra» (Jn. 4:34).

«No puedo yo hacer nada por mí mismo; según oigo, así juzgo; y mi juicio es justo, porque no busco mi voluntad, sino la voluntad del que me envió, la del Padre» (Jn. 5:30).

«Así que, si el Hijo os libertare, seréis verdaderamente libres» (Jn. 8:36).

4) El Hijo de Dios.

«Porque de tal manera amó Dios al mundo, que ha dado a su Hijo unigénito, para que todo aquel que en él cree, no se pierda, mas tenga vida eterna. Porque no envió Dios a su Hijo al mundo para condenar al mundo, sino para que el mundo sea salvo por él. El que en él cree, no es condenado; pero el que no cree, ya ha sido condenado, porque no ha creído en el nombre del unigénito Hijo de Dios» (Jn. 3:16-18).

«¿Al que el Padre santificó y envió al mundo, vosotros decís: Tú blasfemas, porque dije: Hijo de Dios soy?» (Jn. 10:36).

Pensamiento 2. Los líderes, tanto civiles como religiosos, todavía son hombres. No es la posición ni lo que uno dice lo que hace el hombre, sino el corazón. Un corazón incrédulo y enemistado, un corazón dispuesto a participar con la multitud pecadora hará cosas vergonzosas, sin importar la posición ni profesión.

Pensamiento 3. Si Cristo hubiera usado su poder para salvarse a sí mismo, ¿qué habría sido de nuestra salvación?

5 (27:44) ***Jesucristo, escarnecido:*** los criminales escarnecieron a Cristo. El cuadro de los ladrones uniéndose a las burlas expresadas hacia Cristo muestran ...

- la intensidad del ridículo y abuso.
- la amargura y enemistad en sus corazones hacia Cristo.
- el corazón depravado de un hombre que se abandona a la multitud, aun cuando está atravesando o va a atravesar severos castigos.
- la profundidad de la vergüenza a la que los hombre se dirigen.

«Quien cuando le maldecían, no respondía con maldición; cuando padecía, no amenazaba, sino encomendaba la causa al que juzga justamente; quien llevó él mismo nuestros pecados en su cuerpo sobre el madero, para que nosotros, estando muertos a los pecados, vivamos a la justicia; y por cuya herida fuisteis sanados» (1 P. 2:23-24).

	M. El gran triunfo del Mesías: los eventos milagrosos que rodearon a la cruz, 27:45-56 (Mr. 15:33 41; Lc. 23:44-49; Jn. 19:30-37)	51 Y he aquí, el velo del templo se rasgó en dos, de arriba abajo; y la tierra tembló, y las rocas se partieron;	**4 El gran velo del templo rasgado de arriba abajo**
			5 El terremoto aterrador
		52 y se abrieron los sepulcros,y muchos cuerpos de santos que habían dormido, se levantaron;	**6 La resurrección de muchos santos**
1 La oscuridad aterradora a. Durante tres horas b. Sobre toda la tierra	45 Y desde la hora sexta hubo tinieblas sobre la tierra hasta la hora novena.	53 y saliendo de los sepulcros, después de la resurrección de él, vinieron a la santa ciudad, y aparecieron a muchos.	
2 El misterioso clamor a gran voz a. La gran separación; Dios lo abandonó	46 Cerca de la hora novena, Jesús clamó a gran voz, diciendo: Elí, Elí, ¿lama sabactani? Esto es: Dios mío, Dios mío, ¿por qué me has desamparado?	54 El centurión, y los que estaban con él guardando a Jesús, visto el terremoto, y las cosas que habían sido hechas, temieron en gran manera, y dijeron: Verdaderamente éste era Hijo de Dios.	**7 La confesión del centurión y otros**
b. El clamor mal entendido	47 Algunos de los que estaban allí decían, al oirlo: A Elías llama éste.		
1) Uno mostró compasión	48 Y al instante, corriendo uno de ellos, tomó una esponja, y la empapó de vinagre, y poniéndola en una caña, le Dios a beber.	55 Estaban allí muchas mujeres mirando de lejos, las cuales habían seguido a Jesús desde Galilea, sirviéndole,	**8 El coraje y amor de las mujeres** a. Muchas mujeres
2) Otros se burlaron supersticiosamente	49 Pero los otros decían: Deja, veamos si viene Elías a librarle.	56 entre las cuales estaba María Magdalena, María la madre de Jacobo y de José, y la madre de los hijos de Zebedeo.	b. Algunas identificadas
3 El gran clamor de triunfo y la entrega del espíritu de Jesús	50 Mas Jesús, habiendo otra vez clamado, entregó el espíritu.		

M. El gran triunfo del Mesías: los eventos milagrosos que rodearon a la cruz, 27:45-56

(27:45-56) ***Introducción:*** mientras Cristo colgaba de la cruz ocurrieron algunas cosas milagrosas: acontecimientos que demostraron perfectamente que la cruz fue un triunfo, no una tragedia. La cruz fue el gran triunfo del Mesías. Ocho acontecimientos lo demuestran claramente.

1. La oscuridad aterradora (v. 45).
2. El misterioso clamor a gran voz (vv. 46-49).
3. El gran clamor de triunfo y la entrega del espíritu de Jesús (v. 50).
4. El gran velo del templo rasgado: de arriba abajo (v. 51).
5. El terremoto aterrador (v. 51).
6. La resurrección de muchos santos (vv. 52-53).
7. La confesión del centurión y otros (v. 54).
8. El coraje y amor de las mujeres (vv. 55-56).

1 (27:45) ***Jesucristo, muerte—tierra, tinieblas:*** la oscuridad aterradora. Una oscuridad sobrenatural cubrió la tierra desde la hora sexta hasta la hora novena, o, conforme a nuestro tiempo, desde el mediodía hasta las 3 de la tarde.

Piense por un momento. Imagine solamente ...

Quien colgaba de la cruz ...

- El único Hijo de Dios, el Soberano Señor de todos los seres, tanto visibles como invisibles (cp. Col. 1:16).
- El gran arquitecto y creador de todo el universo, de toda la naturaleza.

Qué estaba haciendo allí en la cruz ...

- Llevando los pecados de todos los hombres.
- Llevando *para todos los hombres* el juicio y la ira de Dios contra el pecado.
- Muriendo la muerte por todos los hombres.
- Haciendo todo lo que era preciso hacer para librar a los hombres de pecado, de la muerte, y del juicio para que ellos pudieran vivir eternamente.

Lo profundo del plan de Dios ...

> **«¡Oh profundidad de las riquezas de la sabiduría y de la ciencia de Dios! ¡Cuán insondables son sus juicios, e inescrutables sus caminos! Porque quién entendió la mente del Señor? ¿O quién fue su consejero? ¿O quién le Dios a él primero, para que le fuese recompensado? Porque de él, y por él, y para él, son todas las cosas. A él sea la gloria por los siglos. Amén» (Ro. 11:33-36).**

Cuando realmente se medita en estos hechos, ¿acaso asombra que todas las cosas, incluyendo la misma naturaleza, hayan sido drásticamente afectadas por la muerte del Hijo de Dios? La oscuridad demostró y simbolizó muchas cosas.

1. La oscuridad demostró que Cristo era incuestionablemente el Hijo de Dios. Ante Él toda lengua debe callar en temor y reverencia. No hay duda que el temor y el asombro silenciaron los labios burlones de la multitud apostada alrededor de la cruz. No hay mención de sarcasmos durante estas horas. La multitud fue avasallada por un sentimiento de terror, preguntándose por lo que realmente estaba ocurriendo (v. 54).

«Y tomó consigo a Pedro, a Jacobo y a Juan, y comenzó a entristecerse y a angustiarse» (Mr. 14:33).

«Porque de tal manera amó Dios al mundo, que ha dado a su Hijo unigénito, para que todo aquel que en él cree, no se pierda, mas tenga vida eterna. Porque no envió Dios a su Hijo al mundo para condenar al mundo, sino para que el mundo sea salvo por él. El que en él cree, no es condenado; pero el que no cree, ya ha sido condenado, porque no ha creído en el nombre del unigénito Hijo de Dios» (Jn. 3:16-18).

«Y estando en la condición de hombre, se humilló a sí mismo, haciéndose obediente hasta la muerte, y muerte de cruz. Por lo cual Dios también le exaltó hasta lo sumo, y le Dios un nombre que es sobre todo nombre, para que en el nombre de Jesús se doble toda rodilla de los que están en los cielos, y en la tierra, y debajo de la tierra; y toda lengua confiese que Jesucristo es el Señor, para gloria de dios Padre» (Fil. 2:8-11).

2. La oscuridad simbolizaba el día más oscuro de la historia humana. El día en que el propio Hijo de Dios fue muerto por los pecados de los hombres.

«Quien llevó él mismo nuestros pecados en su cuerpo sobre el madero, para que nosotros, estando muertos a los pecados, vivamos a la justicia; y por cuya herida fuisteis sanados» (1 P. 2:24).

«Porque también Cristo padeció una sola vez por los pecados, el justo por los injustos, para llevarnos a Dios, siendo a la verdad muerto en la carne, pero vivificado en espíritu» (1 P. 3:18).

3. La oscuridad simbolizaba las tinieblas del pecado:

- el pecado que requiere tinieblas para continuar sus obras.

  «Y esta es la condenación: que la luz vino al mundo, y los hombres amaron más las tinieblas que la luz, porque sus obras eran malas. Porque todo aquel que hace lo malo, aborrece la luz y no viene a la luz, para que sus obras no sean reprendidas. Mas el que practica la verdad viene a la luz para que sea manifiesto que sus obras son hechas en Dios» (Jn. 3:19-21).

- El pecado que conduce a la mayor de todas las tinieblas: a la muerte.

  «Porque la paga del pecado es muerte, mas la dádiva de Dios es vida eterna en Cristo Jesús Señor nuestro» (Ro. 6:23).

4. La oscuridad simbolizaba las tinieblas del alma humana y de sus obras. Ahora las tinieblas del alma humana eran llevadas por el Hijo de Dios: y todo por el bien del hombre.

«Así también Cristo fue ofrecido una sola vez para llevar los pecados de muchos; y aparecerá por segunda vez, sin relación con el pecado, para salvar a los que le esperan» (He. 9:28).

«Y él os Dios vida a vosotros, cuando estabais muertos en vuestros delitos y pecados, en los cuales anduvisteis en otro tiempo, siguiendo la corriente de este mundo, conforme al príncipe de la potestad del aire, el espíritu que ahora opera en los hijos de desobediencia, entre los cuales también todos nosotros vivimos en otro tiempo en los deseos de nuestra carne, haciendo la voluntad de la carne y de los pensamientos, y éramos por naturaleza hijos de ira, lo mismo que los demás. Pero Dios, que es rico en misericordia, por su gran amor con que nos amó, aun estando nosotros muertos en pecados, nos Dios vida juntamente con Cristo (por gracia sois salvos) .... Pero ahora en Cristo Jesús, vosotros que en otro tiempo estabáis lejos, habéis sido hechos cercanos por la sangre de Cristo» (Ef. 2:1-5, 13).

«Mas yo soy gusano, y no hombre; oprobio de los hombres, y despreciado del pueblo» (Sal. 22:6).

5. La oscuridad simbolizaba que la luz de la presencia de Dios se retiraba del pecador. Cristo colgaba de la cruz como el pecador —por nuestro bien— el pecador que se hacía pecado por nosotros.

«Cerca de la hora novena, Jesús clamó a gran voz, diciendo: Elí, Elí, ¿lama sabactani? Esto es: Dios mío, Dios mío, ¿por qué me has desamparado?» (Mt. 27:46).

«Al que no conoció pecado, por nosotros lo hizo pecado, para que nosotros fuésemos hechos justicia de Dios en él» (2 Co. 5:21).

6. La oscuridad simbolizaba la ira de Dios contra el pecado. El pecado y el pecador no merecen sino el juicio de la tiniebla. El pecado no merece, de ninguna manera, la luz de la presencia de Dios.

«Cristo nos redimió de la maldición de la ley, hecho por nosotros maldición (porque está escrito: Maldito todo el que es colgado de un madero)» (Gá. 3:13).

«Hijitos míos, estas cosas os escribo para que no pequéis; y si alguno hubiere pecado, abogado tenemos para con el Padre, a Jesucristo el justo. Y él es la propiciación por nuestros pecados; y no solamente por los nuestros, sino también por los de todo el mundo» (1 Jn. 2:1-2).

«Ciertamente llevó él nuestras enfermedades, y sufrió nuestros dolores; y nosotros le tuvimos por azotado, por herido de Dios y abatido. Mas él herido fue por nuestras rebeliones, molido por nuestros pecados; el castigo de nuestra paz fue sobre él, y por su llaga fuimos nosotros curados. Todos nosotros nos descarriamos como ovejas, cada cual se apartó por su camino; mas Jehová cargó en él el pecado de todos nosotros» (Is. 53:4-6).

2 (27:46-49) ***Jesucristo, separado de Dios:*** el misterioso clamor a gran voz: «Dios mío, Dios mío, ¿por qué me has desamparado?» Esta fue la gran separación, el momento en que Dios desamparó a Cristo, su único Hijo. ¿Cuáles el significado de esta asombrosa afirmación? La sola idea de que Dios pudiera «desamparar» a su único Hijo, y que en efecto lo desamparó, desborda la mente humana. Pero Cristo exclamó: «Dios mío, Dios mío, ¿por qué me has desamparado?» El significado de estas palabras no puede ser enfocado superficialmente. Requiere reverencia y mucha reflexión en actitud de oración. Pero incluso entonces, después de meditar una eternidad en oración, la profundidad del significado de ellas sigue siendo insondable e inalcanzable para el hombre. (*Véase* nota—Mt. 20:19.)

Las Escrituras indican al menos los siguientes significados.

1. «¿Por qué me has desamparado?» Jesús sintió que Dios había apartado su presencia de él. Sintió que Dios ya no estaba con Él.
2. «¿Por qué me has desamparado?» Jesús sintió que Dios le había quitado su liberación. En el pasado, cada vez que Jesús estuvo atribulado, Dios había suplido su necesidad. Por ejemplo, Dios le había enviado una voz del cielo para darle seguridad (Jn. 12:27-28); y cuando estaba en el huerto del Getsemaní, esperando la copa, Dios le había enviado un ángel para fortalecerlo. Pero ahora, colgando de la cruz, Dios lo había desamparado. No había liberación de Dios. Jesús había quedado solo.
3. «¿Por qué me has desamparado?» Jesús sintió que estaba cargando la *maldición* de Dios, la maldición de la separación de Dios, la maldición del juicio y de la condenación de Dios contra el pecado (cp. Gá. 3: 13; *véase* Estudio a fondo 1—He. 9:27).
4. «¿ Por qué me has de samparado?» Jesús sintió que la vida y la santidad de Dios lo habían abandonado, que había sido entregado en manos enemigas de la vida y de la santidad, es decir, en manos de la muerte. Estaba siendo hecho pecado y tenía que morir. Y tanto el pecado como la muerte son ajenos a Dios, ajenos a la naturaleza de Dios que es vida y santidad. Tanto el pecado y la muerte eran enemigos de Dios y enemigos de todo lo que pertenece a Dios.

   - Al ser hecho pecado y al morir, Cristo estaba

experimentando todo lo que era contrario a la naturaleza de Dios: todo lo que estaba involucrado en la separación de Dios respecto del pecado y la muerte. (*Véanse* Estudio a fondo 1—Jn. 10:10; Estudio a fondo 1—17:2-3. Cp. 2 Co. 5:2 1; He. 2: 14-15. Cp. Col. 2:15 con Ef. 6:12 y notas—Ef. 4:810; Estudio a fondo 1—1 P. 3:19-20.)

El clamor de Jesús fue profetizado en Salmo 22:1. El motivo por el que Dios tuvo que desamparar a Jesús es expuesto en Sal. 22:3: «Tú eres santo». Jesús se «había hecho pecado» por muchos (2 Co. 5:21).

- Cristo llevó el pecado por el hombre; por eso tuvo que cumplir con la penalidad que correspondía al hombre, la penalidad de ser separado de un Dios perfectamente santo (*véanse* nota Estudio a fondo 2—Mt. 26:37-38; Estudio a fondo 4—26:39). En todo el misterio de su muerte, la Escritura proclama: «[Jesús] *Quien llevó él mismo nuestros pecados en su cuerpo* sobre el madero .... » (1 P. 2:24).

Note que algunas personas de la multitud malinterpretaron el clamor de Jesús. Uno tuvo compasión y trató de ayudarle dándole de beber. Pero otros detuvieron al hombre y se burlaron supersticiosamente demandando que se lo dejase para ver si Elías acudía a salvarlo.

> **«Al que no conoció pecado, por nosotros *lo hizo pecado,* para que nosotros fuésemos hechos justicia de Dios en él» (2 Co. 5:21).**
>
> **«Cristo nos redimió de la maldición de la ley, hecho por nosotros maldición (porque está escrito: Maldito todo el que es colgado de un madero» (Gá. 3:13).**
>
> **«Pero vemos a aquel que fue hecho un poco menor que los ángeles, a Jesús, coronado de gloria y de honra, a causa del padecimiento de la muerte, para que por la gracia de Dios *gustase la muerte por todos*» (He. 2:9).**
>
> **«Así también Cristo fue ofrecido una sola vez para llevar los pecados de muchos; y aparecerá por segunda vez, sin relación con el pecado, para salvar a los que le esperan» (He. 9:28).**
>
> **«Y los denuestos de los que te vituperaban cayeron sobre mí» (Sal. 69:9).**
>
> **«Mas él herido fue por nuestras rebeliones, molido por nuestros pecados; el castigo de nuestra paz fue sobre él, y por su llaga fuimos nosotros curados» (Is. 53:5).**
>
> **«Por tanto, yo le daré parte con los grandes, y con los fuertes repartirá despojos; por cuanto derramó su vida hasta la muerte, y fue contado con los pecadores, habiendo él llevado el pecado de muchos, y orado por los transgresores» (Is. 53:12).**

[3] (27:50) ***«Consumado es»:*** el gran grito de triunfo y la entrega del espíritu de Jesús. Aquí hay tres temas importantes.

1. Jesús clamó: «Consumado es» (Jn. 19:30). La palabra griega *tetelestai* es el grito con sentido de victoria. Cristo había completado su obra, misión y tarea. No estaba dando el grito de un mártir vencido; era el clamor de un conquistador victorioso.

2. «Entregó el espíritu» (*apheken to pneuma*) significa que voluntariamente entregó su espíritu. Es preciso recordar siempre que Jesús murió *porpropia voluntad.* Por su propia voluntad llegó hasta este momento de entregar y rendir su espíritu a muerte. Tanto Pablo como Pedro relatan la obra del Señor durante los tres días que siguieron inmediatamente a su muerte, hasta la resurrección.

a. En la cruz:

> **«Y despojando [él] a los principados y a las potestades, los exhibió públicamente, triunfando sobre ellos en la cruz» (Col. 2:15; cp. Ef. 6:12).**

b. En la cruz y después de morir:

> **«Porque también Cristo padeció una sola vez por los pecados, el justo por los injustos, para llevarnos a Dios, siendo a la verdad muerto en la carne, pero vivificado en espíritu; en el cual también fue y predicó a los espíritus encarcelados, los que en otro tiempo desobedecieron, cuando una vez esperaba la paciencia de Dios en los días de Noé, mientras se preparaba el arca, en la cual pocas personas, es decir, ocho, fueron salvadas por agua» (1 P. 3:20; *véase* nota—1 P. 3:19-20).**

c. Después de morir:

> **«Por lo cual dice: Subiendo a lo alto, llevó cautiva la cautividad, y Dios dones a los hombres. Y eso de que subió, ¿qué es, sino que también había descendido primero a la partes más bajas de la tierra? El que descendió, es el mismo que también subió por encima de todos los cielos para llenarlo todo» (Ef. 4:10; *véase* nota—Ef. 4:8-10).**

3. Cristo murió a la hora novena, es decir, a las tres de la tarde (vv. 45, 50). Esta era precisamente la hora en que los sacerdotes comenzaban la ofrenda vespertina del cordero pascual. Mientras los sacerdotes procedían a hacer el sacrificio simbólico del cordero por la gente, el genuino Cordero de Dios estaba siendo sacrificado por los pecados del pueblo fuera de los muros de la ciudad (1 Co. 5:7; He. 13:12).

[4] (27:51) ***El velo rasgado:*** el gran velo del templo fue rasgado desde arriba abajo. Según lo entendían los judíos, el velo era una de las cosas más importantes en el templo. ¿Por qué? Porque rodeaba al arca del pacto que simbolizaba la presencia misma de Dios. Era grande y hermoso, hecho de los materiales más finos. Su altura era de sesenta o más pies. Para tener una idea de la magnificencia del velo, imagine los otros velos descritos por Josefo:

> **« ... delante de estas puertas había un velo de longitud igual a la de las puertas. Estaba bordado con fino lino azul y escarlata, y púrpura; era de una contextura realmente maravillosa. Esta mezcla de colores [tenía] su interpretación mística, pero era un tipo de imagen del universo; porque con el escarlata se parecía significar fuego, con el lino, la tierra, mediante el azul, el cielo y con el púrpura, el mar .... Esta cortina también estaba bordada con todo lo místico en los cielos» (Josefo, *Guerras.* 5.5:4).**

El punto significativo es que el velo fue rasgado desde arriba abajo. Esto significa que fue rasgado por obra de Dios mismo. Simboliza el acceso directo a Dios (He. 6:19; 9:3-12, 24; 10:19-23). Era el velo lo que separaba el lugar santo del lugar santísimo. Hasta este momento solo el sumo sacerdote podía entrar al lugar santísimo, y solamente podía hacerlo una vez por año, el día de la expiación (Éx. 26:33). Ahora, mediante el cuerpo de Cristo, cualquier persona puede entrar a la presencia de Dios. Puede entrar a la presencia de Dios y orar en cualquier momento y lugar.

> **«Porque él es nuestra paz, que de ambos pueblos hizo uno, derribando la pared intermedia de separación, aboliendo en su carne las enemistades, la ley de los mandamientos expresados en ordenanzas, para crear en sí mismo de los dos un solo y nuevo hombre, haciendo la paz» (Ef. 2:14-15).**
>
> **«La cual tenemos como segura y firme ancla del alma, y que penetra hasta dentro del velo, donde Jesús entró por nosotros como precursor, hecho sumo sacerdote para siempre según el orden de Melquisedec» (He. 6:19-20).**
>
> **«Porque no entró Cristo en el santuario hecho de mano, figura del verdadero, sino en el cielo mismo para presentarse ahora por nosotros ante Dios» (He. 9:24).**
>
> **«En esa voluntad somos santificados mediante la ofrenda del cuerpo de Jesucristo hecha una vez para siempre» (He. 10:10).**
>
> **«Así que, hermanos, teniendo libertad para entrar en el Lugar Santísimo por la sangre de Jesucristo por el camino nuevo y vivo que él nos abrió a través del velo, esto es, de su carne, teniendo un gran sumo sacerdote sobre la casa de Dios, acerquémonos con corazón sincero, en plena certidumbre de fe, purificados los corazones de mala conciencia, y lavados los cuerpos con agua pura» (He. 10:19-23).**

5 (27-51) ***Terremoto:*** el terremoto aterrador. El simbolismo puede ser triple.

1. La tierra pudo haber temblado bajo el peso del pecado puesto sobre su Arquitecto y Creador.

> **«Quien llevó él mismo nuestros pecados en su cuerpo sobre el madero, para que nosotros, estando muertos a los pecados, vivamos a la justicia; y por cuya herida fuisteis sanados» (1 P. 2:24).**
>
> **«Mas él herido fue por nuestras rebeliones, molido por nuestros pecados; el castigo de nuestra paz fue sobre él, y por su llaga fuimos nosotros curados» (Is. 53:5).**

2. La tierra pudo haber temblado y rasgado sus rocas para simbolizar el golpe fatal al dominio de Satanás.

> **«Ahora es el juicio de este mundo; ahora el príncipe de este mundo será echado fuera. Y yo, si fuere levantado de la tierra, a todos atraeré a mí mismo» (Jn. 12:31-32).**
>
> **«Y despojando a los principados y a las potestades, los exhibió públicamente, triunfando sobre ellos en la cruz» (Col. 2:15).**
>
> **«Así que, por cuanto los hijos participaron de carne y sangre, él también participó de lo mismo, para destruir por medio de la muerte al que tenía el imperio de la muerte, esto es, al diablo, y librar a todos los que por el temor de la muerte estaban durante toda la vida sujetos a servidumbre» (He. 2:14-15).**

3. La tierra pudo haber temblado para simbolizar que ella también está conmovida esperando el glorioso día de redención.

> **«Porque también la creación misma será librada de la esclavitud de corrupción, a la libertad gloriosa de los hijos de Dios» (Ro. 8:21).**
>
> **«Pero el día del Señor vendrá como ladrón en la noche; en el cual los cielos pasarán con grande estruendo, y los elementos ardiendo serán deshechos, y la tierra y las obras que en ella hay serán quemadas. Puesto que todas estas cosas han de ser deshechas, ¡cómo no debéis vosotros andar en santa y piadosa manera de vivir, esperando y apresurándoos para la venida del día de Dios, en el cual los cielos, encendiéndose, serán deshechos, y los elementos, siendo quemados, se fundirán! Pero nosotros esperamos, según sus promesas, cielos nuevos y tierra nueva, en los cuales mora la justicia» (2 P. 3:10-13).**

6 (27:52-53) ***Creyentes, resucitados:*** la resurrección de muchos santos. No se sabe quiénes eran estos santos, no con certeza. Pero varias cosas, mencionadas en las Escrituras, deben ser destacadas.

1. Los sepulcros se abrieron durante el terrible terremoto (v. 51), pero los cuerpos no se levantaron hasta después de la resurrección de Jesús (v. 52). Cristo tenía que ser el primero en levantarse de los muertos, el primero que nunca volvería a morir (1 Co. 15:20; Col. 1:18; Ap. 1:5).

2. Fue entre estos dos acontecimientos, la cruz y la resurrección, que Jesús evidentemente soportó el castigo pleno de la muerte y el infierno por los pecados del hombre. Probó la muerte por todo hombre, tanto física como espiritual (He. 2:9,14).

3. Pedro agrega: «Fue y predicó a los espíritus encarcelados» (1 P. 3:19). Probablemente esto significa que confrontó a los perdidos en el infierno y proclamó que ahora el camino de los justos estaba vindicado. Juan cita a Cristo en Ap. 1:18: «[Yo] estuve muerto; mas he aquí que vivo por los siglos de los siglos, amén. Y tengo las llaves de la muerte y del hades» (Ap. 1:18).

Muchas personas creen que antes de la resurrección de Cristo todas las personas muertas iban a un lugar conocido en las Escrituras como Hades (*véase* Estudio a fondo 2—Lc. 16:23). El Hades estaba dividido en dos zonas, paraíso e infierno. Los espíritus de los creyentes iban al paraíso; los espíritus de los incrédulos al infierno. Algunos comentaristas creen que cuando Cristo resucitó llevó consigo a los santos del paraíso para vivir eternamente en la presencia de Dios. Ahora, desde la resurrección de Cristo, todos los creyentes van inmediatamente a la presencia de Dios.

4. Pablo agrega «subiendo a lo alto, llevó cautiva la cautividad .... también había descendido primero a las partes más bajas de la tierra .... » (Ef. 4:8-10; cp. los sepulcros que se abren en Mt. 27:5) y los cuerpos resucitados en Mt. 27:52.) La idea es que Cristo llevó cautivos el pecado, la muerte y el infierno. Conquistó a todos los enemigos del hombre y libró al hombre para resucitar y vivir por siempre en la presencia de Dios.

La resurrección de estos santos simbolizó al menos dos cosas.

1. Simbolizó que Cristo conquistó la muerte. Ahora la muerte ha sido despojada de su aguijón; ahora el poder de la muerte ha sido quebrado.

> **«Porque preciso es que él reine hasta que haya puesto a todos sus enemigos debajo de sus pies. Y el postrer enemigo que será destruido es la muerte» (1 Co. 15:25-26).**
>
> **«He aquí os digo un misterio: No todos dormiremos; pero todos seremos transformados, en un momento, en un abrir y cerrar de ojos, a la final trompeta; porque se tocará la trompeta, y los muertos serán resucitados incorruptibles, y nosotros seremos transformados. Porque es necesario que esto corruptible se vista de incorrupción, y esto mortal se vista de inmortalidad. Y cuando esto corruptible se haya vestido de incorrupción, y esto mortal se haya vestido de inmortalidad, entonces se cumplirá la palabra que está escrita: sorbida es la muerte en victoria. ¿Dónde está, oh muerte, tu aguijón? ¿Dónde, oh sepulcro, tu victoria? Ya que el aguijón de la muerte es el pecado, y el poder del pecado, la ley. Mas gracias sean dadas a Dios, que nos da la victoria por medio de nuestro Señor Jesucristo» (1 Co. 15:51-57).**
>
> **«Así que, por cuanto los hijos participaron de carne y sangre, él también participó de lo mismo, para destruir por medio de la muerte al que tenía el imperio de la muerte, esto es, al diablo» (He. 2:14).**

2. Simbolizó la resurrección de los creyentes. Los creyentes resucitarán y serán reconocidos y unos conocerán a otros (Mt. 27:53).

> **«No os maravilléis de esto; porque vendrá hora cuando todos los que están en los sepulcros oirán su voz; y los que hicieron lo bueno, saldrán a resurrección de vida; mas los que hicieron lo malo, a resurrección de condenación» (Jn. 5:28-29).**
>
> **«Y esta es la voluntad del que me ha enviado: Que todo aquel que ve al Hijo, y cree en él, tenga vida eterna; y yo le resucitaré en el día postrero» (Jn. 6:40).**
>
> **«Sabiendo que el que resucitó al Señor Jesús, a nosotros también nos resucitará con Jesús, y nos presentará juntamente con vosotros» (2 Co. 4:14).**
>
> **«Porque el Señor mismo con voz de mando, con voz de arcángel, y con trompeta de Dios, descenderá del cielo; y los muertos en Cristo resucitarán primero. Luego nosotros los que vivimos, los que hayamos quedado, seremos arrebatados juntamente con ellos en las nubes para recibir al Señor en el aire, y así estaremos siempre con el Señor» (1 Ts. 4:16-17).**

7 (27:54) ***Centurión:*** la confesión del centurión y otros. Algo magnífico sucedió a algunos de los que estaban a los pies de la cruz. Cuando la tierra tembló después de caer las tinieblas, el centurión y sus soldados tuvieron temor y exclamaron: «Verdaderamente, éste era Hijo de Dios». Probablemente fue una confesión genuina, mucho más que creer meramente en la inocencia de Cristo, o creer que Cristo era una persona especial para Dios. Por supuesto, los soldados no podían comprender plenamente el significado de *Hijo de Dios;* pero sabían que Cristo había afirmado ser el Hijo de Dios. Y presenciando las palabras y el comportamiento de Cristo en la cruz, llenos de propósito, es más que probable que hayan tenido por cierto lo que afirmó.

> **«Que si confesares con tu boca que Jesucristo es el Señor, y creyeres en tu corazón que Dios le levantó de los muertos, serás salvo. Porque con el corazón se cree para justicia, pero con la boca se confiesa para salvación» (Ro. 10:9-10).**

Pensamiento 1. El magnético poder de la cruz comienza a obrar con el centurión y sus soldados. «Y yo si fuere levantado de la tierra, a todos atraeré a mí mismo» (Jn. 12:32).

Pensamiento 2. Ser salvo requiere creer realmente la afirmación de Cristo de ser el Hijo de Dios.

(27:55-56) ***Mujeres:*** el coraje y valor de las mujeres. Note las siguientes frases.

- «Muchas mujeres»: había muchas mujeres allí. Cuando los hombres huyeron, muchas mujeres mostraron coraje.
- «De lejos»: algunas estaban a la distancia, pero algunas estaban a los pies de la cruz (Jn. 19:25). El amor de ellas era profundo y evidente su devoción y coraje. Triunfaron sobre el temor. No temieron a los enemigos de Cristo; sencillamente triunfaron porque amaron (1 Jn. 4:18).

«Porque todo el que quiera salvar su vida, la perderá; y todo el que pierda su vida por causa de mí y del evangelio, la salvará» (Mr. 8:35).

«En el amor no hay temor, sino que el perfecto amor echa fuera el temor; porque el temor lleva en sí castigo. De donde el que teme, no ha sido perfeccionado en el amor» (1 Jn. 4:18).

N. El entierro del Mesías: reacciones ante su muerte, 27:57-66
(Mr. 15:42-47; Lc.23: 50-56; Jn. 19:38-42)

1 Un discípulo secreto: impulsado a trabajar para Cristo
a. Era un discípulo, pero secreto
b. Se sintió impulsado a dar un paso por Cristo: pidió su cuerpo
c. Envolvió el cuerpo
d. Sepultó el cuerpo
1) En su propio sepulcro
2) Cerró la entrada con una gran piedra

2 Dos mujeres creyentes: mostraron lealtad y afecto

3 Religiosos incrédulos y mundanos encaraban un grave problema
a. El doble problema de ellos
1) La afirmación del Señor: resucitaré
2) El mensaje de un Mesías resucitado
b. El pedido de ellos: asegurar el sepulcro
c. El error de ellos: creer que las afirmaciones de Jesús eran falsas
d. Exhaustiva seguridad de la tumba[EF1]
1) El sellado de la tumba
2) Una guardia militar

57 Cuando llegó la noche, vino un hombre rico de Arimatea, llamado José, que también era discípulo de Jesús.
58 Este fue a Pilato y pidió el cuerpo de Jesús. Entonces Pilato mandó que se le diese el cuerpo.
59 Y tomando José el cuerpo, lo envolvió en una sábana limpia,
60 y lo puso en su sepulcro nuevo, que había labrado en la peña; y después de hacer rodar una gran piedra a la entrada del sepulcro, se fue.
61 Y estaban allí María Magdalena, y la otra María, sentadas delante del sepulcro.
62 Al día siguiente, que es después de la preparación, se reunieron los principales sacerdotes y los fariseos ante Pilato,
63 diciendo: Señor, nos acordamos que aquel engañador dijo, viviendo aún: Después de tres días resucitaré.
64 Manda, pues, que se asegure el sepulcro hasta el tercer día, no sea que vengan sus discípulos de noche, y lo hurten, y digan al pueblo: Resucitó de entre los muertos. Y será el postrer error peor que el primero.
65 Y Pilato les dijo: Ahí tenéis una guardia; id, aseguradlo como sabéis.
66 Entonces ellos fueron y aseguraron el sepulcro, sellando la piedra y poniendo la guardia.

N. El entierro del Mesías: reacciones ante su muerte, 27:57-66

(27:57-66) ***Introducción:*** ahora Jesús estaba muerto. En este pasaje hay tres reacciones referidas a su muerte, reacciones que revelan cómo debemos reaccionar y cómo no debemos reaccionar nosotros ante su muerte.

1. Un discípulo secreto: fue impulsado a dar un paso en favor de Cristo (vv. 57-60).
2. Dos mujeres creyentes: mostraron lealtad y afecto (v. 61).
3. Religiosos incrédulos y mundanos: encaraban un grave problema (vv. 62-66).

1 (27:57-60) ***José de Arimatea:*** la reacción de un discípulo secreto. Fue movido a dar un paso por Cristo. Varias cosas se dicen de José de Arimatea que muestran el tipo de hombre que era.

- Era un honorable consejero, es decir, un miembro del sanhedrín (Mr. 15:43).
- Era un hombre bueno y justo (Lc. 24:50).
- Esperaba el reino de Dios (Mr. 15:43).
- Era rico (Mt. 27:57).
- No votó a favor de la muerte de Jesús cuando el sanhedrín dio su voto (Lc. 23:51).
- Era un discípulo, pero secreto, que temía a sus compañeros judíos (Jn. 19:38).

Es este último aspecto es donde se revela un marcado cambio en José. Hasta la muerte de Jesús, había sido un discípulo secreto. Probablemente tuvo varias reuniones con Cristo en ocasiones en que el Señor visitaba a Jerusalén. Pero después de la muerte del Señor ya no se mantuvo en secreto. Se volvió osado.

Cuatro hechos demuestran una osadía marcada, una osadía que revela el poder del discipulado de José.

1. José entró «osadamente a Pilato» para pedir el cuerpo de Jesús (Mr. 15:43). Ese era un acto de tremenda osadía. Los romanos o bien sepultaban los cuerpos de criminales crucificados bajo montones de basura o dejaban los cuerpos en la cruz para ser comidos por los buitres y otros animales. Esto último servía como ejemplo público de cómo se castigaba a los criminales. José también desafió la amenaza de la reacción de Pilato, puesto que Pilato estaba harto del *tema Jesús.* Jesús había demostrado ser muy molesto a Pilato. Pilato podría haber reaccionado con severidad contra José.
2. José arriesgaba el desagrado y la disciplina del sanhedrín. Aquel era el cuerpo gobernante que había instigado la muerte y condenado a Cristo, y José era un miembro del concilio. Indudablemente encontraría reacciones duras de algunos de sus compañeros en el sanhedrín y de algunos de sus amigos más cercanos.
3. José demostró un cuidado, incluso un afecto hacia Jesús al dar su propia tumba para sepultarlo. Este hecho solo no dejaría dudas en cuanto a su actitud hacia Cristo.
4. José también se privó de participar en la gran fiesta de la pascua. Esto era algo que no se hacía nunca, ni siquiera por los más graves motivos. Al manipular el cuerpo (cadáver) de Jesús, José quedaba contaminado durante siete días. Una vez contaminado, la ley judía prohibía a la persona participar de las ceremonias judías.

Aparentemente lo que transformó a José de discípulo secreto en discípulo osado fueron los extraordinarios acontecimientos que rodearon la cruz (el comportamiento y las palabras de Cristo, la oscuridad, el terremoto, y el velo rasgado). Cuando José presenció todo ello, su mente relacionó las afirmaciones de Cristo con las profecías del Mesías en el Antiguo Testamento. José vio las profecías cumplidas en Jesús. Di un paso hacia adelante y asumió todos los riesgos. Tomó su lugar junto a Cristo. ¡Un notable valor! Valor causado por la muerte de Cristo.

Note que José envolvió el cuerpo y lo puso en su *propio sepulcro,* y que cerró la entrada del mismo con una gran piedra (*véase* Estudio a fondo 1—Mt. 27:65-66). (Cp. Is. 53:9.)

Pensamiento 1. Todo creyente secreto tiene necesidad de estudiar la cruz de Cristo. El hecho de ver realmente la cruz transforma a cualquier creyente secreto en un testigo osado.

«Porque de tal manera amó Dios al mundo, que ha dado a su Hijo unigénito, para que todo aquel que en él cree, no se pierda, mas tenga vida eterna» (Jn. 3:16).

«Mas Dios muestra su amor con para con nosotros, en que siendo aún pecadores, Cristo murió por nosotros» (Ro. 5:8).

«Quien llevó él mismo nuestros pecados en su cuerpo sobre el madero, para que nosotros, estando muertos a los pecados, vivamos a la justicia; y por cuya herida fuisteis sanados» (1 P. 2:24).

«Porque también Cristo padeció una sola vez por los pecados, el justo por los injustos, para llevarnos a Dios, siendo a la verdad muerto en la carne, pero vivificado en espíritu» (1 P. 3:18).

Pensamiento 2. Posición, poder, riqueza y fama; ninguna de estas cosas nos convierten en testigos osados de Cristo. Solamente un verdadero afecto a Cristo nos hará osados; y el afecto únicamente nacerá cuando veamos la cruz de Cristo.

Pensamiento 3. Cristo se identificó perfectamente con el hombre.

- Vivió como hombre, pero de manera perfecta.
- Murió como hombre, pero de manera perfecta (como el hombre ideal).
- Fue sepultado como hombre, pero de manera perfecta.

«Y se dispuso con los impíos su sepultura, mas con los ricos fue en su muerte; aunque nunca hizo maldad, ni hubo engaño en su boca» (Is. 53:9).

«Por lo cual debía ser en todo semejante a sus hermanos, para venir a ser misericordioso y fiel sumo sacerdote en lo que a Dios se refiere, para expiar los pecados del pueblo» (He. 2:17).

Pensamiento 4. El propio Hijo de Dios no tuvo nada cuando estuvo en la tierra. Esto significa dos cosas.

- Cristo es el Salvador de los más pobres. Nació en un establo. No tenía donde recostar su cabeza (Mt. 8:20; Lc. 9:58). Su tumba era prestada.
- Sin embargo, los ricos, como José de Arimatea, pueden servirle.

2 (27:61) ***Las mujeres creyentes:*** la reacción de dos mujeres creyentes. Mostraron afecto y lealtad. Hay tres hechos que destacar respecto de estas mujeres.

1. Las mujeres fueron leales a Cristo a pesar del peligro. Los hombres abandonaron a Cristo, pero las mujeres no (Mt. 26:56, 69-75; cp. 27:55-56, 61).
2. Las mujeres sentían profundo afecto por Cristo. Tomaron lo que tenían, dinero para comprar especias y unguentos, y lo usaron para Cristo. Lo hicieron porque lo amaban (Mt. 27:61; cp. Mr. 16:1; Lc. 23:56).
3. Las mujeres todavía no habían comprendido la resurrección de Cristo. Estaban preparando su cuerpo para quedar en el sepulcro y eventualmente descomponerse. El verdadero significado de vivir para siempre, del cuerpo humano rehecho, recreado y transformado en incorruptible todavía no había sido captado por ellas (Jn. 5:24-29; cp. 1 Co. 15:42ss; cp. 1 Co. 15:1-58).

Pensamiento 1. Las dos mujeres son un gran ejemplo para todos los hombres. Todos los creyentes ...

- Deben ser leales a Cristo, sin importar los furiosos peligros.
- Deben amar a Cristo a tal grado de dar todo lo que son y tienen a Cristo.
- Deben buscar de comprender y captar todo el significado de la resurrección de Cristo.

«Porque no me averguenzo del evangelio, porque es poder de Dios para salvación a todo aquel que cree; al judío primeramente, y también al griego» (Ro. 1:16).

«Por tanto no te averguences de dar testimonio de nuestro Señor, ni de mí, preso suyo, sino participa de las aflicciones por el evangelio según el poder de Dios» (2 Ti. 1:8).

3 (27:62-66) ***Jesucristo, respuesta a:*** la reacción de los incrédulos y de los religiosos mundanos. Estaban ante un serio problema. Se sentían tan incómodos y tenían tanto miedo que fueron a Pilato tratando de evitar que los discípulos hurtaran el cuerpo.

1. Los incrédulos tenían un doble problema.

a. Tenían el problema de lo que Cristo había afirmado. Cristo había dicho que resucitaría de la muerte. Estos religiosos mundanos no lo creían, pero sabían que había predicho alguna clase de resurrección (Mt. 12:40; Jn. 2:19; 10:17-18). Algunos de ellos le habían oído personalmente hablar de levantarse de la muerte. Los discípulos habían compartido con sus respectivos familiares y allegados más cercanos lo que Cristo había dicho acerca de su propia muerte y resurrección; y como con todas las otras cosas que compartieron, estos famili ares y al legados lo compartieron por su parte con otros amigos, de manera que la predicción se difundió. Además, durante los últimos meses Cristo había intensificado su predicción a efectos de sellar esta verdad en la conciencia de los discípulos y prepararlos para lo que les esperaba (*véanse* notas — Mt. 15:21-22; 15:29; 16:21-28; 17:22).

Hay que recordar que los discípulos no tomaron literalmente las palabras de Jesús. Ellos espiritualizaron la predicción de Jesús referida a su muerte, resurrección y retorno. Probablemente pensaron que Jesús se refería a algunos acontecimientos referidos a la lucha por la liberación del Israel de dominio romano, y del establecimiento del reino en gloria del Mesías.

«¿Al que el Padre santificó y envió al mundo, vosotros decís: Tú blasfemas, porque dije: Hijo de Dios soy» (Jn. 10:36).

«Le dijo: Sí, Señor; yo he creído que tú eres el Cristo, el Hijo de Dios, que has venido al mundo» (Jn. 11:27).

«Todo aquel que confiese que Jesús es el Hijo de Dios, Dios permanece en él, y él en Dios» (1 Jn. 4:15).

Pensamiento 1. Los incrédulos de todas las generaciones tienen que luchar con la afirmación del Señor de ser el Mesías, el Hijo de Dios.

Pensamiento 2. Aun hoy, muchas personas espiritualizan las palabras de Jesús.

b. Los incrédulos tenían el problema del mensaje referido al Mesías resucitado. Lo que temían era que los discípulos vinieran de noche y hurtaran el cuerpo para predicar que Jesús había resucitado de los muertos. Note: no había posibilidad para esto.

- Los discípulos estaban *emocionalmente incapacitados,* completamente sin esperanza y deprimidos. Además estaban *aterrorizados,* pensando que serían cazados como una manada de lobos.
- Los discípulos, al mentir acerca de la resurrección, se habrían engañado ellos mismos; y de entre todos los hombres, ellos habrían perdido más que nadie. Habían dejado todo por Cristo; sus familias, sus hogares, sus negocios. Habían dejado todo por su fe en Cristo, y su esperanza en el mundo venidero. Si no había otro

mundo, serían los más míseros de todos los hombres. Y recuerde, en ese momento particular ellos lo eran.

- Si los discipulos mentian acerca de la resurrección, engañarían a otros. Mentirían y engañarían a otra gente con precisamente lo opuesto de lo que Cristo les había enseñado. No había posibilidad de que los discipulos pudieron traer semejante engaño sobre el mundo.

Pensamiento. El incrédulo tiene que luchar con el mensaje del Señor resucitado. Puesto que realmente resucitó.

«Sino también con respecto a nosotros a quienes ha de ser contadas, esto es, a los que creemos en el que levantó de los muertos a Jesús, Señor nuestro» (Ro. 4:24).

«Que si confesares con tu boca que Jesucristo es el Señor, y creyeres en tu corazón que Dios le levantó de los muertos, serás salvo» (Ro. 10:9).

«Porque primeramente os he enseñado lo que asimismo recibí: Que Cristo murió por nuestros pecados, conforme a las Escrituras; y que fue sepultado, y que resucitó al tercer día, conforme a las Escrituras» (1 Co. 15:3-4).

«Bendito el Dios y Padre de nuestro Señor Jesucristo, que según su grande misericordia nos hizo renacer para una esperanza viva, por la resurrección de Jesucristo de los muertos» (1 P. 1:3).

2. Los incrédulos pidieron a Pilato asegurar el sepulcro haciéndolo tan inviolable como human amente fuere posible (*véase* Estudio a fondo 2—Mt. 27:65).

3. Los incrédulos cometieron un error drástico, creyeron que las afirmaciones de Jesús eran falsas (v. 64). Note las palabras de lo que dicen. Temían el último de los errores (la afirmación de Jesús de ser el Mesías, el hijo de Dios), y temían la posibilidad de un nuevo error, el mensaje de un Mesías resucitado. Note: temían que el mensaje de un Señor resucitado fuese más poderoso que las afirmaciones de deidad, y en realidad lo es.

4. Los incrédulos planearon una costosa seguridad para el sepulcro. Pilato les dio permiso de poner una guardia y de sellar la tumba. Se implementaron ambas medidas (*véase* Estudio a fondo 1—Mt. 27:65-66).

ESTUDIO A FONDO 1

(27:65-66) ***Sepulcro de Jesús:*** las tumbas cavadas en cuevas se cerraban con una gran piedra, semejante a la rueda de una carreta, ubicada en la entrada. Removerla era prácticamente imposible. En el umbral de la entrada se esculpía una profunda hendidura en la que encastraba la piedra circular. Normalmente la piedra pesaba varias toneladas. Tales precauciones eran necesarias por el frecuente saqueo de tumbas en aquellos tiempos de pobreza.

Además, la tumba fue asegurada mediante el sello. Cuando era preciso se sellaba una tumba adhiriendo con cemento una gran piedra a las paredes de la entrada, o bien se colocaba algún tipo de soga o atadura alrededor de la piedra de entrada la cual se sujetaba a ambos costados del sepulcro. Luego la atadura era cementada con una substancia similar a arcilla o cera. En algunos sepelios, normalmente en caso de figuras políticas, se adhería el sello del emperador en las paredes de la entrada. Esto era a efectos de atemorizar a un eventual intruso con la venganza romana.

En el caso de la tumba de Jesús se tomaron precauciones adicionales colocando una guardia que evitase cualquier juego sucio. Esta guardia consistía de un gran número de hombres (Mt. 28:4, 11ss).

1 El momento de la resurrección
2 Los primeros testigos
a. María Magdalena
b. La otra María
3 Los acontecimientos milagrosos de la resurrección
a. El gran terremoto
b. La gran piedra removida
c. La figura radiante
1) Apariencia: deslumbrante
2) Vestimenta como nieve
d. Los guardas
1) Temblaron
2) Eran como muertos
4 Los llamados implícitos en la resurrección
a. No teman
1) Es sabido que buscan al Mesías
2) Fue crucificado
3) Ha resucitado[EF1]
b. Vengan a ver: crean y vivan
c. Vayan rápidamente y cuenten las gloriosas nuevas
1) Va al encuentro de ustedes
2) Lo verán
3) Las mujeres obedecieron: con temor y gran gozo
d. ¡Salve! El glorioso encuentro con Jesús mismo[EF2]
5 Intento de desacreditar la resurrección[EF3]
a. Los guardas informaron la resurrección
b. Las autoridades se confundieron; tomaron consejo
c. Las autoridades sobornaron a los soldados y les aseguraron protección de Pilato
d. La mentira fue descubierta: la verdad siguió adelante.

CAPÍTULO 28

XVII. LA RESURRECCIÓN TRIUNFAL DEL MESÍAS, 28:1-20

A. La resurrección del Mesías: eventos que la rodearon, 28:1-15
(Mr. 16:1-13; Lc. 24:1-49; Jn. 20:1-23)

Pasado el día de reposo, al amanecer del primer día de la semana, vinieron María Magdalena y la otra María, a ver el sepulcro.
2 Y hubo un gran terremoto; porque un ángel del Señor, descendiendo del cielo y llegando, removió la piedra, y se sentó sobre ella.
3 Su aspecto era como un relámpago, y su vestido blanco como la nieve.
4 Y de miedo de él los guardas temblaron y se quedaron como muertos.
5 Mas el ángel, respondiendo, dijo a las mujeres: No temáis vosotras; porque yo sé que buscáis a Jesús, el que fue crucificado.
6 No está aquí, pues ha resucitado, como dijo. Venid, ved el lugar donde fue puesto el Señor.
7 E id pronto y decid a sus discípulos que ha resucitado de los muertos, y he aquí va delante de vosotros a Galilea; allí le veréis. He aquí, os lo he dicho.
8 Entonces, ellas, saliendo del sepulcro con temor y gran gozo, fueron corriendo a dar las nuevas a sus discípulos. Y mientras iban a dar las nuevas a los discípulos,
9 he aquí, Jesús les salió al encuentro, diciendo: ¡Salve! Y ellas, acercándose, abrazaron sus pies, y le adoraron.
10 Entones Jesús les dijo: No temáis; id, dad las nuevas a mis hermanos, para que vayan a Galilea, y allí me verán.
11 Mientras ellas iban, he aquí unos de la guardia fueron a la ciudad, y dieron aviso a los principales sacerdotes de todas las cosas que habían acontecido.
12 Y reunidos con los ancianos, y habido consejo, dieron mucho dinero a los soldados,
13 diciendo: Decid vosotros: Sus discípulos vinieron de noche, y lo hurtaron, estando nosotros dormidos.
14 Y si esto lo oyere el gobernador, nosotros le persuadiremos, y os pondremos a salvo.
15 Y ellos, tomando el dinero, hicieron como se les había instruido. Este dicho se ha divulgado entre los judíos hasta el día de hoy.

XVII. LA RESURRECCIÓN TRIUNFAL DEL MESÍAS, 28:1-20

A. La resurrección del Mesías: eventos que la rodearon, 28:1-15

(28:1-15) ***Introducción:*** Mateo registra cinco importantes acontecimientos que rodearon la resurrección, acontecimientos que despiertan interés y desafían la acción.

1. El momento de la resurrección (v. 1).
2. Los primeros testigos de la resurrección (v. 1).
3. Los acontecimientos milagrosos de la resurrección (vv. 2-4).
4. Los llamados implícitos en la resurrección (vv. 5-10).
5. Intento de desacreditar la resurrección (vv. 11-15).

1 (28:1) Jesucristo, resurrección: el momento de la resurrección. Jesús resucitó cuando hubo terminado el sábado es decir, el día domingo, el primer día de la semana. Hay cuatro hechos que notar al respecto.

1. Mateo dijo, «Pasado el día de reposo» lo que significa a hora avanzada del sábado. Mateo no estaba hablando en el sentido estricto del tiempo judío. Ello significaría que el sábado, iniciado en la víspera, había terminado a las 6 de la tarde (*véase* Estudio a fondo 1—Mr. 6:48). Se refería al tiempo en el sentido corriente de día tras día. Estaba sencillamente agregando el tiempo de la noche al día precedente (cp. Mr. 16:1).

2. Jesús resucitó antes del amanecer, antes que el domingo a la mañana saliera el sol. Para los primeros creyentes cristianos esto fue importante; tan importante que abandonaron la práctica de adorar el día de reposo o sábado. Comenzaron a adorar el domingo, el día de la resurrección de su Señor.

«El primer día de la semana, reunidos los discípulos para partir el pan, Pablo les enseñaba, habiendo de salir al día siguiente; y alargó el discurso hasta la medianoche» (Hch. 20:7).

«Cada primer día de la semana cada uno de vosotros ponga aparte algo, según haya prosperado, guardándolo, para que cuando yo llegue no se recojan entonces ofrendas» (1 Co. 16:2).

3. Jesús resucitó el primer dia de la semana, el domingo a la mañana. Esto significa que resucitó al tercer día, tal como había dicho (Mt. 12:40; 16:21; 17:23; 20:19; Mr. 9:31; 10:34; Lc. 9:22; 18:33; 24:7, 46). Su resurrección de la muerte es un triunfo, una conquista de la muerte. La muerte ya no reina más. Su reino ha sido destruido. (*Véase* nota—Ro. 8:2-4.)

«Pero tuvimos en nosotros mismos sentencia de muerte, para que no confiasemos en nosotros mismos, sino en Dios que resucita a los muertos; el cual nos libró, y nos libra, y en quien esperamos que aún nos librará, de tan gran muerte» (2 Co. 1:9-10).

«Pero que ahora ha sido manifestada por la aparición deNuestro Salvador Jesucristo, el cual quitó la muerte y sacó a luz la vida y la inmortalidad por el evangelio» (2 Ti. 1:10).

«Pero vemos a aquel que fue hecho un poco menor que los ángeles, a Jesús, coronado de gloria y de honra, a causa del padecimiento de la muerte, para que por la gracia de Dios gustase la muerte por todos .... Asi que, por cuanto los hijos participaron de carne y sangre, él también participó de lo mismo, para destruir por medio de la muerte al que tenia el imperio de la muerte, esto es, al diablo, y librar a todos los que por el temor de la muerte estaban durante toda la vida sujetos a servidumbre» (He. 2:9, 14-15).

4. Nuevamente, Jesús resucitó el primer día de la semana, el domingo de mañana. Durante el sábado estuvo en el sepulcro, imposibilitado de observar las leyes que gobernaban el gran periodo de la pascua y del dia de reposo. Estaba muerto. Por eso, la ley y sus observancias no tenían autoridad sobre Él. Esto simboliza la identificación que los creyentes obtienen en Cristo. Cuando una persona cree en Jesucristo, Dios identifica a la persona con Cristo, particularmente con la muerte de Cristo. Dios considera que la persona ha muerto con Cristo. Por eso, en la muerte de Cristo los creyentes mueren a la ley (para mayor discusión, *véanse* nota—Ro.7:4; Estudio a fondo 2—8:3; nota—Mt. 5:17-18).

«Sabiendo esto, que nuestro viejo hombre fue crucificado juntamente con él, para que el cuerpo del pecado sea destruido, a fin de que no sirva más al pecado» (Ro. 6:6).

«Con Cristo estoy juntamente crucificado, y ya no vivo yo, mas vive Cristo en mí; y lo que ahora vivo en la carne, lo vivo en la fe del hijo de Dios, el cual me amó y se entregó a si mismo por mi» (Gá. 2:20).

«Pues si habéis muerto con Cristo en cuanto a los rudimentos [elementos, cosas] del mundo, ¿por qué, como si vivieseis en el mundo, os sometéis a preceptos?» (Col. 2:20).

2 (28:1) ***Jesucristo, resurrección:*** los primeros testigos de la resurrección. Note varias cosas.

1. Los primeros testigos eran mujeres, no hombres, ni siquiera sus propios discipulos. Las mujeres llevaban la delantera en cuanto al amor y cuidado por el Señor Jesús.

2. Se señalan dos razones para que las mujeres vinieran al sepulcro de Jesús.

a. Mateo dice que las mujeres «vinieron ... a ver el sepulcro». La palabra griega para «a ver» (*theoresai*) significa contemplar, mirar, observar para captar. Vinieron para estar cerca de su Señor, de aquel que tanto les significaba, para llorarlo, para pensar en todo lo ocurrido. Este es un punto importante, porque tal vez explique por qué las mujeres estaban mejor preparadas para creer el milagro de la resurrección.

«Habiendo, pues, resucitado Jesús por la mañana, el primer dia de la semana, apareció primeramente a Maria Magdalena, de quien había echado siete demonios. Yendo ella, lo hizo saber a los que habían estado con él, que estaban tristes y llorando. Ellos, cuando oyeron que vivía, y que había sido visto por ella, no lo creyeron» (Mr. 16:9-11).

«Eran Maria Magdalena, y Juana, y Maria madre de Jacobo, y las demás con ellas, quienes dijeron estas cosas a los apóstoles. Mas a ellos les parecían locura las palabras de ellas, y no las creían» (Lc. 24:10-11).

Pensamiento. El pensar y meditar en nuestro Señor nos ayudará a entender al Señor y a prepararnos para recibir la gran verdad de su resurrección.

«Venid luego, dice Jehová, y estemos a cuenta: si vuestros pecados fueren como la grana, como la nieve serán emblanquecidos; si fueren rojos como el carmesí, vendrán a ser como blanca lana» (Is. 1:18).

b. Marcos dice que fueron para «ungirle» (Mr. 16:1). Se preocupaban, de manera que quisieron atender su cuerpo como el de un ser querido.

Pensamiento. Las mujeres nos dan un ejemplo en cuanto a cuidar del cuerpo de nuestros seres queridos.

3. María Magdalena sobresale como la más prominente de las mujeres que fueron testigos de la resurrección del Señor. Su amor y devoción deben haber sido profundos, muy profundos. María era de una personalidad muy especial, su amor y devoción eran más profundos que los de la mayoría (cp. Mr. 16:1, 9;Lc. 24:10; Jn. 20:11-18).

4. La otra María era la madre de Jacobo y José. Sencillamente no podía separarse del cuerpo de Jesús lo que señala a su amor y devoción muy especiales por Jesús (Mt. 27:56, 61; 28:1; Mr. 15:40; Lc. 24:10). Probablemente ella era la madre también la madre de Cleofas (cp. Jn. 19:25).

3 (28:2-4) ***Jesucristo, resurrección:*** los acontecimientos milagrosos de la resurrección.

1. El «gran terremoto». No se dice nada más al respecto, solamente que fue *grande.* El terremoto simboliza que estaba ocurriendo una *convulsión histórica,* un acontecimiento que nunca antes había ocurrido; un hombre estaba resucitando de los muertos, el hombre Jesucristo, el propio Hijo de Dios. Fue muerto trágicamente por manos de hombres, pero fue gloriosamente resucitado de los muertos por el poder de Dios (Ro. 1:4; Ef.1:19-20). El acontecimiento histórico fue una ilustración de la increíble convulsión que Dios estaba planeando para el tiempo resurrección de todos los hombres. La historia estaba viviendo el más espectacular de todos los tiempos; era preciso que la tierra temblase.

2. La gran piedra removida (*véase* Estudio a fondo 1—Mt. 27:65-66). La piedra no fue removida para favorecer a Cristo, sino a los testigos de la resurrección. Cuando Cristo resucitó, lo hizo con el cuerpo de su resurrección, el cuerpo de la dimensión espiritual del ser que no tiene limitaciones físicas. En cambio, los testigos tenían que entrar al sepulcro para ver la verdad (*véanse* bosquejo y notas—Jn. 20:1-10).

3. La figura resplandeciente, el ángel del Señor. Note dos hechos referidos al ángel.

a. El corrió la piedra por amor a los testigos. Era un espíritu ministrador de Dios. Su servicio era ayudar al pueblo de Dios (*véase* Estudio a fondo 1—He. 1:4-14).

b. Su apariencia era muy radiante:

- semejante al relámpago; visible, asombroso, llamativo, temible, brillante.
- semejante a nieve; blanco, puro, destellante.

4. Los guardas aterrorizados. Mateo pareciera indicar que los

guardas testificaron la destellante apariencia del ángel y la remoción de la piedra. El carácter repentino del acontecimiento, la apariencia brillante y la enorme fuerza del ángel fueron como una erupción volcánica para ellos. Temblaron, se estremecieron, y cayeron como hombres muertos al suelo. O bien quedaron inconscientes o bien estaban tan aterrorizados que fingieron estar inconscientes.

Pensamiento 1. El poder de Dios es sobrecogedor y aterrador. Los guardas recibieron orden de vigilar un cuerpo muerto de ser hurtado por los hombres. Estaban totalmente desprevenidos para enfrentar el poder de Dios y de su mensajero (ángel). Aquí hay una vigorosa lección para toda persona incrédula.

«Porque nada hay imposible para Dios» (Lc. 1:37).

«Y Jesús se acercó y les habló diciendo: Toda potestad me es dada en el cielo y en la tierra» (Mt. 28:18).

«Nadie me la quita, sino que yo de mí mismo la pongo. Tengo poder para ponerla, y tengo poder para volverla a tomar. Este mandamiento recibí de mi Padre» (Jn. 10:18).

«Que fue declarado Hijo de Dios con poder, según el Espíritu de santidad, por la resurrección de entre los muertos» (Ro. 1:4).

«La cual [fuerza de Dios] operó en Cristo, resucitándole de los muertos y sentándole a su diestra en los lugares celestiales» (Ef. 1:20).

«El agita el mar con su poder, y con su entendimiento hiere la arrogancia suya» (Job 26:12).

«Tú, el que afirma los montes con su poder, ceñido de valentía» (Sal. 65:6).

«Nuestro Dios está en los cielos; todo lo que quiso ha hecho» (Sal. 115:3).

«Aun antes que hubiera día yo era; y no hay quien de mi mano libre. Lo que hago yo, ¿quién lo estorbará?» (Is. 43:13).

4 (28:5-10) ***Jesucristo, resurrección:*** los llamados implícitos en la resurrección. Cuando las mujeres llegaron al sepulcro vieron al resplandeciente ángel sentado sobre la piedra. Marcos dice que vieron «a un joven sentado al lado derecho, cubierto de una larga ropa blanca» (Mr. 16:5). Lucas dice: «se pararon junto a ellas dos varones con vestiduras resplandecientes» (Lc. 24:4). Aparentemente había muchos ángeles junto a la tumba en las regiones circundantes para servir a Cristo, gozándose y regocijándose en lo que Dios había hecho. En el momento indicado uno de los ángeles apareció a las mujeres, luego dos. Note que aparecieron como hombres, es decir, como mensajeros de Dios.

Los llamados implícitos en la resurrección son un mensaje en sí mismos.

1. No teman. Hay tres razones por las que la persona que busca a Cristo no debe temer.

a. Dios conoce a la persona que busca al Mesías. Conoce la intención de cada corazón. La persona que busca diligentemente, hallará (Mt. 7:7).

«Pedid, y se os dará; buscad y hallaréis; llamad, y se os abrirá. Porque todo aquel que pide, recibe; y el que busca, halla; y al que llama, se le abrirá» (Mt. 7:7-8).

«Mas si de allí buscares a Jehová tu Dios, lo hallarás, si lo buscares de todo tu corazón y de toda tu alma» (Dt. 4:29).

«Porque yo sé los pens amientos que tengo acerca de vosotros, dice Jehová, pensamientos de paz, y no de mal, para daros el fin que esperáis. Entonces me invocaréis, y vendréis y oraréis a mí, y yo os oiré; y me buscaréis y me hallaréis, porque me buscaréis de todo vuestro corazón» (Jer. 29:11-13).

b. Cristo ha sido crucificado para salvar a cada persona.

«Muchas buenas obras os he mostrado de mi Padre; ¿por cuál de ellas me apedreáis? Le respondieron los judíos diciendo: Por buena obra no te apedreamos, sino por la blasfemia; porque tú, siendo hombre, te haces Dios» (Jn. 10:32-33).

«Porque Cristo, cuando aún éramos débiles, a su tiempo murió por los impíos» (Ro. 5:6).

«Y por todos murió, para que los que viven, ya no vivan para sí, sino para aquel que murió y resucitó por ellos» (2 Co. 5:15).

«Quien llevó él mismo nuestros pecados en su cuerpo sobre el madero, para que nosotros, estando muertos a los pecados, vivamos a la justicia; y por cuya herida fuisteis sanados» (1 P. 2:24).

«Y cantaban un nuevo cántico, diciendo: digno eres de tomar el libro y de abrir sus sellos; porque tú fuiste inmolado, y con tu sangre nos has redimido para Dios, de todo linaje y lengua y pueblo y nación» (Ap. 5:9).

c. Ahora Cristo ha resucitado de los muertos y conquistado a la muerte.

«Sino también con respecto a nosotros a quienes ha de ser contada [la justicia], esto es, a los que creemos en el que levantó de los muertos a Jesús, Señor nuestro; el cual fue entregado por nuestras transgresiones, y resucitado para nuestra justificación» (Ro. 4:24-25).

«Según la operación del poder de su [Dios] fuerza, la cual operó en Cristo, resucitándole de los muertos y sentándole a su diestra en los lugares celestiales» (Ef. 1:19-20).

2. Vengan a ver. Crean. Note que el ángel recordó a las mujeres las palabras del Señor: «Ha resucitado, como dijo» (cp. Mt. 16:21; 17:23; 20:19; 26:32). Note que también se les dice a las mujeres: «Venid, ved el lugar». Ellas fueron testigos oculares de su resurrección.

Pensamiento. Los creyentes pueden llegar a ser testigos de la muerte y resurrección del Señor: testigos auténticos. Pueden ver todo, como si fuesen testigos oculares, por el Espíritu de Dios.

«¡Oh gálatas insensatos! ¿quién os fascinó para no obedecer a la verdad, a vosotros *ante cuyos ojos* Jesucristo fue ya presentado claramente entre vosotros como crucificado?» (Gá. 3:1).

«Mas el Consolador, el Espíritu Santo, a quien el Padre enviará en mi nombre, él os enseñará todas las cosas, y os *recordará* todo lo que yo os he dicho» (Jn. 14:26).

«El Espíritu mismo *da testimonio* a nuestro espíritu, de que somos hijos de Dios» (Ro. 8:16).

3. Vayan apresuradamente y cuenten las gloriosas nuevas. Es esencial compartir las gloriosas nuevas. Son las noticias más grandes de toda la historia. Cristo ha resucitado. Él se encontrará con ustedes, y ustedes le verán.

Note varias cosas.

a. Las mujeres obedecieron. Llegaron a ser los primeros testigos del Señor resucitado.

b. Los desalentados creyentes (discípulos) fueron los primeros que debían recibir las palabras de las mujeres. Los desalentados debían ser animados y movidos a unirse a la gran hueste de testigos.

4. ¡Salve! El glorioso encuentro con Jesús mismo. Note lo que ocurrió cuando Cristo fue encontrado personalmente.

a. Jesús dijo: «¡Salve!» que significa, regocíjense.

«De cierto, de cierto os digo, que vosotros lloraréis y lamentaréis, y el mundo se alegrará; pero aunque vosotros estéis tristes, vuestra tristeza se convertirá en gozo» (Jn. 16:20).

«Regocijaos en el Señor siempre. Otra vez digo: ¡Regocijaos!» (Fil. 4:4).

b. La adoración al Señor: se maravillaron, se asombraron, adoraron y reverenciaron.

c. Él dijo: «No temáis».

«Porque no nos ha dado Dios, espíritu de cobardía, sino de poder, de amor y de dominio propio» (2 Ti. 1:7).

d. Vayan y digan lo ocurrido a mis hermanos; este mandato fue repetido por la extrema importancia que tiene el llevar las gloriosas noticias.

«Por tanto, id, y haced discípulos a todas la naciones, bautizándolos en el nombre del Padre, y del Hijo, y del Espíritu Santo; enseñándoles que guarden todas las cosas que os he mandado; y he aquí yo estoy con vosotros todos los días hasta el fin del mundo. Amén» (Mt. 28:19-20).

«Les dijo: Id por todo el mundo y predicad el evangelio a toda criatura» (Mr. 16:15).

«Lo que has oído de mí ante muchos testigos, esto encarga a hombres fieles que sean idóneos para enseñar también a otros» (2 Ti. 2:2).

« ... que es Cristo en vosotros, la esperanza en gloria, a quien anunciamos, amonestando a todo hombre, y enseñando a todo hombre en toda sabiduría, a fin de presentar perfecto en Cristo Jesús a todo hombre; para lo cual también trabajo, luchando según la potencia de él, la cual actúa poderosamente en mí» (Col. 1:27-29).

ESTUDIO A FONDO 1

(28:6-7) ***Resurrección predicha:*** Cristo predijo vez tras vez su resurrección.

«Desde entonces comenzó Jesús a declarar a sus discípulos que le era necesario ir a Jerusalén y padecer mucho de los ancianos, de los principales sacerdotes y de los escribas; y de ser muerto, y resucitar al tercer día» (Mt. 16:21).

«Y le matarán; mas al tercer día resucitará. Y ellos se entristecieron en gran manera (Mt. 17:23).

«Y le entregarán a los gentiles para que le escarnezcan, le azoten, y le crucifiquen; mas al tercer día resucitará» (Mt. 20:19).

«Pero después que haya resucitado, iré delante de vosotros a Galilea» (Mt. 26:32).

«Y descendiendo ellos del monte, les mandó que a nadie dijesen lo que habían visto, sino cuando el Hijo del Hombre hubiese resucitado de los muertos» (Mr. 9:9).

«Pero después que haya resucitado, iré delante de vosotros a Galilea» (Mr. 14:28).

«Respondió Jesús y les dijo: Destruid este templo, y en tres días lo levantaré» (Jn. 2:19).

«Pero habiendo obtenido auxilio de Dios, persevero hasta el día de hoy, dando testimonio a pequeños y a grandes, no diciendo nada fuera de las cosas que los profetas y Moisés dijeron que habían de suceder: Que el Cristo había de padecer, y ser el primero de la resurrección de los muertos, para anunciar la luz al pueblo y a los gentiles» (Hch. 26:22-23).

ESTUDIO A FONDO 2

(28:9) ***Salve** (chairete):* regocijaos.

5 (28:11-15) ***Jesucristo, resurrección:*** el intento de desacreditar la resurrección. El bosquejo anterior es adecuado para ver los acontecimientos descritos.

1. Los guardas informaron la resurrección.
2. Las autoridades se confundieron; tomaron consejo.
3. Las autoridades sobornaron a los soldados y les aseguraron protección de Pilato.
4. La mentira fue descubierta: la verdad siguió adelante.

Pensamiento 1. Si los guardas estaban dormidos, ¿cómo pudieron saber lo que ocurrió? El engaño y las mentiras si empre son contradichas por la verdad.

Pensamiento 2. La verdad siempre prevalecerá (v. 15). Puede que tome algún tiempo, pero su triunfo está asegurado.

«Y conoceréis la verdad, y la verdad os hará libres» (Jn. 8:32).

«Estad, pues, firmes, ceñidos vuestros lomos con la verdad, y vestidos con la coraza de justicia» (Ef. 6:14).

«El labio veraz permanecerá para siempre; mas la lengua mentirosa solo por un momento» (Pr. 12:19).

ESTUDIO A FONDO 3

(28:11-15) ***Jesús—complot contra Jesus:*** note los complots urdidos contra Jesus. Las autoridades usaron la traición para arrestarlo; una corte ilegal para juzgarlo (Mt. 26:59); cargos falsos para acusar a Jesus ante Pilato (Mt. 27:1, 2, 11ss); y ahora estaban usando el soborno para desacreditar su resurrección.

	B. La comisión final del Mesías dada a sus discípulos, 28:16-20 (Mr. 16:15-18; Lc. 24:46-49; Jn. 20:21; cp. Jn. 17:18—Hch. 1:8)	18 Y Jesús se acercó y les habló diciendo: Toda potestad me es dada en el cielo y en la tierra.	c. Algunos dudaban **2 Jesús aseguró a sus discípulos su poder** a. Es un poder dado b. En el cielo y la tierra
1 Los discípulos encontraron a Jesús en Galilea a. En un monte preestablecido b. Ellos lo adoraron	16 Pero los once discípulos se fueron a Galilea, al monte donde Jesús les había ordenado. 17 Y cuando le vieron, le adoraron; pero algunos dudaban.	19 Por tanto, id, y haced discípulos a todas la naciones, bautizándolos en el nombre del Padre, y del Hijo, y del Espíritu Santo; 20 Enseñándoles que guarden todas las cosas que os he mandado; y he aquí yo estoy con vosotros todos los días hasta el fin del mundo. Amén.	**3 Jesús comisionó a sus discípulos** a. A hacer discípulos a todas las naciones b. A bautizar c. A enseñar todo lo que Él ha mandado **4 Jesús prometió estar con sus seguidores**

B. La comisión final del Mesías dada a sus discípulos, 28:16-20

(28:16-20) ***Introducción:*** Mateo comenzó su evangelio proclamando que el bebé Jesús era el Hijo de David, el prometido Rey de Israel (Mt. 1:1-2). Ahora cierra su evangelio proclamando que el Señor Jesús posee todo el poder y autoridad en el cielo y en la tierra. El Señor Jesús había resucitado de los muertos, y sus seguidores deben salir a proclamar su glorioso reino en el poder de la resurrección.

En este gran pasaje Mateo cubre la gran comisión del resucitado Señor, del Rey a quien pertenecen todo poder y autoridad.

1. Los discípulos encontraron a Jesús en Galilea (vv. 16-17).
2. Jesús aseguró a sus discípulos tener todo el poder (v. 18).
3. Jesús comisionó a sus discípulos (vv. 19-20).
4. Jesús prometió estar siempre con sus seguidores (v. 20).

[1] (28:16-17) ***Discípulos:*** los discípulos tuvieron su encuentro con Jesús en Galilea. Note varios hechos referidos al trasfondo.

1. Mateo dice que los once discípulos se encontraron con Cristo. Los once eran los prominentes, pero aparentemente hubo quinientos creyentes presentes, todos los cuales vieron al mismo tiempo a Jesús (1 Co. 15:6). La referencia a los que le vieron y a que «algunos dudaban» (v.17) pareciera indicar que esta fue la gran aparición a la masa de los creyentes mencionada por Pablo. Cristo ya había aparecido en varias ocasiones a los once. Ellos ya conocían la realidad de su resurrección. Es improbable que ellos fuesen los que dudaban en esta ocasión (Mr.16:12-14; Lc. 24:13-48; Jn. 20:19-25; 20:26-31; 21:1-25).

2. Los discípulos tuvieron su encuentro con el Señor en Galilea en un monte preestablecido (cp. Mt. 26:32; 28:7, 10). Aparentemente el Señor había instruido a los apóstoles a hacer correr la noticia y a reunir a todos los discípulos para un encuentro masivo con Él en Galilea. Un monte en particular fue designado como lugar de encuentro. Note que Galilea era donde el Señor había realizado la mayor parte de su ministerio y donde vivía la mayoría de sus discípulos. También estaba a alguna distancia de Jerusalén, un lugar un poco más seguro de los enemigos inmediatos de Cristo.

> ***Pensamiento 1.*** Hay lugares establecidos para tener nuestro encuentro con el Señor; en la oración, devoción, adoración y el estudio de la Biblia. Cuando encontramos al Señor, conforme Él lo dice, Él sale a nuestro encuentro. Debemos encontrar al Señor conforme a sus instrucciones si queremos conocer la realidad de su resurrección.

3. Esto es significativo. Ellos lo adoraron, pero algunos dudaban. Sencillamente no estaban seguros. Note lo que hizo Jesús: «se acercó y les habló» (v. 18). Aparentemente, el hecho de *acercarse y hablarles* borró todas las dudas y preguntas de ellos.

> ***Pensamiento 1.*** Cuando encontramos a Cristo, conforme a sus instrucciones, Él nos encuentra a nosotros. Cuando Él nos encuentra se desvanece todo temor y toda duda. La persona que de verdad busca a Cristo, que realmente auiere encontrarle, tendrá borradas sus dudas. Cristo *se le acercará y le hablará.*

[2] (28:18) ***Poder:*** Jesús aseguró a sus seguidores tener todo el poder.

1. El poder o autoridad de Jesús es dado. Es dado por Dios, y es dado por una razón, exaltar a Cristo por sobre todos.

> **«Y estando en la condición de hombre, se humilló a sí mismo, haciéndose obediente hasta la muerte, y muerte de cruz. Por lo cual *Dios también le exaltó hasta lo sumo,* y le dio un nombre que es sobre todo nombre» (Fil. 2:8-9).**

2. El poder de Jesús es por encima de todo lo que hay en el cielo y en la tierra. Su autoridad es sobre todo el universo. Su autoridad incluye al menos tres áreas.

a. La autoridad del Señor incluye el poder de gobernar y reinar ...

- a recibir la adoración y sumisión de todos los hombres que voluntariamente se rinden a su dominio.

> **«Así que, hermanos, os ruego por las misericordias de Dios que presentéis vuestros cuerpos en sacrificio vivo, santo, agradable a Dios, que es vuestro culto racional. No os conforméis a este siglo, sino transformaos por medio de la renovación de vuestro entendimiento, para que comprobéis cuál sea la buena voluntad de Dios, agradable y perfecta» (Ro. 12:1-2).**
>
> **«Porque habéis sido comprados por precio; glorificad, pues, a Dios en vuestro cuerpo y en vuestro espíritu, los cuales son de Dios» (1 Co. 6:20).**
>
> **«Que si confesares con tu boca que Jesús es el Señor, y creyeres en tu corazón que Dios le levantó de los muertos, serás salvo. Porque con el corazón se cree para justicia, pero con la boca se confiesa para salvación» (Ro. 10:9-10).**
>
> **«Que decían a gran voz: El Cordero que fue inmolado es digno de tomar el poder, las riquezas, la sabiduría, la fortaleza, la gloria y la alabanza» (Ap. 5: 12).**

- para que ante Él se doble toda rodilla y recibir el reconocimiento de ellos del señorío de Cristo.

> **«Por lo cual Dios también le exaltó a los sumo, y le dio un nombre que es sobre todo nombre, para que en el nombre de Jesús se doble toda rodilla de los que están en los cielos, y en la tierra, y debajo de la tierra; y toda lengua confiese que Jesucristo es el Señor, para gloria de Dios Padre» (Fil. 2:9-11).**

b. La autoridad del Señor incluye el poder para gobernar y dirigir...

- los asuntos de los hombres sin violar la libertad de ellos.

«Y el Señor, después que les habló, fue recibido arriba en el cielo, y se sentó a la diestra de Dios» (Mr. 16:19).

«Pero desde ahora el Hijo del Hombre se sentará a la diestra del poder de Dios» (Lc. 22:9).

«Sométase toda persona a las autoridades superiores; porque no hay autoridad sino de parte de Dios, y las que hay, por Dios han sido establecidas» (Ro. 13:1).

«Quien habiendo subido al cielo está a la diestra de Dios; y a él están sujetos los ángeles, autoridades y potestades» (1 P. 3:22).

- Los asuntos de la naturaleza y del mundo sin violar las leyes de la naturaleza.

«Y los hombres se maravillaron, diciendo: ¿Qué hombre es éste, que aun los vientos y el mar le obedecen?» (Mt. 8:27).

«Y sometió *todas las cosas* bajo sus pies, y lo dio por cabeza sobre todas las cosas a la iglesia» (Ef. 1:22).

c. La autoridad del Señor incluye el poder de perdonar pecados, juzgar, recibir y rechazar hombres, y salvar y librar a los hombres conduciéndolos a través de la vida y de la muerte. (*Véanse* bosquejo y notas—Ro. 8:28-39.)

«Pues para que sepáis que el Hijo del Hombre tiene potestad en la tierra para perdonar pecados (dice entonces al paralítico): Levántate, toma tu cama y vete a tu casa» (Mt. 9:6).

«Al ver él la fe de ellos, le dijo: Hombre, tus pecados te son perdonados. Entonces los escribas y los fariseos comenzaban a cavilar, diciendo: ¿Quién es este que habla blasfemias? ¿Quién puede perdonar pecados sino sólo Dios?» (Lc. 5:20-21).

«Porque el Padre a nadie juzga, sino que todo el juicio dio al Hijo» (Jn. 5:22).

«Y también le dio autoridad de hacer juicio, por cuanto es el Hijo del Hombre» (Jn. 5:27).

3. El poder de Jesús le asegura liberación al creyente. Note *cuando* Jesús «se acercó y les habló» de su poder; fue inmediatamente después que algunos dudaran e inmediatamente antes de comisionar a sus discípulos a ir a un mundo hostil. Jesús proclamó su poder para borrar las dudas y fortalecer a sus discípulos para que salieran. El poder de Jesús era la seguridad de victoria de los discípulos.

Ahora al tratar con el supremo poder y autoridad de Jesucristo, hay dos temas que tienen que ser recordados.

1. Aun no se ve plenamente el reinado supremo del Señor. Dios todavía no ha revelado la supremacía de su Hijo en un sentido absoluto. Sin embargo, hay un *motivo llamativo* para que Dios demore el entronamiento visible de su Hijo. Dios todavía quiere que su Hijo sea visto como el Salvador del mundo. Quiere que más y más personas sean salvadas antes de dar fin al mundo y comenzar el reinado soberano de su Hijo en la tierra.

«Sabiendo primero esto, que en los postreros días vendrán burladores, andando según sus propias concupiscencias, y diciendo: ¿Dónde está la promesa de su advenimiento? Porque desde el día en que los padres durmieron, todas las cosas permanecen así como desde el principio de la creación ... Mas, oh amados, no ignoréis esto: que para con el Señor un día es como mil años, y mil años como un día. El Señor no retarda su promesa, según algunos la tienen por tardanza, sino que es paciente para con nosotros, no queriendo que ninguno perezca, sino que todos procedan al arrepentimiento» (2 P. 3:3-4, 8-9).

2. El reinado supremo del Señor sobre todo el universo está asegurado.

«Pero el día del Señor vendrá como ladrón en la noche; en el cual los cielos pasarán con grande estruendo, y los elementos ardiendo serán deshechos, y la tierra y las obras que en ella hay serán quemadas. Puesto que todas estas cosas han de ser deshechas, ¡cómo no debéis vosotros andar en santa y piadosa manera de vivir, esperando y apresurándoos para la venida del día de Dios, en el cual los cielos, encendiéndose, serán deshechos, y los elementos, siendo quemados, se fundirán! Pero nosotros esperamos, según sus promesas, cielos nuevos y tierra nueva, en los cuales mora la justicia» (2 P. 3:10-13).

«Todo lo sujetaste bajo sus pies. Porque en cuanto le sujetó todas las cosas, nada dejó que no sea sujeto a él; pero todavía no vemos que todas las cosas le sean sujetas. Pero vemos a aquel que fue hecho un poco menor que los ángeles, a Jesús, coronado de gloria y de honra, a causa del padecimiento de la muerte, para que por la gracia de Dios gustase la muerte por todos. Porque convenía a aquel por cuya causa son todas las cosas, y por quien todas las cosas subsisten, que habiendo de llevar muchos hijos a la gloria, perfeccionase por aflicciones al autor de la salvación fe ellos» (He. 2:8-10).

«Luego el fin, cuando entregue el reino al Dios y Padre, cuando haya suprimido todo dominio, toda autoridad y potencia. Porque preciso es que él reine hasta que haya puesto a todos sus enemigos debajo de sus pies. Y el postrer enemigo que será destruido es la muerte. Porque todas las cosas las sujetó debajo de sus pies. Y cuando dice que todas las cosas han sido sujetadas a él, claramente se exceptúa aquel que sujetó a él todas las cosas. Pero luego que todas las cosas le estén sujetas, entonces también el Hijo mismo se sujetará al que le sujetó a él todas las cosas, para que Dios sea todo en todos» (1 Co. 15:24-28).

3 (28:19-20) *Comisión, la gran—discípulos, hacer:* Jesús comisionó a sus seguidores. No solamente a los once apóstoles, sino a todos los presentes, más de quinientos discípulos. Sin embargo, note algo de crucial importancia; era imposible que aquella generación alcanzara todo el mundo en el lapso de una vida. Por eso, la comisión dada a la primera generación de creyentes se extiende más allá, a todas las generaciones de creyentes. Exactamente el mismo mandáto dado a ellos, nos es dado a nosotros. Nuestro Señor nos envía con las mismas palabras: «Por tanto id, y haced discípulos a todas las naciones ... »

El mandato del Señor fue triple.

1. Nos comisiona diciendo «id ... y haced discípulos a todas las naciones». Este es uno de los versículos cruciales de la Biblia. No hay un versículo más importante para el creyente genuino.

Enseñar y bautizar no es suficiente para alcanzar el mundo para Cristo. Ambas cosas son importantes, y Cristo manda hacer las dos; Pero Cristo dice algo más, algo que debe preceder a ambas cosas: discipulado. «Por tanto, id, y "*metheteusate*" a todas las naciones» (Mt. 28:19). «*Metheteusate*» significa hacer discípulos. De manera que la lectura correcta del versículo es: «Por tanto, id, y "haced discípulos" a todas las naciones ... » La mayoría de los mensajes que se predican sobre este pasaje acentúan el objetivo de nuestro Señor, de alcanzar a todas las naciones, como si ello fuera lo que Jesús tenía en mente. No hay duda, la gran comisión es lo que Cristo tenía en mente. Nos ha mandado a ir a todas las naciones y evangelizarlas. Pero es firme la convicción de que había algo más que ese objetivo en su mente, mucho más que un propósito supremo: mucho más.

Nuestro Señor no nos estaba diciendo solamente «vayan y evangelicen», nos estaba diciendo *cómo* ir y *cómo* evangelizar. No nos estaba dando solamente su *objetivo* final y su principal propósito, nos estaba dando *el método* a ser utilizado en la evangelización dl mundo.

Piense en la palabra *«metheteusate»* (hacer discipulos). ¿Qué quiere significar nuestro Señor con «hacer discipulos»? ¿Acaso no significa que debemos hacer lo que Él hizo, es decir, hacer discipulos y hacer cosas con ellos como Él las hizo? ¿Acaso no nos está diciendo que hagamos exactamente lo que Él hizo?

¿Qué *hizo* Él? Cristo «vino para buscar y salvar lo que se había perdido» (Lc. 19:10). Buscó a los perdidos, a aquellos que estaban dispuestos a entregarle su vida. Y cuando encontraba una persona así, la salvaba. Cuando Cristo encontraba a una persona dispuesta a entregarle su vida, Él se unía a esa persona. Cristo comenzaba a moldear y formar a esa persona en su propia imagen, la imagen de Cristo. La palabra *unirse* (apegarse) es la palabra clave. Probablemente sea la palabra que mejor describe lo que es el discipulado. Cristo hacía discípulos de los hombres, uniéndose a ellos; y por medio de esa unión personal, esas personas podían observar la vida y conversación de Cristo; y viendo y escuchando comenzaban a absorber y asimilar el propio carácter y la conducta de Cristo. Comenzaban entonces a seguirle y a servirle más estrechamente. En términos simples es esto lo que hizo nuestro Señor. Esta es la forma en que hizo discípulos. Esta fue su misión y su método, su obsesión: unirse Él mismo a los creyentes dispuestos.

Hay otra forma para describir lo que Cristo hizo. Cristo tuvo la visión de algo más allá de sí mismo, y más allá de su día y de su tiempo. Tuvo la visión de *extenderse* a sí mismo, de *extender su* propio ser y de *extender su* misión y su método. La forma que escogió para extenderse fue el discipulado, uniéndose a sí mismo a personas entregadas, y mediante esa unión, las personas absorbían y asimilaban el propio carácter y la misión del Señor. Ellos a su vez se unían a otros y los discipulaban. También ellos, esperaban que sus discípulos hicieran discípulos de otros que estuvieran dispuestos a entregar sus vidas a Cristo. Ese fue el glorioso mensaje de Cristo a lo largo de los siglos (2 Ti. 2:2).

No hay duda en cuanto a qué es el mandato de nuestro Señor: debemos ir; pero es más que eso, debemos hacer discípulos, unirnos a aquellas personas que quieren seguir a nuestro Señor hasta que ellos por su parte puedan hacer discípulos (2 Ti. 2:2).

«Y yendo, predicad, diciendo: El reino de los cielos se ha acercado» (Mt. 10:7).

«Por tanto, id, y haced discípulos a todas la naciones, bautizándolos en el nombre del Padre, y del Espíritu santo; enseñandoles que guarden todas las cosas que os he mandado; y he aquí yo estoy con vosotros todos los días hasta el fin del mundo. Amén» (Mt. 28:19-20).

«Hijo, y del Espíritu Santo; enseñándoles que guarden todas las cosas que os he mandado; y he aquí yo estoy con vosotros todos los días hasta el fin del mundo. Amén» (Mt. 28:19-20).

«Y les dijo: Id por todo el mundo y predicad el evangelio a toda criatura» (Mr. 16:15).

«Pero éstas se han escrito para que creáis que Jesús es el Cristo, el Hijo de Dios, y para que creyendo, tengáis vida en su nombre» (Jn. 20:31).

«Pero recibiréis poder, cuando haya venido sobre vosotros el Espíritu Santo, y me seréis testigos en Jerusalén, en toda Judea, en Samaria, y hasta lo último de la tierra» (Hch. 1:8).

«Id, y puestos en pie en el templo, anunciad al pueblo todas las palabras de esta vida» (Hch. 5:20).

«Que prediques la palabra; que instes a tiempo y fuera de tiempo; redarguye, reprende, exhorta con toda paciencia y doctrina» (2 Ti. 4:2).

«Sino santificad a Dios el Señor en vuestros corazones, y estad siempre preparados para presentar defensa con mansedumbre y reverencia ante todo el que demande razón de la esperanza que hay en vosotros» (1 P. 3:15).

2. Nos comisionó a bautizar a todas las naciones (*véanse* Estudio a fondo 1—Mr. 16:16; nota—Lc. 3:21; Estudio a fondo 1—Hch. 2:38). Aquí hay dos temas que deben ser mencionados.

   a. El bautismo es de crucial importancia. Cristo dice que es tan esencial como enseñar, a pesar de ser un acto que se realiza una sola vez. Forma parte del mandato de Cristo tanto como el discipular y enseñar. Cristo enseña firmemente que el bautismo debe ser la señal inmediata y la señal identificatoria de que esa persona ahora sale de las filas del ateísmo (de la incredulidad) y toma su posición junto a Cristo.

   b. El bautismo «en el nombre del Padre, y del Hijo, y del Espíritu Santo» significa más que simplemente decir una fórmula cuando alguien es bautizado. Mucho más. Significa ...

   - una declaración de fe; de fe en Dios como el verdadero Padre de Jesucristo; de fe en Cristo como el verdadero Hijo de Dios, el Salvador del mundo; de fe en el Espíritu Santo como Consolador del creyente.
   - un compromiso de seguir a Dios; de seguirlo tal como es revelado en el Padre, el Hijo y el Espíritu Santo. (Cp. las constantes referencias de Cristo a Dios como su Padre, a sí mismo como el Hijo, y al Espíritu Santo a lo largo del evangelio de Juan. Cp. también Mt. 11:27; 24:36. *Véanse* también bosquejos y notas, ***Espíritu Santo***—Jn. 14:15-26; 16:7-15; Ro. 8:1-17.)

«El que creyere y fuere bautizado, será salvo; mas el que no creyere, será condenado» (Mr. 16:16).

«Arrepentíos, y bautícese cada uno de vosotros en el nombre de Jesucristo para perdón de los pecados; y recibiréis el don del Espíritu Sant» (Hch. 2:38).

«Y mandó bautizarlos en el nombre del Señor Jesús. Entonces le rogaron que se quedase por algunos días» (Hch. 10:48).

«Ahora, pues, ¿por qué te detienes? Levántate y bautízate, y lava tus pecados, invocando su nombre» (He. 22:16).

3. Nos comisionó a enseñar a todos lo que Cristo ha mandado. Enseñar es tan crucial como hacer discípulos y bautizar. No se debe acentuar lo uno más que lo otro. Todas ellas son partes de la comisión de nuestro Señor. Note lo que debe ser enseñado: «Todas las cosas que os he enseñado».

«Por tanto, id, y haced discípulos a todas la naciones, bautizándolos en el nombre del Padre, y del Hijo, y del Espíritu Santo; enseñándoles que guarden todas las cosas que os he mandado; y he aquí yo estoy con vosotros todos los días hasta el fin del mundo» (Mt. 28:19-20).

«Escrito está en los profetas: Y serán todos enseñados por Dios. Así que, todo aquel que oyó al Padre, y aprendió de él, viene a mí» (Jn. 6:45).

«La palabra de Cristo more en abundancia en vosotros, enseñándoos y exhortándoos unos a otros en toda sabiduría, cantando con gracia en vuestros corazones al Señor con salmos e himnos y cánticos espirituales» (Col. 3:16).

«Si esto enseñas a los hermanos, serás buen ministro de Jesucristo, nutrido con las palabras de la fe y de la buena doctrina que has seguido» (1 Ti. 4:6).

«Esto manda y enseña» (1 Ti. 4:11).

«Porque el siervo del Señor no debe ser contencioso, sino amable para con todos, apto para enseñar, sufrido» (2 Ti. 2:24).

«Y estas palabras que yo te mando hoy, estarán sobre tu corazón; y las repetirás a tus hijos, y hablarás de ellas estando en tu casa, y andando por el camino, y al acostarte, y cuando te levantes» (Dt. 6:6-7).

«Y enseñarán a mi pueblo a hacer diferencia entre lo santo y lo profano, y les enseñarán a discernir entre lo limpio y lo no limpio» (Ez. 44:23).

Pensamiento 1. Las cosas que Cristo enseñó y mandó deben ser estudiadas y estudiadas, hasta aprenderlas y conocerlas y practicarlas. Los mandamientos de Cristo serán lo primero que debe ser enseñado. Ellos deben ser la regla de la sociedad.

Pensamiento 2. La sociedad se deteriora y despedaza cuando descuida la enseñanza y los mandamientos de Cristo.

4 (28:20) ***Jesucristo, presencia:*** Jesús prometió estar con sus seguidores: siempre.

1. Note la expresión: «y he aquí», o, note esto. Cristo usó esta llamativa expresión para lograr la atención de sus seguidores, para asombrarlos y sacudirlos para escuchar. Estaba por alentarlos en la gran tarea que les había encomendado.

2. Note la gran promesa: «Estoy con vosotros». Les dio enfáticamente una seguridad: no dijo: «estaré con ustedes, sino: «estoy con ustedes». Cristo está con el creyente en la medida en que el creyente sale a hacer discípulos a todas las naciones. Cristo está con nosotros ...

- a cada paso
- en toda prueba
- todos los días
- cada hora
- en cada tristeza
- cuando se nos abusan
- cuando morimos
- en cada decisión
- en cada alegría
- cuando faltamos
- cuando pobres
- cuando ricos
- cuando enfermos
- cuando no tenemos nada

3. Note la ilimitada promesa: «hasta el fin del mundo». No hay un momento en que Cristo no esté con el creyente para ayudarle en su testimonio, aun cuando su testimonio implique abuso, persecución y martirio.

«Porque donde están dos o tres congregados en mi nombre, allí estoy yo en medio de ellos» (Mt. 18:20).

«Enseñándoles que guarden todas las cosas que os he mandado; y he aquí yo estoy con vosotros todos los días hasta el fin del mundo» (Mt. 28:20).

«Sean vuestras costumbres sin avaricia, contentos con lo que tenéis ahora; porque él dijo: No te desampararé, ni te dejaré; de manera que podemos decir confiadamente: El Señor es mi ayudador; no temeré lo que me pueda hacer el hombre» (He. 13:5-6).

«He aquí, yo estoy contigo, y te guardaré por dondequiera que fueres, y volveré a traerte a esta tierra; porque no te dejaré hasta que haya hecho lo que te he dicho» (Gn. 28:15).

«No temas, porque yo estoy contigo; no desmayes, porque yo soy tu Dios que te ayudaré, siempre te sustentaré con la diestra de mi justicia» (Is. 41:10).

«Cuando pases por las aguas, yo estaré contigo; y si por los ríos, no te anegarán. Cuando pases por el fuego, no te quemarás, ni la llama arderá en ti» (Is. 43:2).

BIBLIOGRAFÍA

Cada hijo de Dios es precioso para el Señor y es profundamente amado. Todo hijo como siervo del Señor toca las vidas de los que entran en contacto con Él o con su ministerio. El ministerio como escritores de los siguientes siervos de Dios han tocado esta obra, y estamos agradecidos de Dios por haber puesto sus escritos en nuestro camino. Por medio de estas líneas reconocemos su ministerio en nuestro favor, estando plenamente conscientes de que hay muchos otros que, a través de los años han tocado nuestras vidas con sus escritos y merecen ser mencionados, pero la debilidad de nuestras mentes ha hecho que se borren de nuestra memoria. Que nuestro maravilloso Señor siga bendiciendo el ministerio de estos queridos siervos, y el ministerio de todos nosotros mientras trabajamos diligentemente para alcanzar al mundo para Cristo y hacer frente a las desesperadas necesidades de quienes tanto sufren.

FUENTES GRIEGAS

Robertson, A.T. *Imágenes verbales en el Nuevo Testamento* 6 tomos. Tarrassa, España: CLIE, 1988.

Thayer, Joseph Henry. *Thayer's Greek-English Lexicon of the New Testament.* Nueva York: American Book Co., s.f.

The Expositor's Greek Testament. 5 tomos. Editado por W. Robertson Nicoll, Grand Rapids, MI: Eerdmans Publishing Co., 1970.

Vincent Marvin R. *Word Studies in the New Testament.* 4 tomos. Grand Rapids, MI: Eerdmans Publishing Co., 1969.

Vine, W. E. *Diccionario expositivo de palabras del Nuevo Testamento.* Terrassa, España: CLIE, 1989.

Wuest, Kenneth S. *Word Studies in the Greek New Testament.* 4 tomos. Grand Rapids, MI: Eerdmans Publishing Co., 1966

OBRAS DE REFERENCIA

Biblia de Referencia Thompson. Miami, FL: Editorial Vida, 1990

Cruden's Complete Concordance of the Old & New Testament. Filadelfia, PA: The John C. Winston Co., 1930.

Lockyer, Herbert, *All the Men of the Bible.* Grand Rapids, MI: Zondervan, 1958.

Lockyer, Herbert, *All the Miracles of the Bible.* Grand Rapids, MI: Zondervan, 1961.

Lockyer, Herbert, *All the Parables of the Bible.* Grand Rapids, MI: Zondervan, 1963.

Lockyer, Herbert, *All the Women of the Bible.* Grand Rapids, MI: Zondervan, 1967.

Maier, Paul L., ed., Josefo: *Las obras esenciales.* Grand Rapids, MI: Editorial Portavoz, 1944.

Nave's Topical Bible, Nashville, TN: The Southwestern Co. Sin fecha.

The New Compact Bible Dictionary, Ed. por Alton Bryant. Grand Rapids, MI: Zondervan Publishing House, 1967.

COMENTARIOS

Barclay, William, *The Daily Study Bible.* Filadelfia, PA: Westminster Press. Comenzó en 1953.

Bruce F.F. *La Epístola a los Hebreos.* Grand Rapids, MI: Nueva Creación, 1987.

Bruce F. F. *The Epistle to the Ephesians.* Westwood, NJ: Fleming H. Revell Co., 1968.

Criswell, W. A. *Expository Sermons on Revelation.* Grand Rapids, MI: Zondervan Publishing House, 1962-66.

Green, Oliver. *The Epistles of John.* Greenville, SC: The Gospel House, Inc., 1966.

Green, Oliver. *The Epistles of Paul the Apostle to the Hebrews.* Greenville, SC: The Gospel House, Inc., 1965.

Green, Oliver. *The Epistles of Paul the Apostle to Timothy & Titus.* Greenville, SC: The Gospel House, Inc., 1964.

Green, Oliver. *The Revelation Verse by Verse Study.* Greenville, SC: The Gospel House, Inc., 1963.

Harrison, Everett, ed. *Comentario bíblico Moody: Nuevo Testamento.* Grand Rapids, MI: Editorial Portavoz, 1962.

Henry, Matthew. *Comentario exegético devocional a toda la Biblia.* 6 tomos. Terrassa, España: CLIE, 1989.

Hodge, Charles. *Commentary on the Epistle to the Romans.* Grand Rapids, MI: Eerdmans Publishing Co., 1950.

Hodge, Charles. *Commentary on the First Epistle to the Corinthians.* Grand Rapids, MI: Eerdmans Publishing Co., 1972

Hodge, Charles. *Commentary on the Second Epistle to the Corinthians.* Grand Rapids, MI: Eerdmans Publishing Co., 1973.

Ladd, George E. *El apocalipsis de Juan: un comentario.* Miami, FL: Editorial Caribe.

Leupold, H.C. *Exposition of Daniel.* Grand Rapids, MI: Baker Book House, 1969.

Morris, Leon. *The Gospel According to John.* Grand Rapids, MI: Eerdmans Publishing Co., 1971.

Newell, William R. *Hebrews, Verse by Verse.* Grand Rapids, MI: Kregel Publications, 1995.

Pfeiffer, Charles F., ed. *Comentario bíblico Moody: Antiguo Testamento.* Grand Rapids, MI: Editorial Portavoz, 1962.

Spence, H.D.M. y Excell, Joseph S., *The Pulpit Commentary.* 23 tomos. Grand Rapids, MI: Eerdmans Publishing Co., 1950.

Strauss, Lehman. *Devotional Studies in Galatians & Ephesians.* Neptune, NJ: Loizeaux Brothers, 1957.

Strauss, Lehman. *Devotional Studies in Philippians.* Neptune, NJ: Loizeaux Brothers, 1959.

Strauss, Lehman. *James Your Brother*. Neptune, NJ: Loizeaux Brothers, 1956.

Strauss. Lehman. *The Book of Revelation*. Neptune, NJ: Loizeaux Brothers, 1964.

The Tyndale New Testament Commentaries. Editado por R.V.G. Tasker. Grand Rapids, MI: Eerdmans Publishing Co. Comenzado en 1958.

Thomas, W.H. Griffith. *Hebrews, A Devotional Commentary*. Grand Rapids, MI: Eerdmans Publishing Co., 1970.

Thomas, W.H. Griffith. *Outline Studies in Acts*. Grand Rapids, MI: Eerdmans Publishing Co, 1956.

Thomas, W.H. Griffith. *St. Paul's Epistle to the Romans*. Grand Rapids, MI: Kregel Publications, 1974.

Thomas, W.H. Griffith. *Studies in Colossians & Philemon*. Grand Rapids, MI: Kregel Publications, 1986.

Walker, Thomas. *The Acts of the Apostles*. Grand Rapids, MI: Kregel Publications, 1965.

Walvoord, John. *The Thessalonian Epistles*. Grand Rapids, MI: Zondervan Publishing House, 1973.

ÍNDICE DE BOSQUEJOS Y TEMAS

Recuerde: Cuando usted busca un tema y busca una referencia bíblica, tendrá no solamente el texto bíblico, sino también un bosquejo y una discusión (comentario) del texto bíblico y del tema.

Este es uno de los grandes valores de la *Biblia de bosquejos y sermones.* Cuando tenga todos los tomos, tendrá no solamente lo que todos los demás índices bíblicos le dan, esto es, una lista de todos los temas y sus referencias bíblicas, sino usted tendrá también ...

- Un bosquejo de *cada* texto y tema de la Biblia.
- Una discusión (comentario) de cada texto y tema.
- Cada tema apoyado por otros textos biblicos, o referencias cruzadas.

Descubra el gran valor usted mismo. Dé una mirada rápida a la primera palabra del índice de Mateo y su correspondiente referencia bíblica. Es:

ABOGADO
Cuestionó a Cristo. Acerca de la gran ley.
Corazón tocado. 22:34-40
Descripción. 22:35

Busque las referencias. Busque los textos bíblicos y el bosquejo de la Escritura, y lea luego el comentario. Inmediatamente verá el gran valor del índice de la *Biblia de bosquejos y sermones.*